KB212604

잠자는 목양교사를 깨운다 (하)

임계빈 지음

하나님의 사람을 만들어 가는 **엘맨** ELMAN

잠자는 목양교사를 깨운다 (하)

초판 1쇄   2024년 7월 13일
지은이   임계빈
펴낸이   이규종
펴낸곳   엘맨출판사
등록번호   제13-1562호(1985.10.29.)
등록된곳   서울시 마포구 토정로 222
          한국출판콘텐츠센터 422-3
전화   (02) 323-4060, 6401-7004
팩스   (02) 323-6416
이메일   elman1985@hanmail.net
          www.elman.kr

ISBN   978-89-5515-769-7   04230

값 19,000 원

잠자는 목양교사를 깨운다 (하)

임계빈 지음

하나님의 사람을 만들어 가는 엘맨 ELMAN

목차

6장

교사의 자원

1. 하나님의 말씀

성령과 성경

기독교 교육에 있어서 성경이 차지해야 할 위치는 어떤 것인가? 무엇을 기독교 교육의 최종적 권위로 삼아야 하는가? 무엇을 교과과정의 핵심으로 삼아야 하는가? 복음주의 교육은 전수(傳授)이어야 하는가, 진보적이어야 하는가? 교사들은 성령과 협력해서 교육하는데, 그렇다면 교사들의 성경 해석은 정확하단 말인가? 교육재료의 결정과 학생들이 참여할 활동의 결정에 있어서 교사가 따라야 할 평가 기준이나 표준은 무엇인가? 학생들에게 믿고 행해야 할 것을 말해 주고자 하는 주장들이 서로 어긋 날 경우에, 그 진부(眞否)를 알아보기 위해서 학생들은 무엇을 권위 있는 지침으로 받아들여야 할 것인가? 무엇이 기독교 교육의 최종 권위이어야 하는가? 교회, 교사, 학생들의 경험, 성령, 성경 중에 어느 것을 최종적 권위로 삼을 것인가? "권위 문제는 교회가 일찍이 당면한 문제 중 가장 근본적인 문제"이기 때문에 교회학교 교사들은 이것을 신중하게 고찰할 필요가 있습니다.

성경의 권위

복음주의적 기독교 교육의 어떠한 커리큘럼도 교회나 교육의 관권 주의적 기초 위에나 교사나 학생의 교육적, 종교적 혹은 존재적 경험의 기초 위에 조금이라도 확실하고 영속적이며 정확하게 세워질 수는 없습니다. 보다 더 신빙성 있고, 보다 더 객관적이며, 보다 더 규범적인 것을 받아들여야 합니다. 그런데 복음주의자들은 하나님의 기록된 계시인 성경을 이런 규범으로 믿습니다. 정통주의는 궁극적 권위가 하나님께 있음을 계속 주장해 왔습니다. 하나님은 창조자와 보존자로서 모든 피조물을 지배하는 절대적 권력과 하늘과 땅에 있어서 모든 것을 포괄하시는 권위를 소유하고 계십니다. 예수 그리스도는 삼위 하나님의 제2위로서 하나님의 권위를 소유하고 계십니다. "하늘과 땅의 모든 권세를 내게 주셨으니"(마 28:18). "그의 가르치시는 것이 권세 있는 자와 같고"(막1:22). 이렇게 가장 높고 가장 진실한 하나님의 권위는 교회나 종교적 경험을 통해서 인간에게 표현되는 것이 아니라 하나님의 자기 계시를 통해서 표현됩니다. 인간은 그의 유한성 때문에 궁극적 권위이신 하나님을 직접 이해할 수 없습니다. 그러므로 하나님의 권위는 대리자의 권위를 통해 중개되어야 합니다. 하나님은 성경을 통해 자기를 계시하셨으므로 성경은 하나님의 대리자의 권위를 지니고 있는 하나님의 권위입니다. 이것은 원인과 결과의 원리입니다. 곧 성경은 인간에 대한 하나님의 계시이므로 그것은 권위가 있습니다.

성경은 "하나님이 감동하신" 기록된 형태로서의 하나님의 특수 계시입니다. 구약과 신약이 모두 하나님의 기록된 계시로 여겨졌습니다. 요한복음 10:35절에 하나님의 말씀과 성경은 동일한 것으로 나타났습니다. 로마서 16:25~26절에서 계시는 선지자들의 글과 동일시 되었습니다. 베드로는 바울 서신이 "다른 성경"과 같은 권위가 있음을 인식했습니다(벧후3:15~16). 바울은 한 절의 구약과 신약을 인용하면서 그 구절을 "성경"이라고 했습니다(딤전5:18). 그리스도는 구약의 권위를 하나님의 기록된 계시로 인정하셨습니다. "천지가 없어지기 전에는 율법의 일점일획이라도 반드시 없어지지 아니하고"(마5:18). "성경은 폐하지 못하나니"(요10:35). "내가 율법이나 선지자를 폐하러 온 줄로 생각지 말라"(마5:17). 그리스도의 일생 안의 봉사와 십자가의 죽음과 부활도 권위 있는 구약의 성취였습니다. 사도들도 성경적 계시의 권위를 역시 인식했습니다. "무엇이든지 전에 기록된 것이니"(롬15:4,고전10:11 참조). 그들은 구약을 하나님의 말씀으로 인용 했고(행4:25,9:17), 그리스도의 교훈의 권위를 인식했고(행20:35,고전7:10), 그리스도로부터 권위 있게 위임 받는 것을 주장했고(갈1:1), 구약의 선지자들 대열에 가담했으며(벧후3:2), 하나님이 감동하신 그들의 기록들은 하나님의 권위 있는 음성으로부터 온 것이었습니다(고전14:37,갈1:8,살전2:13,살후2:15,3:14,요일1:1~5).

기독교인들은 성경이 객관적인 계시이고 무오한 규범이며 하나님의 유효한 진리이므로(요17:17,살전2:13), 성경을 신앙과 행위에 대한 권위 있는 지침과 규칙으로 받아들입니다. 성경은 인간에게 진리의 절대적 표준과 시금석을 제공해줍니다. 이와 같이 성경은 하나님에 관한 진리의 명제를 내포하고 있으며, 성경은 성령을 통하여 인간이 하나님의 인격과 사랑의 관계를 맺도록 합니다. 인간이 성경을 자신의 권위로 받아들이든 그렇지 않든 성경의 권위적 특성에는 영향이 없습니다. 성경은 성경에 대한 인간의 태도와 무관하게 진리의 무오한 권위로 서 있습니다. 템플 대주교는 명제적 계시(진리에 대한 진술이나 명제를 포함하고 있는 계시)의 개념을 몇 가지 점에서 부인하는데 그 중의 하나로 만일 기독교인들이 성경을 무오한 교리의 본체로 간주하려고 한다면 성경의 의미를 말해 줄 무오한 인간 해석자가 필요하다는 점을 들었습니다. 그러나 이것은 그릇된 주장입니다. 성경은 이미 무오한데 인간 해석자가 필요한 이유는 무엇인가? 하나님의 말씀의 무오성은 말씀에 권위를 돌리지 않고 단지 말씀의 진리만을 이해하려고 하는 유오한 인간 해석자에 의해서 손상되지 않습니다. 한편 어떤 의미에서 신자에게는 무오한 해석자이신 성령이 계십니다. 참된 교회의 무오한 교사인 성령은 신자들을 성경의 의미로 인도하며 그것을 해석할 법칙을 결정하도록 도와주며 우리는 성경에 관한 모든 인간의 발표물을 성경 자체의 기록에 의해 측정합니다. 어떤 사람은 기독교의 권위는 성경이 아니라 성경의 재판관으로 성경 위에 계시는 그리스도라고 가르칩니다. 그들은 말하기를 기독교인은 그리스도에 의해서 성경을 판단하고 그리스도의 생활과 교훈에 부합되는 것만 받아들여야 한다고 말합니다. 프라머는 "성령을 통해 말씀하시는 살아 계신 그리스도를 교회의 신앙과 생활의 궁극적이며 절대적인 권위라고 부른다". 그림즈는 "권위의 주축은 예수 그리스도 즉 인간의 질문과 요구에 대해 살아있는 말씀을 하시려고 역사 속에 들어와 역사를 통해 역사하시는 하나님의 사건이다"라고 기록했습니다. 이 견해는 다음의 이유로 만족스럽지 못한 견해입니다. 첫째, 이 견해에 의하면 인간에게는 그리스도의 권위의 음성을 확인할 객관적 수단이 없습니다. 그리스도의 권위는 하나님의 기록된 계시에 의해서만 오늘날 교회에 명백하게 표현됩니다. 성경은 인간이 하나님을 이해하기에 적합한 유일한 근원입니다. "설령 그리스도를 유일한 권위로 주장 한다 하더라도, 그리스도에 관한 지식을 얻기 위해서는 주관적 편견을 버리고 성서를 조직적으로 연구해야 합니다". 둘째, 그리스도는 구약의 권위를 보증하고 확인하시기 위해서 자신의 개인적 권위를 사용하셨습니다. 그리스도는 궁극적 위이시지만 그가 지금 자신의 거룩한 권위를 사용하셔서 권위 있는 진리를 전달하시는 것은 성경을 통해서 하십니다. 성경은 그리스도의 권위를 입고 있습니다. 그러므로 어떤 의미에서 그리스도와 성경, 이 양자가 권위입니다. 패커는 이 점을 설득력 있게 주장했습니다. 확실히 그리스도는 기독교인에게 최종적 권위입니다. 이것이 바로 기독교인들이 성경의 권위를 인정해야만 하는 이유입니다. 그리스도는 그들에게 그렇게 하도록 가르치십니다. 그러나 자기의 추종자들에게 자기를 성경의 재판관으로 세우도록 허용하시는 그런 그리스도, 즉 성경이 구속력을 가지려면 먼저 그 권위를 확인해야만 하시는 그런 그리스도, 그래서 그의 불리한 판결에 의해서 성경의 군데군데가 무효화 되는 그런 그리스도는 신학자 자신의 관념 속에서 만들어진 인간이 상상해낸 그리스도입니다. 그런 그리스도가 성서에 관해 가진 태도는 역사상에 나타난 그리스도(참된 그리스도)께서 가졌던 태도와는 정반대입니다.

성경의 권위에 관해 종종 제기되는 또 하나의 질문은 성령과 성경이 이중적 권위를 구성하는 것이 아닌가 하는 것입니다. 이에 대해 람은 긍정적으로 답변했습니다. "성경 속에서 말씀하시는 성령은... 기독교에 대한 권위의 원리이시다". 그러나 이 견해는 만일 성령이 성경 속에서 말씀하시지.. 않는다면 성경은 권위가 없다는 생각을 야기 시킵니다. 이미 지적한 대로, 성경은 하나님이 감동하신 계시이므로 그 자체로서 완전한 권위입니다. 이것이 유일한 성경(sola scriptura)에 대한 개혁주의자들의 입장입니다. 권위의 형태가 그리스도와 말씀과 성령으로 구성된다는 점은 람과 동일하지만 그렇다고 해서 이것이 말씀은 성령을 떠나서는 권위가 없다는 말은 아닙니다. 성령이 말씀과 결합할 때, 말씀에 권위를 주는 것이 아니라, 성령은 진리를 인간의 마음에 적용하심으로 하나님의 말씀을 유효하게 역사하도록 만드시는 것입니다. 이렇게 해서 말씀의 권위가 신자들에 의해 인식됩니다. 성령은 이 권위를 증거하시나 성경에 권위를 돌리시지는 않습니다. 토마스가 설명한 대로, "성령은 권위를 구성하는 것이 아니라 오히려 그 권위를 증거 한다".

기록된 말씀의 신령한 권위는 "참된 기독교의 두드러진 표시"이며 참된 기독교 교육에 적합한 커리큘럼의 유일한 기초입니다. 하나님의 말씀을 최종적 핵심으로 받아들이지 않고 그것을 간과해 버리는 교육은 복음주의 기독교 교육이 아닙니다. 기독교 교육에 있어서 성경의 계시를 최종적 권위로 삼지 않으면, 학생들은 제각기 진리를 탐구하기 위해서 사상들의 복잡한 미로를 따라 자신의 길을 찾아 나가도록 방치되고 맙니다. 성경은 "하나님과의 조우의 근원을 유효화하고 평가하는데 사용되는" 자원들 중에 하나의 자원이 아니라, 그 이상의 것입니다. 오히려 성경은 기독교 교육에 있어서 유일한 권위 규범입니다. 성경은 기독교 교육의 토대요 기초입니다. 교회학교 교사들은 하나님의 성경적 계시를 최종적이며 궁극적인 권위로 받아들이는 만큼 하나님의 기록된 말씀을 기독교 교육의 지도적 원리들의 주요한 근원으로 받아들여야 한다는 결론이 됩니다. 교회학교 교사들이 이성, 경험, 혹은 인간이 만든 교육제도와 같은 근원으로부터 교육원리를 빌려올 때 잘못됩니다. 하나님의 독특한 계시인 성경만이 교육원리를 추리해 내야할 독특한 근원입니다. 르바는 여기서 탈선 할 때에 기독교 교육의 영적 실제(reality)의 결핍을 초래한다고 개탄했습니다. "우리들의 복음주의적 교육이 생명과 능력과 실제성을 결핍하는 가장 큰 이유는 우리가 하나님의 제도를 발견하는 대신에 인간의 제도를 빌려오는 데 만족해 왔기 때문이다. 세속적인 교사들은 하나님의 영에 의해서 전달되는 하나님 말씀의 유일한 계시에 핵심을 두지 않는다. 그러나 우리의 독특한 내용은 독특한 법을 요구 한다".

복음주의 교사들이 세속교육을, 원리들의 근원으로 받아들일 수 없는 것은 세속교육이 신자들에게 궁극적 권위인 말씀과 상반되는 경우가 많기 때문입니다. 세속적 교육제도는 흔히 실용주의 경험주의 및 자연주의와 같은 비성경적 철학의 기초 위에 근거하고 있습니다. 원리가 충돌하고 어긋날 때는 교회학교 교사들은 자신들이 규정한 원리들이 성경으로부터 나왔는지, 성경과 일치하는

지 확인하기 위해서 신령한 근원으로 돌아갈 필요가 있습니다. 성경은 교육에 관한 교재는 아닙니다. 그러나 성경은 교육 철학과 교육 방법을 볼 수 있는 통찰력을 내포하고 있습니다. 학생과 교사와 교육 내용과 환경을 만드신 분이 하나님이신 만큼 기독교인들은 유효한 교육개념을 얻기 위해 잘못을 저지르는 세속주의자들에게 유의할 것이 아니라 하나님과 하나님의 말씀에 유의해야 합니다.

교육의 근본 내용으로서의 성경

성경은 기독교 교육의 권위이기 때문에 교육원리들의 근원입니다. 그러면서도 성경은 또한 기독교 교육의 필수 내용입니다. 자유주의 종교 교육자 바우어가 인정했듯이 종래의 종교교육은 내용의 위치를 너무 소홀히 다루어 왔습니다. 하나님의 기록된 말씀의 내용이 중요한 이유는 그것이 인간에 대한 하나님의 뜻을 알려주기 때문입니다. 인간들은 성경을 통해서 살아계신 하나님과 직접적이며 개인적인 접촉을 하기 때문에 기독교 교육은 성경의 내용과 관련되어 있습니다. 이런 이유로 기독교 교육은 전수적(transmissive)입니다. 교회학교 교사들은 가르칠 책과 전달할 하나님의 신령한 말씀과 알릴 기록된 계시를 가지고 있습니다. 하나님의 진리는 경험 있는 교사들이 이끌어내야 할 만큼 인간 본성의 깊은 심층에 숨겨져 있는 것이 아닙니다. 하나님의 진리는 또한 배자(胚子) 형태로서 적절한 환경 밑에서 개발될 것을 대기하고 있는 것도 아닙니다. 하나님의 진리는 성경에서 분명히 볼 수 있는 대로, 전수적인 교육을 통해서 영속화 되어야 합니다(출10:2, 신6:6~9,20,31:11~13,시78:2~7,24:27,32,행8:4,28:31,딤후 2:2,3:15). 중생하지 못한 자는 하나님의 진리를 조금도 모릅니다. 그들의 종교적 개념은 죄로 인해 오염되었으며, 그들은 하나님의 진리에 대한 소경들입니다(롬1:19~32,고전2:6~14). 그러므로 길과 진리와 생명이신 그리스도를 그들이 알고자 한다면 이 진리를 그들에게 전수해 주는 일이 있어야 합니다.

성경은 하나님과 하나님의 인간과의 관계에 대한 진리의 진술이나 제시를 내포하고 있는 까닭에 "제시적(提示的)"입니다. 이와 같은 제시들은 교과서 형태로 조직적으로 기록된 것이 아니라 성경에 기록된 경험들과 관련된 것입니다. 하나님께서 자기를 인간에게 제시하시면서 동시에 자기의 인격 속성 또는 목적에 관해 다소 제시하시지 않는다는 것은 있을 수 없는 일입니다. 성경의 계시는 단지 제시적이거나 인격적인 것이 아니라 제시적이며 인격적인 것입니다. 하나님에 대한 제시적 진리는 사무엘하 7:27, 이사야 22:14, 아모스 3:7, 마태복음 11:25, 16:17절에서 볼 수 있는 대로 성경에 계시 되어 있습니다. 하나님에 관한 인격적 지식은 빌립보서 3:10절에 강조되어 있습니다. 하나님에 대한 진리와 한 위격(位格)으로서의 하나님 자신에 대한 진리가 동시에 계시 된 곳은 사무엘상 3:11,21절입니다. 전수적 성경 교육은 사상의 여러 학파에 의해 불건전하고 비현실적이라는 비난을 듣고 있습니다. 그들은 주장하기를 성경 진리의 전수는 교육을 비창조적으로 만들고 교육내용을 미리 규정된 "주어진" 내용 체제로 제한시키며 학생들의 경험과 관련성이 없는 것이라고 합니다. 그러나 신령한 권위는 인간의 창조성을 요구합니다. 성경 교육이라고 해서 흥미 있고 창조적인 모험이 되지 못할 이유는 없습니다. 인간이 이미 하나님의 진리를 발견했는데도, 진리 탐구를 계속한다면 공연히 쓸데없는 노력을 하는 것이 아니겠는가? 기독교 교육에 있어서 "주어진" 진리는 인간을 진정한 기독교의 자유로 해방 시킵니다(요 8:44). 더욱이, 기독교 진리는 생을 전환 시킵니다. 그것은 "교훈과 책망과 바르게 함과 의로 교육하기에 유익하니 이는 하나님의 사람으로 온전케 하며 모든 선한 일을 행하기에 온전케" 하는 것입니다(딤후3:16~17).

문제는 종래 교회학교 교사들이 생의 요구와 상황에 대한 성경의 관련성을 항상 지지해 주지는 못했다는 점에 있습니다. 종교 교육자들이 전수주의에 대해 반박해 온 이유는 그것이 코우가 보았듯이, 죽은 정통을 초래하거나 죽은 정통과 동일한 것으로 보였기 때문입니다. 이런 비난에 대해 많은 기독교 교육자들은 잘못을 인정해야 합니다. 전수주의가 자주 죽은 정통을 초래하는 이유는 성령의 능력도 없이 단지 하나님의 진리만을 전수하려고 해왔기 때문입니다. 성경의 진리를 단순히 지적으로만 습득했다고 해서 영적인 생활이 보장되는 것이 아닙니다. 진리는 학생들의 생활의 일부가 되어야 합니다. 그러나 이것은 오로지 성령의 내면적 역사로서만 가능합니다. 전수적 교육은 성령의 임재와 역사로 말미암아 확고한 능력을 지니고 있습니다. 전수교육이 효과가 없다고 해서 교사들이 성경의 내용을 버려서는 안 됩니다. 오히려 하나님의 영의 능력과 위력으로 성경의 내용을 가르치려고 해야 하는 것입니다. 여기서 권위적인 내용과 개인적인 경험에 관해 두 가지 극단적인 사상이 드러납니다. 종교 교육자들 중에는 주제의 습득을 강조하는 자가 있는가 하면 그와 반대로 학생들의 발달에 역점을 두는 자도 있습니다. 대개 전자는 전통적 전수주의라고 하고 후자는 진보주의라고 합니다. 전자의 경우 내용을 매우 중시하여 학생들이 주제를 암기하면서 정신적으로 그것을 이해하며 그것을 글로 써서 교사에게 다시 내놓을 때에야 비로소 학습이 이루어졌다고 봅니다. 이 견해에 따르면 기독교 교육의 목표는 성경의 사실들과의 친숙에 있습니다.

한편 세속주의 교육자들과 자유주의 종교 교육자들은 학생들의 경험이 교과과정의 핵심이 되어야 한다고 믿습니다. 이런 교육자들은 학생들의 요구에 면밀한 관심을 기울인 나머지 고정된 내용을 교과과정으로부터 배제하는 경향이 있습니다.

이 극단적인 입장 중에 그 어느 하나도 성령에게 적당한 위치를 드리지 않고 있습니다. 빈곤한 전통주의적 기독교 교육은 학습을 초래하는 전수된 주제의 위력을 과신함으로써 교육과정에 있어서 성령의 역사를 소홀히 취급하는 경향이 있습니다. 반면에 진보주의는 교육과정에 있어서 성령을 불필요하게 생각할 정도로 학생들의 경험만을 지나치게 강조합니다. 이 양자는 모두 그릇된 견해입니다. 내용이나 경험 중 그 어느 것을 삭제 또는 축소 시킬 때에 무리가 옵니다. 복음주의 기독교 교육은 성경을 교과과정의 기본으로 보면서도 내용과 경험을 모두 필요한 것으로 여깁니다. 경험은 학습 과정에 있어서 성령의 지도로 이루어지는 상호 작용의 수단입니다. 세속교육에 있어서 경험은 완전히 인간적인 것이지만 기독교 교육에 있어서 기록된 말씀과 살아계신 말씀이 학생들과 상호작용을 하는 데 경험이 관련될 때, 그 경험은 "초자연적"인 성격을 띠게 됩니다. 그러나 교육에 있어서의 경험은 올바른 토대를 가진 것이어야 합니다. 성경의 권위 있는 토대 위에 적절한 기초를 두지 않은 경험은 공허한 가식에 불과합니다. 그릇된 토대를 가진 경험은 올바른 경험이 될 수 없습니다. 이 점이 신정통주의의 오류 중의 하나입니다. 신정통주의 신학자는 하나님에 대한 지식보다 하나님과의 개인적인 경험에 더 관심을 둡니다. 이것은 좋은 점입니다. 그러나 신정통주의자는 교리적 진리를 떠나서 존재적 조우를 통해서 이런 경험을 얻고자 합니다. 따라서 그는 자기의 경험이 유효하다는 객관적 근거와 확신을 가지지 못합니다.

성경적 견해에 의하면 인간은 개념적으로 하나님을 아는 것을 통해서만 경험적으로 하나님을 알게 됩니다. 하나님에 관한 경험적 지식은 하나님에 관한 개념적 지식을 통해서만 얻을 수 있습니다. 그렇다고 해서 개념이 경험론을 반드시 보장하는 것은 아닙니다. 학생이 성령의 사역을 수용할 때에 비로소 개념론이 경험론으로 바뀌어집니다. 기독교인의 유효한 경험은 그것이 기독교 생활에로의 영적 출생과 관련된 것이든 혹은 기독교적 생활 안에서의 성장과 관련된 것이든 간에 유효한 기독교 진리를 떠나서는 얻을 수도 없고 유지할 수도 없습니다.

복음주의 기독교 교육에 있어서 교과과정은 그리스도 중심으로

(Christ-centered), 성경에 근거하며(Bible-based), 생활과 관련되어(life-related) 있는 것입니다. 교과과정이 "그리스도 중심"이란 것은 다음과 같은 의미에서 그렇습니다. 첫째, 살아계신 말씀(요 1:1)인 그리스도는 기록된 말씀인 성경의 핵심입니다. 그는 모든 성경이 촛점을 기울이고 있는 구원자요, 주님이요, 친구요. 중보자요, 재림하실 왕이십니다. 기독교란 바로 그리스도를 말하는 것이므로 모든 기독교 교육은 그리스도에 중심을 두고 그에게 촛점을 맞추어야 합니다. 둘째, 그리스도는 기독교 생활의 목표입니다. 학생들은 "범사에 그에게까지 자라며"(엡4:15), 그를 알며(빌3:10), 그의 형상을 본받으며(롬8:29), 그 안에서 성숙해야(골1:28)합니다. 복음주의 교사들은 그리스도의 형상을 목표로 삼고 학생들을 거기까지 인도하고자 합니다. 셋째, 그리스도는 교회학교 교사들에게 능력의 근원입니다. 그들은 영적 생활의 지속과 은혜로운 능력 부여와 신령한 능력을 받기 위해 그리스도를 바라보아야 합니다. 그리스도 안에서만 "그의 힘의 강력"(엡1:19)을 알 수 있습니다. 교과과정이 "성경에 근거한다"는 것은 성경이 기독교 교육의 기본 내용이기 때문입니다. 모든 교과과정의 재료와 활동은 성경의 진리에 충실한 것으로서 성경적 진리의 토대 위에 똑바로 근거해야 합니다. 성경은 전수해야 할 "주어진" 내용 체제입니다. 그것은 모든 복음주의 기독교 교육의 "기초"입니다. 교과과정이 생활과 관련되어 있다는 것은 성령의 교육 사역을 통해서 성경의 내용이 학생들의 경험과 관련지어져서 그것이 경험의 일부로 화하여 버린다는 점에서 그렇습니다. 성령은 그의 교육 사역을 통해서 학

생들의 머리와 마음을 조명하여 말씀을 그들에게 적용 시키십니다. 성경 교육은 학생들로 하나님의 말씀을 알고 느끼고 행하도록 하며, 성경의 진리를 배워 그대로 생활하도록 하며, 주 예수 그리스도를 개인적으로 깊이 알고 사랑하도록 도와주는 일에 관심을 두어야 합니다. 기독교 교육의 재료와 내용 면에서 성경 내용과 학생들의 경험을 적절히 고려해야 합니다.

성경적 내용의 위치를 강조하는 성경 구절들이 많습니다. "청년이 무엇으로 그 행실을 깨끗케 하리이까 주의 말씀을 따라 삼갈 것이니이다"(시119:9). "내가 주께 범죄치 아니하려 하여 주의 말씀을 내 마음에 두었나이다"(시119:11). "주의 말씀은 내 발에 등이요 내 길에 빛이니이다"(시119:105). "많은 사람이 모여서 문 앞에서라도 용신 할 수 없게 되었는데 예수에서 저희에게 도를 말씀하시더니"(막 2:2). "시몬 베드로가 대답하되 주여 영생의 말씀이 계시매 우리가 뉘게로 가오리까"(요6:68). "나는 아버지 안에 있고 아버지는 내 안에 계신 것을 내가 믿지 아니 하느냐 내가 너희에게 이르는 말이 스스로 하는 것이 아니라 아버지께서 내 안에 계셔 그의 일을 하시는 것이라"(요14:10). "네가 이것으로 형제를 깨우치면 그리스도 예수의 선한 일군이 되어 믿음의 말씀과 네가 좇은 선한 교훈으로 양육을 받으리라"(딤전4:6). "절제하며 미쁜 말씀의 가르침을 그대로 지켜야 하나니 이는 능히 바른 교훈으로 권면하고 거스려 말하는 자들을 책망하게 하려 함이라"(딛1:9). 다음의 구절들은 기독교인의 경험의 위치를 역설하는 구절들인데 이 구절들의 여러 곳에 나타나는 행한다는 말을 주목해보라. "에스라가 여호와의 율법을 연구하여 준행하며 규례를 이스라엘에게 가르치기를 결심 하였었더라"(스7:10). "그러므로 이 명령 중에 지극히 작은 것 하나라도 버리고 또 그 같이 사람을 가르치는 자는 천국에서 지극히 작다 일컬음을 받을 것이요 누구든지 이를 행하여 가르치는 자는 천국에서 크다 일컬음을 받으리라"(마5:19). "내가 너희에게 분부한 모든 것을 가르쳐 지키게 하라 볼지어다 내가 세상 끝날까지 너희와 항상 함께 있으리라"(마28:20). "사람이 하나님의 뜻을 행하려 하면 이 교훈이 하나님께로서 왔는지 내가 스스로 말함인지 알리라"(요7:17). "너희가 이것을 알고 행하면 복이 있으리라"(요13:17). "너희가 나의 명하는 대로 행하면 곧 나의 친구라"(요15:14). "너희는 내게 배우고 받고 듣고 본 바를 행하라 그리하면 평강의 하나님이 너희와 함께 계시리라"(빌4:9). "너희는 도를 행하는 자가 되고 듣기만 하여 자신을 속이는 자가 되지 말라 누구든지 도를 듣고 행하지 아니하면 그는 거울로 자기의 생긴 얼굴을 보는 사람과 같으니 제 자신을 보고 가서 그 모양이 어떠한 것을 곧 잊어버리거니와 자유하게 하는 온전한 율법을 들여다보고 있는 자는 듣고 잊어버리는 자가 아니요 실행하는 자니 이 사람이 그 행하는 일에 복을 받으리라"(약1:22~25). "이러므로 사람이 선을 행할 줄 알고도 행치 아니하면 죄니라"(약4:17).

성령과 성경의 관계는 성경 내용이 성령의 감동을 받아서 성령의 지도하에서 가르쳐지며 성령과 협력하는 교사들을 통해서 학생들에게 전달되어야 한다는 점에 있습니다. 신정통주의 기독교 교사들은 "복음 중심의"(gospel-centered) 교과과정을 주장합니다. 위코프에 의하면 교과과정은 "예수 그리스도 안에서의 하나님의 구속 역사에 관한 복음"에 중심을 두어야 하며 그리스도나 성경이나 학생들이나 교회에 중심을 두어서는 안 됩니다. 리틀도 역시 같은 견해를 가지고 있습니다. "이와 같은 교과과정은 성경의 정확한 원문보다 성경의 메시지와 목적에 더 중점을 둔다". 리틀이 이렇게 말한 것은 성경 원문에도 오류가 있다고 믿기 때문입니다. 플로어즈도 이 입장에 동의하여 교회학교 교사들은 성경을 가르칠 것이 아니라 성경의 메시지를 가르쳐야 한다고 제의했습니다. 이런 개념에 따르면 하나님의 계시 행위와 그 행위의 의미가 기독교 교육의 내용입니다. 이 견해는 다음 세 가지 이유로 결점이 있습니다. 첫째, 이 견해는 복음의 의미를 곡해하고 있습니다. 그것은 복음이란 그리스도를 믿음으로 하나님의 은총에 의해서 죄에서 구원받도록 하신 하나님의 구원계획(고전15:1~3)을 말하는 것임에도 불구하고 이 분명한 성경적 교훈을 사멸시키는 견해입니다. 이런 신정통주의적 견해는 복음의 의미를 하나님의 전체적 구원계획의 외부 역사와는 다른 어떤 것으로 만듭니다. 신정통주의자가 볼 때 복음이란 하나님의 현재적 역사들을 말하는 것으로서 하나님께서는 이런 역사 속에서 유오한 성경을 통하여 주관적이며 존재적인 조우로서 자신을 인간에게 직접 계시하십니다. 둘째, 이 견해는 권위 면에서 성경을 인간 위에 올려 놓는 것이 아니라 인간을 성경 위에 올려놓는 것입니다. 왜냐하면 성경의 독자가 성경 속에서 무엇이 하나님의 메시지를 가리키며 무엇이 그것을 가리키지 않는가를 결정해야 하기 때문입니다. 셋째, 이 견해는 성경 내용을 모호하게 합니다. 신정통주의에 의하면 성경 원문이 오류를 내포하기 때문에 성경의 메시지가 성경 원문보다 더 중요합니다. 그러나 원문이 믿을 수 없는 것이라면 그 메시지는 믿을 수 있는 것일까요? 만일 하나님께서 원본상 결함이 없는 무오한 책을 만들어 내실 수 없으시다면, 하나님의 책의 메시지가 원문보다 더 믿음직스럽다고 어떻게 확신할 수 있겠는가?

바른 성경 교육

모든 교육에는 교과서가 있어야 합니다. 아무리 유능한 교사라 할지라도 교과서가 없이는 효과적인 교육을 진행 시킬 수 없습니다. 일반교육에 국정 교과서가 있듯이 교회 교육에도 교과서가 있습니다. 교회 교육의 교과서는 성경입니다. 성경만이 기독교 교육의 유일한 교과서가 되어야 합니다. 물론 교리 책도 필요하고 신학 서적도 있어야 하고 공과 책도 있어야 하지만 근본은 오직 성경입니다. 성경을 중심으로 짜여져 있지 않은 모든 책은 참고서, 보조 자료는 될 수 있을지언정 기독교 교육의 중심 교과서는 될 수 없는 것입니다. 성경을 교과서로 삼고, 이 교과서를 잘 숙지한 후 바르게 전달하는 교사가 훌륭한 교사, 유능한 교사입니다. 아무리 재미있게 가르친다 해도 그 교육 내용에 성경이 없으면 바른 기독교 교육이라고 할 수 없습니다. 그럼에도 불구하고 요즈음의 교회 학교 현장을 돌아보면 성경이 뒷전에 밀려 있는 것 같습니다. 복음송, 율동, 시청각, 레크리에이션 등이 중심을 이루고 성경 시간은 액세서리로 끼워져 있을 뿐입니다. 그것은 마치 기독교 계통의 학교가 성격상 형식적으로 예배를 드리고 성경 시간을 끼워 넣은 것과 같습니다. 그러니 기독교 교육의 특색은 사라지고 점점 세속화 되어지므로 이것이 기독교 교육인지 일반 학교 교육인지 분간하기가 어려운 지경에 처해 있는 것입니다.

이제 교회학교 현장에서는 성경을 체계적으로 분명하게 가르치는 일이 회복되어야 합니다. 우리나라의 초대교회가 시작되던 당시에는 자기가 먹을 양식을 짊어지고 와서 보름이나 한 달 동안 계속 성경을 배웠다고 합니다. 어린이 여름성경학교에도 성경 공부가 주를 이루고 있었습니다. 이런 과정을 겪은 어린이라야 복음의 핵심을 이해하게 되고 그리스도의 인격을 배워 나갑니다. 성경이 액세서리에 불과한 오늘의 교회 교육 교과과정, 여름성경학교 교과과정, 이런 과정으로 어린이들을 복음적인 그리스도인으로 만든다는 것은 어려운 일이 아닐 수 없습니다. 이런 성경 교육은 어린이들을 교회의 회원으로 만들 수 있을는지는 모르나 참 그리스도인의 삶을 살도록 도울 수는 없을 것입니다. 교회학교의 교육은 이제 성경으로 돌아가야 합니다. 성경만이 모든 커리큘럼의 중심이 되어야 하고 교회 행정의 중심이 되어야 합니다. 성경을 교회 교육의 중심이 되도록 하기 위해서는 성경을 가르치는 교사들의 실력과 자세가 향상되어야 하며, 성경에 붙잡힌 사람(행18:5)이 되어야 합니다.

하나님의 말씀에 붙잡힌 성경 교사가 되기 위해서는 성경을 바로 알아야 하고 정확하게 알아야 합니다. 성경은 역사서는 아니지만 역사에 충실 하고 있으며, 과학서는 아니지만 과학적입니다. 그런데 성경 교사들이 이러한 사실들을 놓쳐버리고 동화식으로 모든 내용을 전달하고 있습니다. 성경의 역사성과 시대적 배경을 전혀 고려하지 않고 있다는 것입니다. 그 구체적인 예를 몇 가지 들어봅니다. • 노아의 홍수 사건을 말하면서 사람들이 전봇대 위로 올라갔다고 합니다. 다른 배와 군함들까지 모두 침몰을 당했는데 노아의 방주만 무사했다고 합니다. 당시에는 전봇대도 없었고 군함도 없었음을 알아야 합니다. • 니고데모가 밤중에 예수님을 찾아가면서 손전등을 들고 갔다고 합니다. 손전등이 발명된 것은 천년 후의 일입니다. • 일전에 모 교단에서 발행된 여름성경학교 교재에 솔로몬이 성전을 건축하고 낙성식을 하는 내용이 나옵니다. 그때 성전에서 예배드리던 사람들이 속삭이는 말에 철이 엄마, 영이 엄마라는 이야기들이 나왔습니다. 당시 낙성식에 참여한 사람들은 유대인이었지. 한국인이 결코 아닙니다. 아무리 학생들에게 성경 내용을 전해 주려고 친근한 호칭들을 사용했다고는 하지만 이런 식의 성경 교수는 곤란합니다. 성경을 가르침에는 역사적인 철저한 고증이 필요하며 교사들은 이런 면에까지 공과 책의 내용들을 잘 살펴야 합니다. 단순히 공과 책을 전달하는 전달자로 만족해서는 안 될 것입니다. 성경을 잘 가르치기 위해서는 너무 재미있는 방법이 동원되어서도 안 됩니다. 언젠가 여름성경학교 강습회에서 설교를 시켰는데 얼마나 재미있게 하는지 참석한 교사들이 웃고 난리가 났습니다. 비행기 날아가는 소리, 따발총 소리, 바람 소리, 원맨쇼를 해가면서 설교를 했고 이를 바라보는 청중들은 좋은 교사, 좋은 어린이 설교자라는 생각에서 우뢰와 같은 박수를 쳐주었습니다.

이런 재미있는 설교가 좋은 설교인가? 청중들을 실컷 웃긴 그 교사는 좋은 설교자인가? 결코 좋은 설교라고 할 수 없습니다. 이 설교의 최고의 단점은 재미에 있었고, 그 설교자의 결점은 원맨쇼에 있었습니다. 장년 설교도 그렇지만 어린이 설교 역시도 흥미성이 간과될 수는 없습니다. 그러나 지나친 흥미, 부흥사들의 원맨쇼적인 설교가 그 순간은 재미있고 감동을 받는 것 같으나 그것이 얼마 못감을 우리는 체험적으로 알고 있습니다. 교사들이 내용 전달보다 동작 중심으로 되어버리면 학생들은 그쪽에 더 관심이 많아집니다. 그들은 내용을 되새기고 마음에 받는 것이 아니라 교사들의 성대 묘사, 손짓, 발짓 얼굴 표정에 더 주목하므로 말씀을 놓치게 됩니다. 교사들이 성경을 바르게 가르치는 최고의 요령은 뭐니뭐니해도 성경의 핵심을 정확히 전달해 주는 것입니다. 교회학교 교사들은 성경을 그대로 전달하려고 합니다. 아브라함을 전해 주고 모세의 이야기, 바울의 이야기를 들려줍니다. 그들은 틀림없이 성경 공부를 시키고 있습니다. 그리고 이것이 성경 교육이라고 생각해 버립니다. 성경 이야기를 들려 주었으니 이것이 성경 공부요 설교라고 단정해 버리는 것입니다. 어쩌면 여기에 더 큰 문제가 숨어 있습니다. 성경 이야기를 들려주면서도 복음이 전달되지 못하는 경우들이 왕왕 있기 때문입니다. 그저 아브라함의 일생이나 흥미진진한 홍수와 방주의 옛 이야기만 전달 되어지고 있습니다. 이것은 성경 공부가 아님을 알아야 합니다. 성경 이야기와 설교, 성경 동화나 성경 공부는 확연히 다릅니다.

성경 이야기는 성경 속의 여러 사실들을 내용 그대로 재미있게, 현대 아동들에게 맞도록 들려주기만 하면 됩니다. 그러나 설교나 성경 공부는 이런 수준에서 머물면 안 됩니다. 설교는 복음을 전달하는 것이 되어야 합니다. 아브라함이 하나님을 잘 믿어 축복을 받았다는 것은 성경 이야기입니다. 이런 이야기를 들으면서 하나님을 잘 믿으면 축복을 받는 것이구나 하고 아동들은 느끼게 될 것입니다. 이것은 단순히 학생들에게 성경 위인전을 말해 주고 있는 것에 불과합니다. 성경 공부 시간이라면 이런 수준에서 한 걸음 더 올라서야 합니다. 학생들로 하여금 아브라함을 넘어 아브라함이 믿고 신뢰했던 하나님을 배울 수 있도록 해야 합니다. 사람이 하나님을 믿어 축복을 누리는 것으로 끝날 것이 아니라 축복을 주시는 분, 하나님을 만날 수 있도록 도와야 합니다. 모든 성경 공부에 언제나 하나님이 주 예수 그리스도가 성경 학습 내용의 중심이 되어야 할 것입니다. 학습 내용의 중심은 사람이 아니라 하나님이어야 합니다. 그래야 어린이들은 교회에 와서 하나님을 만나고 주 예수 그리스도를 체험하고 돌아갑니다. 하나님의 성품, 속성, 계획, 섭리 등에서 모든 성경 인물들이 이해될 수 있도록 도와야 학생들은 하나님이 어떤 분이신지 알게 되며 그분과 함께 동행의 삶을 살아갑니다. 그렇지 않으면 성경의 주요 인물만 배우게 될 것이고 그 인물들이 이상적인 인간상이 되어버립니다. 어린이들은 사람을 마음에 품게 됩니다. 그러나 아브라함이나 모세, 여호수아, 다윗, 솔로몬, 이사야... 등등. 성경의 인물들은 어린이들에게 힘을 주거나 능력을 주지 못합니다. 그들은 지금 우리 곁에 있지 않습니다. 천국에 있을 뿐입니다. 성경 인물이 가르침의 주요 내용이 되어버릴 때, 어린이들이 아브라함처럼, 요셉처럼 정직한 삶을 살지 못하는 경우 좌절하기 쉬우며 낙심해 버립니다. 성경의 인물이 중심되는 교육을 받은 사람들에게 나타나는 자연적인 결과입니다. 만약 어린이들에게 하나님 - 주 예수 그리스도를 중심한 성경 교육을 시켰다면 그들은 쉽게 낙심하지 않습니다. 넘어졌다가도 발걸음을 인도하시는 하나님, 함께 동행 하시는 예수 그리스도를 보게되고 그분과 함께 일어나 행진하게 됩니다.

오늘 기독교 교육의 문제는 성경 이야기 시간이 부족한 데 있지 않습니다. 어린이들에게 성경 말씀을 가르쳐 주지 않는 데 있지 않습니다. 설교에도 성경 구절, 시청각에도 찬송에도 성경 구절이 가득차 있습니다. 공과에서도 주된 내용이 성경입니다. 그럼에도 불구하고 어린이들이 복음을 접하지 못하고 있는데 더 큰 문제가 있는 것입니다. 성경에서 복음을 빼버리면 그것은 신앙 위인들의 전기 책이요. 착하게 살라는 교훈 책입니다. 복음을 빼버리면 모세오경은 이스라엘 삼국지에 불과할 뿐입니다. 어린이들에게 복음을 전해 주어야 합니다. 단순한 성경 위인전이 아니라 그들에게 복음을 전해 주고 그리하여 예수 그리스도의 사람으로 자라나도록 도와주어야 합니다. 교회로 나오는 어린이들이 배우고자 하는 것은 아브라함이나 모세나 바울이 아닙니다. 그들이 바라보고 신뢰했던 예수 그리스도이십니다. 그분과 어린이들을 연결 시켜 주는 것, 그것이 교회학교 교사인 그대가 해야 할 유일한 일임을 명심해야 할 것입니다.

교사의 성경 지식

한때 프랑스에 유학을 갔던 청년의 이야기부터 해보자. 이 청년은 프랑스 문학을 전공하기 위해 명문 소르본느 대학에서 공부하였습니다. 그런데 유학이란 것이, 공부 자체가 주는 어려움도 있었지만 경제적인 어려움은 더 견디기 힘들었습니다. 대학이 방학에 들어가고 휴가철이 되자 사람들은 휴가를 떠났습니다. 그때 마침 우리나라에서 한 무리의 통상사절단이 독일에 갔다가 프랑스를 들르게 되었는데, 프랑스의 사적지를 비롯해서 관광을 즐길 만한 곳을 안내해 줄 사람을 찾게 되었습니다. 이 이야기를 들은 유학생 청년은 안내자로 자원하였습니다. 사실 그가 프랑스에서 가본 곳이라고는 파리시의 에펠탑 부근과 소르본느 대학 부근의 마을들뿐이었습니다. 그러나 학비를 마련하고자 하는 단순한 생각에서 여행자들을 인솔하여 관광을 떠났습니다. 그는 차 안에서 관광지를 소개하는 팜플렛을 열심히 들여다보았고, 관광지에 도착해서는 팜플렛의 내용을 외워댈 뿐이었습니다. 그 누구의 질문에도 자세히 설명하지 못하고 오직 팜플렛에 담긴 것만 말해 주었습니다. 때때로 사적지에서 유래에 관한 질문이 나오게 되면 땀 흘리며 얼버무렸습니다. 이렇게 되니 여행자들은 관광을 했다고 할 수 없게 되었고 안내했던 청년도 고생밖에 얻은 것이 없었습니다. 혹시 당신도 이와 같은 경험을 한 적은 없는가? 한 번도 가본 일이 없는 곳으로 아이들을 인솔해서 소풍을 떠났다든지 견학을 하지 않았는가? 우리는 자신이 가본 일이 없는 장소로 다른 사람들을 인도할 수가 없습니다. 그리고 만일 인도 한다 손치더라도 그것은 함께 가면서 '설치는 것' 이상이 되지 않으며 어려울 뿐입니다. 교사가 아이들에게 공과를 가르치는 일에 있어서도 이 상황은 그대로 적용되는 것입니다. 다시 말한다면, 교사는 공과 교재를 다루지만 그가 취급하는 것의 결국은 성경인데, 교사가 성경에 대한 지식이 부족할 때 아이들에게 바르게 성경을 가르칠 수는 없는 것입니다.

(1) 성경을 모르는 교사들

성경을 아는 것은 교사의 일입니다. 교사의 고유 업무를 위해서 성경 지식은 필수적인 것이라고 콜슨(H. P. Colson) 박사는 강조하였습니다. 그는 말하기를 "교사는 자신이 맡고 있는 아이들을 잘 알도록 힘을 기울이며, 또한 가르치는 기술을 익히려는 것만큼 성경 지식을 갖기 위해 노력해야 한다"고 하였습니다. 에지(F. B. Edge) 박사는 이렇게 묻고 있습니다. "초등부 아이들에게 죄와 구원에 대하여 무엇을 가르쳐야 할 것인가?" 이 질문에 당신은 뭐라고 대답할 수 있을까? 대답은 오직 한 가지로, 성경이 가르치는 죄와 성경이 말하고 있는 구원을 가르쳐야 할 것입니다. "성경에서 죄를 뭐라고 합니까?" "성경은 구원에 대하여 어떻게 이야기합니까?" 이 두 가지 질문에 대하여 당신은 얼마만큼 말해 줄 수 있는 자신이 있는가? 대답해 주고 싶어도 성경을 확실히 알고 있지 못하면 바르게 알려 줄 수가 없는 것입니다. 교사는 필연적으로 그가 아는 성경 지식에 근거해서 가르쳐 줄 수밖에 없기 때문입니다. 일찍이 크리소스톰(J. Chrysostom)은 말하기를, "성경을 모르는 것이 우리의 모든 죄의 근본이다"라고 하였는데, 교사들 가운데는 성경을 모르는 이들이 너무 많이 있습니다. 콜맨(Lucien E. Coleman) 박사는 1979년에 출판된 그의 책 「어떻게 성경을 가르치는가」(How To Teach The BIBLE)에서, "사실상 미국 교회 안에는 성경대로 산다고 주장하면서도 복음서의 이름 또는 구약성경에 등장하는 이들 선지자들의 이름을 제대로 모르는 수백 명의 사람들이 있다"고 썼습니다.

콜맨 박사의 말처럼 우리나라 사정은 어떠한가를 알아보면 우리 교회학교의 교사들이 성경에 너무 무지해 있다는 사실을 발견하였습니다. • 성경 총론의 질문에서 모세오경의 이름들은 알고 있지만 역사서를 구성하고 있는 12권의 이름은 모르는 이들이 대부분이었습니다. • 성경의 내용 이해에 대한 질문에서 민수기에 담겨 있는 내용을 어느 정도라도 바르게 아는 이들이 극히 적었습니다. 민수기는 이스라엘 백성들이 시내 광야에서 인구조사를 하는 것을 시작으로 가나안 땅을 분할 하는 내용까지 다루고 있는데 이를 출애굽기로 오해하고 있는 교사들이 많았습니다. • 흔히 유명한 장이라고 이름 붙일 수 있는 십계명장, 팔복장, 산상보훈장, 사랑장 중에서 십계명이 출애굽기 20장임을 확실히 말하는 이들이 드물었습니다. • 사람과 시대를 구분하는 질문에서는 나다나엘을 구약시대의 선지자로 알고 있는 이들도 꽤나 많았습니다. • 신학적인 질문으로 '구원의 선행조건으로 믿음이 우선하는가, 회개

가 우선되어야 하나'의 질문에서도 대부분의 교사들이 머뭇거리
며 당황해 하였습니다.

사도 바울은 젊은 종 디모데에게 이렇게 권고하였습니다. "네가
진리의 말씀을 옳게 분변하며 부끄러울 것이 없는 일꾼으로 인정
된 자로 자신을 하나님 앞에 드리기를 힘쓰라"(딤후2:15). 이 말은
모든 교사들이 받아야 할 권면의 말씀입니다. 진리의 말씀을 옳게
분별하는 것이야말로 교사의 좌우명이 되어야 합니다. 공과 교수
를 준비하는데 있어서 그 어떤 것도 성경 지식을 대신 할 수는 없
습니다. 교사는 가르치는 기술에 대해 연구하기에 앞서 성경을 공
부하는데 전력 투구해야 하겠습니다. 성경을 모르고서 어떻게 성
경을 가르칠 수 있는가? 앞에서도 인용한 바 있지만, 콜슨 박사의
말은 우리에게 경고가 될 것입니다. "우리 교사들이 성경을 소홀히
생각하거나 서툴러서 잘 사용 하지 못하면 우리가 알고 있는 진실
한 신앙과 영성이 크게 쇠퇴하는 큰 원인이 될 것이다".

(2) 교사 자격의 우선되는 조건

별 의미 없이 읽을 수 있는 예수님의 비유지만 교사의 가르치는
일에 있어서는 황금률인 말씀이 있습니다. "소경이 소경을 인도할
수 있느냐 둘이 다 구덩이에 빠지지 아니하겠느냐"(눅6:39). 예수
님께서는 바리새인을 책망하실 때도 똑같이 말씀하셨습니다. 그
렇습니다. 소경은 소경뿐 아니라 그 누구도 인도할 수 없는 것입니
다. 성경에 대하여 소경인 교사가 어떻게 아이들을 성경의 세계로
인도 할 수 있겠는가? 만일 성경에 해박하지 못한 교사가 아이들

에게 성경을 잘 가르치기를 희망한다면 그 자신부터 성경을 배우도록 해야 할 것입니다. 어린이들이 교회학교에 나오는 이상, 그들은 하나님의 영원한 진리의 튼튼한 반석 위에 그들의 다리를 펼치고 설 수 있어야 합니다. 그리고 그들이 이렇게 설 수 있도록 교사는 당연히 도와주어야 하는 것입니다. 교회학교의 아이들은 성경을 배울 권리를 지니고 있으며, 성경을 잘 알고 있는 교사로부터 배울 특권이 있습니다. 교사라면 마땅히 그들의 권리에 응해 주어야 할 의무를 갖고 있다 하겠습니다. 교사의 이 의무에 대하여 콜슨 박사는 분명하고도 격려에 넘친 권면을 하고 있습니다. "당신은 그들에게 말씀을 알도록 해야 한다. 당신은 그 메시지를 능력 있게 전해 줄 책임을 지니고 있다. 만일 당신이 아이들에게 그리스도를 알도록 지도하지 않으면 전혀 그리스도인이 되지 못할 것이다. 만일 당신이 그리스도인들에게 그들이 하나님의 말씀을 바르게 사용해서 성장하는 것을 돕지 못하면 그들은 성숙한 열매를 맺는 그리스도인이 되는 대신에 영적 성장이 저하 된다".

　　교사가 풍부한 성경 지식을 갖춘다는 것은 가르치는 자로서의 우선적인 자격이 될 것입니다. 교사의 성경 지식은 그가 담임하고 있는 아이들에게 그리스도를 알도록 해주며, 그리스도인의 삶으로 성장하도록 도와줄 수 있는 것이 됩니다. 당신은 아이들을 사랑하는가? 그렇다면 그들의 영적 성숙을 돕기 위해서라도 성경에 대한 지식을 보다 풍부하게 지니고 있어야 합니다. "일반적으로 교사가 성경에 대해 대충 알고 있으면, 아이들도 성경에 소홀해", 게티스(J. M. Gettys)가 그의 책 「성경 교수법」에서 한 말입니다. 그러므로 당신은 가르치는 일에 능한 사람이 되기보다 성경 공부에 훌륭한 학생이 먼저 되어야 하겠습니다. 교사가 성경을 공부하는 성실한 학생이 될 때 그의 학급 아이들도 좋은 학생이 되는 것입니다. 교회학교의 지도자들은 한 사람의 교사를 세울 때 성경 공부를 강조해야 합니다. 근래에는 거의 모든 교회들이 교육에 관심을 두고 있으며, 체계적인 교회 교육을 위해 투자를 많이 하고 있습니다. 그리고 신임 교사의 교육이나 교사의 연수를 위해서 훈련 프로그램을 갖고 있습니다. 교회가 교육에 관심을 기울이는 것은 바람직하나 이들 프로그램을 보면 가장 중요하게 다루어져야 할 성경 공부가 소홀히 취급되고 있음을 쉽게 발견하게 됩니다. 우리는 좋은 교사, 훌륭한 교사가 되기 위해 관심을 성경 공부로 돌려야 하겠습니다. 교회가 교사를 세우는 목적은 교회에 위임되어 있는 말씀을 전하는 것과 가르치는 일을 맡기려는 의도에서입니다. 그런데 이 일을 맡는 교사가 어린이 심리나 교육 기술 아이들의 주의를 모으는 일에 완숙하다고 해서 성경을 가르치는 교사로 적합하다고는 말할 수 없는 것입니다. 교사의 업무수행에 필히 따르는 여러 가지의 기술이나 지혜가 부족하다 하더라도 성경 지식을 갖추고 있다면 그는 자격 있는 교사라고 할 수 있습니다. 당신은 당신의 교회가 성경을 가르치는 위임수행-거룩한 책임-을 위해서 특별히 택한 사람입니다. 당신이 교회학교 교사 명찰을 왼편 가슴에 달고 있는 한 당신은 교사로서 교회의 임무를 감당해야만 하는 사람인 것입니다. 이 일을 바르게 해내기 위해서라도 당신은 성경에 대하여 해박해야 합니다. 성경을 다루는 위치에 있어서, 교사는 교회를 담임하고 있는 목사 다음의 자리에 있음을 늘 기억하고 있어야 합니다.

(3) 예수님의 성경지식

예수님은 성경에 익숙해 있으셨습니다. 그는 성경을 사랑하셨으며, 성경 안에서 사시었고, 성경으로서 자신의 생애가 인도되도록 복종하셨습니다. 그뿐 아니라 그의 가르침에서도 성경의 권위와 중요성을 늘 인정하셨습니다. 예수님께서는 신적으로 성경 계시에 능통하실 수 있으셨음에도 성경을 공부하는데 성실하셨습니다. 우리는 누가의 묘사에서 그것을 쉽게 알아낼 수 있습니다. "예수는 그 지혜와 그 키가 자라가며 하나님과 사람에게 더 사랑스러워 가시더라"(눅2:52). 예수님께서 마귀의 3대 시험을 이기신 다음에, 나사렛에서 안식일이 되자 회당에 들어가셨는데, 누가는 그것을 "자기 규례대로 회당에 들어가사 성경을 읽으려 하셨다"라고 썼습니다. 여기에서 자기 규례가 곧 습관, 버릇, 관례를 가리키는 것이라고 할 때, 예수님은 이미 어린 시절부터 안식일이면 회당에 가셨다는 증거가 됩니다. 회당은 우리가 아는 대로 성경을 배우는 학교입니다. 따라서 예수님께서 랍비들을 통해 성경을 배우셨다는 추론이 가능해지는 것입니다. 이와 같이 예수님은 어려서부터 성경에 익숙하셨습니다. 그래서, 열 두 살의 소년이었음에도 예루살렘 성전에서 랍비들과 성경을 이야기할 수 있으셨던 것입니다. 그의 성경지식은 그 당시의 랍비들로부터 인정받았습니다. 예수님의 성경지식에 대하여 리틀(Little)은 이렇게 요약하고 있습니다. "예수님은 성경에 대해 아주 익숙하여 가르치실 때에는 그것을 자유롭게 직접적으로 인용하거나 간접적으로 인용하셨으며, 예수님께서 생의 어려운 고비를 당하셨을 때 선택과 결정을 성경이 하도록 하셨다".

복음서 기자들은 예수님께서 그의 사역 중에 구약성경을 많이 인용하셨던 사실들을 보여 주고 있습니다. 그것은 그가 그만큼 성경 지식이 풍부하셨음을 증거 하는 것이기도 합니다. • 마태복음 4:1~11/ 마귀가 성경을 인용해서 시험하려 들 때 예수님께서는 구약성경의 말씀을 하심으로써 마귀를 물리치셨습니다. • 마태복음 5:17~48/ 자신이 가르치고 있는 교훈의 완전성과 구약성경의 부적절함을 대조시켰습니다. • 마태복음 15:7~9/ 바리새인과 서기관들의 외식을 지적하시면서 예수님께서는 이사야 29:13을 인용하셨습니다. • 누가복음 13:34/ 예수님의 예루살렘에 대한 탄식으로, 선지자들을 학대했던 일이 유대 역사에 많이 있었음을 폭로하셨습니다. • 요한복음 8:17~18/ 예수님께서 자신이 세상의 빛이심을 말씀하시면서 판단에 대해서는 민수기와 신명기의 예를 드셨습니다.

예수님께서는 이와 같이 구약성경에 대해 개인적으로 친숙해 있으셨습니다. 그 결과 그는 성경의 풍부한 종교적 경험과 영적 통찰력을 자유로이 활용하실 수 있으셨던 것입니다. 프라이스(J. M. Price)는 예수님께서 사역 기간 중에 스무 권에 가까운 구약성경을 인용하셨다고 하였습니다. 그의 성경 지식은 엠마오로 가는 길에 있었던 대화에서 그가 자신에 대한 구약성경을 풀어 줄 때 함께 하던 이들의 마음이 뜨거워졌던 사실에서도 나타납니다. 교사에게 있어서 필수적인 것은 성경을 아는 일입니다. 예수님께서는 교사의 성경지식에 대하여 모범을 보이셨습니다.

(4) 성경 공부를 시작하라.

공을 던지고 받기, 또한 토스(toss)를 해보지 않고서 농구를 배울 수는 없는 것입니다. 농구를 하려면 우선 구장에 들어서서 공을 던지는 일부터 해야 합니다. 마찬가지로 성경을 공부하는 것은 어떤 이론보다도 먼저 성경을 읽는 일에서부터 시작해야 합니다. 성경 공부를 희망하는 이들 가운데는 공부하는 기술에 매력을 갖는 사람들이 많은데 그것은 옳지 못한 자세입니다. 성경 공부의 권위자인 젠센(I. L. Jensen)은 말하기를 우선 성경을 읽어 내용에 통달하라고 하였습니다. 최근의 한 조사에 따르면, 교회에서 5~6년 이상 성경을 공부했어도 아직 한 번도 숙지해 보지 않은 장(chapter)이 있음을 솔직히 시인한 사람의 예가 있습니다. 그는 아마도 주제별 또는 제목별로 성경을 공부하지 않았는가 싶습니다. 젠센은 성경이 책으로서 읽혀져야 한다는 것을 강조하면서 부분적으로가 아니라 전체적으로 읽혀져야 한다고 권고하였습니다. 젠센의 성경 읽기 프로그램은 하루에 한 장씩 읽어 3년에 한 번 통독하든지 하루에 석 장씩을 읽어 1년에 한 번 통독하도록 되어 있습니다. 성경 읽기의 실제에서는 눈으로 읽기, 소리 내어 읽기, 주의하여 읽기, 되풀이해서 읽기, 전후 문맥을 참고해서 읽기를 병용하라고 젠센은 권면합니다. 읽기에 이어서 할 일이 있습니다. 그것은 숙고하는 것입니다. 즉 말씀을 묵상해야 합니다. 시편 기자와 같이 하나님께 범죄 하지 않으려는 자세로, 베뢰아 사람들처럼 말씀의 의미를 찾는 것이 묵상입니다. 우리 모두 유능한 교사가 되기 위해서 성경 지식을 쌓도록 노력하자. 그리고 지금 시작하자, 성경 공부를!

성경 공부의 기본 도구 1

(1) 목수와 목공소의 도구들

아이들은 비교적 목수나 목공소에 대하여 친밀한 감정을 지니고 있습니다. 그것은 아마도 어려서부터 예수님에 대한 이야기를 들을 때 요셉과 그가 하던 목수 일의 이야기를 들었기 때문일 것입니다. 성경에는 예수의 아기 때로부터 열 두 살까지의 소년기에 대해 상세히 알려 주는 기록이 없습니다. 예수의 아버지 요셉은 당시에 목수의 직업을 갖고 있었으므로, 당연히 예수는 아버지의 목수 일을 거들었으리라는 추측이 일반적입니다. 또한 우리는 그렇게 믿고 있습니다. 더구나 예수님의 어린 시절을 다루고 있는 서양의 이야기 책들은 대부분 예수님께서 회당학교에 다니시기도 했던 소년 시절에 아버지를 도왔다는 이야기를 쓰고 있습니다. 그리고 목수인 요셉의 그림이 삽화로 꾸며져 있는 것입니다. 당신은 목공소에 가본 일이 있는가? 목공소에는 나무를 자르고 다듬는데 사용되는 도구들이 많이 있습니다. 목수의 말을 빌리면, 목재소에서 켜온 나무로 아이들이 앉을만한 걸상을 하나 만들려고 해도 열 대여섯 가지의 도구들이 목수의 손을 거쳐야 한다는 것입니다. 이들

도구는 흔히 있어야 하는 톱을 시작으로 마지막에 손질하는 사포
(sand paper)에까지 이릅니다. 목수가 사물함을 만들고자 하면
이들 도구들이 모두 갖추어져 있어야 합니다. 그뿐만 아니라 그가
마련된 도구들을 잘 다룰 줄 알아야만 좋은 물건을 만들어 낼 수
있는 것입니다. 그는 도구들이 지닌 각각의 성질과 쓰이는 용도를
알고 있어야 하며, 효과적으로 사용하는 기술도 익혀 두어야 하는
것입니다. 도구를 마련하고, 도구를 사용하는 기술이 어디 목수에
게만 필요하랴! 교사를 목수에 비유한다면, 교사야말로 성경이라
는 재목을 가지고 신령한 집을 짓는 사람이라고 하겠습니다. 그러
므로 교사가 성경을 가지고 공과를 준비해서 교수-학습을 계획하
는 데에는 목수 이상의 도구들이 있어야 합니다.

(2) 교사와 성경 공부의 보조 자료

성경은 그저 읽어 줌으로써 가르칠 만한 책이 아닙니다. 교사가
학습을 준비한다는 것은 사실, 수업의 준비보다는 교사 자신의 성
경 공부에 그 의미가 있습니다. 당신이 성경을 최초로 읽게 되었던
때를 기억해 보라. 성경은 고전문법과 한문체로 되어 있어, 한 구
절 한 구절에 주석이 필요한 책인 것입니다. 또한 문단 구성이 복
잡하기 그지없어서 몰두하여 읽지 않으면 내용을 제대로 파악할
수 없게 되어 있습니다. 한문으로 된 낱말을 찾으면 보통 사용하지
도 않는 희귀한 문자도 있어 이런 글자도 있었나 하고 의아 해 할
때도 있습니다. 그러므로 오늘날 우리가 사용하고 있는 개정판 한
글 성경은 고전 작품에 속한다고 볼 수 있을 것입니다. 문법, 표현

양식이 19세기의 것이기 때문입니다. 그러니 현대를 살아가는 우리들이 읽기에는 여간 어려운 것이 아닙니다. 따라서 교사는 성경을 읽거나 공부(study)한다고 할 때 이해를 도와 줄 수 있는 자료를 갖추어야 하겠습니다. 학습 준비를 위해 성경 공부를 하는 교사에게 필요한 자료들에는 무엇이 있겠는가? 이에 대하여 어빙 젠센(I. L. Jensen)은 보수주의적인 입장에서 쓰여진 주석을 갖추라고 권면하였습니다. 주석은 성구의 각 절을 해석해 놓은 것입니다. 주석이란 이름 그대로 낱말이나 문장의 뜻을 알기 쉽도록 풀이해 놓은 책인 것입니다. 그러나 우리는 여러 자료들을 마련하기 전에 콜슨(H. P. Colson) 박사의 충고를 따르는 것이 좋을 듯합니다. 그는 말하기를, "교사들이 매주일 주어진 공과의 성경 본문만을 읽거나 공부하는 것은 스스로 성경의 세계를 좁히는 일이 된다"라고 하였습니다. 또한 이것은 성경의 훌륭한 교훈을 제한하는 결과를 초래한다고 하였습니다. 콜슨 박사의 가르침을 옮겨봅니다. "교사는 그에게 주어진 매 주일 공과 공부에 포함 되어 있는 성경학습보다 폭이 넓은 성경 지식 그리고 폭넓게 이해할 수 있는 기초의 마련과 풍부한 성경의 세계에 대하여 충분한 보급이 되어 있어야 한다". 간단히 간추리자면, 공과 학습을 위해서 교사가 필요로 하는 분량보다, 더 많이 성경을 알고 있으며, 성경 본문의 이해에 대한 폭이 넓으며, 풍부한 배경을 알고 있는 까닭에 성경 본문을 충분히 공부하게 된다는 것입니다. 그렇습니다. 교사는 자신이 알고 있는 성경 지식 이상으로 가르칠 수 없습니다. 이 말은 교사가 성경을 많이 알면 많이 아는 만큼 그 주일의 성경 공부를 훌륭하게 진행할 수 있다는 것입니다.

(3) 성경 공부의 제1차적 자료

성경은 성경으로 해석해야 합니다. 성경을 말할 때는 성경으로 말하도록 하라는 말이 있습니다. 그것은 성경은 성경으로만 바르게 이해될 수 있기 때문입니다. 스크립처 유니온(Scripture Union)에 따르면, 성경 공부는 성경 읽기로부터 시작하는 것이라고 하였습니다. 스크립처 유니온에서 펴내는 '매일 성경' 책자의 표제에서도 성경 읽기에서부터 충실한 성경 공부가 된다고 하였습니다. 성경은 성경 공부의 주 자료 또한 보조 자료라고 하겠습니다. 그러므로 당신은 우선 성경 읽기를 시작함으로써 당신의 수업 준비를 위한 성경 공부의 문을 열어야 할 것입니다. 그러면 성경 읽기는 어떻게 하는 것이 효과적일까요? 여러 가지의 방법이 있겠으나 몇 가지만 소개해 봅니다. 베이틀러(Beitler)를 비롯한 세 사람이 권하는 방법부터 알아보면 다음과 같은 내용으로 성경을 읽으라고 합니다. ① 신약성경으로부터 읽기를 시작하는데 마가복음을 먼저 읽고 나머지 복음서 및 사도행전 그리고 서신서를 읽어야 할 것입니다. 요한의 계시록을 읽은 다음에 구약성경을 읽어야 하며, 구약은 편집된 순서 대로 읽습니다. ② 매일 조금씩이라도 성경을 읽도록 합니다. 이때 성경 읽기에 부담을 주는 시간이 되지 않도록 유의해야 합니다. ③ 기대하면서 열린 마음으로 읽도록 해야 합니다. 오늘 나에게 주시는 하나님의 메시지가 무엇인가? ④ 생각하면서 천천히 읽어야 합니다. ⑤ 성경을 읽는 가운데 자신의 삶과 부딪치는 구절이나 특별한 감동을 갖게 하는 구절 밑에 줄을 긋도록 합니다. ⑥ 오래 기억하고 싶은 구절은 옮겨 쓰거나 느낌을 노트하도록 합니다. ⑦ 기쁜 마음으로 성경을 읽어야 할 것입니다.

「신앙생활 백과」의 '교회 생활의 내용'에 소개된 성경 읽기의 방법은 구체적으로 성경을 어떻게 읽을 것인가에 대한 제언을 하고 있습니다. 교사에게 소중한 내용들만 간추려 보면 이렇습니다. ① 성경을 읽는 도중에 성경책에 어떤 표시를 하거나 난외에 주석을 기입 하도록 합니다. ② 매일 성경을 읽되, 하루에 십 오분 이상 읽습니다. ③ 시간을 정해서 규칙적으로 읽습니다. ④ 영적인 눈이 열려 진리를 보기 위해 항상 하나님께 기도하라. ⑤ 성경의 말씀이 자신에게 대한 하나님의 계시라고 믿고 그대로 행동으로 옮겨야 합니다. ⑥ 날마다 그날 읽은 말씀 가운데서 한 구절을 대하여 암송해야 합니다. ⑦ 조직적인 방법으로 읽습니다. 예를 들어, 주제별 또는 책별 따위로 읽어야 하겠습니다. ⑧ 성경의 각 책들이 쓰여진 목적을 파악하면서 읽습니다. 경건한(devotional) 삶을 영위하도록 돕는 '묵상의 시간'에 따른 성경 읽기도 성경 공부에 장려할 만한 방법입니다. 묵상의 시간은 성경 공부를 통해서 성경에 대한 지식을 쌓게 하고 하나님의 뜻을 알아 그에게 순종하는 생활을 하도록 인도해 줍니다. 이 방법은 성경 읽기보다 경건 생활에 초점이 있지만 더할 나위 없이 좋은 것입니다. 한편 조직적인 방법으로 성경 읽기를 해도 좋을 것입니다. 즉 책별 성경 읽기, 연대순의 성경 읽기, 주제별 성경 읽기, 귀납법적 성경 읽기가 이에 해당됩니다.

(4) 학습을 위한 여러 가지 성경

교사의 성경 공부에 도움이 되는 성경은 무엇보다도 스터디 바이블일 것입니다. 우리나라에도 근래에 여러 종류의 스터디 바이블(Study Bible)이 출간되고 있어 주석을 보지 않고서도 성경을 쉽게 공부할 수 있습니다. 톰슨 성경(기독지혜사 발행), 아가페 관주 성경, 오픈 성경(아가페 출판사 발행), 뉴 톰슨 주석 성경(성서교재 간행사 발행) 등이 스터디 바이블입니다. 이들 성경의 특징은 성경 본문의 추가된 곳에 여러 자료들을 삽입해놓고 있어 효과적으로 공부할 수 있도록 되어 있는 것입니다. 몇 가지의 유익을 꼽아보자. ① 난외에 관주를 수록하고 있어 성경 본문(요절)이 뜻하는 것을 아주 쉽게 통찰하도록 도와줍니다. ② 사람의 이름이나 지역, 장소의 이름에 대한 설명을 하고 있어서 오류 없이 이해하도록 돕습니다. ③ 이스라엘과 애굽 그리고 중동 일대의 성경 지도를 포함하고 있으므로 한층 더 이해의 폭을 넓게 합니다. ④ 성경 읽기에 충분한 성경 사전 및 성구 사전까지 갖추었으므로 성경을 효과적으로 읽게 합니다. 이 일련의 특징은 교사가 성경 공부를 하는 데 유익하게 사용되는 부분들입니다.

한편, 우리들은 성경을 읽을 때 관주를 활용하는 습관을 가져야 할 것입니다. 관주는 성경 본문의 위쪽에 작은 글씨로 성경 각 책들의 이름과 장, 절을 표시해 놓은 것인데, 이것은 서로 관련된 낱말이나 구절을 연결 시켜 놓은 것입니다. 실로 관주를 활용해서 성경을 읽으면 흥미진진한 감동을 맛보게 됩니다. 그래서 구슬을 꿰어 놓았다는 관주라는 낱말의 뜻에 어느새 동감하는 자신을 발견할 것입니다. 관주는 성경 구절의 연결된 부분들을 가리켜 주고 있으므로 말씀이 뜻하는 바를 풍족하게 이해할 수 있습니다. 이 관주는 여러 해에 걸쳐서 성경학자들이 만들어 놓은 것이므로, 우리는 관주를 활용할 때마다 그들의 수고에 감사해야 하겠습니다. 여기에서 실제로 성경 관주를 사용하여 관주의 맛을 새겨보도록 하자. 마태복음 5~7장을 가리켜서 흔히 산상수훈이라고 합니다. 마태복음 5:5에 "온유한 자는 복이 있나니 저희가 땅을 기업으로 받을 것임이요"라고 쓰여 있습니다. 이 구절에서 '온유'라는 낱말 머리에 '근'이라는 표기가 되어 있고 관주의 항목에는 '시 37:11'이라고 기록되어 있습니다. 이것은 마태복음 5:5의 말씀이 시편 37:11에서 발견된다는 지적입니다. 시편 37:11을 찾아보자. "오직 온유한 자는 땅을 차지하며 풍부한 화평으로 즐기리로다". 우리는 이 두 곳을 통해서 '온유'라는 말의 뜻을 깊이 이해할 수 있는 것입니다. 우리가 이렇게 알 수 있는 것은 오직 주만이 베푸는 유익이 아닌가!

성경 공부의 기본 도구 2

(1) 성경과 번역

성경은 본래 히브리어, 아람어 그리고 헬라어로 쓰여졌습니다. 따라서 지금 우리들이 읽고 있는 것은 본래의 성경을 번역한 사본에 지나지 않습니다. 세계성서공회라는 기관의 통계에 의하면 2022년 말 현재 성경은 3,610개의 문자로 번역되었다는 것입니다. 여기에서 우리는 성경이 각 나라의 말이나 토속적인 지방의 언어로 번역될 때 본래의 의미가 제대로 전달될 수 없다는 사실을 쉽게 추론할 수 있습니다. 같은 낱말이라고 해도, 각 나라의 문화적인 배경 차이에서 오는 본문의 의미는 본래의 것과 차이를 보일 것입니다. 이러한 맥락에서 살필 때, 지금 우리의 손에 들려진 '한글판 개역 개정 성경'에도 성경 원본과는 의미상 차이를 보이는 부분들이 있다는 점을 인식해야 할 것입니다. 더 나아가 번역상의 오류가 있지 않았는가 하는 사실도 고려해 보아야 합니다. 다시 말해서 '성경은 정확 무오한 하나님의 말씀'이라고 할 때 그 정확 무오는 성경 자체를 일컫는 말이지 '한글판 개역개정성경'을 두고 하는 말이 아닌 것입니다. 사람들은 누구도 본래의 성경을 갖고 있지 않습니다. 3,610개의 언어로 번역된 성경에서 하나를 갖고 있는 것이요, 66권으로 집대성한 성경은 사본에 의해 갖추어진 것입니다. 그러니까 본문의 의미를 보다 바르게 이해하려면 가능한 대로 여러 가지의 번역본을 읽는 것이 바람직합니다. 그러므로 성경을 공부한다는 자세에서, 우리들은 최소한 서로 비교해볼 수 있는 번역본을 지니고 있어야 하겠습니다. 우리가 손쉽게 가질 수 있는 번역본으로는, 먼저 공동 번역 성경이 있습니다. 그리고 현대인의 성경도 추천할 만한 번역본인 것입니다. 또한 개인이 사역으로 펴낸 '풀어 옮긴 현대어 성경'도 참고로 볼 만한 것입니다. 이것은 신약만 간행 되어 있습니다. 교사들 가운데는 개역개정 성경 외에 읽어서는 안 될 것이라고 고집하는 이들도 있습니다. 그들은 다른 번역본들의 단점을 들어 보수적인 신앙에 혼란을 초래한다고 생각합니다. 그러나 우리는 이 점을 문화와 언어라고 하는 입장에서 생각해 볼 필요가 있습니다. 즉, 사람의 삶이란 고정된 것이 아니라 시대의 변천에 따라서 변하는 문화권에 속해 있는 것이 사실입니다. 그래서 변화하는 시대마다 특징적인 언어가 있고, 한 시대의 사람은 그 시대만의 독특한 언어구조 속에서 살고 있는 것입니다. 그러니까 오래된 과거의 말은 지금의 말과 다를 수 있다는 것입니다. 그리고 오늘날 우리들의 말은 앞으로 도래할 미래의 언어와는 또 다른 모습일 수 있습니다.

여기에서 우리는 오늘의 언어를 생각하게 되며, 따라서 누구나 쉽게 읽으며 이해할 수 있는 통용 언어의 성경이 필요하다고 보는 것입니다. 참으로 성경을 읽어서, 보다 많은 이들이 하나님의 말씀을 들을 수 있도록 해야 합니다. 이 사실은 성경 번역을 요청하는 핵심이기도 합니다. 공동번역 성경은 1977년 부활절에 출간되어 한글판 개역 개정 성경밖에 모르던 우리에게 또 하나의 성경(?)을 선물해 주었습니다. 이 성경은 개신교와 천주교회의 합작으로 만들어진 것인데, 누구나 읽고 이해하기 쉽도록 현대의 통용어에 따라 번역된 것입니다. 공동번역본에는 성경 각 책의 이름이나 어떤 고유명사들이 많이 바뀌어져 있어 개역 성경에 익숙한 이들에게는 생소하기 그지없습니다. 그러나 공동번역 성경을 읽을 때 우리는 다음과 같은 유익을 제공 받습니다. ① 성경의 편집과정에서 내용을 요약해 주는 제목들이 본문 사이에 들어 있어 본문의 뜻을 쉽게 간추릴 수 있습니다. ② 거의 매장(chapter)마다 난외주가 삽입되어 있어서 중요한 개념 및 생소한 어휘에 대한 뜻을 쉽게 파악하게 됩니다. ③ 난외주에는 한 사건의 역사적 배경에 대한 설명,

그리고 본문에 대한 비평이 곁들여져서 스터디 바이블의 효과를 얻습니다. 그러나 지나치게 문장의 의미를 확대 설명하고, 오늘의 언어로 옮기는 과정에서 같은 의미가 소홀히 취급된 부분들도 있다는 것을 잊어서는 안 될 것입니다. 여러 번역본들을 읽어야 한다고 주장하는 근본적인 까닭은 본문을 비교해 가면서 읽을 때 그 의미를 보다 쉽고 분명하게 이해할 수 있다는 이유에서 권하는 것입니다. '한글판 개역 개정 성경'을 텍스트(text)로 삼되 새번역 성경(신약), 공동번역 성경, 현대인의 성경을 참고한다면 성경 읽기에 바르고 좋은 방법이 될 것입니다.

(2) 우리의 말과 국어사전

성경은 우리말로 기록되어 있습니다. 우리 말이란 모국어, 또는 자국어를 가리킵니다. 한국 사람에게 있어서 우리 말이란 한국어입니다. 그런데 우리들이 살아가는데 있어 모르는 말이 없는 것 같지만 성경을 읽다보면 모르는 말이 많이 발견됩니다. 참으로 신기한 일입니다. 어느 국어학자는 말하기를, "사람들은 누구든지 제 나라 말의 반도 모르고 말하며 생각하지만 불편 없이 살아간다"고 하였습니다. 당신은 우리말을 얼마나 알고 있는가? 대부분의 사람들은 자기 나라의 말을 잘 알고 있는 것처럼 여기지만 완전히 알고 있지는 못합니다. 한국 사람이라고 해서 그 많은 한국어를 다 알고 있어야 할 필요가 있을까요? 아니라고 생각합니다. 교양 있는 생활을 하는데 부족하지 않을 정도만 알고 있어도 좋다고 봅니다. 그러나 외국어를 아는 만큼 모국어(country language)를 모른다면, 그것은 부끄럽기 그지없는 일인 것입니다. 성경을 읽다보면 분명히 우리 말인데도 그 뜻을 알지 못하는 낱말이나 어구가 있습니다. 또한 전혀 희귀한 한자어의 합성으로 만들어진 낱말들도 더러 발견되는 것입니다. 이러므로 국어사전에 힘입지 않고서는 명확하게 뜻을 파악할 수 없는 것입니다. 한편, 우습게도 자주 사용하는 낱말이 본래의 뜻과는 정반대로 쓰여지는 경우를 확인하기도 하는 것입니다. 새 우리 말 큰 사전을 엮은 신기철, 신용철에 따르면, "국어사전이란 전혀 모르는 말을 찾아 알기 위한 것이기도 하거니와 또 자기가 알고 있다고 생각하는 낱말이라 할지라도 그 뜻이나 용법을 확인 하기 위하여 찾아볼 필요가 있는 것"이라고 합니다. 덧붙인다면, "한글판 개역 개정 성경"에는 보통 생활에서 사용하지 않는 낱말들이 있으므로 국어사전을 사용해서 분명히 뜻을 파악해야 할 것입니다. 그리고 국어사전을 통해 자신이 이미 알고 있던 말이라도 그 의미의 정확성을 확인할 수 있기 때문에 필요한 것입니다. 더 나아가 잘못 알고 있었던 낱말의 뜻이나 분명히 알지 못했던 낱말들, 전혀 생소한 낱말의 의미를 배우는데 국어사전은 필요한 것입니다. 국어사전을 본다고 할 때, 학생들의 학습용이나 콘사이스류의 사전은 성경을 읽는데 별로 도움을 주지 못합니다. 학습용 국어사전은 초등학교와 중·고등학교 교과서에서 다루고 있는 언어와 생활언어 중심으로 엮여져 있기 때문입니다. 성경을 읽는데 동반되어야 할 국어사전은 최소한 10만자 이상의 어휘가 수록된 것이어야 하겠습니다. 또한 한자어도 폭넓게 다루고 있는 것이라야 합니다. 앞에서 인용했던 신기철, 신용철 형제가 엮어 지은 새 우리말 큰 사진을 추천하고 싶습니다. 이 사전은 책의 크기가 방대하여 두 권으로 편집된 것이 사용하기에 불편하여 흠이 되지만 총 31만자의 어휘를 다루었기 때문에 희귀문자의 뜻을 찾는데 아주 좋습니다. 그러나 이밖에도 좋은 국어사전을 펼쳐서 보는 훈련이 되어 있어야 합니다. 그뿐 아니라 자신이 알고 있는 의미에 자신이 서지 않으면 지체하지 않고 국어사전의 뚜껑을 여는 자세가 필요하다 하겠습니다. 어찌보면 좀 귀찮은 일이기도 하겠으나 성경의 본문을 분명히 아는 작업도 하나님의 영광을 위한 것입니다. 그러므로 모름지기 성경을 바르게 읽기에 힘쓰는 교사들이 되어야 할 것입니다.

(3) 성경 핸드북, 또는 성경 사전

지금, 당신의 책꽂이에는 성경 외에 어떤 책들이 꽂혀 있는가? 만일, 다른 책들이 많이 있어도 성경 핸드북이 없다면 오늘 당장 구입 할 것을 권고합니다. 그래서 성경책 옆에 성경 핸드북을 놓아둘 것을 부탁합니다. 성경 핸드북은 말 그대로 성경사전을 축소해 놓은 책으로써, 다루기가 간편합니다. 이것은 가지고 다니기에도 편리하고 언제 어디서나 펴 볼 수 있습니다. 취급하고 있는 내용에 있어서도 방대한 성경 사전에 비해 조금도 손색이 없는 것입니다. 성경 본문의 공부로 공과를 준비하는 교사에게 필요한 내용들은 거의 다 다루어져 있습니다. 성경의 각 낱말들과 성경의 제목들, 성경 각 책의 내용 분해 및 문단의 설명, 인물이나 역사적인 사건의 배경 등을 상세히 소개하고 있는 것입니다. 이밖에도 성경 고

고학 관련 사진이나 그림들 그리고 시대마다의 지도들이 수록되어 있습니다. 따라서 성경을 학문적으로 연구하지 않는 이상, 성경 핸드북은 교사들에게 훌륭한 책이 되어 줄 것입니다. 성경 핸드북이 취급하고 있는 성경 각 책에 대한 제목, 저자들에 대한 상세한 기록, 저술의 동기나 목적을 비롯한 내용의 개요 따위는 성경을 전체적으로 볼 수 있도록 합니다. 성경을 공부할 때 자칫 범하기 쉬운 오류는 부분적으로 성경을 이해하려 드는 것인데, 성경 핸드북은 전체적으로 본문을 상고하도록 도와주는 것입니다.

좋은 성경 핸드북이야말로 성경 공부에 없어서는 안 될 기본적인 도구라고 하겠습니다. 여기에서 많은 성경학자들이 극찬하는 대로 할레이(H. H. Halley)가 쓴 「성경 핸드북」을 추천하고 싶습니다. 할레이의 성경 핸드북은 1924년부터 출판되었습니다. 그때는 아주 작은 팜플렛 형식의 책이었는데, 시간의 흐름과 함께 개정과 재편집을 거듭하여 860쪽(영어 원문으로)의 책이 되었습니다. 핸드북이라는 이름이 오히려 책의 무게를 약하게 하지 않나 하는 느낌이 들 정도로 종합적인 성경 해설서인 이 책은 우리나라에도 번역 출간되어 있습니다. 「최신 성서 핸드북」이라는 이름으로 간행 되어 있는 것입니다. 같은 성격이지만 혼자서 하는 성경 공부의 길잡이 형태를 지닌 성경 핸드북이 있습니다. 이것은 미어즈(M. C. Mears)가 집필한 성경 핸드북으로, 이 책 역시 번역 출간되었습니다. 여기에는 성경 한 권을 공부한 후에 영적인 양식을 공급받기 위해서 성경을 읽도록 하는 '주간 성경 읽기'가 안내되어 있습니다. 또한, 핸드북보다는 조금 큰 형태의 편형이지만 성경 본문의 맥을 찾는데 도움을 주는 책이 있어 소개합니다. 로버트 보이드(R. Boyd)가 쓴 성경 연구에 대한 책인데, 「종합 성경 연구」라는 제목으로 우리 말 번역이 되어 출간되어 있습니다.

성경 공부의 여러 자료들 1

1) 도구와 자료

전자제품을 수리하는 곳에 들렀던 적이 있습니다. 가게의 한쪽은 말끔하게 단장되어 있었으나 수리하는 작업에 필요한 공구들이 놓여 있는 한쪽에는 어지러울 정도로 여러 도구들이 널려져 있었습니다. 그런데 그 가게의 벽에는 흡사 학생의 공부방처럼 수십 권의 책이 꽂혀 있었는데, 그 책들은 전자제품에 관련된 것들이었습니다. 내가 어렸을 때 트랜지스터 라디오가 고장 난 적이 있어서 들어가 보았던 전파사의 기억하고는 너무나 달라져 있었던 것입니다. "라디오를 고쳐 주는 집치고는 책들이 아주 많습니다. 누가 전자 계통을 공부하는가 보지요?" 이렇게 묻자, 그 집의 주인은 껄껄 웃었습니다. 그리고는 대답해 주었는데, "이 가게는 본래 저의 선친 것이었습니다. 아버지 때만 해도 납을 때우는 인두와 드라이버만 갖추어도 웬만한 라디오의 수리는 거뜬히 해냈답니다. 그렇지만 지금은 달라요. 여기에 있는 것이 별것 아닌 것 같지만 도구들만 해도 한 50가지나 됩니다. 기기들이 복잡해져서 꼭 알 맞는 도구들이 없이는 제대로 고칠 수가 없습니다. 그리고 예전에는 고장 났을 때 무조건 소리만 나도록 하면 됐지만, 요즈음에는 그렇게 할 수가 없습니다. 소리가 나는 것이 문제가 아니라 각종 기기들의 성격을 파악하고 거기에 쓰여진 부품들의 성질을 알아내어 제품에 알 맞는 수리를 해야 합니다. 그러다보니 막상 녹음기 한 대를 뜯어 놓고서도 책을 보아야만 해요". 전자제품 수리점 주인의 이 말은 성경을 공부하는 모든 이들이 귀담아들어야 할 이야기라고 생각됩니다. 즉 성경을 공부한다는 것이 우선적으로는 성경을 읽어야 하지만, 내용의 바른 의미를 통찰하고 그 의미가 주는 교훈을 캐내기 위해서는 이해를 돕기 위한 보조 자료가 갖추어져 있어야 하고, 또한 보조 자료를 활용해야 한다는 것입니다. 전자제품 수리점의 주인처럼 성경 이야기 속에 숨겨져 있는 광맥을 찾아내기 위해서 교사인 당신을 도와 줄 만한 성경 공부의 기본적인 도구 외에도 다른 어떤 자료를 당신의 장비로 마련해야 하겠습니다. 교사들이 성경공과를 가르치기 위한 기초 작업으로서의 공부에 도움이 될 자료들을 소개하고자 합니다. 다음에 소개되는 자료들 가운데 얼마만큼은 이미 당신이 지니고 있는 것도 있을 것입니다.

(1) 스터디 바이블(Study Bible)

우선적으로 교사는 스터디 바이블을 간직하고 있어야 합니다. 스터디 바이블은 교사가 성경을 공부하는데 있어서 가정 교사와도 같은 성경입니다. 즉 이것은 성경 공부를 위해 특별히 제작된 성경의 형태이므로 당신의 성경 공부에 매우 유익할 것입니다. 스터디 바이블에는 성경 본문의 난 외에 사슬식의 관주(chain reference)가 추가되어 있어서 성경 본문의 뜻을 더욱 세밀히 살필 수 있도록 되어 있습니다. 또한 이 사슬식의 관주는 낱말의 의미를 보다 분명히 파악하도록 합니다. 그리고 성경의 각 주제를 완전 분석해서 주제별 성경사전의 역할도 하고 있으므로 성구의 부분적 이해가 아닌 총체적인 이해를 도와 주고 있는 것입니다.

대개의 스터디 바이블에는 간략하게 요점만 기술된 주석과 적당한 양의 성경사전의 기능 및 인명·지방·도량형의 환산, 사전의 기능이 포함 되어 있는 것입니다. 아울러 수록된 성경지도는 성경의 시대적, 문화적인 배경 이해를 도모하고 있습니다. 톰슨(Thompson)의 스터디 바이블을 중심으로 여러 주석과 성경사전을 참고해서 재구성된 톰슨 성경(기독지혜사) 및 본문 성경이 수록된 매 쪽마다 인명, 지명에 대한 설명 그리고 역사, 문화, 정치, 종교적인 배경을 다룬 특수사진이 특색인 오픈 성경(아가페출판사), 간추린 기독교교리의 사전 기능과 성경 각 책의 서론과 중심내용의 해설이 돋보이는 「뉴 톰슨 관주 주석 성경」(성서 교재 간행사) 가운데서 한 권을 당신의 스터디 바이블로 마련할 것을 추천합니다. 한편, 우리나라의 신학자들에 의해서 만들어진 「이상근 주해 성경」(기독교문사). 「엠마오 신약성경 및 시편」(엠마오출판사)도 뛰어난 스터디 바이블이라 하겠습니다. 캠벨 몰간(G. Campbell Morgan)의 「해설 신약성경」(풍만출판사)도 좋은 책입니다.

(2) 현대어 성경

우리가 성경의 텍스트(text)로 보는 것은 1998년 판 '성경전서 개역개정판'입니다. 이 성경은 1906년에 번역 완간 공인된 신약전서와 1911년에 번역 출간된 구약전서를 대한성서공회에서 여러 차례 개정하여 펴낸 것입니다. 그래서 우리의 성경번역은 일단 1956년판으로 개역과 편집체제 수정을 끝마쳤습니다. 1956년판 개역성경은 누구나 쉽게 읽고 이해할 수 있어야 한다는 원칙에서 멀어져 있습니다. 그것은 현대인들이 이미 고어(古語)처럼 된 문장을 바로 이해하지 못하기 때문입니다. 성경이 사본(codex)에서 집대성된 이상 여러 가지의 번역본들을 통해서 '비교해 보는 방법'으로 성경 구절의 원뜻을 알아내는 작업이 있어야 하는데, 문장조차도 바르게 이해하지 못하는 처지에 있는 것이 우리의 현실입니다. 그러므로 한글판 개역 개정 성경을 텍스트로 하되, 현대어 성경들 가운데 하나를 선택해서 보아야 하겠습니다. 이것은 당신에게 성경 구절의 문장이해에 큰 유익을 주기 때문입니다. 성경은 누구나 쉽게 읽으며 이해할 수 있는 현대어(mordern language) 및 통용 언어로 번역되어야 하는데, 이 번역이라는 작업이 불완전한 것입니다. 마치 인간이 완전하지 못한 것처럼 불완전한 인간이 번역하는 데는 한계가 있는 것입니다. 따라서 성경의 번역이 여러 가지로 나오게 마련이고, 우리들은 여러 번역본의 성경을 참고함으로써 보다 나은 이해를 하도록 힘써야 할 것입니다. 특히 우리로 하여금 당황하게 만드는 이해하기 힘든 부분들에 대해서는 다른 번역본을 참고하는 것이 아주 바람직한 성경 읽기 태도가 됩니다. 콜슨(H. P. Colson)은 이렇게 강조하였습니다. "모든 교사는 그가 지니고 있는 성경 외에 한 가지 이상의 번역본을 갖고 사용해야 한다".

2) 그러면 우리들이 사용할 수 있는 여러 가지 번역본들을 살펴보자.

(1) 신약전서 새번역 / 1967년 간행 대한성서공회

새 세대의 사람들은 이미 낡은 것이 된 고어체의 번역을 잘 이해하지 못하므로, 성경에 익숙하지 못한 이들은 물론이요, 중학생 이상의 수준이면 누구든지 읽고 쉽게 이해할 수 있도록 현대의 통용어로 번역된 것이 바로 신약전서 새 번역입니다. 이 성경은 선교사들이 번역했던 이른바 번역본에 의해서 또 번역한 중역이 아니라 최신 비평판 헬라어 성경에서 직접 번역한 것입니다. 그러므로 엄격한 의미에서 번역본이라 할 수 있습니다. 또한 성경 본문 사이사이에는 내용에 따라 작은 제목을 붙여서 문장의 이해를 돕고 있습니다. 이 성경은 가로쓰기로 구성되었고 한글을 전용하고 있으므로 교회학교 어린이들이 읽기에 적합합니다.

(2) 공동번역 성서 / 1977년 간행, 대한성서공회

1960년대에 들어서자 세계의 교회들은 종래 사용해 오던 흠정역의 성경이나 미국 표준역 성경의 개혁이나 수정을 단념하고 새로운 번역을 시도하였습니다. 이에 자극을 받은 한국교회도 대한성서공회의 주관 아래 새로운 성경번역에 착수했는데, 이때는 개신교와 천주교회가 함께 하였으며, 히브리어 성경을 대본으로 번역한 것이 바로 공동번역 성서입니다. 공동번역 성서에는 성경 본문 사이마다 내용을 간추린 작은 제목들이 있습니다. 또한 난외주

가 있어서 중요한 개념 그리고 어휘의 설명, 어떤 사건의 역사적 배경들이 소개되어 있습니다. 따라서 문장 자체로는 참으로 읽기 쉬운 번역본입니다. 그렇지만 사용되는 책의 이름들 곧 사사기를 판관기라고 했고, 에스겔이 에제키엘 따위로 표기되어 있으며, 여러 고유 명사들도 개역개정 성경의 표기와 달라 생소하기 그지없습니다.

(3) 현대인의 성경/ 1985년 간행, 생명의 말씀사

1960년대에 이르러 한국 복음주의 동맹선교회(The Evangel-icalAlliance Mission : TEAM)에서, 주로 청년층을 독자로 하여 현대의 통용어로 번역해 놓은 성경입니다. 이것은 신약전서 새 번역이 자유주의적인 성경의 문체인데 비해서 보수주의가 강한 성격을 지니고 있습니다.「현대인의 성경」도 한글 전용 가로 쓰기로 구성되어 있어 어린이용 성경으로 권장하는 교회학교들이 더러 있는 편입니다. 이 번역본의 특징은 원전을 그대로 보존하면서 현대어로 정확하면서도 생생하게 번역했다는 점입니다. 그러므로 이 번역본을 읽으면 '지금, 오늘의 내게 말씀하시는 하나님의 편지'라는 분위기를 가질 수도 있는 것입니다. 이 번역본을 읽을 때 개역개정 성경에 익숙한 이들은 문체의 평이함에서 오는 단조로움 때문에 싱겁게 여길지도 모릅니다.

이상으로 세 종류의 번역본을 소개하였는데, 실제로 성경에서 한 본문을 선택하여 비교해 보자. 그래서 여러 번역본의 차이에서 오는 본문 이해의 기쁨을 가져보도록 하자. 비교하는 본문으로, 요한계시록 21:4을 택하였습니다.

• 한글판 개역개정 성경, "모든 눈물을 그 눈에서 닦아 주시니 다
시는 사망이 없고 애통하는 것이나 곡하는 것이나 아픈 것이 다시
있지 아니하리니 처음 것들이 다 지나갔음이러라".

• 신약전서 새 번역, "그들의 눈에서 모든 눈물을 씻겨 주실 것
이다. 그래서 다시는 죽음이 없고 슬픔도 울부짖음도 고통도 없을
것이다. 처음 것들이 다 사라져 버렸기 때문이다".

• 공동번역 성서, "그들의 눈에서 모든 눈물을 씻어 주실 것이다.
이제는 죽음이 없고 슬픔도 울부짖음도 고통도 없을 것이다. 이전
것들이 다 사라져버렸기 때문이다".

• 현대인의 성경, "그들의 눈에서 모든 눈물을 씻어 주실 것이니
다시는 죽음도 없고 슬픔도 없고 우는 것도 아픔도 없을 것이다.
이것은 전에 있던 것들이 다 사라져 버렸기 때문이다".

성경 공부의 여러 자료들 2

(1) 성경 핸드북

핸드북(Hand-book)이란 말 그대로 관람 안내서입니다. 성경
핸드북은 작은 크기의 성경 사전이라고 하겠습니다. 핸드북은 사
전이 수록하고 있는 내용을 간추리고 요약해서 엮어진 가이드 북
인 것입니다. 교사는 성경을 읽다가 성경 본문의 배경이나 그에 대
한 지식을 전달받는 자료로서 한 권 이상의 성경 핸드북을 지니고
있어야 하겠습니다. 그래서 한 손에는 성경을 다른 한 손에는 핸

드북과 연필을 지녀야 합니다. 성경 핸드북에는 성경 본문의 의미 및 내용의 이해를 돕는 설명과 그 본문의 배경이 되고 있는 사진이나 각종의 도표 그리고 성경지도 따위가 다루어져 있습니다. 그러므로 어느 경우에는 방대한 분량을 다루고 있는 성경 사전보다 성경 핸드북이 더욱 효과적으로 쓰여집니다. 앞에서 인용했던 콜슨 박사는 성경 사전을 교사들이 지녀야 한다고 강조하였으나, 교사들은 신학을 하는 학생-학자가 아니요. 성경의 본문을 충실히 이해하여 가르칠 만한 준비만 갖추면 된다고 여기는 까닭에 성경 핸드북의 마련을 적극 권장하고 싶습니다. 성경에 대해서는 거의 모든 내용들이 다루어져 있어 핸드북의 통독만으로도 훌륭하게 성경을 이해 할 수 있을 것입니다. 추천할 만한 성경 핸드북은 헨리 할레이(Henry H. Halley)의 「성경 핸드북」입니다. 이 책은 우리 말로 옮겨졌는데, 크기를 포함하여 가격 따위가 교사들이 마련하기에 알맞기 그지 없습니다. 특히 종합적인 성경 해설서로 할레이의 성경 핸드북은 학자들을 비롯하여 목회자들에게 인정받고 있습니다. 보다 다양하고 많은 내용을 다루고 있는 라이온출판사의 성경 핸드북도 「생명의 말씀사 성경 핸드북」이라는 이름으로 우리의 글로 옮겨져 출판되었습니다. 이밖에 헨리에타 미어즈(H. C. Mears) 여사가 쓴 성경 핸드북도 좋은 성경 안내서입니다. 이 책 역시 아가페 출판사에서 우리 말로 옮겨서 펴냈는데 성경 공부 지침서로서 아주 손색이 없습니다. 평신도의 성경 공부에 있어서 가히 교재(text)로 삼을 만한 위치에 있습니다. 또한, 나침반출판사에서 엮어 옮긴 「나침반 종합 성경연구」도 소개할 만한 핸드북류입니다.

핸드북을 통하여 우리들이 획득하게 되는 유익들을 간추려 보자. 우선, 고고학적인 자료들이 다양하게 제시되어 있으므로 성경에 나타난 사건들에 대하여 고증을 얻을 수 있습니다. 그리고 무엇보다도 관련이 되는 사진 자료와 더불어 역사적으로 해설해 주고 있으므로 한층 더 원문의 뜻에 가깝도록 이해할 수 있는 것입니다. 이로써 우리는 성경 지식이 확실해집니다. 할레이의 성경 핸드북은 성경에 대한 종합해설서로서 그 강점이 있습니다. 그리고 미어즈의 성경 핸드북은 원래의 제목 「What the Bibleis All About」대로 성경에 대하여 가르쳐 주는 성격을 지니고 있는 까닭에 성경 공부 지침서로서 더욱 좋습니다. 또한 생명의 말씀사 성경 핸드북은 성경 연구를 심층적으로 인도해 주기에 알맞은 까닭에 사전적인 역할을 하는 책입니다. 여기에는 원문, 사진, 도표, 지도 따위가 방대하게 수록되어 있고 30명 이상의 전문가들이 60개의 사건에 대하여 상세히 설명해 놓고 있는 것입니다. 간결하고 명확한 주해 성경의 시대적 배경, 어떤 사건에 있어서 사회·정치·문화적인 배경을 고고학적인 자료와 함께 설명하고 있는 핸드북은 성경을 대하는 모든 이들에게 필요합니다. 특히 성경의 편람이므로 교사들이 꼭 지녀야 할 성경 공부의 보조 자료입니다.

(2) 성구 사전

성경 본문에 사용된 낱말의 의미를 바르게 알기 위해서는 성구 사전의 도움이 있어야 합니다. 성구사전은 본문에서 사용된 낱말이 다른 구절에서도 사용된 것을 알게 해줍니다. 성경 본문에서 발견되는 중요한 낱말들을 수록하여 그 낱말들이 어디에 쓰여졌는지를 말해 주고 있는 것이 바로 성구 사전입니다. 교사인 당신은 성구 사전을 통해서 낱말의 뜻을 정확히 알아내는 유익을 체험하게 될 것입니다. 즉 같은 낱말이 두 가지 이상의 다른 구절에서 사용된 것을 비교하여 그 낱말의 실제적인 의미가 어떤 것인지를 배울 수 있는 것입니다. 그러나 무엇보다도 성구 사전의 이점은 성경 구절을 확실히 알게 해주는 데 있습니다. 즉 성경의 본문 구절을 분명히 알고 있지는 못해도 자신이 알고 있는 한두 음절의 낱말만으로 성경 구절을 찾아낼 수 있는 것입니다. 또한 성경에 수록되어 있는 낱말들이 가나다의 순서로 엮어져 있어 찾기가 쉬울 뿐만 아니라 성경 어휘의 공부에도 적지 않은 도움이 되는 것입니다.

실제로 '구원'에 대한 성경 구절을 찾아보도록 하자. 성경의 책 이름과 장, 절을 모르는 채 은혜로 구원을 얻는 것이라는 말씀에 대해 구체적으로 찾으려면 우선 '구원'의 항목을 뒤집니다. 그러면 히브리어와 헬라어의 어휘에 따라 명사, 동사 형용사의 품사 형태로 갈라서 24종류로 구별해 놓은 '구원'에 대한 구절들을 보게 됩니다(이성호 편의 성구대사전). 낱말의 형태에 따라 창세기를 시작으로 성경의 각 책이 엮어진 차례대로 구원에 대한 구절들이 수록되어 있는데, 22번째 항목인 동사 형태 '소조'라는 헬라어가 사용된 부분의 배열에서 은혜로 '구원'에 대한 성경 구절을 찾게 되는 것입니다. • 에베소서 2:5/ 너희가 은혜로 구원을 얻은 것이라. 한편 똑같은 구절의 말씀을 '은혜'라는 항목에서 찾게 되면, 낱말의 순서배열이 가나다순이요, 항목마다 성경의 각 책이 엮어진 순서대로 사용된 용어의 구절들이 수록되어 있어 11번째 항목인 명사 형태 '카리스'라는 헬라어가 사용된 부분의 배열에서 에베소서 2:5을 만나게 됩니다. • 에베소서 2:5/ 너희가 〈은혜〉로 구원을 얻은 것이라. 성구 사전에는 찾고자 하는 성구의 중심 낱말(열쇠가 되는 부분)을 꺾은 괄호(〈 〉)로 묶어서 표기하고 있습니다. 즉 에베소서 2:5의 "너희가 〈은혜〉로 구원을 얻은 것이라"는 말씀을 보면, '은혜'라는 낱말의 항목에서는 "너희가 〈은혜〉로 구원을 얻은 것이라"고 표기되어 있으나, '구원'이라는 낱말의 항목에서는 "너희가 은혜로 〈구원을 얻은〉 것이라"고 표기되어 있습니다. 이때 히브리어나 헬라어의 품사형태에 따라 같은 낱말이라도 어휘에 변화가 있게 됩니다. 따라서 성구사전을 통해 명사 및 동사, 형용사의 변화에 따라 낱말의 형태가 달라지고, 우리 말로는 같이 쓰이지만 히브리어나 헬라어의 용어에 따라 전혀 다른 형태의 낱말로 쓰이고 있음을 확인하게 됩니다. 즉 구원이라는 말로 번역되는 히브리어와 헬라어의 형태가 도합 24가지나 쓰여지고 있음을 알게 되는 것입니다.

그러면, 효과적으로 성구 사전을 이용하기 위해서는 어떤 방법을 취해야 할까요? 성경의 한 구절을 찾아야 하는데, 어느 성경에 담겨져 있는지 책의 이름을 모르고 장, 절도 모른다고 하자. 우선 떠오르는 부분의 음절 가운데서 명사나 동사 형용사를 가지고 찾고자 하는 열쇠 낱말로 삼아야 합니다. 이어서 이 낱말이 수록된 부분을 펼치고 가나다의 순서로 사전을 훑으면 찾고자 하는 성구가 수록된 책의 이름, 장과 절이 표기되어 알 수 있게 되는 것입니다. 성구 사전은 성경의 구절들을 분명히 기억하도록 하는데 있어 퍽 유용한 책입니다. 성구 사전에 수록된 동일한 낱말의 사용범위는 우리로 하여금 낱말의 의미를 한층 바르게 익히도록 합니다. 교사들에게 추천할만한 성구사전은 이성호 목사가 엮은 「성구대사전」(혜문사)과 「주제별 성구 사전」(아가페출판사) 따위가 있습니다. 물론 이밖에도 여러 종류의 성구 사전이 있지만, 어떤 책은 부피가 너무 크고, 또 어떤 책은 수록되어 있는 낱말들이 적기 때문에 도움이 되지 못합니다.

(3) 성경 주석

성경 주석은 성경의 구절들을 이해하기 쉽도록 풀이한 것으로써 교사들이 성경을 읽고 그 뜻을 캐내는데 큰 도움을 줄 것입니다. 성경 주석이 집필되는 목적은 바로 성경의 각 구절로 비롯되는 문장의 뜻을 설명하는데 있는 것입니다. 성경을 읽을 때, 대부분 주석을 함께 볼 것을 권하고 있지만 가장 훌륭한 주석은 성경 자체라고 할 수 있습니다. 그러므로 교사는 성경을 읽을 때 자신의 지혜로만 읽으려 해서는 안 될 것입니다. 당신은 기도하는 자세로, 성령의 인도하심을 받는 가운데 성경을 읽어야만 하겠습니다. 교사가 성경 공부의 파트너로서 마련할 만한 주석에는 단권으로 된 것과 성경 각각의 책마다 한 권씩의 형태로 된 것들이 있습니다. 주석은 주석을 집필한 사람의 사상이 지배적이라는 사실을 염두에 두고 있어야 합니다. 따라서 성경 주석은 집필자에 따라 같은 구절의 문장이라도 다르게 주해될 수 있습니다. 교사인 당신에게 알 맞는 주석은 주석의 여러 기능 가운데서 단순히 문장을 설명하고 강해를 한 내용의 것이라야 하겠습니다. 일반적으로 목회자들에게는 설교를 위한 자료들이 제시된 주석이 바람직하고, 신학자들에게는 본문비평이나 신학적인 학설의 진술이 다루어진 것을 사용하는 것이 옳을 것입니다. 우선, 추천할 만한 성경 주석으로 박윤선 박사가 집필한 성경 주석 시리즈나 이상근 박사의 성경 주석 시리즈를 소개합니다. 이 두 사람의 주석은 모두 칼빈주의적인 신앙 원리에 기초하여 집필되었으므로 보수적인 신앙을 지향하고 있는 것입니다. 그러므로 교사들이 이용할 성경주석으로는 무난하다고 봅니다. 외국 사람들의 손으로 쓰여져 우리 말로 옮겨진 성경 주석으로 좋은 것들이 여러 가지가 있습니다. 먼저 타스커(R. V. G. Tasker) 박사가 편집장으로서 집필한 틴델 신약성경 주석 시리즈를 소개합니다. 본래 영국에서 출판된 이 시리즈는 평신도 및 일반 대학생들이 성경 핸드북으로 읽을 수 있도록 기획되었습니다. 이 시리즈의 주석들은 주로 문장의 해석에 역점을 두었습니다. 또 하나는 알버트 반즈(Albert Barnes)가 편집하여 출판한 반즈 노트라는 시리즈의 성경 주석을 추천합니다. 이 시리즈는 성경에 충실하게 문장을 해석하고, 특히 낱말의 풀이에 있어서 원문의 뜻을 분명히 전해주는데 많은 지면을 할애하고 있습니다. 성경이 성경을 해석하고 풀이하도록 제시하고 있는 이 시리즈의 주석은 교사들이 공과를 연구하는데 매우 유익할 것입니다. 교사들에게는 벅찰지도 모르겠으나, 우리들은 미국 사람들의 저술에만 잦은 접촉을 했으므로 독일 등 유럽 사람들의 성경 주석도 준비했으면 합니다.

성서신학 및 조직신학 분야에 탁월했던 랑게(J. P. Lange)박사가 쓴 「랑게주석 시리즈」(백합출판사)도 유용합니다. 이 시리즈는 보수적이고 신학적인 입장에서 저술된 까닭에 내용이 많아서 어려운 느낌을 줄지도 모릅니다. 빼놓을 수 없는 성경 주석이 하나 있습니다. 그것 역시 우리 말로 옮겨졌는데 바클레이(W. Barclay) 박사가 매일 성경 공부의 취지에서 집필한 「바클레이 성경주석」(기독교문사)입니다. 이 성경 주석은 17권의 시리즈로 되어 있습니다. 교사가 이들 시리즈 형태의 주석을 단번에 준비하려면 여간한 부담이 아닐 것입니다. 따라서 공과지도의 계획에 의해서 다루는 성경 공부의 내용에 따라 해당되는 성경주석을 마련했으면 합니다.

성경 교수-학습 자료의 구비

(1) 교수-학습과 보조자료

교사의 가르치는 일을 돕고, 학습하는 아이들에게 효과적인 배움을 갖게 하는 교수-학습의 보조 자료들은 꼭 필요한 매개물입니다. 즉 교수-학습을 강화시키기 위해 자료가 필요한 것이 사실입니다. 이들 자료는 교사의 교수활동, 아이들의 학습활동에 선택되어야만 하는 관계를 지니고 있는 것입니다. 제롤드 켐프(Jerrold E. Kemp)는 이렇게 말한 바 있습니다. "이들은(교수-학습 자료들을 가리킴) 학생들에게 동기유발을 시킬 수 있고, 교과 내용을 설명하며, 예증하기 위하여 효과적인 방법으로 사용될 수 있는 것들이다". 교재는 단순히 교수-학습의 과정을 성립시키는 직접적인 매개물인 것이며, 교수-학습에 보조적인 역할을 하는 자료들은 간접적인 매개물이라고 말할 수 있는 것입니다. 교수-학습의 여러 자료들을 일컬어 교육 교구(teaching aids)라고도 하는데, 사실상 이것은 특별한 물품들이 아닙니다. 당신이 지난 주일 오전 공과 공부 시간에 이스라엘이 둘로 나누어지고 남쪽과 북쪽에 새로운 왕조들이 등장한 것을 가르치기 위해 스케치북에 도표를 그려 주었었다면, 그것이 바로 교수-학습의 자료인 것입니다. 대부분의 교사들은 교수계획을 세우면서 교안을 작성하고 그림 자료를 마련하기도 합니다. 또는 구약시대의 인물 이름이나 지역 이름 등의 낱말 카드를 만들기도 하는 것입니다. 세심히 준비하는 교사들 가운데는 교수진행에 따른 학습 진행판을 만들기도 합니다. 이러한 것들을 통틀어 교수-학습의 자료라고 하겠습니다. 교사가 수업을 진행할 때 보조 자료를 사용하는 것은 어떤 효과를 일으키는가? 그것은 단지 아이들의 시선을 모으고 관심을 강화시키는 역할을 할 뿐인가? 교사의 교수와 교구(보조자료)의 관계에 대해 임문용은 이렇게 정의를 내렸습니다. ① 전달의 효과를 줍니다. 교구는 가르쳐야 하는 내용을 효과적으로 전달할 수 있으며, 연상개념을 나누어 주므로 기억을 계속적으로 발상시킵니다. ② 수업의 생동화를 가져오게 합니다. 단조로운 지도보다는 교구를 사용하여 교수할 때 수업의 다양화가 가능하고 집중의 효과를 거둘 수 있게 됩니다. ③ 학습의욕을 증진시킵니다. 교구의 사용으로 이해력이 심화되기 때문에 학생의 학습에 대한 의욕이 높아지는 것입니다.

(2) 교회학교의 시설로써 마련되어야 할 기본적인 교수-학습의 보조 자료들

교회학교가 교회 교육을 실천해 나가는 데는 여러 가지의 교수 보조물들이 마련되어 있어야 합니다. 교사가 아이들과 함께 어울려 수업을 할 때, 교사의 수업 지도를 돕기 위한 자료들이 제공되어야 하는 것입니다. 교수-학습에 필요한 도구(aids)를 교사 개개인이 마련한다는 것은 매우 어려운 일이요, 실현 가능하지 않은 것입니다. 교수-학습의 이런 자료들은 교회학교의 위치에서 마련되어야 하며, 이것은 교회학교가 교육에 얼마만큼 관심을 두고 있느냐의 교육 의지를 엿보게 하는 것이 됩니다. 교사는 맨손으로 교수-학습을 진행할 수 없습니다. 아이들이 귀로만 배울 수는 없는 것입니다. 가르치고자 하는 내용을 효과적으로 전달할 수 있는 도구(자료)가 있어야 하고, 그 도구에 의하여 강한 개념으로써 전달받게 되는 것입니다. 맨손 수업의 효과가 극히 저조하다는 것을 인지한 교사들은 나름대로 교수 자료를 손수 마련해서 사용하고 있습니다. 그러나 이것은 임기응변적인 것에 지나지 않습니다.

교수-학습을 전개하는데 있어서 교회학교에 마련되어 있어야 하는 보조 자료들은 다음과 같습니다. 이것은 최소한의 입장에서 제시된 것들입니다. ① 도서 교재자료, 성경지도(궤도)/ 구약시대의 역사 연대표, 역대 이스라엘 왕조표, 성막에 대한 그림 자료들, 솔로몬의 성전 구조도, 그리스도의 계보, 이스라엘의 풍물자료 따위, 성경이야기의 그림책들. ② 시청각 교구자료/ 이동식 및 자석식의 칠판, 찬송가 악보를 그릴 수 있는 칠판, 카세트 테이프, 레코

더, 투시물 투영 환등기, 융판 화극자료, 비디오 테이프 레코더, 텔레비젼 모니터, 환동기, 필름스트립(filmstrips), 사진자료들, 여러 인형들. ③ 미술용 자료 / 크레파스, 크레용 싸인펜류, 스케치북 색종이. ④ 미디어 복합체 / 환등기의 필름과 녹음테이프, 녹음된 교재와 책자들, 스킷트(skit)로 활용되는 슬라이드와 인쇄물, 여러 종류의 소리가 녹음된 카세트 테이프들. 대충 이와 같은 것들이 마련되어야 합니다. 그런데 이것은 한 번에 구비될 수 없으므로 연차적으로 계획을 세워서 준비하는 것이 바람직합니다. 교수-학습을 위해서 보조 자료가 있어야 함이 마땅한데도, 이들 자료에 대한 정보 부재로 제대로 활용되지 못하는 경우가 허다합니다. 사실상 교사들은 시청각 자료나 그밖의 교구들이 교수-학습의 진행에 특히 유용하다는 것이 입증되고 있어도 그들 자료에 대한 제한된 지식이나 판단 능력만을 지니고 있는 것입니다. 그러므로 교회학교의 지도자는 보조 자료의 활용에 대한 교사들의 훈련을 계획하고 실시해야 할 것입니다.

(3) 교수 자료로서 교사 자신이 마련해야 하는 보조 자료들
① 성경 이야기의 그림들
교회학교에서 아이들이 학습하는 성경 진리는 주로 성경의 사건들이나 인물을 중심으로 한 '이야기'에서 비롯되는 것입니다. 즉, 구약시대 아브라함의 믿음을 살펴서 순종의 신앙을 학습하고, 사도 바울의 전도 여행을 고찰하면서 복음 전도자에 대한 것을 학습하는 것입니다. 따라서 성경학습이란 역사적인 사실을 배우는 것

이 대부분입니다. 특히 초등학교 학령 이전의 아이들이나 유년부에 속한 아이들은 이야기 중심으로 배웁니다. 어떤 사람의 이야기나 사건의 이해를 통해서 성경을 공부할 때는 이야기의 흐름에 따른 내용을 그림으로 옮긴 자료들을 보여 주면서 교수를 진행해야 합니다. 우리나라의 역사가 아닌 이스라엘의 고대 역사에서 일어난 사건을 설명할 때 그림 자료는 아이들의 이해를 증진시키는 것입니다. 그러므로 교사라면 누구나 성경 66권의 내용들이 그림으로 묘사된 자료를 구비해야만 할 것입니다. 어느 공과교재를 막론하고 한 해에 구약과 신약을 다루도록 되어 있기 때문입니다.

여기에서, 교사가 마련해야 하는 성경 이야기 그림 자료의 목록(list)을 만들어보자.

㉠ 구약성경

• 하늘과 땅의 창조(창1:1~2:25)

• 첫 사람 아담과 하와(창2:4~3:24)

• 가인과 아벨 그리고 셋(창4:1~5:32)

• 노아와 방주(창6:1~9:29)

• 바벨탑을 쌓은 사람들(창10:1~11:26)

• 아브라함과 그의 가족(창12:1~25:11)

• 이삭과 그의 가족(창25:19~26:35)

• 야곱과 그의 가족(창29:1~36:43)

• 애굽으로 팔려간 요셉(창39:1~40:23)

• 애굽의 국무총리가 된 요셉과 바로(창41:1~45)

- 축복을 받은 요셉의 가족들(창42:1~50:14)
- 하나님께서 모세를 부르심(출1:1~4:31)
- 하나님께서 애굽에 내리신 10가지 재앙(출7:14~12:36)
- 이스라엘 백성들의 출애굽과 광야생활(출12:37~18:27)
- 율법을 받은 이스라엘 백성들(출19:1~24:8)
- 성막에 관한 제도(출25:1~31:18)
- 금송아지 우상을 섬긴 이스라엘 백성들과 불행(출32:1~34:35)
- 이스라엘 백성의 인구조사(민1:1~4:49)
- 가데스 바네아에서의 기적 : 메추라기를 먹음(민11:1~35)
- 아론과 그의 싹이 난 지팡이(민17:1~13)
- 발락과 발람(민22:1~41)
- 여리고를 정탐한 이스라엘 군사와 기생 라합(수2:1~24)
- 여리고를 무너뜨린 여호수아와 이스라엘 백성들(수6:1~27)
- 여호수아의 죽음(수24:29~33)
- 처음 사사 옷니엘(삿3:7~11)
- 여자 사사 드보라와 그의 사역(삿4:1~5:31)
- 하나님을 대항했던 사사 기드온(삿6:1~8:35)
- 삼손의 힘과 블레셋의 압제(삿13:1~16:31)
- 나오미와 효성스런 며느리 룻(룻2:1~23)
- 룻과 보아스(룻3:10~4:22)
- 성전에서 자란 소년 사무엘(삼상1:1~3:21)
- 선택받은 이스라엘의 최초로 뽑힌 왕 사울(삼상9:1~15:35)
- 골리앗을 물리친 다윗(삼상17:1~58)

• 다윗과 그의 친구 요나단(삼상18:1~4)

• 다윗을 죽이려는 사울과 피해 다니는 다윗(삼상19:1~26:25)

• 이스라엘의 임금이 된 다윗(삼하1:1~5:6)

• 이밖에, 이스라엘의 역사에 따라서 그림 자료를 모을 수 있을 것입니다. 구약성경이 끝나는 말라기에서 우리는 남쪽 유다의 왕조와 북쪽 이스라엘의 왕조 그리고 선지자들의 사역을 통해서 그림 자료를 취급할 수 있을 것입니다.

ⓛ 신약성경

신약성경에서의 그림 자료는 다음과 같은 요령으로 목록을 만들 수 있습니다. 먼저 4복음서를 중심으로 한 예수님의 생애와 사역에서 그림 자료를 뽑습니다. 이어서 열 두 제자들에게서 시작된 초대교회와 바울 사도의 전도사역에서 성경이야기를 취급합니다. 그리고 사도들의 서신 및 요한계시록에서 그림 자료를 뽑습니다.

신약성경 그림 자료의 목록을 위해서 '예수님의 생애와 그의 사역' 부분에서만 간추려 봅니다.

• 기쁜 소식을 전해 준 가브리엘 천사(눅1:1~66)

• 마리아와 그의 남편 요셉(눅1:26~38)

• 말구유에 나신 아기 예수와 경배한 사람들(눅2:1~20)

• 동방박사와 경배(마2:1~12)

• 성전에 가신 예수님(눅2:20~40)

• 처음 이적을 베푼 가나의 혼인잔치(요2:1~11)

• 고침 받은 문둥병자(마8:1~4)

- 예수님을 만난 중풍병자(눅5:17~25)
- 야이로의 딸을 살려 주신 예수님(눅8:40~56)
- 세 명의 제자들과 예수님(요6:1~15)
- 물 위를 걸어가신 예수님(마14:22~33)
- 예수님의 비유 : 씨뿌리는 농부의 이야기(마13:1~17)
- 길을 잃은 양(눅15:1~32)
- 죄인들의 친구가 되어 주시는 예수님(요8:1~11)
- 귀신들린 아이(마17:14~20)
- 용서할 줄 모르는 사람(마18:23~35)
- 선한 사마리아 사람(눅10:30~37)
- 돌아온 둘째 아들(눅15:11~32)
- 예수님과 열 두 사람의 제자들(마4:18~22)
- 불의한 재판을 받으신 예수님(막15:1~16:15)
- 골고다로 끌려가시는 예수님(마27:31~34)
- 십자가에 달려 죽으신 예수님(눅23:33~56)
- 막달라 마리아와 다시 살아나신 예수님(막16:1~9)
- 엠마오로 가는 두 제자(눅24:13~35)
- 제자들에게 나타나신 예수님(요20:19~31)
- 예수님의 지상명령과 하늘로 올리우심(눅24:44~53)
- 사도행전의 이야기를 시작으로 요한계시록까지는 사건별 또는 인물별로 성경이야기를 간추릴 수 있을 것입니다. 그리고 이에 따라서 그림 자료를 마련합니다.

② 성경 지도

　성경지도는 성경을 학습하는 일에 있어 더없이 필요한 자료입니다. 우리는 성경 지도만을 살피는 것으로 성경의 세계를 이해할 수도 있는 것입니다. 성경 지도는 무엇보다도 성경시대의 역사를 우리에게 전해 준다는 사실에서 성경의 제일차적 학습 자료라고 하겠습니다. 교사가 구비해야 할 성경 지도로는 「아가페 성서지도」를 권합니다. 이 지도는 단순한 지도가 아닙니다. 이것은 성경핸드북이요, 성경의 해설서라고 할 수 있습니다. 아비-요나(M. Avi-Yonah)와 아로니(Y. Aharoni)가 함께 작성한 것으로 아가페출판사에서 우리 말로 옮겨서 출판하였습니다. 이 성경 지도에는 기원전 3,000년에서 기원 후 200년에 이르는 동안의 이스라엘을 중심으로 한 중동 아시아, 유럽지역에서 일어난 사건들이 수록되어 있습니다. 성경 역사상 구약시대 제2성전시대, 중간시대(이른바, 막카비시대) 그리고 신약시대 및 초대교회 시대의 종교적, 정치적, 군사적인 사건들이 설명되어 있는 이 성경 지도는 참으로 훌륭한 책입니다. 특히 264편의 색 지도가 첨부되어 있어서 성경 역사의 고찰에 새로운 자료를 제공해주고 있는 것입니다. 또한 성경의 본문출처와 고대문명의 상세한 비교연대표가 수록되어 있어서 교사들이 성경의 세계를 이해하는데 훌륭한 안내서가 되어 줍니다. 교사들은 이 지도를 보는 데서 자신이 성경의 시대를 여행하는 기분을 느낄 것입니다. 성서시대의 역사가 체계적인 지도로 설명되고 있는 이 성경지도를 누구나 간직했으면 합니다. 그러나 꼭 이것만이 아니라 어떠한 종류의 것이든 성경지도를 마련했으면 좋겠습니다.

성경을 연구하는 방법

성경을 연구하는 데에는 다양한 접근들이 사용될 수 있습니다. 다음은 그런 방법들의 일부를 대표합니다.

(1) 책의 종합

미술 박물관에서 열린 전시회를 갔을 때, 어떤 사람들은 박물관 여기저기를 조급하게 걸어 다니며 소수의 작품들만 슬쩍 보고 나가버립니다. 그들은 다른 사람들이 그 예술 작품에서 느낀 것과 그것들에 대해 어떻게 생각하는가를 이해하는 데 시간을 사용하려고 마음먹을 수도 그렇지 않을 수도 있습니다. 어떤 이들은 박물관에 들어가 미술품마다 주의 깊게 바라보고 박물관 관리자들이나 예술가들에게 질문을 하면서 시간을 보내기도 합니다. 성경 연구 또한 두 가지 방법 중 하나로 접근합니다. 하나는 어떤 부분은 살피지만 다른 부분은 무심하게 지나치는 일시적인 관찰 또는 우연한 접근 방식입니다. 다른 하나는 모든 것을 주의 깊게 살피는 좀 더 완전한 접근 방식입니다. 성경 연구와 책별 종합 연구에는 확실히 자세하고 완전한 관찰이 필요합니다. 성경 연구는 그것이 쓰여 졌던 것처럼 책별로 접근합니다. 성령의 감동 아래 성경을 쓴 기자들은 단순히 여기저기에 몇 구절씩, 그것도 하루에 한 번이나 몇 차례쯤 적고, 그런 다음에는 뒤죽 박죽식으로 그것들을 한데 모아 마침내 완전한 책으로 끝나도록 쓰지는 않았습니다. 그들은 기록하면서 마음속에 큰 그림책 전체의 구조를 그리고 있었습니다. 우리가 그와 똑같은 구조를 살펴보게 될 때, 주님께서 우리를 위해 마음에 품으신 것에 대해 좀 더 접근하게 됩니다. 책별 종합 연구는 또한 장과 절의 분석을 위한 기초를 제공합니다. 성경을 미시적으로 보기 전에 거시적으로 보는 것이 중요합니다. 마틴 루터는 종종 사과를 모으는 방식으로 성경을 연구했다고 말했습니다. 먼저 그는 가장 잘 익은 과실이 떨어지도록 나무 전체를 흔들었습니다. 그런 다음 나무에 올라가 큰 가지만 골라 흔들었습니다. 다음에 그는 큰 가지에서 작은 가지로 옮겼습니다. 다음으로 그는 잔가지를 흔들었고 끝에는 나뭇잎 아래 쪽을 주의해 보았습니다. 나무 전체는 성경 전체를 암시하고, 큰 가지는 성경 내에 있는 각 책을 시사하며, 작은 가지는 각 장을 잔가지는 절을 그리고 나뭇잎은 단어를 말하는 것입니다. 책별 종합 연구는 또한 적절한 관점으로 책의 각 부분을 기억할 수 있도록 돕습니다. 어떤 교사들은 성경에 왜 그 말씀들이 쓰여 있는지에 대해서는 관심을 기울이지 않고 문맥을 떠나 그 절들을 빼내옵니다. 종합이 없는 성경 연구는 공통적인 함정이 있게 됩니다. 마태는 예수님께서 열두 제자에게 이방인의 길로 가지 말고 차라리 이스라엘 집의 잃어버린 양에게로 가라고 말씀하신 일을 기록하고 있는데(마10:5~6) 이는 이스라엘의 메시야에 대해서 마태가 이스라엘 앞으로 보낸 책 속에 기록 되어 있는 것입니다. 열두 제자들은 천국 복음을 이스라엘 나라(7절)에 가져가도록 되어 있었습니다.

• 다음은 성경 속의 한 권의 책을 공부할 때 밟는 과정들입니다.

① 한 책을 적어도 두 번 읽으라. 처음 읽는 것처럼 읽으라. 이미 알고 있는 사실들을 잠시 잊을 수 있다면, 자칫 놓치기 쉬운 부분들을 새롭게 깨달을 수 있을 것입니다. 세부 사항을 이해하려고 하지 말고, 한자리에서 그 책 전체를 읽으라. 이러한 통독의 목적은 책을 기록한 기자가 말한 것에 대한 개관을 감지하기 위해 그 책에 대한 어떤 느낌을 가지려는 것입니다. 읽는 것을 영상처럼 느끼려면, 상상력을 동원해 그 책을 주의 깊게 읽으라.

② 배경의 정보를 찾으라. 저자가 누구인가. 누구에게 쓰여졌는가. 언제 그리고 어떤 환경 아래 쓰여졌는가에 주의합니다. 이 질문이 성경의 모든 책에서 명백하지는 않지만, 대개는 분명하게 나타납니다. 에베소서 1장 1절은 그 책을 쓴 사람과 누구에게 쓴 것인지를 말해주지만, 마지막 장(6:20)에서 바울이 감옥에서 썼다는 것을 알게 됩니다.

③ 반복 구절과 단어들을 살펴보라. 예를 들어 히브리서에서 더 좋은 이란 단어가 열두 번이나 나온다는 사실은 저자가 그리스도의 탁월성을 강조하고 있음을 시사합니다. 제사장 대제사장 그리고 제사 등의 단어를 저자가 빈번하게 사용한 것은 구약의 제사장보다 탁월한 믿는 사람의 대제사장으로서 그리스도의 사역에 대해 강조하고 있는 것입니다.

③ 책을 여러 부분들로 나누라. 중요한 전환점, 속도와 방향 및 강조의 분명한 변화들을 살핍니다. 사도행전 1~7장에서 일어난 사건들의 장소로 예루살렘이 사용되고, 8~12장에 나오는 사건들

의 장소는 유대와 사마리아이며, 땅끝이 13~28장에 대한 지리적 목표 지점을 제공 하는 경우처럼 변화는 지리적인 것일 수도 있습니다. 이들 세 장소는 사도행전 1장 8절의 예수님의 명령에서 내부에 있는 예루살렘에서 시작하여 차례로 전체가 설명되는 동심원들과 같습니다. 한 책은 그 책 안에 있는 중심인물들에 따라 나뉘질 수도 있습니다. 창세기에서 1~11장은 아담과 하와, 에녹과 노아를, 12~33장은 아브라함을, 24~27장은 이삭을 28~36장은 야곱을, 37~50장은 요셉을 강조하고 있습니다. 어떤 책들을 그 일부가 문학적인 것도 있습니다. 예를 들어 이사야 1~39장에서는 선지자가 심판을 강조하는 반면, 40~66장의 강조점은 위로입니다. 로마서는 교리적인 주제에 따라 나뉘질 수 있습니다. 때때로 어떤 책은 말라기처럼 내용에 나와 있는 질문에 따라 나뉘어지기도 합니다.

⑤ 책의 목적을 발견하라. 예를 들어 누가복음 1장 4절이나 요한복음 20장 31절처럼 분명하게 언급된 그 책의 목적을 발견하기도 하지만, 대부분 목적은 그 책에 나오는 다양한 주제 단서들에 따라 정해져야 합니다. 빌립보서의 기쁨과 고난 중에서의 기뻐함에 대한 강조는 바울이 환난에 좌절하지 않고 그 안에 있는 하나님의 기쁨을 맛보도록 교회를 격려하려는 의도를 가지고 기록했음을 보여줍니다.

⑥ 책의 흐름을 인식하라. 성경을 책별로 연구하면서 그 책의 흐름이 주로 이야기식인지 아니면 시적인지, 편지인지 아니면 예언서인지를 알아야 합니다. 그것은 그 책의 '분위기'를 느끼도록 돕

습니다. 예를 들어 갈라디아서와 유다서는 진리를 방어하고 그릇된 가르침을 반대한다는 의미에서 다분히 논쟁적입니다. 고린도전서는 바르게 함을 주된 내용으로 하고, 로마서는 신학적이며, 레위기는 교훈을 줍니다. 열왕기상,하는 흥미 있는 이야기식으로 행동을 서술합니다. 시편은 명상적입니다. 물론 여러 가지 분위기를 이 한 책에 골고루 나타날 수도 있지만, 문제는 연구하는 책의 주된 흐름을 감지하는 것입니다.

(2) 장별 분석

한 책의 흐름을 감지한 다음에는 그것을 좀 더 자세히 공부할 수 있습니다. 그렇게 하는 한 가지 방법은 그 책을 장별로 연구하는 것입니다. 다음에 열거한 여러 단계들은 도움이 됩니다.

① 여러 번 읽으라. 그 장을 여러 번 반복해서 읽을수록 거기서 더 많은 것을 얻을 수 있을 것입니다.

② 나누라. 장의 주제가 바뀌어지는 것에 유의하라. 시편 1편은 1~3절에서 말한 복 있는 사람으로부터 4~6절의 악인으로 옮겨갑니다. 고린도전서 6장에서 바울은 1절부터 11절까지 송사에 대해 언급한 후, 12~20절에서는 음행에 대한 화제로 바꾸었습니다. 때때로 한 장은 여러 개의 이야기식 사건들이 있습니다. 마가복음 3장에 나타난 이런 전환을 보는 것은 흥미롭습니다. 한 장은 사건들이 일어나는 장소에 따라 나뉘어질 수도 있습니다. 요한복음 2장에서 가나는 1~11절의 사건이 있던 장소이며, 가버나움과 예루살렘은 12~13절에 나오는 지명들이고, 14~25절은 예루살

렘에 계신 예수님에 대해 언급하고 있습니다. 욥기 1~2장에서는 장면이 지상(1:1~5)에서 하늘(6~12절)로, 다시 지상(13~22절)으로, 하늘(2:1~6)로, 그리고는 지상(7~13절)으로 전환됩니다. 또한 에베소서 5장에서처럼 한 장이 수신인에 따라 나뉘어질 수도 있습니다. 1~21절은 모든 그리스도인들에게, 22~24절은 아내들에게, 25~31절은 남편들에게, 32~33절은 모든 그리스도인들에게 말하고 있습니다. 반면에 어떤장들은 이야기하고 있는 사람들에 따라 나뉘어집니다. 예레미야 36장에서는 하나님, 예레미야, 바룩, 미가야, 여후디, 바룩 왕, 그리고 하나님께서 차례로 이야기하고 있습니다.

③ 그 장의 구조를 보라. 이 단계는 장 분석에서 여러 관계를 살핍니다. 이것들은 비교(요한복음 4장에 나오는 사마리아 여인이 요한복음 3장에 나오는 니고데모와 유사한 점은 없는가), 대조(요한복음 4:1~42에 나오는 사마리아 여인은 43~54절에 나오는 신하와 어떻게 다른가), 반복(히브리서 1장에서 7번 언급되는 천사, 하박국 2:4~20에서 5번이나 화 있을진저라고 말하고 있다. 바울은 데살로니가전서에서 복음이란 단어를 여섯 번이나 언급하고 있다), 그리고 절을 한데 묶는 낱말인 접속자들(엡 2:4,6,11,13,14,18~19)을 포함합니다.

④ 또한 한 장 안에서의 이동이나 전환점을 살펴라. 이것들은 일반적인 것에서 구체적인 것으로의 이동(창1:1~2 일반적이고, 3~25절은 구체적이다)과 구체적인 것에서 일반적인 것으로 이동(약2:1~13은 구체적이고, 14~26절은 일반적이다), 원인에서 결

과로의 이동, 한 절정으로의 이동(다른 민족들에 대해서 이야기한 후, 마침내 이스라엘을 향해 말하면서 급소를 찌르는 말에 이르는 암1~2장처럼, 또는 요4장에서 예수님을 먼저 유대인으로, 다음으론 야곱보다 큰 자로서, 다음엔 선지자로 그리고 마침내는 메시야로서 언급하며 진전을 보이는 예수님에 대한 사마리아 여인의 반응처럼), 또는 상호 교환에서의 이동(엘리의 아들들에 대해 언급한 후 사무엘에 대해서, 다시 엘리의 아들들에 대해, 그리고는 또 다시 사무엘에 대해서 이야기 하는 삼상1~12장처럼)을 들 수 있습니다. 한 장내에서의 이동은 또한 요한복음 17장의 주기도문처럼 점층적인 것일 수도 있습니다. 그 기도에서 예수님께서는 자신을 위해(1~5절), 그의 제자들을 위해(6~19절), 그리고는 모든 믿는 자를 위해(20~26절) 기도 하셨습니다. 또 다른 이동의 형태는 말라기 3장 7~16절처럼 질문으로부터 해답으로의 이동이 있을 수 있습니다.

⑤ 언제 어디서, 어떻게, 누가 무엇을 그리고 왜라는 질문에 대한 답을 찾으라. '언제'라는 질문은 그 장에서의 시간 요소들(날짜, 연도, 축제일 같은 특별한 시간)을 '어디서'는 지리적인 요소들을 그리고 '어떻게'는 일정한 일들이 이루어진 방식을 말합니다. 요한복음에 기록된 것처럼 유대 관리들은 여러 방법으로 예수님을 반대했습니다. 질문을 하고 나서 돌을 던졌고, 체포하려는 의도로 신성 모독죄를 덮어씌웠으며, 마침내는 십자가에 못 박기까지 여러 방법들을 동원해서 예수님을 핍박했습니다. '누가'라는 질문은 분명히 그 장에 나오는 사람들을 말합니다. '무엇'이란 질문은 사

건 진술, 질문, 명령, 반응에 대한 것입니다. '왜'라는 질문은 이야기 속의 인물들이 왜 그렇게 행동했는지 또는 왜 그렇게 말했는지, 아니면 그 자료에서 주어진 설명에 대한 이유들을 살핍니다.

⑥ 주어진 서술에 대해 문제 제기를 해보라. 이것은 이 장에서 언급된 것들에 대해 질문하는 한 과정으로서 유익합니다. 예를 들어 요한복음 2장 6절에서는 이런 식으로 문제 제기를 할 수 있을 것입니다. 왜 혼인 잔치에 여섯 개의 물 항아리들이 있었을까? 몸을 깨끗이 하는 결례의 내용은 어떤 것들이었을까? 마가복음 10장에서 제기할 수 있는 문제는 다음과 같습니다. 왜 부모들은 자녀들을 예수님께 데려왔을까? 왜 제자들은 그 부모들을 꾸짖었을까?

⑦ 내용을 요약하라. 성경 한 장을 확실히 이해하는 좋은 방법은 내용을 자신의 말로 요약하는 것입니다. "본 장은... 라고 말하고 있다"라는 문장을 완성함으로써 한 장을 요약하는 사람도 있습니다. 장을 요약하는 또 다른 방법은 가능한 적은 단어로 짧은 표제를 만들어 보는 것입니다. 예를 들어 욥기 14장은 "모태에서 무덤까지"라는 제목을 붙일 수 있습니다. 도전이 될 만한 과제는 전체 성경의 각 장마다 표제를 달아보는 것이 도움이 됩니다.

(3) 절에 대한 분석
① 절의 형태를 결정해 보라. 이 절은 어떤 문장 형식으로 쓰여 있는가? 서술형, 명령형, 의문형, 아니면 청유형인가? 예를 들어 에베소서 5장 22절은 명령이지만, 그 다음 절은 서술 형식으로 되어 있습니다.

② 주된 사상을 적으라. 이 절이 누가 무엇을 누구에게 행하거나 또는 행해야만 하는지 말해 보는 것입니다. 요한복음 3장 16절에서 하나님은 주어이고 사랑하사는 동사이며, 세상은 목적어입니다. 로마서 3장 23절에서는 모든 사람이 주어요, 죄를 범하였으며가 동사입니다. 잠언 3장 5절에서 숨어 있는 주어는 너는 이고 동사는 의뢰하고 이며 여호와는 목적어입니다.

③ 보조 사상을 적으라. 절에 있는 여러 요점들은 주된 사상에 중심 주어와 동사를 넘어 부수적인 정보를 주는 내용들을 첨가 시키고 있습니다. 요한복음 3장 16절에서 "독생자를 주셨으니 이는 저를 믿는 자마다 멸망치 않고 영생을 얻게 하려 하심이니라"의 내용은 이 절의 주된 요점인 "하나님이 세상을 이처럼 사랑하사"에 대한 보조 사상입니다. 잠언 3장 5절에서 "마음을 다하여"라는 말은 그리스도인들은 여호와를 의뢰해야 한다는 이 절의 요점에 대한 추가 정보입니다. 데살로니가전서 5장 11절에서 "너희가 하는 것 같이"라는 말은 "피차 권면하고 피차 덕을 세우기"라는 두 가지 명령을 이루는 주된 사고를 넘어 추가적이고 보조적인 정보를 줍니다.

④ 접속사를 포함하여 그 본문에 있는 낱말들에 주목하라. 접속사를 포함한다는 의미는, 에베소서 4장 25절을 예로 들자면 "그런즉 이는"과 같은 낱말에도 주목하라는 것입니다. 반복되는 낱말에 밑줄을 긋고 그것들을 한 선으로 연결시키거나 중요한 단어들에 동그라미를 칩니다(예, 엡 2:19의 외인, 손, 동일한 시민, 권속). 자신이 잘 모르는 분명치 않은 단어에는 물음표를 붙입니다.

⑤ 이 절을 바꿔서 설명해 보라. 그 절에 나타난 의미를 담아 자신의 말로 새롭게 적어보는 것은 그 절의 의미를 파악하는 데 많은 도움을 줍니다. 에베소서 4장 12절은 다음과 같이 풀어쓰기를 할 수 있는 좋은 예입니다. "이는 성도들을 준비시켜 주님을 섬기도록 하여 교회를 교화(敎化)하는 결과를 가져오도록 하는 데 그 목적이 있습니다."

성경을 연구하는 학생들에게 이 절에 대한 여러 관찰들을 써보도록 하는 것이 필요하다. 이 단계에서는 그 절에 있는 모든 것을 관찰하는 것을 목표로 합니다. 이러한 관찰들은 "이 절은 우리에게 이야기 한다"라는 문장으로 완성해 보도록 합니다.

(4) 자서전적 접근

인물 연구는 가장 흥미 있고 재미있는 성경 연구 방법 가운데 하나입니다. 성경 전기들은 아주 생생하게 진리를 보여주고 있습니다. 다른 사람들의 삶 속에서 하나님께서 일하시는 것을 볼 때, 우리는 하나님께서 우리의 삶 속에서도 마찬가지로 일하실 수 있음을 깨닫습니다. 승리, 패배, 희망, 두려움, 분투, 대성공, 실수, 영광, 절정, 고뇌, 장점과 약점들이 모든 것들이 성경 인물의 삶 속에서 연출되고 있습니다.

• 다음은 성경 인물들의 전기를 연구할 때 필요한 방법들입니다.

① 그 인물에 관련된 모든 구절들을 찾아 읽는다. 문둥병자 나아만을 연구할 때는 열왕기하 5장뿐만 아니라 누가복음 4장 27절도 읽을 필요가 있습니다. 엘리야를 연구할 때는 열왕기상 17장부터

열왕기하 2장까지는 물론 열왕기하 9~10장, 역대하 21장 12절, 그리고 말라기, 사복음서, 로마서 11장 2절과 야고보서 5장 17절 등등 모든 참고 구절들을 읽어야 합니다.

② 그 인물에 대한 모든 것들을 관찰하여 적는다. 여기에는 그 사람의 출신, 조상과 출생, 가족, 직업, 성격, 위기, 다른 사람들에게 끼친 영향, 동료, 여행한 지역, 죽음과 장례에 대한 모든 정보까지 포함됩니다. 그의 삶에 일어난 사건들의 차례를 적습니다.

③ 그의 장점들과 약점들을 열거해 본다. 이것은 모세, 요나, 베드로 등 여러 인물들의 삶에서 유의해보아야 할 흥미 있는 관찰들입니다.

④ 그 인물의 생애에서 나타난 주요 원리들을 한 문장으로 적어봅니다. 그 인물의 생애로부터 개인적인 적용을 적어봅니다. 이 것은 인물 탐구에서 배운 시각을 적용하기 위한 실천 단계에 해당 합니다. 따를 본보기, 피해야 할 죄, 말로 표현할 기도 개발해야 할 특성, 고쳐야 할 실수는 없는가 등등의 식으로 적어봅니다.

⑤ 인물 연구에서 한 단계 발전된 방법은 그 인물의 생애에 대해 창의적인 발표문을 써보는 것이다. 이것은 신문 기자의 기사, 논설, 시, 노래, 편지, 질의 문답식 회견 짧은 이야기 등의 형식이 될 수도 있을 것입니다.

성경 해석을 위한 원리

빌립은 에티오피아의 내시에게 "읽는 것을 깨닫느뇨"(행8:30)

라고 물었습니다. 이 질문은 해석학, 즉 읽고 있는 구절에 대한 적절한 해석을 말하고 있는 것입니다. 내시가 이사야 53장을 읽었다는 자체가 그 절을 이해하였음을 보장하는 것은 아닙니다. 적절한 해석은 적당한 관찰 위에 세워져야 합니다. 우리는 관찰을 통해 "무엇을 보는가?"라고 질문합니다. 해석에서는 "그것이 무엇을 의미하는가?"라고 묻습니다. 성경 해석의 과학이자 기술인 해석학에 대해 필요한 주의를 기울이지 않는 사람은 성경 구절에 대한 이상하고도 억지스러운 견해, 즉 성경 자체가 결코 의도 하지 않았던 해석에 이르게 될지도 모릅니다. 성경 해석에서 기본적인 해석학적 원리에 대한 인식은 기본입니다. 성경이 고대의 책이기 때문에 그것의 원본과 현재의 것 사이에는 시간적인 간격이 존재합니다. 또한 성경 인물들이 살았던 장소와 우리와의 거리라는 관점에서 보면 공간적인 간격이 존재합니다. 그리고 관습적인 간격은 성경 시대의 사람들이 살았던 방식이나 사고와 오늘날 우리 삶의 방식이나 사고 사이에도 차이가 있음을 의미합니다. 또한 성경은 히브리어와 헬라어로 쓰여졌기 때문에 언어적인 차이도 존재합니다. 더욱이 이 책은 하나님에 의해 그리고 하나님에 대해 쓰여졌기 때문에 영적인 간격도 있습니다. 성경 해석은 우리로 하여금 성경을 쉽게 이해할 수 있도록 하면서 그와 같은 간격을 좁힐 수 있도록 돕습니다.

　지면상 해석학이란 주제를 상세하게 설명하는 데는 많은 제한이 있습니다. 독자들은 이 주제에 대한 여러 책들을 참고해 주기 바랍니다. 다음에 덧붙인 해석학적 원리들에 유의해 보는 것은 성경을 연구하는 사람들로 하여금 적절한 해석에 이르고 그릇된 해석을 피하는 데 많은 도움이 될 것입니다. 이러한 해석학적인 원리들이 성경에 부여된 법칙은 아닙니다. 그것들은 단지 어떠한 문학 작품을 읽더라도 일반적으로 따르는 단계들을 반영하는 것입니다. 문학 작품으로서 성경에는 일반 문학 작품을 읽을 때 사용하는 원리를 똑같이 적용할 수 있습니다. 신문, 소설, 요리책 위원회 보고서 또는 과학 연구 논문을 읽을 때 ① 우리는 역사적인 배경과 그 글의 목적에 유의하고, ② 일정한 문법적인 용어를 통해 이해하며, ③ 그 글이 쓰여진 문화적 배경을 인정하고, ④ 직접적인 문맥 아래 단어와 문장들을 이해하며, ⑤ 글의 문학적 형식에 주목합니다.

(1) 역사적 배경과 목적

성경을 공부할 때, 우리는 역사적 지리적 상황과 그 책 또는 그 책의 일부가 쓰여지게 된 목적을 살펴봐야 합니다. 자신이 쓴 책의 목적을 언급하고 있는 기자도 있습니다. 그외의 경우에 우리는 기자가 언급한 문제들, 그가 반복하는 주제들, 그리고 주된 논점에 주목함으로써 저자의 목적을 생각해 보아야 합니다. 배경과 목적에 유의하는 것은 저자가 결코 의도 하지 않았던 어떤 것을 잘못 이해하는 오류를 막아줄 수 있으며, 주먹구구식으로 말씀을 꿰맞추려는 해석을 방지할 수도 있습니다. 우리는 그 구절이 실제로 의미하는 바를 읽어내야 합니다(주석).

(2) 일정한 문법의 의미

성경을 대하는 바람직한 태도는 맨 처음의 독자들이 이해했던 것처럼, 그 말씀 스스로가 말씀하도록 하는 것입니다. 예를 들어 마가복음 5장 1~20절에서 더러운 귀신들은 거짓된 교리가 아니라 타락한 천사를 돼지는 잠재의식이 아니라 동물을 의미하는 것입니다. 이 원리는 성경의 의미를 신비적으로 해석하려 들었던 중세의 풍조를 배격하는 것입니다. 이와 같은 접근 방식은 소위 좀 더 깊은 의미가 좀 더 영적인 의미일 것이라는 잘못된 추정에서 비롯되었다고 할 수 있습니다. 그래서 예루살렘은 도시, 영혼 심지어 천국을 뜻하는 것으로 해석되기도 했습니다. 그렇지만 성경에 대한 이런 접근은 성경 언어를 아무런 통제 없이 방치시켜 두는 결과를 가져왔습니다. 만일 주어진 문맥에서 한 단어가 여러 개의 상반적인 것들을 뜻할 수 있다면, 성경 해석은 완전히 주관적인 것이 되어버립니다. 그러므로 성경 해석에서 단어의 의미(같은 저자 또는 성경의 다른 저자들에 의해 쓰여진 똑같은 책에서 또는 성경의 다른 책들에서의), 단어의 사용, 그리고 그 단어의 동의어나 반대어와는 어떻게 다른가를 주목하는 것이 중요합니다. 생각은 말을 통해 표현됩니다. 성경에 기록된 것으로 하나님의 생각을 알아보려면 말씀을 그리고 문장 안에서 그 말씀이 문법적으로 어떻게 쓰여지고 있는지를 연구해야 합니다. 신교의 개혁자이자 마틴 루터의 친구인 필립 멜랑크톤(Philip Melanchthon)은 먼저 성경이 문법적으로 이해되지 않는다면, 신학적으로는 당연히 이해될 수 없다고 말했습니다.

(3) 문맥

각절 또는 장은 문맥상에서 이해되어야 합니다. 성경을 공부하는 사람은 그 문장의 전후에 오는 문장과 단락에 비추어 그 말의 의미가 무엇인지를 물어야 합니다. 한 낱말 또는 한 문장조차도 그것이 사용된 문맥에 따라 여러 의미를 가질 수 있습니다. 각 기자들이 동일한 단어를 각자 어떻게 사용했는가 살펴보는 것은 그 의미를 결정하는 데 많은 도움이 됩니다. 영어 단어 '트렁크(trunk)'는 상자를 의미하는 고대 영어 단어인 '트론케(tronke)'에서 왔습니다. 그러나 이 단어의 기원에 대해 이해하는 것이 저자가 단어를 사용할 때 어떤 의미로 사용하였는가를 말해주는 것은 아닙니다. 그는 이 단어를 여러 의미 가운데 하나로 마음속에 가지고 있을 수도 있습니다. 즉 한 나무의 중심부, 인간의 한 부분을 나타낸 토르소, 곤충의 흉곽, 원주의 축, 큰 짐짝, 자동차의 짐칸, 갑판 위에 돌출한 배의 선실 부분, 코끼리의 코, 두 전화교환국 간의 중계선, 큰 옷 가방 등등의 여러 의미가 내포 되어 있는 것입니다. 헬라어 퓨뉴마(pneuma:영혼)는 프네오(pneo, '숨을 쉬는')에서 유래되었지만, 성경에서 '퓨뉴마'란 단어는 때때로 호흡을 의미합니다. 그것은 성경에서 바람, 태도, 귀신, 천사, 성령, 감정, 그리스도인의 영적 성격 또는 몸에서 분리된 인간의 정신적인 부분과 같은 서로 다른 의미들을 가지고 있습니다. "그는 언덕 위에 있다"라는 문장은 한 사람이 작은 산의 저편에 있다는 의미일 수도 있지만 한편으로는 그가 점점 늙어 상대적으로 살 수 있는 날이 몇 년 남지 않았다는 것을 의미할 수도 있습니다. 그러므로 그 문장이 속해 있는 문맥만이 그 정확한 의미를 나타낼 수 있습니다. 문맥에 맞지 않는 의미를 선택하는 것은 정확한 해석을 이끌어 낼 수 없습니다. 종종 문맥을 고려하지 않은 잘못된 해석들도 있습니다. 예를 들어 "내게 구하라 내가 열방을 유업으로 주리니"(시2:8) 라는 말씀은 하나님께서 선교사들의 노력의 대가로 그들에게 전 세계의 구원을 이루어 주시겠다는 의미가 아닙니다. 그 문맥은 하나님께서 말씀하셨듯이 천년왕국에서 열방 위에 다스리실 때 그의 유업으로서 모든 나라들을 받으실 메시야에 대해 이야기 하고 있는 것입니다. 문맥은 또한 단어의 의미를 정할 수 있도록 돕습니다. 유다서 3절에서 '믿음'은 진리의 몸체를 로마서 3장 3절에서는 '신실함'을 1장 17절에서는 하나님에 대한 신뢰 또는 확신을 그리고 야고보서 2장 17, 19절에서는 지적인 동의를 의미합니다. 심지어 '구원'이란 단어도 여러 의미를 가질 수 있습니다. 어려운 상황으로부터의 안전이나 구출(출14:13, 행27:20, 빌1:19), 신체적 또는 감정적인 건강(눅18:42) 그리스도의 대속적인 죽음으로 인한 죄의 형벌로부터의 해방(요3:17, 행15:11, 16:30) 또는 죄라는 존재로부터의 궁극적인 해방(롬5:9) 등을 의미하기도 합니다. 율법 이란 단어는 원리, 모세 오경, 선지서들을 제외한 구약의 모든 책 또는 모세적인 체제를 의미할 수 있습니다. 마태복음 3장 11절에서 불의 의미는 영적인 힘이 아니라 10, 12절에서 나타난 것처럼 오히려 심판에 가깝습니다. "병든 자를 고치며 죽은 자를 살리며 문둥이를 깨끗하게 하며 귀신을 쫓아내되"(마10:8)라고 예수님께서 말씀하셨을 때, 그것은 모든 그리스도인들에게 명령을 내리신 것이 아니었습니다. 왜냐하면 그 문맥(1절)은 예수님께서 단지 열두 제자들에게 말씀하셨음을 보여주고 있기 때문입니다. 때때로 전체로서의 성경의 범위와 목적은 그 책에 있는 일정한 낱말들 또는 구절들을 명료하게 보여줍니다. 요한일서 3장 6~10절은 믿는 사람들은 결코 죄를 범하지 않는다는 의미가 아닙니다. 먼저 요한복음 1장 8~10절과 2장 1절이 이것을 명백히 합니다. 평행을 이루고 있는 구절들의 문맥은 다른 낱말들 또는 아이디어들을 설명하는 데 도움이 됩니다. 누가복음 14장 26절에서 '미워하다'라는 단어는 마태복음 10장 37절에 있는 평행 구절로 명료해집니다.

(4) 문화적인 배경

성경은 타문화권에 살던 사람이 그들의 삶에 대해 기록했기 때문에 많은 구절들을 적절히 이해하기 위해서는 문화적 관습을 아는 것이 중요합니다. 니느웨로 가는 일에 관심이 없었던 요나에 대해서는, 니느웨 사람들이 적들에게 한 끔찍한 행동을 인식한다면 더 잘 이해할 수 있을 것입니다. 보아스의 가장 가까운 친족이 보아스에게 자신의 신발을 주었을 때(룻4:8~17), 그는 이 행동을 통해 전에 걸어 다녔던 땅에 대한 자신의 권리를 양도한다는 것을 상징화했습니다. 수로에 있는 찬물과 온천으로부터 더운물이 하이에라폴리스(Hierapolis)에서 라오디게아로 파이프들을 통해 수송되었기 때문에, 라오디게아 교회는 그들을 향한 미지근하여 더웁지도 아니하고 차지도 아니하다는 요한계시록 3장 16절 말씀을 잘 이해할 수 있었을 것입니다. 그 물이 라오디게아에 도착했을 무렵이면 그것은 더웁지도 차지도 않아서 그다지 바람직하지 않았습니다. 성경 사전, 백과사전, 주석은 성경 구절 가운데 이해하기 어려운 많은 부분을 여러 가지 방법으로 설명해 줍니다. 정상적이고 문법적인 해석은 비유적 표현의 사용에서 제외되지 않습니다. 성경 구절들은 가끔 비유적인 말 때문에 이해하기 어려워 보이기도 합니다. "나무들이 손뼉을 친다." "너의 피가 네 머리로 돌아갈지어다" "이러한 사람들은 비 없는 구름들이다." "나는 떡이라." 여러 가지 설명들은 이와 같은 이상한 표현들의 의미를 아는 것이 중요하다고 강조합니다. 비유적 표현은 언어에 묘미를 더해주면서 독자들이 그 말과 생각을 기억하게 하는 효과를 지닙니다. 비유적 표현은 '~같이' 또는 '~처럼'을 사용하여 분명하게 다른 것을 닮았음을 비교하는 직유, 기본적으로는 다르지만 한 사물이 다른 것을 나타내는 은유, 어떤 단어 대신에 다른 단어를 사용해 표현하는 환유. 전체로써 일부를 일부로써 전체를 대신하는 대유법, 의인법 강조하기 위해 문자적으로 의미하는 것보다 더 많은 것을 의미하는 과장법, 긍정을 나타내기 위해 삼가해서 하는 말이나 부정적인 표현인 완곡법, 의미하는 바와 반대 형식으로 나타나는 조소나 찬사의 형식인 반어법, 수사학적인 질문들, 서로 다른 의미를 암시하기 위해서 똑같은 단어들 또는 비슷한 소리가 나는 단어들을 사용하는 익살 등이 여기에 포함 됩니다. 문체를 알게 된 다음에는 그 문체의 목적을 결정합니다. 예를 들어 "모든 육체는 풀과 같고"(벧전1:24)라는 절에서 성경을 공부하는 사람은 인간과 풀의 유사성에 대해 생각해야 합니다. 문체는 언제나 똑같은 것을 의미하지 않을 수도 있습니다. 예를 들어 요한계시록 5장 8절에서 사자는 사탄의 상징이지만 5장 5절에서는 그리스도의 상징입니다. 이러한 해석 원리들에 대한 주의 깊은 관심이 더욱 정확한 성경 해석에 근접하게 할 것입니다.

성경의 적용

적용은 성경에서 금을 채굴하는 과정의 정점인 성경 연구의 관석(冠石)을 제공합니다. 적용 없는 성경 연구는 여전히 불완전한 상태로 남아 있게 합니다. 야고보 사도는 이렇게 말했습니다. "너희는 도를 행하는 자가 되고 듣기만 하여 자신을 속이는 자가 되지 말라"(약1:22). 성경은 전시되어 있는 박물관의 작품이나 검사가 필요한 골동품이 아닙니다. 성경은 삶을 위한 안내서입니다. 우리는 에스라처럼 스스로 하나님의 말씀에 대한 연구 뿐만 아니라 그 실천에 헌신해야 합니다(스7:10). 하나님께서는 단지 지식을 위해서가 아니라 영적인 성장을 위해 우리에게 말씀을 주셨습니다. 그리스도인은 하나님의 말씀을 깨달아야 하며, 그것을 통해 말씀 속의 하나님을 체험 할 수 있습니다.

적용의 원리들
적용은 본문에 대한 적절한 해석으로부터 나와야 합니다.
① 성경 구절에 대한 정확한 해석은 적절한 적용을 위해 기본적인 것입니다. 본문을 부정확하게 해석한다면 적용 또한 잘못될 것

입니다. 불행하게도 많은 사람들은 하루하루를 위한 축복이나 인도를 받기 위해 성경을 대합니다. 그리하여 그들은 무익한 해석 위에 적용을 이끌어 내거나 해석 과정 전부를 무시합니다. 헌신적이거나 실용적인 것을 찾으려는 강한 욕망에서, 많은 그리스도인들은 일부 성경 구절의 원래 의미를 왜곡되게 받아들이고 있습니다. 한 구절에 대한 개인적인 반응은 그 책의 목적에 비추어 최초의 독자들에게 본문이 의미하는 바를 이해하는 것에서 시작해야 합니다. 해석할 때는 당시의 배경을 가지고 본문의 의미를 살피며, 적용에서는 현재의 상황 속에서 중요한 의미를 찾게 됩니다.

② 적용은 원리를 기초로 해야 합니다. 원리는 해석과 적용 사이에서 교량 역할을 합니다. 한 원리는 그 장 또는 절에 있는 진리를 요약합니다. 성경 시대와 현재 사이에는 문화적인 차이 때문에, 원리라는 도구를 통해 그 차이를 극복하는 것이 중요합니다. 데살로니가전서 5장 18절은 바울 당시의 데살로니가 교인들이 자신의 삶 모든 상황에서 감사해야 했음을 분명하게 말해줍니다. 오늘날의 그리스도인도 자신의 환경 여하를 막론하고 감사해야 하는 것이 성경의 원리입니다. 이와 같은 진리의 전달은 데살로니가 교인들에 대한 하나님의 메시지를 오늘날의 그리스도인들에게도 적절하게 만듭니다. 그럼에도 불구하고 에베소서 6장 5절은 또 다른 문제를 제시하고 있습니다. 바울 당시에 이 구절은 노예들이 자신의 상전에게 순종해야 한다는 것을 의미했습니다. 그러나 노예를 두지 않는 오늘날의 문화에서 그 말씀이 자신에게 어떻게 연관되는지 의문이 생기는 것은 당연합니다. 그 대답은 그리스도인 근

로자들이 윗사람들의 지시를 따라야 한다는 원리 위에 놓여 있는 것처럼 여겨집니다. 창세기 6장 22절에서 노아는 방주를 짓는 일을 위해 합리적인 이유 없이 하나님께 순종했습니다. 그러나 오늘날 그리스도인들은 노아와 공통된 무엇을 가졌는가? 여전히 방주를 지어야 하는가? 아닙니다. 대신 노아의 경우에서 알 수 있는 원리는 그렇게 해야 할 분명한 증거를 가지고 있지 않더라도, 오늘날의 그리스도인들 역시 노아처럼 하나님의 명령에 순종해야 한다는 것입니다.

③ 적용은 독자가 맨 처음 독자가 경험했던 공통적인 요소들을 찾는 것을 포함합니다. 바울이 다른 그리스도인들에게 어려움을 주는 것을 피하기 위해, 우상에게 바쳤던 고기를 먹는 것을 자제하라고 고린도 교인들에게 말했을 때(고전8:7~13). 그는 현재에 존재하지 않는 상황에 대해서도 이야기하고 있습니다. 그러므로 적용에서 우리가 고린도 교인들과 공통적으로 가진 요소란 다른 사람들을 죄짓도록 하는 행동은 삼가야 한다는 것입니다.

④ 적절한 적용은 특별한 행동 또는 반응을 포함합니다. 성경을 공부할 때. 그 진리를 적용할 구체적인 방법들을 적어나갑니다. 시간을 정해서 개인적으로 "나는 ~할 것이다"와 같은 식의 적용이 되게 하라. "우리는 ~을 해야 한다"라는 식의 적용은 너무 일반적이며, 그 성경을 적용하는 데 필요한 확고한 헌신이 드러나 있지 않습니다. "좀 더 예수님과 같아져야 합니다. 또는 같아질 것이다"라고 말하기보다는 "내 아이들이 잘못을 저지를 때, 다음에는 화를 내지 않을 것이다"라고 말하는 것이 더 훌륭한 적용입니

다. "나는 내 아내를 더욱더 사랑해야 한다. 또는 사랑할 것이다"라고 말하는 대신에 "나는 오늘 아내에게 꽃을 사다 주어야겠다"라고 말하는 것이 낫습니다. '이번 금요일 저녁' '목요일 오후' '이번 주말' '이 달 말'이라고 시간을 제한하는 것은 적용이 까닭 없이 연기되지 않도록 보장해 줍니다. 예를 들어 바울은 "모든 일을 원망과 시비가 없이 하라"(빌2:14)고 썼습니다. 이 말씀에 대한 개인적인 적용 및 반응은 "나는 ~을 불평하지 않을 것이다"라는 말로 시작할지 모릅니다.

⑤ 적용을 위해 정했던 제한된 시간이 다 되었을 때, 그 적용 및 반응이 완수되었는가를 기록하라. 완수되지 않았다면 다시 해야 될 일을 기록하라. 물론 이와 같은 개인적인 결정과 헌신의 영역은 성령의 능력 아래 이루어질 필요가 있습니다. 성경 연구에서 적용 단계로 나아갈 때 개선이 필요한 삶의 영역에 대해 주님의 인도를 구하라. 약점들을 극복하고 삶 속에서 하나님의 축복들을 경험하도록 하나님께서 도우시기를 구하면서, 성경 공부를 기도로 흠뻑 적시라.

성경 연구에 덧붙이고 싶은 생각

다음에 열거한 제안들은 성경 연구에서 진취적으로 나아갈 수 있는 방법들입니다. 이러한 생각 중 한 개 또는 여러 개를 시도해 보라. 그러면 말씀 연구에서 증가하는 기쁨을 발견하게 될지도 모릅니다.

1. 귀납법적 성경 연구에 대한 책을 읽는다.
2. 매일 경건의 시간에 성경 주석 한 권을 선택해 해당하는 부분을 읽는다.
3. 한 절 또는 한 단락을 외운다.
4. 다양한 질문을 가지고 한 구절을 생각해 본다.
5. 적용에 대한 일기를 쓴다.
6. 성경 한 책에서는 동일한 방법을 선택한다.
7. 성경 학교 또는 신학교에서 야간 강의를 듣는다.
8. 성경을 가르친다. 이것은 성경을 배우는 가장 좋은 방법 가운데 하나다.
9. 제자훈련 또는 성경 공부 모임에 참여한다.
10. 한 구절을 여러 번역으로 읽는다.
11. 헬라어, 히브리어를 공부한다.
12. 성경 사전, 백과 사전. 성경 용어 색인, 주석 같은 성경 연구 방법들을 찾아본다.
13. 성경의 각 책에 대한 서류철을 만든다.
14. 잠언을 매일 한 장씩 읽는다.
15. 성경에 대한 새로운 연구 방식들을 가지고 시험해 본다.
16. 한 본문을 1인칭 기도문으로 바꾸어 본다. 예를 들어, 요나 1장을 읽은 후에 "주님, 주님께 불순종하지 않도록 저를 도와 주십시오"라고 기도할 수도 있다.
17. 말씀에 대한 발견점들을 다른 사람과 나누며, 적용 및 반응의 일부를 함께 나눈다.

하나님의 말씀에 능력 있는 교사가 되기 위해 먼저 말씀에 대한 효과적인 학생이 될 필요가 있습니다. 성경의 풍부함으로 우리 자신이 부요하게 될 때, 다른 사람들의 삶이 부요하게 되도록 더욱 효과적으로 도울 수 있습니다.

2. 기도

기도의 사람을 찾으시는 하나님

오늘날 교회가 필요로 하는 것은 무엇인가? 그것은 물질이나 더 좋은 기계 문명의 도입이 아닙니다. 어떤 새로운 조직이나 고상한 방법도 아닙니다. 그것은 성령님께 붙들려서 성령님이 원하시는 대로 쓰실 수 있는 사람입니다. 그는 기도의 사람입니다. 그는 기도의 능력이 있는 사람입니다. 사람들은 방법을 찾아서 일을 해결하려 합니다. 그러나 성령님께서는 사람을 사용하셔서 해결하십니다. 그러므로 성령님이 방법입니다. 성령님은 지금도 교사를 사용하려 하십니다. 하나님께서는 교사가 동분서주하여 찾아낸 방법으로 교회학교를 운영 하시지 않으십니다. 우리는 성령님이 방법이라는 사실을 분명히 알고 있어야 합니다. 성령님은 프로그램이나 사람을 현혹하는 방법에 임하시지 않고, 사람들 위에 임하십니다. 또한 성령님은 계획이나 조직에 기름 부으시지 않으십니다. 오직 하나님의 사람들, 즉 기도의 사람들에게 기름 부으십니다.

하나님의 계획은 사람을 다른 어떤 것보다도 훨씬 더 중요하게 여기시는 것입니다. 사람이 바로 하나님의 방법입니다. 교회는 더 나은 방법들을 찾고 있는 반면, 하나님은 더 나은 사람들을 찾고 계십니다. 하나님께서 필요로 하시는 것은 훌륭한 재능이나 위대한 교육 방법, 또는 위대한 교육지도자가 아닙니다. 그가 찾으시는 사람은 누구인가? - 거룩함과 믿음, 사랑을 소유한 신실한 사람, - 하나님을 위하여 살아가는 위대한 사람, - 교회에서 거룩한 영향력으로 이끄는 사람, - 교회 밖 삶의 현장에서는 거룩한 삶으로 자신의 신앙을 증명하는 사람. 하나님께서는 이러한 사람을 찾으십니다. 교사가 이런 사람이 될 때, 하나님을 위하여 하나님이 원하시는 자로 세워질 수 있습니다! 그리고 그가 목양을 하는 어린이, 청소년들이 그렇게 세워집니다. 교사의 목양의 배경에는 언제나 그 개인의 삶 전체가 놓여 있다는 사실을 놓쳐서는 안 됩니다. 교사의 사역은 주일 하루 한 시간의 연기가 아닙니다. 주일 하루에 보여지는 그의 모습은 그가 살고 있는 삶 전체에서 흘러나오는 것입니다. 진정한 사역의 모습은 삶에서 빚어집니다. 교회학교 공동체에 대한 하나님의 계획은 교사에게 우선합니다. 그가 성장한다면 하나님에 의해서 그만큼 그의 사역을 통해서 어린이, 청소년들이 자라는 것입니다. 교회학교에서의 반목회 사역은 교사 이상으로 나타날 수 없습니다. - 그가 성장하면 교회학교에도 성장이 나타납니다. - 그가 힘이 있으면 교회학교에도 힘이 나타납니다. - 그가 거룩하면 그의 사역도 거룩하게 됩니다. - 그가 성령님의 기름 부으심이 충만하면 그의 사역에도 성령님의 기름 부으심이 있습니다. - 그가 온전하면 교회학교 공동체도 온전해짐을 경험합니다. 교사는 복음을 구체화 시켜야 하는 사명을 갖고 있습니다. 그에게는 언제나 복음의 영적인 특징이 구체적으로 나타나야 합니다. 강권적인 사랑의 능력이 그의 모습 안에서 발휘되어야 합니다. 그리고 성령님께서 그의 모든 것을 통솔하며, 스스로를 있게 하는 힘이 되어야 합니다.

기도하셨던 예수님 – 기도하지 못하는 우리들

교사 중의 교사가 되시는 예수님께서는 기도에 심혈을 기울이셨습니다. 그는 3년 반의 시간 동안 일하시기 위해서 30년의 세월을 준비하셨는데, 우리는 이 30년을 예수님께서 기도하신 기간이라고 볼 수 있습니다. 특히, 우리를 주목하게 하는 것은, 예수님께서 세례를 받으신 다음에 곧 사역을 시작하시지 않고 광야로 나가셔서 40일 동안 기도하셨다는 사실입니다. 이 기도는 그의 사역에 밑바탕이 될 영적인 준비입니다. 그밖에도 예수님은 늘 기도하셨습니다. 그는 복음을 전파하기 전에 새벽기도로 자신의 사역을 준비하셨습니다. 예수님은 기사와 이적을 행하실 때도 먼저 기도부터 하셨습니다. 그는 기도로 시작하고 기도 안에서 일하셨습니다. 바울 사도는 "맡은 자가 구할 것은 충성" 이라고 하였는데, 충성하기 위해서는 기도가 필수적인 일입니다. 우리는 어린이(또는 청소년)들을 이끌어 주기 위해서 기도해야 하겠고 교수-학습의 진행을 위해서 기도해야 합니다. 우리가 다루는 가르침은 생명을 살리는, 생명과 관계있는 사역인 만큼 기도해야 합니다. 우리는 누구나 기도해야 함을 알고 있습니다. 그럼에도 불구하고 기도를 제대로 지속하지 못하고 있습니다. 우리는 기도하지 않았던 때가 있습니다. 그러면 왜 기도하지 못하는가? 기도를 방해하는 요소들을 명확히 찾아내어 제거시켜야 합니다. 그래서 늘 기도하는 습관을 지속시켜야 합니다.

교사들이 기도하지 못하는 이유들은 대개 분주함 때문이라고 할 수 있습니다. 어쩌면 마르다처럼 준비하는 일이 많아 마음이 분주해서 기도할 틈을 얻지 못하고 있습니다. 우리가 살아가는 이 세상은 참으로 분주합니다. 해도 해도 또 해야 할 일들이 산적해 있습니다. 우선 살아가야 할 일차적인 문제의 일들로 분주하고 취미라든가 친구들과의 교제 등으로 바쁩니다. 성경에서 묘사하고 있는 바와 같이 "농사짓기에 분주하고 가축을 기르기에 바쁘며, 시집가고 장가가는 일에 머리를 쏟아" 다른 것을 미처 생각하지 못하는 것입니다. 아침에 일어나서 잠자리에 들기까지의 하루를 살피면 너 나할 것 없이 모두들 여러 가지 일과에 매여 있는 것을 알게 됩니다. 그런데, 문제는 그러한 일들 속에 기도가 포함되어 있지 않다는 사실입니다. 참으로 바쁘다는 핑계로 기도하지 않는 사람은 그에게 혹시 한가해진다고 해도 기도하지 않습니다. 그때는 그때대로 이유가 따르기 마련입니다. 따라서 세상의 일에 너무 마음을 두지 말고, 기도하는 한적한 시간을 갖도록 힘써야 합니다.

교사들이 기도하지 못하는 또 하나의 이유는 게으름과 피곤 때문이라고 할 수 있습니다. 아침에 조금만 일찍 일어나도 기도할 수 있을 텐데, 그렇게 하지 못하고 있습니다. 오늘을 살아가는 사람들은 모두 피곤해 합니다. 삶의 구조가 사람을 피곤하게 만듭니다. 사람은 피곤하면 자야 합니다. 겟세마네 동산에 오르신 예수님께 서는 그의 사랑하시는 제자들에게 시험에 들지 않도록 깨어 기도 하라고 하셨습니다. 그럼에도 불구하고 제자들은 기도하지 못하 고 잤습니다. 그들은 한 시간 동안도 깨어 있을 수 없었습니다. 그들은 눈이 피곤해서 잤던 것입니다. 마귀는 교사들을 피곤으로 유 도합니다. 교사들로 하여금 피로한 생활을 하도록 해서 기도를 방 해하는 것입니다. 마귀가 생활을 분주하게 하고, 교사들은 당연히 그의 사역을 위해 기도해야 하는데도 그렇게 하지 못하고 있습니 다. 그러므로 우리는 필요 없는 일에 너무 분주하지 않도록 해야 합니다. 주님께서 말씀하셨습니다. "너희는 한적한 곳에 와서 잠 깐 쉬어라". 쉼은 바로 기도의 촉진제가 될 것입니다.

교사들이 기도하지 않는 이유는 무엇일까요? 기도의 참맛을 모 르기 때문입니다. 고기도 먹어본 사람이 먹는다고, 기도 역시 기도 의 맛을 아는 사람이 합니다. 기도는 어떤 맛을 가지고 있을까요?

첫째, 기도는 변화의 능력이라는 맛이 있습니다. 기도하는 사람 은 변화하게 되어 있습니다. 변화할 수밖에 없습니다. "그들 앞에 서 변형되사 그 얼굴이 해 같이 빛나며 옷이 빛과 같이 희어졌더 라"(마17:2). "기도하실 때에 용모가 변화되고 그 옷이 희어져 광 채가 나더라"(눅9:2). 예수님은 기도하셨고 그때 놀라운 변화가 일어났습니다. 얼굴이 해 같이 빛나고 옷은 빛과 같이 희어졌습니 다. 눈으로 직접 목격할 수 있는 물리적인 변화가 일어난 것입니다. "그들이 다 성령의 충만함을 받고 성령이 말하게 하심을 따라 다른 언어들로 말하기를 시작하니라"(행2:4). 예수님의 승천 후 그분이 약속하신 성령을 기다리며 마가의 다락방에서 기도하던 제자들은 어떻게 되었을까요? 성령을 받고 변화되었습니다. 더 이상 패배 의식에 머물지 않았습니다. 가치를 위해 뛰기 시작했습니다. 삶의 변화를 경험한 그들은 시도 때도 없이 전하고 가르쳤습니다. 복음을 위해 아낌없이 몸을 불살랐습니다. 기도하면서 참다운 하나님의 은혜를 누리게 되면 모든 것이 변화하게 되어 있습니다. 약한 것이 강해지고, 소망 없던 세상에 소망이 생기고, 아픔 속에서도 기쁨을 회복하는 변화를 누리는 것입니다. 이처럼 기도만큼 강력한 것은 없습니다. 기도를 하면 마음이 변하고 마음이 변하면 생각도 달라집니다. 변화된 생각의 열매는 감사와 기쁨입니다. 보통 기도의 사람 하면 고아의 아버지 조지 뮬러(George Muller)를 말합니다. 그는 5만 번 기도 응답을 받은 사람으로도 유명합니다. 널리 알려진 에피소드가 하나 있습니다. 백 명이 넘는 고아들을 돌보고 있던 뮬러는 어느 날 먹을 것이 다 떨어지는 난감한 상황에 맞닥뜨렸습니다. 그는 고아들을 전부 식당에 앉혔습니다. 테이블 위에는 빈 그릇과 스푼, 포크만 있었습니다. 그리고 기도를 하기 시작했습니다. "오늘도 일용할 양식을 주셔서 감사합니다. 잘 먹겠습니다. 예수님의 이름으로 기도합니다. 아멘". 먹을 것이 없음에도 불구하고 하나님께 감사 기도를 드린 것입니다. 그런데 그때 밖에서 누가 문을 두드렸습니다. 자초지종은 이랬습니다. 어느 장사꾼이 마차에 빵을 싣고 가던 중이었는데 그만 마차 바퀴가 진흙 속에 빠져버렸습니다. 더 이상 갈 수 없게 되었습니다. 마차에 있던 빵을 전부 버려야 하는 상황이었습니다. 당시에는 방부제가 없었기 때문에 기한 내에 배달하지 못하면 다 버려야 했습니다. 그런데 그의 눈에 고아원이 보였습니다. 빵을 버리느니 차라리 저곳에 가져다주자는 마음이 들었습니다. 하필이면 왜 고아원 앞에서 이런 일이 벌어졌을까요? 왜 뮬러는 음식 하나 없는 상황에서 그 타이밍에 감사 기도를 드렸던 것일까요? 뮬러에게는 언제나 "주님이 채우실 것이다"라는 긍정적인 생각이 있었습니다. 복권이 당첨되길 바라는, 밑도 끝도 없는 긍정과는 다릅니다. 그의 긍정은 하나님께 단단히 근거를 두고 있었습니다. 하나님을 향한 신뢰와 감사가 그를 기도 응답의 사람으로 만든 것입니다. 생각만 바뀌는가? 반드시 행동도 바뀌게 되어 있습니다. 따지고 보면 기도 하나 했을 뿐인데 마음이 바뀌고 생각이 바뀌고, 행동이 바뀌는 전인격적인 변화를 경험하게 됩니다. 기도를 해도 생각과 행동이 바뀌지 않는다면 자신의 기도를 한 번 돌아볼 필요가 있습니다. 교사라면 이 놀라운 축복의 현장에 동참하기 바랍니다. 소망이 없다고 느껴진다면 더욱 힘써 하나님을 의지해야 할 때입니다. 하나님께 쓰임받는 교사라면 기도를 통해 하나님의 의중을 물어야 합니다. 기도는 최후의 보루가 아니라 우리의 최선이어야 합니다. 앞이 캄캄하다고 푸념할 게 아니라 하나님을 의지하는 자리로 나아가야 합니다. 상황이 힘들고 어렵고 소망이 없어 보이는 이유는 세상의 문제가 아닙니다. 세상은 언제나 소망이 없었습니다. 우리 그리스도인들은 문제의 원인을 사회 구조적인 부조리가 아니라 기도하지 않음에서 찾아야 합니다. 말하기 전에 기도하자. 행동하기 전에 기도

하자. 제자들을 변화시키셨던 그 하나님이 내 삶도 변화시키실 것을 기대하며 기도하자. 그리고 기도하는 자에게 축복하시는 하나님을 증언하자. 진정한 교사가 되려면 기도의 훈련이 필요합니다. 기도는 내가 아니라 하나님이 하신다는 선언이요, 그분에게 모든 것을 맡겨드리는 겸손입니다.

둘째, 기도에는 하나님의 마음을 알아가는 맛이 있습니다. 그분의 마음을 알아갈수록 그분을 사랑하고 의지하게 되는 맛이 있습니다. 많은 사람들이 기독교를 가리켜서 체험의 종교, 체험의 신앙이라고 말합니다. 체험을 통해 우리의 믿음은 깊어지고 우리의 신앙은 성숙해집니다. 사복음서에 나오는 수많은 병자들을 보라. 맹인, 혈루병 여인, 손 마른 자... 그들은 예수님을 만나 병 고침을 경험하고 강력한 믿음을 얻었습니다. 이런 경험은 예수님과의 만남, 즉 기도를 통해 얻어진 것이었습니다. 기도할 때 은혜가 있고 주의 영이 함께함을 누리게 됩니다. 그런데 여기서 조심해야 할 것이 있습니다. 변화도 좋고 경험도 좋지만 그것으로 끝나면 안 됩니다. 성경에 나온 수많은 이적과 기사의 본질은 치유에 있지 않았습니다. 모든 것은 수단이었습니다. 하나님을 사랑하고, 하나님을 의지하고, 하나님을 신뢰하기 위한 수단이었던 것입니다. 우리는 수단만을 놓고 기도하는 데 멈춰서는 안 됩니다. 좋은 대학에 가게 해 달라, 물질의 복을 달라, 사업을 확장 시켜 달라, 건강하게 해 달라, 이런 기도 자체를 나무랄 순 없지만 여기서 끝나지 않고 십자가로 나아가야 합니다. "여기 있는 것이 좋사오니 초막 셋을 짓겠습니다"의 신앙이 되어서는 안 됩니다. 주의 말씀과 십자가로 나아가야 합니다. 기도를 통해 하나님의 마음을 알아가는 것, 하나님이 보시는 것을 같이 보고, 하나님이 마음 아파하시는 것을 같이 아파하는 것이야말로 우리의 기도 사역 방향이 되어야 합니다. 교회학교 교사의 힘은 여기에 있습니다. 기도를 통해 하나님의 깊은 마음을 헤아리기 바랍니다. 그리고 기도를 가르치면서 아이들을 하나님 마음을 품는 사람으로 세워가라.

기도의 롤 모델. 주님께 배우라

만약에 교사로서 교회에서 교역자들을 통해서 기도하는 법을 배우기 힘들다면 다음의 방법을 활용하는 것도 좋습니다. 기도의 가장 좋은 모델은 주님이십니다. 그래서 주님의 기도를 그대로 직접 배우는 것입니다. 주님의 기도 노하우는 주기도문을 비롯해서 신약의 복음서 곳곳에 실려 있습니다. 복음서를 정독하기만 하더라도 기도의 모델을 찾을 수 있습니다. 하지만 교사들 가운데 분주한 삶의 현장 속에서 성경을 일일이 찾아 가면서 기도에 대해 연구한 교사는 많지 않을 것 같습니다. 간단하게 주님이 기도하셨던 샘플을 하나 제시하자면, 누가복음 5장 15~16절에 나와 있습니다. 유상섭 목사님은 이 본문 속에서 주님의 기도를 다음과 같이 묘사하였습니다. "예수의 소문이 더욱 퍼지매 수많은 무리가 말씀도 듣고 자기 병도 고침을 받고자하여 모여 오되 예수는 물러가사 한적한 곳에서 기도하시니라". 첫째, 주님은 기도가 삶의 가장 중요한 우선순위였습니다. 본문의 배경을 보면, 예수님의 인기가 최고조에 올라가고 수많은 병자들이 오는 등 상당히 분주하고 바쁜 시점이었습니다. 더 많은 사람을 만나야 하고 더 많은 일을 해야 할 그 시점에 주님은 일을 중단하신 뒤 기도하러 가셨습니다. 왜냐하면 주님은 기도가 가장 중요한 삶의 우선순위였기 때문입니다. 기도는 시간이 나서 하는 것이 아니라 먼저 해야 할 우선순위임을 잊지 말기 바랍니다. 다른 어떠한 교회 사역보다 우선되어야 할 것은 오직 기도입니다. 둘째, 주님은 하나님과의 교제를 우선순위로 삼으셨습니다. 예수님은 수많은 사람의 병을 고치고 말씀을 가르치는 것보다 하나님과 교제하는 것을 더 중요시 여기셨습니다. 그래서 과감하게 바쁜 와중에 일을 중단하고 기도하러 가신 것입니다. 교사가 교회 일을 하나님보다 더 좋아하게 된다면 그 열정이 오래가지 못합니다. 교사의 첫 번째 우선순위는 내가 맡은 학생들이 아니라 하나님입니다. 그래서 교사가 내가 드리는 예배에서 먼저 은혜를 받아야 합니다. 하나님과 교제하는 것을 수시로 즐거워 해야합니다. 예수님의 우선 순위가 사역이 아니라 하나님과의 영적 교제였음을 잊지 마십시오. 셋째, 주님은 습관적으로 기도하셨습니다. 누가복음 5장 16절의 "기도하시니라"라는 문장은 헬라어 문법으로 보면 미완료 시제입니다. 그 문법적 의미는 과거의 습관적이고 반복적인 행동의 표현입니다. 예수님의 기도는 어쩌다 한 번 하는 기도가 아니라 과거부터 해왔던 습관적인 기도임을 알 수 있습니다. 우리가 하는 기도의 문제점은 하고 싶을 때 하지만 하기 싫을 때는 안 한다는 것입니다. 하지만 주님의 기도는 반복적이고 습관적인기도였습니다. 교사라면 기도하는 시간이 정확히 있어야 합니다. 우리가 하고 싶을 때 하는 기도가 아니라 매일 하는, 반복적이고 습관적인 기도여야 합니다. 기도는 자주 반복적으로 할 때 더 많은 능력과 은혜를 체험하게 됩니다. 넷째, 주님께는 기도의 장소가 있었습니다. 예수님은 일부러 한적한 장소를 찾아가서 기도하셨습니다. 하나님과의 일대일 만남에 집중할 수 있는 조용한 장소가 필요 하셨던 것입니다. 기도할 때 장소도 꽤 중요합니다. 경험을 비춰 보면 기도를 잘할 수 있는 장소와 기도하기 어려운 장소가 있습니다. 사람이 많은 장소나 기도의 방해 요소가 있는 곳은 철저히 피해야 합니다. 하나님과 일대일로 만날 수 있는 장소를 찾아야 합니다. 일차적으로 교회보다 더 좋은 기도의 장소는 없습니다. 교회는 만민이 기도하는 곳이기 때문입니다. 교회 오기가 쉽지 않다면, 반드시 누군가에게 방해받지 않는 조용한 장소를 선택해서, 그곳에서 기도하길 바랍니다.

기도는 하나님 마음을 알아가는 최고의 길이다.

그리스도인에게 가장 큰 능력은 기도입니다. 복과 번영을 얻어내기 위한 주술 같은 것으로 왜곡되기도 하지만 그래도 기도는 그리스도인에게 가장 중요한 것 중 하나입니다. 하나님의 마음을 알아가고 그분의 마음을 돌이키는 최고의 방법이기 때문입니다. 구약의 히스기야 왕이 그랬습니다. 나라가 정복당할 것 같은 풍전등화의 위기 속에서 그는 먼저 하나님 앞에 엎드렸습니다. 그리고 적들이 보낸 협박 편지를 앞에 놓고 기도하기 시작했습니다. 하나님은 그에게 큰 승리를 안겨주셨습니다. 이후 히스기야는 또 한 번의 위기에 놓입니다. 죽을병에 걸린 것입니다. 이제 영락없이 죽게 생겼습니다. 하지만 히스기야는 기도해야 할 타이밍임을 금방 깨달았습니다. 그리고 즉시 기도의 자리로 나아갔습니다. 하나님은 이번에도 마음을 바꾸셔서 그를 15년 더 살게 하셨습니다. 이것이 바로 기도의 능력입니다. 기도해서 병 고쳤다는 것을 말하고 싶은 게 아닙니다. 히스기야는 위기 때 하나님의 마음을 알고자 기도했고 하나님이 그의 회복을 원하신다는 확신을 갖게 되었습니다. 성경에는 이런 믿음의 이야기들로 가득합니다. 그들은 항상 하나님께 묻고 구할 줄 알았습니다. 기도의 사람들에게 가장 중요한 것은 언제나 하나님 아버지의 마음이었습니다. 영적 교사는 참된 기도로 하나님 앞에 설 줄 아는 사람이어야 합니다.

기술이 발전하고 문명이 발전할수록 하나님을 의지하기보다 인간의 방법을 선택하려는, 어쩌면 하나님이 없어도 상관없다는 식으로 살아가는 세상이 되는 것 같습니다. 이럴 때일수록 하나님의 마음을 알아가기 위해 더욱 기도에 힘쓰는 교사가 되어야 할 것입니다. 세상의 어떤 것보다 강력한 것이 있습니다. 바로 기도입니다. 기도는 생명이며 기도는 능력입니다. 교회학교 교사는 기도의 용사가 되어야 합니다. 어려움이 있든, 슬픔이 있든, 위기가 있든 상황에 관계 없이 하나님 앞으로 나아가야 합니다. 그런데 갈수록 교사들이 기도의 자리를 떠납니다. 다시 말해 하나님 아버지의 마음을 그들 삶에서 그리 중요하지 않은 것으로 여기고 있습니다. 기도보다 자신의 경험을 자신의 역량을 의지합니다. 참으로 슬픈 일입니다. 하나님은 그토록 우리와 대화 하기 원하고 그분의 마음을 알려주길 원하시는데 우리는 그 자리를 피합니다.

기도는 하나님이 하신다는 선언

성경에 나오는 인물들 중 다니엘만큼 많은 이들의 부러움을 한 몸에 받는 사람도 드뭅니다. 그는 믿음의 사람이었습니다. 목숨을 위협받는 상황에도 믿음의 소신을 지키며 철저히 하나님의 방식을 고수했습니다. 그리고 마침내 살아 계신 하나님을 드러냈습니다. 그는 실력 또한 뛰어난 사람이었습니다. "다니엘은 마음이 민첩하여 총리들과 고관들 위에 뛰어나므로 왕이 그를 세워 전국을 다스리게 하고자 한지라 이에 총리들과 고관들이 국사에 대하여 다니엘을 고발할 근거를 찾고자 하였으나 아무 근거 아무 허물도 찾지 못하였으니 이는 그가 충성되어 아무 그릇됨도 없고 아무 허물도 없음이었더라"(단6:3~4). "마음이 민첩하다"는 말은 NIV에 "by his exceptional qualities"라고 표현되어 있습니다. 유능하다는 의미입니다. 사람들은 다니엘을 고발하기 위해 허물을 찾고자 했으나 그에게서 아무 흠도 발견할 수 없었습니다. 그는 그저 하나님 백만 믿고 막무가내로 행동하는 사람이 아니었습니다. 영성 못지 않게 실력도 출중했습니다. 주어진 생에 최선을 다하며 준비하는 사람이었습니다. 여기서 우리는 그가 50:50이 아니라 100:100으로 살아가는 사람이었음을 기억해야 합니다. 즉 50%는 하나님의 은혜, 50%는 자신의 실력으로 삶을 채워가던 사람이 아니라 어떤 일이건 100% 최선을 다하고 100% 하나님의 은혜를 구하는 사람이었습니다. 하나님의 전적인 은혜가 아니면 모든 노력이 물거품된다는 것을 아는 사람이었습니다. 사람들은 그런 다니엘을 내버려 두지 않았습니다. 눈엣가시처럼 여겼습니다. 못 잡아먹어서 안달이었습니다. 믿음으로 사는 하나님의 사람은 이처럼 애매한 고난과 위기 가운데 놓일 때가 많습니다. 철저히 신앙으로 살아갈수록 도리어 오해를 받고 배신을 당하며 음모에 휩싸입니다. 다니엘 역시 그러했습니다. 그는 자신을 표적 삼은 대적들에게 모함을 받아 사자 굴에 끌려가게 됩니다. 다니엘은 이 위기를 어떻게 돌파했을까요? "나라의 모든 총리와 지사와 총독과 법관과 관원이 의논하고 왕에게 한 법률을 세우며 한 금령을 정하실 것을 구하나이다 왕이여 그것은 곧 이제부터 삼십 일 동안에 누구든지 왕 외의 어떤 신에게나 사람에게 무엇을 구하면 사자굴에 던져 넣기로 한 것이니이다"(단6:7). 다니엘은 세상의 처세술을 따르지 않았습니다. 위기 앞에서 기도로 정면승부를 했습니다. 왕 외의 어떤 신이나 사람에게 구하면 사자굴에 던져 넣겠다는 조서가 내려졌음에도 그는 전혀 요동하지 않았습니다. 당황하거나 겁먹지 않았습니다. "다니엘이 이 조서에 왕의 도장이 찍힌 것을 알고도 자기 집에 돌아가서는 윗방에 올라가 예루살렘으로 향한 창문을 열고 전에 하던 대로 하루 세 번씩 무릎을 꿇고 기도하며 그의 하나님께 감사하였더라"(단6:10). 세상의 관점에서 보자면 습관을 좇아 기도하는 것은 결코 좋은 선택지가 아니었습니다. 생명을 건 행동이었습니다. 대적이 작정해놓은 덫에 발을 대는 것이었습니다. 그러나 다니엘은 사람의 말에 귀 기울이거나 타협하지 않고 묵묵히 하나님께 나아가 엎드려 기도했습니다.

누구나 인생의 위기는 존재합니다. 누구도 그 위기를 피해 갈 수 없습니다. 위기 가운데 우리는 어떻게 해야 할까요? 세상이 들려주는 지혜에 귀 기울여야 할까요? 우리는 우선 우리가 그리스도인임을 기억해야 합니다. 그리스도인이란 제일 먼저 하나님을 의지하는 사람입니다. 우리는 그분께 먼저 나아가 기도해야 합니다. 어떤 위기이든 그것을 반드시 기도로 풀어야 합니다. 다니엘은 기도하면 죽을 걸 알았음에도 어떻게 기도할 수 있었을까요? 지금껏 인생의 위기 앞에서 하나님이 도우셨던 걸 기억하며, 이 문제를 풀수 있는 건 내가 아니라 하나님밖에 없음을 확신했기 때문입니다. 그는 이미 굴곡진 인생을 통해 하나님을 경험적으로 알아왔습니다. 하나님이 얼마나 위대하고 인자하며 전능한 분인지를 온몸으로 경험했습니다. 기도하지 않는 사람은 하나님에 대한 경험도 적습니다. 위기 속에서 하나님밖에 없음을 확인하게 되는 경험도 적습니다. 경험이 부족하기에 이론만으로 신앙을 유지해갑니다. 마치 상아탑 속에 틀어박혀 책만 파고드는 것과 같은 이치입니다. 다니엘이 기도를 붙잡을 수 있었던 건 기도로 승리한 경험이 있었기 때문입니다. 어려운 일을 당할 때 하나님을 의지하는 것이 정답임을 알았습니다. 우리에게도 이런 확신이 필요합니다. 확신이 기도하게 합니다. 세상을 두려워하지 않고 기도함으로써 승리하는 삶을 살게 합니다. 인생의 가장 큰 위기가 무엇인줄 아는가? 내 안에 하나님이 계시고 그분께 기도할 수 있음에도 불구하고 기도하지 않는 것입니다. 연약한 교사는 힘들 때 하나님을 의지하지 않고 자신을 바라봅니다. 사명을 잊은 채 자신의 힘겨운 상황이나 내면 상태에 집중합니다. 고단함을 호소하는 자신의 소리에 귀 기울입니다. 이때가 교사에게 가장 큰 위기임을 기억해야 합니다. 다니엘은 어떠했는가? 한 치 앞을 내다볼 수 없는 일촉즉발의 상황이었습니다. 그렇지만 다니엘에게 이 상황은 위기처럼 느껴지지 않았습니다. 왜일까요? 하나님을 온전히 신뢰했기 때문입니다. 그분을 의지하며 철저히 기도했기 때문입니다. 그는 하나님을 믿었기에 타협할수 없었습니다. 물러설 수 없었습니다. "하나님, 내 인생은 하나님 아니면 안 됩니다. 사방으로 우겨쌈을 당하여도 오직 한 길, 오직 예수 그리스도밖에 없습니다. 나는 능력이 없습니다. 세월이 지나갈수록 의지할 것뿐입니다. 무슨 일을 만나도 오직 주님만을 의지합니다". 그의 기도가 이렇지 않았을까 상상해봅니다. 우리의 가는 길은 오로지 기도하며 나아가는 믿음의 길밖에 없습니다.

From에서 In으로

다니엘은 기도했습니다. 생명을 걸고 기도했습니다. 추측컨대, 다니엘 측근들은 이렇게 충언하지 않았을까 싶습니다. "이러시면 죽임을 당할 것입니다". "당신이 죽으면 우리는 어떻게 됩니까? 당신은 상징적인 인물입니다. 저는 처자식이 다섯 명이나 됩니다. 이대로 죽을 순 없어요" "그냥 30일만 참으시면 안 되겠습니까? 굳이 기도를 하셔야 한다면 숨어서 아무도 모르게 그렇게 기도하시면 안 되겠습니까?". 그럼에도 다니엘은 기도합니다. 계속 기도합니다. 놀랍게도 하나님은 아무 응답이 없으십니다. 이전에는 허공에 "메네 메네 데겔 우바르신"(단5:25)이라는 글자를 쓰시고 직접 해석까지 하게 하셨던 하나님인데 이번에는 이상하리만치 침묵하십니다. 다니엘의 심정은 어떠했을까요?. 드디어 D-day가 되었습니다. 왕 앞에 불려나갑니다. 그는 또 무슨 기도를 했을까요? 나라면 아마 이렇게 기도했을 것입니다. "하나님, 제발 도와주십시오. 30일이나 기도했습니다. 이제 그만 침묵하십시오. 기적을 베풀어주십시오. 능력을 부어주실 때입니다. 수많은 동포들이 저를 보고 있지 않습니까? 제가 죽으면 모든 게 끝입니다". 하나님은 여전히 침묵하십니다. 그럼에도 다니엘은 초지일관입니다. 어떻게 그럴 수 있었을까요? 하나님의 하나님 되심을 신뢰하며 인내할 수 있는 믿음이 있었기 때문입니다. 살려주면 믿고, 살려주지 않으면 안 믿는 그런 얄팍한 수준의 믿음이 아니었습니다. 그는 완전히 하나님께 올인했습니다.

기도는 올인입니다. 교사라면 올인 할 수 있어야 합니다. 하나님께 모든 것을 걸 수 있어야 합니다. 그냥 하나님 한 분으로 만족하는 것이 기도입니다. "기도를 들어주시면 하나님을 찬양 하겠습니다"가 아니라 견고하게 그분을 바라보는 믿음, 그것이 다니엘의 믿음이었고 하나님이 우리에게 요구하시는 믿음입니다. 우리는 기도하면서도 조바심을 냅니다. 응답이 없는 것처럼 느껴지면 낙심하고 때로 분노합니다. 그러다 한참 지나고 나서야 무릎을 치며 '이거구나!'라고 말하게 됩니다. 하나님의 침묵을 슬퍼하지 말라.

두려워하지 말라. 침묵하신다고 포기하지 말라. 우리가 끝이라고 생각하는 그 순간 하나님은 일하기 시작하십니다. 다니엘이 사자 굴에 들어갔습니다. 이제 끝입니다. 그런데 죽지 않았습니다, 죽어야 하는데, 끝나야 하는데… 안 죽고 안 끝납니다. 이것이 하나님의 방식입니다. 하나님은 위험에서 벗어나(from)가 아니라 위험 속(in)에서 일하시는 분이었습니다. 다니엘은 이것을 알았습니다. 하나님이 어떻게 일하시는 분인지를 꿰뚫어 봤습니다. 그래서 그는 끝까지 믿음을 지키며 사자 굴에 들어가기까지 하나님을 바라볼 수 있었던 것입니다. E. M. 바운즈(Edward Mckendree Bounds)는 다음과 같이 말했습니다. "우리는 기도를 시작해야 할 지점에서 낙담하고 그만둘 때가 너무 많다. 우리는 가장 강하게 붙잡아야 할 시점에서 손을 놓아버린다. 그러나 우리 하나님은 끈질기게 기도하며 구하는 자를 사랑하시며, 간구에 응답될 때까지 포기하기를 거부하는 사람에게 응답하신다". 다니엘처럼 기도하는 교사가 되라. 원하는 응답이 없더라도, 사태가 해결되지 않더라도 하나님만 바라는 철저한 기도의 교사가 되라. 기도 응답의 축복을 경험하고 살아가는 교사가 되길 바랍니다.

교사의 기도-자신에 대하여

사역을 준비하면서 교사는 무엇을 간구해야 할 것인가? 우리들이 구할 내용들은 많이 있지만, 생명을 맡은 교사로서 반목회와 관련하여 특히 기도할 사항은 무엇이겠는가?

(1) 죄의 고백

거룩하지 못한 자신을 깨끗하게 하기 위해서 죄를 자백하고 그리스도의 사유하심을 받아야 합니다. 이사야 선지자는 자신이 망하게 되었다고 한탄하였으며(사6:5), 바울 사도는 자신을 가리켜 죄인 중의 괴수라는 표현을 썼습니다(딤전1:15). 교사들은 세상에 속해 살기 때문에 죄를 짓게 됩니다. 아무리 거룩한 행실을 하려고 해도 구조적으로 악한 세상에 있으므로 행하려는 선보다는 악에 떨어지는 일이 많게 되는 것입니다. 그래서 죄의 고백으로 우리는 늘 하나님 앞에서 사죄의 은총을 받고 심령을 새롭게 해야 합니다. 그러므로 우리는 다윗을 따라 이렇게 간구해야 합니다. "내 모든 죄악을 도말하소서, 하나님이여 내 속에 정한 마음을 창조하시고 내 안에 정직한 영을 새롭게 하소서"(시51:9~10). 자신이 죄인임을 고백하고 용서를 구해서 심령을 새롭게 해야 합니다. 그리하여 거룩함을 회복하고, 깨끗해진 심령의 눈으로 성경을 연구해서 공과의 지도를 준비하고, 그들을 목회하는 데 필요한 것들을 준비해야 합니다.

(2) 믿음을 위한 간구

교사의 믿음은 그가 교수하는 학습자들에게 그대로 전달됩니다. 어린이(또는 청소년)들은 교사의 믿음 분량만큼 신앙을 소유하게 됩니다. 우리가 믿음이 충만할 때, 그 믿음으로 성경진리를 이해하고, 그것을 아이들에게 가르쳐 줄 수 있게 됩니다. 하나님의 비밀은 신령한 눈으로만 볼 수 있습니다. 교사가 믿음이 충만하지 못하고 지성적으로만 호소하게 될 때, 성경 진리를 발견 할 수 없습니다. 그는 한낱 문자적으로 성경을 이해할 뿐입니다. 교사는 그 누구보다도 믿음의 사람이어야 합니다. 그가 다루는 교재가 믿음의 가르침이요, 믿음의 진리이므로 믿음에 바로 서야 하는 것입니다. 따라서 우리들은 이렇게 기도해야 합니다. "내가 믿나이다 나의 믿음 없는 것을 도와주소서"(막9:24). 교사가 믿음이 충만해서 성경을 연구할 때 진리에 대한 확신이 있게 됩니다. 이 확신은 교수-학습의 진행에 있어서 분명한 가르침이 되도록 합니다.

(3) 능력을 위한 간구

어린이(또는 청소년)들이 교회에 모여서 성경을 공부하는 것은 사람의 지식으로만 할 수 없는 일입니다. 그들에게 말씀을 가르치고, 하나님의 자녀로 온전함에 이르도록 이끌어 주는 사역 역시 사람이 알고 있는 지식이나 수단에 의해서 이루어지지 않습니다. 하나님의 일 자체가 성령님을 요청하고 있으므로 성령님의 지혜, 성령님의 감동으로 말씀을 가르치고 배워야 합니다. 초대교회의 사도들이 기도를 다했을 때, 그들에게 성령님의 충만함이 임하여서 담대하게 하나님의 말씀을 전하였습니다. 이와 같이 우리는 자신의 지식, 지혜, 방법보다는 하나님의 신(성령님)에 의지해서 수업에 임할 수 있도록 기도해야 합니다. 우리는 능력이 있게 하나님의 일을 하고, 교사로서의 사명 감당을 위해 간구해야 하는 사람들입니다. 누구보다도 골방을 가까이 하고 성령님의 충만함을 기다리는 기도의 사람들이 되어야 합니다.

양무리를 위한 기도(1)-성장에 대하여

우리는 에베소서 1:15~24에서, 바울이 에베소 교회를 위하여 간구하는 내용을 볼 수 있습니다. 이것은 에베소 교회의 성도들을 위한 도고인데, 교회를 목양하는 목자의 기도입니다. 이 기도문은 분반의 사역자들이 어린이(또는 청소년)들을 위하여 무엇을 기도하는가를 확인하게 해줍니다. 교사의 사역에 있어서 가장 큰 힘이 되는 것은 기도입니다. 사도가 옥중에서의 어려웠던 생활과 가택연금의 상태에서도 복음을 전하고 사명을 감당할 수 있었던 힘은 기도에서 나왔습니다. 바울이 에베소 교회를 향하여 그들의 성숙을 바라보고 간구하였듯이 우리도 그렇게 해야 합니다. 그러면, 바울이 간구하였던 것을 구체적으로 살펴보자.

(1) 하나님을 알게 하기 위한 기도

하나님을 아는 것은 인간의 지혜나 학문으로 되는 것이 아닙니다. 그 이유는, 하나님은 영이시기 때문입니다(요4:24). 어린이(또는 청소년)들에게 있어서, 그들이 하나님을 아는 것은 가장 큰 영적인 복입니다. 기독교는 처음부터 하나님께서 지혜와 계시의 정신을 주심으로써 하나님을 알게 했던 종교입니다. 마태복음 16:7에 보면, 베드로의 신앙고백을 듣고 주님은 칭찬하시면서도 "이를 알게 한 이는 혈육이 아니요 하늘에 계신 내 아버지시니라" 하셨습니다. 사람에게는 세 가지 종류의 눈이 있다고 합니다. 먼저, 자연을 볼 수 있는 육적인 눈, 또한, 학문적인 눈, 혹은 이성의 눈을 가지고 있습니다. 이를 통하여, 생각을 하고 학문을 익혀 나갑니다. 그러나 육적인 눈이나 학문적인 눈을 가지고는 세상밖에 볼 수 없습니다. 한 걸음 더 나아가, 영혼의 눈, 마음의 눈이 있습니다. 우리가 진리의 세계, 영의 세계를 알려면 마음의 눈이 밝아져야 합니다. 영혼의 눈이 어두운 사람은 삶에 참 소망이 없습니다. 마음의 눈이 어두웠던 막달라 마리아는 부활하신 예수님이 옆에 서 계셨으나 슬퍼하였습니다. 눈이 밝아진 후에는 부르심의 소망이 무엇인지 알게 됩니다. 소망의 대상은 예수 그리스도이십니다. 우리의 영의 눈이 어두울 때, 우리는 행복하지 못합니다. 그 이유는 소망도, 기업의 풍성함도, 그의 능력도 보지 못하기 때문입니다.

(2) 마음의 눈을 열기 위한 기도

하나님의 자녀의 삶에 있어서, 제일 어려운 작업이 무엇이냐 한다면 하나님께 대하여 자신이 마음의 문을 여는 것입니다. 그 자신이 하나님을 향해서 마음이 열리지 않으면 신앙생활을 하기가 어렵습니다. 그것은 신앙의 자리가 내 자신에게 있기 때문입니다. 신앙생활은 나 아닌 다른 이들의 힘으로 되어지지 않습니다. 누군가가 나를 위하여 기도해 주는 것으로 살고 있다는 착각을 버려야 합니다. 만일 내게 믿음이 모자란다면 시험이 오기 쉽습니다. 우리에게 마음의 눈이 필요한 이유가 무엇인가? 마음의 눈에는 하나님의 뜻을 밝히 알아보는 능력이 있기 때문입니다. 마음의 눈이 밝아지게 되면, 이전까지 제 고집과 제 주장을 따라서 살았다고 할지라도, 그 순간부터는 주님의 뜻이 무엇인지를 알아차리게 됩니다.

열왕기하 6:14~17을 보라. 아람 군대가 이스라엘을 포위했을 때, 마음의 눈이 어두웠던 게하시는 두려워 죽을 지경이었으나, 마음의 눈이 밝은 엘리사는 소망 중에 걱정이 하나도 없었습니다. 어린이(또는 청소년)들은 마음의 눈을 밝히 떠서 하나님의 부르심에 응답해야 합니다. 그리할 때, 그들에게 풍성한 기업의 영광을 약속하셨습니다. 기업이라는 말을 다른 말로 하면 상속입니다. 지혜와 계시의 정신으로 하나님을 알고 마음의 눈을 밝히 떠서 부르심의 소망을 알 때, 그들에게 약속하신 것이 그 기업의 영광의 풍성함 즉 하나님의 상속입니다. 바울은 지금 너희가 하나님의 상속자라는 것을 분명히 알라고 기도하였습니다. 우리는 모두 하나님의 상속자입니다. 그러므로 우리는 그리스도를 위해 잠시 잠깐 받은 환난의 작은 것에 두려워 말고, 지극히 영광된 기업을 볼 수 있는 마음의 눈이 있어야 합니다.

(3) 교회를 아름답게 섬기기 위한 기도

어린이(또는 청소년)들은 교회에 대한 사랑을 가져야 합니다. 주님의 교회에 소속되어 있다는 사실에 그들은 자부심을 가져야 합니다. 성도의 제일 되는 재산은 건물이 아니고 신앙의 재산입니다. 개인의 삶이 잘 되려면 교회생활을 잘 해야 합니다. 사회와 나라가 번영하고 안정되려면, 그 사회나 국가에서 예수님의 교회가 부흥되어야 합니다. 영국이 해가 지지 않는 나라라고 일컬어질 때는 빅토리아 여왕 때를 위시하여 하나님 중심, 성경중심, 교회중심으로 살아갈 때였습니다. 그런데, 세계에 그렇게 많던 식민지를 다

빼앗기고, 해가 지는 나라가 된 것에는 이유가 있습니다. 한때 영국의 부모들에게는 다음과 같은 말이 있었습니다. 가장 똑똑한 아들은 해군으로 보내고, 둘째 똑똑한 녀석은 육군으로 보내고, 가장 머저리 같은 녀석은 신학교로 보내라는 것이었습니다. 그때부터 영국은 기울기 시작했고, 해가 지는 나라가 되었습니다. 우리는 교회를 잘 섬겨야 합니다. 그것이 어린이(또는 청소년)들이 복받고, 그들의 가정과 민족이 사는 길입니다.

양무리를 위한 기도(2) – 성숙함에 이름에 대하여

골로새 교회는 에바브라가 당시, 교회에 침투한 혼합주의적인 이단들의 위험성에 놓여 있었습니다. 그래서 그 이단에 대항하도록 하기 위해서 바울은 이 서신을 쓰게 되었습니다. 사도는 투옥 중에, 에바브라를 통하여 골로새 교회가 예수님께 대한 믿음과 성도에 대한 사랑과, 하늘에 쌓아 둔 소망으로 자라가고 있다는 소식을 들었습니다(1:5,8). 이 기쁜 소식을 들은 그날부터 바울과 그의 동역자들은 골로새 교회를 위하여 기도하기를 그치지 않고 있었습니다. 바울은 이 편지를 시작하면서, 먼저 성도들을 위해서 간구하는 자신에 대하여 말하였습니다. 그칠 줄 모르는 그의 기도는 다음과 같은 것이었습니다.

(1) 하나님의 참뜻을 알기를 원하는 기도
바울은 로마서 12:2에, "너희는 이 세대를 본받지 말고 오직 마음을 새롭게 함으로 변화를 받아 하나님의 선하시고 기뻐하시고 온전하신 뜻이 무엇인지 분별하도록 하라"고 하였습니다. 골로새 교회의 성도들은 세상의 사리에도 밝아야 하지만 특히 하나님의 뜻을 바르게 알아야 하였습니다. 그래서 그는 이렇게 간구하였던 것입니다. 하나님의 뜻을 아는 것은 신령한 지혜와 총명에 의해서만 가능합니다. 그것은 경험적인 산지식을 가리킵니다. 사도의 골로새 교회를 향한 기도의 본질과 최대 목적은 저들이 하나님의 뜻을 아는 것이라고 하였습니다. 그렇다면 교사의 학생들을 향한 기도는 하나님이 우리에게 귀를 기울이시게 하는 것보다, 그들이 하나님께 귀를 기울이는 것이어야 합니다. 기도 중에 우리가 원하는 것을 하나님께 강요하는 것이 아니라, 하나님이 우리에게 원하고 계시는 것이 무엇인가를 찾고, 구하는 것이 되어야합니다.

(2) 하나님의 뜻에 합당히 행하기를 원하는 기도

골로새서 1:10~11에 "주께 합당히 행하여 범사에 기쁘시게 하고 모든 선한 일에 열매를 맺게 하시며 하나님을 아는 것에 자라게 하시고, 그 영광의 힘을 좇아 모든 능력으로 능하게 하시며 기쁨으로 모든 견딤과 오래 참음에 이르게 하시고"라고 하였습니다. 주께 합당하게 행한다는 말은 그 행로의 목적지가 어디이고, 동행자가 누구이고, 유숙 장소가 어디인지 등에 관계되는 말입니다. 하나님의 뜻을 깨달은 사람은 그 하나님의 뜻을 자신의 인생 여로에서 행동으로 나타내는 사실을 가리킵니다. 말하자면 기도의 실제화, 기도의 행동화입니다. 기도의 현실화, 기도의 생활화입니다. 사도는 본문의 기도를 통하여, 하나님의 뜻을 깨닫고, 합당하게 행동하면 범사에 하나님을 기쁘시게 한다고 하였습니다. 우리는 사도의 골로새 성도들을 사랑하는 기도를 본받아, 우리의 양무리가 하나님 앞에서 생각하고, 행동하며 살아가기를 기도해야 합니다. 그렇게 되어, 그들이 선한 일에 열매를 맺는 복을 받는 삶이 되도록 해야 합니다. 이를 소망하면서 기도하자.

(3) 하나님 아버지께 감사하기를 원하는 기도

골로새서 1:12에 "우리로 하여금 빛 가운데서 성도의 기업의 부분을 얻기에 합당하게 하신 아버지께 감사하게 하시기를 원하노라"고 하였습니다. 이것은 사도가 골로새 교회를 향하여 그칠 줄 모르고 올리는 기도의 궁극적 목적입니다. 성도의 올바른 성숙은 하나님 아버지께 감사하는 삶에서 이루어집니다. 왜 아버지 하나님께 감사해야 하는가? 첫째, 성도들에게 하늘의 기업을 상속으로 주신 아버지이시기 때문입니다. 그 기업은 빛 가운데서 얻어지는 기업이고, 이것은 예수님 안에서 우리가 천국을 상속 받을 복입니다. 둘째, 우리(죄인)를 그의 사랑하는 아들의 나라로 옮겨 주신 아버지이기 때문입니다. 다시 말하면, 사망에서 생명으로 옮겨간 것이고, 유한적인 삶에서 무한적으로 사는 삶으로 이동입니다. 그리고 마귀의 종이었던 신분에서 하나님의 자녀로 옮겨 주셨습니다. 사도의 골로새 교인들을 위한 기도가 하나님의 뜻을 아는 기도였으니 우리도 그렇게 간구해야 합니다. 그리고 하나님의 뜻을 깨달은 다음에 그 하나님의 뜻에 합당한 행동적 역사가 있기를 기도하

자. 어린이(또는 청소년)들에게 하늘의 기업을 주시고, 그 아들 예수로 말미암아 우리에게 엄청난 구원 곧 생명의 옮김을 주신 하나님께 감사하기를 기도하자. 교사가 다루는 것은 교사용 교재인 공과지만, 근본적으로 우리가 가르쳐야 하는 것은 어린이(또는 청소년)들입니다. 바울에 따르면, 이 성경에 대하여 정의하기를 하나님의 감동으로 된 책이라고 하였습니다. "모든 성경은 하나님의 감동으로 된 것으로..."(딤후3:16). 성경은 어떤 이론이나 역사의 기록이 아니라, 하나님의 기록입니다. 다시 말해서 하나님께서 인류와 함께 하심에 대한 기록으로서 인간의 언어로 쓰여 졌지만 거기에는 하나님의 감동이 내재되어 있습니다.

공과 준비와 기도

본시 수업을 위한 설계 작업이 끝나면 교사는 골방으로 들어가야 합니다. 여기에서 골방은 혼자 있는 곳을 가리키는 것입니다. 왜 골방으로 들어가야 하는가? 기도해야 하기 때문입니다. "너는 기도할 때에 네 골방에 들어가 문을 닫고 은밀한 중에 계신 네 아버지께 기도하라. 은밀한 중에 보시는 네 아버지께서 갚으시리라"(마6:6). 하나님의 학교를 졸업한 사역자들은 은밀히 기도하는 것을 사모하였습니다. 사람은 방법을 찾지만 하나님께서는 사람을 찾으시기 때문입니다.

자라나는 아이들에게 성경을 가르치는 것은 지식을 전달하기 위함이 아닙니다. 하나님의 사랑으로, 즉 온전한 사람이 되어 하나님 앞에 설 수 있도록 하기 위한 작업인 것입니다. 그런 까닭에 공과 교수는 아무나 할 수 있는 일이 아니며, 세상에 속한 일이 아닙니다. 이 일은 가르치는 은사를 받은 교사가 수행하는 하나님의 일입니다.

하나님의 일이, 하나님께서 보실 때 합당하게 이루어지기 위해 기도해야 합니다. 교사는 공과 교재를 연구하고 교과의 자료를 수집하는 그 모든 일보다 기도하는 일에 앞서야 할 것입니다. 사실, 가르친다고 하는 사역은 기도하는 일로부터 시작됩니다. 아이들에게 성경을 이야기해 주는 것은 교수-학습의 한 부분일 뿐이라는 것을 잊어서는 안 될 것입니다.

우리의 기도는 주크(Roy B. Zuck)의 설명처럼 하나님의 장중에 붙잡힌 효과적인 도구가 되도록 합니다. 따라서 하나님의 영에 굴복하고 그에 의하여 교사로서의 충만함을 받도록 기도해야 합니다. 이스라엘의 영도자 모세는 백성들 앞에 나서기 전에 사십 주야를 엎드려서 기도하였고, 포로 생활에서도 다니엘은 하루 세 번씩 무릎을 꿇고 기도하였습니다. 우리는 베드로를 통해서 사역자들이 기도해야 한다는 교훈을 받을 수 있습니다. 베드로는 시간을 정해 놓고 지붕에 올라가서 기도했던 것입니다. 기도를 간과한다거나 기도하는 것을 소홀히 하는 일은 교사에게 치명적인 것이 됩니다. 기도하는 교사이어야만 공과 학습을 성공적으로 수행할 수 있습니다. 기도를 가볍게 취급하지 말라. 당신이 기도를 가볍게 하는 만큼 당신의 교수-학습은 영에 속한 작업이 아니라 육으로 떨어지는 일이 되고 맙니다. 당신이 아이들을 사랑하는 만큼 기도하

라. 당신이 교수-학습을 준비하는 만큼 기도하라.

신자를 만드는 교사의 기도

주일 아침에 어린이, 청소년들과 함께 예배를 드렸다고 해서 안심해서는 안 됩니다. 그들이 공과 학습 시간에 성경을 배우고 교사가 묻는 말에 대답을 잘했다고 해서 다 된 것은 아닙니다. 지금 밖에는 어둡고, 위험하며 파괴적인 모든 세력이 도사리고 있습니다. 그들은 교회 밖을 나서면 곧 부딪치게 되는 어둠의 세력과 전쟁을 치러야 합니다. 그 어둠의 세력은 거대한 위험입니다. 만일 하나님의 영이 돕지 않으신다면 전에도 그러했던 것처럼 지고 말 것입니다. 교사로서 우리가 할 일은 무엇인가? 이를 위하여 하나님께서 우리에게 주신 특권은 무엇인가? 우리에게 그들을 위하여 기도할 특권을 주셨습니다. 우리에게 교회 밖에 위험의 세력으로부터 그들을 보호할 능력을 주셨습니다.

(1) 한 영혼이 거듭나도록 헌신하는 간구

어린이 한 명이 예수님을 구주로 모셔 들였다는 것은 개인적으로 볼 때, 영혼의 구원을 말합니다. 그는 이제까지 자신을 얽매었던 사슬을 끊고 하나님의 자녀가 되었습니다. 그것은 한 사람의 구원을 뛰어넘어 이 땅에서 그만큼 하나님의 나라가 넓혀졌다는 것을 의미합니다. 노아 이후 지상에서의 하나님의 나라는 사람을 통하여 이루어졌습니다. 죄인 하나가 예수님을 구주로 받아들여서 천국 백성이 되는 것은 그 나라를 넓히시는 주님의 방법입니다. 하나님께서 다스리시는 나라의 확장을 위하여 주님께서는 오늘도 교사를 세우십니다. 따라서 교회의 교육 사역을 통하여 하나님께서 이루어 나가시는 그의 나라에 대하여 깨달을 때, 우리는 자신의 사명을 새롭게 확인하게 될 것입니다. 한 사람에게 주목하는 일에 대가이셨던 예수님을 보자. 그분에게는 이 땅에서 하나님의 나라를 이루셔야 한다는 엄청난 계획이 있으셨습니다. 예수님께서 열두 명의 제자를 선택하실 때, 그분은 공개모집이라는 쉬운 방법을 거절하셨습니다. 참으로 많은 사람들을 만나시면서 제자가 될 사람을 한 명씩 골라서 뽑으신 것입니다. 열두 명의 제자들을 뽑기까지 얼마나 많은 시간이 소비되었을까? 열두 명의 사람들을 만나기까지 주님께서 시작하려 하시던 제자훈련의 계획이 그만큼 지체 되었던 것입니다. 예수님은 한 명에게 주목하셨고, 주님께서는 언제나 제자들 한 사람, 한 사람과 같이 하셨습니다. 그들과 함께 하시면서 한 명, 한 명의 제자에게 주목하여 하나님의 나라를 가르쳐 주셨습니다. 우리 같으면 교실이 있어야 가르칠 수 있다고 불평을 했을 것입니다. 예수님의 방법은 제자들 하나하나를 살피시면서, 그들이 개인적으로 주님과 함께 하는 삶을 살도록 하시는 것이었습니다.

만일 우리가 주님을 따르기 원한다면, 교사이신 주님께서 보여 주셨던 방법으로 나아야 할 것입니다. 교회에 주어져 있는 하나님의 나라를 확장하는 사역에 헌신하는 교사들은 아이들과 함께 지내야 합니다. 하나님의 편에서 교회학교가 아이들이 경험할 수 있는 교회라면 우리는 먼저 그들에게 예수님을 구세주로 영접하게 해야 합니다. 교회에 잘 나오는 착한 학생이 되라고 선물을 주기 전에, 그들이 만나야 하는 예수님을 소개해야 합니다. 초청을 받고 교회학교를 방문해보면 구원받지 못한 아이들을 쉽게 만납니다. 이것은 교사들의 사역이 대부분 서술적이고 지식적인 내용 전달에 지나지 않았다는 것을 증명해 줍니다. 우리는 아이들을 볼 때, 예수님을 구주로 영접해야 하는 대상으로 보아야 합니다. 그래서 한 명의 어린이가 구원을 받는 곳이 되어야 합니다. 그리고 그들이 교회학교에 모여서 먼저 교회공동체를 경험하고 거기에 찾아오시는 하나님을 만나야 합니다. 교사들이 말씀 안에서 예수님이 사셨던 삶을 사는 가운데, 한 명 한 명의 어린이가 교사를 본받도록 이끌어야 합니다. 교사의 교회학교 사역은 자신은 물론, 교회학교 공동체를 그리스도인답게 하는 것이어야 합니다. 그리고 교회가 이 땅에 있는 동안에 그리스도인의 공동체로 존재하도록 해야 합니다. 이 계획을 이루시려고 주님께서 교사를 세우셨습니다. 거듭남을 체험한 어린이는 말씀으로 살아야 합니다. 그는 자신의 영적인 생명의 삶을 위해서 말씀을 공부해야 합니다. 이제 분반을 지도하는 교사의 사역은 어린이들이 스스로 말씀을 읽고, 그 안에서 하나님을 발견하고 실천하게 가르치는 일입니다. 교사는 성경의 지식을 가르치는 것에 사역의 목표를 두어서는 안 됩니다. 그는 교회학교라는 공간을 탈피하고, 교재를 벗어나서 공과 시간은 화목한 분위기에서 재미있어야 합니다. 교사의 분반 사역에서 한 명의 어린이가 그리스도인의 삶을 살아가도록 돕는 것을 놓치면 끝입니다.

권정생의 동화에서 강아지 똥은 삼일 만에 민들레꽃으로 변화되었습니다. 똥이 꽃이 되고, 물이 기체로 변하는 것은 질적 비약입니다. 이것을 기독교에서는 '거듭남', '회심'이라고 부릅니다. 교회학교에서는 다음 세대를 섬기는 사역을 통하여 그들의 질적인 비약이 있어야 합니다. 이용걸은 「학습의 기초」에서, "지금까지 학습에 대한 몇 가지의 정의들이 예시되었지만 그 다양성 속에서도 하나의 공통점이 있다. 이 공통점은 바로 변화다"라고 주장하였습니다. 그의 말은 변화가 없는 것은 학습이 아니라는 것인데, 교회학교의 사역에도 그대로 적용됩니다. '거듭남', '회심'이 없는 것은 학습이 아닙니다. 우리는 아이들이 하나님의 사람으로 변화되도록 도와야 할 일꾼들입니다. 따라서 교사에게는 그들의 생명을 위한 사랑과 헌신에의 다짐이 필요합니다. 그것은 그들이 하나님의 사람으로 질적인 변화를 가져오는 것에 헌신하는 일체의 일에 관한 것입니다. 우리는 부지런히 성경을 가르칠 수 있도록 자료를 모아야만 합니다. 그리고 그들이 하나님의 사람으로 살아가도록 도전하는 자료를 수집해야 합니다. 단 한 명의 영혼이 거듭남에 이르도록 수고를 아끼지 말아야 합니다. 한 영혼의 거듭남을 위한 도고를 해야 합니다.

고칠 수 없는 병으로 오래 동안 침대에 누워서 지내야 하는 소녀가 있었습니다. 이 소녀는 자기의 집을 찾아온 목사로부터 복음을 듣고 이렇게 말하였습니다. "목사님, 저처럼 꼼짝할 수 없는 사람도 하늘나라에서 받아주나요?". 목사는 소녀가 너무나 가련해서, 눈물을 훔치며 고개를 끄덕였습니다. 그리고 하나님께서 사랑하신다고 말해 주었습니다. 그러자 소녀는 고개를 돌리면서 떨리는 목소리로 말하기를, "교회에 나가야 하잖아요. 그런데 저는 그럴 수가 없어요. 예수님을 위해서 살아야 하잖아요. 그런데 보시는 대로 남을 돕기는 커녕 남의 도움으로 살아가요. 저는 주님을 기쁘시게 해 드릴 수가 없어요"라고 하였습니다. 목사는 소녀로부터 참으로 아름다운 믿음에 감격하였습니다. "얘야, 너는 주님을 위해서 다른 사람들이 하기 힘들어 하는 아주 귀한 일을 할 수 있단다. 너의 침대에서 기도를 드릴 수 있지 않니? 기도는 하나님을 기쁘시게 해드리는 일이야". 목사는 소녀에게 기도할 것을 권면하고 돌아갔습니다. 목사는 교회로 돌아왔습니다. 그런데 어느 날부터 이 마을에는 교회를 찾는 사람들이 늘어나기 시작했습니다. 목사가 마을 사람들을 전도하기 위해서 특별히 사람들을 만나지도 않았는데, 교회에 등록하는 이들이 많아지고 신앙의 부흥이 일어난 것입니다. 그런데 이상한 일이 일어났습니다. 교회에 새로 나온 사람들은 이런저런 관계로 친척이거나 그에 비길만한 사이였다는 것입니다. 그 난치병에 걸린 소녀는 어머니로부터 교회에 새로 나온 사람들에 대하여 들을 수 있었습니다. 교회에 새로 등록한 사람들은 쉰 여섯 명에 이르렀습니다. 그러나 소녀는 불치의 병을 이기지 못하고 숨을 거두었습니다. 병원의 인부가 소녀의 시신을 들고 나간 다음에, 목사는 소녀의 베개 밑에서 종이쪽지를 보게 되었습니다. "아니, 이럴 수가! 이 사람들은 모두!" 목사는 종이쪽지에 빼곡하게 쓰여있는 쉰 여섯 명의 이름을 보고 놀라지 않을 수 없었습니다. 소녀는 목사가 일러준 대로 기도로 주님을 기쁘시게 해 온 것입니다. 소녀는 자신의 일가, 친척 그리고 가깝게 지내는 사람들의 명단을 작성했습니다. 그리고 날마다 구원받아야 하는 마을 사람들을 위하여 기도하였고, 어머니에 의해 하나님의 응답을 체크해 왔습니다. 병든 소녀는 죽음 앞에서 쉰 여섯 사람들을 위해 기도하였고, 하나님께서는 기도 명단에 적힌 이들을 모두 구원받게 하셨습니다.

(2) 아이들을 마음에 품음

이제 우리는 그들을 위하여 그들이 하나님의 보호를 받도록 기도해야 합니다. 하나님의 교회에서 온전한 사람으로 자라갈 수 있도록 간구해야만 합니다. 우리들이 바쁘다는 것을 하나님도 아십니다. 그러나 하루에 한 번이라도 아이들의 이름을 부르면서 그들을 위하여 기도해야 합니다. 이로써 우리는 나에게 맡겨진 양 떼의 형편을 살피며 소 떼에 마음을 두어야 하는 거룩한 의무를 수행하게 됩니다. 주일 오전에 그들을 만나는 것만으로는 만족할 만한 사역을 할 수 없습니다. 우리들이 좀 더 부지런하기만 하면 하나님께서는 우리에게 아이들의 이름이 쓰여진 '기도 명단'을 만들게 하실 것입니다. 교사는 기도 명단을 성경책에 꽂아두고 부르짖을 수 있습니다. 그렇지 않으면 가슴에 있는 작은 주머니에 넣어두고 기도할 수 있을 것입니다. 우리 마음에 아이들이 있는 만큼 우리는 무릎을 꿇는 것을 기뻐하게 됩니다. 우리는 기도해야 합니다. 그들에 대한 중보는 그들을 세속문화의 공격으로부터 보호하고, 하나님의 사람으로 자라도록 돕는 최선의 방법입니다. 교사의 가장 강력한 수비와 공격의 자세는 무릎을 꿇고, 그들의 이름을 부르며 하나님의 도움을 간구하는 것입니다. 하나님께서 직접 어둡고, 위험하며 파괴적인 모든 세력을 물리쳐달라고 기도해야 합니다.

지난 주일에 주일을 구별하지 못한
어린이를 위한 기도

늘 돌보아 주시는 하나님

예수님의 보혈의 공로로 하나님을 알게 하시니 감사드립니다. 예수님 안에서 하나님과 새로운 가족이 되게 하신 뒤부터 지금까지 지켜 주심에 감사드립니다. 영원한 생명을 주신 주님 이 시간에는 주일을 구별하지 못한 자녀를 위해서 간구합니다. 하나님께서는 그를 사랑하셔서 주님의 은혜 안에서 그가 누구인지를 깨달아 알게 하셨습니다. 그러나 하나님보다는 세상에 마음을 두고 있는 까닭에 사랑하는 친구가 믿음의 확신을 갖지 못하고 있습니다. 그에게 은혜 허락하옵소서.

때때로 어긋난 길로 가는 그를 용서해 주시며, 그의 마음을 붙잡아 주시기 원합니다. 하나님께서는 그가 주님의 자녀로 살아가기를 원하시지만 그는 세상으로 나가 제 마음대로 살아갑니다. 하나님을 아버지라 부르는 믿음이 없어서 흔들리곤 합니다. 믿음에 굳게 설 수 있도록 붙잡아 주소서. 믿음의 공동체에서 함께 하나님을 예배하게 해주옵소서. 예수님의 이름으로 기도드립니다. 아멘 참으로 어린이 청소년들이 온전해지는 경험을 하면서 자라기를 바란다면 그만큼 우리는 부르짖어 기도해야 하는 것입니다. 당신은 지난 주일에 결석하여 성경 공부 모임에 참석하지 못한 어린이가 궁금하여 기도해야겠다는 마음을 먹었을 것입니다. 주일을 지키지 못한 어린이 청소년들을 위한 도고는 우리만의 특권입니다. 무릎을 꿇고 이렇게 간구해보자. 신앙의 확신을 갖지 못한 이들을 위한 간구는 하나님께 아름다운 향연이 될 것입니다.

주일 전날 밤의 중보기도

우리는 하나님 앞에서 주일을 거룩하게 지켜야 합니다. 이를 위해서 마음을 합당하게 준비하고, 일상적인 일들을 미리 정돈한 연후에, 하루 종일 자신의 일과, 세상적인 일에 대한 말이나 생각, 그리고 오락을 중단하고 거룩하게 안식을 기념해야 합니다. 뿐만 아니라, 모든 시간을 바쳐서 공적으로 개인적으로 하나님께 예배하는 일과 부득이 해야 할 필요가 있는 일과 자비를 베푸는 일을 해야 합니다(사58:13,마12:1~13).

(1) 어린이의 주일 성수를 위한 기도
이날은 하나님께서 구별하도록 하신 시간입니다. 한 주간의 엿새 동안에는 자신을 위하여 살고, 이날에는 하나님께 영광을 드려야 합니다. 그러므로 우리가 어린이 청소년들에게 좋은 교사라면 그들의 주일 성수를 위해서 기도해야 함이 당연합니다. 우리는 지난 주일에 있었던 분반에서 감기에 걸려 모임이 끝날 때까지 코를 훌쩍거리던 어린이가 있었음을 기억할 수 있습니다. 그렇다면 좋은 사역자로서 그를 위하여 하나님 앞에서 무릎을 꿇었을 것입니다. 그렇습니다! 우리들이 진실로 사랑의 사역자들이라면 기도하게 됩니다. 우리가 그들의 이름을 불러가며 기도할 때, 어떤 일들이 일어나는가? 우리의 기도에 대한 응답으로 하나님께서 그들을 돌보아 주십니다. 그러므로 당신은 하나님의 돌보심이 없는 아이의 모습을 두려워하며 기도해야 합니다. 그러므로 아이들을 마음에 품고, 오늘 하루도 하나님의 돌보심 속에서 그들이 살아가기를 소망하여 기도하자. 그러므로 어린이의 주일 성수를 위해서 이렇게 간구하도록 하자.

주일을 거룩하게 보내기 위한 기도

자비로우신 하나님

주님의 긍휼하심으로 살아오던 저희들이 하나님 앞에 서게 하소서. 저희를 구속하여 자녀로 불러 주신 하나님께서 세상의 모든 것들을 이기게 하시니 감사드립니다.

아직은 어리고 작은 믿음을 지니고 있으나, 주님을 사랑하기에 이곳에 모이게 하옵소서. 하나님의 사랑이 저희들을 이곳으로 불러 예배드리게 하셨습니다.

사랑하는 어린이들이 이 시간을 구별하기를 즐거워 하게 하소서. 그리고 마음을 다하여 대속의 십자가를 지신 주님의 사랑을 찬양하게 하소서 정직한 입술로 감사와 영광을 드리며 예배하게 하소서.

경배를 원하시는 하나님.

이 자리에 모일 주님의 자녀들이 곧 예물이 되게 하소서. 주님을 떠나서 생긴 모든 불안과 혼란스러운 생각을 버리게 하옵소서.

아버지께 드리는 마음을 갖게 하소서 죄인의 성품을 십자가의 피로 씻어 내주시어 주님께 향기로운 제물이 되게 하소서.

영광을 받으실 하나님

마음을 열어 주님께서 기쁘게 받으시는 믿음의 예배가 되게 하소서. 예배이기 원합니다. 믿음으로 드리는 경배를 받아 주소서. 오직 주님만이 방패시며 힘이 되심을 찬양 드립니다. 예수님의 이름으로 기도드립니다. 아멘.

(2) 출석부를 손에 쥐고 간구하라!

사도 바울은 그가 돌보아야 하는 양무리를 위하여 늘 기도하였습니다. 그리고 그는 기도만이 양 떼를 치는 최고의 비결이라는 사실을 보여 주었습니다.

그러므로 어린이들의 이름이 기록된 출석부를 들고 우리가 해야 될 우선적인 사역은 기도하는 것이리라! 사역자의 기도는 양을 치는 일의 시작입니다. 당신의 반목회 사역은 사람이 감당해야 하지만, 양 떼를 자라게 하시는 분은 하나님이시기 때문입니다. "오직 하나님은 자라게 하셨나니"(고전4:6). 바울은 수시로 성도들을 위해 기도하였습니다. 특히 데살로니가 교회의 성도들에게 어려움이 생겼을 때는 낮과 밤을 가리지 않고 기도했던 것입니다. 바울의 기도를 살펴보자. 그리고 우리도 바울처럼 기도하는 사역자들이 되기를 다짐하자. "그 영광의 풍성을 따라 그의 성령으로 말미암아 너희 속사람을 능력으로 강건하게 하옵시며 믿음으로 말미암아 그리스도께서 너희 마음에 계시게 하옵시고 너희가 사랑 가운데서 뿌리가 박히고 터가 굳어져서 능히 모든 성도와 함께 지식에 넘치는 그리스도의 사랑을 알아 그 넓이와 길이와 높이와 깊이가 어떠함을 깨달아 하나님의 모든 충만하신 것으로 너희에게 충만하게 하시기를 구하노라"(엡3:16~19). 이 기도에서 바울은 에베소 교회의 성도들이 만민에게 베푸시는 하나님의 영광스러운 능력과 은혜를 받아 성장하기를 간구하고 있습니다. 바울이 이같이 이들을 위하여 기도했던 것은 에베소 교회 성도들을 위한 기쁨 때문이었습니다. 당신도 당신에게 맡겨진 양 떼를 기뻐하여 기도하는 사역자가 되어야 합니다. 과연 당신은 반 아이들을 기뻐하고 있는가? 기쁘기는커녕 반대로 생각만 하여도 화가 나는 어린이가 있는가? 말썽꾸러기 아이들 때문에 신경질이 날 수도 있습니다. 예배 시간에 떠드는 아이들 때문에 짜증이 날 수도 있습니다. 그러나 아이들을 사랑하자. 예수님께서는 당신을 믿고 그 아이들을 맡기신 것입니다. 그러니 그들을 위해 기도하라. 문제를 일으키는 어린이를 위해서는 더욱 더 간절히 기도하라! 바울 사도는 부족한 데살로니가 교회 성도들을 위해서 주야로 간구하였습니다(살전3:10).

반의 학생들을 위해서 기도할 때, 무슨 말로 어떻게 간구할 것인가? 교사가 그들을 위해 기도하는 것만큼 은혜로운 특권은 없을 것입니다. 교사가 양 떼를 위하여 간구하는 것은 그들에 대한 사랑의 증거입니다. 당신은 아이들에게 향한 사랑만큼 무릎을 꿇고 간구할 것입니다. 당신의 분반 사역에 하나님의 능력이 임재 하도록 기도하라. 아이들에 대한 교사의 사랑은 기도로 나타납니다. 바울이 여러 교회들을 생각하며 간구하였듯이 내가 아니면 기도해 주는 이가 없는 아이들을 위하여 기도하도록 하자. 교회학교의 사역은 교사 혼자의 일이 아닙니다. 우리는 크게는 교회의 전 공동체와 작게는 교회학교를 섬기는 교사들과 협력하여 일해야 합니다. 그러므로 우리는 자신이 기도의 사람이 되는 것 못지않게, 동료 교사들과 함께 기도해야 합니다. 예수님의 말씀은 이에 대한 확신을 새롭게 하십니다. "진실로 너희에게 이르노니 너희 중에 두 사람이 합심하여 무엇이든지 구하면 하늘에 계신 네 아버지께서 저희를 위하여 이루게 하심이로다"(마18:19). 언제나 교사들과 더불어 하는 기도는 아름답습니다. 영적인 협력이 있는 곳에 기도의 능력이 나타나고, 하나님의 역사가 나타납니다. 교사의 기도에 하나님의 응답이 나타나 교회학교에 열매들이 맺혀지고, 그들의 합심 기도에 하나님의 복된 일들이 나타날 때, 교사들은 한층 더 기도에 대한 격려를 받게 될 것입니다.

중보기도에서 간구 되어야 할 내용

성경은 우리가 중보기도를 할 때, 어떻게 무엇을 위하여 간구해야 하는가에 대하여 가르쳐 주고 있습니다. 복음 전도로 세워졌던 아시아의 교회들에 보낸 바울의 서신들은 우리에게 구체적인 도고의 내용을 보여줍니다. 그러므로 우리가 간구해야 하는 내용은 다음과 같습니다.

(1) 하나님의 뜻을 발견할 수 있도록

"이로써 우리도 듣던 날부터 너희를 위하여 기도하기를 그치지 아니하고 구하노니 너희로 하여금 모든 신령한 지혜와 총명에 하나님의 뜻을 아는 것으로 채우게 하시고"(골1:9). 기도의 좋은 본 보기를 보여 주었던 기도의 용사 바울은 다른 사람들로 하여금 그들에게 향하신 하나님의 뜻을 알 수 있도록 기도했습니다. 골로새 교회에 보낸 편지에서 바울은 이러한 자신의 기도를 언급하고 있습니다. 사람들의 인생에 있어서 가장 귀한 것은 하나님을 아는 것이며, 하나님이 계획하신 것을 완수하는 것입니다. 그러므로 우리가 언제 다른 사람들을 위해 기도해야 할지 하나님께 묻는 것은 지극히 자연스러운 것입니다. 하나님의 뜻을 아는 것은 영적으로 중요한 문제입니다. 이를 위해서 기도가 절대적으로 필요하다는 사실을 바울은 잘 알고 있었습니다. 바로 이러한 이유로 바울은 골로새 교회에 있는 성도들이 하나님의 뜻과 목적을 알 수 있게 하기 위해서 기도해 주었습니다.

(2) 하나님의 뜻대로 순종하며 살아가도록

"주께 합당하게 행하여 범사에 기쁘시게 하고 모든 선한 일에 열매를 맺게 하시며 하나님을 아는 것에 자라게 하시고"(골1:10). 골로새 성도들을 위한 바울의 간구는 우리에게 도고의 내용이 얼마나 구체적이어야 하는지 깨닫게 해줍니다. 그의 간구의 목표는 그들이 하나님의 뜻을 알게 하는 것이었습니다. 그러나 그는 골로새의 성도들이 하나님의 뜻을 안다고 해서 다 순종하지 않는다는 사실도 알고 있었습니다. 그러므로 그는 한 걸음 더 앞선 기도를 했습니다. 그들이 배운 대로 순종하여 행동으로 옮길 수 있도록 그들을 위해 기도했습니다. 성도는 실천을 통해서만 하나님의 뜻을 완성할 수 있기 때문입니다. 당신이 다른 사람의 삶의 목표를 위해 기도하기 시작하면 당신 개인의 기도 역시 더 구체적으로 바뀝니다. 다른 사람들의 삶에 대한 하나님의 뜻을 우리가 정확하게 알 수 없기 때문에 구체적으로 기도 하지 못할 수도 있습니다. 그러나 그 과정에 대해서는 우리가 구체적으로 기도할 수 있습니다. 다음의 세 가지 부분에 대하여 간구하도록 하자. ① 지식 : 하나님의 뜻을 분명히 이해하는 것이 필요하므로, 먼저 하나님의 뜻을 깨달을 수 있도록 기도하라. ② 태도 : 하나님께서 말씀해 주시는 것에 대해 바른 태도를 가지도록 기도해 주라. 하나님의 뜻을 아는 것과 기꺼이 하나님의 뜻을 받아들이는 것은 별개의 문제입니다. ③ 행동 : 하나님의 뜻에 순종하도록 기도하라. 이 단계가 가장 어렵습니다. 때로는 알지 못하는 사태에 직면해야 하고, 익숙하지 않은 일을 해야 하며, 불편하기 그지없는 경우도 당해야 하기 때문입니다. 무엇보다도 쑥스러움 때문에 순종의 행동을 못 할 때가 많습니다.

(3) 그들의 삶에 많은 열매가 맺히도록

"주께 합당하게 행하여 범사에 기쁘시게 하고 모든 선한 일에 열매를 맺게 하시며 하나님을 아는 것에 자라게 하시고"(골1:10). 골로새 교회에 보내는 편지에서 바울은 열매가 맺히는 생산적인 삶을 살도록 저들을 위해 기도합니다. 순종하는 성도의 삶에는 항상 열매가 맺힙니다. 이런 삶을 살도록 하나님께서는 우리를 창조하셨습니다. 삶을 통해 맺히는 열매 중 가장 귀한 열매는 영원한 것과 연관된 일들입니다. 불신자들에게 복음을 전해 구원받게 한다든지, 그리스도 안의 다른 지체들을 위해 봉사하는 것들을 말합니다. 그러므로 우리가 남을 위해 기도할 때는 저들의 삶이 열매 있는 삶이 되도록 기도해 주어야 하며, 영원한 가치가 있는 열매를 맺도록 기도해 주어야 합니다.

(4) 하나님과의 관계에서 성장하도록

"주께 합당하게 행하여 범사에 기쁘시게 하고 모든 선한 일에 열매를 맺게 하시며 하나님을 아는 것에 자라게 하시고"(골1:10). 바울은 그들이 "하나님을 아는 것에 자라게 하시고"라고 기도하면서 그들이 계속 성장하도록 기도해 주었습니다. 그는 삶의 모든 것이 하나님과 튼튼한 관계를 맺는 여부에 달려있음을 잘 알고 있었습니다. 하나님과의 개인적 관계에서 바울이 성장하면서 좋은 교훈 하나를 터득하였는데 그것은 바로 만족할 줄 아는 것이었습니다. 우리는 이 사실을 빌립보서 4:11~12에서 보게 됩니다. "내가 궁핍하므로 말하는 것이 아니니라 어떠한 형편에든지 나는 자족하기를 배웠노니 나는 비천에 처한 줄도 알고 풍부에 처할 줄도 알아 모든 일 곧 배부름과 배고픔과 풍부와 궁핍에도 처할 줄 아는 일체의 비결을 배웠노라". 누군가 행복에 대하여 멋진 정의를 내렸는데, 그에 따르면 "행복이란 성장이다"라는 말이었습니다. 하나님과의 개인적 관계가 성장함에 따라 하나님을 더 순종하게 되고, 그렇게 순종할 때 나 자신이 참 만족을 얻습니다. 그러므로 다른 사람들이 하나님과의 관계에서 성장하도록 하나님께 간구하는 것은 매우 값진 일입니다.

(5) 하나님의 능력이 나타나도록

"그의 영광의 힘을 따라 모든 능력으로 능하게 하시며 기쁨으로 모든 견딤과 오래 참음에 이르게 하시고"(골1:11). 바울 사도는 또한 그들이 능력을 받을 수 있도록 기도했습니다. 여기에서 그가 말한 능력이란 바로 성령의 능력을 말합니다. 기독교인으로서 우리 모두는 성령님의 역사하심을 통해 능력을 받을 수 있습니다. 만일 어떤 성도가 진심으로 하나님 앞에서 살아가기를 바란다면, 그를 다스리고 계시는 성령님의 힘을 의지해야 합니다. 우리를 진공청소기에 비유해보자. 진공 청소기는 보다 편리하게 청소를 하기 위해서 만들어졌습니다. 사람이 별로 힘을 들이지 않고도 깨끗하게 청소를 하기 위해 만들어졌습니다. 그런데 이 기구는 전력을 공급받아야만 움직입니다. 전원에 연결되지 않는 한 진공청소기는 아무 쓸모가 없습니다. 전기에 의지하지 않고서 진공청소기는 작동하지 않습니다. 코드를 뽑으면 곧 작동이 멈춥니다. 우리들도 마찬가지입니다. 능력의 원동력이신 예수님을 떠나서는 어떤 신자라 할지라도 움직일 수가 없습니다. 비록 우리 스스로 무슨 일을 할 수는 있겠으나 그 일은 절대로 영원한 가치를 지니지 못합니다. 우리가 이런 사실을 이해할 때, 비로소 우리들의 참모습을 보게 됩니다. 우리는 하나님이 필요하며 그를 의지해야 합니다. 그러므로 우리가 다른 사람들을 위해 기도할 때 그들에게 능력을 주시도록 기도하는 것은 중요합니다. 능력이 있으면 역경에 맞설 힘이 생기며, 고난 가운데서도 인내할 수 있고, 하나님께서 우리 앞에 허락하신 경주를 끝까지 달릴 수 있습니다.

(6) 올바른 태도를 갖도록

바울 사도는 골로새 교회에 있는 성도들을 위해서 그들의 태도에 대하여 이렇게 간구하였습니다. "그의 영광의 힘을 따라 모든 능력으로 능하게 하시며 기쁨으로 모든 견딤과 오래 참음에 이르게 하시고 우리로 하여금 빛 가운데서 성도의 기업의 부분을 얻기에 합당하게 하신 아버지께 감사하게 하시기를 원하노라"(골 1:11~12). 우리의 태도는 우리 생활 전반에 영향을 미칩니다. 우리의 행동과 학습 능력에 영향을 미치고, 하나님과의 관계를 포함한 모든 관계에 생기를 불어넣어 줍니다. 태도란 기독교인으로서 당신의 생활에 당신이 생각하는 것보다 훨씬 더 큰 영향을 줍니다. 남들이 늘 기쁜 태도를 가지도록 기도해 줄 때, 그 기쁨은 행복과 다릅니다. 기쁨이란 내적인 것으로 그리스도에 기초하지만, 행복은 외적인 환경에 의존합니다. 기쁨은 영원한 것으로 우리의 구원과 연결이 되지만, 행복은 일시적인 것이며 잠시 지나가는 감정에 의존할 뿐입니다. 주님의 품 안에서 살아가고 있는 어린이들이 자신의 삶 속에서 기쁨을 찾을 수 있도록 기도하면 자연히 저들의 주변 사람들에게 빛과 소금의 역할을 할 수 있을 것입니다. 바울은 골로새 교회의 성도들이 긍정적이고 기쁜 태도를 유지하도록 기도해 주었습니다. 교사가 바울을 본받아서 그들을 위해 기도하는 시간을 많이 가지면 그만큼 교사 자신의 마음이 달라져 가고 있음을 발견하게 됩니다. 그리고 도고를 하는 그에 대한 자신의 태도는 훨씬 더 긍정적이며 열정적으로 변할 것입니다. 만일 성도가 다른 사람을 위해서 간구하는 도고의 시간을 갖는다면, 그의 기도 시간이 성숙해짐을 체험하게 됩니다. 그에게는 다음과 같은 변화가 나타날 것입니다. 늘 받는 것에 익숙하던 태도에서 주는 태도로 바뀔 것입니다. 자신의 상처에만 신경을 쓰던 태도에서 남을 치료하는 태도로 바뀔 것입니다. 자신의 문제점만 생각하던 태도에서 하나님의 능력으로 초점이 옮겨집니다.

3. 성령

교회학교 티칭의 치명적인 변수/성령

우리 집에는 여러 종류의 가전제품이 있습니다. 냉장고, 컬러 텔레비전, 전화기, 전자레인지, 컴퓨터... 그러나 이 모든 제품 가운데 내게 가장 큰 영적 통찰력과 감동을 주는 물건은 연장선(extension)입니다. 연장선은 발전소에서 만든 전기와 우리 집 모든 전기 기기들을 연결하는 탯줄 같은 역할을 합니다. 이 연장선이 없으면 많은 기계들이 기능을 멈춥니다. 무용지물이 됩니다. 이 전기 연장선에서 교회학교 교사로서 나의 소명과 정체성과 기능과 가치를 발견합니다. 내게 연결된 사람들의 현재와 미래와 영원의 질이 나로 말미암아 달라질 수 있다는 두렵고도 엄청난 사실을 깨닫습니다. 그러나 한 가지 일이 전제되지 않는 한 그런 일은 발생하지 않습니다. 연장선의 한 끝이 소켓에 꽂혀 있듯이 내가 성령님의 동력에 연결되어 있지 않는다면 나의 티칭을 통해 어떤 일도 일어나지 않습니다. 교회학교 교사로서 내가 아무리 확실한 가르침의 목표를 가지고 있다 해도, 내게 배우는 학생들에 대한 사랑과 비전이 아무리 강력하다 해도, 내가 가르칠 내용이 완벽하게 준비되었다 해도, 교사로서 나 자신이 열정으로 차고 넘친다 해도, 내가 가르치는 방법들이 아무리 참신하고 효과적이라고 해도 교회학교 티칭은 발생하지 않습니다. 성령님은 살아 있는 전기와 같이 일하십니다. 성령님의 동력에 내 사역을 연결하지 않는 한 교회학교 티칭은 작동하지 않습니다.

이것이 일반 교육과 교회학교 티칭이 구별되는 가장 두드러진 차이점입니다. 이것이 하나님의 말씀으로 하나님의 사람을 세우는 하나님의 동역자로 우리가 배워야 할 가장 시급하고 중요한 레슨일지 모릅니다. 우리가 하는 흔한 실수 가운데 하나는 티칭이 힘을 얻지 못하는 이유를 엉뚱한 곳에서 찾는 것입니다. 교재가 부적절해서일까? 훈련받은 교사가 부족해서? 교육 예산이 적어서?

교육 시설이 열악해서? 교수 방법이 낙후되어서? 이 모두가 어느 정도 영향을 미치겠지만, 결정적인 이유는 아닙니다. 진정한 이유는 성령의 동력에 우리의 가르침이 연결되지 못하는 것입니다. 성령님은 교회학교 티칭의 치명적인 변수입니다. 성경은 말합니다. "만군의 여호와께서 말씀하시되 이는 힘으로 되지 아니하며 능력으로 되지 아니하고 오직 나의 영으로 되느니라"(슥4:6). 성령님을 제쳐놓는 순간 교회학교 티칭은 플러그를 뺀 가전제품처럼 그 기능을 멈추게 됩니다. 100년 전 영국의 유명한 신학자 W. H. 그리피스 토마스(W. H. Griffith Thomas)는 말했습니다. "기독교에서 절대로 분리할 수 없는 세 가지가 있다. 그것은 권능을 가진 성령님, 메시지를 전달하는 하나님의 말씀 그리고 도구로 쓰임 받는 하나님의 사람이다". 그러므로 태아가 탯줄로 엄마와 연결되듯이 성령님께 연결되는 삶과 사역의 실제는 교회학교 교사로서 우리가 배워야 할 가장 중요한 레슨입니다.

성령님이 이끄시는 교육

교회학교 교사나 행정가들은 개인적인 경건의 시간을 제외하고는(하나님께서 이 시간을 아주 강력하게 사용하신다는 것은 나도 인정한다) 가르치는 일에서나 배우는 일에서 성령님과 그분의 역사하심에 거의 의존하지 않습니다. 현재 우리가 쓰고 있는 교육의 기본적 구조는 하나님을 찾아 볼 수도 없으며 그분을 향한 아무런 필요도 느끼지 못하는 세상적이고 인본주의적인 모델을 그대로 빌려온 것으로서 변화의 길을 제공하지 못합니다. 아예 변화에 대한 관심도 없습니다. 정말로 소수의 사람들조차 성령에 대해 이야기하는 것을 '비전문적인 것'으로 여길 정도입니다. 이러한 성령님과 기독교 교육의 결별이 어떻게 생겨나게 되었는가? 하나님의 능력을 교육으로부터 분리시키는 일종의 전문주의의 가장 주된 이유는 진리를 생활로부터 분리시키는 세상적 학문의 모델(그리스 사상에서 온 것으로 진리를 위한 진리를 강조한다)을 수용한 것입니다. 이와 비슷한 경우가 진리와 지혜(달리 말해, 인생을 바라보고 살아나가는 하나님의 방법이라고도 할 수 있는)의 분리입니다. 근대의 인본주의적 교육가들은 인생에 대한 하나님의 관점과 상관없이, 또 성령님의 능력과 상관없이 진리를 알 수 있다고 생각합니다. 이러한 두 오류가 서로 상승 작용을 일으켜서 심지어 많은 기독교 교육가들의 사고 과정과 계획에서도 성령님을 결정적으로 제거해버리고 말았습니다.

성경에서는 성령님을 진리의 성령이라고 부르고 있습니다(요 16:13). 사도들을 모든 진리 가운데로 인도하시는 분은 성령님이신 것입니다. 분명하게 이 말씀으로부터 성령님의 관심은 교육적인 것이라는 것을 알 수 있습니다. 성령님은 명백하게 진리(지식 이상의 것인)의 전달에 관여하시는 것입니다. 그렇다면 진리를 찾아서 진리를 나누어 주는 일에 힘쓰고자 하는, 그리고 사실 하나님의 명령이 우리의 생각을 가득 채우고 조정하시도록 그분의 명령에 순종하는 것을 연구하고 그 길을 찾아가면서 진리를 나누어 주는 일에 힘써야만 하는 기독교 교육가들이 어떻게 교육에서 성령님과 그의 역사하심을 고려하지 않는 실수를 범하게 되었을까요? 진리가 기독교 교육의 중심 되는 관심이 아니라면 무엇이란 말인가? 진정한 기독교 교육은 영적 삶의 성장이라고 할 수 있는 성화와 밀접한 관계가 있습니다. 도덕과 관계가 없는 활동이 아니라 도덕적이며 삶을 변화시키는 경험입니다. 이 교육은 지혜로 이끄는 회개와 믿음에 의존하고 있습니다. 성령님의 역사하심을 통해 삶전체를 영적인 것으로 만드는 그러한 교육인 것입니다. 다시 말해 기독교 교육은 모든 사실의 올바른 인식과 관계를 위해 성령님의 책인 성경에 대한 조명하심과 적용하심, 삶의 모든 면에서 성경적 진리에 따라 살게 하시는 성령님의 역동적인 힘에 의존하는 것입니다. 지금까지의 이야기를 종합해 보면 성령님은 다르게 교육하신다는 것입니다. 성령님은 인본주의자들이나 그들을 흉내내는 크리스천들과는 다르게 교육하십니다. 성령님의 교육적 목표는 단지 지식의 습득이 아닙니다. 진리의 습득도 아닙니다. 성령님은 그 이상의 것을 생각하고 계십니다. 성령님은 그 진리를 가지고 행해지는 것과 그 진리가 하는 것에 대해 관심을 쏟으십니다. 성령님의 목적은 변화된 삶인 것입니다. 이 강조점은 교육에 관한 위대한 구절인 마태복음 28장 18~20절에서 가장 명백하게 드러납니다. "예수께서 나아와 일러 가라사대 하늘과 땅의 모든 권세를 내게 주셨으니 그러므로 너희는 가서 모든 족속으로 제자를 삼아 아버지와 아들과 성령의 이름으로 세례를 주고 내가 너희에게 분부한 모든 것을 가르쳐 지키게 하라 볼지어다 내가 세상 끝날까지 너희와 항상 함께 있으리라 하시니라". 보통 이 구절은 지상 명령이라고 부릅니다. 물론 사실입니다. 그렇지만 선교를 강조한 나머지 종종 이 구절이 가지고 있는 든든한 교육적 토대는 무시되고 심지어 왜곡되기까지 합니다. 왜냐하면 예수님은 그의 죽으심과 부활하심으로 하늘과 땅의 모든 권세를 주시고 모든 족속으로부터 학생들(제자들)을 불러 모으라고 사도들을 보내셨던 것입니다. 구원을 얻은 사람들은 세례를 통해 예수 학교에 입학 허가를 받게 되었고 그렇게 해서 평생 교육 과정 안으로 들어 가게 되어 있었습니다. 우리가 관심을 가져야 할 것은 교육 과정에 대한 표현입니다. "내가 너희에게 분부한 모든 것을 가르쳐 지키게 하라"는 말씀이 모든 것을 말해주고 있습니다. 예수님의 명령을 순종하며 지키는 것이 성령님의 교육 목표인 것입니다. 그 교육 프로그램의 뒷부분 (내가 너희에게 분부한 모든 것)에 대해서 초점은 "가르쳐 지키게 하라"는 말씀에 뚜렷하게 맞추어야 합니다. 현대 교육의 제한된 목표와는 대조적으로 성경의 제자 훈련은 항상 양면적입니다. 오늘날 학문을 가르치는 일은 추상적인 것을 가르치는 것입니다. 진리는 빨래처럼 하나하나로 떨어져서 빨래 중에 마르도록 걸려져 있습니다. 바람이 불면 펄럭거리기도 하지만 서로 연결 되어 있지 않고 또 삶과도 연결되어 있지 않은 것입니다. 반면에 성경적(성령님이 역동적으로 역사하시는) 교육은 삶을 위한 교육입니다. 이 교육은 지켜지기 위한 (즉 매일의 삶에서 사용 되어지기 위한) 가르침인 것입니다. 듀이(Dewey)는 행함으로써 배우는 것에 대해 이야기했지만 그것은 잘못된 것입니다. 크리스천들이 올바로 서기 위해서는 행하기 위하여 배우는 것에 대해 이야기해야만 합니다.

성경에 나타나는 진리는 진리 자체를 위한 것이 아니라 사용되어 지기 위한 것입니다. 디도에게 보내는 편지의 서두에서 바울은 하나님께서 "하나님의 택하신 자들의 믿음과 경건함에 속한 진리의 지식을 인하여" 자신을 택하셨다고 말하고 있습니다(딛1:1). 진리 는 쓰여 지기 위해 있는 것입니다. 그렇기 때문에 가장 사랑 받는 성경구절 중에 하나가 "진리 안에 거하는 삶"인 것입니다. 이러한 사용 되어지기 위한 진리의 개념은 학문적 모델은 적합 치 않다는 것을 의미합니다. 기독교 교육가들은 무엇을 이루려고 노력해야 만 하는가? 거룩한 삶, 바로 이것이 이루어야만 하는 것입니다. 모 든 진리는 예수 그리스도와 연관되어야 합니다. 그래서 사람들이 진리에 관해 배웠기 때문에 더욱 거룩한 삶을 살아가게 되어야 하 는 것입니다. 이러한 일은 배움의 목표가 행함일 경우에만 일어납 니다. 배우는 모든 사실들은 (1) 그 사실에 하나님의 해석을 덧붙 여서 삶을 향한 그 사람의 크리스천다운 자세 쪽으로 적절하게 방 향이 설정되어져야 하며, (2) 삶과 사역으로 변화되어져야 합니다.

성령 교사의 명칭

비데울프는 하나님의 말씀 가운데 성령에 관해서 52가지 명칭 이 있음을 지적했습니다. 이 중에 성령의 교육 사역에 관한 것이 적어도 7가지인데, 그것은 지혜의 영, 지혜와 총명의 신. 모략과 재능의 신, 지식과 여호와 경외의 신, 진리의 영, 보혜사(para-clete), 지혜와 계시의 영 등입니다.

(1) 지혜의 영

이 "지혜의 영"이란 명칭은 출애굽기 28:3절에 맨 처음 나오는데, 거기에 보면 하나님께서는 모세에게 제사장들의 옷을 짓기 위해서 "내가 지혜로운 영으로 채운", "마음에 지혜로운" 제단사들을 확보하도록 명령하셨습니다. 성령은 이 제단사들에게 신령한 지혜의 근원이 되셔서 그들로 하여금 맡은 바 임무를 훌륭하게 수행할 수 있도록 해 주셨습니다. 브살렐은 "하나님의 신으로 충만하게"(출31:3) 된 결과로 공교한 일을 하기 위한 지혜와 총명과 지식을 가지고 있었습니다(출31:3~5,35:31~35). 이 같은 충만으로 그는 또한 다른 사람들에게 자기 기술을 가르칠 수 있는 능력도 얻었습니다(출35:34).

(2) 지혜와 총명의 신

"지혜와 총명의 신"은 이사야 11:2절에서 여호와의 신을 호칭한 세 가지 명칭 중 첫 번째 명칭입니다. "이새의 줄기에서 나온 한 싹"(사11:1)인 그리스도는 그의 위대한 지상 사역을 감당하기 위해서 하나님의 영을 덧입으셨습니다. 하나님의 영이 그 위에 "강림"(문자 그대로 "정착 하셨다"는 의미) 하셨는데 그 결과로 그리스도는 지혜, 총명, 모략, 재능, 지식, 그리고 여호와 경외함을 소유하셨습니다. 이 같은 것들은 성령께서 그리스도에게 주신 은사들일 뿐 아니라 오늘날도 기독교 교사들에게 성령께서 어느 정도로 베푸시는 은사들인 것이 분명합니다. 단 한 분의 신(神)이신 그리스도 위에 임하신 성령이지만(단수 동사가 사용됨), 성령은 여러 가지 다른 은사들을 주시기 때문에 여러 가지 명칭으로 불립니다. 이사야 11:2절에 나오는 명칭 중 "첫째 명칭은 지적(知的) 생활과 관련되고 둘째 명칭은 실제 생활에 관련되며 셋째 명칭은 하나님의 직접계시와 관련된다"라고 델리취는 그의 이사야 주석에서 말합니다. 지혜에 대한 헬라어는 신중을 암시하고, 총명에 대한 헬라어는 식별 (識別)과 지각(知覺)을 암시합니다. 그런데 총명에 대한 히브리어의 한 형태가 에스라 8:16절에 "교사"로 번역된 것은 재미있는 일입니다.

(3) 모략과 재능의 신

이사야 11:2절에 "모략과 재능의 신"이라고 기록된 성령의 명칭은 적절한 계획을 세울 수 있는(혹은 적절한 충고를 줄 수 있는) 은사와 그 계획을, 외부로 나타나는 능력으로써 수행할 수 있는 은사를 성령께서 베풀어 주신다는 것을 보여줍니다. 모략이란 말은 좋은 충고를 줄 수 있는 능력을 암시하고 재능이란 말은 그 모략을 행할 수 있는 능력을 암시합니다. 물론 성령께서는 그리스도에게 모략과 능력을 주셔서 그로 하여금 지상에서의 교육 사역을 감당하도록 하셨습니다. 그러나 성령께서는 오늘날의 기독교 교사들에게도 동일한 모략과 통찰력, 재능과 능력을 베풀고자 하십니다.

(4) 지식과 여호와 경외의 신

성령께서는 또한 그리스도에게 "지식과 여호와 경외함"을 제공하셨습니다. "여호와를 경외하는 것이 지식의 근본(출발점)"(잠

1:7)이지만, 이 명칭이 이사야 11:2절에 나타난 성령의 여러 명칭 중 맨 마지막으로 나타난 사실은 여호와를 경외하는 것 또한 지식의 최종적인 결과임을 가리킵니다. 참된 지식은 하나님을 공경하는 것으로 시작해서 하나님을 공경하는 것으로 결실되어야 합니다. 성령은 교회학교 교사들에게 지식과 하나님에 대한 경외심, 즉 하나님의 말씀을 효과적으로 가르치는 데 불가분(不可分)의 관계가 있는 이 두 가지 요소(requisites)를 공급하시고자 하십니다. 이사야 11:2절의 성령에 대한 세 가지 명칭을 살펴 볼 때 그리스도는 성령에 의해서 신중, 식별, 모략, 능력, 지식, 여호와 경외 등을 특별하게 부여받는 것이 분명 합니다. 그런데 오늘날 거듭난 교사들도 능력을 받기 위해 성령에 의존할 때에 이와 같은 것을 부여 받을 수 있습니다.

(5) 진리의 영

"진리의 영"이란 명칭은 성경에 세 번 나타나는데 그것도 다른 곳에는 나타나지 않고 요한복음 14:17,15:26,16:13 등 요한복음에만 세 번 나옵니다. 일부 저작자들은 이 명칭은 성령이 "참된 영"(the true Spirit) 혹은 "진실한 영"(the truthful Spirit) 임을 의미한다고 말합니다. 다른 이들은 이 명칭이 성령께서 진리이신 그리스도를 증거 하신다는 사실을 가리킨다고 합니다. 그러나 위의 구절들의 문맥, 특히 요한복음 16:13절의 문맥은 진리의 영이란 명칭이 진리의 근원으로서의 성령을 말한다는 주장을 뒷받침해 줍니다. "그러하나 진리의 성령이 오시면 그가 너희를 모든 진리 가운데로 인도하시리니"(요16:13). 그리고 이와 밀접하게 관련된 것으로서 성령이 진리의 영이란 말은 그가 믿는 자들의 생활에 진리를 적용 시키신다는 점에서 볼 때 그렇다는 주장이 있습니다. 사실 성령은 자신이 바로 진리의 근원이시기 때문에 진리를 적용하실 수 있는 것입니다. 많은 주석가들이 이 견해를 주장합니다. 예컨데, 레인지는 "성령은 객관적 진리를 신자들 속에서 주관화하시기 때문에 진리의 영이다"라고 서술했습니다. 교회학교 교사들이 학생들에게 하나님의 진리를 제시할 수는 있습니다. 그러나 그 진리를 전달해서 학생들의 마음 속에 개인적으로 적용하실 수 있는 분은 오직 진리의 영 한분이십니다.

(6) 보혜사(paraclete)

보혜사란 말은 헬라어를 영어로 음역한 것인데 신약성경에 다섯 번, 모두 요한의 기록들 속에 나타납니다. 참고 구절은 요한복음 14:16,26,15:26,16:7,요일2:1 등입니다. 그런데 요한복음에서는 성령을 말할 때 이 말을 사용하고 있고 요한 서신에서는 그리스도를 말할 때 이 말을 사용하고 있습니다. 흠정역(King James Version)과 미국 표준역(American Standard Version)에 보면, 요한복음에서는 이 말을 위로자(Comforter)로 번역했고 요한일서에서는 이것을 대언자(Advocate)로 번역했습니다. 미국 표준역의 구절들은 다음과 같습니다. "내가 아버지께 구하겠으니 그가 또 다른 보혜사를 너희에게 주사 영원토록 너희와 함께 있게 하시리니 저는 진리의 영이라 세상은 능히 저를 받지 못하나니 이는 저를 보지도 못하고 알지도 못함이라 그러나 너희는 저를 아나니 저는 너희와 함께 거하심이요 또 너희 속에 계시겠음이라"(요 14:16~17). "보혜사 곧 아버지께서 내 이름으로 보내실 성령 그가 너희에게 모든 것을 가르치시고 너희에게 말한 모든 것을 생각나게 하시리라"(요14:26). "내가 아버지로서 너희에게 보낼 보혜사 곧 아버지로서 나오시는 진리의 성령이 오실 때에 그가 나를 증거 하실 것이요"(요15:26). "그러하나 내가 너희에게 실상을 말하노니 내가 떠나가는 것이 너희에게 유익이라 내가 떠나가지 아니하면 보혜사가 너희에게로 오시지 아니할 것이요 가면 내가 그를 너희에게로 보내리니"(요16:7). "나의 자녀들아 내가 이것을 너희에게 씀은 쌓은 죄를 범치 않게 하며 함이라 만일 누가 죄를 범하면 아버지 앞에서 우리에게 대언자가 있으니 곧 의로우신 예수 그리스도시라"(요일2:1). 위의 구절들은 보혜사는 아버지께서 주셨고(요14:16), 아버지께서 보내셨고(14:26), 아버지께로서 나오시며(15:26), 아들이 보내셨음(15:26, 16:7)을 보여 줍니다. 그는 제자들과 영원토록 함께 계시기 위해서(14:16), 그들과 함께 거하시기 위해서(14:17), 그리스도를 증거 하시기 위해서(15:26), 그리고 세상을 책망하시기 위해서(16:8) 오셨습니다. 보혜사란 용어에 대해 어떤 영어 단어로 번역하는 것이 가장 좋을까 하는 문제를 놓고 의견이 분분합니다. 성령에 관해 말할 때 파라클레테를 "도우시는 자"로 번역하는 것이 아마 가장 좋을 것입니다. 이 번역은 다음 네 가지 점에서 위로자란 번역보다 나은 것 같습니다. 첫째, 헬라 원어는 능동형이 아니라 수동형입니다. 그 말은 문자 그대로 "곁에서 부르는 자"(one who calls alongside of)가 아니라 "곁으로 부름 받은 자"(one who is called alongside)란 의미입니다. 그렇다면 도와주도록 곁으로 부름 받은 자는 분명히 "도우시는 자"입니다. 둘째, 그리스도께서 요한복음 14:16절 성령을 다른 보혜사라고 하셨는데, 이것을 다른 위로자로 번역한다면 어떻게 될까요? 그리스도 자신도 한 분의 위로자였음을 시사한 셈이 될 것입니다. 그런데 그리스도를 위로자라고 하는 것은 그리스도의 인격에 관한 개념을 제한시키는 것입니다. 왜냐하면 그는 한분의 위로자에 그치는 분이 아니시기 때문입니다. 셋째, 그 말의 용도가 더욱 확대됨에 따라 그것은 "일반적인 조력자"란 의미를 지니게 되었습니다. 변호를 맡은 법정 변호인은 상담, 훈화, 권면, 조력, 그리고 피고의 개인적 이해 관계에 대한 관심 등을 통해서 피고를 돕습니다. 넷째, "도우시는 자"란 말은 그리스도께서 사용하신 구절들의 문맥이 보여주는 대로 포괄적(包括的)인 사역을 가리킵니다. 그리스도께서는 파라클레테가 제자들에게 그리스도에 관한 일들을 보여 주고, 장차 다가올 일들을 가르쳐주며, 모든 것을 가르치며, 과거의 가르침을 기억나게 하며 그리스도를 증거하며 신자들 속에 내주하며, 죄와 의와 심판에 대해 선고하며, 또한 그리스도의 부재시(不在時)에 제자들을 위로하여 그리스도의 역사를 계속하도록 하기 위해서 하나님께서 주시고 보내실 분이라고 말씀하셨습니다. 그렇다고 해서 이 말의 의미에서 번호와 위로의 개념을 제외 시킬 필요는 없습니다. 여기서 "도우시는 자"는 변호인이 중재함으로 도와주고, 위로함으로 도와준다는 개념을 당연히 포함하기 때문입니다. 성령은 어떠한 상황에서도 신자들을 "도우시는 자"가 되시기 위해서 "곁으로 부름 받은 자"입니다. 그는 그들의 변호인으로서, 그들의 위로자로서, 그들의 교사로서, 그들의 보호자로서, 그들의 상담자로서, 그들의 안내자와 그들의 권면자로서 그들을 도우십니다. 그는 그들 곁에 서시고 필요할 때마다 도와주십니다. 그는 하나님의 모든 자녀 한 사람 한 사람의 이익과 위로, 필요, 곤란, 무지, 시련, 유혹 등에 전폭적으로 유념(有念)하십니다. 파라클레테가 세 번이나 진리의 영과 같은 의미로 쓰인 사실은 (요14:17, 15:26, 16:13) 교육이 파라클레테의 조력사역(助力使役)의 일면임을 보여 줍니다. 성령은 신자들의 파라클레테로서 약할 때에 "붙잡으시는 자"가 되시며, 곤란 중에 상담자가 되시고 환난 중에 위로자가 되시고 부지 중에 교사가 되십니다.

(7) 지혜와 계시의 영

"지혜와 계시의 영"이란 명칭에 관해서는 에베소서 1:17절의 영(spirit)이 인간의 정신을 가리키는 것인지 혹은 성령을 가리키는 것인지 그것에 대해 의견이 제각기 다릅니다. 에베소서 1:17절에서 바울은 "영광의 아버지께서 지혜와 계시의 정신을 너희에게 주사 하나님을 알게 하시고"라고 기도했습니다. 이것이 인간의 정신을 의미한다고 말한 자들은 "영광의 아버지께서 너희에게 한 지혜로운 정신과 계시를 주사"라고 번역했습니다. 그러나 이 번역이 가장 반박을 받고 있는 점은 그것이 계시를 신비스런 것을 분별하도록 이해하도록 인간에게 주신 하나의 은사로 생각하고 있다는 점입니다. 그러나 계시는 신비로운 것을 나타내 보이심을 의미합니다. 다시 말해서 계시는 하나님께서 인간에게 진리를 나타내 보이시는 하나님의 역사인 것이지 결코 하나님께서 진리를 이해하도록 인간에게 주신 하나의 능력이 아닙니다. 에베소서 1:17절에 관한 견해 중 위의 견해보다 더 수긍할 만한 견해는 지혜와 계시를 성령이 주시는 선물로 보는 견해입니다. 지혜란 영적인 것을 일반적으로 이해하는 은사를 말하며 계시란 특별한 것에 대한 특수 계시의 은사를 말합니다. 바울의 기도는 신자들이 성령을 통해서 양적인 일들을 이해하며 하나님에 관한 "충만한 지식"(full knowledge)을 얻기 원하는 기도였습니다.

이제까지 열거한 일곱 가지 명칭은 성령의 인격과 신성에 관한 성경적 증거를 뒷받침해 줍니다. 거룩한 교사이며 계시자이며 안내자이며 교훈자인 성령의 인격의 본질, 그가 소유하신 총명 및 그의 지위는 모두 삼위일체의 제 삼위에게 돌려질 수 있는 위와 같은 흥미 있는 명칭들에 근거해서 설명될 수 있습니다. 그러나 파라클레테란 명칭 하나만으로도 성령의 인격을 지적하기에 충분합니다. 성령은 한 교사로서 다른 사람들을 지혜롭게 하시고, 총명과 재능과 모략과 지식 및 주님에 관한 경외심을 베푸시며, 진리를 전해서 적용 시키고, 모든 학습 환경 중에 도와주시며, 영적인 지혜를 공급해 주시며, 하나님에 관한 지식을 나타내 보이십니다.

성령의 교육 사역

성령이 맡은 교육 임무의 정확한 본질을 규명하기 위해서는 성령의 교훈과 회상(回想), 인도, 선포 및 계시에 대해 기록된 구절들을 조사해 보아야 할 것입니다. 그런데 다음의 구절들이 이와 관련된 구절들입니다. "보혜사 곧 아버지께서 내 이름으로 보내신 성령 그가 너희에게 모든 것을 가르치시고 내가 너희에서 말한 모든 것을 생각나게 하시리라"(요14:26). "내가 아직도 너희에게 이를 것이 많으나 지금은 너희가 감당치 못하리라 그러나 진리의 성령이 오면 그가 너희를 모든 진리 가운데로 인도하시리니 그가 자의로 말하지 않고 오직 듣는 것을 말하시며 장래 일을 너에게 알리시리라 그가 내 영광을 나타내리니 내 것을 가지고 너희에게 알리겠음이라 무릇 아버지께 있는 것은 다 내 것이라 그러므로 내가 말하기를 그가 내 것을 가지고 너희에게 알리리라 하였노라"(요16:12~15). "오직 성령이 이것을 우리에게 보이셨으니 성령은 모든 것 곧 하나님의 깊은 것이라도 통달 하시느니라 사람의 사정을 사람의 속에 있는 영 외에는 누가 알리요 이와같이 하나님의 사정도 하나님의 영 외에는 아무도 알지 못하느니라 우리가 세상의 영을 받지 아니하고 오직 하나님께로 온 영을 받았으니 이는 우리로 하여금 하나님께서 우리에게 은혜로 주신 것들을 알게 하려 하심이라 우리가 이것을 말하거니와 사람의 지혜의 가르친 말로 하지 아니하고 오직 성령의 가르치신 것으로 하니 신령한 일은 신령한 것으로 분별하느니라"(고전2:10~13). 이 구절들에 나오는 동사들을 자세히 조사해 보면 성령은 교훈하시고, 기억을 되살리시며, 인도하시고, 선포하시고, 계시하신다는 사실을 알게 됩니다.

거룩한 교육에 대한 이와 같은 약속들은 몇 가지 분야에 관계됩니다. 그 분야는 (1) "모든 것"에 대한 교훈(요14:26) (2) 그리스도께서 전에 하신 말씀에 대한 회상(14:26) (3) "모든 진리"에로의 인도(16:13), (4)미래의 사건들에 대한 선포(16:13), 그리고 (5) 하나님의 "깊은" 것에 대한 계시(고전2:10) 등입니다.

성령은 무엇을 누구에게 가르치시는가? 무엇을 회상시키시는가? 성령은 어떻게 인도하시는가? 성령은 무엇을 선포하시는가? 성령은 무엇을 계시하는가? 이제 성령이 그의 교육 사역을 독특하게 이루시는 방법을 살펴 보기 위해서 위의 구절들을 조사해 보기로 하자.

(1) 교훈하시는 성령

요한복음 14:26절에 "가르친다"로 번역된 말은 교훈하고 설교하고 진리를 설명해 준다는 의미가 있습니다. 또 여기에 간접 목적어 "너희에게"(you)와 직접 목적어 "모든 것을"이란 말은 한 사람(교사)으로부터 다른 사람들(학생들에게 진리를 전달하는 것과 관계있는, 능동적인 특성을 지적해 준다. 성령의 교육은 그 내용에 있어서 진리 "모든 것")를 포함하며, 그 교육 방향은 사람들(너희)에게로 향해 있습니다. 그러면 여기에 "너희"란 누구를 말하며, "모든 것"이란 무엇을 의미하는가? 어떤 주석가들은 "너희"란 말은 그 당시 그리스도와 함께 땅 위에 있었던 몇몇 제자들만을 가리킨 것이라면서, 성령의 교육을 오늘날 기독교인들에게 직접 적용 시키는 면을 간과해 버립니다. 그러나 이와 병행되는 구절들을 보면 그렇지 않음을 알 수 있습니다. 같은 장 다음 절(요14:17)에 "세상"은 진리의 영을 받지도 못하고 보지도 못하며 혹은 알지도 못한다고 했습니다. 만일 세상이 성령과 그의 진리를 받아들일 수 없다고 한다면, 세상에 속해 있지 않는 모든 자들, 즉 모든 성도들은 그의 진리를 받을 수 있다는 말이 암시 되어 있는 것입니다. 같은 구절에 "성령이 너희와 함께 거하신다"는 그리스도의 약속은 분명히 모든 성도들을 두고 하신 말씀입니다. 왜냐하면 모든 성도들 속에 성령이 거하시기 때문입니다(롬8:9,고후1:22,요일3:24). "육에 속한 사람들은 하나님의 성령의 일을 받지 아니 한다"(고전 2:14)는 사실은 육에 속해서(natural) 구원 받지 못한 사람을 제외한, 다른 어떤 사람들은 성령의 일을 받을 수 있음을 가리킵니다. 모든 성도들이 성령의 교육을 받을 수 있는 잠재력이 있지만, 그러나 하나님의 일들은 "영에 속한"(spiritual) 기독교인들(성령 충만한 성도들)에게만 성령에 의해 제시되기 때문에 실상 모든 성도들이 성령의 교육을 받고 있는 것은 아닙니다. 기독교인들 가운데 두 계층, 즉 육에 속한 자들과 영에 속한 자들이 있는데, 이 사실은 고린도전서 3:1절에서 분명히 볼 수 있습니다. 고린도전서 3:1절은 기독교인이면서도 육에 속한 고린도인들에게 보낸 편지 속에 나옵니다. "형제들아 내가 신령한 자들을 대함과 같이 너희에게 말할 수 없어서 육신에 속한 자 곧 그리스도 안에서 어린아이들을 대함과 같이 하노라." 성령의 열매를 나타내고(갈5:22), 성령 안에서 걸으며(갈5:16), 성령으로 충만한(엡5:18), "영에 속한" 기독교인들만이 "하나님의 성령의 일"을 받을 수 있습니다. "이런 일은 영적으로라야 분변함이니라 신령한 자는 모든 것을 판단하나 자기는 아무에게도 판단을 받지 아니하느니라"(고전2:14~15). 여기에 "판단 한다"고 번역된 말은 아테네(Athenian)의 법률 용어로서 "분별하거나 조사 한다"는 의미이며, 이것은 법관 앞에서 예비조사를 할 때 쓰이는 말입니다. 비영적인 사람들은 종교적 분별자로서는 실격자입니다. 육정은 기독교인의 영적 판단력을 약화시키며 그로 하여금 성령의 교육 사역에 대해 무딘 자가 되게 합니다. 따라서 "너희"란 말은 영에 속한 기독교인들, 즉 그리스도와 교제하고 있는 신자들을 말합니다. "모든 것"(요14:26,고전 2:10, 요일 2:20,27)과 "모든 진리"(요16:13)란 말은 이해하기 힘든 말씀입니다. 성령이 어떻게 영에 속한 성도들에게 모든 유형(類型)의 보편적 지식을 가르치겠는가? 그런데도 "모든"이란 말이 거침없이 사용되었습니다. 여기서 만약 모든 것이 과학적이며 보편전인 지식을 말한다면 성령에 충만한 기독교인들은 자기들의 전지성을 주장할 수 있다는 의미가 될 것입니다. 그렇게 되면 인간 교사들이 불필요한 존재란 말이 됩니다. 많은 집필가들은 "모든 것"이란 말 속에서 구원계획에 관한 진리의 완전성을 발견합니다. 그러나 그것은 단순히 구원과 속죄의 진리에 국한된 것이 아니라, 보다 넓은 개념으로 "하나님을 알거나 인생을 지도하는 데 꼭 필요한 것은 조금도 부족하지 않을 만큼 영적 진리의 영역에 속한 모든 것"을 의미합니다. 그런데 이렇게 의미를 확대 시킬 만한 근거가 있습니다. "오직 듣는 것을 말하시며 장래 일을 너희에게 알리시리라"(요16:13)는 말씀은 성령은 단지 듣는 것을 말씀하신다는 것을 보여 주며, 그가 듣는 것은 "아버지께 있는 모든 것"과 "내 것"이라고 하는 것들(요16:14~15)로 설명되어 있습니다. 성령이 찾으시는 모든 것은 보편적 지식이 아니라 "하나님의 깊은 것"과 "하나님께서 우리에게 은혜로 주신 것들"(고전2:10,12)입니다. 이것은 또한 바울이 고린도전서 2:13절에서 언급한 것들을 말합니다. 그러므로 이것은 분명히 인생과 진리의 모든 영역을 말하는 것이 아니며, 또한 단순히 구원의 진리만을 말하는 것도 아닙니다. 이것은 하나님과 하나님의 인격과 계획에 관한 모든 진리를 말합니다. 하나님에 관한 지식과 계시 된 진리의 전체는 성령에 의해 성령의 교육을 영적으로 수용할 수 있는 성도들에게 전달됩니다. "모든 그 진리"(헬라어를 문자 그대로 옮긴 것)는 일반적이며 백과 사전적인 진리가 아니라 하나님의 기록된 말씀에 나타난 모든 "계시된" 진리입니다. 요한복음 14:26절에 사용된 "가르친다." 혹은 "교훈한다"는 말은 고린도전서 2:18절에도 역시 사용되었습니다. "우리가 이것을 말하거니와 사람의 지혜의 가르친 말로 하지 아니하고 오직 성령의 가르치신 것으로 하니 신령한 일은 신령한 것으로 분별하느니라." "우리가 말하는 것"은 "하나님께서 우리에게 은혜로 주신 것들"(고전2:12), 즉 성도들이 "하나님께로 온 영"을 받았으므로 알게 된 것들입니다. 이것은 "하나님의 사정", 즉 하나님께서 "자기를 사랑하는 자들을 위하여 예비하신"(2:9) 것들입니다. 따라서 기독교인은 "인간의 지혜의 가르친 말이 아니라 영이 가르친 말로" 하나님의 계시 된 일들을 말합니다. 바울은 진리를 계시하는 데 있어서 성령의 역사가 언어에까지 확대됨을 주장합니다.

성령에 의해서 계시 된 영적인 진리(2:10)는 성령에 의해서 "가르쳐진" 영적인 언어로써(2:13) 표현됩니다.

(2) 생각나게 하신 성령

성령의 회상 사역에 관해서는 성령의 교육 사역을 언급한 요한복음 14:26 한 절에만 나타나 있습니다. "보혜사 곧 아버지에게서 내 이름으로 보내실 성령 그가 너희에게 모든 것을 가르치시고 내가 너희에게 말한 모든 것을 생각나게 하시리라." 그리스도께서 승천하신 다음 성령이 제자들의 마음을 움직여 주님께서 구두로 가르치시고 말씀하신 것을 회상케 하시겠다는 것입니다. 그리스도는 "내가 아직 너희와 함께 있어서 이 말을 너희에게 하였거니와"(요14:25)라고 말씀하셨습니다. 회상 사역은 사도들이 영감으로 기록한 복음서의 무오성을 보장해 준 사역입니다. 뿐만 아니라 이것은 제자들을 향한 성령의 교육 사역의 일부분이었습니다. 그리스도께서 그의 제자들에게 말씀하신 것 중에 많은 것을 제자들은 이미 잊어버리고 있었습니다. 또한 그가 말씀하신 것 중에 당시 제자들이 이해하지 못한 것도 많았습니다. 따라서 이런 것은 더욱 쉽사리 잊혀 진 것입니다(막9:32,요2:22,12:16). 더욱이 제자들의 영적 배경이 충분하지 못했기 때문에 예수님의 많은 말씀들이 그들에게 분명하게 이해되지 못했습니다. "내가 아직도 너희에게 이를 것이 많으나 지금은 너희가 감당치 못하리라"(요16:12). 성령께서는 그리스도의 말씀을 제자들에게 회상시키면서 그 의미를 가르쳐 주셨습니다. "제자들은 처음에 이 일을 깨닫지 못하였다가 예수께서 영광을 얻으신 후에야... 생각났더라" (요12:16). 오늘날의 성도들은 그리스도 입으로 하신 말씀들을 직접 그로부터 듣지 못했기 때문에, 그것들을 회상치 못할 것은 당연한 사실입니다. 그러나 그들은 복음서에 쓰여진 그리스도의 기록된 말씀들을 성령에 의해 "지금도" 회상하게 됩니다. 그러나 물론 성령의 가르침이 그리스도의 "기록된" 말씀들에 국한된 것은 아닙니다. 진리의 영은 "모든" 진리, 즉 하나님의 기록된 모든 말씀으로 인도하십니다(요16:13).

(3) 인도하시는 성령

요한복음 16:13절의 "인도 한다"는 용어는 문자 그대로 "길을 인도 한다"는 의미입니다. 이 말은 성령을, 마치 여행자들을 미지의 지역으로 인도하는 안내자처럼 제시해 줍니다. 안내자는 사람들이 이전에 알지 못하던 길로 그들을 이끌어 주거나 안내합니다. 이것은 그 앞전(16:12)에서 유도해 낸 생각입니다. 제자들은 어떤 진리에 대해서는 잘 알지 못했습니다. 따라서 그들은 그런 진리로 인도해 주시는 성령이 필요했습니다.

성경은, 진리를 알거나 이해하게 되는 것이 안내자의 도움으로 된다는 사실을 자주 서술합니다. 교육이란 "길을 안내하는 것"으로 생각됩니다. 사도행전 8:31절에 에디오피아의 내시가 "내가 읽는 것을 어떤 사람이 내게 지도해 주지 않으면 내가 어떻게 이해할 수 있겠습니까?"라고 말했습니다. 그가 읽는 것의 진리를 깨닫기 위해서는 지도하는 일이 필요했습니다. 시편 기자는 하나님께서 자기를 진리로 인도해 주실 것과 하나님께서 자기를 가르쳐 주실 것을 요청했습니다(시25:5). 성령께서 신자들을 모든 진리로-몰고 가거나 강요하지 않고-인도하실 것을 그리스도께서 약속하셨습니다. 헬라어 어순을 보면 "모든"이란 형용사가 강조되어 있는데 이것은 두 가지 의미를 암시해 줍니다. (1) 성령께서는 모든 다른 진리를 희생시키고 한 진리만을 강조하시지는 않으신다는 것과 (2) 그리스도께서는 그가 나타내시고자 하신 것의 일부만 계시하신 반면에 성령께서는 모든 진리로 인도하신다는 것입니다. 그리스도께서 "행하시며 가르치시기를 시작하신" 것을 성령께서 지금 완성하고 계십니다. 그는 그리스도께서 씨앗의 형태로 주신 것을 밝혀서 상세히 설명하시며, 그리스도께서 보류하신 것을 펴 보이시고 계십니다(행1:1). 성령께서는 그리스도의 가르침이나 성경의 한계를 넘어서 새로운 계시를 펴 보이지는 않습니다. 이 사실은 요한복음 16:13절에 "그가 자의로 말하지 않고 오직 듣는 것을 말하시며 장래 일을 너희에게 알리시리라"는 기록을 볼 때 분명해집니다. 그는 그리스도로부터 받으신 것들을 보이십니다(16:15). 성령께서 그리스도로부터 받으신 것들을 보이신다고 해서 어떤 사람들이 생각하듯이, 성령께서는 자신에 대해서는 말씀하시지 않는 것이 아닙니다. 이것은 성령께서 성부와 성자의 관여 없이 자신으로부터 독자적으로 말씀하시지는 않는다는 의미입니다. 성부, 성자, 성령은 본질적으로 한 분이십니다. 그러므로 성령은 성부로부터 듣는 것(16:13)과 성자로부터 취하신 것(16:15)을 신자들에게 전달하십니다. 성령께서 듣는 것은 그리스도께서 제자에게 가르치기를 원하셨던 것과 분명히 일치합니다. 성령은 인도하십니다. 그러나 성부와 성자로부터 독자적으로 가르치시지 않고 그리스도께서 이미 가르치신 것을 확대하십니다. 그는 자신으로부터 말씀하시지 않고 그가 듣고 받는 것, 즉 모든 진리, 곧 하나님의 모든 계시 속으로 성도들을 인도하십니다. 그러면 모든 성도들은 자동적으로 모든 진리로 인도함을 받는가, 결코 그렇지 않습니다. 왜냐하면 인도란 말 속에는 인도자에 대한 복종심과 인도 받고자 하는 감심이 내포되어 있기 때문입니다. 성도들은 자기들의 거룩한 교사이신 성령에게 감동으로 인도 받을 때만 주 예수 그리스도의 은혜와 지식 속에서 전진하고 자랄 수 있습니다.

(4) 선포하시는 성령

장래의 일을 선포하거나 발표하는 것은 제3위 하나님의 교육 사역 중 또 하나의 국면입니다. 요한복음 16:13~14절에 "장래 일을 너희에게 알리시리라"와 "그가 내 것을 가지고 너희에게 알리리라"고 하신 말씀을 통해 "선포 하다"는 동사가 두 번 나옵니다. "오고 있는 일들"(헬라어의 현재시제)이란 무엇을 의미하는가? 일부 주석가들은 이 구절은 제자들이 성령의 영감을 받아 미래에 관해 기록할 것에 대한 하나의 약속이라고 말합니다. 그러나 만약 이것이 그런 약속이라면, "발표 하다" "선포 하다"란 동사는 사용 하지 않았을 것입니다. 그리스도께서 구두로 하신 말씀에 대한 회상과 복음서의 영감을 동일시 할 수 없는 것처럼, 오고 있는 일을 발표하는 것과 서신들이나 계시록에 나타난 영감과 동일시 할 수 없습니다. 일부 주석가들은 "오고 있는 일들"이란 그리스도의 재림시에 나타날 미래의 사건들에 대한 예언을 가리킨다는 견해를 가지고 있습니다. 한편 다른 주석가들은 "제자들에게 있어서" 이 말은 그리스도께서 재림하실 마지막 시대만을 전적으로 의미한 말이 아니라 그리 가깝지 않은 장래 뿐만 아니라 가까운 장래 은총의 새로운 시대에 속히 일어날 일들을 의미한 말이라고 합니다. 성령께서 오늘날의 성도들을 위해서 이런 일(장래 일을 선포하시는 일)을 하시는가? 그렇습니다. 그는 성도들의 머리와 마음에 하나님께서 이미 말씀으로 세계와 현재 성도들의 생활에 대해 제시하신 하나님의 계획을 조명하심으로써 이런 일을 행하십니다. 이런 일들은 "나의 것"에 관한 일들이라고 그리스도께서 말씀하셨습니다. 그리스도의 제자에게 "오고 있는 일들"은 오늘날의 성도들에게는 현재의 일들입니다. 즉 현 시대의 하나님의 역사에 관해 신약에 계시된 모든 것을 말합니다. 성령은 그의 거룩한 말씀에 기록된 이와 같은 일들을 성도들에게 가르치십니다. 이것이 그의 교육 사역의 한 중요한 부분입니다.

(5) 계시하시는 성령

하나님의 구원을 체험하지 못한 사람들이 알지 못하는 하나님의 진리가 하나님을 사랑하는 자들에게는 성령에 의해 계시 됩니다. 바울은 "기록된 바 하나님이 자기를 사랑하는 자들을 위하여 예비하신 모든 것은 눈으로 보지 못하고 귀로도 듣지 못하고 사람의 마음으로도 생각지 못하였다 함과 같으니 오직 하나님이 성령으로 이것을 우리에게 보이셨으니"(고전2:9~10)라고 말했습니다. 왈부드는 이 구절에 대해 다음과 같이 예리하게 관찰했습니다. "여기에는 인간의 감각을 초월한 인식론이 있다. 하나님이 알려지시는 과정은 눈이나 귀와 관련 되어 있는 것이 아니며 인간의 마음이나 의식에서 기원 된 것도 아니다. 여기에는 모든 지식이 감각을 통해서 온다는 관념 즉 경험주의에 대한 정면 거부가 있다. 지식은 하나님의 영의 사역을 통해서 오는 것이다". 성령은 "하나님께서 예비하신 것들"(고전2:9)과 성령이 살피시는 "하나님의 깊은 것"(2:10)과 "하나님께서 우리에게 은혜로 주신 것들"(2:12)과 "하나님의 성령의 일"(2:14)을 하나님께서 성도들에게 계시하시는 도구입니다. 성령께서는 하나님의 본질의 깊이를 통달하시기 때문에 그는 하나님의 일들을 인간에게 제시할 만한 능력이 있습니다. 고린도전서 2장에 이어지는 구절들은 인간의 영혼과 하나님의 영을 유추하여 이 사실을 더 자세히 설명해 줍니다. 인간의 영혼만이 참으로 인간을 알듯이 하나님의 영만이 참으로 하나님을 아십니다(2:11). 그러나 만일 성령만이 하나님을 아신다면 인간은 어떻게 하나님을 알 수 있겠는가? 신자들은 자기들이 받은 하나님의 영에 의해서(2:12) 알 수 있습니다. 성령은 "그를 사랑하는 자들에게" 하나님과 그의 진리를 계시하십니다(2:9). 인간의 경우도, 어떤 사람이 자기의 계획과 생각 및 의도 등을 나타내려고 하지 않는 이상, 다른 사람이 아무리 알고 싶어도 그것을 알 수 없습니다. 하나님에게 있어서도 역시 그렇습니다. 하나님께서 성령에 의해서 그의 계획과 설계를 알리시려고 하시지 않는 이상 아무도 그것을 알 수 없습니다. 그런데 하나님께서는 그것을 알리시기를 원하셨습니다. 그래서 성도들은 구원 받을 때에 하나님의 영을 받았기 때문에 성령이 가르쳐 주시는 대로 "하나님의 일"(2:12)을 알 수 있습니다. 고린도전서 2:12절의 "안다"는 말은 내주하시는 성령의 교육적 역사에 힘입어 신자들은 그의 말씀에 계시된 하나님의 일들 눈이나 귀 또는 마음이 보고 듣고 느끼는 것을 통해서 알거나 이해할 수 없는 일들에 대한 본질적 지식을 소유하고 있다는 의미입니다. 신자들이 하나님의 영과 하나님의 말씀을 통해서 하나님의 바로 그 마음과 본성과 계획들을 다소나마 알게 된 것이 얼마나 귀중한 특권인가!

교육과 관련된 성령의 사역들

성령의 교육 사역은 영감(靈感), 확신(確信), 내주(內住) 및 조명(照明) 등입니다.

(1) 영감과 교육

영감이란 성서의 저자들을 지도하며 감독하신 성령의 초자연적 역사로서, 그들이 기록한 것은 본래 기록한 대로 무오한 하나님의 말씀입니다. 그러나 저자들의 인격과 문제는 성령의 이와 같은 행위에 의해서 말살되지 않았습니다. 기록물 속에 불어 넣어진 하나님의 "감동"(breathing, 딤후 3:16)은 용어적 영감(성령께서 사상과 불가분의 관계에 있는 용어를 선택하도록 지도함)과 완전 영감

(영감이 성경의 모든 부분에 미침으로 성경의 진리는 무오하고 성경의 권위는 최종적임)을 주는 하나의 역사입니다(벧후1:21). 영감과 교육의 차이점은 다음과 같습니다. 첫째, 성령의 교육은 모든 성도들이 받을 수 있지만 성령의 영감 역사는 성경의 저자들과만 깊이 관련된 것입니다. "모든 성경은 하나님의 감동으로 된 것으로"(딤후3:16)란 기록은 성경의 인간 저자들 외에는 어떤 다른 사람들도 하나님의 영감을 받아서 사용되지 않았다는 사실을 암시해 줍니다. 베드로후서1:21절은 영감의 역사에 있어서 : 성령이 어떤 방법을 사용하셨는가에 대해 말해 줍니다. 저자들이 성령의 "감동하심"(borne along)을 입은 것은 돛단배가 바람에 이끌리는 (borne along) 것과 같습니다. 성경은 성경의 말씀을 기록하도록 감동된 하나님의 거룩한 것들 외에 어떤 다른 사람들이 성령에게 "이끌린다"(borne along)는 사실을 암시해 주지 않습니다. 성경의 정경(正經)이 완성된 사실은 성령이 더 이상 새로운 성경 말씀을 영감으로 기록하도록 인간 저자들을 통해서 말씀하시지 않으심을 보여줍니다. 그런데, 그리스도께서 요한복음 14:26절, 요한복음 16:13절에서 "그가 너희에게 모든 것을 가르치시고", "그가 너희를 모든 진리로 인도 하신다"고 말씀하신 것은 그의 제자들뿐 아니라 모든 성도들을 상대로 해서 말씀하신 것입니다. 그렇다면, 성숙한 성도라면 누구든지 성경적 정경(scriptural canon)의 한계를 넘어서 성경적 계시를 쓸 수 있도록 하나님의 영의 인도를 받는다는 말인가? 그렇게 주장하는 성도는 아마 없을 것입니다. 여기서 인도받는다는 말은 이미 제시된 진리, 즉 단번에 성도들에

게 전달된 신앙을 이해하고 적용할 수 있도록 인도받는다는 말입니다. 이 점에 있어서 많은 성도들이 긍정할 수 있을 것입니다. 둘째, 영감은 성령께서 성경의 66번째의 책을 기록하셨을 때 단번에 완료된 행위였습니다. 성령은 이제 더 이상 영감의 사역을 가지고 있지 않습니다. 영감의 행위는 과거의 것이요 정경은 완전합니다. 그러나 반면에 성령은 지금도 계속적으로 교육 사역에 종사하고 계십니다. 그리스도의 승천으로 성령께서 강림하여 그리스도 대신에 역사하실 수 있게 되었습니다(요14:16~19,26,16:7,13,16). 그리스도께서 아직도 천국에 계신 사실은 성령께서 그리스도의 부재시에 그의 "대리 교사"(Substitute Teacher)로 여전히 역사하심을 분명히 보여 줍니다. 셋째, 영감은 성령께서 저자들로 하여금 하나님의 계시를 기록하도록 하신 성령 하나님의 행위입니다. 따라서, 어떤 의미에서 영감은 계시, 즉 나타내 보임을 말합니다. 그러나 엄밀히 따져 볼 때, 인간 저자들은 영감 속에서 하나님에 의해, 하나님께서 그 당시에 말씀으로써 자신에 대해 나타내 보이시는 진리를 기록으로 인장 하기 위해서 사용 받은 자들입니다. 성경은 계시의 기록일 뿐 아니라 계시 그 자체입니다. 그리고 영감은 하나님께서, 계시 된 진리를 무오한 기록의 형태로 옮겨 놓으신 행위였습니다. 계시는(계시하지 않으면) 알려지지 않을 진리를 전달하는 것입니다. 반면에 영감은 그 지식이 기록된 언어로 정확하게 제시되는 과정입니다. 계시는 성령께서 거룩한 진리를 나타내 보이시는 것이지만 영감은 그의 계시를 기록하도록 성령께서 감독하시는 과정입니다. 이 두 가지는 종종 성경에 동시에 나타납니다. 그렇기 때문에 이것을 혼동하는 경우가 있습니다. 그러나 출애굽기 20:22절과 요한계시록 10:4절에 예시된 대로 계시는 나타났으나 영감으로 기록되지 않은 때가 있었고, 디모데전서 5:18절에서 볼 수 있는 대로 이미 계시 된 진리를 새로이 계시하지 않고 영감이 나타난 경우도 있었습니다. 거룩한 교육은 영감과 구별되는 것으로서, 영감으로 기록된 계시를 각 사람이 개인적으로 이해하고 적용하도록 해 주시는 성령의 사역입니다. "성령에 속한 자, 즉 성령이 거하셔서 이해하도록 해 주시는 자는 말씀의 의미를 분별하고 또 그것을 하나님의 증언으로 받아 들인다". 넷째, 성경을 기록한 인간 저자들은 비록 성령의 감동을 받았지만 자기들이 기록한 것을 반드시 다 이해한 것은 아니었습니다. 이 사실은 베드로전서 1:10~11절에서 특별히 찾아 볼 수 있습니다. "이 구원에 대하여는 너희에게 임한 은혜를 예언하던 선지자들이 연구하고 부지런히 살펴서 자기 속에 계신 그리스도의 영이 그 받으실 고난과 후에 얻으실 영광을 미리 증거 하여 어느 시 어떠한 때를 지시하는지 상고하니라". 저자들이 자기들이 기록한 것을 이해하지 못했다 하여 영감 문제에 있어서 그들이 하나님께 쓰임 받은 사실의 확실성을 추호도 흐리게 하는 것이 아닙니다. 영감의 경우에는 저자 자신도 모르는 것이 있었으나 교육에 있어서 성령의 목적은 하나님의 자녀들의 머리와 마음 속에 그가 감동한 진리를 분명하게 하시는 데 있습니다. 만일 성령의 영감 사역을 그의 교육 사역과 동일시한다면 영감의 가치가 보편적으로 얻을 수 있는 신비스런 감화력이나 영적인 통찰력 정도로 격하된 경향이 있습니다. 이렇게 되면 성경의 인간 저자들과 일반 기독교인들의 차이점이 "그들은 성경 저자들, 양심의 선각자들이며, 거룩한 임무에 대한 의식 때문에 선지자들이 되었다"는 점에만 있는 셈이 됩니다. 슐라이엘마허 (Schleiermacher)도 이런 견해를 가지고 있었는데 그는 성경의 저자들은 종교의식에 있어서 각성한 자들이며 종교적 직감과 통찰력을 부여 받은 자들이라고 가르쳤습니다. 영감과 성령의 교육을 혼동하는 것은 성서의 가치를 저하 시키거나 성도들의 말을 성경 수준으로 승격시키는 오류입니다. 가우센은 유대교의 학문주의와 로마의 구교가, 어떤 점에서 인간의 말을 하나님의 말씀 수준으로 높이는 죄를 범해 왔던가를 예시해 주었습니다.

(2) 확신(또는 죄책)과 교육

그리스도의 승천은 성령 강림을 가능케 하여 성령으로 "죄에 대하여, 의에 대하여, 심판에 대하여 세상을 책망"하시도록 했습니다(요16:8). 이 구절은 "성령이 오시면" 그가 성도들을 모든 진리로 인도하실 것(16:13)이라는 구절보다 앞에 나오는 구절입니다. 따라서 성령 강림은 성령으로 두 가지 사역을 수행하도록 하는 준비과정인데, 이 두 사역은 세상을 책망하시는 것과 성도들을 교육하시는 것입니다. 그러면 세상을 책망하신다는 것은 무엇을 의미하며, 그것은 신자들을 가르치시는 성령의 교육 사역과 어떤 관계가 있는가? "책망 한다"라고 번역된 말은 논법으로 증명하고, 증거로 논박하고 반박 불가한 논증으로 확신시키는 것을 암시 하는 말입니다. 헬라의 법정에서는 이 말이 "죄를 확신 시킨다"는 법률적인 의미로 사용되었습니다. 이것은 주로 죄인을 책망하는 것보다는 그의 범죄 사실을 반박하지 못하도록 논리적으로 증명하는 그로 하여금 자기 죄를 의식하도록 하는 것을 의미했습니다. 따라서 이 말은 죄인으로 하여금 슬픔에 도달하도록 하는 개념보다는 오히려 그의 죄의 "범죄성"(guilt)을 논증한다는 개념을 전달하는 말이었습니다.

이 사실은 요한복음 8:46절에 그리스도께서 "너희 중에 누가 나를 죄로 책잡겠느냐"고 하신 말씀으로 예시되었습니다. 이 말씀은 "너희 중 누가 나로 하여금 죄에 대해서 슬퍼하게 할 수 있는가?" 하는 의미가 아니라 "너희 중 누가 내가 죄인이라는 증거를 찾을 수 있는가?"하는 의미입니다. 성령께서 확신시키시는 사역으로부터 마음이 슬퍼져서 그 결과로 구원을 받을 수도 있고 그렇지 않을 수도 있습니다. 성령이 죄와 의와 심판(요16:8~11)에 대해서 죄인들에게 "확신 시키실"때에 어떤 죄인들은 자기들의 죄를 인정하고 죄에 대해서 슬퍼하며 또 구원을 얻기 위해서 하나님께 올 수 있지만 어떤 죄인들은 그리스도를 받아들이지 않을 수도 있습니다. 성령은 죄를 확신시키시거나 논증하시는 이런 사역을 통해서, 어떤 의미에서 볼 때, 구원 받지 못한 자들을 교육하시는 것입니다. 그들은 이 사역을 통하여 어떤 진리와 접촉하게 됩니다. 그들은 자기들의 죄와 그리스도의 의, 그리고 죄의 심판에 대해서 조명을 받게 됩니다. 성령은 죄인들에게 진리를 분명하게 보여 주심으로, 그것을 진리로 보고 인정하도록 하십니다. 어떤 이들은 이 확신 사역을 구원 받지 못한 자들을 밝게 하는 것, 즉 깨닫게 하는 것으로만 말하면서 구원 받은 자들을 조명하는 것과는 별도로 생각합니다. 이것은 중생하지 못한 모든 자들에게 베풀어지는 보통 은총에 있어서 성령의 사역의 교훈 측면이라고 생각하는 자들이 많습니다. 이사실은 요한복음 1:9절에 언급되어 있습니다. "참 빛 곧 세상에 와서 각 사람에게 비치는 빛이 있었나니". 불신자들은 자기들의 죄와 하나님의 의, 그리고 십자가의 역사에 관해서 깨달음(논증할 수 있는 증거에 의한 가르침)을 받습니다. 이 조명은 하나님의 말씀을 전함으로, 혹은 하나님의 말씀을 통해서 성령이 개인의 머리와 마음속에 직접 역사하심으로 이루어질 수 있습니다. 성령은 예수 그리스도를 믿음으로 구원을 받는 데 필요한 어떤 진리에 관해서 밝혀 주고 있기 때문에 이 조명에 있어서 성령은 교사로서 역사하시는 것입니다. 쉐퍼는 이것을 다음과 같이 약술했습니다. "성령이 사탄 때문에 어두워진 마음에 죄와 의와 심판에 대해서 깨달음을 줄 때, 성령의 역사가 아니면 어두운 상태에 계속 있을 수밖에 없는 마음이 비정상적으로 속히 ① 죄는 심판을 받고 ② 의는 그리스도 안에서와 그를 통해서만 얻을 수 있으며 ③ 하나님께서 지금 죄인에게 제공하시는 구원 즉 주 예수 그리스도 안에 있고, 그를 통해서 받는 완전한 구원을 믿지 않는 것이 정죄라고 하는 세 가지의 위대한 근본 진리를 이해할 수 있게 됩니다. 어떠한 영혼도 이와 같은 성령의 조명 없이는 구원을 얻을 수 없습니다. 그것은 사단이 잃어버린 영혼들의 마음 속에 덮어 씌워 둔 암흑을 성령만이 능히 벗겨내실 수 있기 때문입니다.

(3) 내주와 교육

신자들 속에 성령이 내주하시는 것은 앞서 지적한 것과 같은 교육 사역은 아니지만 그것은 성령의 교육에 기초가 됩니다. 성령의 내주와 교육 간의 밀접한 관계에 관해서는 요한일서에 나온 다음 두 구절이 잘 보여 줍니다. "너희는 거룩하신 자에게 기름 부음을 받고 모든 것을 아느니라"(요일2:20). "너희는 주께 받은 바 기름 부음이 너희 안에 거하나니 아무도 너희를 가르칠 필요가 없고 오직 그의 기름 부음이 모든 것을 너희에게 가르치며 또 참되고 거짓이 없으니 너희를 가르치신 그대로 주 안에 거하라"(요일2:27). 위의 두 구절에서 성령이 분명하게 언급되지는 않았지만 다음 몇 가지 요소들이 보여 주는 대로 성령이 이 구절에 암시된 것만은 확실합니다. 첫째, 흔히 성령을 상징하는 기름의 비유(시45:7,105:15,61:1,행10:38)가 여기에 사용되었습니다. 또한 기름 부음은 성령에 관계된 말인데 그것은 마가복음 1:24, 요한복음 6:69, 사도행전 3:14, 4:27 등에 의하면 "거룩한 자", 곧 그리스도로부터 기름 부음이 오기 때문입니다. 그리스도께서는 성령을 보내시겠다고 약속하셨습니다. 요한일서에 나온 구절과 꼭 같이 고린도후서 1:21~22절은 분명히 성령을 언급한 구절입니다. 뿐만 아니라 요한일서 2:27절의 "기름 부음"은 신자들 속에 성령께서 내주하시는 것을 말하는데 이것은 성경 여러 곳에 많이 언급된 성령의 역사입니다(롬8:9,11,고전3:16,6:19,엡2:22,딤후1:14,요일3:24). 성령의 기름 부음 혹은 내주하심은 구원 받는 순간에 단번에 일어나는 역사입니다. "기름 부음이 너희 안에 거하나니"(요일2:27)란 말씀으로 보아서 이것은 일시적 경험이 아니라 영속적 경험입니다. 이것은 성령께서 신자들 마음속에 영구적인 주소를 정하시기 위해 찾아오시는 것을 말합니다. 성령의 기름 부음 혹은 내주하심을 인해서 성도들이 하나님의 진리를 배울 수 있게 됩니다. "그의 기름부음이 너희를 가르치며". 그러나 이것은 모든 성도가 반드시 성령의 가르침을 온전히 받음을 의미하지는 않습니다. 성령으로 기름 부음을 받음으로써 성도들에게 성령의 교육 사역이 가능하게 되지만 그렇다고 해서 이 교육 사역의 완전성, 중요성, 효율성 즉 그 사역의 범위가 결정되는 것은 아닙니다. 모든 성도는 성령의 기름 부음을 받았습니다. 그러나 모든 성도가 성령의 교육 사역에 있어서 최고의 역사들을 받지는 못합니다. 요한일서 2:20,27절에서 제기되는 가장 큰 문제는 아마도 "너희는 모든 것을 아느니라"(20절). "아무도 너희를 가르칠 필요가 없고"(27절)라는 말씀에서 볼 수 있는 대로 이 말씀들이 언뜻 보기에는 인간 교사의 필요성을 배제하는 것처럼 보인다는 점일 것입니다. 이 말씀은 성령이 일단 신자들 속에 거하시면, 성령께서는 그의 진리를 전달할 인간의 경로(channel)를 더 이상 사용하지 않으신다는 의미일까? 또 성령이 내주하시는 신자들은 모든 지식을 소유하고 있기 때문에 더 깊은 교육이 불필요하다는 의미일까?. 요한일서 2:20절의 "너희는 모든 것을 아느니라"를 두고 적어도 세 가지로 해석하고 있습니다. 첫째 해석은 문맥상 변화를 주어 "너희 모두는 아느니라"고 하는 해석입니다. 그러나 헬라어 원문들을 더 자세히 관찰해 볼 때 이렇게 고쳐 읽을 수 없고, 그 밖에 내면적인 증거를 보더라도 이렇게 고치는 것을 반대합니다. 둘째 해석은 "필요한" 이란 말을 삽입해서 "너희는 모든 필요한 것들을 아느니라"고 고친 해석입니다. 다시 말해서 그리스도인의 생활에 필요한 것들만 안다는 말입니다. 그러나 이것은 성경의 본래 의도와는 다른 생각을 삽입한 것입니다. 세 번째 해석은 이 구절을 본래 그대로 "너희는 모든 것을 아느니라"로 읽되, 그 의미를 요한이 "그가 너희에게 모든 것을 가르치리라"(요14:26)와 "그가 너희를 모든 진리로 인도하시리라"(16:13)고 기록했을 때 의도했던 의미와 같은 것으로 이해하는 견해입니다. 따라서 그 의미는 플루머가, "진리의 영의 기름 부음을 받음으로써 참된 지식을 소유한 자들은(스스로 이런 지식을 소유했다고 주장하는 반기독교적 그노시스파가 아니라) 바로 너희들이다"라고 해석한 바와 같습니다. 초대교회의 그노시스파는 자기들이 하나님의 지식을 안다고 주장했지만 실상 알지 못했습니다. 요한일서 2:27절 "그리고 아무도 너희를 가르칠 필요가 없고"란 구절 역시 신중하게 고찰해야 할 말씀입니다. 여기서 "가르친다"는 말은 현재시제로서 계속적인 동작을 강조하는 말입니다. 이것을 좀 더 이해하기 쉽도록 번역한다면 "그리고 아무도 너희를 가르치고 있을 필요가 없고"로 번역할 수 있습니다. 이 구절 역시 여러 가지로 설명되었습니다. 카이퍼는 교회는 한 몸으로서 그 머리 되신 그리스도 안에 지혜와 지식의 모든 보좌를 소유하고 있으므로, 어떤 "외부인"(outsider)이 교회를 가르칠 필요가 없음을 의미한다고 했습니다. 두 번째 견해는(요14:26의 기록과 견주어 볼 때) 요한이 나타내고자 한 의미는 "너희는 가르침을 받을 필요가 없고 다만 생각나게 함을 받으면 된다"라는 것이었다고 보는 견해입니다. 로버트슨은 이 견해를 지지합니다. 세 번째 설명은 이 말씀이 교육에 있어서 인간의 반복(repetition)을 언급한다는 것입니다. 렌스키는 이 구절을 "너희들은 사도들과 기독교 교사들에 의해서 반복적으로 가르침을 받을 필요가 있는 무식한 사람들의 집단이 아니다"라고 옮겨 적었습니다. 알포드는 네 번째 견해의 대표자로서 "만약 기름 부음이 그들 속에 온전히 거하고 있다면 그들은 성령의 교육이나 기타 어떤 다른 교육도 필요하지 않을 것이다"라고 기록했습니다. 다섯 번째 견해는 아마 가장 좋은 견해인 것 같은데 이 문제를 궁극적 근원(source)이나 권위(authority)의 문제로 이해하는 견해입니다. 웨스트는 다음과 같이 간결하게 설명했습니다. "그것은 단순히 성도들이 이 문제에 있어서 그노시스파 교사들이나 혹은 다른 어떤 교사들에게 좌우되지 않음을 의미한다. 어떤 교사, 심지어 하나님이 임명한 교사라 할지라도 성도를 가르치는 교육의 유일하고 궁극적인 근원이 되지 못한다. 성도는 성령과 말씀을 가지고 있기 때문이다". 심슨은 이 구절에 대해 다음과 같이 주석했습니다. "그것은 우리가 하나님의 말씀을 인간의 입술로부터 받아서는 안된다는 것을 의미한 것이 아니라, 우리가 어떠한 말씀이라도 인간의 말로 들어서는 안된다는 것을 의미한다. 다시 말해서 우리가 그리스도의 사역자들에게 배울 때에라도 우리는 그들을 하나님의 사자들로 받아들이고 그들의 말을 하나님의 거룩한 말씀으로 받아들이며, 하나님께서 성령을 통해서 우리의 양심에 하시는 말씀으로 받아야 된다는 말이다". 비록 하나님께서 그의 말씀을 전달하도록 교회학교 교사들을 사용하시지만, 궁극적으로 볼 때 학생들은 인간으로부터 독자적으로 존재하며 하나님으로부터 가르침을 받아야 합니다. 특히 그 당시 요한의 말을 듣던 성도들에게 이 생각을 강조할 필요가 있었습니다. 그들은 성령에 의해 말씀을 통해서 배우고자 하는 것보다는 오히려 그 노시스파 인간들이 지어낸 교육을 따를 위험에 놓여 있었기 때문입니다. 여하간 분명한 것은 이 구절이, 성령께서 교육의 모든 필요성을 대치한다는 의미가 아니라는 점입니다. 요한일서 2:1,24절은 요한도 몸소 서신을 통해서 자기의 독자들을 교육하고 있음을 보여 주지 않는가! 요한일서 2:27 하반절을 주시할 필요가 있습니다. "오직 그의 기름 부음이 모든 것을 너희에게 가르치고 또 참되고 거짓이 없으니 너희를 가르친 그대로 주 안에 거하라". 성도들 속에 축복된 성령이 내주하고 계시지만, 그들이 "그 안에 거할" 때만 성령의 교육 사역을 받을 수 있습니다.

(4) 조명(照明)과 교육

성령의 조명 사역에 관해서는 성경 여러 곳에 언급되어 있습니다. "밝히다"(enlighten)의 헬라 원어는 "빛을 주다, 비추다", "켜다. 조명하다", 그리고 "영적으로 깨닫게 하다. 구원의 지식을 불어 넣다" 등을 의미합니다. 이 중에서 맨 마지막 의미가 성령의 조명 사역과 교육 사역, 즉 지식을 전달하는 사역과의 관계를 말해 줍니다. 여기서 조명을 빛으로 비유한 것은, 지식의 빛이 무지의 어둠을 뚫고 들어가서 무지를 쫓아낸다는 것을 보여 줍니다. 다음의 말씀들이 조명과 교육의 관계를 보여 줍니다. "어두운 데서 빛이 비치리라 하시던 그 하나님께서 예수 그리스도의 얼굴에 있는 하나님의 영광을 아는 빛을 우리 마음에 비추셨느니라"(고후4:6). "우리 주 예수 그리스도의 하나님 영광의 아버지께서 지혜와 계시의 정신을 너희에게 주사 하나님을 알게 하시고 너희 마음 눈을 밝히사 그의 부르심의 소망이 무엇이며 성도 안에서 그 기업의 영광의 풍성이 무엇이며"(엡1:17~18). 불신자들은 "저희 총명이 어두워"졌다고 합니다(엡4:18). 이 말씀은 조명의 필요성을 강조하는 말씀입니다. 하나님께서는 인간들에게 일반 계시와 특수 계시를 주셨습니다. 그러나 인간들은 죄 때문에 이것에 대해 어두워졌습니다. 따라서 그들은 하나님의 외부적이며 객관적인 계시를 받을 수 없습니다. 하나님의 말씀은 결코 부족하거나 불충분하지 않습니다. 결점은 인간 편에 있습니다. 이것은 마치 맹인이 태양을 보면서도 그 빛을 볼 수 없는 것은 태양의 잘못이 아니라 맹인의 잘못인 것과 같습니다. 비기독교인들은 영적인 맹인들입니다. 그들은 마음이 굳어졌고, 하나님에 대해서 무감각하고, 하나님의 진리에 대해 눈먼 자들입니다. 그러므로 성령께서 그들의 머리와 마음의 눈을 뜨게 하사 영적인 밝음, 즉 조명을 주셔야 합니다. 하나님의 말씀은 그 말씀이 전달되는 모든 자들에게 비치는 태양과 같습니다. 그러나 이것이 맹인들에게는 아무런 유익이 없습니다. 그런데 이점에 있어서 우리는 본질적으로 모두 맹인들입니다. 따라서 하나님의 말씀은 내면적인 교사이신 성령께서 그의 조명을 통해서 길을 열어 주시지 않으면, 우리의 마음을 뚫고 들어올 수 없습니다. 이런 의미에서 모든 비기독교인들이 조명을 받습니다(요1:9). 그러나 그들이 모두 다 "빛의 아들들"(요12:36)인 것은 아닙니다. 성령께서 비기독교인들을 감화시키셔서 그들로 구원의 계시 된 진리를 믿고 그리스도를 구주로 받도록 하시는 성령의 특수사역은 중생의 역사입니다. 그러나 성도들도 시편 기자가 "내 눈을 열어서 주의 법의 기이한 것을 보게 하소서"(시119:18) 하고 외친 바와 같이 조명이 필요합니다. 바울은 에베소 교인들이 마음 눈이 밝아지기를 기도했습니다(엡1:17~18). 그리스도께서 엠마오로 가던 제자들에게 말씀하실 때 "이에 저희 마음을 열어 성경을 깨닫게" 하셨다고 했습니다(눅24:25). 이런 사실들을 볼 때 조명이란 성령의 초자연적 역사로서 인간으로 이미 계시 된 하나님의 진리를 이해하도록 하는 역사를 말합니다. 그러나 이것은 두뇌에만 관계된 성령의 역사인가? 조명이란, 보통 사람들은 이해할 수도 없는 새로운 진리 혹은 "깊은" 의미들을 어떤 신자들만이 성경을 깊이 파고 들어가서 이해할 수 있다는 말인가? 조명은 성령이 어떤 신자들에게 새로운 정신적 재능들을 주심으로, 본문으로부터 곧장 확인할 수 없는, 내면에 깔린 진리를 그들로 볼 수 있도록 한다는 말인가? 이런 심오한 질문들을 대답함에 있어서 몇 가지 사실을 밝혀두어야만 합니다. 첫째, 성령의 조명은 항상 하나님의 말씀인 성경과 관계되어 있다는 점입니다. 이것은 시편 119:18,130, 요한복음 14:26, 요한계시록 22:18 등의 구절로써 밝혀집니다. 조명을 통해 새로운 진리가 계시 되는 것은 아닙니다. 성경은 하나님의 완전한 기록된 계시이므로 하나님의 영이 그 이상의 새로운 진리를 계시 하지 않습니다. 불신자들에게 새로운 진리를 주는 것은 마치 하늘에 두 개의 태양을 둠으로 맹인으로 볼 수 있게 하려는 노력처럼 쓸 데 없는 일입니다. 맹인에게는 첨가된 내용이나 지식이 필요하지 않습니다. 다만 그의 마음 눈이 열려서 이미 주어진 계시를 볼 수 있으면 됩니다. 둘째, 성령께서 인간의 두뇌와 마음에 역사하셔서 인간으로 이미 계시 된 하나님의 진리를 이해할 수 있도록 하는 성령의 역사를 조명이라고 정의함이 더욱 적합합니다. 에베소서 1:18절은 "너희 마음 눈"이 밝혀지는 것에 대해 말합니다(흠정역은 마음 즉 "heart"를 이해력 "understanding"으로 오역했음). 사도행전 16:14절은 루디아의 마음이 열렸다고 했습니다. 머리와 마음은 카이퍼가 말한 "영적인 의식"(spiritual consciousness)의 구성 요소입니다. 영적인 진리는 총명(혹은 이해력) 뿐만 아니라 감정과 의지의 반응을 요구합니다. 셋째, 조명은 진리의 인식 뿐만 아니라 진리의 수용(reception)과 관계되어 있습니다. 이것은 "깊은" 진리에 대한 정신적 이해라기 보다는 오히려 개인적으로 진리를 받아서 그것을 적용하는 것을 말합니다. 하나님의 진리를 온전히 받아 들이기 위해서는 먼저 그것을 이해하고 다음에 적용해야 합니다. 브로밀리는 이 점에 관해 하나님의 말씀을 주신 성령이 "독자들의 눈을 열어서 그 진리를 인식하고 그 빛을 받아들이도록" 하신다고 말했습니다. 구원 받지 못한 사람들도 분명히 성경의 객관적 자료를 정신적으로 다소 포착합니다. 불신자들 중에도 하나님의 말씀에 계시 된 허다한 역사적 사실들을 정신적으로 포착한 자들이 많습니다. 어떤 사람들은 성경에 나오는 어떤 부분들의 논리를 추종 하기도 했습니다. 그들은 성경의 객관적 사실을 정신적으로 포착 했던 것입니다. 이를테면 성경의 어떤 인물들이 이러이러한 임무를 수행했고, 이러이러한 말을 했으며, 이러이러한 지점으로 다녔고, 이러이러한 논점으로 논쟁했다는 것 등을 정신적으로 이해 했던 것입니다. 그러나 그들은 성경의 하나님을 알지 못하고 있습니다. 심지어 그들은 학문의 고차원적 수준에서 성경은 단호하게 적용하고 연구하기까지 하지만 성경의 참되고 거룩한 의미에 이르지 못합니다. 따라서 성령께서 신자들을 조명하시는 것은 불신자들도 할 수 있는 성경에 관한 정신적 이해(理解) 이상의 것을 포함하고 있음이 분명합니다. 설령 구원 받지 못한 자들이 성경의 객관적 자료를 정신적으로 관찰한다 하더라도 여전히 그들은 그것을 어리석게 봅니다(고전1:18,2:14). 바울이 그의 서신에서 사용한 논리적 추리를 아마 불신자들도 추종할 수는 있겠지만, 그들은 관계된 진리를 "마음에 받아 들이지"는 않습니다. 자연인들도 요한복음 3:16절 문법을 정확하다고 보겠지만, 그렇다고 해서 이 말씀의 진리를 그들이 마음에 받아들이는 것은 아닙니다. 죄인들이 하나님의 진리를 환영하지 않는 이유는 그것이 자기들의 죄악성의 핵심을 찌르기 때문입니다. 하나님의 진리는 구원 받은 자들만이 환영할 수 있습니다. 바울이 고린도전서 2:14절에서 "육에 속한 사람(자연인)은 하나님의 성령의 일을 받지 아니하나니"라고 기록했습니다. 그런데 이것은 자연인이라고 해서 성경의 문법적 자료를 전혀 이해하지 못한다는 말이 아닙니다. 이것은 구원 받지 못한 자들은 진리를 환영(영접) 하지 않는다는 말이 아니겠는가! 여기에 "받는다"는 말의 헬라어는 "환영 한다"는 의미입니다. 이 구절은 성령이 없는 자연인이 성경의 말씀을 정신적으로 이해할 수 없다는 의미가 아니라, 자연인은 속죄의 말씀을 마음 속에 환영할 수 없다는 의미입니다. 고린도전서 2:14절에 하나님의 일이 "저희에게는 미련하게" 보인다는 말씀은 자연인도 성경의 말씀을 이해한다는 사실을 보여 줍니다. 만일 구원 받지 못한 자가 아무 의미도 알지 못한다면, 하나님의 영의 일을 미련하다고 판단할 수 있겠는가? 그러나 이 구절은 또한 구원 받지 못한 자는 성령의 일을 알지도 못한다고 기록했습니다. 그렇다면 구원 받지 못한 자도 성경의 사실을 인식할 수 있다는 주장과 어긋나는 것이 아닌가 하고 반박한 자가 혹 있을지 모르겠습니다. 그러나 이런 반박은 잘못된 것입니다. 왜냐하면 여기에서 쓴 말은 "경험으로 안다"(know by experience)는 원어의 의미를 지니고 있기 때문입니다. 불신자는 하나님의 진리를 경험적으로 알지 못합니다. 그는 그것의 일부를 정신적으로 분별할 수는 있으나 그것을 개인적으로 체험하지는 못합니다. 조명에 있어서 성령의 사역은 성경의 의미를 보여 줄 뿐만 아니라 성도들도 그 진리를 알도록 설득하는 것입니다. 성도들도 말씀의 의미를 분별하고 그것을 하나님으로부터 온 것으로 알고 환영해서 받아들일 수 있도록 하시는 성령의 역사입니다. 하지는 신자의 생활에 있어서 순종이 성령의 조명 사역의 필연적 결과라고 했습니다. 조명에 관한 이런 개념은 그리스도께서 믿지 않는 바리새인들에게 하신 말씀을 통해서도 확실시 됩니다. 그는 바리새인들이 진리의 사실을 이해하지 못한다고 책망하시지 않았습니다. 바리새인들은 아마 그 당시 어떤 사람들보다도 "율법 문서"를 더 잘 이해했을 것입니다. 그리스도께서 그들을 책망하신 것은 그들이 진리를 하나님의 진리로 적용하지 않았기 때문입니다. 바울은 육에 속한 고린도 교인들이 성경의 사실을 정신적으로 포착하지 못했다고 책망하지 않았습니다. 다만 그들이 머리로는 이해하면서 그것을 마음으로 받아들이지 않았던 것입니다. 때문에 그는 "... 이는 너희가 감당치 못하였거니와 지금도 못하리라 너희가 아직도 육에 속한 자로다"(고전3:2~3)라고 말했습니다. 성령은 조명을 통해서 신자들로 하나님의 진리의 내포된 의미와 가치를 이해할 뿐 아니라 그것을 진심으로 자신에게 적용하려는 목적을 가지고 영접하도록 도와 주십니다. 성경은 인간의 책 이상의 것이기 때문에 성령의 거룩한 능력을 받은 자들만이 올바로 이해할 수 있습니다. 이와 같은 사실로 미루어 보아 조명은 약간 반짝거리는 정신적 통찰력이나 직감 이상의 것임이 분명합니다. 밀러는 조명에 관해 다음과 같은 견해를 피력했습니다. "성령께서는 조명의 은사를 제공하신다. 이것은 내적인 빛...마음의 온기…과학자에게 허락된 직감, 진리가 무엇인지를 분명히 알 때에 우리 모두에게 찾아 오는 진리의 순간 등이 될 수 있다. 우리는 빛이 찾아오는 순간을 결코 예측할 수 없다. 따라서 이것은 성령이 주관하시는 은사이다". 조명과 성령의 교육 사역은 어떤 관계가 있는가? 어떤 사람들은 성령의 교육 사역과 조명을 동일한 사역으로 생각합니다. 또 어떤 사람들은 교육은 제시와 조명을 포함한 보다 광범위한 사역이라고 생각 하기를 좋아합니다. 성령의 계시 사역(진리의 객관적 본체인 성경을 주는 것)은 성경의 마지막 말씀들이 영감으로 기록되었을 때 이미 완성된 사역입니다. 그러나 지금은 성령이 외부의 말씀에 역사하여 그것을 신자들의 생활 속에 내면화시키십니다. 성령은 교육에 있어서 기록된 말씀으로 학생들에게 작용하십니다(활력을 주십니다). 즉 기록된 말씀을 활력 있게 하시며, 학생들을 조명하십니다. 성령께서는 이런 방식으로 하나님의 진리를 전달하시거나 가르치십니다. 따라서 교육은 보다 넓은 의미의 용어이며 신자들의 마음과 머리를 조명함과 아울러 말씀을 제시하고 활력 있게 하는 일을 포함합니다. 이상과 같이 교사로서의 성령에 관한 성경적 교리를 연구해볼 때 교육이 성령의 사역 중에 적은 부면(部面)이 아님을 볼 수 있습니다. 성령은 진리의 영으로서 총명, 지혜, 모략 및 지식을 주시며, 진리를 전달하고 적용 시키시며, 신자들을 교육하셔서 하나님의 모든 계시로 인도하시며, 그리스도의 가르침을 생각나게 하시며, 장래의 일을 선포하시며, 하나님의 진리를 인간에게 계시하십니다. 또한 성령은 죄인들의 죄를 깨닫게 하시며, 신자들이 하나님의 진리를 배우는 데 적당치 못한 출처에 의존할 필요가 없도록 신자들에게 기름을 부으시고 내주하십니다. 그는 신자들의 머리와 마음을 조명하셔서 하나님의 말씀을 영접하고 적용할 수 있도록 하십니다. 성령의 교육 사역은 무오하고 개인적이며 그리스도 중심이며 하나님의 말씀과 관련된 것입니다. 하나님께서 모든 신자들로, 아버지께서 그리스도 대신에 보내신 성령을 받아들일 수 있도록 역사하시기를 기원합니다.

보이지 않는 교사, 성령

　성경은 성령님이 교사로서 하시는 기능을 다음과 같이 분명하게 말해줍니다. 첫째, 성령님은 예수님의 진리를 가르치시고 생각나게 하십니다. "보혜사 곧 아버지께서 내 이름으로 보내실 성령 그가 너희에게 모든 것을 가르치고 내가 너희에게 말한 모든 것을 생각나게 하리라"(요14:26). 둘째, 성령님은 우리를 진리 가운데로 인도하십니다. "그러나 진리의 성령이 오시면 그가 너희를 모든 진리 가운데로 인도하시리니 그가 스스로 말하지 않고 오직 들은 것을 말하며 장래 일을 너희에게 알리시리라"(요16:13). 셋째, 성령님은 인간의 지성으로 깨달을 수 없는 하나님의 진리를 깨닫도록 비춰주십니다. "오직 하나님이 성령으로 이것을 우리에게 보이셨으니 성령은 모든 것 곧 하나님의 깊은 것까지도 통달하시느니라 사람의 일을 사람의 속에 있는 영외에 누가 알리요 이와 같이 하나님의 일도 하나님의 영 외에는 아무도 알지 못하느니라 우리가 세상의 영을 받지 아니하고 오직 하나님으로부터 온 영을 받았으니 이는 우리로 하여금 하나님께서 우리에게 은혜로 주신 것들을 알게 하려 하심이라 우리가 이것을 말하거니와 사람의 지혜가 가르친말로 아니하고 오직 성령께서 가르치신 것으로 하니 영적인 일은 영적인 것으로 분별 하느니라"(고전2:10~13). 우리의 모델 교사이신 예수님을 생각해보라. 3년이라는 짧은 기간에, 잘 준비되지 못한 학생들을 데리고, 변변한 교수 환경도 없이 숱한 편견과 방해 속에서 학생들을 가르치셨습니다. 그러나 그분의 가르침은 사람들의 영혼과 삶을 뒤집어놓았습니다. 그 후 그분의 가르침은 역사와 함께 사라지지 않고 오히려 살아서 그 어떤 교사와도 비교할 수 없는 엄청난 영향력을 세상에 끼치고 계십니다. 어떻게 그것이 가능할까요? 예수님이 그 비밀을 이미 공개하였습니다. "예수께서 대답하여 이르시되 내 교훈은 내 것이 아니요 나를 보내신 이의 것이니라"(요7:16). "내가 스스로 아무 것도 하지 아니하고 오직 아버지께서 가르치신 대로 이런 것을 말하는 줄도 알리라"(요8:28). "내가 내 자의로 말한 것이 아니요 나를 보내신 아버지께서 내가 말할 것과 이를 것을 친히 명령하여 주셨으니"(요12:49). 이 구절들의 공통점은 무엇인가? 예수님의 가르침은 아버지 하나님께 그 내용과 권위와 동력이 연결되어 있다는 것입니다. 나는 어느 날 베드로의 설명을 듣고 깜짝 놀랐습니다. 나는 예수님의 권능의 근원은 그분의 신적인 능력이라고 생각했었습니다. 필요할 때 그 신적 능력으로 기적을 일으키시고, 사람을 가르치셨다고만 믿었습니다. 그러나 예수님을 3년간 따라다니며 그분의 가르침을 직접 목격하고 경험한 베드로는 다음과 같이 말합니다. "이스라엘 사람들아 이 말을 들으라 너희도 아는 바와 같이 하나님께서 나사렛 예수로 큰 권능과 기사와 표적을 너희 가운데서 베푸사 너희 앞에서 그를 증언하셨느니라"(행2:22). 예수님이 행하신 큰 권능과 기사와 표적의 주어는 무엇인가? 주체는 누구인가? 누구의 동력으로 그분이 그런 기적을 일으키셨다고 말하는가? 베드로는 말합니다. 그분과 함께하셨던 하나님이시라고! 예수님은 철저하게 그 하나님의 능력을 의지하셨고 순종하셨습니다. 예수님이 그러셨다면, 우리야 더 말할 것도 없습니다. 그래서 예수님은 세상을 떠나 하늘로 올라가시기 직전 우리에게 말씀하셨습니다. "예수께서 나아와 말씀하여 이르시되 하늘과 땅의 모든 권세를 내게 주셨으니 그러므로 너희는 가서 모든 민족을 제자로 삼아 아버지와 아들과 성령의 이름으로 세례를 베풀고 내가 너희에게 분부한 모든 것을 가르쳐 지키게 하라 볼지어다 내가 세상 끝날까지 너희와 항상 함께 있으리라 하시니라"(마28:18~20). 왜 하늘과 땅의 모든 권세를 가지신 예수님이 세상 끝날까지 제자 삼는 사역을 이룰 제자들과 함께 작은 예수를 세우는 교회학교 교사들과 함께 하시겠다는 지상의 약속으로 지상의 사명을 포장해 놓으셨을까요? 그것은 우리의 힘으로 될 수 있는 일이 아니기 때문입니다. 초자연적인 사역은 초자연적인 능력으로만 성취될 수 있습니다. 예수님은 이미 제자들에게 말씀하셨습니다. "나는 포도나무요 너희는 가지라 그가 내 안에 내가 그 안에 거하면 사람이 열매를 많이 맺나니 나를 떠나서는 너희가 아무것도 할 수 없음이라"(요15:5). 이러한 예수님의 티칭 원리로 역사를 바꾼 또 한 분의 모델 교사는 바울입니다. 바울 사도의 강력한 티칭의 비밀도 그 안에 살아계신 그리스도의 영, 곧 성령이심을 바울은 고백하고 있습니다. "우리가 그를 전파하여 각 사람을 권하고 모든 지혜로 각 사람을 가르침은 각 사람을 그리스도 안에서 완전한 자로 세우려 함이니 이를 위하여 나도 내 속에서 능력으로 역사하시는 이의 역사를 따라 힘을 다하여 수고하노라"(골1:28~29). 이 구절에서 두 가지 원리를 찾을 수 있습니다. 첫째, 200퍼센트의 원리입니다. 성령님, 이 참되신 스승의 도움 없이는 우리는 아무것도 할 수 없습니다. 그러나 이것도 잊지 말아야 합니다. 이 참된 스승도 우리 없이 일하지 않으십니다. 성경이 그러하듯 교회학교 티칭도 100퍼센트 하나님의 일이고, 또 100퍼센트 사람의 일입니다. 그러므로 성령님의 개입이 없으면 아무 일도 일어나지 않을 것처럼 절박하게 그분을 의지해야 하고, 나 없이는 성령님이 일하지 않으시는 것처럼 충성스럽게 최선을 다해야 합니다. 둘째, 협동의 원리입니다. 교회학교 티칭은 성령님께 대한 교사의 협력으로 이루어집니다. "이는 우리 복음이 너희에게 말로만 이른 것이 아니라 또한 능력과 성령과 큰 확신으로 된 것임이라 우리가 너희 가운데서 너희를 위하여 어떤 사람이 된 것은 너희가 아는 바와 같으니라"(살전1:5). "너는 그리스도 예수 안에 있는 믿음과 사랑으로써 내게 들은 바 바른 말을 본받아 지키고 우리 안에 거하시는 성령으로 말미암아 네게 부탁한 아름다운 것을 지키라"(딤후1:13~14). 또한 교회학교 티칭은 성령님께 대한 학생의 협력으로 이루어집니다. "그러므로 성령이 이르신 바와 같이 오늘 너희가 그의 음성을 듣거든 광야에서 시험하던 날에 거역하던 것 같이 너희 마음을 완고하게 하지 말라"(히3:7~8). "또 너희는 많은 환난 가운데서 성령의 기쁨으로 말씀을 받아 우리와 주를 본받은 자가 되었으니"(살전1:6). 그리고 교회학교 티칭은 성령과 함께 일하는 교회학교 교사와 성령을 모신 교회학교 학생이 성령 안에서 협력함으로 발생합니다. "이러므로 우리가 하나님께 끊임없이 감사함은 너희가 우리에게 들은 바 하나님의 말씀을 받을 때에 사람의 말로 받지 아니하고 하나님의 말씀으로 받음이니 진실로 그러하도다 이 말씀이 또한 너희 믿는 자 가운데에서 역사하느니라"(살전 2:13).

학습 원리와 성령의 역사

무엇이 학습을 촉진 시키는가? 효과적인 학습에는 어떤 요소나 조건이 필요한가? 학생들은 어떻게 하면 가장 잘 학습하는가? 교사들이 좋은 학습을 지배하는 성령의 법칙과 협력할 수 있는 방법은 무엇인가? 학생들이 학습유도를 받을 때, 주제가 학생들과 관련성이 있을 때, 학생들이 적극 참여할 때, 그리고 학생들이 학습 준비가 되어 있을 때 최선의 학습이 이루어집니다.

(1) 유도의 원리(The Principle of Motivation)

학습 과정에 있어서 하나의 주요한 요소는 유도입니다. 아마 이것은 학습의 기본원리라 할 수 있을 것입니다. 유도가 없으면 학습이 거의 혹은 전혀 이루어질 수 없습니다. 만일 학습 능력이 동일한 두 학생 중에 한 학생은 학습하는데 다른 학생은 학습하지 않는다면, 학습한 학생은 학습하고 싶은 욕망, 즉 학습 유도를 받았는데 비해 다른 학생은 그렇지 못했다는 것이 분명합니다. 학습 유도란 단지 배움직스럽게 하든지 배우기를 원하도록 만드는 것을 의미합니다. 그것은 학생들로 배우고 싶도록 동기를 주는 것입니다. 교회학교 교사들이 학생들에게 학습을 강요하기보다 적절한 동인을 사용해서 학생들로 스스로 배우고 싶도록 인도하기 위해서는 이 원리를 이해하는 것이 중요합니다. 유도는 학습을 촉진합니다. 학생들이 학습 유도를 받을 때 학습은 더 속히 이루어지며 그 결과는 더 오래 지속됩니다. 유도가 강하면 강할수록 학습의 속도는 빨라지고 효력은 증대됩니다. 유도는 관심과 필요에 불가결한 관계가 있습니다. 학생들의 필요나, 주님께서 친히 학생 속에 심어 주신 본래적 충동은 학습행위를 촉진합니다. 학생들이 관심을 가지고, 충족시켜야 할 필요를 인식할 때 최선의 학습이 이루어집니다. 이 사실은 교사들이 성령의 도우심으로 학생들의 필요를 발견해서 그것을 하나님의 말씀과 연관시키게 될 때 그 결과로 유도된 학생들이 학습하는 모습을 볼 수 있는 기쁨을 맛보게 된다는 것을 암시해 줍니다. 어떤 때는 학생들이 필요를 스스로 인식하여 학습 유도를 이미 받고 있을 수가 있습니다. 또 어떤 때는 교사들이 학생들로 하여금 자기들의 필요를 인식하도록 만들 때에야 비로소 학생들이 학습 유도를 받는 때가 있습니다. 여하튼 필요의 인식은 모든 학습의 출발점입니다. 그러면 유도 문제와 성령과는 어떤 관계가 있는가? 만일 성령께서 유도하신다면 그 방법은 어떤 것인가? 학생 유도에 관해서 성령이 행하시는 몇 가지 사역이 있습니다. 첫째, 성령은 학생들 속에 스스로의 필요를 인식하도록 하시고자 하십니다. 그는 학생들로 스스로의 개인적인 약점들을 인식하도록 도와 주시고자 노력 하십니다. 학생들이 기록된 말씀에 대한 연구와 기도, 그리고 자기성찰의 명상을 통해서 성령의 확신 사역과 교육 사역에 개방적이 될 때만 성령께서는 이런 일을 하실 수 있습니다. 둘째, 성령께서는 학생들이 스스로의 필요에 대한 해결

책을 얻고자 그리스도와 하나님의 말씀으로 오도록 인도하시고자 하십니다. 그는 예수 그리스도 안에서 영광 가운데 하나님의 풍성한 대로 학생들의 모든 쓸 것을 채우시려고 기다리고 계십니다(빌 4:19). 셋째, 성령께서는 학생들을 가장 고상한 동기에 이끌어가는 일에 교사들을 사용하시고자 하십니다. 교사들은 가장 고상한 동기에 대한 이해력을 개발함으로써, 학생들의 요구가 아무리 애절하다 할지라도 성경 교육을 통해서 그것을 충족해 주어야 합니다. 넷째, 성령은 인간 본성이 가진 내적 욕망과 충동을 영적으로 지도하시고자 하십니다. 인간들은 새로운 경험, 성취, 표현, 인정, 소유 및 경쟁을 소원하고 요구합니다. 이것은 제각기 영적 영역에서 성취될 수 있는 잠재력을 가지고 있습니다. 예컨대 학생들은 인정받기를 원합니다. 그러나 물론 그들로 하여금 부모나 교사나 친구로부터 인정받기보다는 주님으로부터 인정받고 싶어 하도록 유도해야 합니다. "우리가 그의 계명을 지키고 그 앞에서 기뻐하시는 것을 행함이라"(요일3:22). "사랑의 행위가 여호와를 기쁘시게 하면 그 원수라도 그로 더불어 화목하게 하시느니라"(잠16:7). 학생들로 새로운 경험을 얻고자 하는 욕망에 유도되어 성령의 능력을 통해 더욱 깊은 성결 생활에서 오는 새로운 기쁨을 추구하도록 해야 합니다. 성취에 대한 요구는 학생들로 기독교적 생활과 봉사에 있어서 이상(理想)을 개발하고 특별한 목표를 달성하도록 격려함으로써 충족시켜 줄 수 있습니다. 학생들은 활동이나 표현에 대한 욕구 때문에 개교회나 기타 여러 곳에서 주님을 위해 부지런히 봉사하도록 도전받습니다. 다섯째, 성령께서는 교회학교 교사들에게 학과 준비기간에 학생들의 필요를 인식할 수 있는 통찰력과 교육 도중에 학생들에게 스스로의 필요성을 인식하도록 도와줄 수 있는 통찰력도 아울러 부여하십니다. 여섯째, 성령은 학생들로 기독교적 생활과 봉사에 있어서 장래의 이상과 목표를 세우게 함으로써 학생들의 학습을 유도하십니다. 현명한 교사는 이상적인 행동을 고무해 주며 도달 할수 있는 목표를 설정하도록 조장해 줌으로써 학습을 유도합니다. 신약성경에는 기독교인들에게 여러 가지 목표에 도달하도록 권고하는 말씀이 허다합니다. 성령의 지도 하에 이루어지는 학습이야말로 본질적으로 가장 고상한 학습 형태입니다. 신령한 진리를 배워서 적용함에 있어서 성령이 심어주는 순수한 내면적 충동을 대치할 만한 동기는 없습니다. 성령 충만한 학생들은 기독교적 생활과 봉사를 위한 최고의 동기를 부여받은 자들입니다. 그들은 "마음으로 하나님의 뜻을 행하며 단 마음으로 섬기기를 주께 하듯 하고 사람들에게 하듯" 하지 않기를 소원합니다(엡6:6~7). 그들은 "좋은 일을 힘쓰기를"(딛3:14) 배우려고 하며 "위엣 것을 찾으려"(골3:1)하며 "무엇을 하든지 주 예수의 이름으로"(골3:17) 하기를 소원합니다.

(2) 관련성의 원리

인생의 필요에 대한 관련성은 효과적인 학습을 다스리는 제2의 법칙 또는 원리입니다. 학생들은 학습 유도도 받아야 하지만, 더 나아가서 배우는 진리가 자기들과 개인적으로 어떤 관계가 있는지 알아야 합니다. 학생들은 수업이 자기들의 개인적인 필요나 문제에 관계가 있으면 있는 만큼만 학습하는 경향이 있습니다. 이런 학습법칙을 일부 교사들은 소위 만족의 법칙이라고 합니다. 그것이 만족의 법칙과 일치한다고는 할 수 없으나 유사한 법칙인 것은 사실입니다. 영적인 필요가 충족될 때 학생의 관심은 증대되고 학습은 향상되며 그 결과로 만족이 찾아옵니다. 앤더슨은 힐의 말을 인용하면서 "욕구가 직접 간접으로 충족되기 때문에 학습이 이루어 진다"고 했습니다. 이와 같은 학습 원리가 교회학교 교사에게 암시해 주는 것은 그들이 다음과 같은 능력을 얻기 위해 성령을 의지해야 한다는 점입니다. 첫째, 학생들의 관심을 사로잡을 수 있는 방식과 그들의 문제와 필요와 경험과 관계 있는 방식으로 학과를 소개할 수 있는 능력, 둘째, 성경과 학생들의 경험과 관련성을 보여 줄 수 있는 능력, 셋째, 학생들로 주님의 말씀을 자기들의 개인적 필요에 대한 해결책으로 보고 그것을 적용하도록 인도해 주는 능력입니다. 르바는 이런 학습 원리의 중요성을 다음과 같이 요약했습니다. "만일 우리 학생들이 말씀과 자기들의 필요 사이에 어떤 관련성을 보지 못하면 말씀은 그들 주변의 허공에 맴돌고 말며, 학생들의 내부로 들어가지 못하므로 거의 결실하지 못할 것이다. 그러나 만일 말씀이 관심과 연결되어 있으면 학생들은 주의 깊게 들으며 그 주의력이 보다 깊은 것을 가져올 수도 있다. 또한 만일 그들이 성경이 어떻게 필요를 충족시켜 주는가를 알면, 하나님의 답변을 발견하려고 노력을 하게 될 것이다".

(3) 활동의 원리

학습의 제3원리는 경험, 실천, 개입, 혹은 상호작용의 법칙이라고 부릅니다. 교육자들은 학생들의 자치활동이 효과적인 학습의 기본이라는 사실에 동의합니다. 학생들은 실제로 행해 봄으로써 행하기를 배웁니다. 활동에는 육체적, 지적 혹은 정서적인 활동이 있을 수 있으나 학습이 이루어지려면 반드시 활동이 있어야 합니다. 흥미 있는 것은 "배운다"고 번역된 헬라어는 "교훈보다는 경험 내지 실천을 통해서 자기 자신에게" 학습 하거나 적용 시킨다는 의미로 자주 사용된다는 점입니다. 그러나 만일 학습이 성령에 의존하는 것이라면, 그것이 어떻게 적극적인 과정이 될 수 있겠는가? 학습 과정에 성령께서 임재 하신다는 사실은 학생들의 자발적인 참여나 개인적인 개입보다는 성령에게만 의존하는 것이 더 필요함을 암시하는 것이 아닌가? 후자의 질문에 대한 대답은 부정적입니다. 왜냐하면 학습 과정에서 성령이 하시고자 하시는 일 중에 한 가지는 학생들 자신의 태도와 행동이 그리스도를 더욱 닮아가도록 하는 것이며, 또 그러기 위해서 그들이 말씀 속에서 발견한 것이 그들의 자아와 상호 작용을 하도록 도와주는 것이기 때문입니다. 성령은 지정의 전인격이 하나님의 말씀과 상호 작용하도록 학생들의 활동을 격려하십니다. 그리고 성령은 순종하는 교사들을 지도하셔서 학생들이 올바른 인물, 올바른 사물, 올바른 사상과 상호작용하도록 도와 주게 하시므로 학생들이 영적으로 진보하도록 하십니다. 성령 충만한 교사들은 성령의 지도를 받음으로써 학생들이 다룰 수 있는 인생 문제와 또 학생들이 생각할 만한 사건들을 선택할 줄 아는 능력을 가지고 있습니다.

(4) 준비성의 원리

준비성(readiness)은 학습의 한 원리로서 유도(motivation)와 관계가 있으면서도 그것과 동일한 것은 아닙니다. 유도가 학습 욕구를 자극하는 것이라면 준비성은 학습조건을 준비하는 것이라 생각할 수 있습니다. 이런 의미에서 유도는 준비성의 한 부면이라 할 수 있을 것입니다. 준비성의 원리란 학생들이 학습 준비가 되어 있을 때에 더욱 효과적으로 학습한다는 사실을 보여줍니다. 준비성은 사고(思考)를 자극하고 교사들이 세울 토대를 제공하며 학습의 관심을 불러 오고 더욱 큰 학습 기대를 야기 시키며 독자적 연구 습관을 고무합니다. 학생들로 학습 준비를 하도록 하는 수단은 여러 가지가 있습니다. 독서, 현장답사, 견학, 회견(interviews), 사고력 질문 등의 활동은 준비성의 요소를 향상 시킵니다. 학생들은 또한 스스로의 필요를 인식하면 인식하는 만큼 또 가정과의 관계와 교사와의 관계가 적절 하면 적절한 만큼 학습 준비를 하게 됩니다. 준비성에 영향을 주는 또 다른 요소로서는 과거의 경험, 사회의 압력, 신체적 발달과 정신적 발달, 영적 부족의 인식 등이 있습니다. 그러면 성령께서는 모든 학생들에게 동일한 학습 준비성을 부여하시는가? 몇 가지 이유로 그렇지 않습니다. 첫째, 하나님께서는 모든 학생들에 대해 각기 다른 계획 또는 "신령한 시간표"를 가지고 계십니다. 하나님은 자기의 주권적 은총으로 갑이라는 학생이 을이라는 학생보다 속히 어떤 진리를 이해하게 되도록 계획하셨습니다. 그리스도의 지상 사역에 있어서도 그의 진리를 남보다 속히 파악하는 자들이 있었습니다. 갑이란 학생의 영적 성장의 속도가 을보다 느릴 수도 있고 빠를 수도 있습니다. 어떤 학생들은 죄가 있거나 혹은 과거에 성령의 교육 사역에 반응하지 못한 탓으로 성경 학습에 무감각할 수도 있습니다. 만일 기독교 학생이 진리에 대한 관심의 결핍을 나타낸다면, 그는 성령을 근심시키고 있는 자입니다. 중생하지 못한 학생은 다만 구원받지 못해서 성령이 내주하시지 않으므로(롬8:9,고전2:14) 하나님의 일들에 대한 열성이 부족할 수도 있습니다. 둘째, 학생들은 인격이나 지적인 능력이나 영적인 능력이 각기 다릅니다. 성장의 속도도 학생에 따라 다르며 그것은 부분적으로 유전과 환경에 의해 결정됩니다. 셋째, 교사들도 학생들의 준비성 결핍에 대해 책임이 있을 수가 있는데 그것은 교사와 학생 간의 빈곤한 관계, 학생의 필요에 대한 무지, 혹은 성령에 대한 적절한 순응의 결핍 등에 기인됩니다. 준비성의 법칙과 관련해서 성령은 학생들의 과거 경험을 통해서 그들이 하나님의 정하신 시간에 영적인 생활의 높은 수준에 이르도록 역사하시며 또한 그들로 현재의 필요를 인식하도록 하여 그들의 수용성을 조절하십니다. 성령은 교사들로 학생들에게 더욱 큰 개인적 관심을 가지도록 자극하십니다. 성령은 또한 학습을 가져올 상황을 조정하고 준비하십니다. 준비성의 원리를 통해 알 수 있는 것은 교회학교 교사들은 학생들이 영적인 발전의 특별한 단계에 이르러 가장 잘 학습할 수 있는 그런 영적 진리를 가르쳐야 한다는 점입니다. 이 원리는 또한 학생들의 준비성을 가장 잘 야기 시킬 수 있는 교육 기술을 선택하는 데 있어서 교사들이 성령의 지도를 기대해야 할 것도 보여 줍니다. 환경이 학생의 준비성에 영향을 주므로 교사들은 최대한의 학습을 촉진 시키기 위해서 환경적 요소들을 준비해야 합니다. 이를테면 교실의 모양, 가구 정돈, 실내 온도, 조명, 통풍, 적당한 공간, 적절한 벽 색깔, 실내 장식(커튼이나 게시판) 등에 관심을 두어야 한다는 말입니다. 준비성 속에는 학습의 방해물을 제거하는 일도 포함되므로 먼저 교사들은 학습의 방해물이 무엇인지 반드시 알고 있어야 합니다. 유도의 결핍, 중대한 수업 활동에 대한 학생의 참여 실패, 성경 진리가 생활의 필요와 맺고 있는 관계 수립 실패 등, 이런 것이 학습을 방해하는 요소들입니다. 또 다른 방해 요소는 영적인 암흑 또는 구원의 결핍입니다. 학생들로 그리스도를 구주로 받아들이도록 인도하는 것이 성경 진리 이해를 위한 준비성의 첫 단계입니다. 그러므로 구원계획에 대해서는 분명하게 거듭 가르쳐야 합니다.

방법, 재료 및 성령의 역사

교육 방법과 재료의 사용은 성령의 역사를 무효로 만들거나 불법으로 만드는가? 그렇지 않으면 성령은 교과 과정의 재료를 통해서도 역사하실 수 있는가? 아니면 교사들은 재료나 방법은 무시하고 오직 "성경으로부터"만 가르쳐야 하는가?

(1) 성령과 방법

교회학교 교사들은 본래 방법 자체가 나쁘다고 주장하지는 않습니다. 방법은 교육의 연장(tool) 또는 길(way)입니다. 방법은 내용과 경험을 결합 시키는 연동장치입니다. 방법들은 학생들로 하여금 그리스도와 또 하나님의 말씀과 생명적인 접촉을 가지도록 작용하는 기구(vehicle)입니다. 바우멘(Clarice M. Bowman)이 설명한 대로, 방법과 메시지는 동행하는 것입니다. "어떤 이들은 재료나 방법은 사소한 것이며, 있으나 마나 한 것이라고 속단 할지도 모르겠다. 그러나 방법과 메시지는 동행한다... 어떤 이들은 기술은 일시적인 것이며, 종교의 영원한 진리와 무관한 것이라고 과소평가할지도 모르겠다. 그러나 우리가 가장 좋은 방법을 알려면 위대한 교사의 말씀 뿐만 아니라 그가 가르치신 방식으로 거슬러 올라가 그 요점을 파악해야 한다". 방법론은 성령의 역사에 배치되는 것이 아닙니다. "방법론은 성령이 어떻게 마음속에서 역사하시며, 또 성령이 자유롭게 기능을 발휘하시도록 하려면 어떻게 협력해야 할 것인가를 서술하는 것과 관련 된다". 그러나 방법론의 사용에 있어서 피해야 할 몇 가지 위험이 있습니다. 자칫하면 방법이 목적 자체로 간주되기 쉽습니다. 그리고 방법을 마땅히 해야 할 노력이나 준비의 대치물로 사용하는 경향이 있습니다. 또한 하나님의 성경적 계시의 주요한 권위를 방법으로 대치하려는 위험도 도사리고 있습니다. 벨(L. NeIson Bell)은 이렇게 말했습니다. "교회학교에 대한 관심이 높아지고 과학적인 교육 방법이 등장 하고 그리고 새로운 전달 개념이 도입됨에 따라 절대적으로 필요하게 된 것은 이와 같은 개선방안들이 하나님의 계시에 분명히 정박해야 한다는 점과 또한 그것들이 성경의 분명한 주장을 버리고 인간의 의견을 내세우는 교묘한 수단이 되어서는 안 된다는 점이다". 오늘날 기독교 교육계에서 사용되고 있는 방법들은 다양합니다. 동화, 강연, 시각교재, 질문과 응답 퀴즈, 연구발표, 분반 토의(참가자 전원에게 의견진술의 기회를 주기 위해 전체 회의를 개시하기 전에 분반으로 갈려 수 분간 토의함), 역할기대, 연극, 공개토론, 논쟁, 계획, 견학, 문제 풀기 등이 그것입니다. 이와 같은 교육의 접근방법을 살펴 볼 때(이 외에도 방법이 많지만) 기독교 교육에 있어서 방법의 선택이 중요한 문제임을 알게 됩니다. 방법을 선택할 때에 몇 가지 고려할 점이 있습니다. 즉 시간(방법을 준비하고 사용하는 데 소요되는), 학생의 연령, 목적, 교사의 능력이나 기술, 장비와 시설, 교과 내용 등이 그것입니다. 어떤 주어진 경우에 대한 최선의 방법이란 최선의 방식으로 최선의 효과를 이룩하는 것을 말합니다. 기독교 교육에 있어서 성령의 주요한 한 과제는 그때그때의 경우에 따라 적당한 한 가지 방법이나 혹은 여러 방법들을 그가 친히 선택하거나 혹은 교사들로 선택하도록 도와주시는 일입니다. 기독교 교육에 있어서 참된 지도자는 성령 하나님이시며, 참된 교육의 방법들은 그가 사용하려고 선택하시는 방법들입니다. 교사들이 기도를 통해 의식적으로 성령에 의존할 때에 성령이 그들로 하여금 적당한 교육기술을 선택하도록 지도하실 것입니다. 그러므로 분명히 방법론과 성령은 양립불가 한 것이 아닙니다. 성령은 영적인 발육을 가져오기 위해서 방법을 통해서 역사하십니다. 다양한 방법을 창조적으로 사용할 때에 학습이 촉진 되며 따라서 영적인 변화와 성숙도 그만큼 속히 나타납니다.

(2) 성령과 보충 교재

교과 재료를 버리고 "성경만을 가르치기를" 더 좋아하는 일부 교사들이 있는 반면에 대부분의 교회학교 교사들은 인쇄물이 보조 재료로서 한없이 가치 있음을 인식하고 있습니다. 성령께서 준비된 인간 도구들을 통해서 역사하실 때 그 사역의 효력이 증대됩니다. 여기서 준비된 인간 도구란 인쇄물을 포함해서 다양한 교육 수단을 사용함으로 교육효과를 높이려고 부단히 노력하는 자들을 말합니다. 좋은 재료가 성령과 양립 불가 하지 않음이 분명합니다. 교과 재료를 적절히 사용할 줄 아는 교사가 교육 방향과 지속성과 생의 관련성을 제시하는 면에서 준비가 잘 된 교사입니다. 인쇄물은 교사들이 교육 내용을 이해하는 데 보탬을 줍니다. 더 나아가서 그것은 나이가 비슷한 학생들의 능력과 관심에 구체적으로 부합되는 창조적인 방식을 제공해 줌으로써 그 내용을 전달할 수 있는 교사의 능력을 향상시켜 줍니다. 물론 인쇄물에도 그 우수성과 품질의 정도가 다양합니다. "보충 교재를 쓴 필자들은 성경의 원리를 상황에 맞도록 적용할 수 있게 도와주고 있는데, 교사는 그 적용 범위를 찾아내야만 한다"고 르바는 제안했습니다. 성령은 세 가지 면에서 인쇄물과 관련되어 있습니다. 성령은 재료의 제작 면에서 저자와 편집자를 인도하시며, 재료의 선택 면에서 교회 지도자를 인도하시며, 또한 재료의 사용 면에서 교사들을 인도하십니다. 그러나 이런 일은 저자와 편집자, 교회 지도자 및 교사가 성령의 충만과 성령의 지도를 받기 위해 성령을 의존할 때에만 있어지는 일입니다. 교과 재료의 저자들은 최고의 성경적 교육 표준에 목적을 둔 교과과정 시리즈를 구성 집필할 때 성령의 인도를 구해야 합니다. 그들의 사명은 수많은 생명(교사와 학생에게 똑같이)에게 영향을 주는 일련의 내용 및 과정의 설정과 관련된 것인 만큼 전략적인 것입니다. 교회 지도자들은 인쇄물의 선택에 있어서 성령의 인도를 구해야 합니다. 헨리(Carl F. H. Henry)는 재료 선택의 표준으로 고려해야 할 것을 7가지로 제시합니다. 첫째, 그것은 구하는 목적에 부합되는 재료인가?. 둘째, 그것은 성경에 맞는 재료인가?. 셋째, 그것은 파괴적인 교리관이나 사회관을 포함한 것은 아닌가?. 넷째, 그것은 학구적인 저자들 또는 능력 있는 저자들이 준비한 것인가?. 다섯째, 그것은 학생들의 필요와 능력에 적합한가?. 여섯째, 그것은 교사들이 성공적으로 사용할 수 있는 것인가? 일곱째, 더 나아가서 그것은 개교회의 형편에 비추어 실용성이 있는 것인가?. 물론 교과 재료는 개교회의 형편에 따라 적용되어야 합니다. 따라서 교사들은 필요를 충족시키기 위해 재료를 조정해야 하며 이 일에도 성령의 인도가 역시 요구됩니다. 교사들은 책자를 읽을 때에, 자기들의 학급 혹은 그룹에 비추어 그 책의 제안들을 평가해야 합니다. 르바(LeBar)는 교사들이 수업을 준비하면서 재료를 응용할 때 다음과 같이 자문해 보아야 한다고 말했습니다. "전체의 정신이 내가 맡은 학생들의 요구에 맞는가? 이 수업을 하고 나면 학생들이 달라질까? 그 목적이 길이. 개인적으로 학생들에게 집중된 것으로 보이는가? 초점을 조금 바꾸면 학생들을 더 유익하게 할까? 과제가 학생들이 요구하는 것인가? 아니면 전체 중에서도 긴요한 어떤 양상이 따로 있는가? 시리즈의 계속성을 해치지 않고 이 점을 창조할 수 있을까? 필요한 점을 역설하기 위해서 한 두 과제를 수정하는 것이 현명할까?”. 교사가 교육의 준비 단계에서 성령에게 의존할 때 위의 질문에 가장 잘 답변할 수 있을 것입니다. 교사가 어떻게 하면 교육 도중에 성령의 인도를 잘 받아 교과 재료를 원활히 활용할 수 있을까? 그것은 성령의 인도로 집필된 재료와 성령의 지도로 선택된 재료를 연구하는 과정에서부터 성령을 의지할 때에 그렇게 됩니다. 이렇게 될 때에 그들은 하나님의 기록된 계시를 학생들에게 이해시키고 경험하게 함에 있어서 더욱 유능한 도구들이 될 것입니다. 기독교 교육은 감격이 넘치는 하나의 영적 모험입니다. 그 이유는 성령께서 교회학교 교사 속에서 능력 있게 역사하시며, 학생들의 머리 위에 혹은 마음속에서도 역사하시되 창조적 방법 재료를 통해 역사하셔서 기록된 말씀을 통하여 그리스도를 높이시기 때문입니다. “수업 시간이 재미있어야 할 때에 무미건조해지고 역동적이어야 할 때에 무력해지고, 위대한 모험이 되어야 할 때에 권태로워 진다면 얼마나 큰 죄를 짓는 것인가!”. 교육과 학습 과정은 기독교 교육이라고 하는 영광스럽고 상급 있는 사명을 감당함에 있어서 축복의 성령과 협력할 때에야 비로소 영적인 능력을 발휘하면서 결실할 수 있는 것이 아니겠는가!

성령과 교육

교사가 일단 성령 하나님의 역사가 교육과 학습 과정에 필수적인 요소임을 인식하면, 교육은 새로운 의미를 띠게 됩니다. 다음의 다섯 가지는 이 문제에 대한 연구에서 얻게 된, 이 연구를 요약해 주는 암시들입니다.

(1) 기독교 교육이 초자연적 과제임을 기억하라

교육에 있어서 성령의 임재는 기독교 교육이 단순한 계획수립 방법론 및 기술 이상의 것임을 보여 줍니다. 교육에 있어서 성령의 역사는 교육을 하나님의 초자연적 사역으로 만듭니다. 기독교 교육을 인간의 일이 아닌 하나님의 일로 보고 육체의 힘이 아닌 성령의 능력으로 볼 때, 그것은 새로운 전망을 가지게 됩니다. 하나님의 진리에 대한 교육을 하나님의 일로 볼 때, 그 일은 진귀한 비중과 암시를 지닌 하나님의 책임이 됩니다. 우리가 성령의 역사를 인정할 때 우리는 기독교 교육이 고상한 목적과 거룩한 책, 신령한 진리, 영원한 영혼, 하늘의 문제, 거룩하고 무오한 교사를 포함하고 있음을 알게 됩니다. 이 점에 대해 르바는 다음과 같이 적절하게 서술했습니다. "기독교 교육은 상당히 많은 초자연적 특성-아들을 만왕의 왕이 되도록 보내신 창조자이시며 구속자이신 하나님을 제시하는 무오한 기록된 말씀과 교사 안에서와 학생 위에 또는 그 속에서 문서화 된 기록을 통해 구주를 높이기 위해 역사하시는 성령-을 가지고 있으니 그 교육 형태는 응당 최상의 것이 되지 않겠는가". 쉐이퍼는 성령의 교육이 초자연적으로 숭고한 두 가지 이유를 다음과 같이 힘 있게 기술했습니다. "세상에는 성령을 통한 그리스도의 교육에 비길 만한 것이 없다. 그것은 가르치는 주제가 무한하다는 사실과 교사의 접근방법 때문인데 이 방법을 통해 교사는 성령에 의해서 인상의 근원이 되는 마음의 심층 심부에 들어가서 초월적 중요성을 띤 진리를 말씀하실 뿐 아니라 학생으로 하여금 이렇게 계시 된 일들을 실제로 파악하도록 하신다. 믿음으로... 안다(히11:3). 그리스도께서 여기 세상에 계실 때에 시작 하신 교육을 계속하시라는 것은 분명히 약속되었으며 (요16:12~15), 이것이 사도행전 1:1절에 암시 되었는데 이 구절에는 예수의 행하시며 가르치시기를 시작하심에 대해서 언급되어 있다".

(2) 성령을 의지하라

교사들은 성령을 의지하고 성령에 굴복하면 굴복하는 만큼 효력을 봅니다. 기독교 교육이 하나님의 일이지만 이것은 역시 인간과 관련된 하나의 과정 즉 교사들이 하나님을 거역해서 일하는 것이 아니라, 하나님과 협력해야 하는 하나의 과정입니다. 기독교 교육을 성령의 교육 사역 면에서 살펴 볼 때 교사들은 교재 준비에 있어서 성령에 굴복해야 하며 교육 시간에도 성령의 인도를 받을 준비가 되어야 합니다. 르바는 성령에 대한 굴복 문제를 강력히 서술했습니다. "우리는 하나님의 손에 잡힌 하나의 연장, 하나의 경로(channel)에 불과하다는 주장이 있다. 이것은 어떤 의미에서는 사실이지만 그러나 이 비유는 적당하지 못하다. 그 이유는 인간적인 도구는 자신의 의지를 가지고 있지만 연장이나 경로는 죽은 것이며 기계적인 것이기 때문이다. 주님은 우리의 의지를 죽이려고 하시거나 그것을 기적으로 만드시는 것이 아니다. 그의 통제 하에서 그것에 활력을 주시고자 하신다. 그는 우리가 악과의 투쟁에서 온전한 의지력을 필요로 하기 때문에 우리의 의지를 파괴 하시려고 하시지 않는다. 그는 우리가 의식적으로 우리의 의지를 그의 의지와 동일시하기를 원하신다. 이것은 옛 자아의 생활을 욕망 및 노력과 함께 완전히 굴복시키는 것을 의미한다. 이것은 우리가 우리 주위를 보는 대신에 그를 계속 바라보며 우리가 말하는 것이 오히려 더 자연스러울 때에도 계속 그의 말씀을 들으며 그와 가장 작은 지시까지라도 묻지 말고 계속 순종하는 것을 의미 한다". 하나님의 영에 대한 의존의 필요성은 기독교 교육을 세속교육과 구별하는 하나의 요소입니다. 벨에 의하면, "그것은 교사와 학생을 세속적인 분야에서는 알려지지 않은 하나의 입장에 세우는 초자연적 도움에 대한 필요성이다".

(3) 하나님의 말씀을 학생의 경험과 연관시키라

성령은 기독교 교육의 내용으로 하나님의 말씀을 주셨습니다. 그러나 이에 덧붙여서 성령은 하나님의 기록된 계시의 제시적 진리가 학생들에 의해 개인적으로 적용되는 일에 관심을 두십니다. 성령의 교육 역사에 대해 바로 이해한 교사는 내용과 경험 문제에 균형된 결합 된 접근을 시도합니다. 오직 성령에 의해서만 주제가 학생들의 경험에 전달되며 외부적 말씀이 내적 경험의 일부가 되며 제시적 진리가 개인적인 것으로 됩니다.

(4) 영적인 결과가 올 때만 만족하라

앞서 성령의 교육에 대한 성경적 교리를 통해 암시한 대로 교육의 목적은 지식의 습득이나 교육계획의 수립이나 효과적 기술의 이용 이상의 것입니다. 성령 하나님의 거룩한 과제인 기독교 교육은 학생들이 하나님의 의지에 진심으로 순응하도록 하나님의 진리를 전달하는 일입니다. 유능한 교사들은 자기들이 어떠한 결과를 얻고 있는지, 혹은 어떤 결과를 얻지 못하고 있는지를 평가하며 영적인 결과 즉 성령의 결과가 성취되는 것을 보려고 애씁니다. 그들은 자문합니다. 나는 나의 교육에서 어떤 종류의 결과를 얻으려고 일하고 있는가? 나는 어떤 종류의 결과를 얻고 있는가? 교사들은 자기들이 자동적으로 영적인 결과를 얻을 것으로 생각할 수는 없습니다. 그들은 자기들의 교육을 부단히 시험해 보는 동시에 영적인 열매를 얻기 위해 성령을 의지해야 합니다.

(5) 성령 하나님이 교사이심을 기억하라

교육을 하시는 분은 하나님이십니다. 성경을 가르치는 교사는 하나님의 은총이 전달되는 경로이며 심고 물주는 일을 하는 도구입니다. 번식은 하나님으로부터 옵니다(고전3:5). 기독교 교육의 영적 효과는 궁극적으로 성령 하나님께 달려 있습니다. 교회학교 교사와 학생은 누구나 "여호와여 주의 길로 나를 가르치소서"(시27:11)라고 기도한 다윗처럼 기도해야 합니다. 하나님이 교사를 통해서 학생들을 가르치실 수 있으려면 먼저 교사가 하나님으로부터 배워야 합니다. 그리고 나서 시편 기자와 함께 "주님께서 나를 가르치셨으므로"(시119:102)라고 말할 수 있습니다. 하나님을 교사로 말하는 구절은 시편 71:17,86:11,94:12, 이사야 28:26,48:17절입니다. 욥은 수사 의문문을 써서 "누가 그같이 교훈을 베풀겠느냐?"(욥36:22) 라고 하면서 하나님을 교사로서 힘껏 높였습니다. 교육에 있어서 성령의 역동적 역사는 기독교 교육을 영광스런 일로 만드는 것입니다. 이것은 하나님의 진리 교육을 고귀하면서도 동시에 즐거운 과제로 만드는 것입니다. "가서 가르치라!". 이것은 부활하신 우리 주님께서 명령하시는 말씀입니다(마28:19). 이것은 선교적 희생을 요구하는 말씀입니다. 이것은 자원하는 봉사를 요구하는 말씀입니다. 그러면서도 교육 사역에 헌신을 요구하는 말씀이기도 합니다. 당신의 교사이신 성령의 능력을 가지고 안심하고 가서 가르치라. 하나님과 인간의 협력 과정속에서 축복된 성령과 함께 일한다는 것을 인식하고 가서 기쁘게 가르치라. 당신의 앞에 영적인 개조와 성장과 변화를 목적으로 삼고 가서 목적을 두고 가르치라. 성령 하나님께서 학생들을 돕는 방편인 교육과 학습의 법칙을 의식하고 가서 창조적으로 가르치라. 당신이 하나님의 감동으로 기록된 권위 있는 말씀을 다루며 전달하는 특권을 받았음을 감사하면서 가서 경건하게 가르치라. 당신이 세상에서 가장 큰 과제, 즉 기록된 말씀, 살아 있는 말씀 곧 하나님의 책과 하나님의 아들을 학생들에게 소개하는 일에 종사하고 있다는 확증을 가지고 가서 확신 있게 가르치라.

성령의 능력 안에 있는 교회 교육

대니얼 알레셔(Daniel O. Aleshire)는 이렇게 말합니다. "기독교 신앙의 정황 안에서의 배움은 사람들이 기독교 공동체 그것의 이야기들, 사람들 방식들 그리고 세상의 비전에 소개되는 과정과 관계가 있고, 그 공동체에 포함되어 그것의 사귐을 경험하고 그것의 임무(mission)에 참여하며 그것의 열정에 의해 움직여지는 과정과 관련되어 있다. 신앙 안에서의 배움은 특별한 영적 활동이 아니다. 그것은 사람들이 어떤 것을 배우는 방식들을 취하여 그것들을 사람들이 계속해서 자신들의 가슴(hearts), 마음(minds) 그리고 행위를 하나님께 남아 있게 하는 방식들로 바꾼다. 가장 중요한 것은 신앙 안에서의 배움은 신앙 안에서의 배움이라는 것이다". 신앙과 교육은 불가분리의 관계에 있습니다. 신앙이 존재하는 곳에는 필연적으로 신앙교육이 존재합니다. 왜냐하면 이비가 말하는 것처럼 하나님은 그 두 가지를 연결 시켜 놓았기 때문입니다. 그래서 누구도 그것을 분리해서 생각해서는 안 됩니다. 그런 이유로 교회는 가르쳐야 합니다. 그것이 교회의 사명입니다. 교회는 가르쳐야 합니다. 그래야 교회의 미래가 있습니다. 교회는 가르쳐야 합니다. 그래야 교회가 세상의 도전에 합당하게 대처할 수 있는 능력을 갖출 수 있게 됩니다. 마찬가지로, 그리스도인과 교회는 배워야 합니다. 배움 자체가 기독교 신앙의 본질적 특성이기 때문입니다. 제자는 그 의미상 배우는 자, 곧 학생입니다. 배우는 것이 제자의 삶입니다. 그래서 믿음 안에서의 배움은 중요한 기독교적 실천입니다. 그리스도인과 교회는 항상 배워야 합니다. 그래야 자신 안에 견고한 믿음의 토대를 세울 수 있습니다. 그리스도인과 교회는 계속해서 배워야 합니다. 그래야 "구주 예수 그리스도의 은혜와 그를 아는 지식에서 자라"(벧후3:18) 가면서 세파에 흔들리지 않고 하나님의 미래를 향하여 일관되고 충실하게 나아갈 수 있습니다. 성령의 사역은 이것과 관계가 있습니다. 성령은 그리스도인과 교회가 가르치고 배워가는 삶에서 진보를 이룰 수 있도록 진리로 이끄시고 도우십니다. "성령의 목적은 신자들을 돕고 권고하여 하나님의 진리를 따르게 하는 것이다. 성령 하나님은 그리스도를 믿는 신자들로서 우리 안에 사시면서 우리로 하여금 성부 하나님을 이해하고 그분의 말씀에 응답하여 순종하게 하신다"(에스쿼다). 교회 교육은 예수 그리스도의 명령입니다. 교회는 그 명령을 따라야 합니다. 교회는 모든 성도를 교육해야 합니다. 어떤 형태로든, 가르침의 사역을 감당해 가야 합니다. 그리고 모든 성도는 기꺼이 배우려는 자세를 취해야 합니다. 그래야 계속해서 믿음의 토대를 바로 세워가고 믿음의 진보를 이루어갈 수 있게 됩니다. 그런데 교회 교육은 성령의 능력 안에 있기 때문에 교회가 교육 사역에서 열매를 많이 맺으려면 성령의 능력을 구하고 또 힘입어야 합니다. 가르치는 사람들과 배우는 사람들이 진정으로 함께 성령의 가르침과 인도와 능력을 구하면서 진리의 세계로 나아가야 합니다. 그럴 때만 그리스도의 능력을 힘입을 수 있습니다. 그리고 그런 교회들이 많아질 때 복음은 세상에 더 많은 영향을 미치게 될 것입니다.

참고서적

- 강정훈, 교사 다시 뛰자, 두란노, 2019.
- 강정훈, 교회교사론, 늘빛출판사, 1994.
- 김희자, 교사론, 대한예수교장로회총회, 1998.
- 로이 B 쥬크, 성령과 교육, 권성수 역, 한국 교회 교육 연구원, 1988.
- 박민희, 나는 교사다, 드림북, 2017.
- 브루스 윌킨슨, 마음을 여는 가르침 (상), 정현 역, 디모데, 1994.
- 양승헌, 크리스천 티칭, 디모데, 2012.
- 이정현, 교사 기도 베이직, 생명의 말씀사, 2019.
- 최현식, 이지훈, 미래 교사 마인드 셋, 생명의 말씀사, 2018
- 케네스 갱글, 하워드 핸드릭스 외 달라스 교수진, 교수법 베이직, 디모데, 1999.
- 한춘기, 교사 마스터링, 생명의 양식, 2008.
- 한치호, 공과교수법, 늘빛출판사, 1990.
- 한치호, 열정의 교사 10가지 반목회 코칭, 크리스천 리더, 2009.
- 한치호, 주일학교는 반목회다, 일오삼출판사, 2012.

7장

교사의 자세

- 교사인가? 반사인가?
- 나는 어떤 교사인가?
- 광야학교의 교사상
- 교회학교 교사의 자세
- 1) 생활에 본이 되는 교사
- 2) 생명력 있는 믿음 가진 교사
- 3) 섬기는 교사
- 4) 소통하는 교사
- 5) 위로부터 오는 지혜를 가진 교사
- 6) 사랑의 교사
- 7) 향기 나는 교사
- 8) 영혼을 향한 뜨거운 관심이 있는 교사
- 9) 헌신하는 교사
- 10) 성장을 갈망하는 교사

교사인가? 반사인가?

교회학교 교사를 전에는 반사(師)라고 했습니다. 성경을 가르치는 성경 교사로서의 교사, 아이들을 모아 반을 만들고 반목회를 통해 어린이 신자들을 양육하는 개념으로서의 반사, 두 가지 모두 상당히 의미가 있습니다. 주님이 우리를 불러 제자를 삼으신 것은 바로 두 개념의 사명을 감당하라는 것입니다. 지난 세월, 교사들은 이런 사명을 잘 감당해 왔습니다. 설교집을 구입하고 교육 월간지를 구독하면서 잘 가르치려 했고(교육), 어린이 신자들과 함께하면서 그들을 목양하고 관리하고 선한 곳으로 인도하고자 하는 목양(양육)에 대한 열심이 있었습니다. 그래서 교회학교는 열악한 상황에서도 성장할 수 있었습니다.

성경 교사가 언제부터인가 단지 성경을 가르치는 '아르바이트 선생'으로 전락되기 시작했습니다. 공과 공부를 위한 30분짜리 알바 교사가 되고 만 것입니다. 이 말은 결국 교사의 두 가지 기능 중 교육만 붙잡고 양육을 놓아버렸다는 뜻입니다. 여기서부터 교회 교육이 일반 교육보다 뒤처지기 시작했고, 어린이와 청소년 신자들이 교회를 떠나게 되었습니다. 자신을 돌보지 않고 관심을 보여주지 않는 교사를 누가 좋아하겠는가? 교회에서 만나는 교사가 개인의 성장보다는 성경을 공부식으로 가르치는 '선생'이 되면서 어린이와 청소년 신자들은 지겨운 공부를 교회에서도 해야 한다는 생각이 들어 재미를 잃었습니다. 어린이 신자들에게 성경은 하나님의 은혜와 사랑이 아니라 '공부' 해야 될 과목이 되었던 것입니다. 그러자 별로 좋아하지 않는 교사의 공과 과외를 하러 굳이 교회까지 갈 필요가 있을까 하는 생각이 들고, 교회학교는 내리막의 조짐을 보이게 되었습니다.

교회학교 하향화의 1차적 책임은 교사들 자신에게 있습니다. 스스로를 성경 과외교사로 치부하는 교사 자신들의 알바생 마음 자세가 교회학교를 망치고 있는 것입니다. 알바 교사의 특징은 학생들의 인격 형성, 인생관, 세계관 등에 관심을 보일 기회가 없습니다. 그 일을 위해 부름을 받은 것도 아니고 의무도 없습니다. 부모들도 그런 것을 원하지 않습니다. 알바는 단지 성적을 높여주면 됩니다. 그 성적은 원하는 대학 시험 점수에 해당 되는 실력입니다. 알바 교사는 가르치는 아이가 어떤 자세나 행동을 취하든 간에 별로 관심이 없습니다. 그 아이가 공부만 잘하면 되고 과목에 대한 이해와 습득이 빠르면 되는 것입니다.

이런 아르바이트 교사들은 지식을 전달한다는 면에서는 학원 선생과 비슷합니다. 물론 지금의 학원은 강의만 하는 과거의 선생들과는 많이 다릅니다. 학원에도 반의 개념이 있고 담임제도가 있습니다. 그러나 담임제도는 형식일 뿐 학교에서의 담임 개념은 아닙니다. 그들은 아이들이 원하는 대학에 들어가도록 공부에 매진할 수 있게 관리, 감시하기 위한 담임일 뿐입니다. 담임에게서 얻어야 하는 인생의 영향력이 거의 없습니다. 진정한 교사는 학생들의 학과 공부를 돕기도 해야 하지만 그에 못지않게 학생들을 잘 관리할 수 있어야 합니다. 대학이나 좋은 성적을 위한 관리가 아니라 인생의 꿈이 들어오는 창문인 유년 시절에 어떤 장래를 계획할 것인가.

인생에서 해야 할 일을 결정짓게 될 청소년 시절에 어떤 비전을 세울 것인가 하는 일에 영향력을 미칠 수 있어야 합니다.

교사와 반사의 차이점은 무엇인가? 교사가 성경을 전달하는 것으로 끝난다면 그는 단지 교사일 뿐입니다. 그들은 일주일에 30분 정도를 제외하면 자기 반 학생들을 생각하지 않습니다. 학생 개개인에 대한 비전도 없습니다. 그냥 교회에서 교사직을 맡겨서, 선생님 소리를 듣고 싶다는 생각으로 교사가 된 것입니다.

교회학교는 성경학원, 예배학원, 종교학원이 아닙니다. 교회는 성경을 가르치고 성경대로 살아가려고 애쓰는 스승을 보여 주는 곳입니다. 가르침은 입에서 귀로 전달되기도 하지만 행동에서 눈으로 이어지는 교육도 있습니다. 이것이 진짜 교육입니다. 눈에서 마음으로 이어질 때 감동이 있고 감동을 통해서만 아이들은 변화를 느낄 수 있습니다. 보여주는 교육, 마음에 감동을 불러일으키는 교육은 단지 입으로만 전달되는 성경 교육이 아닙니다. 그것은 목양의 길입니다. 목양은 돌봄입니다. 돌봄은 주일 하루만 자신이 그 아이들을 맡은 학기 동안만 하는 것이 아니라 평생토록 지속되어야 합니다. 이런 교육이 반목회이며 목양입니다. 목양은 어머니의 마음이 되어야 합니다. 어머니는 단지 젖만 준다고 전부가 아닙니다. 젖과 함께 아이들의 모든 것을 책임져야 합니다. 돌봄과 보호, 공급, 사랑, 격려, 기대…. 이런 마음을 고루 갖춘 가슴은 어머니밖에 없습니다.

성경 교사와 반사, 가르침과 돌봄의 사역은 앞서 지적했듯 한 아이에 대해 평생, 평생은 못하더라도 청년부 이전까지 끊임없이 계속되어야 합니다. 매년 반이 갈리고 학년이 갈리면서 담임이 바뀌는 일반 학교의 시스템을 따라갈 것이 아니라 "한번 교사는 영원한 교사이고 한번 학생은 영원한 학생이다"라는 책임교육이 필요합니다. 지금 교육 현장에는 반사가 거의 없습니다. 평생을 두고한 아이를 책임지려는, 아이를 하나님의 그릇으로 키워내고자 하는 열정이 없습니다. 매년마다 바뀌는 교육 시스템이 결국에는 일년직 공과 교사로 만족하게 만듭니다. 이들에게 인생 코치로서의자세가 전무하다고 해도 비난할 수가 없는 것입니다.

이제 아르바이트형 교사들은 그만두어야 합니다. 한 어린이를두고 평생을 걸 수 있는 참 교사가 필요합니다. 한 사람을 하나님앞에서 책임지겠다는 그 아이를 신앙의 맞춤교육으로 승리하게 만들겠다는 분명한 신앙적 의지를 가진 소수의 정예화된 교사들로새롭게 교사진을 짜야 합니다. 그러면 이들로 말미암아 교육이 다시 일어서고 인재를 양성하는 교육교회가 될 수 있습니다. 교육교회만이 다음 세대를 책임질 수 있습니다.

나는 어떤 교사인가?

"나는 어떤 교사인가?" 이와 같은 질문을 스스로를 향하여 해본적이 있는가? 어떤 대답을 할 수 있는가? 아니면, 아직까지 이런질문을 해본 적이 없는가? 그렇다면 이제라도 한번 해보라. 그리고 어떤 대답을 해보라. 무엇이라고 대답할 수 있는가? 아무 대답도 할 수 없는가? 왜 아무 대답도 할 수 없다고 생각하는가? 그 이유를 생각해 보라. 왜 아무 대답도 할 수 없는 것인지... 어떤 대답이라도 좋습니다. 반드시 대답을 해야 합니다. 그 대답이 긍정적이든, 부정적이든 대답을 할 수 있다는 자체가 중요한 일이기 때문입니다. 하나님께서는 교회에 아름다운 직분을 주셨으니, 곧 교사입니다. 교사라는 직분은 성경에 기록된 그 어떤 직분보다 아름다운 직분이요, 또한 가장 중요한 직분입니다. 왜냐하면 하나님께서는 이 직분을 통해 당신의 나라를 확장하시기 때문입니다. 따라서 교회에서의 교사라는 직분은 어느 특정한 사람에 의해 부여된 직책이 아닙니다. 하나님께서 당신의 교회를 위해 친히 세우신 특별한 직임인 것을 깨달아야 합니다.

오늘날 교회학교 안에는 여러 부류의 교사들이 있음을 봅니다. 여러 부류의 교사들에는 긍정적인 교사상과 그렇지 못한 교사상이 있습니다. 따라서 필자는 그들 중에서 대표적인 몇 부류의 교사들을 소개하려고 합니다. 그렇지만 기억할 것은 소개하고자 하는 교사의 유형들은 결코 바람직한 교사상이 아님을 먼저 밝히고자 합니다. 긍정적이고 바람직한 교사상을 소개하지 않고 부정적이며 바람직하지 못한 유형들을 소개하고자 하는데는 그만한 이유가 있습니다. 그 이유는 오늘날 교회학교 교사들의 모습이 이러한 유형의 교사들이 더 많다고 생각되기 때문이며, 이로써 그들이 바람직하지 못한 교사의 유형에서 벗어나기를 간절히 소망하는 마음, 까닭입니다.

미술사와 같은 교사

교회학교에는 마술사와 같은 교사의 유형이 있습니다. 마술사는 현란한 몸짓으로 관중들의 눈을 속이며 여러 가지 요술을 부립니다. 그가 부리는 요술은 매우 신기하기만 하고, 많은 사람들은 황홀감에 빠져듭니다. 그의 마술은 진짜같이 연출 되지만 사실은 속임수를 사용하여 사람의 눈을 흐리게 하는 것에 지나지 않습니다. 현란한 조명과 화려한 무대를 배경으로 펼치는 마술사의 눈속임을 청중은 알고도 속고 또는 모르고도 속습니다. 그러나 마술사의 마술은 결국 거짓임을 깨닫게 됩니다. 그러면 교회학교의 교사들 중에 마술사와 같이 속임수를 행하는 교사가 있단 말인가?

그렇습니다. 교회 안에는 마술사와 같은 교사들이 의외로 많이 있습니다. 이러한 교사들은 학생들에게 복음의 진리를 가르치는 일이 자신의 능란한 테크닉으로 얼마든지 가능한 일이라고 생각하며 그렇게 믿습니다. 이러한 교사는 자신은 결코 믿을 수 없는 성경적인 사실들임에도 불구하고 이것을 학생들에게 믿어 보라고 가르치며 권고합니다. 자신은 결코 어떤 신앙의 고백이나 믿음의 기초가 없으면서, 얼마든지 교회학교의 교사가 되어 이것을 가르칠 수 있다고 생각합니다. 따라서 결국 저들이 복음을 전한다고 가르치는 성경은 복음과는 전혀 무관한 것들로 그것을 마치 복음인 양 전하는 경우가 허다합니다. 그렇지만 생각해 보라. 어떻게 복음이 아닌 것을 복음인 양 가르칠 수 있다는 말인가! 만일 이 일이 가능하다고 믿는 교사가 있다면 이것이야말로 마술사가 마술을 행하는 것과 무엇이 다르다고 할 수 있으랴!

교회학교의 교사는 언제나 진실 되어야 합니다. 그러므로 그는 언제나 자신이 알고 믿고 깨달은 바를 확신 있게 학생들에게 가르칠 수 있어야 합니다. 그러나 어떻게 자신이 알지 못하는 것을 가르칠 수 있으며, 자신이 믿지 못하는 것을 믿으라고 권면할 수 있고, 자신이 깨달은 바가 없는 것을 어찌 자신의 테크닉으로만 전달할 수 있으랴! 이는 도저히 있을 수 없는 일이요 생각조차 할 수 없는 일로서, 만일 이러한 일이 일어나고 있다면 이는 정녕 잘못된 일이 아닌가!

참으로 교회학교의 교사는 교사이기 이전에 먼저 구원의 확신을 가지고 있어야 합니다. 또한 구원의 확신에 근거한 믿음으로 성경에 대한 지식을 소유해야 합니다. 복음의 전파는 어떠한 경우에도 속임수로 전파 되어서는 안 됩니다. 복음은 언제나 살아 계신 하나님의 능력과 진리 가운데서만 역사하며, 그 가운데서만 온전히 전파되는 일이 이루어질 수 있습니다.

레크리에이션 지도자와 같은 교사

교회학교에는 레크리에이션 지도자와 같은 유형의 교사가 있습니다. 레크리에이션이란 무엇인가? 이 말은 라틴어의 receat에서 어원을 찾으며, 이는 're'(되풀이 하다)와 'create'(창조 하다)의 복합어입니다. 따라서 레크리에이션에 대한 일반적인 이해는 "재창조, 개조, 새롭게 만든다"는 의미와 취미, 오락, 기분 전환, 여가의 선용, 건전 오락, 휴양 등의 의미로 사용되고 있습니다. 따라서 레크리에이션 지도자란 위와 같은 일, 즉 순수한 인간적인 즐거움을 위해 영위되는 가치 창조적인 활동을 지도하는 사람을 지칭하는 말입니다.

따라서 이와 같은 활동은 일반적으로 놀이로 이해되고 있으며, 이 놀이는 개인적인 것이 아니라 더불어 함께 하는 것들을 의미하는 것으로서, 이 같은 놀이를 지도하는 사람을 레크리에이션 지도자라고 합니다. 레크리에이션 지도자는 언제나 사람들이 흥미나 관심을 가지고 있는 것이 무엇인지를 유심히 관찰하게 됩니다. 왜냐하면, 그는 사람들의 흥미와 관심을 충족시킴으로써 레크리에이션에서 추구하는 재창조와 기분 전환 등의 결과를 얻을 수 있기 때문이며, 이러한 레크리에이션 활동, 즉 놀이를 생각해 내기 위한 중요한 활동이기도 하기 때문입니다. 만일 이와 같은 노력이 없다면 유능한 레크리에이션 지도자로 사람들의 인기를 얻을 수 없게 될 것입니다.

교회학교의 레크리에이션 지도자와 같은 교사도 이와 같습니다. 그는 교회학교에서 많은 학생들을 만납니다. 그가 학생들을 만나는 과정에서 그에게 관심이 있는 것은 언제나 학생들의 흥미와 관심거리에 관한 것으로 나타납니다. 따라서 그는 학생들과 더불어 함께 즐기며 여가를 선용하고 기분을 전환하여 새로운 재창조를 경험하기를 원하면서도, 학생들에게 절실히 요청되는 영적인 필요에 대하여는 그다지 중요하게 생각하지 않습니다. 오직 그들이 일념을 가지고 추구하는 것은 그들과 더불어 함께 즐길 수 있는 재미있는 놀이를 통해 학생들의 마음을 사로잡기를 원하며, 그 일로 인기를 유지하고자 하는 것에 더 많은 관심을 나타냅니다. 그러므로 이와 같이 레크리에이션 지도자에 의해 놀이 중심의 프로그램들이 교회에서 진행될 때, 그 프로그램들은 언제나 세속화될 수 있는 가능성이 매우 높으며, 이것들은 교사나 학생들 피차 영적인 성장에는 아무런 도움이 되지 못합니다.

　이러한 교사들이 재미 중심의 프로그램들을 무차별 교회학교의 모든 프로그램에 유입시킴으로 인해 교회학교에서는 결코 바람직하지 못한 세속적인 프로그램들이 판을 치게 되므로 교회학교 교육의 세속화를 가속화 시키는 결과를 가져올 수 있기 때문입니다. 참으로 안타까운 일이 아닐 수 없습니다. 레크리에이션 지도자와 같은 교사는 학생들로부터 가장 많은 인기를 얻을 수 있습니다. 그들은 학생들의 흥미와 관심에 대하여 그 어떤 교사보다 해박함은 물론이거니와, 그들의 흥미와 관심을 만족시켜 줄 수 있는 교사이기 때문입니다. 따라서 이런 교사가 교회학교에는 반드시 필요합니다. 아니, 모든 교사들에게 필요한 기본적인 소양이라고 할 수 있습니다. 그러나 안타까운 것은 그러한 교사들의 대부분이 학생들의 영혼에는 무관심하다는 사실입니다. 그들은 오직 학생들의 흥미와 관심에만 마음을 둘 뿐입니다. 그러므로 단순히 교사의 직책이 학생들과 어울려 그들을 즐겁게만 해주면 되는 것이라고 생각하며 학생들의 영혼에 대하여는 깊이 생각하지 않고 무관심하다면, 그는 결코 바람직한 교사가 될 수 없으며 이는 분명히 잘못된 교사의 한 유형이라고 할 수 있습니다.

삐에로와 같은 교사
교회학교에는 삐에로와 같은 유형의 교사가 있습니다. 삐에로는 연극 등을 공연하는 극장이나 무도회장에서 얼굴에 이상한 색칠을 하고 뚱뚱한 모습을 강조하는 옷차림에 고깔모자를 쓰고 이상한 몸놀림으로 사람들로 하여금 웃음을 자아내도록 하는 사람을 가리킵니다. 그들은 언제나 청중들에게 웃음을 자아내도록 유도함으로써 분위기를 새롭게 시도하는 일을 위해 노력합니다. 누가 삐에로와 같은 교사인가? 삐에로와 같은 교사는 학생들에게 언제나 호기심의 대상이 됩니다. 그가 자아내는 행동 하나하나는 학생들에게 흥겨움과 재미를 가져다주며, 이로써 자신을 한껏 만족시켜 주기 때문입니다.

참으로 삐에로와 같은 교사들은 타고난 천부적인 재주로 온갖 우스갯소리와 기상 천외한 몸짓으로 학생들과 다른 교사들을 즐겁게 합니다. 그러므로 모든 교사와 학생들이 그를 좋아하게 되는 것은 당연한 일이라고 여길 수 있을 것입니다. 그러나 중요한 것은 그의 우스갯소리와 몸짓에서 영혼에 대한 생명력을 찾을 수 없다는 사실입니다. 영혼을 구원하거나 성장시키는 데 있어서 어떤 도움도 찾을 수 없다는 사실입니다. 따라서 이러한 교사는 교회학교에서 바람직한 교사라고 할 수 없습니다.

교수와 같은 교사

교회학교에는 교수와 같은 유형의 교사가 있습니다. 교수는 고등교육기관 이상의 학교에서 학생들을 가르치는 교사에 대한 높임말입니다. 따라서 교수는 최고의 지식을 학생들에게 가르치는 지식의 전령이라고 할 수 있습니다. 그러나 그들은 자신이 알고 있는 학문적인 해박한 지식만을 제자들에게 가르칠 뿐입니다. 그들의 가르침에서는 뜨거운 열정이나 투철한 사명감을 느낄 수가 있습니다. 그들의 가르침은 오직 지식의 배양에만 있을 뿐, 영혼 구원에 대해서는 관심 밖의 일입니다.

교회학교에서의 교사 중에 교수와 같은 교사의 모습이 이와 같습니다. 그는 자신이 알고 있는 성경적인 지식을 학생들에게 가르치고자 노력합니다. 그들의 성경에 대한 지식은 어떤 사람들보다 해박합니다. 그러므로 그들은 성경에 대한 지식을 많이 가지는 것은 교사로서 할 수 있는 가장 귀한 일이며, 이것이 교사가 할 수 있는 일의 전부인 것처럼 여기고, 이 가르침을 위해 뜨거운 열정과 투철한 사명감을 가지기도 합니다.

그러나 안타까운 것은 그들은 성경에 대한 지식에 있어서 성경을 문자적으로 알고 있을 뿐 그것이 자신의 영혼에 미치는 영향에 대하여는 무지하다는 사실입니다. 따라서 그들은 성경을 문자적으로 이해하고 그것에 대하여 가르친다고 할지라도, 그 이상의 한 영혼에 대한 깊은 관심을 가지지 못합니다. 단순히 그들은 자신이 알고 있는 성경적인 지식을 학생들에게 전달하는 지식의 전달자 이상의 임무를 찾지 못하는 것입니다. 교회학교에는 결코 이러한 유형의 교사가 필요한 것이 아닙니다. 지식보다는 생명을 전하는 교사가 필요합니다. 성경을 완전히 문자적으로는 이해하지 못한다고 할지라도, 그 말씀을 살아계시는 하나님의 생명력 있는 말씀으로 믿는 믿음이 더욱 요청되는 것입니다. 따라서 교수와 같이 성경에 대한 해박한 논리만을 가르칠 뿐, 생명을 가르치지 못하는 교사는 바람직하지 못한 교사의 한 유형임을 잊지 말아야 합니다.

보모와 같은 교사

교회학교에는 보모와 같은 유형의 교사가 있습니다. 보모란 유치원생과 같이 나이 어린 어린이들을 보살피는 사람을 말합니다. 따라서 유능한 보모는 어린이들에게 무엇을 많이 가르치기보다는 그들을 잘 돌보는 사람입니다. 유능하고 좋은 보모는 어린이와 함께 있는 그 자체를 즐깁니다.

따라서 교회학교에서의 이런 교사는 학생들을 몹시 좋아합니다. 그리고 학생들을 매우 사랑합니다. 학생들에게 재미있는 이야기를 들려주거나, 함께 어울려 놀기를 즐깁니다. 학생들은 이러한 교사를 몹시 따르는데, 이런 교사는 자기를 편하게 해주고 자기를 가장 잘 이해해 준다고 생각하기 때문입니다. 이와 같이 보모와 같은 교사는 학생들의 인기를 얻을 수 있습니다. 그들은 학생들의 만족감을 채워줄 수 있습니다. 그러나 교회학교의 교사는 단순히 학생들과 함께 즐기거나 그들을 돌보기 위한 직책이 아님을 잊지 말아야 합니다. 교사는 언제나 학생들의 영혼에 대해 관심을 가져야 하며, 그렇지 못할 경우 그들은 교회학교에서 바람직한 교사가 될 수 없습니다.

경찰과 같은 교사

교회학교에는 경찰과 같은 유형의 교사가 있습니다. 경찰은 사회 공공의 안녕과 질서를 위하여 국가의 권력으로 국민에게 명령·

강제하는 작용, 곧 국민의 생명, 신체, 재산을 보호하여 범죄의 수사, 피의자의 체포, 공안의 유지 등을 책무로 하는 사람을 지칭합니다. 그러므로 그들은 언제나 국민을 경계하여 사회 질서의 유지를 도모하고자 합니다. 이와 마찬가지로 교회학교의 교사들 중에도 경찰과 같은 교사들이 있습니다. 그들은 스스로 자신이 교회학교의 질서 유지를 위한 존재라고 생각합니다.

그들은 언제나 학생들을 경계하고 교회학교의 질서 유지를 위해 혼신의 정성(?)을 다합니다. 때로는 완력과 협박으로, 어느 때는 회유로 학생들을 계도 하려고 합니다. 이러한 교사는 결코 교회학교의 바람직한 교사의 유형이 아닙니다. 왜냐하면 교회학교의 질서는 인위적인 완력의 수단으로 이루어지는 것이 아니기 때문입니다. 필자도 한때는 교회학교의 질서를 잡겠다는 원대한(?) 계획으로 인위적인 수단, 즉 완력을 행사한 적이 있었습니다. 어떤 결과가 왔다고 여겨지는가? 그 결과는 이미 예견한 것이지만 결국은 언제나 실패할 수밖에 없었습니다. 교회학교의 질서란 사람의 힘에 의해 이루어지는 것이 아니라 오직 하나님의 은혜로만 이루어질 수 있는 것이기 때문입니다.

감독과 같은 교사

교회학교에는 감독과 같은 유형의 교사가 있습니다. 감독은 감시하고 지시하거나 명령, 또는 제재하는 사람을 지칭합니다. 교회학교의 감독과 같은 교사는 교회학교의 지도자, 곧 담당 교역자나 부장, 혹은 부감이나 총무 교사 중에서 많이 발견됩니다. 따라서 그들은 교회학교의 모든 공식적인 행사에서 열외자가 되는 경우가 많으며, 그들의 열외는 학생들을 감시하고 지시하거나 명령 또는 제재하는 필연적인 것이라고 착각하고 있습니다. 교회학교의 예배 시간이나 분반 공부 시간을 생각해 보기로 하자. 그 시간은 감독과 같은 교사들에게는 가장 바쁜 시간입니다. 그들은 학생들의 행동 하나하나를 일일이 감독해야 하기 때문입니다. 감독과 같은 교사들은 기도 시간에 눈을 뜬다거나 설교 시간 또는 성경을 공부하는 시간에 장난치는 등, 자신의 눈에 다소 불량한(?) 학생들이 발견되면 즉시 그들을 계도 하여야 합니다. 따라서 그들에게는 불량한 학생이 발견되는 시간이 어떤 시간이든 상관하지 않습니다. 즉시 학생들을 말이나 몸짓으로 책망하거나 징계함으로써 자신이 하는 일은 정당하고 옳은 일이라고 생각합니다. 그러므로 감독과 같은 교사에게는 학생들의 기도하는 모습이나 성경을 읽는 모습. 심지어 그들의 찬송하는 모습까지도 중요한 사찰 조항에 들어가게 되는 것입니다. 이와 같은 행동이 교사로서 옳다고 여기는가? 그렇지 않습니다. 이런 교사는 교회학교에서 추방되어야 합니다. 어떤 이유로도 이러한 감독과 같은 교사의 유형은 잘못된 교사의 모습이기 때문입니다. 따라서 교회학교의 모든 교사는 언제나 학생들과 같은 마음 자세를 가져야 합니다. 학생들과 함께 예배를 드릴 때는 그 예배에 동참해야 하고, 성경 공부를 하고자 할 때에는 같은 태도로 성경 공부에 임하여야 하며, 기도할 때 함께 기도하고, 찬송할 때 함께 찬송해야 합니다.

광야학교의 교사상

애굽을 떠나 광야로 들어가는 관문, 홍해 앞에서 이스라엘 백성은 불량 학생이었습니다. 하나님을 불신했고 모세의 말을 듣지 않았습니다. 그러나 광야에서 40년을 보내고 가나안으로 들어갔을 때 요단강에서 보여준 그들의 모습은 우등생이었습니다. 그 안에서 무슨 일이 있었던 걸까요? 무슨 일이 있었기에 불량 학생이 우등생이 되었을까요? 교육입니다. 하나님을 경외하는 교육의 힘이 그들을 우등생으로 만들었습니다. 하나님은 광야 사관학교에서 다음에 나오는 4명의 교사를 세워 이스라엘을 변화시키셨습니다.

1) 하나님을 보여준 모세

하나님은 광야의 훈련장에서 철저히 그분을 보여주고 바라보도록 교육 시키셨습니다. 이스라엘 백성들은 아침에 일어나면 불기둥을 보았고 저녁에는 구름 기둥의 인도를 받았습니다. 두 기둥은 하나님의 임재를 상징합니다. 참으로 좋으신 하나님, 이스라엘은 이렇게 좋으신 하나님을 40년을 느끼며 살았습니다. 행진할 때 항상 구름 기둥에 주목했고, 잠 가운데서도 하나님의 임재를 느꼈습니다. 그러니 하나님에 대한 신앙심이 점점 달아오르지 않을 수 없었습니다. 모세는 반석에서 물을 내줌으로써 하나님의 역사를 보여주었습니다. 그는 만나와 메추라기를 통해서도 하나님을 보여주었습니다. 이처럼 모세는 하나님을 보여주는 교사였습니다.

교회학교는 하나님을 보여주는 교육을 해야 합니다. 하나님의 속성, 하나님의 사랑, 하나님의 인내, 하나님의 능력을 보여주어야 합니다. 그럼에도 아브라함과 야곱 등을 보여주면서 정작 하나님은 보여주지 못하는 교육을 하고 있는 것은 아닐까요? 이 경우 자칫하면 인본주의적 가르침이 될 수 있습니다. 어린이 신자들에게 하나님을 보여주어야 합니다. 하나님의 역사와 능력, 사랑을 보여주어야 합니다. 그 일을 위해 교사가 있는 것입니다. 이것이 하나님을 경외하게 하는 교육이며, 하나님을 경외할 때 진정한 인간성이 나오게 됩니다.

2) 예배를 보여준 아론

광야에서 개교된 학교는 미션스쿨이었습니다. 아론은 예배를 담당한 이른바 교목이었습니다. 아론은 모세와 여호수아, 갈렙에 비해 역할이 미약해 보이는 것이 사실입니다. 어떤 경우에는 누이 미리암보다도 그 역할이 돋보이지 않았습니다. 그러나 아론은 이스라엘의 중심이었고 핵심이었습니다. 아론은 이스라엘 백성들의 관심과 마음을 하나님께로 향하게 하는 가장 중요한 역할을 수행했습니다. 하나님은 왜 이스라엘을 조성하셨을까요? 하나님께 예배하도록 하기 위해서입니다(사43:7). 우리 역시 예배하기 위해 구원받았습니다(히12:28). 예배는 어떤 의무보다도 우선순위에 있으며, 하나님을 영광스럽게 하는 것입니다. 이스라엘 백성들이 하나님을 예배하는 것은 가나안 입성보다 더 중요한 일이었습니다.

하나님은 출애굽한 백성들을 위해 우선적으로 성막 건립을 지시하셨습니다. 성막은 하나님의 임재를 상징하고 하나님과 이스라엘이 만나는 곳으로, 성막 건립은 대단히 꼼꼼하게 진행되었습니다. 우주를 창조하실 때는 엿새의 시간이 걸리고 그에 대한 기록은 성경 한 장(31절)으로 끝나지만, 성막 건립은 시간도 오래 걸리고 무려 일곱 장(총 243절)에 걸쳐 상세히 기록해놓았습니다. 제사장에 대한 연령 자격을 보아도 예배의 중요성을 알 수 있습니다. 군인은 20세에 징집되었고(민1:3), 레위인은 25세부터 성막을 돌볼 수 있었습니다(민8:24). 레위인이 제사장이 되어 제사를 주관하려면 30세가 되어야 했습니다(민4:3). 그만큼 예배는 중요한 임무였으며, 고도의 영적 성숙을 요하는 것이었습니다. 언약의 공동체에서 예배의 주관자들은 항상 최고 기준이 되었습니다.

아론은 백성들의 종교 생활을 책임지고 가르친 종교 지도자이며 예배를 훈련 시킨 교사였습니다. 그는 하나님의 임명을 받은 예배인도자로서 하나님께 예배를 드렸고 백성들의 예배를 인도했고 백성들에게 예배를 가르쳤습니다. 이스라엘이 실패할 때면 항상 예배의 실패가 있었습니다. 아론은 짐승 제사를 통해 진지하게 하나님을 예배했습니다. 중보기도를 통해 열정적으로 하나님을 예배했습니다. 진정과 신령의 예배, 이것이 아론의 예배였습니다. 이런 예배가 우리에게도 있어야 합니다. 어린이 신자들은 교사들을 통해 예배를 배워야 합니다. 이들은 공과만을 배우기 위해 교회에 나온 게 아닙니다. 하나님께 예배하는 법을 배우기 위해 왔습니다. 가정에서 부모들이 예배하는 실생활을 제대로 보여주지 못하다 보니 평일에는 예배를 배울 기회가 없습니다. 그래서 교회로 예배드리기 위해, 예배드리는 법을 배우기 위해 찾아오는 것입니다. 그러므로 교사들은 공과를 전달하기 이전에 예배하는 법을 먼저 가르쳐주어야 합니다. 학습을 통해 가르치기보다는 교사들의 예배하는 모습을 통해 저절로 배우도록 해야 합니다.

3) 온전함을 보여준 갈렙

갈렙은 긍정적 발상을 소유한 교사입니다. 가나안을 정탐하고 돌아왔을 때 모두 안 된다고 했지만 갈렙은 여호수아와 함께 된다고 말했습니다. 하나님을 바라봄으로써 오는 긍정적 발상입니다. 갈렙은 온전함을 보여준 교사였습니다. 갈렙은 정탐 보고대회를 시작으로 여호수아와 함께 지도자로 급부상했습니다. 두 사람은 가나안 입성이라는 보장도 받았습니다. 위기는 묻혀 있던 위인을 드러내어 보여줍니다. 가나안 땅에 가까울수록 이스라엘 백성들 사이에서는 묘한 공기가 흐르고 있었습니다. "모세의 후계자가 누구일까?" "가나안의 초대 지도자는 누구일까?" 모세는 자신이 가나안에 들어갈 수 없음을 알았습니다. 후계자는 여호수아와 갈렙 중 한 명이었습니다. 문제는 두 사람 중 누구를 후계자로 지목하느냐 하는 것이었습니다. 여호수아는 모세의 지지를 받았습니다. 모세의 부관이었고 그의 곁에서 그림자처럼 행동했습니다. 갈렙은 이스라엘 백성들에게 인기가 많았습니다. 여호수아가 모세 곁에서 시중을 들고 회막을 지키는 동안 갈렙은 보다 자유스럽게 백성들과 왕래했기에 인기가 많을 수밖에 없었습니다. 만약 투표에 붙였다면 단연 갈렙이 모세의 후계자가 되었을 것입니다. 그러다 보니 갈렙 주변에는 가나안에 들어가서 한자리 차지하려는 사람들로 문전성시를 이루었을 것입니다. 그 자신도 은근히 후계자가 될 야망을 가졌을 수도 있었습니다. 모세는 후계자로 여호수아를 지목했습니다. 하나님의 뜻이었습니다. 이 결과 앞에서 갈렙은 흔들렸을 것입니다. 더군다나 당시 갈렙은 장년으로 명예심이 왕성한 때였습니다. 그는 가나안을 정탐하고 돌아와서 여호수아와 함께 소수의 보고를 했을 때보다 더 어려운 고비를 맞았습니다. 하나님과 모세에 대한 실망, 여호수아에 대한 약간의 시기, 지지자들에 대한 면목 없음, 유다 지파가 지도자의 위치를 놓쳤다는 허탈감 등이 장년의 그를 비틀거리게 했을 것입니다.

그러나 갈렙은 온전함을 잃지 않았습니다. 온전함은 곧은 생각, 곧은 행동, 곧은 신앙입니다. 그는 정도를 벗어나지 않았습니다. 이후에도 여호수아의 좋은 파트너가 되어 협력했고 이스라엘 백성들을 이끌었습니다. 얼마든지 팔짱 끼고 바라볼 수도 있었을 텐데 하나님을 향한 그의 열정은 지위에 관계 없이 계속되었고 온전했습니다. 그는 위기 가운데서도 온전함을 몸으로, 인격으로, 삶으로 보여준 훌륭한 스승이었습니다. 하나님은 갈렙에 대해 "내 종 갈렙은 그 마음이 그들과 달라서 나를 온전히 따랐은 즉"(민14:24)이라고 말씀하셨습니다. 그가 온전했다는 것은 충성스러운 자의 모습, 입을 향한 일편단심을 뜻합니다. 기대치에 미치지 못했지만 사심을 버리고 하나님의 영광된 나라를 만들어 내기 위한 갈렙의 충성심에서 광야 세대의 이스라엘 백성들은 아주 좋은 영향력을 받았고, 두려움 없이 요단강을 건널 수 있었습니다. 하나님을 향한 열심의 온전함, 삶의 온전함 앞에 나서는 일이든 뒤에서 보조하는 일이든 온전하게 봉사하는 그런 마음을 가진 사람이 교사가 되어야 교회학교에서 온전한 그리스도인들을 키워낼 수 있습니다.

4) 성령 충만을 보여준 여호수아

여호수아는 하나님의 신(神)으로 충만한 교사였습니다. 여호수아는 모세를 보좌하면서 하나님의 임재를 체험했습니다. 또한 그는 언제든 회막을 떠나지 않았습니다(출33:11). 하나님의 신은 모세에게 임했습니다. 사실 갈렙과 여호수아를 놓고 비교해 볼 때 용맹한 사람은 갈렙 이었습니다. 가나안 땅의 사나운 원주민들을 토벌하고 추방하기 위해서는 갈렙과 같은 용장이 더 필요했습니다. 그럼에도 하나님은 갈렙을 제치고 여호수아를 가나안의 인도자로 택하셨습니다. 그 이유는 간단합니다. 여호수아는 하나님의 신으로 충만해 있었기 때문입니다. 교사직을 감당하는 것은 사람의 지혜로 하는 게 아닙니다. 만약 성경이 사람의 지혜로 기록된 것이라면 사람의 지혜로 가르칠 수 있습니다. 그러나 성경은 하나님의 감동으로 기록되었습니다. 하나님의 감동으로 기록된 것은 감동 받은 사람들이 가르쳐야만 어린이 신자, 청소년 성도들에게서 성령의 역사가 나타납니다. 신령한 말씀을 신령한 교사가 전할 때 학생들이 신령하게 자랄 수 있습니다. 아무리 성령의 감동하심을 받은 사람들에 의해 쓰여 진 성경이라고 해도 육신의 교사들이 전할 때 그 말씀은 말씀이 아니라 말이 되어버립니다.

교사는 성령의 도구가 되어야 하고 성령의 입이 되어야 합니다.

그래야 성령의 신령한 말씀이 나오고 아이들이 신령하게 자라나게 됩니다. 애드리언 로저스(Adrian Rogers)는 "나는 술에 취한 채 설교 하는 것보다 성령 충만하지 않은 채 설교하는 것이 하나님의 사람에게는 더 큰 죄가 된다는 것을 진심으로 믿는다"라고 말했습니다. 요즘 성경 교사들은 열심은 있지만 영감이 없습니다. 영성이 결여 되어 영감도 없는 것입니다. 영감이 없는 열심은 가르치기는 해도 "밤이 새도록 수고하였으되 잡은 것이 없지마는"(눅5:5)이라는 말씀처럼 무익한 수고만 계속하게 할 뿐입니다. 광야 학교에서 4명의 교사가 힘을 합쳤기에 400년 이상 혼합주의에 물들었던 이스라엘 백성을 40년 만에 하나님의 백성으로 거듭나게 할 수 있었습니다. 이것이 교육의 힘입니다. 다음 세대의 교육 현장은 이런 교사들을 기다리고 있습니다.

교회학교 교사의 자세

1) 생활에 본이 되는 교사

"백문이불여일견"이라는 속담은 교회학교 교사의 사역에도 잘 적용됩니다. 언어가 믿는 것을 전달한다는 의미에서 중요하긴 하지만, 행동은 말하는 것보다 훨씬 더 큰 비중을 차지합니다. 교실에서 교사가 성숙한 교회학교의 모습을 보일 때, 크게 향상됩니다. 제자도의 다른 요소들처럼 모범을 보이는 것은 열두 제자들에 대한 예수님의 사역에서 중요한 위치를 차지하고 있으며, 신약 성경은 성화 되기를 희망하는 사람들에게 끊임없이 예수님의 모델을 강조하고 있습니다. 제자들의 발을 씻김으로 섬김의 본을 보이신 예수님께서는 이렇게 말씀하셨습니다. "내가 주와 또는 선생이 되어 너희 발을 씻겼으니 너희도 서로 발을 씻기는 것이 옳으니라 내가 너희에게 행한 것같이 너희도 행하게 하려 하여 본을 보였노라"(요13:14~15).

빌립보서 2장 5~7절에서 바울은 모든 성도들에게 이렇게 권면합니다. "너희 안에 이 마음을 품으라 곧 그리스도 예수의 마음이니… 오히려 자기를 비어 종의 형체를 가져 사람들과 같이 되었고." 예수님께서는 제자들에게 그리스도인으로서의 삶을 어떻게 살아갈 것인가를 단순히 말로 이야기해 주는 것으로 만족하지 않으셨습니다. 예수님께서는 그들에게 어떻게 하는가 몸소 자신의 삶을 통해 모형을 보여 주셨습니다. 성경은 그리스도인 남편들에게 "그리스도께서 교회를 사랑하신 것"(엡5:25)과 같이 아내들을 사랑하라고 명령하시면서 "이러므로 그리스도께서 우리를 받아 하나님께 영광을 돌리심과 같이 너희도 서로 받으라"(롬15:7)고 모든 성도들에게 권면하고 있습니다. 다시 말해서 교사는 다른 사람들에게 어떻게 하라고 말하는 것으로가 아니라, 그들에게 어떻게 하는가를 보여줌으로써 거룩한 삶을 사는 방법을 가장 잘 훈련시킬 수 있습니다. 진정한 의미에서 교회학교 교사들이 삶의 모형을 보여줄 때, 그들 자신이 그리스도인의 행동을 받아들이고 보여주는 것이 됩니다.

종종 예수님의 제자화 방법에는 학생들과의 연역법적 접근이 시도됩니다. 제자들은 예수님 자신과 예수님의 태도, 행동, 습관, 우선 순위들을 관찰했을 것입니다. 예수님께서는 제자들에게 자신의 행동을 해석해 주고 그들에게 예수님의 인도를 따르도록 격려하셨을 것입니다. 예수님께서는 보여주고 이야기해 주며 격려 하셨던 것입니다. 그리고 제자들은 보고 이해하며 그렇게 행동했을 것입니다. 예수님의 생애는 1세기 제자들과 더불어 이 같은 접근의 중요성을 강조하고 있습니다. 그러므로 현대의 교사들은 현 시대의 학생들과 더불어 이것을 실천에 옮겨야 합니다. 예수님께서 제자들에게 시범을 보이신 것처럼 교사가 학생들에게 모범을 보일 신앙 행동은 기도, 성경 암송, 사회적 책임감, 형제애, 불신자들에 대한 관심으로 나타날 것입니다. 예수님께서는 생명력이 넘치는 기도 생활을 모범으로 보이심으로써 제자들 스스로가 예수님께 "우리에게도 기도를 가르쳐 주옵소서"(눅11:1)라고 간구하도록 하셨습니다. 그 후에 기도가 어떻게 드려져야 하는가에 대해 설명을 덧붙이셨습니다. 이처럼 교사 스스로가 정규적으로 학생들과 함께 학생 자신들을 위해 기도할 때, 그리고 학생들에게 교사가 응답 받는 기도 생활을 철저히 실천하는 것을 보여줄 때, 교사는 학생들이 기도의 사람이 될 수 있는 동기를 불어넣어 주게 됩니다.

예수님께서는 자신의 사역을 통해 성경 인용의 훌륭한 예를 보이셨습니다(마5:27~28,12:18~21,13:14~15). 아마도 베드로가 성경을 광범위하게 사용(행2:17~21,25~28,벧전1:24~25,2:6~10,3:10~12) 한 것도 제자 훈련 과정에서 예수님의 모델을 통해 동기 부여가 됐고 깨닫게 되었기 때문일 것입니다.

교사 역시 그 자신의 삶에서 성경 진리가 적용되는 모범을 보이고, 특별히 의미를 주었던 구절들을 함께 나누어야 합니다.

예수님께서 세금을 내고(마22:15~22) 권위에 복종하는(요 18:10~13) 일을 통해 시민의 책임 있는 자세가 중요함을 모범으로 보이신 것처럼, 교사도 시민의 책임 의식을 모범으로 보임으로써 학생들에게 영향을 줄 좋은 기회를 가질 수 있습니다. 세금을 내고, 정규적으로 투표하고, 지명되었을 때 기꺼이 봉사하려는 일 모두는 자신의 지도자가 가르친 것을 어떻게 행하는지를 지켜보기 위해 주목하고 있는 제자들에게 의미 심장한 일입니다. 제한 속도 내에서 운전하고 우선 멈춤 표지에서 멈추는 것을 포함해 법을 준수하는 것(롬13:1~7,벧전 2:13~17)을 시범으로 보여주는 것처럼, 정부 지도자들을 위해 기도하는 것 또한 시범으로 보여 줄 수 있습니다(딤전2:1~2). 권위에 기꺼이 복종하는 것과 시민의 의무를 다하려는 책임 의식은, 학생들의 성장을 위해 교사가 본을 보여야 할 기독교적인 특성들입니다.

예수님께서는 제자들에게 그리스도인의 형제애와 불신자에 대한 관심을 끊임없이 보여 주셨습니다. 열두 제자를 위한 예수님의 기도, 그들에 대한 가르침과 보호, 그들에 대한 방어와 공급은 신약 성경을 통해 잘 입증 되어 있습니다. 예수님께서 제자들에게 위대한 사랑을 먼저 보여주셨기 때문에, 그들이 서로 서로를 사랑하게 됐다는 것은 이미 오래전에 입증된 사실입니다(요일4:7~21).

예수님께서는 믿는 형제를 사랑한 것같이 불신자들에 대해서도 온정적인 사랑을 보여주셨습니다. 이스라엘의 존경받는 선생(요3

장)이거나, 사마리아의 미천하고 부도덕한 여자(요4장)이거나 불신자들도 예수님이 시간을 들이고 관심을 받을 가치가 있었습니다. 주님께서는 그 두 사람을 깊이 돌보셨고, 이 같은 관심은 제자들에게 충격적인 계시였습니다(요4:27). 잃어버린 자를 향한 사랑은 예수님의 마음에 언제나 계속적으로 나타났고, 그것은 또한 모든 교회학교 교사들 마음속에도 나타나야 합니다. 믿음을 나누어 갖는 것을 학생들과 토론하고 믿지 않는 친구들과 친척들을 위해 함께 기도하면서 그들이 믿음을 가질 때 기뻐하고 복음이 들어가지 않은 지역과 나라들을 위해 학생 전체가 기도하는 것, 모두가 훈련 과정의 학생에게 동기 부여를 해주면서 잃어버린 자들에 대한 사랑을 모범적으로 보여주는 예입니다.

교사는 말한 것에 대해서뿐만 아니라 행한 것에 대해서도 끊임없이 생각해야 합니다. 호온(Hone)이 말한 것처럼, "교사가 말한 것보다 그가 어떤 사람이냐가 학생들에게 더 많은 것을 가르친다는 것은 교육의 진리이다." 이 견해는 교사의 사역에서 시범이란 요소가 얼마나 중요한지를 단적으로 말해 주고 있습니다.

2) 생명력 있는 믿음을 가진 교사

하나님의 일꾼은 무엇보다 믿음이 있어야 합니다. 세상의 교사와는 달리 믿음이 기본적으로 없으면 아무리 지혜 있고 많은 학문적 지식과 구변이 있다 해도 교회학교의 교사로서는 적합지 않음이 지극히 당연합니다. 이는 하나님이 맡기신 일은 믿음 없이는 할 수 없는 일이요 혹 외부적으로 할 수 있는 것처럼 보여도 하나님을 기쁘시게는 할 수 없기 때문입니다(히11:6).

사도신경의 고백대로 믿어지는 전능하시고 사시고 참된 하나님, 그의 외아들 예수 그리스도로 말미암아 구원을 주신 것을 믿고 성경에 말씀하신 모든 내용을 가감 없이 그대로 믿고 있는 믿음입니다. 그냥 억지로 잘 믿어 보려는 것이 아니고 지식적으로는 잘 알고 있으나 행위로는 믿지 않는 죽은 믿음이 아닌 누가 뭐라고 해도 하나님의 역사가 믿어져서 순종하는 믿음, 그러한 산 믿음을 가져야 합니다(약2:17,2:26).

가르치는 교사인 내가 믿음이 없이 어찌 믿음의 세계를 말해 줄 수 있으며, 내가 믿음의 눈이 감긴 채 어떻게 믿음의 보화를 보여 줄 수 있겠는가. 또한 자신의 믿음이 분명하지 않고서야 믿으라고 힘 있게 증거 할 수 있겠는가! 그러므로 세상 지식이 좀 부족한 것이나 혹은 말을 좀 잘못하든지 혹 다른 부분에 부족한 것은 결정적인 문제는 못됩니다. 그러한 면은 계속해서 보충하며 개선할 수 있는 것이지만 믿음이 없는 것은 근본적인 문제가 되기 때문에 교사는 스스로 "나는 믿음이 있는가?"하고 수시로 자문해야 하겠고 교사 임명에 있어서 교회학교에서는 이점에 반드시 유의해야 하겠습니다.

오늘날 교회 내의 크고 작은 문제와 교사와의 갈등 문제도 깊이 관찰해보면 믿음 없는 사람들이 일꾼 노릇을 하고 있기 때문입니다. 믿음이 없이도 지상교회에서는 직분자가 될 수 있고 믿음이 없이도 그 직분을 유지할 수도 있습니다. 즉 다시 말해서 믿음이 없이도 교사와 집사, 장로, 심지어는 목회자도 될 수 있다는 사실입니다. 믿음이 없이도 성경을 깊이 주석할 수는 있는 학자도 될 수 있다는 것이 현실의 문제입니다.

부산의 어떤 저명한 목사는 교계적으로도 매우 훌륭하시어 존경의 대상이 되시는 분입니다. 이 목사님이 미국에 계실 때에 어떤 사람이 와서 묻기를 "당신은 예수를 믿느냐?"고 묻기에 그는 "나는 목사입니다"라고 대답했습니다. 그랬더니 그분이 재차 묻기를 "당신이 목사인 줄은 아는데 예수를 믿느냐?"고 말했습니다. 그래서 이 목사님은 처음에 한국 목사를 멸시해서 이렇게 묻는가 생각하다가 그의 태도가 너무 진지했기 때문에 "나는 예수를 믿습니다"라고 대답했다고 합니다.

교사는 믿음이 있어야 하되 하나님에 대하여 예수님에 대하여 성령에 대하여 바른 믿음이 있어야 하겠습니다. 기독교의 성경에서 말하는 믿음은 막연한 믿음이 아니고 믿음을 오해한 자기 신념도 아닙니다. 믿음의 일곱 가지 내용을 생각해 보자.

(1) 전능하사 천지를 창조하신 하나님을 믿는 믿음입니다(창1:1~31,17:1). (2) 하나님은 전능하사 스스로 존재하신 여호와이심을 믿는 믿음입니다(출3:14). 즉 우주 만물의 제 일 원인(第一原因)이심을 믿는 것입니다. (3) 하나님의 말씀인 성경은 완전무결하심을 믿는 믿음입니다(시18:30,3:16). (4) 하나님은 사랑이 극진하사 우리 인간이 죄의 종이 되었던 것을 독생자 그리스도 예수께서 인간들의 극악한 죄값을 그 처절한 십자가에서 죄 없이 대신 죽으셔서 해방 시켜 주셨다는 믿음입니다(신7:8,요3:16). (5) 하나님

의 말씀인 신구약 성경에 기록된 기사, 이적과 모든 것을 그대로 믿는 믿음입니다(신4:2, 계22:18~19, 딤후3:15~17). (6) 오직 예수 외의 다른 이름으로는 구원 받을 수 없음을 믿는 믿음입니다(요14:6, 행4:12). (7) 믿음으로 부활, 영생하는 것을 믿는 믿음입니다(눅20:30~36, 계20:5~6)

신약성경 히브리서 11장은 믿음장으로 믿음의 열기가 가득함을 보여줍니다. 1절에서 "믿음은 바라는 것들의 실상이요 보지 못하는 것들의 증거"라고 정의 하면서 믿음으로 산 위대한 신앙인들의 발자취를 열거하고 있습니다. 가인보다 더 나은 제사를 드린 아벨, 하나님과 3백 년을 동행하여 죽음을 보지 않고 옮기어진 에녹, 보지 못하는 일에 경고하심을 받고 방주를 예비하여 의의 후사가 된 노아, 갈 바를 알지 못한 채 여호와의 말씀을 좇아갔고 그 말씀을 따라 단 하나 밖에 없는 귀한 독자 이삭을 모리아산에서 드렸던 아브라함은 모두가 믿음의 위대한 역사로 되어졌음을 히브리서 기자는 기록하고 있습니다. 애굽 궁궐의 엄청난 부귀와 영화, 권세를 하루아침에 포기하고 오히려 하나님의 백성과 함께 고난을 자초했던 모세의 위대한 용기도 믿음에서 근거한 것이 아니었던가? 그외 계속 언급되는 믿음의 행진들을 히브리서 11장만의 내용을 읽고 있다는 느낌이 아닌 성경 전체의 구원역사의 파노라마를 보는 것 같습니다. 사실 성경 전체의 내용은 믿음에 관한 역사이며 사람이 어떻게 어떠한 믿음을 가져야 함을 보여주고 있습니다. 그러므로 이 중요한 사역을 감당하는 교회학교의 교사들은 반드시 믿음 없는 자가 되지 말고 믿는 자가 되라(요20:26~29)는 주님의 말씀을 기억하고 '주여 나의 믿음 없는 것을 도와주소서' 혹은 '내게 믿음을 더욱 주소서!'하고 기도하여야 할 것입니다.

3) 섬기는 교사

교회학교 교사는 학생들을 섬기고, 그들이 차례로 섬기는 사람이 되도록 돌봄으로써 그들을 제자로 삼습니다. 처음부터 끝까지 그리스도의 생애는 그리스도인의 삶이 받는 삶이 아니라 주는 삶임을 보여줍니다.

마가복음 10장 32~42절은 이 사실을 더욱 분명하게 보여줍니다. 이 구절은 예수님의 관점에서 보면 중대한 시점을 기록하고 있습니다. 예수님과 제자들은 예수님께서 죽임을 당하기 위해 로마 관원들 손에 넘기워 지게 된 예루살렘 쪽으로 여행하고 있었습니다. 예수님께서는 이 사실을 32~34절에서 설명하고 계시지만, 제자들은 그것을 이해하지 못했습니다. 그들은 예수님 사역의 시간 체계를 잘못 해석해 왔으며, 예수님께서 곧 왕국 시대에서 문자적으로 완전한 그리스도의 지상 왕국의 천년 통치가 출범할 것이라고 믿었습니다. 예수님께서는 가시관과 십자가에 초점을 맞추셨지만, 그들은 왕권과 면류관에 초점을 두었습니다. 그래서 야고보와 요한은 예수님께 왕국에서의 특별한 지위와 호위를 구했던 것입니다.

이 얼마나 아둔한 이기심인가! 그러나 흥미로운 사실은 주님께서 그들의 요구를 나무라지 않으셨다는 것입니다. 예수님께서는 진정한 위대함은 사회에서의 높은 지위에 의해서가 아니라 종과 같은 낮은 지위를 취함으로써 얻어진다고 말씀해 주셨습니다. "이 방인의 소위 집권자들이 저희를 임의로 주관하고 그 대인들이 저희에게 권세를 부리는 줄을 너희가 알거니와 너희 중에는 그렇지 아니하니 너희 중에 누구든지 크고자 하는 자는 너희를 섬기는 자가 되고 너희 중에 누구든지 으뜸이 되고자 하는 자는 모든 사람의 종이 되어야 하리라"(막10:42~44).

하나님께서 보시기에는 종의 도가 진정한 위대함이며 참된 제자가 갖출 특징인 것입니다. 예수님 자신은 완벽하게 종이자 지도자로서의 도와 더불어 그 진리의 현실성을 모범으로 보여 주셨습니다. 예수님께서는 계속해서 "인자의 온 것은 섬김을 받으려 함이 아니라 도리어 섬기려 하고 자기 목숨을 많은 사람의 대속물로 주려 함이니라"(막10:45) 설명하십니다.

주 예수님께서 종의 도를 그렇게 강조하셨는데, 오늘날의 교회 학교 교사가 어떻게 그것을 소홀히 다룰 수 있겠는가? 학생들은 대개 권위 세우기에만 급급한 교사로부터 배우는 것을 가장 싫어하여 그를 따르지 않습니다. 학생들은 봉사로 삶을 바친 교사, 학생들에게 봉사함으로써 그 관계의 간격을 좁히는 교사에게 가장 잘 배웁니다. 이런 교사는 종종 자신을 학생들 속의 한 학생으로 생각합니다.

이 주제를 화제로 삼으면서, 사도 바울은 사역을 위한 가장 중요한 신임장은 학문이 아니라 봉사의 신임장임을 주장함으로써 자신의 사역을 옹호하고 있습니다(고후3장). 요점은 교육에서 학위가 중요하지 않다는 말이 아니라, 종의 마음을 가지지 않고 학위만으로는 효과적인 사역이 가능하다고 보장하지 못한다는 것입니다. 교회학교 교사는 학생들을 섬깁니다. 대부분의 교회학교 교사들은 적어도 논리적으로는 이 같은 개념에 이의를 제기하지 않습니다. 그러나 봉사에 대해 적당한 인정과 감사를 받을 때, 그리고 편리할 때만 봉사하는 것은 자기 마음대로 섬김의 의미를 제한하는 것입니다. 그런 사람은 종이 되는 것을 원치 않습니다. 그는 학생들을 인격적으로 대하는 것을 원치 않습니다. 그러나 예수님께서는 우리들에게 다른 사람의 필요를 충족시키기 위해 우리 자신의 욕구를 접어놓도록 가르치시지 않았는가?

교사가 학생의 필요를 채우기 위해 자신을 희생할 때, 학생의 입장에서 섬길 때 비로소 참된 제자도의 길에 서는 것입니다. 그것은 수업 전후로 숙제에 대해 학생들과 이야기하거나 교과서에서 제기된 문제들을 답해주는 귀중한 시간 투자를 의미할 수도 있습니다. 학생이자 제자를 섬기는 일은, 그에게 조언을 주고 그가 처한 어려운 가정 상황에 대해 함께 기도하기 위해, 그 시간이 교사의 연구 시간임에도 불구하고 사무실에서 학생과 만나는 것을 의미할 수도 있습니다. 학생을 섬기는 것은 필요하다면 그들을 손님으로 자신의 가정에 초대하거나 긴급한 상황에서 그들의 자녀들을 돌보는 형식으로 나타날 수도 있습니다. 교사로부터 섬김을 받는 동안 학생은 참된 종의 마음의 중요성을 배우게 됩니다. 그럼으로서 학생은 종의 도가 갖는 가치와 생산성을 이해하게 되며, 교사가 행동했던 것처럼 자신을 다른 이들에게 줄 수 있는 기회를 찾기 시작할 것입니다.

4) 소통하는 교사

간혹 교회에서 영성도 탁월하고 열심히 뛰는 선생님인데 의외로 고전하는 모습을 보게 됩니다. 왜 이런 현상이 일어날까요? 교사는 열정을 가지고 학생들에게 다가가나 학생들은 그 열정에 관심이 없기 때문입니다. 학생들은 교사가 나를 얼마나 이해해 주고 알아주는가에 대해서 더 크게 생각합니다. 이 시대 교사들에게 꼭 필요한 능력 가운데 하나가 소통입니다. "소통"이라는 영어 단어 "communication"은 라틴어 "communis"에서 파생된 단어로, "공통의"(common)라는 뜻을 가지고 있습니다. 학생들에게 무엇인가를 잘 전달하려면, 교사와 학생 사이에 일반성과 공통성이 있어야만 합니다. 학생들은 자기와 공통분모가 있는 사람을 찾고 있습니다. 다른 말로 한다면, 학생들은 소통할 수 있는 교사를 찾고 있습니다.

이 시대의 문제는 아이들에게 소통할 대상이 없다는 것입니다. 가정이든 학교든 소통할 대상이 없습니다. 아이들이 스마트 폰이나 컴퓨터 게임과 같은 미디어에 중독되는 가장 큰 이유는 소통을 할 만한 사람이 없어서 그렇다는 것입니다. 또한 요즘 청소년들 가운데 이성에 집중하고 집착하는 아이들이 매우 많습니다. 소통할 대상이 없으니까 이성 친구에게 모든 에너지를 집중하는 경우가 있습니다. 그리고 이것이 문란한 성적 행동으로 연결되기도 합니다. 지금 우리 아이들에게 가장 필요한 사람은 소통할 수 있는 한 명입니다. 아이들은 자신과 통할 수 있는 그 선생님을 찾고 있습니다. 아이들은 젊고 예쁘고 멋진 선생님을 찾는 것이 아니라 자신들과 소통할 수 있는 선생님을 찾고 있습니다.

학생들과 소통하는 방법

가만히 있는데 학생들과 소통이 저절로 이루어지지 않습니다. 노력이 필요합니다. 그렇다고 매우 어렵지도 않습니다. 학생들과 쉽게 소통할 수 있는 세 가지 방법을 소개합니다.

첫째, 공부하라. 아이들을 만나다 보면 뜬금없이 특정 연예인 이야기가 나옵니다. 많은 아이들이 한 명의 연예인에 대해서 이야기하고 있다면, 지금 그 인물이 아이들 사이에서 가장 뜨거운 존재가 되어 있다는 것입니다. 이것이 영화일 수도, 드라마일 수도, 가요일 수도 있습니다. 이런 대중문화에 대한 부분은 상당히 빠른 속도로 변모하기 때문에 꾸준히 공부하고 노력하지 않으면 아이들과 소통하기가 힘들어집니다.

둘째, 학생들을 만나라. 만남이 없이 소통은 불가능합니다. 과거처럼 아이들은 전화를 쉽게 받지 않습니다. 아이들의 성향상 문자나 카톡을 받지 않고 무시하는 경우도 꽤 많습니다. 소통에 있어서 만남보다 더 큰 요소는 없습니다. 선생님들 가운데 이런 질문을 하는 경우가 있습니다. "요즘 아이들이 학원이나 사교육으로 바쁜데 언제 만납니까?". 우선 아이들과 만나는 것은 많은 시간을 필요로 하지 않습니다. 학원 가기 전에 자투리 시간에 만나면 됩니다. 또한 아이들은 우선 순위 대로 움직입니다. 처음에는 아이들이 "저 학원 가야 돼요. 가족 모임 있어요. 친구 만나야 해요." 등 다른 우선 순위를 이야기합니다. 그런데 선생님과 만나는 게 좋으면 그쪽에 우선 순위를 두고 아이들이 모인다는 것입니다. 자주 만나야 아이들과 소통이 됩니다.

셋째, 아이들과 놀아라. 소통이 되면 아이들의 삶을 터치할 수 있습니다. 학생들과 소통이 이뤄지기 시작하면 그때부터 제대로 된 상담과 교육이 이뤄지게 됩니다. 소통 전에는 학생이 교사에게 상담 요청을 하는 법은 극히 드뭅니다. 한 설문조사에 교회 선생님과 상담한다는 학생은 0퍼센트라는 충격적인 결과를 직접 보았습니다. 왜 이러한 결과가 나왔을까요? 교회 내에서 학생들과 선생님이 소통하는 경우는 거의 없다는 것입니다. 그러니까 선생님이 학생의 삶에 영향력을 행사하지 못하는 것입니다. 반대로 학생들과 소통만 이뤄지기 시작하면 학생들은 자기 마음속에 있는 고민을 털어놓기 시작합니다. 감히 부모에게 하지 못했던 이야기를 교회 선생님에게는 털어놓게 됩니다. 학생들과 소통이 이뤄지기 위해서는 시간도 많이 필요합니다. 소통의 기술이 뛰어난 교사들은 몇 달 안에도 아이들의 마음을 사로잡기도 합니다. 그러나 통상적으로 일 년으로도 부족합니다. 그래서 어떤 교사들은 같은 반 아이들을 2~3년씩 맡기도 합니다. 제대로 소통만 이뤄진다면, 아주 좋은 열매를 얻을 수 있는 결정입니다.

성경을 보면 예수님은 소통의 전문가였습니다. 예수님은 사생활의 문제로 사람들을 피해 뜨거운 한낮에 물을 길러 온 수가성의 여인과는 '물'이라는 매개체를 이용해서 여인에게 접근하였습니다. 그리고 지식인이었던 니고데모에게는 '거듭남'이라는 다소 심오한 주제를 통해서 접근 하였습니다. 또 친구가 없어 늘 외로웠던 삭개오에게는 '함께하는 식사'를 통해 만남을 가졌습니다. 결국 소통에 성공했던 예수님은 그들의 영혼을 변화시키는 열매를 맺었습니다.

학생들과 소통하는 데 성공하게 되면, 학생들의 영적인 문제를 건드릴 수 있게 됩니다. 처음에는 학생들이 좋아하는 이슈를 가지고 접근하지만, 나중에는 그 학생에게 가장 중요한 '구원의 문제'를 터치할 수 있게 됩니다. 학생들에 대한 영적인 터치의 대부분은 소통을 통해서 이뤄짐을 꼭 기억해야 합니다.

5) 위로부터 오는 지혜를 가진 교사

야고보는 기본적으로 두 종류의 지혜가 있다고 제안합니다. 하나는 참 지혜이며 다른 하나는 인용 부호를 친 거짓 '지혜'입니다. 이 두 가지는 교육 과정에서 분명히 존재합니다. 그러므로 참 지혜가 무엇이며 그것이 어떤 내용을 포함하는지 명확하게 해주는 것이 그리스도인 교사에게 실제로 도움이 됩니다. 이 주제에 관해서는 야고보의 말씀을 들을 가치가 있습니다.

먼저 거짓 지혜를 살펴보자. 이 '지혜'는 위로부터 내려온 것이 아니요 세상적이요 정욕적이요 마귀적입니다(약3:15). 이 말이 실제로 의미하는 바는 무엇인가? '세상'이라는 말은 단지 하늘의 반대인 '세상의 혹은 세상에 속하는'이란 의미입니다. 이 지혜는 완전히 이 세상에 기초를 두고 있습니다. 정욕적(unspritual) – 다른 성경에서는 '관능적'(sensual)으로 표현되기도 하며 '자연적'(natural)으로 번역할 수도 있습니다 – 이라는 말은 인간의 마음과 관련이 있습니다. 그것은 영적 분별력과 반대되는 말로 자연적인 인간의 부패 된 욕망과 애정에서 나오거나 그것과 일치된 지혜입니다. '마귀적'이라는 말은 문자적으로 '마귀에게서 나오는'을 의미하며, 이 말은 우리에게 어떤 '지혜'는 어둠의 능력에서 나온 것임을 상기시켜 줍니다.

따라서 이 지혜는 거룩한 것이라든지 그리스도인과는 무관합니다. 이것은 이 세상의 가치와 사고방식에 기초를 두며 이기적인 욕심과 육체의 욕망으로 결정됩니다. 이것은 모든 것에 앞서 개인적인 이익과 만족을 확보하고자 애쓰는 추진력입니다. 놀랄 것도 없이 이것은 왜곡된 태도와 잘못된 행동으로 자신의 모습을 드러낸 것입니다. 야고보는 구체적인 예를 들어 강조합니다. 그는 마음에 숨겨져 있는 독한 시기심과 이기적인 야망을 이야기합니다. 다른 사람이 갖고 있는 것을 소유하거나 그가 갖고 있는 소유물, 자질, 명예를 빼앗고 싶어 하는 시기심을 볼 수 있습니다. 그러한 시기심은 매우 독한 것이라고 야고보는 말합니다. 당신은 손가락이 바늘에 찔리거나 칼에 베어 본적이 있는가? 아니면 아주 신 레몬이나 키니네, 혹은 알로에 식물의 쥬스 같이 몸서리가 쳐질 정도로 너무 시거나 이상한 음식을 맛본 적이 있는가? 그런 경험이 있다면, 야고보가 사용한 '독한'(bitter)의 의미를 잘 알 수 있습니다.

마찬가지로 그가 말하는 '이기적인 야망'(selfish ambition)은 싸움, 싸움을 좋아하는 것, 자기 주장대로 하기 위해 또 다른 사람을 희생하여 자신의 이익을 도모하기 위해 열심히 싸우는 분쟁들을 포함합니다.

그런 지혜는 어쩔 수 없이 무질서라는 결과를 가져옵니다. 그것은 늘 동요, 걱정, 불안을 가져옵니다. 설상가상으로 인격을 불안정하게 만듭니다. 이것이 그런 지혜의 문자적 의미이며 이 말은 변혁, 혼란이라는 것과도 연관이 됩니다. 시기와 다툼은 또한 '모든 악한 일'을 낳습니다. 여기서 '악'에 사용된 단어는 파울로스(phaulos)입니다. 이 단어는 원래 하찮은 것을 의미하는데 중요하지 않은, 또 무가치하다는 뜻으로 나쁜, 심지어 경멸할 만한 뜻으로까지 사용됩니다.

그렇다면 이것을 교사들에게 어떻게 적용할 수 있는가? 만일 교사의 교육 방식이 이 세상의 지혜에 근거한 것이라면 한 가지는 확실합니다. 진정한 영적 분별력과 덕성이 부족합니다. 그렇다고 그런 부류의 교사들이 모두 독한 시기심과 다툼으로 가득 차 있거나 그런 것들을 자랑하며 진리를 거스려(14절) 이상한 방향으로 나간다는 말은 아닙니다. 그러나 실제로 질투와 이기적인 추구의 위험성이 도사리고 있으며 그것은 쉽게 혼란과 악하고 하찮은 행위, 선과 진실의 억제를 불러 일으킵니다. 세상적이며 자연스러운 기준에 근거한 교육 방식은 세상적 기준으로 볼 때 매우 성공적일 수 있습니다. 그러나 그것은 항상 한계가 있고, 다른 면을 보지 못하며, 이기적인 방면으로 위험한 모든 것에 개방될 것입니다.

야고보는 "오직 위로부터 난 지혜는 첫째 성결하고 다음에 화평하고 관용하고 양순하며 긍휼과 선한 열매가 가득하고 편견과 거짓이 없나니"(약3:17)라고 말합니다. 이것은 여덟 가지 특성입니다. 즉 위로부터 난 지혜는 여덟 가지의 특별한 방법으로 드러나게 됩니다. 각각의 특성을 차례로 살펴보자. 그런 과정 속에서 잠깐 멈추어서 이 특성들이 당신의 교육 현장에 얼마나 적합하게 연관되지 자문해 보라. 나중에 다른 그리스도인 친구와 함께 나눌 수 있도록 간단하게 당신의 생각을 적어 놓으면 도움이 될 것입니다.

(1) 성결(pure, hagnos)

이 단어는 문자적으로 '순결한' 혹은 '순수한'이란 뜻입니다. 이는 원래 하기오스(hagios - 거룩한, 더럽혀지지 않은, 오염되지 않은)에서 나온 말이며 하나님께 가까이 있다는 의미가 있습니다. 어떤 학자들은 이 단어가 원래 '예배 드릴 준비가 된'이란 뜻이라고 밝혀냈습니다. 따라서 위로부터 난 지혜는 흠이 없이 깨끗하고 더럽혀지지 않았습니다.

(2) 화평(peace-loving, cirènikos)

이 단어는 '평화로운' '전쟁을 하거나 공격을 하지 않는'이라는 뜻입니다. 그러므로 이 특징의 주요 관심은 조화를 이루고 좋은 관계를 증진하며 적과 화해를 이루는 데 있습니다. 18절에 "화평케 하는 자들은 화평으로 심어 의의 열매를 거두느니라"고 말하는 것도 당연합니다. 그리고 의(righteousness)는 무엇이든지 하나님의 계시 된 뜻과 부합하는 것으로 요약할 수 있습니다.

(3) 관용(considerate, epieikès)

이 단어는 문자적으로 '양보' 혹은 '고분고분한'이란 뜻이며 '친절한'으로 번역되기도 합니다. 지혜의 이 특성은 개인의 이익을 도모하려고 원리 원칙을 고집하기를 원치 않으며, 다른 사람을 충분히 고려하여 결과적으로 인내하며 절제합니다. 공평하고 정당하며, 편벽됨이 없이 재판한다는 개념도 있으며, 특히 아이들이 교사에게서 보기를 원하는 자질이기도 합니다.

(4) 양순(submissive, cupeithès)

성경의 다른 번역판에서는 '부탁하기 쉬운' 혹은 '이성으로 판단하기 쉬운'으로 번역되는데 이 번역이 단어의 의미를 좀 더 정확히 전달하고 있습니다. 뚜렷한 주관의 부족이나 의지의 박약이 아니라 오히려 동정적이며 또 강요되지 않고 들을 준비가 되어 있다는 의미에서 쉽게 설득되는 고분고분한 이란 뜻이기도 합니다.

(5) 긍휼(full of mercy, eleos)

이 단어는 친절, 친절한 행위, 인내를 나타냅니다. 이는 동정심과 자비가 나타나는 행위 속에서 보여집니다. 이 단어의 강조점은 감정 상태보다 오히려 행동에 있습니다. 따라서 지혜로운 교사는 학생들과 말하고 행하는 모든 일에서 참고 인내하며 이해할 뿐 아니라 동정심과 친절을 나타내야 할 것입니다. 그리고 야고보가 말하는 긍휼로 가득하다(full of)는 말을 기억하도록 하자.

(6) 선한 열매가 가득함(full of good fruit, carpoi agathoi)

선한 열매, 선한 말과 행위, 선한 결과는 분명히 그런 결과를 낸 사람의 내면적인 인격이 가시적으로 표현된 것이지만, 여기서는 다시 특정한 개인의 인격보다는 행한 일에 강조점이 주어집니다. 위로부터 난 지혜는 그리스도인 교사가 선하고 건전한 행동을 하며, 가장 적극적이고 가치 있는 일에서 성공하도록 도와줍니다.

(7) 편벽 없음(impartial, adiakritos)

이 단어는 원래 나누어지지 않은 따라서 '편벽됨이 없는', '변덕이 없는'이란 뜻입니다. 이 말은 이리저리 모호하게 판단하지 않는다는 의미입니다. 따라서 이 말은 사람의 판단과 행위가 공평하고 의롭다는 개념을 동정이란 단어보다 훨씬 더 분명하게 강조하고 있습니다.

(8) 거짓이 없음(sincere, anypokritos)

이 단어의 문자적 의미는 '위선이나 가장이 없는'이란 뜻입니다. 이는 배우와 무대에 사용된 단어와 연결되어 연극 행위나 가장의 개념과 연결됩니다. 위로부터 난 지혜는 연극이 아닙니다. 그것은 순수하며 가장되지 않으며 전혀 거짓이 없습니다.이런 식으로 자세히 살펴보는 것이 내 경우에 꽤 도움이 되었습니다. 당신도 마찬가지이기를 바랍니다. 성경은 이런 식입니다. 성경은 결코 우리에게 일반적으로 모호한 개념을 남기지 않습니다. 우리가 알아야 할 것을 항상 정확하게 알려 줍니다. 세상의 지혜처럼 위로부터 온 지혜도 두 가지 방식으로 나타납니다. 자기 자신에 대해 가져야 할 태도와 다른 사람에 대해 가져야 할 태도인데, 이 태도에서 행동이 결정됩니다.

6) 사랑의 교사

유감스럽게도 교사와 학생들 사이에는 종종 바람직하지 않은 틈이 생길 때가 있습니다. 학생은 교사의 지식 능력 그리고 경험을 우러러보면서도 교사와의 관계에 대해서는 거리감을 가질 수 있습니다. 교사가 일정한 거리를 두고 공식적이면서 비인격적일 때, 혹은 그의 학생들에게 우월감을 과시할 때 상황은 더욱 나빠집니다. 교사가 학생들을 좀 더 효과적으로 제자 훈련을 시키고 싶다면, 자신과 학생들 사이에 존재하는 간격을 좁히기 위해 노력해야 합니다. 그 간격을 좁히기 위해 교사는 매우 중요한 사랑을 도입해야 합니다. 교사는 학생들을 인도할 뿐만 아니라 그들을 사랑하고 돌보아 주며 받아들여 주는 친구가 되어야 합니다. 여러 관점에서 비추어 볼 때 교사의 가르치는 사역은 그 과정 속에서 올바른 내용을 제공하고 일관성 있게 모범을 보이며, 자료를 적절히 통합할 수 있어야 합니다. 즉 교사는 사랑을 토대로 모든 일을 할 수 있습니다. 그러나 교사가 제자를 사랑하지 않는다면, 그의 사역은 열매 맺지 못할 것입니다.

요한복음은 제자들을 사랑하는 예수님의 사랑의 깊이에 대해 기록하여 독자들에게 감동을 줍니다. "유월절 전에 예수께서 자기가 세상을 떠나 아버지께로 돌아가실 때가 이른 줄 아시고 세상에 있는 자기 사람들을 사랑하시되 끝까지 사랑하시니라"(요13:1). 이어서 주님께서는 제자들의 발을 씻기심으로써 제자들에 대한 당신의 사랑을 확연하게 표현하셨습니다(요13:2~11). 그 후 주님께서는 제자들에게 서로에 대해 그 같은 사랑을 가지라고 명하셨습니다. "새 계명을 너희에게 주노니 서로 사랑하라 내가 너희를 사랑한 것같이 너희도 서로 사랑하라 너희가 서로 사랑하면 이로써 모든 사람이 너희가 내 제자인 줄 알리라"(요13:34~35). 로마서 12장 10절에서 사도 바울은 모든 그리스도인들에게 "형제를 사랑하여 서로 우애하고"라고 명령하였고, 고린도전서 13장에서는 참된 사랑에 대해 기술하고 있습니다. 사랑은 교회학교 교사 사역에서 중요한 부분을 차지하고 있으며, 교사 자신이 먼저 실천해야 합니다. 학생들을 가르칠 때, 사랑이란 요소의 기본적인 두 가지 측면을 알아야 합니다. 하나는 학생들을 돌본다는 측면과 다른 하나는 수용해 주는 측면이 그것입니다. 이 둘은 모두 우리로 하여금 예수 그리스도의 사랑을 전달할 수 있게 해주며, 교실에서 교사와 학생들 간의 관계의 간격을 좁혀줍니다. 교사는 관심, 사려 깊음, 그리고 인정으로 학생들을 돌봅니다. 교사는 학생이 스트레스를 받고 있을 때 문제를 이야기할 때 주의 깊고 심각하게 들어줌으로써 관심을 보일 수 있습니다. 학생이 필요한 부분을 이야기할 때 함께 기도해 주거나 전화를 걸어주는 것은 교사의 사랑을 나타내 주는 좋은 예입니다. 교사는 교사 나름의 전문적인 방법으로 유용한 정보나 의견을 확보할 수도 있습니다. 학생을 돌보는 것은 필요에 따라 권면 즉 "이렇게 하면 어떨까?", 격려, "할 수 있어!". 도전, "왜 이것을 안 했지?"의 형식을 취하게 됩니다.

관심과 배려는 학생을 돌보는 방법 가운데 하나입니다. 그것은 성취해야 하는 합리적인 교과 목표와 요구 사항을 정하고, 숙제와 그 외의 다른 책임을 정하는 일들을 통해 나타납니다. 교사는 학생들을 품위 있고도 존중하는 마음으로 대함으로써 교실에서 사려 깊은 태도를 취할 수 있습니다. 학생들을 얕잡아보는 것은 성경적인 교육 자세가 아닙니다.

교사는 학생들을 인정해 줍니다. 이것은 잘한 일에 대해 감사나 칭찬의 말을 표현함으로써 쉽게 이루어질 수 있습니다. 뿐만 아니라 정기적으로 교사가 학생을 진심으로 인정하는 모습을 보일 때 더욱 확대되며, 다른 학생들 사이에서도 서로를 인정하는 모습이 나타나게 될 것입니다.

학생을 수용하는 것은 사랑의 두 번째 측면입니다. 이것은 그 사람의 감정 모두를 수용하는 것입니다. 하나님께서는 각 사람을 그 어머니의 모태에서부터 독특하게 만드셨습니다(시139:13~16). 각 사람을 일정한 경향, 장점과 약점을 지니도록 지으셨습니다. 하나님께서는 각 사람에게 그 사람 고유의 성격과 하나님께서 원하시는 사람이 되어 맡기신 일을 하도록 다양한 재능과 달란트를 주셨습니다. 교사에게는 학생들을 알 책임이 있습니다. 각 학생의 독특성, 각자가 그 자신의 재능을 사용함으로써 어떻게 공헌할 수 있는가, 학생의 장점과 약점이 어디에 있는가 등등을 알 책임이 있습니다. 어떤 학생은 표현을 잘하고 외향적일 수 있지만, 다른 학생은 조용하고 분석적일 수 있습니다.

교사는 한 학생에게 다른 학생과 같이 되도록 요구하는 잘못을 범해서는 안 됩니다. 교사는 하나님께서 그 학생에게 주신 장점과 제한점을 함께 수용해야 하며, 예수님을 위해서 그 학생 자신의 독자적인 방식으로 최선을 다할 수 있도록 도전을 주어야 합니다. 돌봄과 수용은 사랑이란 면에서 교사의 사역에 절대적으로 필요한 부분이라고 할 수 있습니다.

7) 향기 나는 교사

바울이 한 말을 생각해보라. "항상 우리를 그리스도 안에서 이기게 하시고 우리로 말미암아 각처에서 그리스도를 아는 냄새를 나타내시는 하나님께 감사하노라 우리는 구원 얻는 자들에게나 망하는 자들에게나 하나님 앞에서 그리스도의 향기니 이 사람에게는 사망으로 좇아 사망에 이르는 냄새요 저 사람에게는 생명으로 좇아 생명에 이르는 냄새라 누가 이것을 감당하리요 우리는 수다한 사람과 같이 하나님의 말씀을 혼잡하게 하지 아니하고 곧 순전함으로 하나님께 받은 것같이 하나님 앞에서 그리스도 안에서 말하노라"(고후2:14~17). 이 말씀을 다시 살펴보자. 바울은 우리가 그리스도의 향기라고 말합니다. 망하는 자들에게 우리는 사망의 냄새를 풍깁니다. 구원 얻는 사람에게는 생명의 향기를 풍깁니다.

이제 당신에게 한 가지 질문을 해도 되겠는가? 당신은 전에 이 말씀을 곰곰히 생각해 본 적이 있는가?

하나님의 말씀을 연구할 때는 한 단어의 문자적인 의미를 정확히 아는 것이 많은 도움이 됩니다. 하나님이 각각의 구절에서 특별히 무엇을 말씀하시는지 아는 것은 유익합니다. 그러므로 14절과 16절의 '냄새', '향기'로 번역된 단어를 잠깐 살펴보자. 여기 사용된 헬라어는 오스메(osme)로 단지 '냄새', '향기'를 의미합니다. 그러나 문맥을 살펴볼 때, 그것은 특별히 '좋은 희생물에 따라오는 향기'를 뜻합니다.

레위기를 잠깐 보면 거기에는 번제에 관한 내용이 많이 나옵니다. 주님께 바치는 좋은 향기로서 번제에 대한 설명이 거듭 반복됩니다. 이스라엘 백성들은 제단에 희생물을 바치라는 명령을 받았고 그 번제의 냄새는 하나님을 기쁘시게 하는 좋은 향기가 됩니다. 이것이 바로 이 단어가 의미하는 바입니다. 성경에서 이 단어를 가장 아름답게 사용한 예는 에베소서 5:2에서 발견할 수 있습니다. 거기에는 그리스도가 "자신을 버리사 향기로운 제물과 생축으로 하나님께 드리셨느니라"고 기록되어 있습니다. 당신 자신에 대해 그렇게 생각해 본 적이 있는가? 우리 그리스도인은 하나님께 드려지는 그리스도의 향기라고 바울은 말합니다. 향기로운 제품, 정말 향기로운 냄새, 어떠한가? 보통 하루를 시작하며 학교로 걸어 들어갈 때 당신 자신을 그런 식으로 그리지는 않을 것입니다.

성경 말씀은 당신이 좋은 향기임을 말해 주고 있습니다. 또 어떤 사람들은 당신의 학생들도 포함될 것입니다. 그렇게 생각하는 것이 가치 있지 않은가? 우리 함께 그 개념을 생각해 보고 거기서 어떤 것이 나오는지 살펴보자. 교회학교 교사인 당신을 돕고 당신에게 도전을 줄, 향기의 세 가지 특성에 당신의 관심을 집중시키고 싶습니다. 두 가지를 먼저 살펴보겠습니다.

첫째, 향기는 꼭 나야 합니다. 냄새 나는 물건이라면 보통 냄새가 그 물건의 특질, 구별되는 주요 특성이 됩니다. 본래의 성질, 꼭 필요한 특성이 그 냄새나 향기에 묻어 있습니다. 그런 대표적인 예가 꽃입니다. 자연 세계에서 색깔과 향기는 많은 식물과 꽃들의 두 가지 중요한 특징입니다. 야생 식물이 생존하는 데는 두 가지가 다 필요하지만 향기가 좀 더 중요한 것 같습니다. 왜냐하면 식물의 모습이 잘 보이지 않을 때에도 향기는 식물이 있는 것을 알려 주기 때문이다. 모든 꽃이 확실하게 향기를 다 뿜는 것은 아니지만 향기 나는 꽃에는 꽃잎에 식물성 정유가 있어 매혹적인 향기를 내고 있습니다. 식물성 정유의 아주 적은 양만으로도 향기를 뿜는데 충분하다는 사실이 놀랄 만합니다. 가장 짙은 향기를 내는 꽃도 식물성 정유가 차지하는 비율은 2퍼센트도 안 된다고 합니다. 아주 적은 양이 대단한 영향을 주고 있는 것입니다. 교회학교 교사를 비롯한 모든 그리스도인도 마찬가지입니다. 어떤 사람의 경우, 그 개인의 특성이 분명하게 드러납니다. 그러나 대부분의 사람의 경우 그들의 독특한 향기가 무엇인지 당신은 곧 알아낼 수 없습니다. 그런 경우 그들에게는 향기가 전혀 없다고 너무 쉽게 판단할 위험이 있습니다. 그러나 교회학교 교사에게서 배우는 학생들은 알 것입니다.

당신은 자신에 평범하고 뛰어나지 않으며 특별한 아무것도 없다고 생각할지도 모릅니다. 당신을 모르는 사람들이 당신을 처음 볼 때 그렇게 생각할지 모릅니다. 그러나 고린도후서의 말씀은 당신이 전혀 그렇지 않다는 것을 명백하게 상기시킵니다. 당신은 특별한 사람이며, 당신의 특별한 향기가 그 사실을 드러내고 있습니다. 거듭난 그리스도인으로서 당신은 성령으로 당신 안에 내주하시는 주 예수님을 마음 중심에 모시고 있습니다. 당신 존재의 중심에 바로 그리스도의 향기가 있습니다. 당신은 자신의 독특한 향기를 맡지 못할 수도 있습니다. 이 말은 성령 하나님이 당신 마음속에 내주하시는 것을 당신이 알지 못한다는 뜻은 아닙니다. 결코 그렇지 않습니다. 당신은 당신의 몸이 살아 있는 하나님의 성전인 것을 분명히 알고 있을 것입니다. 따라서 만일 당신이 당신 안에 있는 그 독특하고 아름다운 향기를 잘 알지 못한다면 그것은 놀랄 만한 일입니다. 향기가 바로 당신 안에 있습니다. 하나님께서 그렇게 말씀하고 계십니다. 작은 비록 당신이 그 존재를 인식하지 못한다 하더라도 당신을 직접 만나는 모든 사람이 분명히 알 것입니다. 많은 사람들이 알거나 이해하지는 못하며, 그것을 정확히 밝혀 낼 수는 없을 것입니다. 그러나 당신을 만나는 사람들은 알게 됩니다. 이제 향기의 두 번째 특징으로 이어집니다.

둘째, 향기는 전달됩니다. 향기는 그 존재를 알려 줍니다. 어느 정도 그것은 어쩔 수가 없습니다. 당신이 블루벨 꽃이 피어 있는 둑 근처 시골길을 걷고 있다고 하자. 혹은 스코틀랜드 고지에서 어느 상쾌한 아침에 석탄 연기가 굴뚝에서 솟아오르고 있는 한 소작인 농가 옆을 지나고 있다고 하자. 커피를 막 끓여 내는 바로 그때에 친구 집을 방문했다고 하자. 아니면 이웃집에서 마른 나뭇가지와 정원의 쓰레기를 모아 태울 때 정원에 나가 그 나무 타는 냄새를 맡았다고 하자. 이 모든 경우에 당신은 코로 향기를 맡습니다. 그 냄새는 있는 곳을 당신에게 알려 준 것입니다.

이제 나는 냄새와 향기에 관한 이 사실이 아주 분명한 것임을 알고 있습니다. 물론 향기는 전달됩니다. 그렇지 않다면 완전히 쓸모없는 것이 됩니다. 이 사실을 교회학교 교사에게 적용해 보면, 당신은 주의 백성들에 대해 이전에 몰랐던 많은 것을 발견하게 될 것입니다. 그들은 자신이 그리스도의 향기이며, 그 향기가 다른 모든 향기처럼 다른 사람에게 퍼지고 있다는 사실을 전혀 깨닫지 못하고 있습니다. 백합화 향기가 나는 곳에 있어도 그 사실을 잊어버립니다. 그러나 그들 안에 그리스도의 달콤한 향내가 있다는 것은 꼭 기억할 필요가 있습니다! 교회학교 교사들이 교실에 들어갈 때 그들은 그리스도를 모시고 갑니다. 어디를 가든지 주님은 우리와 함께 계십니다.

그렇다면 그리스도의 향기를 좀 더 효과적으로 풍기게 하는 방법을 준비하는 데 시간을 좀 할애하면 어떻겠는가? 훌륭한 수업을 위한 준비와 그리스도의 향기를 전하기 위한 계획은 둘 다 연구와 기도가 필요한 동일한 일임을 금방 알게 될 것입니다. 당신이 수업 내용만 제시하고 학생들이 할 수 있는 대로 해결하게 내버려 둔다면 대부분의 학생들은 충분히 학습하지 못할 것을 당신은 너무 잘 알고 있습니다. 향기 나는 당신의 병을 꼭 막아 두어야 하겠는가?

물론 병을 들어 당신 코 가까이 대고 깊이 숨을 들여 마시면서 독특한 향기를 알아 낼 수 있습니다. 그러나 마개를 빼 보라. 얼마나 향기로운 냄새가 나겠는가! 그러면 당신은 완전히 그것을 파악하여 그 안에 있는 향기가 어떤 것인지 확실히 알게 됩니다.

① 언어의 향기입니다. 이것은 아주 간단하게 다룰 수 있는데, 당신의 독특한 향기는 당신이 무엇을 말하고, 어떻게 말하는가에서 아주 명백하게 드러납니다. 베드로는 이에 관해 좋은 말씀을 했습니다. 베드로전서에서 그는 다음과 같이 썼습니다. "만일 누가 말하려면 하나님의 말씀을 하는 것같이 하고"(벧전4:11). 그는 우리에게 받은 은사를 성실하게 사용하라고 말하고 있습니다. 가르치는 일에 부름 받은 사람들은 확실히 말하는 은사를 받았습니다. 베드로가 설명한 방법대로 당신의 은사를 활용하면 당신은 분명히 당신의 말을 듣는 모든 사람에게 그리스도의 향기를 전할 것입니다. 당신은 어떤 향기를 내고 있는가? 어떤 의심도 하지 말라. 당신이 한 말의 결과에 관계 없이 당신은 당신의 선하고 참되고 아름다운 말을 듣는 모든 사람에게 그리스도의 향기를 분명히 전달할 것입니다.

② 행동의 향기입니다. 주님의 향기로운 냄새를 전하는 두 번째 확실한 방법은 당신이 어떻게 행동하는가에 있습니다. 이것이 어떻게 추천장이 되는가? 골로새서에는 이렇게 쓰여 있습니다. "종들아 모든 일에 육신의 상전들에게 순종하되 사람을 기쁘게 하는 자와 같이 눈가림만 하지 말고 오직 주를 두려워하여 성실한 마음으로 하라"(3:22). 주님을 영화롭게 하기 위해서 방금 골로새서에

서 인용한 말씀과 비슷한 명령이 에베소서에도 있습니다. "단 마음으로 섬기기를 주께 하듯 하고 사람들에게 하듯 하지 말라"(엡 6:7).

우리들의 행동(혹은 행위의 부족)이 학생들에게 어떤 영향을 미치는지, 이 학생의 얼굴 표정과 그 선생에 대한 학생들의 태도를 통해 알 수 있습니다. 학생들은 당신이 그들을 위해 하는 일, 혹은 그렇게 하는 이유에 대해 항상 감사하지는 않을 것입니다. 그러나 날이면 날마다. 해마다 당신이 일관되게 보여 주는 성실함은 의심할 것 없이 진정 유익한 효과를 가져 옵니다. 그것이야말로 능력 있는 증거입니다. 그러나 인상적일 것입니다. 그 효과를 측정할 수 없더라도 그것은 중요한 문제가 아닙니다. 결국 당신은 실제로 하나님 그분을 위해서 일하고 있기 때문입니다.

③ 태도의 향기입니다. 태도는 그 사람의 본질적인 향기를 전합니다. 우리 그리스도인들이 그리스도의 향기를 가장 효과적으로 전하는 것은 바로 우리의 태도입니다. 우리 학생들은 어떤 교사를 가장 필요로 하는가? 그 답은 쉽습니다. 학생들은 그들을 순수하게 사랑하는 - 감정적이지 않고 진정한 관심과 동정심을 지닌 사랑, 학생들을 하나님의 형상으로 지음 받은 인격으로 존중하는 사랑 - 교사를 필요로 합니다. 자신이 가르치는 과목을 좋아하며, 실제로 그것을 가르치는데 열심이 있고 헌신 되어 있는 교사, 인내심 있고 친절하며 오만하지 않고 고집이 세지 않으며 엄하고도 온유한 교사, 믿을 만하고 선하며 의를 위해 싸우는 존경할 만한 교사, 스스로 자기 자신을 관리하며 자기 훈련이 되어있기 때문에 적극

적인 방법으로 학생들을 훈련 시킬 수 있는 교사를 필요로 합니다.

이 말들은 당신을 묘사하고 있는가? 그래서는 안 될 이유가 전혀 없다고 생각합니다. 위 마지막 문단을 다시 읽어 보라. 공감이 되지 않는가? 성령의 열매에 관한 아름다운 말씀인 갈라디아서 5:22~23을 기억할 것입니다. 우리 안에 이런 태도 - 학생, 동료 교사, 윗 사람을 대하는 태도와 우리의 모든 일에 대한 태도 - 를 형성시키고, 그 태도를 유지하며 발전시키시는 분은 바로 우리 안에 내주하시는 성령 하나님이십니다. "우리 순전함으로 하나님께 받은 것같이 하나님 앞에서 그리스도 안에서 말하노라"(고후2:17).

이것이 우리의 현재 모습입니다. 학생들을 가르치기 위해 하나님께로부터 보냄 받은 사람. 당신은 순전함(sincerity)이란 단어의 문자적 의미를 아는가? 그것은 '오점이 없는 광명'을 의미합니다. 당신이 매일 순전함으로 가르칠 때 당신 안에 있는 그리스도의 빛이 빛날 것입니다. 마찬가지로 그리스도의 달콤한 향내도 학생과 동료들에게 전달될 것입니다.

향기는 좀처럼 없어지지 않습니다. 우리가 없어진 후에도 향기는 좀처럼 없어지지 않는다는 것입니다. 하나님의 말씀은, 당신이 하나님께 그리스도의 향기가 되고 있음을 말해 줍니다. 향수 냄새는 그 사람이 가 버려도 대기 중에 늘 남아 있다는 것을 당신은 확실히 알고 있습니다. 이제 당신의 향기, 아름다운 향기는 당신이 가르치는 일을 하는 교실에 남는다는 것을 우리 함께 기뻐하자. 더 중요한 사실은 그것이 당신이 가르치는 학생들의 마음속에 머무른다는 것입니다. 당신이 어떻게 생각하든지, 당신은 그들에게 그들 모두에게 영향을 주고 있습니다. 그것을 측정할 수는 없습니다. 대부분 그 영향이 어떤 것인지 정말 확신할 수 없습니다. 때로는 실망스러운 것일지도 모릅니다. 그러나 당신은 그런 사실을 알고 살아야 합니다. 그러므로 당신은 하나님만을 신뢰해야 합니다. 하나님이 당신을 사용하시도록 그분을 신뢰하라. 당신의 독특한 향기가 활용되도록 그분을 신뢰하라. 그 향기가 퍼지도록 그분을 신뢰하라. 그 냄새가 없어지지 않고 남아 있도록 그분을 신뢰하라. 당신을 위해 하나님이 일하실 것입니다. 그분은 약속하셨습니다.

첫 번째 질문에 대한 답은 아주 많습니다. 그러면 우리가 어떻게 그런 일을 감당합니까? 란 두 번째 질문의 답은 무엇인가? 고린도후서 2:14을 다시 읽어 보기 바랍니다. "항상 우리를 그리스도 안에서 이기게 하시고 우리로 말미암아 각처에서 그리스도를 아는 냄새를 나타내시는 하나님께 감사하노라". 알겠는가? 전혀 걱정할 필요가 없습니다. 당신 혼자가 아닙니다. 처음에 생각했던 것처럼 이 두려운 책임은 전적으로 당신의 어깨에 달려 있지 않습니다. 때로는 당신이 감당하기 어려운 일이라 느껴져 너무 약하고 평범해진 나머지 하나님을 위하여 실제 아무 영향도 미치지 못할지도 모릅니다. 그러나 이제 더 이상 의심하지 말라. 두려워하지 말라. 모세를 생각해 보라. 그의 자존감은 정말 매우 낮았습니다. 그는 하나님이 시키신 일에 자신은 무익하다고 생각했습니다. 모세는 120세까지 살았습니다. 그는 첫 40년을 훌륭한 사람이 되려고 노력하며 지냈습니다. 다음 40년은 자신이 아무것도 아님을 배우며 지냈습니다. 마지막 40년은 자신이 아무것도 아님을 배운 위대한 사람을 사용해 하나님이 무엇을 하실 수 있는지 보여 주면서 하나님을 위해 살았습니다. 그는 하나님과 그분이 원하시는 것에 집중함으로써, 자기 자신을 생각하고 걱정하는 일을 중단하는 법을 배웠습니다. 하나님이 자기 안에서, 자신을 통해 일하시도록 허용했기 때문에 그가 모든 사람에게 끼친 영향을 주목해 보라.

이제 당신과 당신의 상황, 그리고 고린도후서 2:14로 돌아가 보자. 도처에 그리스도를 아는 냄새를 나타내실 분은 당신이 아닙니다. 하나님이십니다. 하나님이 당신을 그곳에 두셨기 때문에 당신이 현재 그곳에 있습니다. 현재 상황이 어떠하든지 당신은 하나님께로부터 보냄을 받은 자입니다(고후2:17). 그리고 당신을 그리스도 안에서 이기게 하시는 분은 하나님이십니다. 이 말을 명심했는가? 이기게 하심. 나는 항상 승리하는 것처럼 보이지는 않을 것이라는 사실을 압니다. 그러나 본질적인 당신의 모습을 나타내는 그리스도의 향기, 즉 당신의 향기는 매일 전달 되고 있고, 좀처럼 없어지지 않고 남으며, 영향을 미치고 있습니다. 그리고 하나님이 당신을 부르셔서 수행케 하신 일이 진행됩니다. 당신과 내가 할 일은 모세처럼 신뢰하고 복종하는 것입니다. "그러므로 견고하며 흔들리지 말며 항상 주의 일에 더욱 힘쓰는 자들이 되라 이는 너희 수고가 주 안에서 헛되지 않은 줄을 앎이니라"(고전15:58).

8) 영혼을 향한 뜨거운 관심이 있는 교사

교회학교 교사는 학생들을 누구보다 이해하고 사랑할 수 있는 자여야 합니다. 인간을 이해하고 좋아하는 것은 하나님의 사랑을 아는 자요 인간의 생명의 존엄성을 아는 자입니다. 예수님께서는 "사람이 만일 온 천하를 얻고도 제 목숨을 잃으면 무엇이 유익하리요 사람이 무엇을 주고 제 목숨을 바꾸겠느냐"(마16:26)라고 하시므로 인간 생명의 존엄성을 말씀하시었습니다. 하나님의 형상으로 지음 받은 인간의 가치는 바로 영적인 생명에 있는 것입니다. 오늘날 물질만능주의는 인간의 가치관을 상품화 하기에 이르러 인권유린과 함께 생명 경시 풍조가 만연하고 있습니다. 그러나 성경은 하나님을 사랑하고 인간을 사랑하라고 가르치고 있습니다. 그러므로 하나님의 일꾼 된 교회학교 교사는 무엇보다 누구보다도 사람을 이해하고 사랑하는 열정이 있어야 합니다. 인간 생명의 가치는 헤아릴 수 없는 영혼에 있지 신체의 크거나 작은데 있지 아니하고 남녀노소 구별이나 빈부귀천에 따라 달라지는 것이 결코 아닙니다.

세계적으로 유명한 독일의 재상이었던 비스마르크는 어른들에게는 모자를 쓴 채 인사를 했으나 어린이들에게는 깍듯이 모자를 벗어들고 인사의 답례를 했다고 합니다. 그래서 그의 제자들이 이상히 여겨 그 사유를 물어보니 "장차 저들 중에서 나보다 더 훌륭한 인재가 날런지 모르니까"라고 하였습니다. 인간의 영혼은 헤아릴 수 없는 실존이기에 어린이의 영혼이나 어른의 한 영혼이나 꼭 같은 것입니다. 이러한 한 영혼을 향해 그리스도의 사랑을 가지고 대할 수 있어야 하겠습니다. 좋은 교사는 부모가 자식에게 하듯이 애정을 가지고 있어야 합니다. 데살로니가전서 2:7에 보면 바울은 데살로니가 교인들을 향해 유모가 유순한자 되어 자녀를 기름과 같이 하였다고 했습니다. 또 그들을 사모하여 하나님의 복음으로만 대한 것이 아니라 목숨까지 주기를 즐겨할 정도로 사랑하였다고 했습니다(살전2:7~8). 그렇습니다. 자식을 사랑하는 마음으로 주일 학생들을 가르친다면 여러 방면으로 좋은 열매가 반드시 맺히게 됩니다.

사랑하지 않는 자는 하나님을 모르는 자입니다. 사랑하지 않는 자는 여전히 죄 가운데 있고 어두움에 속하여 있는 것입니다. 그것은 왜냐하면 하나님은 사랑이요 또한 참된 생명의 빛이시기 때문입니다. 교사는 주님을 사랑할 수밖에 없는 하나님의 사랑에 압도된 자요, 그 대속의 사랑에 포로가 되어 주님의 뜻대로 끌려가지 않을 수 없는 사람이어야 하겠습니다. 예수님께서는 가장 으뜸가는 계명으로 하나님을 사랑하되 마음을 다하고 목숨을 다하고 힘을 다하여 사랑하고 또한 이웃을 네 몸과 같이 사랑하라고 말씀하시면서 이것이 온 율법과 선지자의 강령이라고 하셨습니다(막12:28~31). 하나님을 사랑함이 나와의 수직적인 관계라면 인간을 사랑함은 수평적인 관계입니다. 이 관계를 균형 있게 조화를 이루어 나가야 하되 이 두 관계는 서로 분리될 수 없는 관계로 하나님을 진심으로 사랑하는 자는 사람의 영혼을 사랑하지 않을 수가 없게 됩니다.

오늘 교회학교 교사 된 우리가 더 많이 관심을 가지고 사랑하게 되는 것은 무엇인가? 참으로 인간의 영혼을 사랑하는 자는 그 영혼을 위해 수고하게 되고 인내하며 잃어 버린 바 된 모든 자들에게 관심을 가지게 됩니다. 마태복음 18장 16절에서 주님은 "누구든지 나를 믿는 이 소자 중 하나를 실족케 하면 차라리 연자 맷돌을 그 목에 달리우고 깊은 바다에 빠뜨리는 것이 나으니라"는 말씀을 하셨는데 이 말씀은 실족케 한자는 법정의 집행관들에 의하여 형벌을 받아 처형당하는 것을 의미하는 만큼 세 가지 교훈을 받게 됩니다. 첫째는 주님께서 믿는 자 한 사람을 귀히 여김이시요 둘째는 주님께서 한 영혼을 무엇보다 중요하게 여기시고 셋째는 가르치는 교사의 직분을 귀히 여기신다는 것입니다. 이와 같이 교사는 어린아이의 영혼을 사랑해야 하는 직분이므로 가장 막중한 사명이 있는 것입니다.

그리스도의 십자가 사건 후 제자들은 저마다 사명을 포기한 채 낙심과 깊은 절망에 사로잡혀 있었습니다. 그들의 좌절은 그토록 믿고 의지하며 따른 그리스도께서 맥없이 십자가의 고난의 길을 걸으시사 죽으셨기 때문입니다. 그들은 고난의 의미와 평소 주님의 말씀을 깨닫고 믿는 믿음의 부족, 즉 불신앙 때문이요 또 하나는 그토록 자기들을 위하시던 주님을 어디든지 따르겠다고 작정한 결심이 너무나 어이없이 무너져버린 처절한 실패의 무기력한 잔을 들었기 때문이었습니다. 그러나 부활하신 주님께서는 실의와 좌절속에 잠겨있는 제자들을 포기 하지 않으시고 디베랴 바다가를 찾아 오셨습니다. 그리고 무엇보다도 사랑을 재점검하시었습니다. "요한의 아들 시몬아 네가 나를 사랑하느냐?" 그때 시몬은 '주님 제가 비록 실패 하였지만 그러나 진정 주님을 사랑합니다. 그 중심은 주께서 아십니다'라고 대답하였을 때 그리스도께서는 "내 양을 먹이라" "내 양을 치라"고 하셨습니다(요21:15~22). 또 "나를 따르라"고 하셨으니 오늘 인도자의 자세와 사명이 무엇인지를 생각하게 합니다. 주님은 참으로 자신을 사랑하는 제자가 주님의 어린 양 떼들을 사랑할 수 있다고 보셨습니다. 주님을 사랑하는 사람이 '먹이고' '치는' 교회학교 교사의 사명을 감당할 수 있으므로 그 사랑을 재점검 하시고 다시 사명을 주셨던 것입니다. 그리고 사랑한다면 "너는 나를 따르라"는 것입니다.

길을 잃어 버린 한 마리의 양을 향한 선한 목자의 심정으로 거스리고 패역한 탕자를 아무 말 없이 가슴에 안고 받아드리는 아버지의 넓은 마음으로 주어진 사명을 감당하도록 하자. 그리스도 예수께서는 나와 같은 허물 많은 죄인을 위해 단번에 성체를 깨뜨리시고 물과 피를 다 흘려 주셨지 아니했는가?

분주한 세상에서의 삶 속에서 자신도 모르게 희미해져 가는 마음의 십자가를 의지하면서 말라 버린 감정과 굳어진 타성에 젖은 몸짓으로 나타내는 인위적인 사랑의 모습을 버리고 그리스도의 가슴으로 어린이들을 품자. 그리스도의 눈으로 지켜보며 그리스도의 온유와 애정 담긴 관심의 몸짓으로 한 영혼을 사랑하는 교사가 되어야겠습니다. 주님은 죄인을 섬기시러 오시되 자기의 목숨을 많은 사람의 대속물로 주러 오시어 아낌없이 십자가의 제단에 바치셨으니 그의 제자 된 우리도 그 사랑으로 섬기는 교사가 되도록 하자.

9) 헌신하는 교사

'헌신'이란 말은 하나님께서 쓰시도록 하기 위해 물건이나 사람을 따로 떼어서 하나님께 바치는 것을 의미합니다. 모세와 솔로몬은 여호와를 위해 기물들을 따로 구별하여 고대 이스라엘의 장막과 성전을 헌납하였습니다(레8:1~11, 왕상8장). 이스라엘의 제사장들도 주님께 봉사하기 위해 헌신 된 삶을 살았으며, 하나님의 백성들을 대신하여 바쳐진 희생 제물들을 하나님께 헌납하였습니다(레8:12~36).

신약 성경은 성도의 삶에서 제사장과 희생의 개념을 하나로 묶고 있습니다. 모든 그리스도인들은 주님께 드리는 예배에서 "예수 그리스도로 말미암아 하나님이 기쁘게 받으실 신령한 제사"(벧전 2:5)를 드리도록 위임받은 제사장의 역할을 감당합니다. 로마서 12장 1~2절에서 사도 바울은 성도이자 제사장이 드리는 제사의 성격을 더 구체적으로 표현하고 있습니다. "그러므로 형제들아 내가 하나님의 모든 자비하심으로 너희를 권하노니 너희 몸을 하나님이 기뻐하시는 거룩한 산 제사로 드리라 이는 너희의 드릴 영적 예배니라"(롬12:1).

제사장은 자신의 삶을 제물로 드립니다. 구약 시대처럼 생명이 없는 희생이 아니라 계속적인 헌신으로 하나님께서 원하시는 살아 있는 제사를 말합니다. 이스라엘의 구약 성경에 나오는 것처럼 제사장이 드린 제사의 제물들은 태우거나 제사장과 그의 가족들이 먹었습니다. 그러나 신약 성경에 나타나는 성도이자 제사장(자기 자신이 제물인)은 날마다 주님과 동행하며 지속적으로 주님께 봉사하게 됩니다.

산 제물이 되겠다는 이와 같은 헌신은 모든 교회학교 학생에게 해당 되는 것이지만, 먼저 교사의 삶을 통해 이루어져야 합니다. 그리고 난 후에 교사는 학생들에게 그들의 삶을 산 제사로서 바치도록 격려하고 권면할 것입니다. 교사의 이런 헌신은 하나님의 말씀에 대한 정규적인 연구와 더불어 규칙적이며 생명력 넘치는 헌신적인 삶을 필요로 합니다. 예수님 자신은 "너희가 내 말에 거하면(열중하기를 계속하며) 참 내 제자가 되고"(요8:31) 라는 말씀을 통해 분명하게 밝히셨습니다. 교사 자신이 제자로서 하나님의 말씀 안에 풍요롭게 거할 때만이 학생들의 삶 속에 하나님께 헌신하려는 소망과 믿음의 체험을 길러나가고자 하는 소망을 불어 넣어 줄 수 있다고 기대할 수 있습니다.

제자를 길러내는 교사는 '헌신 된 삶'이라는 과정을 통해서 교육해 간다고 할 수 있습니다. 가르침은 교육 자료에서 제시한 것과 일치되도록 만들지만, 그럼에도 불구하고 이 자료는 주님께 영광을 돌리기 위해 사용되어야 합니다. 바울은 고린도전서 10장 31절에서 "그런즉 너희가 먹든지 마시든지 무엇을 하든지 다 하나님의 영광을 위하여 하라"고 권면합니다. 비록 그 특별한 말씀이 교회학교 교사를 실족케 할 수도 있지만, 그 원리는 명백하게 삶의 모든 노력에 적용됩니다. 그리스도의 제자는 먹든지 마시든지 글을 쓰든지 변화를 만들든지 다리를 건설하든지 연설을 하든지 하는 모든 일 속에서 하나님을 위해 따로 구별되며 거룩하고 헌신 되어야 합니다. 그래서 제자는 하나님의 영광을 위해 모든 것을 하는 것입니다.

교회학교 교사는 여러 방법으로 헌신의 중요성을 전달할 수 있습니다. 교사는 자신의 간증과 생활 방식을 통해 분명하게 성경 신학적인 입장을 학생들에게 전해줍니다. 또한 주님의 축복과 사용하심을 위해, 또 주님께 그 시간을 맡겨드리기 위해 수업 시간이 시작되기 전에 성경을 읽거나 기도 할 수도 있습니다. 교사는 학생들의 관심을 영적인 것으로 이끌기 위해 수업 시간 중에 때때로 찬송가나 복음 성가를 함께 부르기도 합니다. 그 찬양은 성경의 진리를 표현하거나, 배우고 있는 것들이 그리스도를 위한 사역에서 어떻게 쓰이는지 보여주기도 합니다.

교회학교 교사는 자신의 믿음 생활에 진보가 일어나야 합니다. 만일 그들이 아직까지 그리스도인이 아니라면, 교사는 구주 되신 그리스도를 향한 자신의 필요와 헌신을 학생들에게 전달하고 의견을 나누는 것이 얼마나 중요한지 알아야 합니다. 더욱이 수학, 가정, 경제학, 정치, 성경 등 그 과목에 상관없이 교사는 교실 학습에서 학생들이 그리스도께 드리는 예배가 가능함을 알려주는 고귀한 작업이 이루어져야 합니다. 교사의 첫 번째 우선 순위는 자신의 헌신 된 삶이어야 합니다. 그런 다음 거룩함이 교사가 학급에서 제자 훈련 과정에 있는 학생들과 이야기하기를 원하는 첫 번째 주제가 되어야 합니다. 학생들의 목자인 교사는 학생들로 하여금 성경의 진리와 접하고, 헌신 되고 구별된 삶을 살도록 도전을 주기 위해 끊임없이 일해야 합니다.

10) 성장을 갈망하는 교사

연초가 되고 새로운 회기가 시작되면, 선생님들께 반의 목표를 세우라고 주문합니다. 이른바 반 목회를 어떻게 할지 프로젝트를 세우라는 것입니다. 이것이 그리 거창한 것은 아닙니다. 우리 반이 올 한 해 이루고 싶은 목표를 세우고 선생님과 학생들이 함께 나아가도록 하는 것입니다. 쉽게 말하면 매주 예배 안 빠지기, 수련회 다 함께 참석하기, 모두 큐티하기, 교회 기도회에 참석하기, 전도 집회 때 친구 한 명씩 전도하기 등입니다. 이러한 목표를 잘 세우고 가는 교사와 목표 의식 자체가 없는 교사 사이에 나중에 얻어지는 결과는 큰 차이가 나는 것을 보게 됩니다.

교회학교 교사의 최종적인 목표

교회학교 교사에게는 반드시 목표 의식이 있어야 합니다. 당신은 어떠한 목표를 가지고 오늘도 교사의 직분을 감당하고 있습니까? 교회학교 교사의 최종적인 목표는 무엇이라고 생각하나요? 이 질문에 대한 답을 나는 에베소서 말씀으로 설명하고 싶습니다. 이 말씀이 기독교 교육의 목표라고 생각합니다. "우리가 다 하나님의 아들을 믿는 것과 아는 일에 하나가 되어 온전한 사람을 이루어 그리스도의 장성한 분량이 충만한 데까지 이르리니"(엡4:13). 먼저 예수 그리스도를 믿은 교사는 맡고 있는 학생들도 예수님을 믿게 하고 그들이 그리스도의 장성한 분량에 이르도록 돕는 것이 교육의 목표라고 생각합니다. 지금 당신이 맡고 있는 그 아이가 예수님을 인격적으로 만나고 그리스도의 제자가 되며, 더 나아가 수많은 아이들을 주님께 이끌 수 있다면 교사로 섬기는 것이 너무도 행복할 것입니다.

처음에 많은 교회학교 교사들은 분명한 목표 의식을 가지고 교사의 직분을 감당합니다. 그런데 조금 지나면 목표가 하나둘씩 무너지기 시작합니다. 왜냐하면 목표를 달성하기엔 현실의 벽이 너무 높기 때문입니다. 어느새 교사들은 아이들의 영적인 성숙은 뒤로하고 "우선 교회만 나오면 좋겠다. 지각만 안 하면 좋겠다. 결석만 없는 반 되는 것이 목표다" 등으로 거창한 목표는 사라지고 현실적인 목표로 재수정합니다. 그렇다면 왜 교사들의 목표 의식은 지속되지 못하는 걸까요? 바로 그것은 목표 의식에 앞선 '부모 의식'이 없어서 그렇습니다.

부모의 심정으로 아이들을 대하라

당신이 진정한 교회학교 교사가 되기 위해서 필요한 것은 부모 의식입니다. 세상에 자기 아들을 포기하는 부모가 얼마나 될까요? 부모라면 지금 아이의 모습이 미성숙할지라도 기대하면서 기다리게 됩니다. "반드시 좋아질 거야. 반드시 달라질 거야." 이런 희망을 품고 끝까지 기다리는 사람은 부모밖에 없습니다. 훌륭한 교사는 부모의 심정으로 아이들을 대합니다. 지금 한국 교회학교의 어려움은 절박한 마음과 심정으로 다가가는 엄마와 같은 교사, 아빠와 같은 선생님이 없다는 데 있습니다. 기억하십시오, 교사는 아이들의 영적 부모입니다. 지금 맡고 있는 반 아이들을 성장시키고 싶다면, 먼저 부모의 마음을 달라고 기도해야 합니다. 부모는 나이가 많다고 무조건 되는 것은 아닙니다. 또한 어리다고 못하는 것도 아닙니다. 부모의 마음이 생기면 교사는 어떠한 헌신이나 희생도 다 하게 됩니다.

미국의 매기 도인은 20대 처녀의 나이로 내전으로 폐허가 된 네팔의 아이들 50명을 자기 자녀로 삼았습니다. 아무도 돌봐주는 사람이 없어서 헐벗고 교육도 받지 못하는 아이들에게 집을 지어 주고 학교를 보내 주었습니다. 비록 20대 젊은 나이었지만, 그녀는 진짜 엄마보다 뛰어난 엄마였습니다. 지금 맡고 있는 반 아이들의 성장을 기대한다면, 모든 교회학교 교사들은 아이들의 부모가 되어야 합니다. 진짜 부모의 심정으로 사랑하고 기다리고 기대해야 합니다.

교사가 영적으로 좋은 부모가 되기 위해서는

부모가 되는 것은 쉽지만 부모 됨은 어려운 일입니다. 아이를 낳았다고 무조건 부모가 되는 것이 아닙니다. 진정한 부모가 되기 위해서는 많은 공부와 노력뿐 아니라 수많은 시행착오를 거쳐야 합니다. 좋은 부모일수록 많은 준비가 필요합니다. 그렇다면 교회학교 교사가 영적으로 좋은 부모가 되기 위해서 어떠한 준비가 필요할까요?

첫째, 자기 아이들에 대해서 능통함이 필요합니다. 우리 반 아이들이 무엇을 좋아하고 싫어하는지, 아이들의 가정환경과 부모의 모습은 어떠한지, 평소 친구 관계는 어떠하고, 그 아이들의 발달 단계에서 가장 중요한 것은 무엇이며, 지금 아이들이 직면하는 문화적 이슈는 무엇인지 샅샅이 파악해야 합니다. 우리 반 학생들의 이름이 나오면, 그 아이에 대한 모든 정보가 술술 나올 정도가 되어야 부모로서 준비되었다고 할 수 있습니다.

둘째, 말씀에 대한 능통함이 필요합니다. 교회학교 교사가 영적인 부모가 되는 데 있어서 최고의 매뉴얼은 성경 말씀입니다. 특별히 매주 아이들에게 전달해야 할 분반 공부에 대해서는 능수능란해야 합니다. 교회학교 교사가 분반 공부를 진행하는데, 책이나 교안을 들고 진행한다면, 아직 말씀에 대한 능통함이 약하다고 볼 수 있습니다. 한 주 증거 해야 할 말씀의 분량은 그리 크지 않기 때문에, 완전히 숙달하면서 학생들에게 다가가야 합니다.

셋째, 반 운영에 대한 능통함이 필요합니다. 올해 당신이 교사로 부름 받았으면 일 년간 반 아이들을 이끌고 매주 그들의 필요를 채워 주며 돌봐야 합니다. 아이들은 시즌에 따라서 다양한 접근이 필요합니다. 학기 초, 시험 기간, 축제, 소풍, 체육대회, 수학여행 기간, 방학 기간 학기 말 기간 등으로 아이들의 필요가 있을 때마다 지혜롭게 접근해야 합니다.

교사의 영적 분량만큼 크는 아이들

가정에서도 부모가 성숙해야 아이들도 성숙할 수 있는 것처럼, 교회학교 교사들이 먼저 성숙과 성장을 경험할 때 그 반의 아이들 역시 성숙해지고 성장할 수 있게 됩니다. 늘 느끼는 것이지만 교육부서는 담당 교역자의 분량 만큼 성장하게 됩니다. 각 반은 교사의 분량만큼 크게 됩니다. 그렇다면 교사의 과제는 끊임없이 성장하고 성숙해지는 것입니다.

홍민기 목사님은 교사 영성의 성숙 조건으로 여섯 가지를 이야기했습니다. 첫째, 자기 인식을 할 수 있는 교사가 되어야 합니다. 교사가 영적인 것을 이야기하기 위해서는 내 수준이 어떠하고 내 모습이 어떠한지 교사가 정확히 알고 있어야 합니다. 둘째, 자기 통제가 되는 교사가 되어야 합니다. 성령의 열매 가운데 '절제'는 가장 마지막에 나옵니다. 교사들 가운데 자기 성격을 절제하지 못해서 교회에서 물의를 일으키는 분들이 있는데, 교사로서 무자격이라고 할 수 있습니다. 교사의 직분은 힘들기 때문에 늘 절제하고 자기 통제가 우선되어야 합니다. 셋째, 스스로 동기 부여하는 교사가 되어야 합니다. 끊임없이 영적인 양분을 공급받는 가운데 힘을 얻고 타인의 질책과 비난에 쉽게 무너지지 않아야 합니다. 넷째, 자신을 긍정적으로 바라볼 수 있는 교사여야 합니다. 교사가 자기 자신을 긍정적으로 보는 연습을 많이 할 때 반 아이들도 자신을 긍정적으로 보게 됩니다. 다섯째, 교사는 자아도취에 빠져서는 안 됩니다. 나는 너무 완벽하다든지, 뛰어나다든지, 아이들이 자기를 무조건 좋아한다든지 등의 생각 속에 있으면 매우 위험합니다. 여섯째, 학생 입장에서 생각하는 교사가 되어야 합니다. 모든 것을 학생들의 눈높이에서 생각하고, 그 아이의 입장에서 생각하는 감정이입 능력이 뛰어나야 합니다.

교회학교 교사가 영적으로 먼저 성장하는 데 힘쓸 때, 우리 반 아이들도 성장할 수 있다는 사실을 항상 기억해야 합니다. 교사가 성장하면 반드시 학생들은 열매를 얻습니다. 하워드 헨드릭스 교수의 책 "삶을 변화시키는 가르침"에 다음과 같은 이야기가 나옵니다. 헨드릭스 교수는 시카고에서 열린 교회학교 대회를 참석했는데, 여기서 상당히 나이가 든 할머니 한 분을 만납니다. 자그마치 83세였는데, 밤새 버스를 타고 시카고까지 힘들게 온 것이었습니다. 궁금하지 않을 수 없습니다. "할머니, 어떻게 오셨어요?". 할머니는 질문하는 사람에게 잔잔한 어조로 말씀하셨습니다. "내가 좀 더 나은 교사가 되도록 무엇인가 배우려고 왔습니다". '여든이 넘은 늙은 할머니가 교사를 하면 얼마나 잘할 수 있을까?'라는 의문을 품을 수 있지만 이 할머니 교사는 끊임없이 배우려는 의지, 성장하는 의지가 강했습니다. 어찌 보면 매년 성장과 성숙을 체험하고 있는 교사였다고 볼 수 있는데, 이 할머니 교사 한 분 밑에서 84명의 교회 전임 사역자가 배출되었습니다. 그 할머니는 나이를 뛰어넘어서 성장에 대한 갈망, 가르침에 대한 열정을 가지고 있었기 때문에 이러한 열매를 얻을 수 있었던 것입니다.

하워드 헨드릭스는 교사는 매일 성장을 갈망해야 한다고 강조합니다. 그는 "만일 당신이 오늘 성장을 멈춘다면 내일 가르침을 멈추어라"라고 말합니다. 그는 대학생 시절에, 늘 밤 11시까지 불이 켜져 있는 교수님의 연구실을 보고는 신기해서 질문했다고 합니다. "왜 아직도 늦은 시간까지 공부하십니까?". 이때 교수님께서 말씀하셨습니다. "나는 학생들에게 고여 있는 연못물보다는 흐르는 시냇물을 마시게 하고 싶네". 100퍼센트 동의하는 말입니다. 오랜 시간 교사를 했다고, 또한 내가 영적으로 성숙했다고 자부하는 순간 넘어지게 되는 것입니다. 교사의 성장은 결코 타협하거나 멈출 수 없는 것입니다. 교사는 어느 정도 성장하고 멈추는 것에 만족하는 것이 아니라, 계속 성장해야 합니다. 교사의 직분을 내려놓는 그 순간까지 교사는 성장을 꿈꿔야 합니다. 그리고 교사가 성장하는 만큼 반 아이들도 함께 성장하게 됩니다.

교사의 다짐 !

B. 클레이턴 셤퍼트

• 나는 교회학교 교사이다.

• 나는 학생들의 토기장이이다.

• 내 임무는 막중하다.

• 나는 하나님의 청지기이다.

• 나의 역할은 말과 행동으로 그리스도를 닮아가는 것이다.

• 내 몸은 하나님의 성전이다. 나의 학생들은 나에게 소중하다.

• 나는 항상 칭찬받지는 못하겠지만 언젠가 나의 때가 올 것이다. 그 날이 오면 나는 시온으로 가서 주께서 "참 잘하였도다. 나의 제자여! 이제 내가 마련한 상급을 너에게 주노라"고 말씀하시는 것을 들을 것이다.

• 그때 나는 나의 가르침이 허망한 것이 아니었다는 것을 알게 될 것이다.

참고도서

• 강정훈, 교사 다시 뛰자, 두란노, 2019.

- 강정훈, 교회 교사론, 늘빛출판사, 1994.

- 노르만 E. 하퍼, 현대 기독교 교육, 이승구 역, 1992.

- 신재성, 친애하는 교사 여러분, 두돌비, 1994.

- 신종국, 교사 실무 핸드북, 정인, 1993.

- 이정현, 교사 베이직, 생명의 말씀사, 2018.

- 이현철, 조철현, 박신웅, 교회학교 교사의 전문성과 리더십, 고신대학출판부, 2016.

- 케네스 갱글, 하워드 핸드릭스 외 달라스 신학교 교수진, 교수법 베이직, 유명복, 홍미경 역, 1990.

- 필립 메이, 어떤 교사가 될 것인가?, 정애숙 역, 한국기독학생회출판부, 1992.

- 하정환, 교사 십계명, 나눔사, 2007.

8장

교사의 자격

4) 교사가 갖출 바른 성품

5) 가르침에 대한 관심

6) 교사의 준비

7) 인내

• 좋은 교사가 되려면

어떤 스승을 만나느냐에 따라서 개인의 미래가 결정된다는 것은 새삼스러운 이야기가 아닙니다. 인격이 형성되는 시절에, 개인의 장래 희망이 결정되는 나이에 만난 스승은 그에게 지대한 영향을 미치게 될 것입니다. 스승은 학생들에게 있어서 거의 전부라고 할 수 있습니다. 그만큼 학생들은 교사를 닮습니다. 교사가 품고 있는 인생관, 종교관, 신념 등이 고스란히 학생들에게 유입이 됩니다. 그러므로 훌륭한 사람 뒤에는 언제나 훌륭한 부모가 있고 교사가 있습니다. 교회학교 교육에 있어서 교사는 결정적입니다. 교육 환경이 열악한 상태에서는 교사의 헌신적인 가르침에 기대해 볼 수밖에 없습니다. 교사가 먼저 하나님 앞에 바로 서고 확실한 소명감 속에 어린이들을 가르칠 때 그 어린이들 역시도 교사를 본받게 됩니다. 교사가 신앙심이 부족하고 교사직을 억지나 형식적으로 수행하려고 한다면 어린이들도 그런 사람으로 자라나게 마련입니다.

모범 교사의 반은 언제나 모범입니다. 성수 주일을 하며, 비록 어린이들이지만 구원의 확신을 가지고 지각조차 하지 않으려 듭니다. 어린이들은 교사를 통하여 하나님을 봅니다. 모범적인 교사에게서 배우며 모범 어린이들이 되어갑니다. 이와는 반대로 교사가 모범적이지 못하면 그 반 어린이들도 모범적이지 못합니다. 신앙생활을 태만히 하는 교사 밑에는 그런 어린이들이 태반입니다. 교사가 결석이나 지각을 자주 하면 희안 하게도 어린이들이 닮아 갑니다. 학생 시절에는 모든 면에서 교사를 뛰어넘지 못합니다. 예수님 역시도 "제자가 그 선생보다 또는 종이 그 상전보다 높지 못하나니 제자가 그 선생 같고 종이 그 상전 같으면 족하도다"(마 10:24,25)라고 하셨습니다. 성년이 되면 모를까 배우는 입장의 학생들은 스승의 수준을 뛰어 넘지 못하는 것입니다. 그러므로 교회학교 교사들은 자기 자신을 위해서도 물론이려니와 가르침을 받는 학생들을 위해서라도 모범적이고도 좋은 교사가 되어야 합니다. 배울 것이 많은 교사가 되어야 합니다.

어린이들 개개인의 장래가 자기의 손에 달려있다는 막중한 책임감을 느끼면서 교사의 직분을 감당 하지 않으면, 어린이들은 여러분들에게서 배웠다는 그 한 가지 이유만으로도 인생에 큰 손해를 보게 되는 억울함이 있을 것입니다. 영화「나의 왼발」로 유명한 크리스티 브라운의 경우만 해도 그렇습니다. 그는 선천적으로 타고난 중증 장애자입니다. 그는 아무것도 할 수 없는 사람이었으나 그의 어머니가 꼼지락거리는 왼발을 보고 의사를 찾아 나섭니다. 브라운은 여의사 아일린 콜리스를 만나게 되었고, 그녀와의 만남은 그의 운명을 변화시킵니다. 브라운은 왼발밖에 움직일 수 없는 사람이었으나 그림을 그리고 시와 소설을 쓰기도 해서 일약 세계적인 유명 인사가 됩니다. 좋은 선생님을 만났기 때문입니다.

이런 사실을 두고 볼 때, 모든 교사들은 만나는 학생들에게 운명이 됨을 알아야 합니다. 그들과의 만남은 반 배정에 의해서 우연히 되어진 것이 아니라 하나님의 섭리 가운데 이루어진 것입니다. 1년을 맡아도 막중한 책임감을 느껴야 합니다. 그들의 인생과 생애 속에 여러분과의 만남이 축복으로 되어 있어야 하며, 배우는 학생들에게 여러분들과의 만남을 감사와 기쁨의 추억으로 남게 해야 합니다. 성장해 가면서도 마음속의 스승으로 모시고 어려운 일을 만났을 때 찾아가서 의논하고 지혜를 구하는 평생의 교사가 되어 줄 만큼 학생들과의 만남을 소중하게 여겨야 할 것입니다. 형식적인 교사 생활에는 결코 이런 기대를 할 수도 없으면서 그런 기대를 한다면 그것은 자신의 얄팍한 상식에 속는 어리석은 일입니다.

스승은 학생들 쪽에서만 운명이 아니라 교사 자신에게도 운명이 될 수 있다는 자부심, 책임감과 함께 어린이들 개인 개인에 대해서 그리스도적 사랑으로 돌보며, 가르치는 일로 그들을 섬겨야 할 것입니다. 교사가 학생들에게 축복의 만남이 되기 위해서는 어떻게 해야 할 것인가? 그들이 자기의 삶을 정립하는데 큰 영향을 미쳐야 합니다. 영향을 미치는 길은 교사의 친절, 인격, 성품, 열심... 모든 것이 중요하지만 그보다 먼저 교육의 내용이 중요합니다. 어떤 것을 가르침 받았느냐에 따라서 인생관이 형성되기 때문입니다.

누가 교사인가?

"누가 교사인가?"라는 질문보다 앞서야 할 질문이 있습니다. "누가 교사가 될 수 있는가?"입니다. 이 질문은 매우 심각한 질문이 아닐 수 없습니다. "교회학교의 교사는 과연 누가 될 수 있을 것인가?"라는 질문은 교회학교에서 매우 중요한 논제입니다. 사회에서는 학교의 교사가 되고자 하면 그는 교사로서의 소양과 실력을 쌓기 위해 오랜 기간 동안 배우고, 교사로서의 충분한 소양이 갖추어졌는지를 심사받아 교사 자격증을 취득한 후에라야 교사로서 학교의 강단에서 가르치는 일에 참여하게 됩니다.

　그러나 교회에서는 어떠한가? 누가 교회학교의 교사가 되기 위해 오랜 기간 동안 교사로서의 소양과 실력을 쌓기 위해 배우던가? 또는 교회학교의 교사를 선정함에 있어서 그의 사회적인 신분이나 학력이 얼마나 중요하게 여겨지고 있던가? 아닙니다. 교회학교의 교사가 되는 데 있어 이러한 조건들은 문제가 되지 않습니다. 오직 교회학교의 교사는 각자에게 드러난 신앙적 역량에 의해 선택되고 교사로 임명되는 경우가 많습니다. 그렇다면 교회학교의 교사는 아무나 할 수 있는 것인가? 자신이 원하거나 교회의 목회자나 교회학교의 지도자들이 원하기만 하면 아무나 될 수 있는 것인가? 이것 또한 아닙니다. 교사는 아무나 할 수 있는 것이 아닙니다. 교회학교의 교사는 누구든지 할 수 있는 직분이 아닙니다. 이 직분은 선택된 하나님의 사람들만이 할 수 있는 일입니다. 그러나 하나님의 선택에 관하여는 아무도 모릅니다. 오직 선택하신 분과 선택하심을 받은 자만이 알 수 있는 신비함이 하나님의 선택에서 나타나기 때문입니다. 그러므로 무엇보다도 중요한 것은 교회학교의 교사는 항상 믿음의 자격을 구비하고 있어야 한다는 사실입니다.

이 자격은 세상에서 학교 교육을 담당하는 교사와 같이 배우고 익혀 자격시험을 통과함으로써 구비 할 수 있는 자격과 같은 것이 아닙니다. 오직 하나님 앞에서 하나님의 뜻에 부합된 자격을 의미합니다. 따라서 "누가 교사가 될 수 있는가?"라는 질문은 이 문제에 대한 자신의 신앙고백이 필요한 내용이 될 수 있는 것입니다. 그렇다고 해서 교회학교의 교사에게도 일정한 자격 기준이 있음을 부인하지는 않습니다. 그 자격은 지극히 개인적인 것이고 하나님과의 관계에서 얻어질 수 있는 것이지만, 이를 인정하시는 것은 하나님께서 사람을 통해 하시는 일이기에 자신의 신앙고백이 필요하다고 하는 이유가 여기에 있습니다. 교회학교의 교사로서 갖추어야 할 자격은 무엇인가? 여기에 대해서는 지극히 신앙고백적인 대답이 필요합니다. 따라서 이를 위한 몇 가지 중요한 점을 간과해서는 안 됩니다. 이는 교회가 교회학교의 교사를 임명함에 있어서 반드시 필요한 조항이 되어야 하기 때문입니다.

교회학교 교사의 자격

교회는 그 교회의 담임 교역자 이상 클 수가 없습니다. 이것은 일반적인 원리로서 교역자가 성장한 만큼 교인도 성장하고 교역자가 열매를 맺는 만큼 교회도 열매를 맺게 됩니다. 인도자가 자유주의적인 신앙생활을 하면 교인도 그러하고 신비주의적인 목회를 하면 교회는 신비주의적인 모습으로 나가게 됩니다. 또 복음적이고 개혁주의적인 목회를 하게 되면 역시 그렇게 교회가 세워집니다. 그러므로 인도자의 역할이 중요함은 새삼 두말할 필요가 없이 사회의 어떤 분야의 단체에서도 쉽게 볼 수가 있습니다. 예수님께서는 "… 만일 소경이 소경을 인도하면 둘이 다 구덩이에 빠지리라"(마15:14)고 하시므로 유대 종교 지도자들의 잘못된 모습을 일찍이 지적하셨습니다. 오늘날도 마찬가지로 교사들은 어린 영혼들을 주님께로 인도하는 중요한 지도자입니다. 이 교사들에 의하여 교회학교가 성장하기도 하고 쇠퇴하기도 함이 지나친 말은 아닙니다. 그러므로 교회학교에서는 자격 있는 교사가 일하여야 합니다. 만일 자격 있는 교사가 부족하면 교사 수를 줄이고 반을 축소하더라도 교사다운 교사가 일해야 합니다.

교회에서 일할 만한 젊은이가 없다하여 중학생도 교사가 되고 교회 등록한 지 얼마 안 되는 교인이 교사가 되는 등 도무지 신앙의 열매가 없는 자에게 어린이들을 맡기는 경우를 많이 보아왔습니다. 이들을 쉽게 세우는 교회의 대부분의 주장은 "사람이 없기 때문에" 혹은 "교사로 일꾼을 키우기 위하여"라고 합니다. 그 안타까운 사실을 이해하지 못하는 것은 아닙니다. 그리고 나이가 어리기에, 교회 출석 기간이 오래되지 않기 때문에 안 된다는 것이 아닙니다. 근본적으로 있어야 할 교사의 자격이 없기 때문입니다. 그렇다면 "자격 있는 교사가 없으니 어떻게 하여야겠는가?"라고 묻는다면 좀 어렵고 힘들어도 교역자가 나서야 한다고 주장하고 싶습니다. 우리가 돌팔이 무면허 의사에게 환자를 쉽게 맡긴다면 그 위험이 얼마나 크겠는가? 자격 없는 부로커들에게 사건을 안심하고 맡기겠는가? 철없는 어린아이들에게 금, 은 보석을 장난감처럼 맡길 수가 있겠는가, 자격 없는 사람이 취급 주의를 요하는 위험물인 화약류를 마음대로 운반하고 정확한 운전 조작법도 잘 모른 채 기관차를 운전하는 상황을 한번 상상해 보라. 그 얼마나 위험한 일이 아닌가. 자신은 물론 맡겨진 모든 사람도 위험합니다. 자격이 없는 자는 교회를 위해서나 교회학교의 발전과 그 어린이들을 위해서 또 나아가 자신을 위해서도 교사의 직분을 쉽게 맡아서는 안 되겠습니다. 아무튼 교회학교 교사는 교사다운 자격이 있어야만 하겠습니다. 이제 그 자격을 영적 자질 면에서 살펴보려고 합니다.

교사의 영적 자격

1) 거듭난 그리스도인

〈성령과 교육〉의 저자 로이 주크(Roy B. Zuck) 박사는 교회 교육에서 성령의 가르침과 역사 없이는 교육이 일어날 수 없다는 점을 강조합니다. 그는 교회 교육을 활력 있게 하는 원동력은 성경, 교사의 자질, 성령의 교육 사역이라고 말합니다. 이것이 빠지면 종교로서의 교회 교육일 뿐이라는 것입니다. 머치(J. D. Murch) 박사는 교회 교육의 맥 빠진 상태에 대해 신랄하게 비판합니다. "오늘날의 교회학교는 보통 교회 교육의 영적인 요소를 간과하고 있다. 그것은 순수한 지적 개념만을 가진 냉랭한 학습 지도안과 방법과 프로그램의 노예가 되었다. 그러므로 영적인 온기와 열망이 결핍되어 있다. 그것은 기독교인의 생활에 영적인 활력을 불어넣지 못한다". 머치 박사의 지적대로 교육 현장은 교육의 주체이신 성령님을 외면한 채 방법과 도구와 프로그램을 찾느라 분주합니다. 방법도 중요하고 프로그램도 중요하지만 그 자체에는 생명력이 없습니다. 성령님이 함께하시지 않는 교육은 냉랭한 지식을 전달만 하는 죽은 교육이 되고 맙니다.

  클래런스 벤슨(Carence H. Benson)은 그의 책, The Christian Teacher(교회 교사)에서 "우리의 교육 목적은 학생들의 생활에 무엇인가 변화가 일어나도록 하는 데 있다"라고 말합니다. 교회 학교 교사라면 당연히 어린이와 청소년 신자에게서 변화가 일어나기를 기대합니다. 그 변화는 교사직을 감당할 수 있게 해주는 뿌듯한 보람이 됩니다. 그러나 어린이 신자들에게서 기대하는 변화가 좀처럼 일어나지 않고 있습니다. 말씀을 듣기만 하지 행동으로 옮기고 신앙이 성장하는 일에는 반응을 보이지 않습니다. 그래서 교사들은 맥이 빠집니다. 왜 이럴까? 교회 교육의 기본 요소는 성령, 성경, 교사, 학생입니다. 교육의 효과가 일어나지 않는다면 4가지 요소 중 어느 하나에 문제가 있는 것입니다. 이 중에서 2가지 요소, 성령과 하나님의 말씀은 무오하기에 책임이 없습니다. 교육 현장에서 학습이 제대로 이루어지지 않거나 효과가 나타나지 않는다면 교사와 학생 간에 문제가 있거나 어느 한쪽에 문제가 있는 것입니다. 주크 박사는 이런 경우 교사들의 잘못이 대부분이라고 말합니다. "교사들의 결함으로 교육의 효과가 일어나지 않고 어린이 신자들은 생활 현장에서 그리스도인으로 살아가는 데 실패한다. 교사들의 무지와 나태, 부르심을 받았다는 사명감 결여, 교회의 무관심과 인색한 교육 투자, 교육이 아니라 교회 성장이 중심이 되어버린 목회 방침, 기독교적 삶에 대적하는 이 시대의 분위기, 진리에 무관심한 아이들로 교육은 점점 낙후되고 힘을 잃어 가고 있다".

그러나 이는 지엽적 요인입니다. 직접적 요인은 교사 자신들에게 있습니다. 교사의 문제도 단순히 사명감 결여, 부족한 실력 등이 아닙니다. 교육의 절대적 요소인 성령 사역에 대한 교사들의 무지와 무관심이 교회 교육을 이처럼 생기 없게 만들어버렸고, 청소년 신자들을 세상으로 떠나게 하는 첫 번째 요인이 되고 있습니다.

거듭난 교사가 필요한 이유

교사는 왜 거듭남이 필수가 되어야 하는가? 주크 박사의 글을 인용하여 정리해 봅니다. 첫째, 교회 교육의 목적 측면에서 교사는 반드시 거듭난 자라야 합니다. 어린이 신자들의 생활 변화, 기독교인으로서의 인격 성장, 하나님의 뜻에 순응하는 어린이 신자의 양육은 영적으로 고상한 목적을 소유한 거듭난 교사만이 할 수 있습니다. 앤드류 머레이(Andrew Muray)는 성령을 떠난 교회 교육의 무효성을 다음과 같이 강조합니다. "성경을 그렇게 많이 읽고 가르쳐도 생활을 향상 시키거나 성화시키지 못하는 이유는 간단하다. 그것은 성령을 통해서 계시 되고 받아들인 진리가 아니기 때문이다". 교사가 거듭나지 못하면 그 가르침은 성령을 통해 계시 되는 진리의 말씀이 아닙니다. 종교로서 기독교의 교훈이며 도리에 불과합니다. 이런 가르침은 좋은 사람이 되도록 할 수 있어도 거듭난 그리스도인으로 성장시켜 나갈 수는 없습니다. 교회 교육의 목적을 제대로 이루려면 교사는 반드시 거듭나야 합니다.

둘째, 교회 교육의 본질이 중생한 교사를 요구합니다. 기독교 교육은 세속적인 직업이 아니라 하나님이 주신 거룩한 소명입니다. 하나님이 맡겨주신 신령한 사역입니다. 그것은 하나님이 임명하신 신령한 교사들을 통해 신령하게 감동된 책의 진리를 전달하게 하여 어린이와 청소년 성도들이 신령한 생활을 하게 합니다. 전 과정이 거룩한 것이니만큼 하나님의 영에 의해 중생 된 신령한 자만이 이 사역에 종사할 자격이 있습니다. 거듭난 교사들이 말씀을 전하고 가르칠 때 성령의 능력으로 열매가 나타납니다.

셋째, 교사들이 생활로써 학생들을 감화시키기 위해서는 구원받은 자의 생활을 해야 합니다. 교사의 생활, 언어, 행동, 태도, 신념, 목적 등은 모두 학생에게 영향을 줍니다. 청소년 신자들을 감화시킬 능력은 거듭남에서부터 가능합니다. 교사가 거듭나지 못하면 거듭나지 못한 생활 때문에 생활 인격을 통해 학생들을 감화시킬수 없습니다. 하나님은 중생한 인격들을 통해 교육하고자 하십니다. 성경은 신령한 책입니다. 어린이와 청소년 신자들은 신령하지 못합니다. 신령하지 못한 아이들이 신령한 책을 배움으로써 그들도 신령하게 성장할 수 있습니다. 문제는 신령한 책을 실어 나르는 교사들이 신령해야 한다는 것입니다. 아무리 신령한 책이라도 교사들이 신령하지 못하면 학생들도 신령하게 자라나지 못합니다. 그러면 그들은 종교인으로서의 그리스도인으로 살아가게 됩니다. 가르치는 교사들이 거듭난 그리스도인이라면 어린이 신자들은 신령하게 자라날 수 있습니다.

교회학교 교사들에게 거듭남은 필수입니다. 찬양대 대원들도 거듭남을 체험해야 하지만 그들은 개인으로 하나님께 영광을 올리면 됩니다. 그들이 신령하지 못하고 거듭난 심령으로 찬양하지 못할 때 하나님이 받지 않으시면 되는 것입니다. 그러나 교사들은 다릅니다. 이것은 '나'(교사)와 '너'(학생)의 문제입니다. 내가 거듭나지 못하면 나 혼자로 끝나는 것이 아니라 내가 가르치는 학생들이 엄청난 손해를 보게 됩니다. 청소년 신자들도 거듭나지 못하는 상황에 처하게 됩니다. 물론 교사가 학생들을 거듭나게 하는 것은 아닙니다. 거듭나게 하는 이는 오직 성령님이십니다. 그 성령님은 거듭난 교사들을 수단으로 해서 학생들을 거듭나게 하는 것을 기뻐하시는 분입니다. 여기에 교사들이 반드시 거듭나야 할 이유가 있습니다.

2) 헌신 된 사람

교육 현장을 보면 가끔 기적 같은 일들이 일어납니다. 거의 전교 꼴등하던 학생이 갑자기 1~2년 만에 전교 10등 안에 든다든지, 인생을 자포자기했던 학생이 갑자기 정신 차리고 공부해서 좋은 대학교에 진학하게 되는 경우가 생깁니다. 교사의 헌신은 기적을 만들어 냅니다. 헌신(獻身)이라는 말은 한자 단어처럼 몸을 바치는 것입니다. 교사가 자신의 몸과 마음을 다하여 한 학생을 위해 수고할 때, 반드시 그 열매가 맺히게 됩니다.

브루스 윌킨스는 하워드 헨드릭스를 최고의 교수라고 하며 늘 존경했습니다. 그 이유는 단지 신학교에서 잘 가르쳐서가 아니었습니다. 하워드 헨드릭스 교수의 가르침에 대한 헌신 때문에 그렇습니다. 그는 가르침은 헌신이라고 정의하였습니다. 학생들 가운데 공부에 집중하지 못하는 학생이 있다면 끝까지 여러 가지 방법을 동원해서 집중시켰습니다. 학생들을 절대 포기하지 않고 수단과 방법을 다해서 열심히 가르치는 모습을 보면서, '가르침은 헌신'이라고 했던 것입니다. 맞습니다. 진정한 가르침은 헌신입니다. 교사가 자신의 몸을 사리지 않고 던질 때 진정한 가르침이 나타나게 되는 것입니다. 혹시 이런 생각을 해본 적이 있습니까? "왜 아이들이 내 말을 듣지 않을까?" "왜 아이들이 나를 좋아하지 않는 것일까?" "왜 나는 능력이 없는 교사일까?". 그렇다면 자신에게 이렇게 되물어보길 바랍니다. "과연 나는 아이들에게 얼마나 헌신을 했는가?". 지금 우리 반 아이들을 위해서 내가 헌신하고 있는 목록을 한번 적어 보십시오. 교육의 능력 차이는 헌신의 정도 차이와 비례하게 되어 있습니다.

아이들은 모든 것을 다 알고 있습니다. 선생님이 나를 위해서 어느 정도 헌신하고, 얼마나 수고하는지. 그리고 그 헌신의 마음을 아이들이 읽을 때 변화가 나타나는 것입니다. 요즘 한국 교회 교회학교가 안 된다는 이야기를 많이 하는데, 어쩌면 과거처럼 헌신하는 교사들이 줄었기 때문이 아닐까 생각해봅니다. 교회 아이들을 자기 자녀와 같이 여기면서 섬기는 교사들만 있다면 교회학교가 안 되는 게 더 이상한 일입니다.

교사에게 필요한 세 가지 헌신

그렇다면 교사들은 어떠한 방법으로 아이들을 위해서 헌신할 수 있을까요? 크게 세 가지의 헌신이 필요하다고 생각합니다. (1) 기도로 헌신하라. 기도의 헌신은 반드시 한 영혼을 변화시키게 됩니다. 홍민기 목사님은 교육 부서에서 학생들을 위해서 기도할 때 이렇게 하면 좋다고 했습니다. 첫째, 기도의 리스트를 가지고 기도하라는 것입니다. 아이들 한 명 한 명에 대한 기도 제목을 갖고 각반 선생님들이 기도 시간을 정해 놓고 아이들의 이름을 불러 가면서 그 아이의 기도 제목을 가지고 기도하는 것입니다. 둘째, 교육 부서 안에 사역자와 교사들 중심으로 중보기도 팀을 만들어서 기도하는 것입니다. 매 순간 아이들의 기도 제목에 민감하게 반응하면서 함께 중보기도를 할 때 응답의 효과는 더 큽니다. 셋째, 학생들과 교사들의 기도 제목을 가지고 기도 달력을 만들어서, 그 달력을 보며 함께 기도하는 방법이 있습니다. (2) 시간으로 헌신하라. 교사의 사역은 주일에 1시간 분반 공부 인도하고 끝나는 것이 아닙니다. 교사의 가장 큰 자격 가운데 하나는 시간을 헌신하는 것입니다. 반 관리를 잘하고 못하고는 결국에 시간의 헌신을 얼마나 하느냐에 달려 있습니다. 하나님께서는 우리가 아이들을 위해서 투자하는 1분 1초도 버리지 않으시고, 아이들을 생각하면서 흘린 눈물을 한 방울도 잊지 않으십니다. 교육은 반드시 투자한 시간과 비례할 수밖에 없습니다. 아이들이 결석을 했는데도 돌아오는 주말까지 기다리다가 겨우 토요일에 전화한다면, 이 교사는 시간의 헌신을 잘못하고 있는 것입니다. 우리 반 아이가 교회에 오지 않았으면 바로 그날 전화하고 연락하는 것이 맞습니다. 주중에도 내 시간을 쪼개어서 아이들과 연락하고, 필요하면 만나야 합니다. 우리 반 아이들의 성장은 결국 선생님의 시간이 얼마나 투자되었냐에 비례할 수 있습니다. (3) 물질로 헌신하라. 종교개혁자들이 흔히 했던 표현 가운데 하나가 "진정한 회심은 주머니의 회심이다"였는데, 교사의 진정한 헌신의 수준도 자신의 주머니 사용에 달려 있다고 봅니다. 어떠한 교사들은 자꾸 교회 돈만 사용하려고 합니다. 작은 볼펜 하나를 구입 하는 것도 다 교회 재정을 사용하려고 합니다. 이러한 교사들이 있는 교육 부서는 잘되기 어렵습니다. 그런데 내 돈 쓸 때와 교회 돈 쓸 때 느낌이 다른 것을 아십니까? 내 돈을 쓰면 무척 아깝습니다. 내 돈은 귀하다는 생각이 많이 듭니다. 하지만 교회 돈을 쓸 때의 마음은 내 돈 쓸 때와는 느낌이 다른 것이 사실입니다. 교사들은 물질의 헌신이 많이 들어갑니다.

잘되는 교회학교에는 헌신하는 교사들이 많이 있습니다. 이들은 어쩔 수 없이 헌신하는 것이 아니라 헌신하는 것 자체를 즐기고 있습니다. 당신은 지금 헌신하고 있습니까? 교사가 우리 반 아이들에게 참되게 헌신하고 있을 때, 교사 노릇을 하고 있는 것입니다. 이렇게 헌신하는 교사들이 계속 세워질 때, 우리 교육 부서가 성장하고 부흥하게 되는 것입니다.

3) 가르치는 은사(gift of teaching)

어떤 의미에서, 모든 그리스도인들은 가르치는 은사를 가지고 있습니다. 그리스도인 부모들은 그 자녀들을 "주의 교양과 훈계로 양육해야"할 명령에 순종할 수 있기 때문입니다(엡6:4). 전형적인 그리스도인 젊은이는 그의 친구와 성경의 말씀이 무엇을 의미하는지를 합리적이고도 이해할 수 있는 방식으로 나눌 수 있습니다. 그러나 성경이 특별한 합의를 가지고 가르침을 특별한 은사라고 할 때의 가르침은(롬12:7,고전12:28,엡4:11) 특정한 사람들만이 가진 은사를 말하는 것으로서 진리를 아주 놀랍고도 필적할 수 없는 능력으로 이해하고, 평범한 사람들이 흔히 이해할 수 있는 용어로 개념화하여 쉽게 설명해 줄 수 있는 기능을 뜻하는 것입니다.

그렇다면 그리스도인이 가진 가르치는 은사는 그리스도인이 아닌 이들이 가진 가르치는 능력과 어떻게 다른가? 분명히 그리스도인은 아니지만 어떤 개념을 다른 사람들에게 아주 놀랍게 전달하는 사람들이 있습니다. 따라서 차이점은 이해나 가르치는 방식에 있는 것이 아닙니다. 오히려 하나님의 일을 자연인(육에 속한 사람)은 참되게 이해할 수 없다는 것에 관련됩니다(고전2:6~14). 육에 속한 사람(natural man)은 진리를 상대적인 의미에서만 알 뿐입니다. 예를 들어서 그는 물로 불을 끌 수 있다는 것을 알고, 이를 실행할 수도 있습니다. 그러나 그는 실제가 가진 이 측면의 궁극적 기원과 성질, 그리고 그 목적을 이해하지는 못합니다. 비기독교적인 가르침의 내용에도 상당한 가치를 가진 것이 있으나 그런 가르침이 무비판적으로 행해지면 왜곡된 세계관으로 인도하여, 인간 중심의 문화의 발달을 유도하게 됩니다.

어떤 사람들은 가르침의 은사가 오직 성경을 가르치는 것과 연관된다고 생각합니다. 이런 생각은 이해할 만한 것입니다. 결국 성경은 영감 된 하나님의 말씀이니까 말입니다. 그것은 우리의 이성과 경험 모두를 지배하는 판단자입니다. 또한 교육과정을 구성하는 다양한 교과목을 포함한 모든 생의 영역에 대한 그리스도인들의 이해를 지시하고, 바르게 하며, 인도하는 것도 성경입니다. 이와 같이 성경은 아주 독특한 중요성을 가진 것입니다. 그렇지만 이러한 성경의 확실성이 모든 진리 - 성경의 진리 뿐 아니라 물리학의 진리 등 모든 진리가 하나님에게로서 오는 것임을 조금도 축소시키지 않습니다. 그렇다면 어떤 진리라도 '하나님의 말씀'의 관점에서 그것을 해석하고 설명할 수 있는 은혜를 받은 사람들에 의해서만 바르게 가르쳐질 수 있음이 명백합니다.

그렇다면 자신이 가르침의 은사를 받았는지 아닌지를 알 수 있는 방법은 무엇일까요? 우리는 우리의 생 전체를 우리에게 주어진 은사가 무엇인지 찾는 데만 사용하고, 결국은 하나도 찾지 못하는 것은 아닌가? 그러나 다른 모든 은사와 같이 가르침의 은사도 발견할 수 있는 것입니다. 어떤 그리스도의 종이 자신에게 가르치는 은사가 있는지 없는지를 찾아보려고 할 때 그가 취할 수 있는 몇 가지 아주 실제적인 방법이 있습니다. 그 중의 하나는, 진지하고도 계속적으로 하나님의 인도하심을 간구하는 것입니다. 이것을 대신할 만한 것은 아무것도 없습니다. 그런 뒤에는 특별히 기독교 공동체 안에서의 가르침의 기회를 놓치지 않고 얻는 대로 힘써 보는 일입니다. 예를 들어 교회학교의 한 반을 맡아서 가르친다든지, 가정 성경 공부를 인도한다든지 하는 일 등입니다. 심지어 기독교

학교(Christian day School)에서 때때로 한 시간의 수업을 할 수도 있을 것입니다. 비록 처음에는 가르치는 훈련이 되어 있지 않아 애를 먹겠지만, 그에게 교사로서의 가능성이 있다면 그것은 곧 실종되고야 맙니다. 가르쳐서 다른 사람의 삶에 이루어지는 명백한 하나님의 축복이 있는지, 유능한 관찰자가 긍정적인 평가를 한다든지(갈2:9) 하는 것은 그 사람이 실제로 '가르치는 은사'를 가지고 있다는 중요한 시사가 됩니다.

이 은사는 아주 귀합니다. 그리스도를 섬김에 있어서 얼마나 귀하게 사용될 수 있는지! 그러므로 이런 은사를 받아 소유하고 있다는 것은 커다란 감사의 조건입니다. 그럼에도 불구하고 이를 헛된 자랑의 기회로 사용해서는 안 됩니다. 고린도전서 4:7은 이를 명백하게 선언 합니다. "누가 너를 구별하였느뇨 네게 있는 것 중에 받지 아니한 것이 무엇이뇨 네가 받았은즉 어찌하여 받지 아니한 것같이 자랑하느뇨". 바울은 아주 바른 관점에서 사태를 요약했습니다. 은사는 하나님께로 온 것임으로 높임을 받아야 합니다. 그러나 그 은사의 수혜자는 자신에게 그것을 받을 만한 아무런 조건도 없으므로 헛된 자랑을 할 수가 없는 것입니다. 교사가 자신의 '경험'을 자랑스럽게 느낄 때마다 이 구절을 읽도록 권하고 싶습니다.

4) 성령의 권능을 받은 사람

교회 안에서 오랫동안 교사로 섬겨도, 영혼을 사랑하는 마음이 생기지 않는다는 분들이 있습니다. 만약에 아무리 노력해도 영혼 사랑의 마음이 생기지 않는다면 교사를 그만두는 게 좋다고 봅니다. 동시에 이러한 생각도 듭니다. "왜 저분에게는 영혼 사랑의 마음이 없을까?". 처음부터 교사가 본인의 은사가 아닐 수도 있지만, 본질로 들어가 보면, 영성이 없는 경우가 더 많았습니다. 의외로 교회 안에 영적으로 죽어 있는 교사들이 많이 있습니다. 영성은 교사가 교사 됨의 가장 중요한 동력입니다. 영성이 있어야 교사의 직분을 제대로 감당할 수 있고, 영성이 있어야 영혼 사랑의 마음이 생깁니다.

"영성"이란 교회 용어 사전에 보면, '하나님을 믿고 거듭난 모든 자녀들에게 주어진 영적인 성품'이라고 나와 있습니다. 영성의 정의는 이것뿐만 아니라 매우 다양하지만, 교회학교 현장에서 느끼는 교사의 영성은 이 질문으로 정의가 가능하다고 생각됩니다. "매일 내 삶 속에서 얼마나 예수 그리스도를 경험하고 있는가?" 교사들 가운데 영성이 있다고 생각되는 사람들은, 매일 주님을 만나는 연습을 하고 있는 사람이라고 생각됩니다. 그리고 매일 주님을 만나는 연습을 하는 사람은 주님의 마음을 알기 때문에 영혼 사랑의 마음이 생길 수밖에 없습니다.

교사의 영성이 올라가야 한다

교회에서 이른바 영성이 있는 선생님들을 보면 기본 신앙에 강합니다. 신앙의 기본은 예배, 말씀, 기도라고 생각합니다. 신앙의 기본에 충실한 교사들이 영성이 있고, 부서의 주축으로 섬기는 것을 보게 됩니다. 부산 서부교회 교회학교 전성기를 보면 웬만한 교사들은 매일 새벽 기도회에 참석했다고 합니다. 과거 교사들에게 매일의 말씀 생활과 기도 생활은 누가 묻지 않아도 당연한 것이었습니다. 한국교회를 보면 어느 순간에 교사란 주일에 내 부서 아이들에게 분반 공부 인도하는 정도의 직분으로 전락한 듯 보입니다. 지금 한국 교회 교회학교가 살아나기 위해서 가장 먼저 필요한 것은 교사의 영성이 올라가는 것입니다. 그래야 영혼 사랑의 마음이 생겨서 교사 직분을 제대로 감당할 수 있습니다.

교사가 영적으로 회복될 때

어떻게 교회학교 교사의 영성을 올릴 수 있을까요?

① 첫째, 예배를 회복하라. 교사가 먼저 예배 가운데 은혜를 받아야 합니다. 교사가 예배를 통해서 은혜 받지 못하고 있다면 그가 맡은 교사 직분은 무거운 가시방석 같을 것입니다. 매주 드리는 예배 가운데 은혜를 갈망하는 모습이 교사에게 가장 먼저 필요합니다. 교사가 먼저 은혜를 받아야 학생들을 사랑하는 마음이 생깁니다. 조금 더 정확하게 말하자면, 교사는 은혜 없이 일 년도 못 버티는 직분입니다. 자기 집 아이들도 통제하기 힘든 현실 속에서, 교회에서 문제투성이 아이들을 볼 때 자포자기하는 심정이 드는 것이 당연합니다. 때로는 이런 생각이 들 것입니다. "직장과 가정, 교회의 여러 가지 일로 분주하여 나 하나 신경 쓰기도 힘든데, 내가 어떻게 남의 아이들을 돌볼 수 있을까?". 교사는 은혜를 경험하지 못하면 버틸 수 없는 교회의 3D 업종입니다. 교사가 예배를 통해서 영적으로 회복될 때, 영혼 사랑의 마음이 생기는 것입니다. 그

래서 교사가 먼저 예배자가 되는 게 정말 중요합니다. 간혹 교회학교 교사들 가운데 자기 부서 예배만 드리고 본 예배를 드리지 않는 경우가 있습니다. 이것은 매우 위험한 행동입니다. 이러한 교사들 가운데 오랫동안 제대로 봉사한 분들을 본 적이 없습니다. 반드시 말미가 좋지 않습니다. 교사는 봉사자, 섬기는 자 이전에 예배자라는 사실을 잊어서는 안 됩니다. 예배를 통해서 내가 먼저 은혜를 체험할 때, 학생들에게 나눠 줄 수 있는 은혜의 분량이 생기고, 학생들에게 영적 영향력을 발휘할 수 있게 됩니다.

②둘째, 규칙적인 개인 기도 시간을 가지라. 매일 기도하는 교사들에게 나타나는 공통적인 특징이 있습니다. 첫째, 이들은 영적으로 아이들을 책임질 줄 압니다. 둘째, 이들은 내 힘으로 교사의 사명과 교회 사역을 하지 않습니다. 셋째, 이들은 교만하지 않으며 불평하지 않습니다. 교사로서 지금 큰 힘이 필요하다면, 기도가 유일한 답입니다. 기도하지 않는 교사에게 힘이 주어지지 않습니다. 기도하지 않는 자들이 교사를 하게 되면 교회에 대한 불평이 많이 생기게 됩니다. 모든 것을 인간적인 시선으로 보며, 물질적인 잣대로 평가할 확률이 높기 때문입니다. 기도하지 않는 교사들은 모든 것을 편협하게 보며 이기적으로 해석합니다. 기도가 없을 때 성령의 도우심으로 사역하는 것이 무엇인지 모르기 때문에 쉽게 좌절하게 됩니다. 반대로 기도하는 교사들이 많아지면, 비록 교사의 수가 적고 부서 예산이 적으며 아이들이 적어도 그 자체로 감사하며 기쁨으로 사역하게 됩니다. 기도는 내 자신에 대한 영적인 눈을 뜨게 할 뿐 아니라, 교회 전체를 믿음의 눈으로 바라볼 수 있는 안

목을 심어 주게 됩니다. 꼭 교회학교 교사는 기도하는 분들이 맡아야 합니다. 특히 교사라면 일주일에 아이들을 위해서 몇 시간이나 기도하고 있는지 자문 자답해 봐야 합니다. 만약 지금까지 기도하지 못했다면, 오늘부터 기도하길 바랍니다. 교사가 개인적으로 기도할 때 지치지 않는 힘이 생기며, 교사 전체가 합심하여 기도할 때 부서 전체가 살아나는 원동력이 생기게 됩니다.

③ 셋째, 개인 말씀 묵상 시간을 확보하라. 교회학교 교사들 가운데 자신이 묵상한 말씀을 매일 학생들에게 보내 주는 분들이 있습니다. 흥미로운 것은 학생들 가운데 이 메시지를 싫어하는 사람보다는 좋아하는 사람이 더 많다는 것입니다. 더 재미있는 것은 교회를 잘 출석하지 않는 학생도 이 말씀을 받는 것을 즐겨한다는 것입니다. 정기적으로 학생들에게 말씀을 나눠 주는 교사들은 대부분 반 관리를 잘했습니다. 그 반에서 말씀 나눔이 교육의 모든 방법은 아니었겠지만, 매일 말씀을 묵상하는 교사에게는 특별한 힘이 있음에 틀림 없습니다. 교회학교 교사가 반드시 말씀을 사랑해야 하는 이유가 있습니다. ① 첫째, 교사가 말씀을 가르치는 일을 하고 있기 때문입니다. 교사에게 성경 말씀을 사모하는 마음이 없다면 제대로 된 성경 공부를 진행할 수 없습니다. 둘째, 말씀이 들어가야 영적인 힘이 생기기 때문입니다. 교사는 늘 어려움에 직면합니다. 자기 마음 안에서 겪게 되는 내적 갈등이 있고, 가정과 직장 등의 외부에서 오는 갈등이 있습니다. 이때 이 모든 것을 이기는 힘은 말씀밖에 없습니다. 교사의 힘은 말씀에서 나옵니다. 말씀을 사랑하는 사람이라면 누구나 교사로 섬길 수 있습니다. 매일

말씀 묵상이 생활화되어 있고, 말씀의 능력을 실천하는 사람이라면 청년이든 청소년이든 교사의 자격이 된다고 믿습니다. 교회학교 교사는 말씀을 사랑하고 매일 가까이하는 사람이어야 합니다. 교사의 힘은 말씀에서 나오기 때문입니다.

지금 한국 교회 각 부서에 필요한 것은 영적인 힘입니다. 한국 교회가 가장 먼저 회복해야 할 것은 교회학교에 대한 관심과 투자가 아닌, 교사들의 영성입니다. 예배와 기도와 말씀을 통해서 교사들이 영적으로 무장할 때 열정으로 교사 직분을 감당할 수 있고, 교사를 사명으로 받아들여 최선을 다하게 되는 것입니다. 영적으로 무장된 교사를 계속 배출할 수 있다면, 각 교회 교육 부서는 금방 일어나게 될 것입니다.

5) 소명 의식이 분명한 사람

교회학교의 가장 베테랑인 부장 선생님들에게 다음과 같은 질문을 해보았습니다. "부장님은 어떻게 교사가 되었나요?". 공통적으로 나온 답변은 이렇습니다. "교사 집사님이 추천해서, 교회 선생님이 반강제적으로 시켜서, 주변 분위기에 편승해서 나도 모르게, 목사님의 권유에 의해서, 교회에 사람이 없다고 하니까 어쩔 수 없이 하게 되었습니다." 아마 대부분의 교사들도 비슷한 연유로 교사가 되었고, 시간이 지나다 보니 임원도 맡고, 부장 역할도 하게 되었을 것입니다.

필요한 교사와 필요 없는 교사

흥미로운 사실은 교사가 되는 동기는 비슷하지만 나중에 어떤 사람은 좋은 교사가 되어 있고 어떤 사람은 그렇지 못하다는 것입니다. 사역자 입장에서 보면 교회 안에는 필요한 교사가 있고, 필요 없는 교사가 존재하고 있습니다. 홍민기 목사님은 필요 없는 교사를 네 가지 유형으로 말합니다. 첫째, 주일이 너무 빨리 온다고 생각하는 교사입니다. 이 유형의 교사들은 세상일에 너무 빠져서, 주일에 반 아이들 만날 생각을 하니까 머리가 아파 지는 부류입니다. 둘째, 학생들이 분반 공부가 끝나기만을 기다리게 만드는 교사입니다. 유익한 분반 공부를 위해서는 교사의 노력이 필요합니다. 우선 학생들과 친한 관계성이 필요합니다. 그리고 성경 연구를 하면서 아이들 코드에 맞추는 노력을 해야 합니다. 셋째, 학부형을 전혀 존경하지 않는 교사입니다. 사역에 부모를 편입시키면 교육 부서 일은 무척 수월해집니다. 그럼에도 불구하고 부모와 연락하지 않고 관계 형성을 하지 않는 교사들이 있습니다. 넷째, 반의 숫자가 줄어드는 교사입니다. 신기하게도 반을 맡은지 한 달 안에 반토막을 내는 교사가 있습니다. 아이들이 결석하거나 떨어져 나가면, 즉각 반응하고 움직여야 합니다. 바로 전화하고 만나 전후 사정을 이해해야 합니다.

우리 부서에 꼭 필요한 교사와 그렇지 않은 교사의 차이는 어디에 있을까 고민했습니다. 그것은 바로 소명 의식에 있습니다. 꼭 필요한 교사들은 교회의 다른 일은 다 내려놓아도 교사의 직분은 절대 내려놓지 않습니다. 왜 이들은 교사 직분을 내려놓지 않을까요? 바로 사명감 때문에 그렇습니다. 나는 여기서 교사의 직분을 반드시 감당해야 한다는 사명감이 있으니 힘들어도 감당하는 것입니다. 교회 안에 필요 없는 교사들에게는 이러한 사명감이 전혀 없습니다. 그냥 교사를 하고 있고, 자리를 지키는 정도입니다. 그렇다면 교사의 소명 의식은 어디서 오는 걸까요? 하루아침에 하나님이 계시를 통해서 소명을 말씀해주시면 좋겠지만, 이런 케이스는 본 적이 없습니다. 앞에서 언급한 것처럼, 처음에는 비슷한 동기에서 교사를 시작합니다. 그런데 나중에 결과를 보면 어떤 교사에게는 소명 의식이 있고, 또 다른 교사에게는 없습니다. 교사의 소명 의식은 두 가지에서 온다고 봅니다. 첫째, 구원에 대한 확신입니다. 세상에서 공립학교 교사가 되려면 해당 전공 분야의 학사학위가 필요합니다. 보통 사대나 교대 쪽에서 졸업 때 받는 학위명은 문학사(Bachelor of Arts)인데, 영어로 B.A.로 줄여서 사용합니다. 교회학교 교사들에게도 이러한 B. A. 학위가 필요합니다. 그것은 바로 Born Again(거듭남)을 뜻합니다. 교회에서 누군가를 가르치기 위해서는 반드시 내가 주님을 인격적으로 만난 체험이 있어야 합니다. 거듭남 없이 교사를 하고 있다면 당장 그만 둬야 합니다. 구원에 대한 확신이 없는 사람은 아무리 교사를 오래 해도 소명 의식이 생길 수 없습니다. 먼저 예수 그리스도를 인격적으로 만나시고 나중에 교사를 하십시오. 둘째는 영혼 사랑에 대한 마음이 소명 의식을 만들어 냅니다. 교회에서 간혹 "교사를 왜 해야 하는지 모르겠다"라고 하시는 분을 보게 됩니다. 그런데 이런 사람의 공통된 특징은 영혼을 사랑하는 마음이 없습니다. 영혼 사랑에 대한 마음은 처음부터 생길 수도 있고, 나중에 어떠한 계기를 통해서 만들어질 수도 있습니다. 분당우리교회 이찬수 목사님의 경우, 미국에서 정착해서 잘 살고 있는데 우연히 본 한국 일간지를 통해 마음이 움직이게 되었습니다. 학교 교실 안에서 학부모가 교사의 머리를 쥐어 잡고 끌고 나오는 장면을 보는 순간, "내가 여기에 있어서는 안 되겠구나"라는 생각이 들었다고 합니다. 한국에 있는 아이들이 불쌍해서 견딜 수 없었고, 신문만 읽으면 눈물이 하염없이 나왔습니다. 결국 저렇게 불쌍한 교육 환경에 있는 아이들을 위해 내가 헌신하고 희생하자는 마음으로 한국 땅에 들어와, 청소년 사역을 하게 되었다고 합니다. 결국에는 한국에 있는 청소년 영혼에 대한 사랑의 마음이 지금의 이찬수라는 목회자를 만들어 낸 것입니다. 그의 나이 29세에 소명에 대한 확신이 들었다는 고백을 했습니다.

누가 더 훌륭한 교사인가? 여기에 대한 척도 역시 단 한 가지입니다. 영혼을 사랑하는 마음이 큰 사람이 더 훌륭한 교사입니다. 지금도 반 아이들 이름을 불러 가면서 기도할 때 눈물과 콧물로 범벅이 된다면, 당신은 영혼을 사랑하는 교사임에 틀림 없습니다. 교회학교 교사는 영혼을 사랑하는 마음으로 강력한 소명 의식을 갖고 있어야 제대로 그 직분을 감당할 수 있습니다. 인간적인 생각으로는 유명 가수나 영화배우 같은 사람이 교사를 하면 아이들이 더 좋아할 것 같은데, 현실은 그렇지 않습니다. 명문대를 나와서 사회적인 인지도가 높은 사람이 교회를 이끌면 인기가 있을 것 같은데, 절대 그렇지 않습니다. 교사는 반드시 소명 의식이 있어야 합니다.

소명 의식은 영혼을 사랑할 때 내 안에서 생겨나게 됩니다. 그래서 영혼을 사랑하고 교사의 직분을 감당하는 교사는 소명 의식을 묻는 질문들에 자신 있게 "네"라고 답변할 것입니다. 당신도 소명 의식을 확인하는 질문에 답해 보십시오. 모두 "네"라고 답변할 수 있다면, 충분히 소명 의식이 있다고 볼 수 있습니다.

소명 의식 확인 질문

1. 나는 교사의 직분을 통해서 하나님을 기쁘시게 하고 있는가?
2. 나는 교회 안에서 다른 어떠한 일보다 교사의 직분에서 가장 큰 기쁨을 얻고 있는가?
3. 나는 토요일이 되면 주일에 만날 아이들로 인해 기쁨이 충만한 상태가 되는가?
4. 다른 학생이나 동료가 교사를 하는 내 모습이 가장 좋아 보이고 어울린다고 말하고 있는가?

유명한 설교자 스펄전 목사도 영혼 인도자에게 전하는 글에서 교사들에게 가장 중요한 것은 영혼을 사랑하고 살리는 일이라고 말했습니다. 교회학교 교사들에게, "사랑하는 교사들이여, 부차적인 유익이나 새로운 깨달음을 주는 것으로 만족하지 말라. 여러분의 임무는 어린 아이들에게 성경을 읽는 법이나 도덕적 의무, 심지어 문자적인 복음을 가르치는 것이 아니다. 여러분의 가장 고귀한 소명은 하나님이 사용하시는 도구가 되어 죽은 영혼들에게 하늘의 생명을 가져다 나르는 것이다. 어린아이들이 죄 가운데 죽어 있는 상태라면, 아무리 주일에 성경을 많이 가르친다 하더라도 아무 소용이 없다".

일반 학교 교사는 어린 학생이 상당한 지식을 습득하는 데서 가르친 보람을 느낄 것입니다. 그러나 교회학교 교사는 "허물로 죽은 우리를 그리스도와 함께 살리셨고"(엡2:5)라는 말씀대로 어린 아이들의 영혼이 살아나지 않는다면, 설령 그들이 존경받는 시민으로 성장해 은혜의 수단에 정기적으로 참여한다 하더라도 하늘을 향해 부르짖는 기도가 응답 되었다고 생각할 수 없을 것입니다.

한때 세계 최대의 교회학교를 자랑했던 부산 서부교회의 경우도 다른 교회와 가장 크게 차별화되는 부분이 영혼 사랑의 마음에 있었습니다. 부산 서부교회 교회학교 교사들은 교사를 자기 본업으로 생각하고 자기 직장을 부업으로 생각할 정도였습니다. 서부교회 장로들은 교회에서 자신의 첫 번째 직책이 교사이고, 장로는 부수적인 것으로 생각할 정도였습니다. 영혼을 간절히 사랑하는 마음이 있기에 온 교사가 새벽 예배에 나와 부르짖으면서 기도하고, 한 영혼이라도 더 잡으려고 아침 일찍부터 아이를 데리러 다녔던 것입니다. 특별한 교회, 특별한 교회학교에는 다른 것보다 교사라는 소명 의식이 큰 것을 보게 됩니다.

소명 의식이 바로 안 생길 수도 있습니다. 그렇다고 교사를 그만둘 필요는 없습니다. 처음부터 소명 의식을 갖고 교사직을 감당하는 사람도 있지만, 교사를 한 지 한참 지난 다음에 소명 의식이 생기는 사람도 있습니다. 아직 소명 의식이 없다면, 먼저 기도 하십시오. "하나님, 지금 저에게 필요한 소명 의식을 주옵소서. 내 안에 무엇보다도 한 영혼을 향한 뜨거운 열정을 주옵소서". 시간은 걸리더라도 반드시 당신 안에도 그 소명 의식이 생길 것입니다.

6) 성경에 해박한 사람

교회학교 교사는 곧 성경 교사입니다. 성경을 가르치는 교사가 성경을 잘 알아야 함은 두말할 필요 없이 요구되는 자격입니다. 그럼에도 불구하고 성경에 무식한 교사들이 적지 않게 있는 것 같습니다. 도대체 성경을 알지 못한 채 무엇을 어떻게 가르칠 수 있다는 말인지 모르겠습니다. 교사의 직분을 가진 우리가 다른 면에서도 바울처럼 균형 있게 모든 것을 소유한 상태라면 더 말할 나위 없이 좋겠지만 그러나 그렇지 못하더라도 성경의 지식 만큼은 교사 다운 실력을 지니어야 하겠습니다. 보통 사람이 모든 일에 능통하기란 소수의 사람을 제외하고는 어려운 일입니다. 팔방미인이 모두가 될 수는 없습니다. 더욱이 교회에서 봉사하는 교사들은 교역자처럼 전문으로 교회를 섬기는 일을 하지 않고 있기에 영적인 분야에서는 어느 정도 한계는 있겠으나 적어도 성경 만큼은 누구 못지 않게 연구하여 깨달아야 하겠습니다. 영어 선생은 다른 분야보다 영어에 능통한 자가 되어야 하고 음악 선생은 음악의 어느 한 분야에 전문인이 되어야 하듯이 우리들은 교사에 개인에 따라 재능과 능력의 차이가 현저하게 있을지라도 성경 만큼은 균형 있는 지식의 소유자가 되어야 하겠습니다.

성경을 알지 못하면 성경 밖의 소리를 내게 되고 성경에 무식하면 성경과 상관없는 사역을 하게 됩니다. 즉 인간의 교훈과 사상,

인간적이고 세속적인 수단과 방법을 채용하게 되어 귀한 성경 공부 시간을 말씀이 아닌 다른 것으로 채울 수밖에 없게 됩니다. 중세 시대의 종교 암흑기는 바로 성경을 읽지 않고 성경을 가르치는 일이 점점 약해지면서 시작되었던 것으로 결국 교회가 성경을 가르치는 모습을 다 잃어 버리고 종교적인 의식과 제도, 형식주의로 떨어졌던 것입니다. 교회가 성경에 충실하지 않을 때 부패하고 쇠퇴하는 것은 역사의 산 교훈이기도 합니다. 성경에 충실하지 않았던 로마 카톨릭 교회는 바로 인도하고 가르쳐야 할 지도자들의 세계에서 축첩제도, 도박 성행, 교직 매매, 각종 정치적인 음모, 살해, 교권 정치의 부패 등이 있었으며 성경에 무식한 정도가 아니라 심지어 글도 모르는 사람이 돈으로 성직을 사서 사제 노릇을 하였으니, 당시 교회의 부패 정도를 상상함이 어렵지 않습니다.

　예수님은 교사 중에 가장 위대한 교사이십니다. 예수님은 친히 자신을 가리켜 말씀 하시기를 "너희가 나를 선생이라 또는 주라 하니 너희 말이 옳도다 내가 그러하다"(요13:13)고 하셨습니다. 신학자인 키텔(kittle)은 선생이라는 용어를 신약 성경에 58번이나 사용 되었고 그중에 48번이나 사복음서에 나타나 있는데 예수님께 대하여는 41번이나 사용되었다고 하였습니다. 그런데 예수님은 청중들을 가르치실 때 구약 성경을 자유자재로 적절하게 사용하신 것을 많이 볼 수 있습니다. 예를 들어 그의 공적 사역을 시작하기에 앞서 40일간 주리시기까지 기도하셨을 때 사단이 예수께 다가와 시험한 것을 우리는 잘 알고 있습니다(마4:1~11). 그것은 먹는 물질 문제와 명예심으로 예수님을 유혹하려 했을 때 예수님은 구약의 성경을 너무나 적절하게 사용하시어 말씀으로 물리치신 것은 오늘 우리 모든 그리스도인들에게 많은 것을 생각하게 합니다. '네가 만일 하나님의 아들이어든 명하여 이 돌들이 떡덩이가 되게 하라'했을 때에 예수님은 신명기 8장 3절의 말씀을 인용하여 "사람이 떡으로만 살 것이 아니요 하나님의 입으로 나오는 모든 말씀으로 살 것이라 하였느니라"고 대응하시고 두 번째 시험은 사단이 성경을 오용하여 "네가 만일 하나님의 아들이어든 뛰어 내리라"(구약에) "기록하였으되 저가 너를 위하여 그 사자들을 명하시리니 저희가 손으로 너를 받들어 발이 돌에 부딪히지 않게 하리로다" 하였으니 참으로 사단의 교묘한 술책을 보게 됩니다. 성경을 가지고 나오는 사단의 이 술책을 성경을 바로 알지 못하면 어떻게 분별 할 것인가? 그러나 예수님은 "또 기록되었으되"하시면서 "주 너의 하나님을 시험치 말라하였느니라"고 신명기 6장 16절을 인용하시어 물리 치셨습니다. 우리는 성경을 균형 있게 전체적으로 잘 알아야 잘못된 주장을 할 때 "또 기록되었으되..."라고 하면서 그릇된 성경 오용을 막을 수 있겠습니다. 세 번째 시험도 마찬가지로 예수님은 하나님의 말씀으로 물리 치셨습니다. 이렇게 사단의 모든 궤계를 분별하면서 물리 칠 수 있는 방법은 바로 말씀에 있기 때문에 성경을 잘 알아야 하겠습니다. 예수님께서는 이와 같이 하나님의 말씀대로 그의 지상 생애를 걸어가심으로 아버지의 뜻을 다 이루셨던 것입니다. 자녀가 아버지를 기쁘게 하려는 효자가 되자면 먼저 아버지의 기뻐하시는 뜻이 무엇인지를 알아야 하듯이 성경은 곧 믿는 자의 깨달아야 할 하나님 아버지의 뜻이 무엇인지를 보여주고 있습니다. 그러므로 성경을 모르고서는 좋은 성도의 생활, 나아가 좋은 교사의 사역을 감당하지 못하는 것은 당연합니다. 성경에는 교사가 힘을 다해 가르쳐야 할 모든 내용이 담겨 있습니다. 신앙이 훌륭한 사람들은 모두가 성경을 잘 알고 있는 자들이었습니다. 바울이 그러했고 그의 제자 디모데가 어릴 때부터 그의 외할머니 로이스와 그의 어머니 유니게로부터 성경을 배우며 자랐고 바울 선생을 만나 성경을 배웠으니 그가 또 다른 사람을 가르칠 수 있게 된 것입니다. 오늘 현대 신학은 인간의 이성을 과대평가하여 성경에 고등 비판을 두려움 없이 가하고 있습니다. 이러한 자유주의의 공해, 적당주의 공해, 그리고 개인의 주관적 신앙 체험을 성경보다 더 앞세우는 신비주의 공해는 심각한 상태에 이르렀고 여기에 함께 손을 잡고 가는 기복신앙과 혼합주의의 공해는 지구의 오존층 파괴한 물질 공해의 위험보다도 더 무서운 신앙적 정신적인 공해로 나타나고 있습니다. 예수 외에도 구원의 길을 열어 놓으셨다는 하나님의 사랑이 이방인들의 환영 속에 학문을 빙자하여 자연스럽게 주장되고 있는 오늘의 현실 상황에서 우리 교사들은 성경으로 철저하게 무장해야 하겠습니다. 아울러 "오직 성경으로!"라는 개혁주의의 바른 길을 좌우로 치우침 없이 달려가야 하겠습니다. "내 눈을 열어서 주의 법의 기이한 것을 보게 하소서"(시119:18)

성경을 잘 알기 위해서는 무엇보다 성경을 꾸준히 읽어야 하며 조직적으로 공부도 해야 하겠습니다. 성경을 읽으면 단순히 지식을 얻는 유익을 벗어나 믿음이 자라나고 자신이 변화되는 놀라운

복을 체험하게 됩니다. 교회학교 교사는 성경 교사이니만큼 성경을 잘 알아서 언제 어디서나 성경적인 삶을 살고 그 성경의 진리를 증거해 줄 수 있는 교사가 되도록 하자. 시편 119편 기자의 고백에 공감하고 나의 노래요 나의 고백이 되는 교사라면 얼마나 복되겠는가! "내가 모든 재물을 즐거워함 같이 주의 증거의 도를 즐거워 하였나이다"(14절). "주의 증거는 나의 즐거움이요 나의 모사니이다"(24절). "또 나의 사랑하는바 주의 계명에 내 손을 들고 주의 율례를 묵상하리로다"(48절). "주의 입이 법이 내게는 천천 금은보다 승하니이다"(72절). "내가 주의 법을 어찌 그리 사랑하는지요 내가 그것을 종일 묵상하나이다"(97절). "주의 말씀이 맛이 내게 어찌 그리 단지요 내 입에 꿀보다 더 하니이다"(103절). "주의 말씀은 내 발에 등이요 내 길에 빛이니이다"(105절). "그러므로 내가 주의 계명을 금 곧 정금보다 더 사랑하나이다"(127절). "내가 주의 계명을 사모하므로 입을 열고 헐떡였나이다"(131절). "사람이 많은 탈취물을 얻은 것처럼 나는 주의 말씀을 즐거워 하나이다"(162절)

7) 영혼을 사랑하는 사람

교회학교 교사가 해야 할 가장 중요한 일은 무엇일까요? 그것은 바로 학생들을 믿음 안에서 성장시키고 변화시키는 것입니다. 그러면 무엇이 학생들을 변화시킬 수 있을까요? 나는 선생님의 사랑밖에 없다고 믿습니다. 한 기자가 테레사 수녀에게 물었습니다.

"어떻게 그렇게 많은 사람을 사랑으로 변화시킬 수 있었습니까?" 그녀가 대답했습니다. "글쎄요, 저는 단지 한 번에 한 사람을 사랑했을 뿐입니다". 교회학교에서 선생님들에게 진짜 학생들을 사랑하는 마음이 있다면, 아이들은 얼마든지 변화됩니다. 여기서 진짜라는 표현을 사용했는데, 그 이유는 교사들 가운데 아이들을 사랑하지 않는 교사는 없기 때문에 그렇습니다. 하지만 사랑의 정도는 교사마다 다른 것 같습니다. 어떤 교사들은 진짜 사랑이라고 주장하는데, 학생들은 그렇게 느끼지 않는 경우도 있습니다. 엄밀히 말하면 학생들은 지금 선생님의 사랑이 진짜인지 아닌지를 다 구분해냅니다. 지금 우리 아이들에게 필요한 것은 선생님의 진짜 사랑밖에 없습니다.

이 시대 우리 아이들은 사랑에 메말라 있습니다. 진정으로 이들을 사랑해 주는 사람들이 과거보다 확실히 줄어든 것 같습니다. 이들에게 투자하는 사람들은 많은데, 진정한 사랑을 주는 이들은 확실히 적어졌습니다. 지금 선생님들의 가장 중요한 역할은 이렇게 사랑에 목말라 있는 아이들을 찾아서, 사랑해 주면 되는 것입니다. 많은 교인들에게 물어보았습니다. "어렸을 때 교회학교 시절 배웠던 말씀이 생각나세요?" 모두가 한결같이 생각나지 않는다고 대답합니다. "그때 배웠던 말씀이 여러분들을 변화시키셨나요?". 물론 이 물음에 잘 모르겠다고 대답합니다. "그럼 무엇이 오늘의 여러분을 있게 하였죠? 무엇이 기억나세요?"라고 물으면 거의 대부분이 이렇게 대답합니다. "선생님요. 저를 이해하고 사랑해 주셨던 선생님이 기억나요" "저의 집은 참 가난했는데. 늘 자신의 집으로 불러서 라면도 끓여 주고 수제비도 끓여 주시던 선생님을 잊을 수 없어요. 그 선생님을 기쁘게 하려고 교회 다녔어요” “저는 아버지가 일찍 돌아가셔서 참 힘들었는데. 저에게 아버지처럼 늘 따뜻하게 대해주시던 집사님이 계셨어요. 그 선생님 때문에 교회가 좋았어요”. 모두가 한결같이 배운 말씀을 기억하는 것이 아니라 선생님의 사랑, 관심, 격려를 기억하고 있었습니다. 그리고 그것이 그들의 인생을 유지하고 건강하게 살며 하나님을 떠나지 않게 하는 요인이 되고 있었습니다. 한국 교회 교회학교가 무너진 것은 가르침이 부족해서가 아니라, 아이들을 진심으로 사랑하지 않고 지식만 전달하려고 했기 때문입니다. 아이들을 제대로 사랑해 주기만 하면 우리 교회학교는 얼마든지 일어날 수 있게 됩니다.

사랑은 엄청난 힘을 가지고 있습니다. 1976년 엘리자베스 사일런스 볼라드는 「홈 라이프」라는 잡지에 “어느 초등학교 교사의 눈물”이라는 글을 기고하였습니다. 여기에는 톰슨이라는 여교사와 테디라는 5학년 남학생이 등장합니다. 톰슨 선생님은 5학년 반 담임을 맡았고, 개학 날 모든 아이들에게 “너희 모두를 똑같이 사랑한다”라고 말했습니다. 그런데 바로 앞자리에 구부정하게 앉아 있는 테디라는 아이를 보니, 그 말을 실천할 수 없었을 것 같았습니다. 테디를 유심히 보니 다른 아이들과 잘 어울리지도 못하고 옷도 더러우며 잘 씻지도 않은 아이였습니다. 공부를 잘못하는 것은 물론이거니와 이것저것 볼 때마다 불쾌한 기분을 주는 아이였습니다. 그러던 중 톰슨 선생님은 교무실에서 우연히 테디의 예전 생활기록부를 보았는데, 깜짝 놀랐습니다. 1학년 때 담임선생님은 테디에 대해서 이렇게 썼습니다. "잘 웃고 밝은 아이임, 일을 깔끔하게 잘 마무리하고 예절이 바름, 함께 있으면 즐거운 아이임". 2학년 때 담임선생님은 이렇게 기록했습니다. "반 친구들이 좋아하는 훌륭한 학생임. 어머니가 불치병을 앓고 있음. 가정생활이 어려울 것으로 보임". 3학년 때 담임선생님의 기록은 이러했습니다. "어머니가 돌아가셔서 마음 고생을 많이 함. 스스로는 최선을 다하지만 아버지가 별로 관심이 없음. 어떤 조치가 없으면 곧 가정생활이 학교생활에 영향을 미칠 것임". 4학년 때 담임선생님의 기록입니다. "내성적이고 학교에 관심이 없음. 친구가 많지 않고 수업 시간에 잠을 자기도 함".

여기까지 읽은 다음에 톰슨 선생님은 비로소 문제를 깨달았고 한없이 부끄러워졌습니다. 크리스마스 날, 반 아이들은 선생님을 위해 예쁜 리본에 화려한 포장지의 선물을 가져왔는데, 테디만 누런색 식료품 봉투에 어설프게 포장한 선물을 내밀었습니다. 선생님은 가장 먼저 테디의 선물을 뜯었는데, 그 안에는 알이 몇 개 빠진 가짜 다이아몬드 팔찌와 사분의 일만 차 있는 향수병이 있었습니다. 아이들 몇몇은 그것을 보고 웃었습니다. 그러나 선생님은 팔찌를 차면서 정말 예쁘다고 말했고, 향수를 손목에 뿌리자 아이들의 웃음이 잦아들었습니다. 테디는 그날 방과 후에 남아서 이렇게 말했습니다. "선생님, 오늘 꼭 우리 엄마에게서 나던 향기가 났어요". 톰슨 선생님은 그날 아이들이 다 돌아간 후에 한 시간을 울었습니다. 그리고 아이들을 진정으로 사랑하며 가르친다는 것이 무엇인지에 대해서 생각하기 시작했습니다. 그 후로 선생님은 테디를 특별하게 대했습니다. 테디에게 공부를 가르쳐 줄 때면 테디의 눈빛이 살아나는 듯했습니다. 테디에게 격려할 때마다 테디는 더 열심히 공부하기 시작했습니다. 결국 테디는 반에서 공부를 제일 잘하는 학생이 되었습니다. 일 년 후에 교무실 문 아래서 테디가 쓴 쪽지를 발견했습니다. 거기에는 "톰슨 선생님은 제 평생 최고의 교사였습니다"라고 쓰여 있었습니다. 6년이 흘러 선생님은 테디에게 또 쪽지를 받았습니다. 고등학교를 반에서 2등으로 졸업했고, 여전히 선생님은 평생 최고의 선생님이라는 내용이었습니다. 몇 년이 흘러 또 한 통의 편지가 왔습니다. 대학을 졸업한 후에 공부를 더 하기로 마음먹고 계속 공부한다고 쓰여있었고, 여전히 선생님은 평생 최고의 선생님, 내가 가장 좋아하는 선생님이라고 쓰여 있었습니다. 하지만 이번에는 편지가 조금 더 길었고, 맨 아래, 테디 스토다드 박사라고 사인이 되어 있었습니다. 그리고 그해 봄에 한 통의 편지가 더 왔습니다. 테디는 여자를 만나 결혼하게 되었는데, 선생님이 오셔서 어머니 자리에 앉아 주실 수 있는지를 물었습니다. 선생님은 결혼식 날, 그 가짜 다이아몬드 팔찌를 차고 그 향수를 뿌리고 예식에 참석했습니다. 결혼식장에서 테디는 선생님을 바라보며 말했습니다. "선생님, 절 믿어주셔서 감사합니다. 제가 중요한 사람이라고 생각할 수 있게 해주셔서, 그리고 제가 훌륭한 일을 해낼 수 있다는 것을 알게 해주셔서 정말 감사합니다".

참 감동적인 스토리입니다. 만약에 이러한 일이 교회 안에서 일어난다면 한국교회 교회학교는 희망이 있을 것입니다. 톰슨 선생님처럼 한 아이를 진정으로 사랑해 주는 선생님이 많아진다면 교회학교에는 큰 역사가 일어날 것입니다. 지금 한국 교회 각 부서에 가장 필요한 것은 담임 목사의 관심, 교역자의 열심, 풍성한 예산이 아니라, 아이들을 진심으로 사랑해 주는 교사입니다. 아이들의 변화에는 사랑밖에 없습니다. 사랑은 엄청난 힘을 가지고 있습니다. 예수님의 가르침의 힘은 사랑에 있었습니다. 예수님은 자신을 욕하고 저주하며 멀리 떠나버린 배은망덕한 제자들을 직접 찾아가셨습니다. 그러고는 그들의 과오와 죄를 지적하거나 거기서 무엇인가 새로운 것을 가르치려고 하지 않으셨습니다. 그냥 사랑하셨습니다. 베드로가 예수님의 사랑의 마음이 비로소 느끼게 될 때, 그는 결국 변화되었습니다. 그리고는 초대교회의 최고의 리더가 됩니다. 교육의 본질은 사랑에 있습니다. 교사가 더욱더 사랑할 때 역사는 일어나게 됩니다. 아무리 열악하고 어려운 환경 속에서도 교사의 진심 어린 사랑만 있으면 아이들의 변화의 역사는 오늘도 진행형이 될 것입니다.

8) 경건을 이루어 나가는 사람

"망령되고 허탄한 신화를 버리고 오직 경건에 이르기를 연습하라 육체의 연습은 약간의 유익이 있으나 경건은 범사에 유익하니 금생과 내생에 있어 약속이 있느니라"(딤전4:7~8).

(1) 연습해야 할 경건

경건은 신앙 생활면을 말합니다. 기독교의 경건은 "하나님 아버지 앞에서" 구원을 받은 감격과 하나님의 사랑을 깊이 깨달아 하나님 앞에서 사는 생활 즉 신본주의 신앙을 말합니다. 사람 앞에서만 살려고 하는 것은 인본주의입니다. 보이려고 하는 것이 아니라 하나님 앞에서 바로 살려고 하는 것이 바른 신앙이요 경건인 것입니다. 인간이 얼마든지 같은 인간을 속일 수는 있지만 하나님은 못 속입니다. 사람 앞에서는 의인이 될 수도 있지만 중심을 보시는 하나님 앞에서는 속일 수가 없습니다. 주일에 장사하고 탐욕으로 일하면서 십일조는 떼어먹고 욕심으로 마음에 탐심의 우상을 섬기면서도 예배당에 나와서 사람 앞에서는 그럴듯하게 다닐 수 있지만 또 어느 정도 가르치기도 하지만 하나님 앞에서는 책망을 받지 않을 수 없습니다. 하나님 앞에서의 경건은 말에 있는 것이 아니요 이웃 사랑을 나타내는 그 행위의 실천에 있습니다. 내가 가지고 있는 믿음과 행하는 예배의 진위는 구체적인 이웃 사랑과 거룩한 생활로 나타나야 함을 야고보는 가르치고 있습니다(약1:26~27). 또 경건은 자기 '자신을 지켜 세속에 물들지 아니하는 이것이니라' 하였습니다. 세상에 있는 모든 것이 육신의 정욕과 안목의 정욕과 이생의 자랑이니(요일2:16) 그러므로 "자기를 지켜 세속에 물들지 아니하는"(약2:27) 것은 역사 속에서 밝혀진 악한 선례들을 답습하지 않으며, 오늘날 유행하여 대세를 이루고 있는 세상의 정욕과 그릇된 풍조와 사상으로부터 자신을 지키는 일입니다. 세상은 죄로 말미암아 더럽고 오염된 것이니만큼 그 안에 묻혀 살면서 자기 옷을 더럽히지 않을 사람은 없는 것입니다.

우리의 마음은 오성으로 대하는 모든 대상들에 의해 물들어 갑니다. 그래서 예수님께서는 다음과 같이 기도하셨습니다. "...내가 비옵는 것은 저희를 세상에서 데려가시기 위함이 아니요 오직 악에 빠지지 않게 보호하시기를 위함이니다"(요17:15). 그러니까 주님은 명예와 쾌락과 육신의 행복을 최고의 선으로 여기시는 이 세상 속에 사는 것이 그 얼마나 큰 시험인지를 아셨던 것입니다. 그러므로 바울은 "그리스도로 말미암아 세상이 나를 대하여 십자가에 못 박히고 내가 또한 세상을 대하여 그러하니라"(갈6:14) 라고 말할 수 있었던 것은 경건 생활의 행복 된 모습입니다. 사도 베드로는 "정욕을 인하여 세상에서 썩어질 것"(벧후1:4)을 피하라고 권합니다. 우리가 세상의 쾌락을 사랑하는 것은 마치 온몸에 검정칠을 한 사람과 더불어 침상을 더럽히는 것과 같으며 욕정에 굶주리고 있는 것은 오물을 껴안고 있는 것과 같은 행위입니다. 또 바울의 훈계를 들어보자. "누구든지 이런 것(독한 창질의 썩어져 감과 같은 망령되고 헛된 교훈)에서 자기를 깨끗하게 하면 귀히 쓰는 그릇이 되어 거룩하고 주인의 쓰심에 합당하다"고 하였으니 교사는 참된 경건의 신앙을 가진 자여야 합니다. 세상이 극도로 타락되고 사람들은 방탕하여도 오늘의 그리스도인들은 방탕하여서는 안 되겠습니다.

말세에는 이방과 이스라엘의 경계선으로 흐르는 유브라데 강이(수1:4) 마른다고 하였습니다. 즉 교회와 세상과의 경계선이 없어져서 세상의 물결이 교회에 흘러 들어와 세상과 교회를 구분할 수 없도록 혼돈하게 합니다. 그러므로 말세에는 세상에 물들지 않음이 매우 중요한 일입니다. 이것은 매우 힘든 일임은 틀림이 없습니다. 그러나 반드시 싸워서 이겨야 합니다. 세상은 짐승이요(계 13:1) 음녀라고 하였습니다(계17:1). 인본주의 세상 문화는 음녀와 같이 아름답게 단장하여 미화하고 세상에 속화되게 하려하니 이것이 모두 악한 사단의 간교한 역사입니다. 여기에 미혹되지 않고 신앙을 지켜 나가되 하나님 앞에서 사는 것이 참된 경건입니다. 하나님은 이런 사람을 기뻐하시고 찾으시는 것입니다. 오늘 우리가 세속에 물들지 않는 경건 생활을 하기 위하여 얼마나 힘을 다해 몸부림을 쳐 보았던가. 하나님 앞에서의 생활을 위해 얼마나 복된 고민을 해보았는가!

바울은 디모데에게 충고하고 있습니다. "경건에 이르기를 연습하라". 그렇습니다. 경건을 이루어 나감에는 연습 즉 훈련이 필요합니다. 고대 헬라 지역에는 연무장이 있었는데 그 연무장은 달리기와 씨름 등을 위한 운동장을 갖추고 있습니다. 그리고 그 경기장에서 알몸의 젊은이들이 육체의 연습을 통하여 그들의 신체와 미를 기르는 곳이었습니다. 그래서 그것을 염두에 두고 디모데에게 그와 같이 경건을 연습하라고 한 것입니다. 그리스도의 선한 일꾼으로 계속하여 교사의 사역을 잘 감당하기 위해서는 우리는 무엇보다 경건을 이루기 위해 연습해야 합니다. 바울은 이 연무장의 비유를 통해 계속 언급하기를 육체를 위한 연습은 약간의 유익이 있지만 경건은 범사에 유익하다고 하였습니다. 그 범사에 유익함은 현재와 미래 모두를 위한 생명에 관한 본질적인 유익인 것입니다.

(2) 경건을 위한 말씀 실천

그리스도의 제자 된 우리가 하나님 앞에서 사는 연습은 구체적으로 진리를 믿은대로 순종해 나가는데 있습니다. 믿음을 가졌노라 하면서 말씀의 생활이 열매로 나타나지 않을 때 사실은 믿지 않고 있는 것이 됩니다. 참된 믿음에는 행함이 자연스럽게 따르는 것입니다. 가장 권위 있는 교사는 자신이 먼저 말씀을 순종하는데 있으며 가장 영향력 있는 가르침도 가르침의 말씀에 젖어 사는 생활에 있습니다. 만일 교사가 교사의 사명을 가지고 봉사한다고 하면서도 자신이 하나님의 말씀을 외면하고 행하지 않을 때 자신을 속이는 것이 되고 학생들을 업신여기는 교만함과 주님 앞에 거짓된 교사로 정죄함을 면치 못하게 됩니다. 나아가 믿음이 있노라 하면서 말씀대로 걸어가는 행함이 없으면 아무 유익이 없을 뿐 아니라 자기 자신도 구원하기 어려운 거짓된 믿음을 입증할 뿐입니다(약 2:14). 거짓된 믿음으로 주님을 따르고 주의 일을 할 수도 있지만 결코 주의 신령한 생활의 열매는 맺을 수 없습니다. 행함이 없는 믿음으로 진리를 사칭하면서 지식적으로 전달하는 형식적 계명의 수행으로는 사람의 영혼에 아무런 감화력도 발휘하지 못하고, 어떠한 은혜와 위로도 영광에 대한 소망도 갖추지 못합니다. 행함이 없는 믿음은 거짓된 믿음입니다. 죽은 사람이 아무런 활동도 하지 못하듯이 거짓 믿음은 아무런 쓸모가 없습니다. 우리는 심장이 뛰는 것을 보고 생명이 살아 있다는 것을 강하게 느낍니다. 산 믿음은 역동적이며, 은혜로운 행동 속에서 나타납니다. 경건한 행동의 믿음에서는 활기가 넘치고 능력이 나타납니다. 경건은 하나님을 참으로 경외하고 주의 말씀을 실천하게 합니다.

사도행전 10장에서 볼 수 있는 고넬료는 이방인으로 하나님께 경건한 믿음을 가지고 온 집으로 더불어 하나님을 경외하며 백성을 많이 구제하는 일로 항상 돕기도 하므로 그의 기도와 구제하는 모든 생활이 하나님 앞에 상달하여 기억하신 바가 되었다고 하였습니다(행10:1~35). 교회학교 학생들이 어떤 교사를 가르켜 "우리 선생님은 우리보고 제사하는 것은 우상에게 절하는 것이니 하지 말라"고 하시고서는 "왜 선생님은 절을 하는지요?"하는 어린이들의 타당한 질문에 무어라고 대답을 해주어야 할런 지 잠시 망설여지는 경우가 있습니다. 경건의 모양만 가지고는 안 되겠습니다(딤후3:5). 경건의 능력이 있는 진리의 생활화에 전심전력을 다하자. 말씀을 듣고 깨닫는 대로 생활 속에 실천하여 우리가 받은 진리의 위대함과 복음의 은총을 나타내자. 경건하게 살고자 진리를 순종하는 것이 결코 쉬운 일은 아니지만(딤후3:12), 성령의 도우심과 함께 믿음으로 앞서간 경건한 선조들의 믿음을 본받아 행동하는 그리스도인이 되자. 예수님은 행함으로 진리를 가르치셨습니다. 영원한 교사이신 예수님을 온유와 겸손으로 그의 형상을 이루어 나가도록 하여야겠습니다.

(3) 기도의 생활

경건한 생활은 앞서 말씀의 실천에서 나온다고 하였는데 그 실천의 성립은 기도하는데 있습니다. 어떤 사람이라도 기도하지 않고도 일할 수 있는 사람은 없습니다. 또 기도하지 않아도 될 정도의 믿음의 부요함을 지니고 있는 자도 없습니다. 더욱이 어린 영혼을 맡고 있는 반의 교사들은 기도하는 기도의 사람이어야 합니다. 어떠한 처지와 형편에 있어서도 그 마음문은 하늘을 향해 넓게 열려져 있어야 합니다. 일정한 기도 시간을 정하고 생사에 관한 큰 사건이 돌발하는 경우 외에는 그 기도 시간을 어겨서는 곤란합니다. 아무리 유능하고 똑똑한 교사라 할지라도 기도하지 않는 사람은 그 믿음 자체에 문제가 있는 것입니다.

하나님께서는 그의 영원하신 경륜과 작정하심을 따라 그 계획대로 일하시되 반드시 성도들의 기도를 통해서 일하시므로 하나님 편에서도 기도는 가장 중요하고 다스림을 받는 우리 그리스도인에게도 마찬가지로 가장 중요한 것은 기도하는 일입니다. 그러므로 기도하지 않는 자는 자신이 하나님의 도우심을 포기하는 심히 어리석은 처지에 스스로 서는 것이 됩니다. 기도 없는 생활은 믿음도 경건의 모든 강한 갈망도, 은혜도 시들게 하여 스스로를 무기력하게 만들 뿐입니다. 그러나 우리가 비록 인간적인 재능이나 타고난 재질이 부족하다 할지라도 기도하는 일에 성실하다고 하면 경건한 신앙인으로 하나님의 사역을 잘 감당하고도 남음이 있습니다. 그렇게 될 수밖에 없는 이유는 하나님께서 동참하셔서 역사하여 주시기 때문입니다. 기도하는 교사가 되어 언제든지 주님과 자연스럽게 마주 앉아 하루 한 주간의 업무를 보고하고 맡은 반의 어린이들을 가슴에 품고 한사람 한사람씩 이름을 불러 가며 그들의 필요와 바른 성장을 위해 간구하고 또 교사 자신의 성장을 위해 지혜와 능력을 구하는 그러한 교사의 반 어린이는 얼마나 행복하겠으며, 그러한 교사를 바라보는 교역자 또한 얼마나 대견스럽고 자랑스러운 마음이 되겠는가!

사람들은 곧잘 입버릇처럼 기도하지 못하는 이유들을 "시간이 없어서"라고 핑계합니다. 시간을 말하는 것은 너무나 초라하고 궁색한 변명이요 기도에 대한 무지의 소산에서 나온 것이라 아니할 수 없습니다. 그리스도인이 하나님 아버지와 대화하는 기도할 시간이 없어 못한다니 이 얼마나 비극적인 일이란 말인가? 기도할 시간을 뺏기면서 까지 분주한 일의 내용은 무엇인가, 반을 맡은 교사들로서는 도무지 해서는 안 될 이런 말들은 참으로 이해하기 어려운 것입니다. 기도하지 않고 어찌 경건에 이를 수가 있겠는가?

종교 개혁자 마틴 루터는 "내가 평상시에는 하루에 한 시간 기도하였으나 지금은 대단히 바쁘므로 두 시간을 기도한다"고 하였습니다. 이것은 바쁘므로 기도 시간을 줄이든지 중지하는 것이 아니라 바쁘기 때문에 더 많은 능력을 필요로 하기에 배가의 기도를 한다는 뜻입니다. 그렇습니다.

기도는 제 2차적인 것이 될 수 없습니다. 기도 시간을 뺏기기보다는 차라리 일하는 것을 뒤로 미루는 것이 낫고 기도에 게을리 하는 것은 사단에게 회심의 미소를 짓게 하는 것입니다. 또 "너무 바빠서 기도할 수 없다"함은 타락의 첫 걸음일 뿐만 아니라 이루어 놓은 일도 망쳐 놓게 됩니다. 기도 없이 잘되려고 하는 것은 교만이요, 대단한 착각입니다. 아무리 좋은 일이라도 최선의 일인 이 기도하는 일을 게을리 하지 말라. 사단은 단순히 우리를 바쁘게 일하도록 만들어서 기도할 시간을 빼앗아가므로 실제적으로 우리를 무기력하게 만듭니다. 예루살렘 초대교회가 부흥 성장할 때 사도들이 기도하는 일에 소홀히 하므로 물질적인 시험을 만나게 되었습니다. 그들이 하나님의 일을 하지 않은 것이 아니라 분주하게 열심히 일했지만 기도의 시간이 줄어들고 깊은 기도의 시간이 점점 얕아졌기 때문이 아니었던가. 그러기에 사도들은 이 문제를 즉시 깨닫고 자신들이 해야 할 일을 더욱 분명하게 하였습니다. "우리는 기도하는 것과 말씀 전하는 것을 전무 하리라"(행6:1~7). 사도들이 재정처리 문제로 일어난 시험을 "기도에 전념 하므로" 이 문제를 해결하였습니다. 이는 다른 일을 다 무시하라는 것이 아니라 기도하는 이 중요한 일을 소홀히 해서는 안 되겠다는 것입니다. 각각 지교회에서 수고하는 교사된 동역자들이여! 기도를 제발 이차적인 것으로 만들지 말라. 기도는 반드시 제일 처음에 와야 합니다. 누구든지 어떤 이유로든지 기도에 게을리 하면 믿음도 사랑도 다 잃게 되며 결국은 기도의 샘 근원 까지 바짝 마르고 맙니다. 기도하지 않는 사람에게서는 결코 어떤 경건도 이루어질 수 없습니다. 경건의 사람이라 함은 항상 기도의 사람입니다.

　오늘날 우리의 교회가 직면하고 있는 복잡하고 심각한 문제 앞에서 진지하고 절박한 책임감을 갖고 일을 할 수 있는 사람, 기도의 사람이 필요합니다. 교회학교 교육에서도 참으로 필요한 사람은 돈이 많던지 머리가 좋은 사람 등이 아니라 기도의 사람입니다. 모든 것을 갖추었지만 기도가 없는 사람은 결국 실패하고 맙니다. 모든 것이 부족해도 기도하는 사람이면 성공할 수 있습니다.

　기도 가운데 말씀을 준비하고 기도 가운데 가르치고 전도하면서 모든 일에 기도하므로 경건을 이루어 나가는 교사가 되어야 하겠습니다. 이제 우리는 말씀을 깊이 묵상하여 깊은 기도의 골방을 찾아 그리스도의 형상을 닮아가는 경건한 사람이 되도록 해야겠습니다. 내가 진지한 기도의 사람이 되지 못하고 어떻게 진실한 기도의 모습을 어린이에게서 기대할 수 있겠는가? 혹 기도 없이도 일을 해왔던 두둑한 베짱이 있었다면 기도를 해도 형식적으로 겨우 그 모습만 지닌 채 교사의 역할을 했었다면 진심으로 회개하고 하나님이 기뻐하시며 교회에서 참으로 필요로 하는 기도하는 경건한 그리스도의 제자가 되도록 하자.

교사의 교육적 자격

1) 학생들에 대한 올바른 태도

교회에서 학생들과 소통을 하고 싶어도, 학생들의 성향이 너무나도 달라서 힘든 경우를 보게 됩니다. 실제로 교회 안에는 다양한 아이들이 모여 있습니다. 아이들의 신앙 수준도 차이가 크고, 학생들의 지적인 차이도 크며, 가정의 경제적 수준에 따라서 사는 지역이 다릅니다. 심지어 동년배끼리 신체 발달 및 정신 발달의 차이도 큽니다. 따라서 학생들에 대한 다양성의 이해 없이 제대로 된 교육은 힘듭니다. 배움의 대상이 되는 학생들은 다양합니다. 그리고 학생들은 다양한 방법으로 배우게 됩니다. 미국의 한 교회는 주일 초등부 분반 공부를 같은 주제를 가지고 3주에 걸쳐서 진행하였습니다. 한 주는 스토리텔링으로 풀어 낸 연극으로 분반 공부를 진행했고, 다른 한 주는 그림과 같은 창작 활동을 통해서 분반 공부를 진행했으며, 마지막 한 주는 노래와 같은 음악과 함께 분반 공부를 진행하였습니다. "왜 이렇게 진행하시죠?" "아이들이 좋아하는 영역이 다르고 배우는 방식이 다르기 때문에 세 가지 방식을 사용하며 노력하는 겁니다". 아이들이 다양한 방식으로 교육을 받으면 교육의 효과는 매우 큽니다. 한국의 교육은 세상이든 교회든 교육 방식의 획일화가 큰 문제라고 보입니다. 지금 교육 현장에서 가장 필요한 것은 각 학생들의 교육 스타일을 이해하는 맞춤형 교육이라고 봅니다. 아이들마다 좋아하는 것을 충분히 파악해서 그것으로 접근하면 교육이 실패할 확률이 적어진다고 생각합니다. 교회에서 먼저 학생들의 다양한 배움의 스타일을 연구하고 그에 맞게 접근해간다면 교회학교에 큰 센세이션이 일어날 것이라고 믿습니다. 우리는 자꾸 내가 배워왔던 방식으로 아이들을 가르치려는 경향이 강하기 때문에 교사와 학생 사이에 괴리감이 커지는 것입니다.

만약에 지금부터 우리 아이들이 가지고 있는 배움의 방식을 조금만 이해한다면 다음과 같은 유익이 찾아올 것입니다. 첫째, 학생들이 활발하게 배우게 됩니다. 배움에 있어서 활기가 넘치기 때문에 분반 공부하는 시간이 신나고 재미있어집니다. 둘째, 각 학생들에게 맞는 배움 방식으로 교육할 때 집중도가 올라가기 때문에 교육의 효과가 최대치가 됩니다. 셋째, 학생들의 스타일에 맞게 수업을 진행하면 반 분위기가 훈훈해져 서로에게 좋은 시너지

효과를 발휘하게 됩니다. 넷째, 학습 효과가 올라가게 되면서 학생들의 자존감이 올라가게 됩니다. 아이들은 무엇인가 성취하게 되면 또 배우고 싶어 합니다. 다섯째, 교사가 아이들의 취향을 파악하고 대할 때 자연스럽게 학생들과 좋은 신뢰 관계를 구축하게 됩니다. 여섯째, 분반 공부에 관심 없었던 아이들조차도 공부하고 싶은 열망이 생겨납니다. 성경에 대해 갈망하는 마음이 더 커지게 됩니다. 일곱째, 학생들이 배움의 즐거움을 얻게 됩니다. 재미있게 배울 때 행복감과 즐거움을 느껴 배움의 양과 질이 높아지게 됩니다. 여덟째, 배움의 극대화가 나타나게 됩니다. 학생들의 배움에 필요한 뇌의 발달이 일어나는데, 학생들이 좌뇌와 우뇌를 모두 사용하면서 배움의 극대화 효과를 보게 됩니다. 어찌 보면 한국 교회 각 부서의 큰 위기는 교사들이 너무 굳어 있고 변화를 두려워하는 것일 수도 있습니다. 아이들은 끊임없이 변해가고 있는데, 교사들은 늘 그대로입니다. 처음 반 아이들을 맡으면 아이들의 성향을 먼저 분석하고 아이들이 어떠한 방식으로 학습을 하는지 연구할 필요가 있습니다.

버니스 맥카시 교수는 우리 아이들을 배움의 방식에 따라서 네 가지로 간단히 분류하였습니다. 상상력이 풍부한 학습자, 분석력이 풍부한 학습자, 상식이 풍부한 학습자, 역동성이 풍부한 학습자. 이 분류법은 매우 간단하게 현재 우리 반 아이들의 배움에 대한 성향을 구별하고 적용할 수 있도록 해줍니다. 이 정도만으로도 반 아이들을 분류할 수 있다면 분반 공부나 제자훈련 등 교회 소그룹 모임 때 보다 효과적으로 교육할 수 있습니다. 학생들의 그룹

별 특징을 배움 방식 스타일에 맞게 분석한 표가 있습니다. 당신의 교회 학생들은 어떠한 그룹에 속해 있는지 살펴보는 시간을 갖길 바랍니다. 우리 반 아이들을 특징에 맞게 분석해놓으면, 아이들을 가르칠 때 큰 도움이 됩니다.

학습자들의 배움 방식 스타일

〈상상력이 풍부한 학습자〉	〈분석력이 풍부한 학습자〉
a. 내면이 강함	a. 새로운 아이디어나 생각에 몰두함
b. "왜?" "왜 안돼?"라는 질문을 좋아함	b. 경쟁이 필요함
c. 쉽게 흥미를 느낌	c. 사실, 도면, 이론이 중요함
d. 감정에 동조가 잘됨	d. 논리적인 정보를 좋아함
e. 일할 때 시끄러운 환경임	e. 올바른 것을 좋아함
f. 직관적임	f. 틀린 부분 수정하는 걸 좋아함
g. 사람(친구)을 좋아함	g. 지적임
h. 역할놀이, 게임, 시뮬레이션을 좋아함	h. 혼자 일하는 것이 좋음
i. 듣는 것과 나누는 것을 좋아함	i. 전통적인 방법으로 지식을 획득함
j. 색깔이 많은 환경을 좋아함	j. 많은 정보를 주는 교사를 좋아함
k. 연민이 많고, 잘 움	k. 듣고 필기하는 걸 좋아함
L. 긴 강의, 암기, 독학을 싫어함	L. 똑똑한 사람을 좋아함
m. 사회성이 풍부함	m. 조용한 환경을 좋아함
	n. 성경연구 및 공부를 좋아함
	o. 장기 플랜을 보고 결과를 봐야 함

〈상식이 풍부한 학습자〉	〈역동성이 풍부한 학습자〉
a. 컴퓨터와 기계를 좋아함 b. 교실에 조용히 앉아 있는 걸 싫어함 c. 공부시간에 돌아다녀야 함 d. 객관적 사고를 하나 홀로 있는 것은 싫어함 e. 강의 듣는 걸 싫어함 f. 지식에 대한 나름의 스킬이 있음 g. 문제를 잘 풀어냄 h. 혼자 일하길 좋아함 i. '기독교' 하면 '행동하는 신앙을 생각함 j. 실물(디스플레이)을 통해서 배움 k. 직접 활동하면서 배움 l. 실제적이고 실용적임 m. 논리적 결과를 얻는 걸 좋아함 n. 결과와 목표 지향적임 o. 전략적 사고가 뛰어남	a. 융통성과 창조성을 좋아함 b. 새로운 방식으로 가르치는 교사를 좋아함 c. 숙제하는 데 시간이 많이 걸림 d. 예감에 의해서 결정을 내림 e. 호기심이 많고 인사이트가 풍부함 f. 유머 감각이 좋음 g. 학생들에게 집중된 세팅을 좋아함 h. 사람을 좋아함 i. 예측이 힘듦 j. 창조성에 관심이 많음 k. 독특함을 주는 드라마를 좋아함 l. 문제 해결의 독특한 방식을 제공함 m. 직관적 통찰력이 좋음

특히 그간 아이들의 행동과 특징에 대해서 "왜 이런 행동을 하지?" 또는 "왜 이 아이는 이러한 상상을 하지?"라고 의아하게 생각했던 부분을 충분히 이해하게 됩니다. 지금 가르치는 아이들의 다양성만 충분히 이해해도 교회 교육의 시스템이나 환경에서 오는 여러 어려움을 극복하면서, 교회 교육을 성공적으로 진행해 나갈 것입니다.

학생과 교사의 교육 유형을 점검하라. 릭 욘트 교수는 학생들의 필요를 채워주고 돕기 위해 교회에서 교육을 할 때 세 가지 영역에 따른 접근이 필요하다고 주장 합니다. 교육을 할 때 모든 사람은 세 가지 영역 안에서 교육이 이뤄지기 때문입니다. 첫째, 생각의 영역입니다. 이것을 다른 말로 '앎'이라고 하고, '지식'이라고 합니다. 둘째, 감정(느낌)의 영역입니다. 진정한 교육은 지식에서 그치지 않고 개인의 마음의 터치할 때 이뤄진다는 것입니다. 그래서 학생들이 무엇을 좋아하고 싫어하는지를 잘 파악해야 합니다. 셋째, 행동의 영역입니다. 말씀을 받아들인 학생들이 말씀을 통해서 삶에 적용하는 것을 뜻합니다. 이 세 가지 삼박자가 조화를 이루어야 교회 안에서 제대로 된 교육이 이뤄진다는 말입니다.

학생과 교사의 세 가지 교육 유형. 실제 교육 현장을 가보면, 이 세 가지가 완벽하게 조화를 이루는 경우는 드뭅니다. 보통은 한쪽에 편향되기 쉽습니다. 교사들 가운데서도 어떤 한쪽 방향에 더 쏠려 있는 경우가 있고, 배우는 학생들도 한 방향에 더 집중되어 있곤 합니다. 그래서 학생이든 교사든 어떤 사람은 생각의 영역이 강할 수 있고 또 어떤 사람은 감정의 영역이 강할 수 있으며, 어떤 사람은 행동의 영역이 강할 수 있습니다. 교사와 학생의 유형이 일치하게 되면 매우 재미있는 분반 공부 시간이 되고, 교사와 학생이 상반될 경우 서로에게 피곤한 분반 공부가 될 수 있습니다. 먼저, 교사로서 당신은 어느 쪽에 가까운지 스스로 점검해 보길 바랍니다.

유형	특징	애칭
생각자(Thinker)	나는 사실, 개념, 이론, 본문, 적용, 성경 공부, 생각과 관련된 것을 좋아한다. "배우는 것은 개념을 아는 것이고, 내용을 많이 담는 것이다".	도서관
느낌자(Feeler)	나는 경험, 따뜻한 분위기, 개인적 가치, 열정적인 헌신, 질문에 자유로운 답변, 개인의 사사로운 이야기, 사람들과의 관계 형성을 좋아한다. "배우는 것은 감정적이고 축제적이며 따뜻하게 이루어져야 한다".	캠프파이어
행동자(Doer)	나는 실행, 행동, 업무 수행, 프로젝트 결과, 효율성, 숙달을 좋아한다. "배우는 것은 실제적이고 효율적이며 집중적으로 이루어져야 한다".	워크숍

    교사만 세 가지 유형으로 분석할 수 있는 것이 아니라 학생들도 동일하게 세 가지 유형으로 분석할 수 있습니다. 나는 어떠한 유형이고, 우리 반 아이들은 어떠한 유형일까를 고민해보면 훨씬 더 쉽게 아이들의 필요를 채울 수 있게 될 것입니다. 반대로 이러한 유형에 대해서 아무런 관심이 없다면 선생님은 자꾸 이런 생각이 들 것입니다. "우리 반 아이들은 왜 저 모양이지?". 뿐만 아니라, 반 아이들도 선생님에 대해 자꾸 이런 생각을 할 것입니다. "우리 반 선생님은 왜 저러시지?"

    생각자(Thinker)인 교사가 분반 공부를 인도하는 경우입니다. 아주 열정적으로 성경의 내용과 신학적 의미, 개념 등을 설명합니다. 그러면 반에 있는 생각자(Thinker)들은 분반 공부 시간이 유익하다고 여기며 좋아하지만, 느낌자(Feeler)들은 이렇게 반응합니다. "이 내용이 나랑 무슨 관계가 있어? 짜증나" 또한 그 반에 있는 행동자(Doer) 학생들은 이렇게 반응합니다. "이것을 어떻게 하라는 말이야? 실질적인 행동 지침을 줘야지".

느낌자(Feeler) 교사가 인도를 하면, 자기 생각대로 공부를 인도를 하곤 합니다. 내용은 그렇게 깊지 않습니다. 주로 자기 경험을 토대로 이야기하는데, 매우 흥미로운 편입니다. 많은 학생들이 웃을 수 있고, 특히 느낌자 유형의 학생들은 매우 좋아합니다. 하지만 지나고 나면 무엇을 배웠는지 잘 기억이 안 납니다. 특히 생각자 유형의 학생들은 이에 대해 따질 수 있습니다. "지금 전체 내용의 주제가 무엇이죠? 그것이 의미하는 바가 무엇인가요?". 행동자 학생들도 마찬가지로 의문을 제기합니다. "이것을 도대체 어디에 활용할 수 있다는 말인가요?".

행동자(Doer) 교사들은 실제적인 것, 행동, 업무 수행, 프로젝트, 결과, 효율성, 숙달을 강조합니다. 이 유형의 교사들은 반복적인 학습을 중요하게 생각하고 일 중심적입니다. 이들은 일을 하면 되지 다른 것은 중요하지 않다고 생각합니다. 이때 생각자 유형의 학생들은 다음과 같이 따집니다. "지금 핵심이 뭐죠? 의미하는 바가 무엇이죠?". 느낌자 학생들은 다음과 같이 반응하곤 합니다. "이것이 도대체 나랑 무슨 관계가 있나요?".

교회에서 교사와 아이들의 유형만 일치해도 좋은 결과를 보게 됩니다. 먼저 교사는 내가 어떠한 유형인지를 알고, 그다음에 아이들의 다양한 유형을 파악하게 되면, 지금보다 훨씬 효과적인 교회 교육이 가능해집니다. 이렇듯 교회학교 선생님들은 학생들에 대한 다양성을 이해하고 공부해야만 합니다.

2) 늘 배우고 연구하는 사람

1984년 세계 올림픽에서 경쟁하던 미국 운동 선수들은 "금메달을 얻기 위해 힘쓰라"는 슬로건을 자주 사용했습니다. 그들의 목표는 높습니다. 그들은 운동 경기의 완성을 위해 동메달이나 은메달이 아닌, 금메달 즉, 가능한 가장 높은 상을 얻으려 했습니다. "금메달을 얻기 위해 힘쓰라"는 말은 사람들에게 높은 가치가 있는 것을 성취하기 위해, 또 높은 목표들을 세우도록 격려하는 슬로건으로서 그 올림픽 이래로 계속 사용되어 왔습니다.

지혜로운 교사는 남을 가르치기 전에 항상 무엇인가 배우고자 하는 열망이 있어야 합니다. 배우고자 하는 사람은 무슨 일에나 많은 교훈을 받게 되고 누구에게나 겸손히 배우게 되므로 성장하는 인격자로 나타나게 됩니다. 어머니가 먼저 잘 먹어야 어린아이에게 영양 있는 모유를 먹일 수 있듯이 가르치는 교사가 먼저 배우는 일에 성실하지 않고서는 충실한 교사의 역할은 감당할 수 없겠습니다. 실로 내가 맡고 있는 아이들의 신앙이 성장하기를 원한다면 교사인 자신이 먼저 성장하여야 합니다. 교사가 꾸준히 성장하는 것은 곧 반의 어린이들이 성장하는 것과 비례합니다. 피교육자들은 결코 그 교육하는 교사 이상은 성장할 수가 없습니다.

생명 있는 것은 무엇이든지 성장하는 것이 공통된 특징입니다. 성장이 정지되는 그 순간부터 사멸하기 시작한다고 볼 때 교사가 부지런히 배우는 일을 중단하면 교사의 내적인 생명도 시들할 수밖에 없습니다. 그러므로 교사는 성경을 애독하면서 연구 묵상하여 그 진리가 자신에게 생명과 능력이 되도록 하여 때를 따라 하나님의 양식을 잘 나누어 줄 수 있는 실력 있는 청지기가 되어야 합니다. 배우기를 갈망하되 지도해주는 담임 교역자에게 수시로 잘 인도받음은 물론 앞서 믿음의 선후배 누구에게도 겸손히 배우는 자세가 필요합니다. 한국이 낳은 세계적인 주경 신학자인 박윤선 목사님은 어느 시골 교회에 어린이 예배시 참석했을 때 20세 미만의 어린 소년이 설교하는 것을 듣고 크게 은혜를 받았다는 것을 생각할 때 보통 겸손하신 인격이 아닐 뿐 아니라 그의 배우고자 하는 그 자세가 바로 귀감이 될 만하지 않는가. 우리가 배우기를 원한다면 주님이 맡겨주신 교사의 사명을 잘 감당하기 위해 배우기를 원한다면 우리의 주님께서 그 얼마나 기뻐하시겠는가!

그런데 배움에는 여러 가지의 방법이 있습니다. 앞서 약간 언급한 대로 인생의 스승에게, 즉 본이 되는 사람에게 배우게 되고 또 가까운 사람을 통해 배우게 되기도 하고, 또 어떤 사건을 통해서나 주어진 일을 통해, 산지식의 깨달음을 받기도 하니 경험은 큰 지식의 보고가 되기도 합니다. 또 자연스러운 배움은 삶 속에서 많이 이루어지기도 합니다. 그런데 몇 광년으로 헤아리는 우주의 세월에 비하여 인간들의 삶이란 눈 깜짝할 시간에 지나지 않으나 이런 짧은 일회적인 삶을 살아가면서도 우리들에게는 알아야 할 것, 익혀야 할 것들이 너무 많습니다. 더욱이 교사의 사명을 가진 우리에게는 더욱 그러합니다. 이 짧은 시간에 최대한의 많은 경험과 지식

추구는 책을 통한 독서 외에 무엇이 더 있겠는가? 그러므로 교사는 항상 손에서 책이 떠나지 않도록 해야 할 것입니다.

적어도 한 달에 한 두 권씩은 필요한 양서를 구입하여 읽어야 하겠습니다. 독서는 다른 사람이 많은 연구와 경험 가운데 발표한 것을 너무나 쉽게 그 지식을 얻을 수 있는 유익뿐만 아니라 저자의 정신사상을 엿보면서 많은 것을 생각하도록 하기 때문에 독서처럼 자기 성장을 돕는 것이 없습니다. 사고의 폭이 넓어지고 깊은 사색과 함께 세계를 보는 안목의 반경이 확장될 뿐 아니라 예리한 통찰력과 판단력을 길러줍니다. 또 독서는 인간의 감정을 풍부하게 하고 많은 단어와 어휘의 만남을 통해 문장의 적절한 배열과 언어생활을 풍부하게 해주어 지성미 있는 사람이 되게 합니다. 또 한 권의 책을 읽으면 한 권의 책만큼, 백 권의 책을 읽으면 백 권의 책만큼 독서의 향기를 향유 하게 되어 생활 속의 고상한 향기로 나타납니다. 중세기 때의 성자 어거스틴은 그가 한때 오래동안 방탕한 생활로 방황하며 살았으면서도 한 손에 책을 놓는 일이 없었다는 것은 바울 이후 큰 역사의 새로운 장을 열었던 위대한 인물의 훌륭한 한 단면을 생각하게 합니다.

오늘날 교회학교 교사들이 너무나 배우려 하지 않고 독서 하지 않는 경우를 많이 보게 되는데 참으로 안타까운 일입니다. 설교집 한 권과 공과 한 권 그리고 성경은 교과서로 보다 참고서처럼 가지고 그것으로 족하게 여기면서 별 어려움(?) 없이 교사의 사명을 재주 있게 감당하는 것은 아무리 생각해도 불성실한 일꾼의 자세가 아닌가 여겨집니다. 출판의 홍수 시대에 묻혀 살고 있는 현 시대에 그 수를 헤아릴 수 없는 책들이 쏟아져 나오고 있습니다. 그런데 그 많은 책들 가운데는 신앙을 좀 먹는 반기독교적인 책들이 적지 않으므로 무익한 독서를 넘어 유해한 독서가 되지 않도록 분별을 하여야겠습니다. 혹 교사가 직장과 자기의 생활로 인해 배울 기회와 독서 하는 것이 여의치 않고 어렵다고 생각하는 이들도 있겠지만 그것은 모두 게으름과 불충성에 대한 자기 변명이요 핑계라고 말하고 싶은데 이것이 너무나 심한 이야기일까요? 내가 주께로 부터 받은 교사의 중요성과 영광스러운 이 직분을 생각한다면 개인의 사정을 모르는 주관적인 편견에서 말하는 것만이 아닐 것입니다.

목수가 목공소에서 맨손으로 훌륭한 가구와 제품을 만들 수 없고 농부가 농기구 없이 맨손으로 농사를 지을 수 없듯이 교사가 부지런히 배우지 않고 독서 하지 않은 채 적당히 아이들을 가르치고자 하는 것은 실로 위험스럽고 어리석은 일이 아닐 수 없습니다. 우리는 이제부터라도 맹목적으로 시간을 허비하는 습관을 고쳐야 하겠습니다. 지식의 정보나 생활 경험을 보충하는 수단으로 독서만큼 인류에게 효과적으로 공헌한 매체는 없었습니다. 요즘 흔해 빠진 전파매체와 영상에 인간의 감각이 쏠리기 쉬운 것은 당연하다 할 수 있겠으나 무한한 이성의 소유자 인간이 하나의 영상에 의하여 획일적, 일방적으로 묶이어 세뇌된다는 것은 어딘지 모르게 서글프지 않은가. 이제 TV 시청하는 시간을 줄여보자. 중독성 있게 하는 신문 구독도 줄이고 친구와 만나고 오락하는 일도 좀 절제하여 보자. 많은 대인 관계에서 그렇게 중요하지 않은 만남은 줄이고 무엇보다 훌륭한 교사가 되기 위해 배우는 시간과 기회를 만들도록 노력해야 하겠습니다.

독서는 후천적인 습관입니다. 이 좋은 일에 습관이 되도록 훈련하자. 교회학교 교사는 성경 교사이니 만큼 먼저 성경을 많이 읽고 연구하자. 그리고 건전한 주석서와 강해집 그리고 신학 서적 및 교회사, 기독교 교육에 관계된 도서에 관심을 가지고 교사에게 유익한 폭넓은 독서를 규칙적으로 하도록 하자. 먼저 잘 배우는 교사는 장래가 있는 교사입니다. 그는 자기 사명의 중요성과 긍지를 확실히 가진 자입니다. 먼저 잘 배우려고 할 때 시간과 물질을 노력을 아끼지 말고 투자하여야 하겠습니다. 현재 잘 배우고자 하는 성실한 자기 모습 없이 미래의 성공적이고 성장하는 자화상을 그릴 수가 없습니다. 오늘 교사 된 우리가 가르칠 내용도 없이 가르치는 일을 계속하려고 할 때 자신 스스로 부담감이 증가 되고 기쁘고 즐거운 사역이 아니라 피하고 싶은 괴로운 사역이 됩니다. 수입하지는 않고 지출만 계속되는 가계부의 재정은 금방 바닥이 나고 맙니다. 바닥난 재정으로 생활하여야 할 때 얼마나 어려움이 많은지는 우리의 삶 속에서 경험해 본적이 있을 것입니다.

우리가 부지런히 배우지 않고 일하려고 할 때 적당주의의 교사, 타성에 굳어져 버린 형식적인 교사가 되어 주님 보시기에 악하고 게으른 종의 모습으로 전락하고 맙니다. 바울 선생은 가장 두려워한 것이 남에게는 복음도 잘 전하고 가르치면서도 정작 자기 자신은 가르치지 않아 버림받은 경우를 늘 생각하였던 것입니다(고전 9:25~27). 모든 것이 세분화 되고 그 분화된 한 부분 안에서만 전문인으로 양성되는 현대에 사는 우리가 옛 선인처럼 전인적인 인격자로 성장하는 분명한 길은 오직 독서에 의존하는 것입니다. 교사의 직분을 잘 감당하기 위하여 하루 단 몇 십분을 쪼개어 책 읽기에 자신을 쏟아 넣는 값지고 아름다운 작업을 시작하자. 아무튼 주어진 환경에서 항상 배우기를 먼저 힘쓰는 생명 있는 교사의 모습을 지니도록 항상 주님께 기도하자.

3) 학생들에 대한 사랑

고린도전서는 그 교회 안에 수많은 문제들에 대한 보고를 듣고서 그 반응으로 사도 바울이 고린도 교회에 보낸 편지입니다. 이 문제들 중 하나는 영적 은사의 사용에 관한 고린도의 그리스도인들이 가진 태도와 관련된 것입니다. 예를 들어서 그들 중에는 자신들이 가진 특정한 은사를 높이고, 또 그것을 가지지 못한 사람들을 업신여기는 사람들이 있었습니다. 이런 사람들에게는 은사 자체가 목적이 된 것입니다. 그들은 이 은사를 다른 사람들의 유익을 위해 사용하려는 관심이 전혀 없었습니다. 그래서 고린도전서 12~14장에서 바울은 특별한 관심을 가지고 이 문제를 다루고 있습니다. 그는 말하기를 모든 은사는 그의 뜻을 따라 주권적으로 나누어 주시는 같은 성령에게서 오는 것이라고 합니다(고전 12:4~11). 그렇다면 한 성령이 자신의 목적을 이루시기 위해 다양한 은사를 주시는 것이므로, 어떤 은사를 받은 이가 다른 은사를 받은 이와 경쟁할 이유가 전혀 없는 것입니다. 성령께서 그런 의도를 전혀 가지지 않으신 것입니다. 바울은 교회를 '몸'에 비유하여 말함으로 이를 설명하고 있습니다. 몸의 각 지체는 모두 필요한 것이고, 각기 특별한 가치를 가지고 있는 것입니다(고전12:12~19). 또한 사도는 계속하여 좀 덜 중요한 지체를 업신여기고 부인하는 각 지체의 어리석음을 말하고(고전12:20,21) 필요에 따라 각 지체를 돌보는 지혜에 관해 말합니다(고전12:24,25).

그리고 이에 결부하여서 바울은 고린도 교인들에게 가장 좋은 은사를 사모하라고 가르칩니다. 그런데 그것은 사람들 중 높임을 받는 것이 아니라 다른 사람에게 유익을 주며 그리스도의 몸을 세우는 것입니다(고전12:27~31). 그 후에 사도는 갑자기 영적 은사에 관한 논의를 중단하고서 고린도 교인들의 관심을 '제일 좋은 길'로 모읍니다. 즉 이것이 없이는 최고의 은사라도 소용이 없는 것이라는 말입니다. 바울은 다음과 같이 말합니다. "내가 사람의 방언과 천사의 말을 할지라도 사랑이 없으면 소리 나는 구리와 울리는 꽹과리가 되고 내가 예언하는 능이 있어 모든 비밀과 모든 지식을 알고 또 산을 옮길 만한 모든 믿음이 있을지라도 사랑이 없으면 내가 아무것도 아니요 내가 내게 있는 모든 것으로 구제하고 또 내 몸을 불사르게 내어줄지라도 사랑이 없으면 내게 아무 유익이 없느니라"(고전13:13). 여기서 교사들이 배워야 할 바는 분명합니다. 만일 우리에게 가르치는 재능이 있어 우주의 모든 비밀을 설명할 수 있을지라도 사랑이 없으면 우리는 아무것도 아니요, 우리의 가르침은 기계적인 것이고 무익한 것이 될 것입니다. 사랑은 성령의 열매입니다(갈5:22). 신, 불신(不信)을 막론하고 누구나 다른 사람에 대한 개인적 호의를 가질 수는 있으나, 고린도전서 13 장에 묘사된 것과 같은 종류의 사랑은 신자들만이 할 수 있습니다. 사랑은 교사로 하여금 학생들의 성공에 같이 기뻐할 수 있게 하며, 그들의 실패에 같이 울 수 있게 합니다. 또한 개개인의 필요에 대해 이름을 불러가며 기도하게 하고, 그들을 개인적으로 알게끔 합니다. 한 마디로, 학생들로 하여금 하나님께서 주신 가능성을 실현하도록 돕는 데에 자신을 내어주도록 하는 것입니다. 사랑이 없으면 가치 있는 것은 그 어느 것도 실현될 수 없으나, 사랑이 있으면 오직 하나님께서만이 알고 계시는 크고 비밀한 일들이 성취되는 것입니다.

4) 교사가 갖출 바른 성품

교회학교 교사는 어떤 좋은 성품을 갖추어야 하는가? 성경 말씀(딤전2:1~13, 딛:5~9, 골3:1~17, 갈5:16~26)은 교회의 지도자들이 갖추어야 할 성품의 덕목에 대한 중요한 내용을 말씀해 주고 있습니다. 또한, 아리스토텔레스가 제안한 고전적인 리더십 성품의 덕목도 교사의 리더십 성품 목록을 형성하는데 중요한 참고자료가 됩니다. 서든 뱁티스트 신학교(The Southern Baptist Theological Seminary)의 교육학 교수인 브레드펠트(Bredfeldt)는 이러한 자료들을 참고하여 교사들이 갖추어야 할 성품의 덕목으로 용기, 신실함, 소망, 사랑, 지혜, 정의, 절제의 7가지를 제시하였습니다. 교회학교 교사들이 갖추어야 할 성품의 모든 것을 다 포괄

할 수는 없지만 아주 중요한 자질들의 대부분을 포함하고 있어 성경적으로 학문적으로 교사들의 좋은 성품을 잘 요약한 것으로 평가할 수 있습니다.

(1) 용기(Courage)

바울은 골로새서 3:5에서 그리스도의 성품의 덕을 이루기 위해 "땅에 있는 지체를 죽이라"고 도전합니다. 경건한 덕을 개발하기 위해 의지적인 결단과 용기가 있어야 함을 강조하는 것입니다. 교사는 악에게 이기고 부정적인 상황을 극복하기 위한 담대한 용기가 필요합니다. 용기가 있어야 신앙과 삶에서의 승리가 보장됩니다. 이러한 용기 있는 모습으로 승리하는 모습을 아이들에게 보여줄 수 있어야 합니다.

용기는 또한 적극적으로 낙심한 다른 사람들에게 힘을 불어넣는 것과도 관련됩니다. 영어 단어 Courage(용기)는 "마음"에 해당하는 불어, coeur에 근거합니다. 용기를 갖는 것은 무언가에 대한 마음을 갖는 것입니다. 그러므로 용기를 잃는 것은 마음을 잃는 것입니다. 용기는 두려움을 극복하고 행동을 취하는 능력입니다. 불확실한 순간에 리더의 용기는 추종자들에게 신뢰를 주며, 마음에 동기를 부여합니다. "격려하다"(encourage)라는 뜻은 '다른 사람의 마음에 용기(courage)를 입힌다'는 의미입니다. 아이들에게 용기가 필요합니다. 가정에서, 학교에서, 학원에서, 그리고 여러 문화적 환경 가운데에서 절망, 낙심, 좌절을 경험합니다. 이 아이들이 자신을 둘러싼 여러 가지 어려움들을 잘 극복하고 믿음으로 서기 위해 교사들은 그들을 격려하는 것, 즉 용기를 불어넣음이 필요합니다.

교회학교 교사들은 먼저 기꺼이 위험을 감수하고 극복하는 용기를 아이들에게 보여줄 수 있어야 합니다. 어떤 어려움 가운데서도 자신의 삶을 용기 있게 지켜나가는 모습을 보여주어야 합니다. 가르치는 일에도 두려움이 따를 수 있습니다. 교사들은 까다로운 질문이 두려우며, 완전히 소화되지 않는 성경 내용을 가르쳐야 하는 두려움을 느끼며, 또한 새로운 교육 방법을 시도해야 하는 두려움이 있을 수 있습니다. 그러나 용기 있는 교사는 자신의 두려움도 극복하고, 학생들의 두려움을 극복하도록 돕습니다.

(2) 신실함(integrity)

신실한 사람은 믿을 만한 사람이 되는 것이며, 교회학교 교사는 신실함을 가져야 합니다. 신실함은 먼저 교사의 가정생활에서 나타나야 합니다. 바울은 디모데와 디도에게 감독은 "오직 한 아내의 남편"(딤전3:2,딛1:6)이 되어야 한다고 가르치며, 결혼의 신실함의 중요성을 언급합니다. 결혼생활에서 배우자에게 신실한 자가 되는 것은 신실한 성품의 척도가 됩니다.

또한, 바울은 교회의 리더는 "일구이언을 하지 아니하는 자"(딤전3:8)를 그리고 "모든 일에 충성된 자"(딤전3:11) 여야 함을 말합니다. 신실함은 또한 믿을 수 있는 사람입니다. 믿을 수 있는 사람은 의지할 수 있는 사람이며, 약속에 따라 일관되게 따르며, 정확한 정보를 전달하며, 자신에게 맡겨진 과업을 끝까지 수행합니다.

하나님의 말씀을 가르치는 일은 거룩한 위탁으로서, 그 위탁을 능력 있게 행하는 충성스러운 사람, 즉 신실한 사람을 필요로 합니다. 교사가 신실함이 없을 때 자신에게 맡겨진 양떼들을 소홀히 여기며, 교사 직분을 경시하는 경향을 보입니다. 자주 지각하고 결석하고, 보고서를 쓰는 일에도 성의가 없고, 모임에도 참석하지 않는 모습을 보입니다. 당신은 신실한 교사인가?

(3) 소망(hope)

소망은 단지 희망적인 생각을 뛰어 넘어 더 나은 결과가 가능하다는 확신입니다. 소망을 가진 교회학교 교사는 자신과 학생들이 비전을 갖도록 합니다. 성경적 소망은 하나님과 그분의 말씀에 대한 신뢰에서 나옵니다. 디도서 1장 9절에서는 "미쁜 말씀의 가르침을 그대로 지켜야 하리니..."라고 권면합니다. 즉, 리더 자신이 말씀을 신뢰하고 믿음에 서서 흔들리지 아니할 때, 아이들을 바르게 권면하고 소망을 심어줄 수 있는 것입니다. "소망 중에 즐거워하며"(롬12:12) "소망이 넘치게 하시기를..."(롬15:13)과 같은 소망을 전하는 구절들로 가득합니다. 소망은 하나님의 자녀로 하여금 자신이 살고 있는 환경에 자신 있게 맞서게 하는 굳은 확신입니다. 하나님께서 당신의 말씀을 지키신다는 굳은 확신이 있어 깊은 영적 안정감을 가지게 됩니다.

교회학교 교사는 이러한 소망에 가득 차 있어야 합니다. 가장 효과적인 리더는 어려운 상황 가운데서 의미를 발견하고 역경을 자신감과 소망으로 맞서는 사람입니다. 교사도 자신의 삶에 여러 가지 어려움들이 많습니다. 자신의 건강, 자녀 문제들, 여러 가지 환경의 어려움들에 힘들어하고 있습니다. 그럼에도 불구하고 자신의 환경에 넘어지지 않고 소망 가운데 자신의 직분을 잘 지키는 모습은 주변 사람들과 아이들을 감동케 합니다. 그 모습을 보면서 아이들도 자기를 둘러싼 어려움들 가운데서 자기 선생님의 모습처럼 되기를 바라며, 어려움 가운데서도 하나님께서 지키시고 인도하시리라는 소망을 갖게 됩니다.

(4) 사랑(love)

바울은 리더의 자격으로 다른 사람을 잘 대접하고 섬겨야 할 것을 언급합니다(딤전2:2, 딛8:8). 다른 사람들을 동정하고 대접하고 섬기는 사랑의 마음이야말로 교회학교 교사가 가져야 할 사랑과 섬김의 마음입니다. 교회학교 교사는 동정심을 개발해야 하며, 자기가 섬기는 사람들을 기꺼이 돌보겠다는 마음을 개발해야 합니다. 아이들의 결핍, 감정, 열망에 대해 진심에서 우러난 관심이 필요합니다. 그러나, 사랑한다고 해서 아이들이 가진 약점들, 죄들을 무조건 받아들여야 한다는 것은 아닙니다. 진정 사랑한다면, 아이들을 숨김없이 대하고, 대립하고, 심지어 징계하는 일도 해야 하는 것입니다. 예수님께서 그 목숨을 내어주셨던 것처럼 아이들을 희생적으로 섬기고 사랑하는 자세가 필요한 것입니다. 사랑 때문에 아이들을 해하는 사악한 이단의 가르침, 타락한 문화들로부터 보호하기 위해 싸워야 하며, 희생할 수 있어야 합니다.

(5) 지혜(wisdom)

아이들로부터 존경받는 교회학교 교사는 좋은 대학을 나오고, 좋은 직장을 가지고 있고, 좋은 가정 배경을 가진 자들이 아닙니다. 오히려 그러한 배경은 없을지언정 지혜로운 교사를 존경하고 따릅니다. 지혜는 무엇이 참되고 옳은지 구별하거나 판단하는 능력입니다. 지혜는 지식의 작용이며, 실제적인 문제를 해결하는 경험입니다. 교회학교 교사는 이러한 지혜가 필요합니다. 디모데전서 3장 2, 4절에 "가르치기를 잘하며... 자기 집을 잘 다스리는 자"여야 함을 강조합니다. 즉, 하나님이 주신 지혜로 잘 가르치고 잘 다스릴 수 있어야 하는 것입니다.

야고보서 3:14~17절은 두 가지 종류의 지혜를 말합니다. 하나는 "세상적이요 정욕적이요 마귀적"인 것이며, 모든 악을 만들어 내고 타인의 필요보다는 자신의 목적에만 매달리게 합니다. 때로는 교회학교 교사로 섬기며 자신의 유익을 챙기는 데는 누구보다도 발이 빠르며 능숙한 자들을 보게 됩니다. 바른 지혜가 아닙니다. 그리고 또 하나는 경건한 지혜인데, 순결, 평화, 온화한 반응, 사리분별, 공정함, 긍휼이라는 선한 열매를 생산합니다. 이런 지혜를 가진 교사는 어떤 권위보다도 뛰어난 권위를 발휘합니다. 이러한 지혜가 교회학교 교사들에게 필요한 바, 이 모든 것을 흔히 주시는 하나님께 구할 필요가 있습니다(약1:5).

(6) 정의(righteousness)

올곧음이 곧 정의입니다. 올곧은 일을 하고자 하며 다른 사람들과의 관계가 올바른 사람을 묘사합니다. 이 단어는 기준을 지키며 규칙에 따라 행동한다는 의미를 포함합니다. 디모데전서 3장 9절에 "깨끗한 양심"을 언급합니다. 바르고 깨끗한 양심으로 원칙을 지키는 사람이 참된 교사로서의 자격이 부여됩니다. 디도서 1장 8절에서도 "의로우며"(upright)를 강조합니다. 정의로운 리더는 공정하고 정직한 사람입니다. 그 사람은 조작하여 속이거나 오도하거나 비윤리적인 지름길을 원하지 않습니다. 교회학교 교사는 자신의 삶의 원칙에 따라 정직하게 살아가고 있다는 것을 보여줘야 합니다. 자신의 사업과 직장에서, 가정에서 정직하게 일하고 생활한다는 것을 보여줄 때 학생들은 존경하며 그 말의 영향력을 가질 수 있게 됩니다.

(7) 절제(self-control)

바울은 교회의 리더는 반드시 "절제하며 근신하며 아담해야"(딤전3:2)하며, "술을 즐기지 않아야 하며"(딤전3:3) 라고 말합니다. 절제하는 교사는 자기 통제와 인격 훈련을 잘 해내며 생활에 흐트러짐이 없습니다. 감정이나 욕망에 휘둘리지 않고 자신을 통제할 줄 압니다. 토마스 아퀴나스(Thom as Aquinas)는 "리더에게 절제가 필요한 이유는 정욕을 다스려야 하기 때문"이라고 말했습니다. 정욕을 다스리는 데는 자기 훈련이 필요합니다. 무절제한 음식, 오락, 그리고 잘못된 습관에 빠진 교사는 가르치는 일 뿐 아니라 자신의 삶에도 실패할 가능성이 높습니다. 교회학교 교사로 섬기는 당신은 자주 스스로에게 "안 돼"라고 말하는 법을 배워야 할 것입니다.

5) 가르침에 대한 관심

자신이 하는 일에 흥미를 느끼지 않고서도 일을 잘 수행하기에 충분한 자재력을 발휘할 수 있는 사람들이 많이 있습니다. 그러나 교사의 일을 하고 있는 사람이 자신이 하는 과업 자체에 즐거움을 얻지 못한다면 그 일을 성공적으로 수행하기란 상당히 어렵습니다. 아니 거의 불가능하기까지 합니다. 가르치는 일 자체가 본질상 그 수행의 즐거움을 요구합니다. 예를 들어서 학생들의 특별한 필요에 대한 감수성을 개발시키며, 자극적인 개념을 가지고 사고를 유발 하려는 일을 하려는 사람이 자신은 그런데 도무지 관심이 없다면 그가 아무리 노력을 한다고 해도 아무런 성과를 거둘 수 없는 것입니다. 또한 심리학적으로도 이는 타당합니다. 즉 교사의 과업이 자기 자신을 자극하는 것일 경우에, 그의 가르침은 쉽게 학생들의 긍정적인 반응을 유발하게 되는 것입니다. 위대한 교부(Church Fathers) 가운데 한 사람인 어거스틴은 교육에 관해서 이렇게 말한 바 있습니다. "사실 우리 스스로가 가르치는 일에 즐거움을 느끼고 있을 때, 사람들도 큰 즐거움을 가지고 우리들의 말을 듣는다". 가르치는 내용도 중요하고 교수전략도 중요하지만 우리의 주된 관심은 전도자로 하여금 어떻게 자신의 일을 즐길 수 있도록 하느냐 하는 수단을 강구 하는 것입니다. 전도자가 자신의 일을 즐기면서 하면 할수록 그의 증명은 더 합당한 것이 되기 때문입니다. 이 말은 사실입니다. 가르치는 일에 즐거움을 느끼지 못하는 교사는 교육과정과 학생 사이에, 그리고 자신과 학생 사이에 심리적인 장벽을 쌓는 경향이 있는 것입니다.

또한 가르침에 대한 관심은 성공적으로 자신의 사역을 하고 있는 모든 교사들에게 공통적인 특성이기도 합니다. 유명한 예일 대학의 교수인 윌리암 리온 펠프스(William Lyon Phelps)는 가르침에 대한 자신의 애착을 다음과 같이 표현한 적이 있습니다. "나는 내가 가르침에서 느끼고 있는 즐거움을 다른 사람들에게 모두 명백히 나타낼 수 있을지 모르겠다. 나는 다른 어떤 방법으로 보다는 가르침으로 생활한다. 내가 생각하기로는 가르침이란 단순히 작업이나 직업, 혹은 과업이거나 투쟁이라기보다는 열정(a passion)이다. 나는 가르치는 것을 사랑한다. 마치 화가가 그림 그리는 것을 음악가가 연주하는 것을 성악가가 노래하는 것을 경주자가 경주하는 것을 사랑하듯이 나는 가르치기를 사랑한다."

모든 참된 교사는 어느 정도 이런 느낌에 공감할 것입니다. 그는 농부가 자신이 뿌리고 가꿔서 자라고 있는 들판을 바라볼 때의 느낌을 상상할 수 있을 것입니다. 또한 환자가 소생하기 시작하여, 자신이 생명을 구하는 데 사용되었음을 알게 될 때의 의사의 느낌도 짐작할 수는 있을 것입니다. 그리고 이제 막 완성된 캔버스 뒤로 물러서서 바라보는 화가의 느낌도 상상할 수는 있습니다. 그뿐 아니라 사업가가 아주 유익한 협정을 했을 경우에 느낄 감정도 어느 정도 알 수는 있을 것입니다. 그러나 그는 교사이므로 그로 인하여 학생들의 얼굴에 처음으로 진리의 한 면을 알았다는 표정이 나타남을 볼 때 교사는 기쁨을 느낄 수 있는 것입니다.

6) 교사의 준비

위에서 열거한 특성과는 달리 훈련과 경험을 통해서 교사가 얻게 되는 본질적인 자질이 있습니다. 그것은 다음과 같은 것들을 포함합니다. ① 기독교의 세계관과 인생관을 이해하고 그것을 교육이론과 실제에 적용함. 교육자면서 동시에 그리스도인이라는 것과 기독교 교육자라는 것에는 차이가 있습니다. 기독교 교사는 자신의 신앙적 관점을 교육자로서의 과제의 각 영역에 적용할 수 있는 사람이어야만 합니다. ② 교과에 대한 깊이 있는 지식. 평신도 교사들은 흔히 다음 시간의 수업만 준비하는 경향이 있습니다. 물론 그렇게 하면 상당히 피상적인 학습경험만을 제공하게 될 것입니다. 그러므로 전문적인 교사는 자신이 가르치는 교과목의 영역을 통달 하는 데 자신의 인생의 상당한 부분을 보내야만 합니다. 그 뿐 아니라 교회의 교육적 사역에 관여하는 평신도 교사들도 끊임없이 연구해야만 합니다. 그러므로 교회는 교사들에게(교회학교에서 받는 교육 이상의) 성경, 교의, 교회사, 전도, 선교 등에 대한 진보된 교육과 훈련을 제공해 주어야만 합니다. ③ 하나님께서 세우신 아동의 성장법칙에 관한 이해. 불행히도 복음주의적 기독교 학자들이 발달심리 분야에서 이루어 놓은 업적은 적습니다. 삐아제(piaget)나 계젤 연구소(Gesell Institute) 등에서 이룬 세속 연구는 유용하나 비판적인 입장에서 검토되어야만 합니다. 예를 들어서 청소년들의 부모에 대한 반항은 통계학적으로 정상적인 것으로 여겨질 것이 아니라, 성경적인 기준에서 벗어난 것임도 지적 되야 하는 것입니다. 수년간의 경험을 하고 나면, 교사는 자신이 책임 맡아 있는 연령층의 아동에 대한 행동적 특성에 대해 일반적인 이해를 할 수 있게 됩니다. 그러나 결국에는 개개인의 학생들과 참된 인격적인 관계를 이룰 때에야 참된 이해에 도달하게 되는 것입니다. ④ 교수-학습과정에 대한 이해. 무엇이 학습의 본질인가? 학생들은 어떻게 배우는가? 무엇이 학습을 위한 최선의 환경인가? 바로 이와 같은 문제들이 교회학교 교사들이 안고 씨름하여야 하는 문제들입니다. 그러나 이 분야 역시 복음주의적 기독교 학자들이 많은 정리를 하지 못한 교육심리 분야입니다. 그렇다면 기독교 교육자들은 무엇을 하여야 하는가? 그 대답은 기독교 세계관과 인생관을 개발해야 한다는 것입니다. 그렇게 된다면 더 이상 세속 교육자들의 희생물이 되지 않을 것이기 때문입니다. 그 대신에, 비성경적인 전제를 사용하지 않고서도 자신의 가르침에 유익을 얻을 수 있을 것입니다. 또한 교회학교 교사는 스스로 또는 다른 기독교 교사들과 연합해서 문제들을 기독교적 관점에서 해결해 갈 수 있을 것입니다. ⑤ 능숙한 교수법의 사용. 가르치는 은사를 가진 사람은 교과목을 잘 알며, 학생들을 사랑하고 그들에게 진리를 전달하는 좋은 방법을 찾아내는 사람입니다. 그러나 교회학교 교사는 여기서 그치지 않습니다. 그는 그리스도의 종으로서 자신이 하나님의 진리를 전달하는 최선의 길을 찾을 책임을 갖습니다. 강의법, 토의법, 질문법, 이야기법, 역할극 등은 흔히 사용되고 있는 교수 방법입니다. 이 방법들이 합리적으로 좋은 방법이라고 입증될 수 있습니다. 그러나 교사는 연구와 관찰, 실천 그리고 자기평가를 통해서 이들 방법들을 능숙하게 사용할 수 있어야 합니다. 이런 방법들은 '인격의 살아 있는 표현일 때에만이 능동적인 것이 될 수 있다'고 바빙크(Herman Bavinck)는 말합니다. 그러므로 그리스도인들에게 있어서는 구속된 인격 자체가 최선의 기본적인 교수법이 되는 것입니다. 개개인의 교사는 각기 독특한 방식을 가집니다. 서로 모방할 필요가 없습니다. 기독교 교사는 언제나 자신의 기능을 연마하되, 그리스도 안에서의 자신의 독자성을 잊어서는 안 되는 것입니다.

방법이란 결코 목적 자체가 될 수 없습니다. 바쁘게 일하는 것이 기독교 학습전략에서 차지할 위치는 없는 것입니다. 그 어느 것도 절대적인 것이 없는 급변하는 세계와 필적해 나갈 만한 수단이란 없습니다. 오직 그리스도인들에게 있어서 방법이란 하나님의 진리를 전달하고자 하는 목적을 위한 수단에 불과한 것입니다. 그러나 이렇게 인간 교사가 가능한 준비를 다 갖춘 자질 있는 교사라 해도 그는 신적인 교사 없이 아무것도 할 수 없습니다. 그린 박사(Dr. J. B. Green)가 말한 바와 같이 "새로운 진리를 계시하시는 이로서의 성령의 직무는 완료되었다. 그러나 증거 하시고 해석하시는 성령의 사역은 영원한 것이다. 그것은 연속하는 모든 세대에 필요한 것이다". 우리의 마음을 밝혀서(조명) 성경을 이해하게 하시고(요16:13), 이 이해를 모든 영역의 실재에 적용하도록 하시는 분이 성령이신 것입니다. 그러므로 그리스도인 교사들과 학생들은 신적인 교사에게 겸손히 의지하면서 자신들의 고귀한 사역에 접근하게끔 되어져야 합니다. 성령이 없으면 그 어느 것도 참되게 알 수 없음을 인식하면서 말입니다.

7) 인내

오늘날 교회학교 교사가 된다는 것은, 앞에서 말했듯이 쉬운 일이 아닙니다. 교사에게 무엇보다도 꼭 필요한 자질을 선택하라면 나는 인내, 오래 참음을 고르겠습니다. 물론 당신은 어린이들을 사랑해야 한다는 것을 알고 있습니다. 좋은 성품과 교육적인 기술도 필요합니다. 당신의 교회학교 생활을 회상해 보라. 어떤 교사가 가장 기억에 남는가? 친구들에게 물어보라. 그들이 어떻게 대답하는지 보라. 나는 기억나는 교사의 대부분이 교사의 일을 참을성 있게, 책임 있게 감당한 충성된 사람들일 것이라고 장담할 수 있습니다. 인내에는 정확히 무엇이 포함되는가? 그 의미는 무엇인가?

옥스포드 사전에는 오래 참음이 '한 목적을 끊임없이 추구하는 것'으로 되어 있습니다. 그것은 '변함 없는 인내'입니다. 그것은 행동의 과정 중에, 혹은 일과 함께 끊임없이 계속되고 있습니다. 따라서 두 가지 중요한 면이 있음을 알 수 있습니다. 하나는 '요동치 않음'이고 다른 하나는 '불변함과 전진'입니다. 이것은 결코 멈추지 않으며, 잠깐의 휴식도 취하지 않습니다. 당신은 이 두 가지 면이 다 긍정적인 성질임을 알았을 것입니다. 거기에는 부정적인 것은 하나도 없습니다. 이 오래 참음과 가장 확실하게 연결되는 단어, 즉 '인내'도 마찬가지입니다. 사전에서는 그 단어에 대해 어떻게 말하는가? 인내는 '고통이나 분노를 조용히 참는 것'입니다. 이것은 '참음'입니다. 이것은 '어떤 것을 조용히 침착하게 기다리는 것'입니다. 인내하는 사람의 중요한 특징은 문제를 조용히 참고 견디며, 법석을 떨거나 고민하지 않고 기다리는 능력이 있다는 것입니다. 어렸을 때 내가 어떤 일에 흥분하거나 지나치게 열중하면 어머니는 "애야, 기다리는 자에게 복이 온단다"라고 말씀하시곤 했습니다. 기억하건대 항상 복이 온 것은 아니지만 인내에 대한 어머니의 말씀은 옳았습니다.

신약에도 이 주제에 관한 말씀이 상당히 많습니다. 흔히 '인내'나 '오래 참음'으로 번역되는 헬라어는 '히포모네'(hypomone)인데 이는 문자적으로 '지속적인 인내'를 의미합니다. 다시 말해 매우 적극적인 속성입니다. 그리고 놀라지 않을 수 없는 것은 오래 참음이 성령의 열매에 속한다는 사실입니다(갈5:22). 그렇다면 오래 참음과 인내는 결코 절망이나 좌절과 연결되어서는 안 됩니다. 그것은 어떤 일을 절망적으로 포기하는 것이 아닙니다. 마이너스가 아니라 플러스가 되는 요인입니다. 그것은 희망에 기초를 두고 있습니다. 그러나 누구나 그런 사실을 깨닫는 것은 아닙니다. 어떤 사람들에게 참으라고 계속 말하면 그들은 신음하며 괴로워하지 않던가? 그들은 오래 참음을 어떤 것을 풀이 죽은 채 참아 내는 것이라 생각합니다. 그렇게 되면 그것을 변화시킬 수 없어서 당신은 단지 이를 악물고 참아냅니다. 거기에는 어떤 기대도 있을 수 없습니다. 적극적인 것이 아무것도 없습니다. 그러나 정말 조용히 꾸준히 변함없이 오래 참으면, 당신은 틀림없이 일을 끝까지 해 내려는 결심뿐만 아니라 미래에 대한 자신감도 갖게 됩니다. 거기에 실제로 희망이 있습니다. 모든 그리스도인이 알고 있듯이, 또 마땅히 알아야 하듯이, 희망은 단지 비현실적인 소망적 사고가 아닙니다. 장래 일에 대한 진정한 자신감입니다. 당신이 침착함을 잃어 버릴 때 바로 의심이 시작됩니다.

히브리서에 이런 말씀이 있습니다. "인내로써 우리 앞에 당한 경주를 경주하며"(히12:1). 이 말씀은 교회학교 교사뿐 아니라 모든 그리스도인에게 주시는 명령입니다. 우리가 성공하면 그 보상은 엄청납니다. 바울이 로마서에서 일깨워 주었듯이 하나님은 참고 선을 행하여 영광과 존귀와 썩지 아니함을 구하는 자에게는 영생을 주실 것입니다(롬2:7). 그러나 그 경주가 쉽지 않음은 의심할 여지가 없습니다. 예수님이 제자들에게 말씀하신 바와 같습니다. "세상에서는 너희가 환난을 당하나"(요16:33). 그러므로 신실한 그리스도인은 어디에서 살든지, 어디에서 일하든지 고통을 겪지 않을 수 없습니다. 그러나 우리가 그 고통을 성경적인 방법으로 본다면, 그것은 긍정적인 일입니다. 어떻게? 바울은 이렇게 설명합니다. "우리가 환난 중에도 즐거워하나니 이는 환난은 인내를 인내는 연단을 연단은 소망을 이루는 줄 앎이로다"(롬5:3~4). 환난의 첫 열매가 인내라는 것을 주의해 보았는가? 야고보도 그의 서신을 통해 비슷한 생각을 펼치고 있습니다. "이는 너희 믿음의 시련이 인내를 만들어 내는 줄 너희가 앎이라 인내를 온전히 이루라 이는 너희로 온전하고 구비하여 조금도 부족함이 없게 하려함이라"(약1:3~4). 베드로는 우리가 우리 믿음에 덕을 덕에 지식을, 지식에 절제를 절제에 인내를, 인내에 경건을 경건에 형제 우애를, 형제 우애에 사랑을 공급해야 한다고 주장합니다(벧후1:5~7). 왜 그런가? 이런 자질들은 당신이 무력하고 열매 없는 그리스도인이 되는 것을 방지해 주기 때문입니다. 따라서 두 가지 이유 때문에 인내는 필수적입니다. 첫째, 인내는 당신이 쓸모 있는 그리스도인이 되도록 돕습니다. 둘째, 당신의 인격이 성숙해 가도록 돕습니다. 당신의 오래 참음은 당신 자신과 동시에 다른 사람들에게도 유익합니다. 해로울 리가 없지 않겠는가?

　이찬수 목사님은 교육의 핵심을 인내(기다림)라고 했습니다. 이 기다림은 두 가지 차원이 있습니다. 첫 번째는 바로 교사 자신에 대한 인내입니다. 철부지 아이들이 변화되길 기다리는 것이 아니라 교사 자신이 변화되길 기다리는 것입니다. 이러한 이유 때문에 참 교사가 되기까지 시간이 필요한 것 같습니다. 다른 것보다 자기 자신에 대해 참고 기다려 주는 일은 참 힘듭니다. 한국의 교회학교를 들여다보면, 고의적으로 나쁘게 행하거나 이상한 선생님은 거의 없어 보입니다. 늘 행복하게 교사 직분을 감당하는 선생님도 많아 보이지는 않지만, 실제로 많은 교사들이 정말 노력하며 헌신하고 있습니다. 그런데 아이들은 이러한 교사의 마음을 몰라주고 있으니 속이 터질 수밖에 없습니다. 교사가 아무리 노력해도 아이들이 이 핑계 저 핑계를 대며 교회를 안 오는데, 담당 교역자는 결석이 많다고 다그치기만 합니다. "교사가 이렇게 힘든 사역이라는 것을 알았으면 시작도 안했을 텐데"라는 생각을 하면서 이

번 주일도 힘겹게 교회에 가는데, 담임목사님도 교사의 마음을 전혀 알아주지 않습니다. 그러니 교사로 섬기는 일이 힘들 수밖에 없습니다. 반 학생들 교역자, 담임목사 모두 당신의 마음을 알아주지 못해도, 주님은 모든 것을 아십니다. "여호와는 마음을 감찰하시느니라"(잠21:2). 사람은 알아주지 않지만 주님은 알아주십니다. 사람은 칭찬하지 않지만 주님은 "착하고 충성된 종"이라고 칭찬하십니다. "착하고 충성된 종아 네가 적은 일에 충성하였으매 내가 많은 것을 네게 맡기리니 네 주인의 즐거움에 참여할지어다"(마 25:21). 사람이 다 알아주지 못해도 교사로 섬기는 내 모습을 주님이 다 알고 계신다는 사실을 확인하는 순간, 기도하면 눈물이 나옵니다. 바로 그런 순간에 성령께서 교사의 마음을 만져 주시는 것입니다. 이러한 상황이 반복되면서 교사는 달라지기 시작합니다. 그냥 매주 마음 졸이고 사역하며 눈물 흘리면서 현장을 지켰을 뿐인데 시간이 지나면서 내 스스로가 달라지는 것입니다. 지금 우리 교회학교 선생님들에게 필요한 것은 자기 스스로가 달라질 때까지 기다리는 것입니다. 언제 참 교사가 될 수 있을까요? 바로 내가 변화를 경험할 때입니다. 변화될 때까지는 스스로에 대한 기다림, 인내가 필요합니다. 시간을 가지고 인내로써 이 사역을 계속하다 보면, 나도 모르는 사이에 훌륭한 교사로 변화된 자신의 모습을 마주하게 될 것입니다.

두 번째는 아이들을 향한 인내가 필요합니다. 교회에 부장급 교사들에게 교사의 가장 중요한 자질을 물었더니, 거의 모든 분이 동일한 답변을 하였습니다. "무엇보다 인내가 필요하지요". 그 말은 아이들이 쉽게 변화되지 않기에 참고, 또 참아야 한다는 것입니다. 많은 아이들을 보면서 느끼는 것은 혼내서 변화되는 아이는 없다는 것입니다. 비난과 폭력으로 바뀌는 아이도 없다는 것입니다. 인내라는 것은 비단 문제아들에게만 필요한 것이 아니라 모든 아이들을 향해서 필요한 것입니다. 우리가 볼 때는 아이들이 우리의 말을 듣지 않는 것처럼 보이지만, 그들은 다 듣고 있습니다. 아이들이 보지 않는 것처럼 보이지만, 사실은 다 보고 있습니다. 아이들이 생각하지 않는 것처럼 보이지만, 나름대로 다 생각하고 있습니다. 우리 아이들을 볼 때마다 떠오르는 그림이 하나 있습니다. 바로 빙산입니다. 빙산은 물 위에 돌출된 부분은 작지만 물 아래 잠겨 있는 얼음 부분은 무척 큽니다. 지금 아이들의 모습에서 신앙이 돌출된 부분은 아주 작은데, 우리는 그것이 전부인 양 아이들을 평가할 때가 있습니다. 그런데 교사들이 보지 못하는 부분이 아이들에게 있다는 것입니다. 그리고 시간이 지나면 지날수록 그 숨겨진 부분들이 조금씩 위로 올라오게 됩니다. 이것 때문에 우리에게 필요한 것은 인내입니다.

아이들이 한순간에 변화되는 것은 힘들지만, 계속 인내하면 언젠가는 변화됩니다. 그 믿음이 있을 때, 교회학교의 참 교사가 되는 것입니다. 또한 지금 우리 반 학생들에게 열매가 없어 보여도 절대로 실망할 필요가 없습니다. 아이들에게 어떠한 변화가 없는 것처럼 느껴져도 실망할 필요가 없습니다. 당신의 노력과 헌신과 땀은 결코 헛되지 않습니다. 고린도전서 말씀을 기억하십시오. "나는 심었고 아볼로는 물을 주었으되 오직 하나님께서 자라나게 하셨나니"(고전3:6). 당신의 역할은 그냥 씨를 뿌리거나, 심는 것일 수 있습니다. 당신은 그냥 물을 몇 번 준 것일 수도 있습니다. 지금 열매가 맺히지 않았다고 해서 절대로 실망할 필요가 없습니다. 열매는 하나님께서 맺게 만드십니다. 지금 우리나라 교회학교 선생님들에게 필요한 것은 첫째도 인내, 둘째도 인내입니다. 조금만 참으면 열매는 반드시 나타나게 되어 있습니다.

인내하십시오! 교회학교 교사의 사역은 마라톤과 같은 것입니다. 코스가 짧지 않고 매우 깁니다. 모두에게 힘들고 어려운 코스입니다. 그래서 포기하고 싶은 마음이 자주 듭니다. 지금 우리에게 필요한 것은 단지 인내하는 것입니다. 포기하지만 않으면 됩니다. 조금만 더 그 길을 가면 기쁘게 피니쉬 라인을 통과할 날이 올 것입니다. 교사의 직분 중에 가장 중요한 것은 인내가 맞습니다. 인내한다면 당신은 훌륭한 교사가 될 수 있습니다.

당신에게 미래에 대한 엄청난 약속들을 주시면서 성공의 길을 제시하여 당신이 그것을 꾸준히 붙들도록 하십니다. 고린도후서 1장에 그런 약속이 있습니다. 인내에 관해 그리스도인 교사에게 주시는 필요 적절한 말씀입니다. 8절 말씀을 보라. "주께서 너희를 끝까지 견고케 하시리라". 언제까지 인내해야 할까요? 그것은 "끝까지"입니다. 주님은 자신을 배신한 제자들을 만나러 직접 갈릴리 호숫가에 가십니다. 자신의 뒤통수를 친 베드로를 직접 만나십니다. 제자들은 예수님을 포기했지만 예수님은 제자들을 포기하지 않았습니다. 죽기까지 인내하신 것입니다. 그 결과가 무엇입니까? 결국 베드로는 "주님 사랑합니다. 제가 주님을 사랑하는지 주님께서 아닙니다." 이 고백을 하고, 초대교회를 세우는 주춧돌이 되게 됩니다. 이 모든 결심과 열매는 주님의 인내 때문에 가능했던 것입니다. 선생님들이여, 조금만 더 인내하십시오. 조금만 더 기다리십시오. 조금만 더 참으십시오. 주님 안에서 열매를 거둘 날이 반드시 찾아올 것입니다.

알다시피 성경에는 "여호와는 저희의 힘이시오"(시28:8)라는 사실을 일깨워 주는 말씀들이 상당히 많습니다. 그것은 전혀 우연이 아닙니다. 하나님은 결코 불필요하게 되풀이하시지 않습니다. 성경에서 똑같은 진리를 계속 발견할 때, 하나님은 우리가 그것을 확고히 이해하기를 원하신다는 것을 확실히 알 수 있습니다. 여기에 위대한 약속이 있습니다. 하나님이 당신을 끝까지 견고케 하실 것입니다. 당신은 혼자 힘으로는 결코 끝까지 인내하지 못할 것을 알고 있습니다. 그래서 당신에게 이런 약속을 하십니다. 주께서 당신을 끝까지 견고케 하실 것입니다.

교사의 자격 요건

B. 클레이턴 셤퍼트

1. 구원 - 당신은 구원의 확신이 있는가? 반 학생들을 그리스도로 이끄는 것이 우리의 목표임을 기억하라. 어느 누구도 자신이 가보지 못한 곳으로 다른 사람을 인도할 수 없다. 그러므로 교사들이 구원의 확신이 있어야 한다.

2. 세례 - 교회학교 교사는 반드시 세례 받아야 한다.

3. 교회 구성원이 되라 - 교사들은 자신의 교회에 성실한 성도가 되어야 한다.

4. 십일조 - 말라기 3장 10절에서는 십일조를 하지 않는 사람들은 하나님으로부터 도적질하는 것이라고 말한다. 교사 된 사람들이 먼저 본을 보임으로써 학생들에게 십일조의 중요성을 가르치고 실천하도록 지도해야 한다.

5. 신실함 - 신뢰받을 수 있다는 것은 대단한 능력이다. 하나님은 다른 어느 것보다도 신실한 사람에게 상 주신다. "그리고 맡은 자들에게 구할 것은 충성이니라"(고전4:2).

6. 목사, 교역자, 교회 행사에 충실하라 - 이것은 목사가 말하는 모든 것과 교회가 하는 모든 일에 따라야만 한다고 말하는 것이 아니다. 담임목사를 지지하고 교회의 다수 규칙을 존중해야 한다는 것을 의미한다. 어떠한 교사도 목사의 사역이나 교회의 일을 방해해서는 안 된다.

7. 교회의 교리에 따르라 - 교사는 교회의 교리적 입장에 완전하게 동의해야 한다. 만약 교사가 교회의 교리에 따르지 않는다면 목사는 교사를 면직할 수도 있다.

8. 잃어버린 영혼을 반드시 찾으라 - 교사는 잃어버린 영혼을 얻고자 하는 열망을 가져야 한다. 만일 한 영혼이라도 그리스도께 이끌지 못했다면 이제 당신이 그 첫 번째 기회를 만들어야 할 것이다.

9. 세상의 유혹을 따르지 않는 경건한 삶을 살라.

좋은 교사가 되려면

교사에게는 자격이 있습니다. 그 자격은 외부적인 것과 내부적인 것으로 나뉩니다. 일반학교의 경우 그들은 교육대학이나 사범대학을 졸업하고 소정의 심사를 거쳐 교사로 임명이 됩니다. 임명자는 교육부 장관이나 교육감입니다. 이런 외적인 조건에 의해 그들은 교사가 됩니다.

그것이 전부인가? 그렇지 않습니다. 내적인 자질이 구비 되어야 합니다. 학생들을 사랑하고 그들에게 본을 보이며 참다운 교사상을 구현하려는 의지를 갖고 있는 자들이 참 교사가 됩니다. 교사가 되어서도 학생 하나 하나에 대하여 인격적인 관심과 교육관을 갖고 있지 않은 자, 그러면서 돈이나 밝히고 학생을 끈으로 사회적 지위 상승만을 노리고 있는 자라면 그가 아무리 좋은 대학을 나오고 실력이 있다 할지라도 참 교사라 할 수 없습니다. 외적 조건, 내적 조건이 올바르게 구비 되어야만 좋은 교사가 될 수 있는 것입니다.

교회 학교 교사도 역시 마찬가지입니다. 교사들은 예수 그리스도로부터 임명을 받아야 합니다. 담임 목사가 신년 초마다 임명장을 주지만, 우리들을 불러 교사되게 하신 분은 바로 하나님 주 예수 그리스도이십니다. 모든 교사에게는 하나님께로부터 교사직을 임명받았다는 확신이 있어야 합니다. 이런 확신이 있는 자들만이 교사직이 천직임을 알고 신실하게 그 일을 감당할 수 있는 것입니다. 교사들 중에 게으른 자들이 있고 수업 시간을 쉽게 빼먹는 자들도 있는데, 이런 교사들이야말로 하나님께로부터 교사로 임명 받았다는 확신이 없고 다만 목사에게 임명장을 받았다는 정도의 가벼운 생각으로 일을 하고 있는 것입니다. 교회학교를 이런 식으로 본다면, 우스운 게 교회학교입니다. 월급이 있는 것도 아니고 하루쯤 결석한다 해도 별다른 불이익이 없습니다. 학부모들에게 항의를 받는 것도 아니고 고작해야 교회학교 부장이나 지도전도사의 충고를 듣는 정도입니다. 이런 잔소리가 평상시에는 통하지만 약간의 이상만 생겨도 하루쯤 결석하는 것은 아무것도 아닙니다. 어떤 교사들은 학생들보다 더 결석이 잦고 지각을 도맡아 하는 자들도 있습니다. 이들은 교사직의 임명권자가 하나님 그분 자신이라는 사실을 잊어 버리고 있는 것입니다.

우리는 지금 만왕의 왕이신 하나님의 일을 하고 있는 교사들입니다. 우리를 구원해 주신 하나님께서는 많은 사람들 중에 특별히 우리들을 부르셔서 교사직을 맡겨 주셨습니다. 하나님의 자녀들을 양육하는 가정 교사직을 맡겨 주신 것입니다. 이 사실은 얼마나 큰 영광이며 보람을 얻을 수 있는 일인가! 영광이 큰 만큼 수고도 노력도 더 많이 있어야 합니다. 월급을 받지 않기에 더 열심히 일해야 하고 교회가 허락하는 한 계속 교사 일을 하겠다는 사명감이 투철해야 합니다.

신앙생활을 하는 분들을 보면 교회 직분을 계급시 하는 경우가 있습니다. 장로는 교회의 최고 우두머리요, 권사는 여성도로서 최고로 올라갈 수 있는 위치처럼 생각합니다. 마치 일반 사회에서 여성들이 지점장이 되고 교장이 되는 정도로 권사 등의 직분을 생각하는 분들이 있습니다. 이런 분들일수록 교회의 행정이나 정치에 더 관심이 많고 교인들의 주목을 받는 일에 앞장 서려고 안달입니다. 봉사 활동에 힘을 쏟는 것보다는 주장하려는 일에 더 열심입니다. 그렇게 되면 자연히 권위가 붙게 되지만 남에 의해 세워지는 권위가 아니라 스스로 세우려는 우스운 권위가 되어버립니다. 그것이 어떤 세상적 특권이나 특혜가 있는 것이 아님에도 동네 골목 대장처럼 교회 안에서 목에 힘을 주고 다닙니다. 참으로 꼴불견스러운 일입니다. 교회의 직분은 결코 계급이 아닙니다. 그것은 오직 봉사직이요, 질서를 위해 필요한 직분일 뿐입니다. 봉사의 마음이 사그라져 버릴 때 그 직분은 오히려 영혼을 병들게 합니다. 교회의 직분이 봉사직이라고 할 때 모든 직분자들은 특히 제직회원들은 나이가 많든 교회의 경력이 많든 관계없이 교회 교사나 성가대... 봉사활동에 앞장서야 합니다. 특히 제직 회원들은 어느 부서에서든 교회 교육에 힘을 기울여야 합니다. 장로님이나 권사님들이 모두 교회학교 교사가 되어서 계속 가르치고 가르침을 받고, 지도하고 지도함을 받는다면 얼마나 알찬 교회가 되겠는가? 이런 일에는 아예 관심이 없고 교회학교 재정이 내 손에서 나간다는 식의, 마치 회사의 경영자 노릇이나 하려 들고, 시어머니 역할이나 하게 된다면 이런 교회는 성령이 강하게 역사하는 교회가 아니라 사람의 입김이 강하게 좌지우지하는 교회가 될 수밖에 없을 것입니다.

교사의 직분은 평생 할 수 있는 것입니다. 학생들이 부족하고, 나이가 많다 하여 탈락을 시키면 내가 아이들을 모아서라도 계속 사역하려고 하는 의지가 있어야 합니다. 교사는 하나님께서 임명하시는 것이지만 더 좋은 교사가 되기 위해서는 각자의 노력이 있어야 합니다. 일반 학교의 교사들이 좋은 교사가 되고 승진하기 위해 연구하고 벽지학교를 지망하고 여러 모양으로 애쓰는 것처럼 교회 교사도 좋은 교사가 되기 위한 노력을 게을리하지 말아야 합니다. 좋은 교사가 되기 위한 방법을 예수님께서 제자들을 부르시던 그 모습에서 생각해 볼 수가 있습니다.

첫째, 따라가야 합니다. 예수님께서는 "나를 따라오라, 내가 너희로 사람 낚는 어부가 되게 하리라"(마4:19)고 하셨습니다. 따라오라는 말은 참 어부시오, 참 선생이시요 참 스승이신 예수님을 좇아다니며 하나하나씩 배우라는 것입니다. 그분의 교육 내용, 교육 방법, 사람을 다루는 기술, 기도하는 법, 제자를 훈련시키는 법 등을 차근차근 배우라는 것입니다. 배움을 통하여 계속 자라고 좋은 교사가 될 수 있는 것입니다. 교사들은 흔히 자신의 일을 가르치는 일로만 생각해 버립니다. 그러나 교사들은 가르치기 위해 끊임없이 배워야 합니다. 배우지 않고서는 바른 교육을 할 수 없습니다. 이런 면에서 교회 학교 교사들에 대해 안타까운 심정을 품을 때가 한 두 번이 아닙니다. 교사들은 가르치는 자라는 인식만 갖고 있기에 교회의 교사 훈련 프로그램이나 교사 강습회 등에서 부지런히 배우고 가르치려는 의지가 부족합니다. 배운다는 것이 고작 새로운 찬송이나 율동을 익히는 것 정도입니다. 이것은 배움이 아니라 전달 받음에 불과합니다. 교사로서 배우는 것은 교사의 자질과 가르치는 지식을 쌓아가는 일을 부지런히 습득하고 자기의 것으로 만드는 일입니다. 단지 공과 책을 손에 들고 그 내용을 전달하는 것으로 교사 임무 끝!이 된다면 굳이 배울 필요가 없지만 어린 학생 하나 하나에 대한 영혼의 지도자라면 죽을 때까지 배워가야 합니다. 학생 하나 하나마다 성격이 다르고 지식의 상태가 다르기 때문입니다. 좋은 교사가 되기 위한 둘째 방법은, 모든 것을 버리는 것입니다. 주님은 제자들이 따라오기 전, 모든 것을 버릴 것을 명하셨고, 그들은 "배와 그물을 버려두고"(눅5:11) 예수님을 좇아갔다고 합니다. 배와 그물을 버렸다는 것은 뱃 사람적인 기질과 삶을 버렸다는 것입니다. 뱃사람들은 얼마나 거칠고 충동적이고 혈기가 많은가! 거친 바다와 싸우려면 그럴 수밖에 없는 것입니다. 그러나 이런 기질은 바다의 고기를 낚는 어부들에게는 적합할는지 모르지만 사람의 영혼을 구원하는 전도자들에게는 부적합합니다.

교사들은 육신적인 모든 기질들을 버려야 합니다. 나의 성품, 기질, 교만, 소심증, 태만, 급한 성격 너무 느긋한 성격 등등, 교사로서 부적격한 것은 하나씩 하나씩 시간이 흐를수록 교사의 경력이 붙을수록 버려야 합니다. 그래야 좋은 교사가 될 수 있는 것입니다. 교회마다 이 기질을 버리지 못하여 덕을 못 세우는 분들이 한 두 분씩은 꼭 있기 마련입니다. 교사회를 하면 언제나 비판적이요, 상대방의 실수를 물고 늘어지며 면박을 해대는 분들이 있습니다. 이들 때문에 교사회는 언제나 논쟁의 시간이 되고 마음의 상처를 주고받는 시간이 되어버립니다. 교회의 분위기는 언제나 살벌하고 신뢰감을 상실하고 맙니다. 일이 이 지경이 되어버리면 아무리 가르치는 실력이 월등히 뛰어나고 천사의 말을 할지라도 무슨 소용이 있겠는가? 그것은 울리는 꽹과리에 불과한 것이 아닌가? 아르헨티나 출신의 목회자인 후안 까를로스 오르띠즈(Juan Carlos Ortiz)는 이렇게 말한 적이 있습니다. "어린이들은 그들이 싸워서는 안 된다는 것을 배우기 위해 교회학교에 가야 합니다. 왜요? 그 아이들의 아빠와 엄마가 집에서 툭하면 싸우기 때문입니다. 아빠가 직장에서 쓰던 볼펜을 마음대로 집에 가지고 와서 쓰기 때문에, 아이들은 교회학교에 가서 도둑질을 절대로 해서는 안된다는 것을 배워야 합니다. 아빠와 엄마는 툭하면 화를 내고 난폭해 집니다. 아이들은 화를 내면 안 된다는 것을 어디 가서 배워야 합니까? 교회학교입니다. 그런데 이것은 문제를 심각하게 만듭니다. 왜냐하면 교회학교 선생님들도 일주일 내내 화를 잘 내기 때문입니다. 하지만 주일만큼은 화를 내지 않습니다."

주일에는 화를 내지 않는다면 그나마 다행입니다. 그러나 주일에도 걸핏하면 화를 내고 자기의 혈기를 참지 못하여 큰 소리를 내며 싸우려고 덤벼드는 교사들이 있습니다. 그것을 버리지 않는 한 좋은 교사가 될 수 없습니다. 교사 경력이 중요한 것이 아니라 좋은 교사가 되는 것이 더 중요합니다. 그러므로 교사직을 감당하기에 부적합한 것들은 이제 버려야 합니다.

셋째, 항상 "나는 죄인이로소이다"(눅5:8) 하는 죄인 의식이 있어야 합니다. 우리는 분명 예수 그리스도 안에서 의인의 신분을 얻었으며, 하나님은 우리를 의인으로 대해주십니다. 그러나 하나님이 의인 대우를 해주신다 하여 그 앞에서 의인처럼 행세하려고 해서는 안 됩니다. 언제나 죄인의 심정으로 살아야 하며, 겸손의 마음을 품어야 합니다. 교회 행정상 어떤 직위를 주어도 감사한 마음으로 감당해야지, 부장에서 교사의 자리로는 결코 이동할 수 없는 것이라는 생각은 크게 잘못된 것입니다. 항상 자신을 낮추고 남을 높일 때 좋은 교사가 될 수 있는 것입니다.

교사의 십계명

1. 너는 교회학교 수업보다도 우선되는 것을 두지 말라!

2. 너는 너의 삶에 어떠한 우상도 갖지 말고 그것들에게 절하지 말며 그것들을 섬기지 말라. 만약 네가 아이들을 이끌고자한다면 너는 너의 하나님 여호와께 첫 자리를 드릴지어다!

3. 너는 "교회학교 교사의 이름을 망령되이 일컫지 말라. 여호와께서 헌신으로 섬기지 않는 교사를 죄 없다 하지 않으신다!

4. 수업 시간을 기억하여 거룩히 지켜라 엿새 동안은 힘써 네 일과 공부를 행할 것이나, 제 칠일은 하나님의 날인즉, 수업을 위해 최선을 다하고 여호와의 말씀을 전하도록 준비 할지어다!

5. 너의 학생들을 관심, 조언, 기도로 섬겨라. 그리하면 너를 통한 하나님의 사역이 그들의 삶 속에 이루어지리라!

6. 너의 학생들 앞에 부족한 준비와 기도로 서지 말지어다!

7. 너의 거룩한 사역이 아닌 어떤 것에라도 너를 주어 교회학교 교사로서의 소명에 부끄럽게 하지 말지어다!

8. 수업 시간에 지각하거나 주일에 빠진 학생들에게 무관심하지 말지어다!

9. 하나님이 그의 말씀을 축복하고 사역을 이룰 것임을 알고도

하나님의 말씀을 빼거나 더함으로 거짓 증거 하지 말지니라!

10. 사람의 칭찬을 탐내지 말지니라! 오직 하나님만이 너를 상주시고 백배로 갚아 주실지라!

믿음 없는 재능은 무가치한 것이다!

참고도서

• 강정훈, 교사 다시 뛰자, 두란노, 2019.
• 강정훈, 교회 교사론, 늘빛출판사, 1994.
• 노르만 E. 하퍼, 현대 기독교 교육, 이승구 역, 1992.
• 신재성, 친애하는 교사 여러분, 두돌비, 1994.
• 신종국, 교사 실무 핸드북, 정인, 1993.
• 이정현, 교사 베이직, 생명의 말씀사, 2018.
• 이현철, 조철현, 박신웅, 교회학교 교사의 전문성과 리더십, 고신대학출판부, 2016.
• 케네스 갱글, 하워드 핸드릭스 외 달라스 신학교 교수진, 교수법 베이직, 유명복, 홍미경 역, 1990.
• 필립 메이, 어떤 교사가 될 것인가?, 정애숙 역, 한국기독학생회출판부, 1992.
• 하정환, 교사 십계명, 나눔사, 2007.
• 한춘기, 교사 마스터링, 생명의 양식, 2008.
• 한치호, 열정의 교사 10가지 반목회 코칭, 크리스천 리더, 2009.

9장

교사의 역할

13) 의사 소통자 교사

14) 목자 교사

15) 군사 교사

16) 진리의 통합자

교사 역할, 왜 중요한가?

교회학교에 교사가 없다면 어떻게 될지 한번 생각해 보라. 상상이나 되는가? 살다 보면 황당한 일을 종종 겪습니다. 몇 년 동안 저축한 적금으로 그토록 고대하던 해외여행을 가려고 다 준비하고, 여행 당일 아침 일찍 공항에 갔는데 하필이면 집에서 여권을 가지고 오지 않았다면 어떨까? 몇몇 기업에 입사지원서를 넣었는데, 서류가 엇갈려 각기 다른 회사로 배달이 되었다면 어떨까? 분명 군에서 전역을 했는데, 행정상의 오류로 입영 통지서가 다시 날아온다면 어떨까? 생각만 해도 아찔합니다. 교회학교도 이와 마찬가지입니다. 아이가 교회학교에 갔는데, 선생님이 한 분도 계시지 않는다면 어떨까? 아이를 반겨 줄 사람도, 무언가를 가르쳐 줄 분도 없다면 어떻게 될까? 그런데 이러한 일이 점차 생겨날지 모릅니다. 통계에 따르면, 교회학교가 없는 교회가 증가하는 추세입니다. 그나마 남은 교사들도 고령화되고, 점점 교사로 헌신할 사람이 없다는 현장의 목소리가 들립니다.

교사는 하나님의 동역자입니다. 하나님은 누구의 도움 없이도 구원 사역을 성취하실 수 있으나, 사람을 택하셔서 동역자로 사용하십니다. 그러므로 교사는 영광스러운 직분입니다. 교사의 말 한 마디가 죽어 가는 영혼을 살리고, 넘어진 자를 일으켜 세우고, 잘못된 신앙관을 교정합니다. 교회학교를 섬기는 교사의 역할이 남이 알아주지 않는 것 같고, 이 섬김이 교회에 가시적인 도움이 될까 생각하겠지만, 절대 그렇지 않습니다. 교회학교 교사를 통해 한 시대를 살리는 인물들이 세워집니다. 교회는 그와 같은 교사의 사역을 통해서 지금껏 힘을 얻어 왔습니다.

신약성경에 나오는 바나바를 보라. 위대한 전도자 사도 바울 뒤에는 바나바라는 사람이 있었습니다. 사도행전 11장 24절은 이렇게 기록합니다. "바나바는 착한 사람이요 성령과 믿음이 충만한 사람이라 이에 큰 무리가 주께 더하여지더라". 바나바는 성품이 착할 뿐만 아니라, 성령과 믿음이 충만한 그야말로 신앙의 지도자로 적격이었던 사람입니다. 그런 바나바의 영향으로 예수님을 믿는 사람들이 생기기 시작했는데, 그들을 가리켜 큰 무리라고 할 정도였습니다. 바나바는 이미 유능한 부흥사, 존경받는 지도자였습니다. 그런데 바나바의 가치는 그가 착한 사람이라는 데 있지 않습니다. 성령과 믿음이 충만해서 많은 사람을 전도하고 구원했다는 데 있는 것도 아닙니다. 바나바의 가치는 바울을 찾아갔다는 데 있습니다. 바울이라는 인물을 발굴해 사도로 우뚝 세워 놓았다는 점입니다. 그가 몇 명을 전도했느냐보다 훨씬 더 중요하고도 귀한 일은 바울 한 사람을 찾아 다소에 가서 만나고 그를 안디옥에 데려온 일입니다. 그 걸음이 전 세계에 복음을 전하는 기초가 되어 우리들에게까지 복음의 소식이 전해졌으며, 바울이 쓴 하나님의 말씀을 오늘 우리가 듣고 믿게 된 것입니다.

  초대교회의 유명한 교부 중 한 사람인 성 아우구스티누스도 마찬가지입니다. 아우구스티누스의 성장 과정과 기독교로의 회심 과정은 익히 알려진 바입니다. 그의 회심과 신앙 성장은 어머니 모니카(Monica)의 기도 외에도 많은 사람의 협력으로 가능했습니다. 알려진 대로 로마의 밀란 지방의 감독이었던 성 암브로시우스(Ambrose)의 따뜻한 환대가 그의 마음속에 신뢰감과 라포를 형성했고 암브로시우스의 설교를 통해 그가 어린시절부터 배워 온 신플라톤 사상과 마니교와 같은 이교적 생각들을 교정해 나갔습니다. 이 과정 속에서 많은 질문이 마음속에 생겨났는데, 그것은 신앙의 선배이자 동료 신자였던 심플리키아누스(Simplician)의 친절한 설명에 의해 해소되었습니다. "아우구스티누스는 좋은 교사의 가르침 아래서 기독교 신앙의 정수를 이해할 수 있었고, 4세기 이후 기독교 신학의 정립에 큰 역할을 했다. 초대교회부터 21세기까지 기독교 사상사에 가장 큰 영향을 미친 신학자가 바로 아우구스티누스임을 부인할 사람은 한 명도 없을 것이다. 교사의 직분이 아무것도 아닌 것 같지만, 지금 내가 섬기는 아이들, 혹은 청소년이 앞으로 어떻게 성장할지는 누구도 예측할 수 없다".

  그런데 최근 교회학교 교사로 지원하는 수가 현저히 줄었습니다. 찬양대의 경우, 매년 지원자가 넘칩니다. 그도 그럴 것이 찬양대에 서면 출석 체크가 저절로 됩니다. 사람들의 주목을 받을 수도 있습니다. 그러나 교사는 이름 없이 빛도 없이 섬겨야 합니다. 더구나 요즘 아이들은 말도 잘 듣지 않습니다. 여름이 되면 더위 속에서, 겨울이 되면 추위 속에서 교사는 아이들을 찾으러 집집마다 다녀야 합니다. 그렇게 열심히 봉사하건만, 때때로 불신 부모의 의심스런 눈초리를 견뎌야 하고, 인정해 주는 따뜻한 말 한마디 들리지 않는 것 같은 슬픈 생각이 들기도 합니다. 이윽고 11월이 되어 교역자들이 친절하게 말을 걸며 다가오면 또 교사를 시키려고 그러시는 게 아닐까? 하며 두려움에 빠지기도 합니다. "그런즉 그들이 믿지 아니하는 이를 어찌 부르리요 듣지도 못한 이를 어찌 믿으리요 전파하는 자가 없이 어찌 들으리요 보내심을 받지 아니하였으면 어찌 전파하리요 기록된 바 아름답도다 좋은 소식을 전하는 자들의 발이여 함과 같으니라"(롬10:14~15). 진정 하나님을 사랑한다면 하나님의 큰일에 동참해야 하지 않겠는가? 작은 손길이 모여 하나님의 역사를 성취하리라 확신합니다.

교사 역할은 무엇인가

교사는 교실에서 많은 역할들을 담당하고 있습니다. 물감, 포스타, 콜라즈(Collage) 자료들을 분주하게 사용한 후에 교사의 역할이 마치 사찰이나 청소부와 같다고 느낄 것입니다. 또한 문제를 가진 학생이 누군가와 이야기할 상대자를 찾는다면 상담자의 역할이 가장 적합하다고 느낄 것입니다. 가르치는 몇 시간의 수업을 통해 교사가 갖는 역할을 든다면 아마 수십 가지를 열거할 수 있을 것입니다.

1) 동기 부여자로서의 교사

한 사람이 작은 마을에서 보낸 어린 시절은 오늘날과 마찬가지로 그렇게 통제되지는 않았습니다. 우리는 부모나 교사를 즐겁게 하기 위해 리틀 리그전(Little League ball)이나 하면서 주말을 보낼 수는 없었습니다. 그래서 대부분의 토요일 아침에 우리 중의 두세 명은 아무런 어려움 없이 즐겁게 놀 수 있는 방법을 궁리하면서 어떤 사람 집의 현관 앞에 쪼그리고 앉아 시간을 보내기도 하였습니다. 그러나 해롤드(Harold)가 같이 있을 때는 오래 앉아 있지 못했습니다. 그는 재미 있는 놀이를 생각해 내는 재주가 있었습니다. 그는 즉시 어떤 사람 집의 낙엽 진 뒤뜰에 우리의 모임 장소를 마련해 내거나 장난감 총과 땅콩버터 샌드위치를 준비해서 리틀강(Little River)까지 여행을 하게 하였습니다. 해롤드는 동기 부여자였습니다. 그는 무기력한 상태를 활동적인 상태로, 놀고 있는 힘을 건설적인 계획의 통로로 변화시킬 수 있었습니다. 그는 일하는 방법을 알고 있었습니다.

교회학교 교사들은 그와 같은 자질과 능력을 지녀야 할 필요가 있습니다. 때때로 사람들은 특별한 목적의식이 없이 강의실에 나타납니다. 교사들은 기독교 학습이 학습자들이 새로운 것을 배우려는 불타는 욕망에 의해서 항상 진행되는 것이 아니라는 사실을 경험한 바에 의해 잘 알고 있습니다. 어떤 사람들은 의무감 때문에 출석하고, 또 어떤 사람들은 가족의 기대감 때문에 나오며, 또 어떤 사람들은 사회적 교제를 즐기기 위하여 나옵니다. 희미하게나

마 학습에 대한 욕망을 가진 사람들마저도 그들이 진정으로 배우기를 원하는 것이 무엇인지를 분명히 알지 못합니다. 따라서 마음속에 어떠한 학습 목적도 가지지 않았기 때문에 그들은 학습 목표를 달성하려고 애쓰지 않습니다. 그들에게는 그들 스스로가 학습을 하는 이유를 깨닫도록 도와주는 사람이 필요합니다.

동기 부여는 특별한 목적을 위한 잠재 에너지를 가지고 있으며, 접시를 닦는 일이나 걷는 일, 생각하는 일, 심지어는 누워서 휴식을 취하는 일까지 우리가 하는 모든 일을 위해서 이 축적된 에너지를 인출해야 합니다. 에너지는 제한된 공급 내에서 사용할 수 있기 때문에 우리는 최소한 꼭 필요한 곳에 에너지를 방출하면서, 자연적으로 그것을 저장합니다. 그러나 우리는 가치 있는 일에 에너지를 사용하게 될 것입니다. 예를 들어 이 책을 쓰는 일은 고된 작업이며 이 책을 쓰는 과정 동안에 저자는 이 일을 회피할 수 있는 많은 변명거리를 찾을 수 있습니다. 그러나 저자가 이 일에 매우 깊은 관심을 가지고 있기 때문에 계속해서 그 일에 소모되는 에너지를 방출합니다. 환원하면 필자는 동기 부여를 받은 것입니다.

교육적인 상황 속에서 이것의 의미에 관하여 생각해 보자. 학습은 고된 일일 수 있습니다. 교사가 학습자들에게 문제를 풀고 연필과 종이를 사용하여 일하며, 토의에 참여하고 또한 주의 깊게 경청할 것을 요청했을 때, 교사는 그들에게 그들의 에너지를 사용할 것을 요청하는 것입니다. 그리고 교사는 그들이 그렇게 해야만 하는 합당한 이유를 발견하도록 그들을 도와주어야 합니다. 그렇지 않으면 그러한 일들은 일어나지 않을 것입니다.

어떤 사람이 그의 몸의 세포 속에 저장되어 있는 에너지를 동원시킬 때, 그는 일반적으로 어떤 종류의 필요를 충족시키기 위해 에너지를 동원시키는 것입니다. 어느 여름 정원에 있는 땅벌의 둥지를 파헤쳤을 때, 갑자기 몸을 다른 곳으로 피해야 할 긴박감을 느꼈으므로 막대한 에너지를 방출하였습니다. 필요 의식이란 때때로 보다 더 복잡한 것임에도 불구하고 그것은 실제적인 것입니다. 예를 들어, 수수께끼를 풀어야 할 필요, 자극적인 질문에 답해야 할 필요 그리고 호기심을 충족시켜야 할 필요 등은 인간의 심성 속에 깊이 주입된 것이며, 때때로 우리는 그와 같은 일에 상당한 양의 에너지를 사용합니다.

만일 학습활동들이 학습자가 느꼈던 필요와 아무런 관계가 없다면 그들은 가능한 한 이러한 학습활동에 에너지를 거의 사용하지 않을 것입니다. 이것은 학습자가 때때로 의기소침해지고, 편지지에 낙서하며, 천장을 주시하거나, 창문 밖을 내다보고, 또는 침묵 속에 빠져 버리는 이유를 설명해 줍니다. 한편 학습자가 불을 켜게(turned on) 만드는 가장 좋은 방법은 그의 개인적 요구에 자극을 주는 학습 과업을 소개시키는 것입니다. 물론 불을 켜다는 말은 1960년대의 청년 문화로부터 이어 받은 미어(美語)의 속어적 표현입니다. 그러나 이것은 학습자가 동기 부여를 받았을 때 일어나는 것에 대하여 보다 정확하게 설명해 줍니다. 문자적으로 불을 켜다는 말은 자기 몸의 세포 속에 축적 된 에너지에 점화시키는 것입니다. 그러나 동기 부여는 단순히 학습자들로 하여금 그들의 축적된 에너지를 방출하도록 하는 문제는 아닙니다. 이것은 또한 학습을 방해하는 영향력들 가령, 의심, 어리석음, 그리고 무능력한 느낌과 같은 것들로부터 학습자들을 자유롭게 하기 위하여 그들을 풀어 놓는 것도 포함합니다. 다른 사람들 앞에서 어리석게 보이기를 원하는 사람은 아무도 없습니다. 그러나 그것은 사람이 그룹 연구 활동에 참여할 때 그가 당하는 위험입니다. 우리는 성경 말씀을 크게 읽도록 요청받은 어떤 사람이 그 단어를 발음할 수 없을 때 이것이 그에게 얼마나 당황스러운 것인지 주의 깊게 관찰해 본 적이 있는가? 우리는 학습모임에서 인정받지 못할 지도 모르는 주장을 내세우는 모험보다는 차라리 항상 침묵을 지키고 있는 사람들을 알고 있는가? 우리는 개인의 창의성을 요구하는 학급 연극이나 기타 다른 여러 활동들에 참여하는 것 보다 이내 자취를 감추어 버리는 중급반 소년들을 관찰해 본 적이 있는가? 때때로 그와 같이 침묵을 지키는 이유는 그들이 여러 사람들 앞에서 그것을 잘 해낼 수 없다는 두려움 때문입니다. 참여하지 않는 것은 어리석게 보이는 것보다 나은 것입니다.

실패하기를 바라는 사람은 아무도 없습니다. 무식하게 보이고자 원하는 사람은 아무도 없습니다. 그리고 위에 언급된 견해를 기꺼이 포기할 사람은 거의 없습니다. 낯익은 터전은 안정감을 주지만 미개척지는 위협을 줍니다. 동기 부여자로서의 교사들은 학습에 대한 그와 같은 장애물의 영향을 극소화하려고 노력할 것입니다.

교사로서 예수님께서는 유능한 동기 부여자이셨습니다. 예수님께서는 사람들을 그들의 개인적 필요에 참여시키고, 호기심을 자극하며, 그들이 현재 처하고 있는 상태로부터 출발하여 그들이 마땅이 있어야 할 위치로 인도하는 특별한 능력을 가지셨습니다.

이러한 예화가 복음서에 많이 나타나고 있습니다. 요한복음 첫 장에서 예수와 세례 요한의 두 제자와의 만남이 묘사되어 있습니다. 예수께서는 돌이켜 그 좇는 것을 보시고 "무엇을 구하느냐?"(요 1:38)라고 물으셨습니다. 학습에 대한 동기 부여는 교사들이 표현하고자 하는 것을 즉석에서 시작하는 것 보다는 "너희는 무엇을 원하느냐?"라는 단순한 질문을 하는 시간을 갖게 될 때 항상 보다 높은 수준에 이르게 됩니다. 분명히 해야 할 말을 모르는 것이 아니었으므로 요한의 제자들이 "랍비여 어디 계시오니까?"라는 질문으로 반응을 보이는 순간 곧 예수께서는 "와 보라"고 대답하셨습니다.

바로 이 점에서 예수께서는 학습자들에게 동기를 부여하는 방법 중에서 가장 좋은 것 중의 하나를 사용하셨는데 그것은 호기심이었습니다. 경험이 부족한 교사들은 때때로 학습자의 질문에 직접적으로 답하는 실수를 범하지만, 경험이 많은 교사들은 학습자의 마음 속에 그들 스스로가 해답을 구할 수 있을 만큼 충분한 암시를 주는 것에 대한 가치를 인식하고 있습니다. 그날의 교훈은 충분했습니다. 또한 제자 중의 하나가 그 형제에게 "우리가 메시야를 만났다"(요1:41)라고 말한 것으로 미루어 보아 예수의 가르침은 매우 성공적인 것이었습니다. 예수님께서 이 두 제자들에게 단순히 거리에서 말씀만 전하셨다면, 이것은 성공적인 교육의 기회를 포착하지 못하는 결과를 초래하였을 것입니다.

의미 있는 학습을 자극하는 예수의 능력에 대한 또 다른 예도 같은 복음서인 요한복음에 나타납니다. 예수께서는 야곱의 우물가에서 사마리아 여인과 대화를 나누는 가운데(요4:6~26) 그 대화가 현세의 종교적인 논쟁에 대한 토론으로 빗나가는 것을 거절하셨습니다. 그는 그 여인에게 있어서 가장 큰 개인적 필요의 핵심을 찔렀습니다(16~19절). 학자들은 학생들에게 있어서 개인의 필요가 다른 어떤 동기 부여보다도 더 많은 학습 효과를 촉진 시킨다는 것을 발견하였습니다. 그리고 그 교훈은 매우 생산적인 것이었습니다. 그 여인은 물동이를 우물가에 버려두고 동네에 들어가서 사람들에게 "나의 행한 모든 일을 내게 말한 사람을 와 보라 이는 그리스도가 아니냐?"(28~29절)라고 말하였습니다.

바울 역시 훌륭한 교사의 자질을 가지고 있었습니다. 그는 청중들이 처해 있는 상태로부터 출발하여 그들을 익숙한 것에서 낯선 것에로 인도하는 법을 알고 있었습니다. 그가 아레오바고에서 철학자들과 만났던 것이 그 좋은 예입니다. 그는 이미 그 도시의 수많은 우상숭배지와 그 형상들을 주시해 왔으며, "우리가 너의 말하는 이 새 교가 무엇인지 알 수 있겠느냐?"(행17:19)라는 철학자들의 질문에 답할 때 그가 주시했던 수많은 우상숭배지와 그 형상들을 출발점으로 삼았습니다. 바울은 "아덴 사람들아 너희를 보니 범사에 종교성이 많도다. 내가 두루 다니며 너희의 위하는 것들을 보다가 알지 못하는 신에게 라고 새긴 단도 보았으니"(22~23절)라고 말하였으며, 그는 계속해서 효과적으로 "너희가 알지 못하고 위하는 그것을 내가 너희에게 알게 하리라"고 말하였습니다. 호기심으로 가득찬 헬라 청중들이 관심을 가지고 있는 것을 방해

할 수 있는 것은 무엇인가? 비록 바울이 그것을 알 수 없었다고 할지라도 그는 현대 교육 이론가들이 일컫는 학습의 전제조건을 수립하였습니다.

2) 안내자로서의 교사

많은 벼랑 사이의 작은 길과 섬들이 있는 호수는 넓고 지리가 낯선 것이었습니다. 이 경우에 지리를 잘 아는 안내자가 있는 것이 좋습니다. 보통 사람들의 눈으로는 특징적인 것을 구별할 수 없는 그러한 곳에 가게 되면 안내자는 "우리는 여기서 붕어를 발견할 수 있을 것이다"라고 말할 것입니다. 그리고 우리는 붕어를 발견하게 될 것입니다. 낚시질이 활발하지 못하게 될 때, 그는 우리를 또 다른 곳으로 안내합니다.

안내자의 역할은 어떤 길을 가르쳐 주는 임무와 비슷합니다. 예를 들어, 이 안내자는 그 지역을 잘 알고 있습니다. 그는 모든 벼랑과 작은 만을 탐험하면서 그 호수에서 수년을 지냈습니다. 그는 깊은 하상 바위가 많은 곳, 그리고 사석 절벽 속에 있는 만 등이 발견되는 곳을 알고 있습니다. 이와 비슷하게 교사는 주제를 둘러싸고 있는 길을 알아야 합니다.

한때 예수께서는 천박하고 왜곡된 율법 지식을 가지고 있는 율법사들, 즉 〈소경 된 인도자〉에 대하여 혹독하게 비난하셨습니다(마23:24). 소경 된 인도자들은 주제에 대하여 부적합한 지식이 담긴 신앙의 교본, 즉 당대의 사본을 가지고 있었습니다. 그들은 더

모데전서 1장 6~7절에 기록된 바 "자기의 말하는 것이나 자기의 확증하는 것은 깨닫지도 못하면서 헛된 논의 속에 빠져 율법의 선생이 되려하는" "어떤 사람들"과 같습니다. 좋게 말하면 그와 같은 가르침은 영감 받지 못한 것이며, 나쁘게 말하면 그것은 잘못 인도되고 혼동되게 하는 것입니다. 길을 잘 알지 못하는 사람은 안내자의 역할을 감당할 수 없습니다. 사람은 자신이 잘 알지 못하는 것을 가르칠 수 없습니다.

사도행전 8장 26~39절에 나오는 빌립과 이디오피아 내시와의 만남에 관한 잘 알려진 이야기는 능숙한 교사가 안내자로서의 기본적인 기능을 수행하는 상황을 묘사해 주고 있습니다.

학습자는 자신이 이미 성경을 탐구해 온 것만큼 종교적 진리에 대한 그 자신의 의문에 의해 매우 강한 동기 부여를 받았습니다. 교사는 그 주제에 대한 지식에 아주 정통했으며 학습자가 복음의 진리를 자신의 것으로 완전히 이해할 수 있도록 도우려는 강한 욕망을 가지게 되었습니다. 교사와 학생 간의 이상적인 비율은 일대일 비율입니다. 교수 방법은 교사와 학생 간에 자유롭게 주고 받을 수 있는 충분한 기회가 주어지는 대화식입니다. 대화의 결정적인 전환점은 "읽는 것을 깨닫느뇨?"라는 빌립의 질문에 이디오피아 내시가 응답하고 있는 31절에 나타납니다. 그는 이사야 예언이 "지도하는 사람이 없으니 어찌 깨달을 수 있느뇨?"라고 대답하였습니다. 동사 〈지도 하다〉(오데오)는 자신의 양을 인도하는 목자의 모습을 묘사해 줍니다. 이 용어는 어린 양이 저희 목자가 되사 "생명수 샘으로 인도하시고"(오데게세이)라고 기록된 요한계시록

7장 17절에서 목회적 의미로 사용되고 있습니다. 또한 이와 동일한 단어가 요한복음 16장 13절의 "진리의 성령이 오시면 그가 너희를 모든 진리 가운데로 인도하시리니"에서 성령의 역할에 관한 예수의 말씀 속에 나타납니다. 바로 이와 같은 의미에서 진지하게 진리를 추구하는 이디오피아 내시를 인도하기 위해 보혜사 성령의 도구로 빌립이 사용되었습니다.

기독교 교육의 진리 탐구는 언제나 성령의 인도하심에 의존하기 때문에, 교회학교 교사에게 있어서 성령과 교통하는 것은 필수적인 자질입니다. 사람이 성경의 지식에 기술적으로 아무리 민감하다고 할지라도, 그가 성령의 인도와 조명을 받지 못한다면 결국 그는 〈소경 된 인도자〉로 밝혀질 것입니다.

길을 보여 주는 것이 안내자의 주된 기능입니다. 앞에서 언급한 낚시 여행에서 우리는 안내자의 도움이 없다면 낯 설은 해변가를 더듬어 가면서, 고기가 잘 잡히지 않는 물속에 미끼만 허비하면서 하루를 헛되이 보냈을 것입니다. 안내를 받지 못한 학습의 노력은 매우 비효율적일 수 있으며, 그것은 매우 무질서한 연구 활동을 야기 시킵니다. 시행착오에 의한 학습은 시간을 낭비하는 것이며, 때때로 사기를 저하 시킵니다. 교사의 역할은 길을 지시해 주고, 건설적인 연구의 분야를 규명해 주며, 학습자들로 하여금 효력이 없는 결과를 피할 수 있도록 도와주는 것입니다. 결국 우리에게 낚시하는 방법과 장소를 보여준 후에 우리의 안내자는 우리 스스로 낚시할 수 있도록 한다는 사실에 주목해 볼 필요가 있습니다. 누군가가 우리를 대신하여 모든 것을 행할 때 이것은 낚시나 학습으로부터 얻을 수 있는 모든 즐거움을 빼앗아 가는 것입니다.

3) 자료 공급자로서의 교사

혹자는 교사가 중간상인의 역할을 한다고 말할 수 있을 것입니다. 상업계에서는 어떤 물건을 사고자 하는 사람이 있는가 하면 또 어떤 물건을 팔고자 하는 사람도 있습니다. 그러나 예기되는 구매자들이 언제나 서로를 아는 것은 아니며, 이런 이유로 중간 상인이 등장하게 됩니다. 중간 상인은 수요자와 공급자 사이를 중개하는 것입니다.

교육계에도 이와 비슷한 상황이 생겨납니다. 학습자는 어떤 자료를 필요로 하는데 이 자료들은 때때로 풍부하게 사용될 수 있지만, 그 자료들을 필요로 하는 학습자가 그것을 적절하게 사용하는 방법을 모를 수도 있습니다. 교회학교 교사의 역할은 학습자와 학습 자료를 서로 만나게 해 주는 것입니다.

한 사역자가 안식년에 영국의 옥스퍼드에 교육적인 놀이와 모의 실험을 개발하고 이용하는 기관이 있다는 사실을 알지 못한 채 그곳에서 11개월을 보냈습니다. 그는 수년 동안 교육적인 모의 실험에 관심을 쏟아 왔기 때문에 그 기관이 있다는 사실을 알았더라면 그곳을 틀림없이 자주 방문했었을 것입니다. 그것은 어떤 교사가 그에게 추천해 줄 만한 종류의 자료였습니다. 그러나 교사의 도움이 없었기 때문에 그는 영국을 떠나 오기 전날에 구입하였던 책에서 우연히 그 기관에 대한 정보를 얻게 되었습니다.

교회에서 학습자들도 때때로 이 사역자와 같은 상황에 처해지게 됩니다. 그들이 어떤 성경 구절을 찾기를 원하지만, 성경 구절을 찾는 데에 성구 사전이 얼마나 유용한 것인지를 결코 알지 못합니다. 그들은 성서의 용어로 인해 당황할 때가 많이 있지만, 성서 대백과사전과 성서 주석이 이러한 어려움을 해결하도록 도움을 준다는 사실을 알지 못합니다.

호세아를 연구하는 동안 어떤 사람이 이러한 질문을 제기하였습니다. 고대 가나안 사람들이 드렸던 바알 숭배에 대하여 어디에서 더 많은 것을 찾을 수 있습니까? 교사는 그 주제에 관한 항목이 실려 있는 성서 사진을 제안합니다. 사람들은 자기 사전 중에 있는 성서 사전 사용법을 배우기 원합니다. 교사는 「성서 해석의 기술 개발」(Derdoping Skills for Bible Intexpretation)이라는 자습서를 추천해 줍니다. 청년 그룹이 서부 아프리카에서의 선교 사역을 생생하게 마음속에 그리도록 하기 위해서 선교 연구반 지도자는 오디오 슬라이드 필름을 사용합니다. 성경 교사를 위한 강습회의 지도자는 교육의 진행 과정과 연관된 참고 문헌 목록을 배부해 줍니다. 이러한 모든 상황에서 교사들은 자료 공급자로서의 역할을 수행합니다.

잘 훈련받은 교사는 많은 자료들을 알고 있습니다. 풍부한 자료를 가진 성경 교사는 다양한 주석을 분류할 수 있어야 하고, 여러 영어 번역 성서들의 차이점을 설명할 수 있어야 하며, 몇 가지 유용한 주석의 명칭을 알 수 있어야 하고, 성서의 주요 사건에 관한 필름을 준비할 수 있어야 하며, 1세기의 예루살렘 성전의 전체적

윤곽이 나타난 그림이 어디에 있는 지를 알 수 있어야 하고, 팔레스타인의 지리적인 위치를 알 수 있어야 하며, 그리고 학습활동을 계획할 때 교수-학습 진행 과정상의 포괄적인 목록을 작성할 수 있어야 합니다. 단조로운 학습과 자극을 주는 학습 간에 차이를 둘 수 있게 만드는 것은 자료에 대한 풍부한 지식입니다.

그러나 지식이 많은 것으로는 불충분합니다. 교사는 또한 〈자료 수집가〉가 되어야 합니다. 한 사람이 과거에 어떤 장년 남자 성경 공부반에 출석하였는데 그때 성경 공부반의 교사는 "만일 우리가 예수님 당시(혹은 아브라함, 모세, 이사야 당시)의 성서 지도를 가지고 있다면 우리가 그곳을 볼 수 있을텐데 ......"라고 말하곤 하였습니다. 피학습자는 가끔 왜 그 교사는 성경 공부반을 위해 지도를 자료로 제공하도록 교회를 설득할 수 없었는지 의아스러워 하였습니다. 그는 그 교사가 우리에게 지도를 자료로 제공하려고 노력을 했었는지 조차 의문입니다. 유다왕 요시아(Josiah)의 통치 기간 동안에 발생하였던 사건에 관한 구약성경의 기사(대하 34:14~33)는 핵심적인 학습 자료의 중요성을 극적으로 묘사해 주고 있습니다. 일꾼들이 여호와의 전을 수리하고 있을 때 제사장 힐기야(Hilkiah)는 아주 오랫동안 숨겨져 있었던 문서인 모세가 전한 여호와의 율법이 포함된 두루마리를 발견하였습니다. 이 두루마리에 관심을 가지게 된 왕은 그 땅의 모든 장로들을 예루살렘으로 불러 모았습니다. "왕이 여호와의 전 안에서 발견한 언약책의 모든 말씀을 읽어 무리의 귀에 들리고"(30절), 그리고 나서 왕과 그 백성들은 "여호와 앞에서 언약을 세우되 마음을 다하고 성품을 다하여 여호와를 순종하고 그 계명과 법도와 율례를 지켜"(31절)라고 맹세하였습니다. 이 경우에 있어서 결정적인 학습 자료는 그 학습 환경에 비추어 보아 절대적으로 꼭 필요한 것이었습니다.

두루마리를 발견한 후에 힐기야는 그것을 서기관 사반 (Shaphan)에게 주었습니다. 그리고 나서 사반은 "제사장 힐기야가 내게 책을 주더이다"(18절)라고 왕에게 고하였습니다. 이 말은 교사의 가장 중요한 역할 중의 하나를 제시해 줍니다. "그가 나에게 책을 주더이다."

4) 평가자로서의 교사

여름 성경 학교 기간 동안 교사는 매일 어린이들의 창조 활동 시간에 대략 25명의 어린이들을 지도하였습니다. 그들이 가죽과 나무, 그리고 도자기류를 가지고 창작 활동을 할 때 그들은 "이것은 어때요?" "괜찮아요?" "어떻다고 생각하세요?" "제가 바로 하고 있나요?"라고 계속해서 질문하였습니다.

물론 그들은 두 가지 이유에서 평가를 요청하였습니다. 첫째 이유는 어린이들이 새로운 기술을 배우며, 그리고 자신감이 없었기 때문에 자신들이 잘하고 있는지 진정으로 알기를 원했던 것입니다. 그러나 두 번째 이유는 잘되고 있는 일에 대해서 칭찬해 주는 말이 그들에게 필요했던 것입니다. 교사에 의해 내려지는 평가는 두 가지 목적에 기여합니다. 교사는 평가를 통하여 학습의 결과를 지도하고 학습 노력의 댓가를 보상해 줍니다.

평가는 모든 종류의 교육적인 상황 속에서 교사-학습자 상호작용의 중요한 구성 요소입니다. 골프 초보자가 골프채를 휘두르면 교사는 "훨씬 더 좋아졌습니다. 그러나 좀 더 머리를 낮추십시오"라고 말합니다. 초등학교 학생이 칠판에 산수 문제를 풀고 "내가 이 문제를 맞게 풀었나요?"라는 표정으로 교사에게 시선을 보냅니다. 어떤 성경 공부반의 회원은 "이것이 하나님의 현현에 대한 예가 되지 않을까요?"라고 질문함으로써 그 개념에 대하여 자신이 가지고 있는 지식을 시험해 봅니다. 학생들은 시험 결과를 알고 싶어서 "시험지 채점을 벌써 다 하셨습니까?"라고 자주 질문합니다. 교사의 직접적인 지도 없이 한 학생이 자습서를 통해 공부하고자 할때에라도 평가는 그 학생이 쓴 답이 맞았는지 틀렸는지를 말해 주는 매번 연속되는 기준으로서 학습 과정상 중요한 역할을 합니다.

평가의 결과는 반복 학습에 반드시 따라야 합니다. 반복 학습만으로는 완전하게 이루어질 수 없습니다. 교사가 매번 정확하게 교정해 주지 않는다면 성서 목록을 100번 반복하여 발음하는 것은 100번 다 틀리게 발음할 수 있다는 사실을 암시해 줍니다. 개선은 오직 평가된 반복 학습을 통해서만 가능합니다.

숙련된 교사는 평가해야 할 때와 장소를 알고 있습니다. 평가를 거의 하지 않는 것은 학습자가 잘하고 있는지 아닌지 당황하도록 내버려 두는 것입니다. 지나치게 평가하는 것은 학습 활동을 못하도록 방해하는 것이며, 또한 학습자의 사기를 저하시키는 것입니다.

평가의 결과를 알려 주는 것은 예수께서 가르치는 일의 매우 중요한 일부분이었습니다. 가이사랴 빌립보에서 예수께서는 "너희는 나를 누구라 하느냐?"(마16:15)라는 질문을 하셨습니다. 이 때 시몬 베드로가 "주는 그리스도시요 살아계신 하나님의 아들이시니이다"라고 대답하였습니다. 그리고 예수께서는 "네가 복이 있도다"라고 말씀하셨습니다(16~17절). 이 이후에 베드로는 선생 예수로부터 "사단아 내 뒤로 물러가라 너는 나를 넘어지게 하는 자로다"(23절)라는 혹독한 질책을 듣게 되었던 질문을 예수께 하였습니다. 첫째 예화에서 예수께서는 기억해야 할 필요성이 있는 생각을 강화시키는 평가를 하셨고, 두 번째 예화에서 예수께서 결과를 알려 주신 것은 자신의 메시야적 사명에 대한 그릇된 해석을 수정해 주었습니다.

평가는 고대로부터 교사들에게 할당되어 온 기능인 교정의 역할과 밀접하게 연관되어 있습니다. 교정은 고대 유대인의 교육 속에서 가장 두드러지게 묘사되어 있습니다. 히브리인의 교육적 사고는 언제나 행위와 신념의 궁극적 표준인 율법의 개념과 관련되어 있습니다. 율법의 히브리인에 대한 관계는 나침반의 배에 대한 관계와 같은 것이었으며, 교육의 목적은 사람들을 교육의 과정에서 끝까지 견디도록 돕는 것이었습니다. 이러한 교육의 목적은 창세기에 나타나 있습니다. "내가 그로 그 자식과 권속에게 명하여 여호와의 도를 지켜 의와 공도를 행하게 하려고 그를 택하였나니 이는 나 여호와가 아브라함에게 대하여 말한 일을 이루려 함이니라"(창18:19).

교정은 때때로 엄격한 훈련의 정도에 따라 이루어졌습니다. 중요하게도 구약성경에서 자주 교육을 의미하는 대부분의 히브리어 (동사 '야살'과 그 명사형과 동족어 '무살')는 또한 "단련하다" 혹은 "경계하다"를 의미합니다. 따라서 체벌은 자라나는 어린이들의 교육적인 경험에 있어서 필수적인 것으로 보였습니다. "초달을 차마 못하는 자는 그 자식을 미워함이라 자식을 사랑하는 자는 근실히 경계하느니라"(잠13:24, 참고, 잠22:15). 매의 교육적인 효과는 어린 아이의 영혼을 구원할 수도 있는 것입니다(잠23:13~14). 교정하기 위한 징계의 필요는 결코 어린 아이에게만 제한된 것이 아닙니다. 또한 어른들에게도 "내 아들아 여호와의 징계를 경히 여기지 말라. 그 꾸지람을 싫어 하지 말라. 대저 여호와께서 그 사랑하시는 자를 징계하시기를 마치 아비가 그 기뻐하는 아들을 징계함 같이 하시느니라"(잠3:11~12)고 권고하고 있습니다.

교정 목적의 징계를 통한 교육의 개념은 신약성경, 특히 히브리서 12장 5~11절에도 나타나 있습니다. 이 구절에서 헬라어 〈파이데이아〉 혹은 동사 〈파이데우오〉는 최소한 9회 언급되어 있습니다. 교정을 목적으로 한 매우 심한 징계에 관련된 단어는 예수께서 참혹한 형벌을 당하시는 것에 관하여 언급할 때 빌라도가 〈파이데우오〉를 사용함으로써 극화되어 있습니다(눅23:16). 그러나 만약에 〈파이데이아〉가 때때로 체벌을 가리켰다면 그것은 결코 단순한 벌이 아니었습니다. 〈파이데이아〉가 무엇을 포함하고 있었던지 간에 그 목적은 언제나 교육적인 것이었습니다.

사실상 〈파이데이아〉는 고대 헬라 문화에서 가장 중요한 교육적 개념 중의 하나였습니다. 초기 최초의 형태에 있어서 〈파이데이아〉 그리고 동사 〈파이데우오〉는 성숙하게 성장해 가는 어린이, 그리고 그에 따라서 지도, 가르침, 교육, 그리고 교정이나 징벌의 형태로 어느 정도의 억압이 필요한 어린이들을 양육하는 것과 다루는 것에 관련되어 있습니다. 두 단어는 〈파이스〉, 즉 "어린이"라는 어간에 근거한 것입니다. 그러나 기원전 15세기 동안 〈파이데이아〉는 광범위한 의미를 지니게 되었습니다. 이것은 가장 뛰어난 헬라 문화의 기대에 따라서 형성 되어진 특성에 의하여 완전한 교육의 과정을 묘사하였습니다. 〈파이데이아〉의 목적은 개인의 특성, 시민정신, 그리고 지적 생활을 포함하는 포괄적인 개념인 〈아레테〉(미덕 혹은 도덕적 우월성)의 성취였습니다.

이러한 교육의 고전적 개념에 따라서 헬라인들은 가르치는 것 〈파이데우에인〉을 〈인간의 형성〉(모르포시스)이란 말로 생각하였습니다. 이 견해는 조각가가 심상을 형상으로 표현하기 위하여 끈끈한 진흙덩이로 작품을 만드는 것과 비슷한 인격과 성격의 점진적인 형성을 묘사해 줍니다. 보다 더 유사한 것을 추구하기 위하여 조각가는 이미 마음속에 가지고 있던 형태에 따라서 유연한 진흙으로 어떠한 형상을 만듭니다. 헬라의 교육에 있어서 그와 같은 형태는 호머(Homer)와 더불어 시작하는 헬라 문학의 완전한 집성체(集成體)에 의해 결정되었습니다. 아니, 보다 더 자세히 말한다면 철학에 의해 결정되었습니다. 사실상 플라톤(Platon)이 진술한 것처럼 철학은 결국 그것의 가장 발달된 형태에 있어서 〈파이데이아〉와 일치하게 되었습니다.

제이거(Jaeger)와 그 외의 다른 주석가들은 〈파이데이아〉의 헬라 개념과 초기 기독교 교육의 양상 사이의 중요한 비교를 해왔습니다. 〈파이데이아〉의 경우에 있어서와 마찬가지로 기독교 교육의 목적은 이상적인 모본에 따라 개개인을 형성시키는 것입니다. 그 모본은 그리스도 자신이며, 그리스도는 신자 안에 형성되어야 합니다. 그리스도인들은 "하나님의 아들을 아는 일에 하나가 되어 온전한 사람을 이루어 그리스도의 장성한 분량이 충만한 데 까지 이르도록"(엡4:13) 요구되었습니다.

기독교 교육에서 성경은 신자의 〈파이데이아〉와 마찬가지로 헬라문학을 대신합니다. 4세기에 가장 뛰어난 기독교 사상가이며 저술가 중의 한 사람인 닛사의 그레고리(Gregory of Nyssa)는 기독교 교육의 이러한 개념을 열렬히 지지한 사람이었습니다. 그는 그리스도인의 형성, 즉 그리스도인의 〈모르포시스〉는 그리스도인의 끊임없는 성경 연구의 결과라고 주장하였습니다. 그는 반복하여 성경의 저자를 교육가로서 언급하였습니다. 그러나 그들의 교육적 권위는 성경을 기록하는데 영감을 준 성령으로부터 비롯되었습니다. 따라서 진정한 교육가는 다름 아닌 바로 성령이십니다.

고대 헬라 문화에서 〈파이데이아〉의 고전적 의미에 대한 탐구는 어린이의 양육이란 그 용어의 원래의 의미를 반영해 주는 신약성경 구절에 빛을 비추어 줍니다. 에베소서 6장 4절에서는 또 "아비들아 너희는 자녀를 노엽게 하지 말지 말고 오직 주의 교양과 훈계로 양육하라"고 하였습니다. 이 구절을 주석하면서 버트램(Bertram)은 "여기에 모든 기독교의 기본적인 법칙이 언급되어 있다. 이것은 주님께서 아버지를 통하여 주신 교육이다"라고 하였습니다.

기독교 교육에 대한 충분한 의미가 이 구절 속에 나타나 있습니다. 첫째, 이 구절은 신앙으로 자녀를 양육하는 책임을 그리스도인 부모에게 더 자세히 말한다면 아버지가 그 책임을 집니다. 둘째, 이 구절은 우리에게 그리스도인의 자녀 양육이 단순히 정보를 나누는 것 이상의 것을 포함하고 있다는 사실을 알려 줍니다. 〈파이데이아〉와 〈누쎄시아〉는 이점을 명백하게 묘사해 줍니다. 〈교육〉〈누쎄시아〉의 적절한 번역인 반면에, 이것은 그 말의 취지를 충분히 전달하지 못하며, 그 말은 또한 〈경고함〉 혹은 〈훈계의 의미〉를 수반하고 있습니다. 그리고 이전의 논의로 돌아가서, 〈파이데이아〉는 그리스도의 본을 따라 어린이를 형성하는 사상을 나타내 줍니다. 이것은 예를 드는 것, 통제하는 것, 지도하는 것, 그리고 사랑으로 훈계하는 것 등의 성서 안에서의 교육을 포함하는 다양한 방법에 의해 이루어질 수 있습니다.

여기에는 또 다른 무한한 진리가 있습니다. 버트램이 지적한 것처럼 부모는 단순히 그리스도의 이름으로 이것을 행하기만 하거나, 혹은 어린이에게 그리스도에 관한 일들을 단순히 말하기만 하는 것은 아닙니다. 그리스도 자신이 바로 어린이의 교육자이시며, 아버지는 교육의 과정에 있어서 보조 교사로 봉사합니다.

그러나 버트램의 말이 옳았습니다. 우리는 이 구절 속에 모든 기독교 교육의 기본적인 규칙을 가지고 있습니다. 모든 교회학교 교사들은 성격을 형성하는 일 인격을 도야 하는 일, 사람들이 그리스도의 장성한 분량이 충만한 데까지 자라도록 돕는 일을 합니다. 그리고 그들은 주님과 함께 시작하는 교육의 과정에 참여하도록 부름을 받았습니다.

5) 본보기로서의 교사

수많은 책들이 예수의 교수 방법에 관하여 저술되었습니다. 대스승이신 예수께서는 광범위한 교수 전략을 활용하셨습니다. 그러나 그의 제자들은 대부분 선생 예수의 본을 따르며 관찰함으로써 배웠습니다. 예수는 자신의 교육의 살아있는 하나님의 왕국의 화신(化身)이었습니다. 그의 제자들은 예수께서 다른 사람들과 어떻게 관계를 맺는가를 보았을 때, "네 이웃을 네 몸과 같이 사랑하라"고 하신 예수의 말씀의 의미를 이해하게 되었습니다. 예수께서는 단순히 하나님의 성품에 관하여 강의하신 것이 아니라, 인격적인 방법으로 하나님의 본질을 보여 주셨습니다. 예수께서는 "나를 본 자는 아버지를 보았느니라"(요14:9)고 말씀하셨습니다. 그리스도의 학교에서 예수의 제자들이 자신들의 경험을 돌이켜 보면서 후에 그들은 "말씀이 육신이 되어 우리 가운데 거하셨다"(요1:14)라고 말하곤 하였습니다.

이러한 말씀들은 심오한 교리적 확증을 지니고 있으며, 또한 중요한 교육적 의미도 포함하고 있습니다. 말씀이 평범한 말이 된 것이 아니라 육신이 되었습니다. 말은 기독교 교육에서 진리를 전달하는 중요한 수단이지만, 기독교 교육은 결코 언어적인 차원으로

만 그칠 수 없는 것입니다. 그 과정상 어디에서나 말씀은 육신이 되어야 합니다. 만일 말씀들이 학습자의 마음과 생각 속에 있는 목표물을 적중시키려고 한다면 그것들은 인격적인 성품으로 사회적인 행동으로 정서적인 반응으로 바꾸어져야 합니다. 그렇지 않으면 말씀은 이해될 수 없을 것입니다. 말씀은 추상적인 상징입니다. 말씀은 궁극적으로 구체적인 경험에서 그 의미를 나타내 줍니다. 〈사랑〉, 〈용서〉, 그리고 〈믿음〉과 같은 말을 단순히 정의하는 것으로는 불충분합니다. 만일 이러한 말들이 다시 육신이 되게 하려면 누군가가 이러한 말들의 속성을 보여 주어야 합니다.

교회학교 교사는 말씀을 알아야 합니다. 그러나 이 보다 더 교사는 말씀이 되어야 합니다. 사도 바울은 이것을 아주 잘 알고 있었습니다. 이런 이유로 그는 고린도에 있는 그리스도인들에게 "내가 그리스도를 본 받는 자 된 것 같이, 너희는 나를 본 받는 자 되라"(고전11:1)고 부탁하였습니다. 얼핏 보기에 이러한 부탁은 주제넘은 생각이며 심지어는 교만한 것 같이 보입니다. 그러나 바울은 많은 고린도 교인들에게 보여 진 첫 번째 그리스도인이었음은 틀림없는 사실입니다. 따라서 바울이 고린도 교인들의 신앙의 본보기가 되어야 한다는 것은 타당한 일이었으며, 더 나아가 그렇게 되어야만 했던 것입니다. 중요한 것은 바울이 그리스도인의 생활 방식을 가르치는 수단으로서 현대 심리학자들이 모형(modeling)이라 부르는 것의 중요성을 인식하였다는 사실입니다.

다른 사람(하나의 모델)의 행동을 관찰하고 이에 따라서 자신의 행동 방향을 결정함으로써 배우는 사람은 〈모방〉에 의해 학습하는 것입니다. 이런 종류의 학습은 아마도 인간 경험 중에서 가장 중요한 것 중의 하나로 잘 알려진 현상입니다. 이것은 테니스 교사의 정타 휘두르기를 모방하려고 노력하는 학습자에 의하여, 삶은 시금치를 먹는 어머니의 행동을 관찰함으로써, 수저를 사용하는 법을 배우려는 어린 아이에 의하여, 그리고 그들의 부모가 교회에서 하는 행동을 관찰함으로써 예배의 순서 절차를 배우려는 어린이에 의하여 예시됩니다. 모방을 통한 학습은 또한 꼬마들이 자기의 집에서 화를 내는 어른들을 목격한 후에 다른 아이들과 집짓기 놀이를 하는 동안 인형 속을 파헤쳐 버리는 신경질적인 행동에 의하여 예시됩니다.

때때로 신학생들이 존경하는 교수나 설교가들의 특유한 행동과 음성을 모방하는 것을 볼 수 있습니다. 이것은 모방을 통한 학습의 위력을 보여 줍니다. 인기 절정에 다다른 직업적인 미식축구 선수가 골인 지점에서 볼을 내려치거나 터치다운을 한 후 약간 이상한 승리의 몸짓과 같은 특유한 행동을 표현하면 그 새로운 동작은 곧 그 마을의 경기가 끝날 때까지 미식 축구 경기장 도처에서 유행하는 행동이 됩니다.

심리학자 B. R. 버겔스키(B. R. Bugelski)는 모방은 "아마도 학습과 모든 인간 활동에 있어서 가장 단순하고 가장 광범위하게 사용 되는 것"이라고 말하였습니다. 명백하게 모방에 의한 학습은 매우 중요하며 기독교 교육 과정에 있어서 무시될 수 없는 것입니다. 물론 이것은 그리스도인의 본보기로서 교사의 역할이 매우 신중하게 받아 들여져야 한다는 사실을 의미합니다. 〈교사의 위치〉

는 그가 말하는 것을 보완하거나 부정할 수 있습니다. 사랑이 없고 염세적이며, 인생의 쓴맛을 맛본 사람은 그가 아무리 조심한다고 할지라도 학습자들이 그리스도 안에서의 기쁨을 누리도록 그들을 격려할 수 없을 것입니다. 가르치는 일에 싫증을 느끼고, 부담감을 느끼는 사람은 학습자들로 하여금 타오르는 열정을 가지게 할 수 없을 것입니다. 반면에 고통과 개인적인 손실의 시련 속에서도 성숙한 인격적인 신앙을 지니고 있는 교사는 시편 23편에 관한 가장 훌륭한 주석보다도 학습자들이 그 구절의 영감을 완전히 이해하도록 더 많은 도움을 줄 수 있습니다. 기독교 교육은 이해하는 것, 말하는 것, 관계하는 것, 그리고 행하는 것입니다. 그러나 그것은 또한 존재하는 것입니다. 교사의 〈존재〉는 나머지 모두를 확증해 줍니다.

6) 회심과 교사의 역할

"스승은 운명이다"라는 말이 있습니다. 이 말은 어떤 스승을 만났느냐에 따라서 개인의 미래가 결정된다는 의미를 지니고 있다고 하겠습니다. 인격이 형성되는 시절에, 개개인의 장래 희망을 결정해야 할 나이에 만난 스승은 그들에게 지대한 영향을 미치게 됩니다. 그 대표적인 예를 헬렌 켈러에게서 찾아볼 수 있습니다. 헬렌 켈러는 볼 수도 들을 수도 말할 수도 없는 삼중고의 선천적 장애를 갖고 출생하였습니다. 생김의 모양이 사람일 뿐이지 사람의 구실을 할 수 있는 가능성이 그녀에겐 전혀 없었습니다. 그러나 헬렌은 주변 사람들의 예상을 뒤엎고 금세기 최고의 인물 중의 하나가 되었습니다. 전혀 인간 구실을 할 수 없는 몸뚱이에 불과했던 헬렌이었으나 전 세계 곳곳을 여행하며 수화로 자기의 생각을 알렸고, 인간 영혼의 귀중성을 가르치는 일로 평생을 살다 갔습니다. 그녀가 만난 세계 각국의 원수들도 여러 사람이었고, 명예박사 학위도 몇 개나 받았습니다. 인간으로서 가장 최악의 상태로 출생한 헬렌 켈러가 그 고난을 딛고 세기적 인물로 우뚝 설 수 있었던 비결은 무엇인가? 전적으로 그가 만난 선생에게 그 공(功)의 대부분을 돌려야 한다고 해도 지나친 말이 아닐 것입니다. 그녀의 개인 교사였던 설리반 선생의 자기희생과 신앙심이 잡초에 불과했던 한 소녀를 거목(巨木)으로 거듭나게 할 수 있었던 것입니다.

헬렌 켈러는 자서전인 「나의 생애」에서 이렇게 적고 있습니다. "나의 생애를 통해 잊을 수 없는 가장 중요한 날은 앤 맨스필드 설리번 선생이 찾아와 주신 날이다. 나는 이날을 경계로 양분된 생애 사이에 나타난 견줄 수 없는 큰 차이를 생각하면 스스로 놀라지 않을 수 없다. 그것은 1887년 3월 3일, 내 나이 만 7세가 되기 석 달 전의 일이었다". 교사는 이처럼 학생들에게 지대한 영향을 미칩니다. 이 세상에 신앙의 힘 외에 교육의 힘보다 더 큰 힘이 어디 있겠는가. 한 개인의 생애를 변화시킬 수 있는 것은 교육, 신앙교육입니다. 교회학교 어린이들 역시 좋은 교사를 만나서 변화되기를 원합니다. 교회 어린이 자신들이 인식하든 그렇지 못하든 그들이 교회에 나와서 교사들에게서 가장 많이 도움을 받아야만 하는 부분은 무엇인가? 그것은 회심(回心)에 관한 것입니다. 어린이들이 자기의 죄를 깊이 깨닫고, 뉘우치고, 예수 그리스도를 영접하고 구원을 받게 되는 일련의 과정 속에서 그들은 교사들의 절대적인 도움을 받아야 합니다.

그러나 오늘의 교회 교육은 어떻게 이루어지고 있는가? 교육 내용은 무엇을 중심으로 짜여져 있는가? 교사들은 기독교 교육의 최고 목표를 인식하고 있는가? 이러한 질문들을 늘어 놓다 보면 오히려 더욱 막막해지기만 합니다. 그만큼 우리 교회 교육의 현실이 피폐한 상황에 있기 때문입니다. 교회 교육 현장은 교회 부흥의 도구로 전락 되어 버리고만 느낌입니다. 어린이들을 전도하고 성경을 가르치는 것은 어린이들의 숫자를 늘리고, 그래서 교회학교 학생수가 많다는 것으로 만족을 해버리는 경우가 적지 않은 것 같습니다. 그렇지 않다면 우리들에게 지금의 교육 내용들을 자성하고 점점 더 개선되는 방향으로 나아가려는 애씀의 흔적들이 곳곳에서 보여야 하는데 그것이 별로 없습니다.

교회학교 교사들 중에는 어린이 교육의 목표 설정조차 제대로 되어 있지 않은 이들도 있습니다. 그런 교사들은 단순히 공과, 혹은 성경 말씀 전달자로 만족해 버립니다. 20~30분 동안 공과를 전달해 준 것으로 자신의 임무 끝!입니다. 어린이들이 회심을 체험하고 있는지, 그들에게서 예수 그리스도의 인격이 나타나고 있는지에 대한 확인이 거의 없이 어린이들에게 일방적으로 성경을 가르쳐 주고 율동을 하고, 게임을 하고, 시험을 치루고 시상을 하고, 생일선물을 주고 그리고는 교회 밖으로 나가면 잊어버립니다. 이처럼 외적인 교사의 임무에 주된 관심이 있다면 교회 교육은 본연의 사명을 저버리고 있는 것입니다.

예수 그리스도께서는 사람들의 회심(회개)에 사역의 초점을 맞추셨습니다. 그분의 첫 메시지가 "회개하라"(마4:17)였다는 사실은 그분의 메시지의 중심 내용이 회개에 있었음을 말해 주는 것이라고 할 수 있습니다. 사람이 회심하지 않는 한, 그는 예수 그리스도에게로 한발자국도 나가지 못한 상태에 있는 것입니다. 아무리 그가 예수를 쫓아다니고, 기적의 현장에 있었고, 주옥같은 산상보훈을 전하던 그 자리에 있었을지라도 그는 예수 그리스도와 아무런 관계가 없는 자에 불과합니다.

예수 그리스도와 관계를 맺으려면 회심을 해야 합니다. 그것은 어린이들도 마찬가지입니다. 어린이들이 회심을 하지 않으면 그들 역시 "허물과 죄로"(엡2:1) 죽어 있는 상태에 불과합니다. 이런 이들을 상대로 벌어지고 있는 교육행위는 밤새도록 그물을 던졌으나 아무것도 잡지 못했던 베드로의 헛수고에 불과할 뿐입니다. 그러므로 교사들은 베드로의 헛수고를 되풀이하지 않기 위해 자신의 교육 내용을 점검해 보고, 어린이들의 회심과 회심한 어린이들의 영적 성장을 최고의 목표로 교육에 임해야 합니다. 회심은 하나님께서 주시는 특별한 선물입니다. 회심은 자기의 노력으로 되는 것이 아니고 훈련으로 얻어낼 수 있는 것도 아닙니다. 교사들이 열을 올리면서 가르쳤다고 하여 어린이들이 회심을 체험할 수 있는 것은 더더욱 아닙니다. 회심은 처음부터 마지막까지 오직 하나님의 소관입니다. 하나님께서 마음 문을 열고 회심할 수 있는 은혜를 주셔야 회심할 수 있는 것입니다.

그렇다면 회심에 있어서 교사들의 역할은 아무것도 없는 것일까? 어린이들이 회심을 체험할 때 교사들은 철저히 배제되는 것일까? 결코 그렇지 않습니다. 예수 그리스도께서는 회개하라고 강력히 촉구하셨으며, 이 계속적인 촉구를 제자들에게 맡기셨습니다. 그러므로 제자(교사)들은 자신에게 단 한 사람도 회심시킬 수 있는 능력이 없다 할지라도 모든 사람들을 향하여 예수 그리스도의 권고를 전할 수 있습니다. 아니, 당연히 전하는 자들이 되어야 합니다.

오순절 성령 강림을 체험한 베드로의 첫 설교 역시 그의 구세주 예수 그리스도처럼 "너희가 회개하여 각각 예수 그리스도의 이름으로 세례를 받고 죄사함을 얻으라"(행3:38)는 것이었습니다. 그는 선생님께서 하셨던 권고를 충실히 전달하는 자가 된 것입니다.

오늘의 교사, 그들에게 주신 사명은 무엇인가? 학생들의 구원을 위하여 할 수 있는 최고의 일은 무엇인가? 회개하라는 예수 그리스도의 권고를 전하는 일입니다. 회심케 하시는 하나님의 도구가 되는 일입니다. 그러기 위해서 교회학교 교사들은 어린이들의 회심에 깊은 관심을 가져야 합니다. 교사직을 맡은 것이 단순한 성경 말씀 전달에 있거나 교회에 나오는 어린이들을 장년이 될 때까지 효율적으로 붙들어 놓기 위해서 교회학교가 있는 것이 아니라 어린이들을 하나님 나라의 백성으로 살아가도록 하기 위해, 그들에게 회심을 권고하는 자로 세우기 위해 교사로 불러주셨다는 소명감을 갖고 있어야 할 것입니다.

어린이들의 회심에 관심을 갖고 있는 자들에게는 어린이들 역시 회심을 체험할 수 있다는 확신이 있어야 합니다. 회심의 주체는 누구인가? 하나님이신가, 어린이 자신인가, 아니면 교사인가? 만약 어린이 자신이거나 교사이면 회심은 거의 일어날 수 없습니다. 그들은 어른들보다 죄가 없고, 사고가 단순하기에 오히려 회심이 더 쉬울 것 같으나 회심은 오묘한 구원의 진리에 대한 깨달음이 있어야 하기에 그들의 연령과 지적인 수준으로는 거의 불가능합니다. 그들이 어떻게 인간의 전적 부패를 이해할 수 있으며 체험할 수 있을까?

"모든 인간이 죄인이다"라고 할 때 그들이 생각하는 죄는 고작 "나는 거짓말 했어요", "물건을 훔쳤어요", "늦잠을 잤어요", "엄마 심부름을 안 했어요", "동생과 싸웠어요" 등에 불과합니다. 이런 류의 뉘우침과 죄에 대한 인식으로는 참다운 회심이 일어날 수 없습니다. 그러므로 어린이들이 주체가 되어 생겨지는 회심은 참 회심이 아닙니다. 그러나 회심은 하나님의 일방적인 사역입니다. 하나님은 국적을 초월하고 연령을 초월하십니다. 구원 문제에 있어서 "무릇 사람이 할 수 없는 것을 하나님은 하실 수"(눅18:27) 있습니다. 장년들을 회심시키시는 하나님의 능력은 어린이들도 충분히 회심시키실 수 있습니다. 하나님께서 하시는 일에 무슨 불가능이 있겠는가!

교사들은 이 사실에 대한 확신이 서 있어야 합니다. 이런 확신이 없는 한 어린이들은 계속 회심하는 날까지 돌봄을 받고 있는 회심의 대기자에 불과할 뿐입니다. 이러한 교사들을 만난 어린이들은 불행합니다. 그들은 어른이 될 때까지 종교의 교주로서의 예수님을 믿고 사귀고 있을 뿐이지, 예수 그리스도를 말로만이 아닌 실제적으로 나의 주 나의 하나님으로 믿는 관계를 이루지 못하고 교회 생활을 하고 있는 것입니다. 이런 교회 생활은 결국 학년이 올라갈수록, 부서에서 부서로 이동할 때마다 슬그머니 탈락되고 교회를 떠나가는 결과로 끝나게 되기 쉽습니다.

우리들은 언제까지 이처럼 무책임한 교사들로 남아 있을 것인가? 나에게 맡겨 주신 아동들을 언제까지 데리고 놀고 있을 것인가. 이제 교사들은 자기의 책임이 무엇인지에 대해 눈을 떠야 합니다. 그것은 어린이들도 회심할 수 있고 교사들은 그 권고자로 부름을 받았다는 사실을 인식하는 일이 아닌가. 그렇게 되면 우리 교사들 자신에게서 먼저 변화가 일어나게 될 것입니다. 어린이들을 위하여 기도하게 될 것이고, 회심에 관한 사실들을 전하게 될 것이며, 성경 교육의 내용에 큰 수정이 가해 지게 될 것입니다. 지금까지는 성경의 인물이나 교훈(도덕, 윤리)들을 전해 주는데 급급했으나 회심에 관심을 갖게 되면 그런 가르침이 교회 교육의 목표에서 벗어나거나 미달 되고 있다는 사실을 알게 되고, 회심이 주체가 되시는 하나님 중심으로 교육을 하게 되는 것입니다.

교회는, 단순히 교회학교를 부흥시키려는 의도에서 생겨지는 흥미 위주의 프로그램들을 버리게 될 것이고, 어렵고 재미없기는 하더라도 어린이들의 회심을 권고하고 회심자들을 양육하는 바른 말씀 교육, 신앙교육으로 나아갈 수 있을 것입니다. 그러면 우리의 어린이들이 예수 그리스도로 말미암아 오는 구원들을 깨달아갈 것이며, 이것이야말로 진정한 교회학교의 부흥임을 확신할 때 비로소 기독교 교육이 이루어지고 있다고 보아야 할 것입니다.

벤슨(Benson)은 "우리의 교육 목적은 우리들이 가르치는 학생들의 생활에 무엇인가 변화가 일어나도록 하는데 있다"고 했습니다. 학생들의 생활에 영적 변화가 일어나도록 하기 위해 회심을 권고하는 교사들이 되어야 합니다. 사도 바울이 하나님께서 "이방인에게도 생명 얻는 회개"를 주신 것을 보고 놀란 것처럼(행11:18) 교회 교사들 역시 회심 권고의 사명을 잘 감당하므로 어린이들이 회심하는 것을 보고 놀라움과 감격을 체험해야 할 것입니다.

교회 교육, 이제는 서서히 제자리로 돌아가야 할 때가 되었습니다. 언제까지 어린이들을 재미로 붙들어 놓을 것인가. 텔레비전의 프로그램들이 얼마나 재미있는데, 그것과 경쟁할 심사인가. 어린이들을 교회로 오게 하는 힘은 오직 순수한 성경 교육에 있습니다. 성경을 바로 전하는 자는 회심을 권고하는 사명도 바로 감당할 수 있을 것입니다.

7) 교사는 리더 양(Leader sheep).

우선 교사는 하나님과 학생을 이어주는 교량 역할을 합니다. 염소와는 다르게 양들은 지독한 길치에다 지독한 근시여서 스스로 길을 찾지도 먹이를 잘 보지도 못합니다. 때문에 반드시 목자가 양들보다 앞서 방향을 잡고 나아갑니다. 그러면 그 뒤를 양들이 따릅니다. 양들과 목자 사이에는 리더 양이라고 불리는 노련한 양이 있습니다. 그 양들은 목자의 생각을 잘 파악하고 목자가 인도하는 방향을 따라가는 길잡이 역할을 합니다. 리더 양들이 목자를 따라 길을 가면 그 뒤를 양들이 따라가며 눈에 띄는 풀들을 뜯습니다. 앞에 가는 녀석들이 눈에 보이는 대로 풀들을 다 먹어 치우기 때문에 뒤따르는 녀석들은 하는 수 없이 풀뿌리까지 뽑아 먹게 됩니다.

교회학교 교사로서 나는 리더 양입니다. 내 앞에는 목자장이신 예수님이 가십니다. 그리고 내 뒤에는 영적 근시안 때문에 그 목자장을 잘 보지 못하는 그분의 양 떼가 따라오고 있습니다. 나는 둘 사이에 서 있습니다. 나는 따르는 자이며, 동시에 이끄는 자입니다.

교회학교 교사들이 리더 양으로서 늘 묵상해야 할 매뉴얼이 있습니다. 요한복음 10장 1~16절이 바로 그 리더 양 매뉴얼입니다. "내가 진실로 진실로 너희에게 이르노니 문을 통하여 양의 우리에 들어가지 아니하고 다른 데로 넘어가는 자는 절도며 강도요 문으로 들어가는 이는 양의 목자라 문지기는 그를 위하여 문을 열고 양은 그의 음성을 듣나니 그가 자기 양의 이름을 각각 불러 인도하여 내느니라 자기 양을 다 내놓은 후에 앞서 가면 양들이 그의 음성을 아는 고로 따라오되 타인의 음성은 알지 못하는 고로 타인을 따르지 아니하고 도리어 도망하느니라 예수께서 이 비유로 그들에게 말씀하셨으나 그들은 그가 하신 말씀이 무엇인지 알지 못하니라 그러므로 예수께서 다시 이르시되 내가 진실로 진실로 너희에게 말하노니 나는 양의 문이라 나보다 먼저 온 자는 다 절도요 강도니 양들이 듣지 아니하였느니라 내가 문이니 누구든지 나로 말미암아 들어가면 구원을 받고 또는 들어가며 나오며 꼴을 얻으리라 도둑이 오는 것은 도둑질하고 죽이고 멸망시키려는 것뿐이요 내가 온 것은 양으로 생명을 얻게 하고 더 풍성히 얻게 하려는 것이라 나는 선한 목자라 선한 목자는 양들을 위하여 목숨을 버리거니와 삯꾼은 목자가 아니요 양도 제 양이 아니라 이리가 오는 것을 보면 양을 버리고 달아나나니 이리가 양을 물어 가고 또 헤치느니라 달아나는 것은 그가 삯꾼인 까닭에 양을 돌보지 아니함이나 나는 선한 목자라 나는 내 양을 알고 양도 나를 아는 것이 아버지께서 나를 아시고 내가 아버지를 아는 것 같으니 나는 양을 위하여 목숨을 버리노라 또 이 우리에 들지 아니한 다른 양들이 내게 있어 내가 인도하여야 할 터이니 그들도 내 음성을 듣고 한 무리가 되어 한 목자에게 있으리라"

교회학교 교사는 리더 양으로서 나를 따르는 양들을 어떻게 인도하는가를 보여주는 사역적인 눈이 필요합니다. 내가 선한 목자에게 받은 대로 어떻게 내 양떼들에게 해야 할지를 정리해보면 다음과 같습니다.

첫째, 리더 양으로서 나는 양들의 이름을 알아야 합니다. 우선 그들의 이름을 외워야 합니다. 이름을 외우는 가장 좋은 방법은 그 이름을 부르며 기도해 주는 것입니다. 언제 어느 상황이든 그들의 이름을 불러주어 그들의 가치를 인정하고 존중하는 마음을 보여주어야 합니다. 그들에 대한 개인적이고 인격적인 지식을 열심히 구해야 합니다. 언제라도 대중이 아닌 개인으로 그들을 대해 주어야 합니다.

둘째, 리더 양으로서 나는 양들 앞에 서서 가야 합니다. 믿음은 가르쳐지는(taught) 것이 아니라 잡혀지는(caught) 것임을 잊지 말아야 합니다. 하나님은 나를 믿음과 삶의 모델로 그들 앞에 세우셨음을 기억해야 합니다. 가르칠 진리에 내 자신이 먼저 순종해야 하고, 나를 통과한 진리를 간증해주어야 합니다. 나의 삶에 역사하시는 은혜를 나누어 주어야 합니다. 학생들 앞에서 위선을 버리고, 나의 연약함과 불완전함을 가리지 않고 인정하는 것도 양들 앞에 서서 가는 일입니다.

셋째, 리더 양으로서 나는 양들을 보호해야 합니다. 양 떼들은 숱한 유혹과 시험을 받습니다. 그들을 무리로부터 떼어놓으려는 어떠한 공격으로부터도 지켜주어야 합니다. 그들을 주님과의 관계에서 찢어내려는 어떠한 유혹으로부터도 지켜야 합니다. 그들을 혼미하게 하는 세속적 가치관으로부터도 지켜야 합니다. 내부적인 갈등과 충돌로부터 그들을 후리는 이단이나 이단적 가르침으로부터도 지켜야 합니다. 믿음의 성장을 저해하는 어떤 습관이나 태도로부터도 보호해주어야 합니다.

넷째, 리더 양으로서 나는 양들을 먹여야 합니다. 그들을 잘 먹이기 위해서는 자신의 영적 성장을 위해 끊임없이 투자해야 합니다. 개인 경건 시간 등 개인적인 성경 연구를 생활화하는 것이 중요합니다. 내가 먼저 성경을 사랑함으로써 그들도 성경을 사랑하게 만들어야 합니다. 내 안에서 소화된 진리를 가르칠 수 있도록 미리 준비하는 일에 정성을 다해야 합니다. 진리를 학생들의 삶의 필요와 통합하여 가르쳐야 합니다. 거듭나지 않은 학생들이 복음에 반응할 수 있도록 영적 조산의 준비를 하고, 그들의 영적인 입질에 깨어 있어야 합니다.

다섯째, 리더 양으로서 나는 양들을 위해 기꺼이 손해를 보아야 합니다. 내 편의를 내려놓고 그들의 영적 복지를 챙겨주어야 합니다. 그들에게 마음을 다해 사랑을 주어야 합니다. 나의 시간으로 사랑을 주어야 합니다. 물질로 사랑을 나누어야 합니다. 에너지로 사랑을 주어야 합니다. 그들을 인도할 때 따라오는 번거로움과 부담과 희생을 기꺼이 감수해야 합니다.

여섯째, 리더 양으로서 나는 양들을 사랑해야 합니다. 그들을 내 마음에 넣는 것이 그들을 사랑하는 첫 과정입니다. 매일 그들을 위해 기도하면 그렇게 됩니다. 엄마가 아기를 살피듯 세심한 눈으로 그들의 삶을 살펴야 합니다. 때때로 찾아오는 그들의 아픔과 고통에 참여함으로써 그들에 대한 사랑을 보여주어야 합니다. 전화나 편지, 직접 방문하는 것 등 그들의 형편에 따라 적절하고 지혜로운 돌봄을 제공해야 합니다. 이렇게 친밀한 사귐을 통해 평생의 멘토로 동행하는 즐거움을 누려야 합니다.

일곱째, 리더 양으로서 나는 양들을 알아야 합니다. 그들의 이름을 알아야 합니다. 그들의 필요를 알아야 합니다. 그들의 마음과 아픔을 알아야 합니다. 그들의 형편 그리고 꿈과 소원을 알아야 합니다.

여덟째, 리더 양으로서 나는 잃은 양을 찾아야 합니다. 단 한 영혼이라도 등한히 여기지 않아야 합니다. 나와 코드가 맞지 않는 이들도 끌어안고 가야 리더 양입니다. 나의 리더십을 거부하는 이들을 마음에서 포기하지 말아야 합니다. 마음과 몸으로 뒤처지는 학생들을 챙기고, 실족한 사람, 주저앉은 사람을 찾아 데려와야 합니다. 미래의 신자를 위해 복음의 농사짓는 일을 끝없이 감당해야 합니다.

8) 친구로서의 교사

아마도 교사가 할 수 있는 가장 중요한 역할 중의 하나는 학생에게 친구가 되어 주는 일입니다. 여기서의 의미는 동료 대 동료의 관계(a buddy-buddy relationship)가 아닙니다. 그것은 서로 성장하며, 의사소통을 가능케 하기 위해 중요한 인격적이고, 관심을 가지고 귀를 기울이며, 사랑하고, 함께 시간을 보내는 역할을 말합니다.

많은 교사들이 이렇게 묻습니다. "어떻게 하면 아이들과 잘 통할수 있나요?" "아이들이 내 말을 듣지 않는데 어떻게 해야 해요?" 그럴 때마다 이런 말을 합니다. "아이들과 함께 친구가 되세요" "그냥 아이들과 함께 노세요". 아이들과 함께 놀고 친구가 되는 것, 당연히 아이들의 눈높이로 내려가 아이들과 같은 언어로, 생각으로 만나는 것을 말합니다. 아이들과 대화가 되지 않는 것은 아이들이 문제가 있어서가 아닙니다. 우리가 너무 많이 아이들과 멀어졌기 때문입니다.

성경은 하나님이 인간이 되었다고 설명합니다. 사실 불가능한 이야기입니다. 그래서 플라톤의 이데아론에 익숙했던 헬라인들에게 눈에 보이는 인간 하나님이신 예수님은 껍데기 혹은 그림자처럼 생각되었습니다. 그것이 영지주의나 양자론적 기독론을 발생시킨 요인이 되었습니다. 누구도 하나님 같은 절대적이고 초월적 존재이신 분이 제한적인 인간의 모습으로 온다는 것을 이해할 수 없었기 때문이었습니다. 그런데 하나님이 인간이 되신 것입니다. 그것을 성육신(incarnation)사건이라고 말하며, 그분이 예수 그리스도이십니다. 고민할 것도 없이 하나님이 인간이 되신 사건의 핵심은 우리를 사랑하시기 때문이고 우리를 구원하려 하시기 때문이었습니다.

누구보다 바울은 성육신의 비밀을 정확하게 안 사람이었습니다. 그래서 그는 예수님과 똑같은 삶의 방식으로 세상을 만났습니다. 당시로는 짐승처럼 여겨지던 이방인, 비유대인, 여자, 노예 할 것 없이 자유롭게 바울은 만날 수 있었습니다. 바울의 얘기는 너무나 명료하였습니다. "나는 어느 누구에게도 얽매이지 않은 자유로운 몸이지만, 많은 사람을 얻으려고 스스로 모든 사람의 종이 되었습니다. 유대 사람들에게는 내가 유대 사람을 얻으려고 유대 사람과 같이 되었습니다. 율법 아래에 있는 사람들에게는 내가 율법 아래에 있지 않으면서도, 율법 아래에 있는 사람들을 얻으려고 율법 아래에 있는 사람과 같이 되었습니다. 율법이 없이 사는 사람들에게는 내가 하나님의 율법이 없이 사는 사람이 아니라 그리스도의 율법 안에서 사는 사람이지만, 율법이 없이 사는 사람들을 얻으려고 율법이 없이 사는 사람과 같이 되었습니다. 믿음이 약한 사람들에게는 내가 약한 사람들을 얻으려고 약한 사람이 되었습니다. 나는 모든 사람에게 모든 모양의 인물이 되었습니다. 그것은 내가 어떻게 해서든지. 그들 가운데서 몇 사람이라도 구원하려는 것입니다"(표준 새번역/고전9:19~22).

어떤 의미에서 우리는 너무 교만한 것이 사실입니다. 우리만의 기준을 정해놓고 그 안으로 들어올 것을 강요하기 때문입니다. 하나님이 인간이 되신 사건을 모르기 때문에 벌어진 일입니다. 참 답답한 노릇이 아닐 수 없습니다. "이제부터는 내가 너희를 종이라고 부르지 않겠다. 좋은 주인이 무엇을 하는지 알지 못한다. 나는 너희를 친구라고 불렀다. 내가 아버지에게서 들은 모든 것을 너희에게 알려 주었기 때문이다"(공동번역/요15:15). "나는 너희를 친구라 불렀다!" 주님이 하신 말씀입니다. 우리를 친구로 여기고 계시다! 주님이 이처럼 우리를 친구로 여기고 계셨기 때문에 친구를 위하여 사람들의 눈치를 보지 않았습니다. 주님은 스스로 죄인, 세리들의 친구라고 불리우는 것을 두려워하지 않았습니다. "인자는 와서 먹기도 하고 마시기도 하니, 그들이 말하기를 보아라, 저 사람은 먹기를 탐하는 자요. 포도주를 즐기는 자요, 세리와 죄인의 친구다 한다"(마11:19). 이처럼 많은 비난과 손가락질을 받았지만 주님은 그들과 함께 먹고 마셨습니다. 왜냐하면 친구였기 때문입니다.

생각해보자. 하나님과 동일하신 분이신 예수 그리스도가 우리를 친구로 여기시는데 우리도 역시 아이들을 친구처럼 대하지 못할 이유는 없지 않은가? 심지어 하나님조차도 아브라함에게 "친구"라는 표현을 하신 것을 기억하지 못하는가. "이렇게 해서 아브라함은 하나님을 믿었고 하나님께서는 그의 믿음을 보시고 그를 올바른 사람으로 인정해 주셨다"라는 성경 말씀이 이루어졌으며 아브라함은 하나님의 친구라고 불리었던 것입니다"(공동번역/약 2:23).

주님이 우리에게 "어이 친구!"라고 부르신다는 것을 생각하고 아이들을 친구처럼 바라보면 어떨까? 같이 놀아주고 이해해 주고 밤새도록 얘기해도 지루하지 않은 친구처럼 옆에 있어주면 어떨까요?

9) 돌봄이 교사(Caregiver)

모델 교사로서 예수님의 역할은 우리를 돌보시는 것이었습니다. 예수님은 한 번도 신명기 강해나 선지서 특강을 하신 적이 없습니다. 그분의 관심사는 정보나 지식이 아닌 사람이기 때문입니다. 교회학교 교사의 역할 또한 가르침보다는 돌보는 역할이 맞습니다. 예수님이 이 땅에 오시기 전 이미 학교 제도는 완전한 뿌리를 내린 교육 기관으로 자리를 잡고 있었습니다. 그런데도 예수님이 그 탁월한 시스템을 왕국의 일꾼을 세우는 티칭에 도입하지 않으신 이유가 무엇일까요? 관심과 목적이 다르기 때문입니다. 학교의 관심은 사람에게 지식을 심어주는 것입니다. 예수님의 관심은 참된 진리로 사람을 세우는 것입니다. 얼핏보기에 별 차이가 없어 보입니다. 그러나 이것은 아주 다른 개념입니다. 목적과 방편이 정반대 방향으로 배열되어 있기 때문입니다. 지식으로 사람을 가르치는 것과 사람에게 지식을 가르치는 것은 아주 다릅니다. 목적과 방편이 바뀔 때 교육은 매우 다른 양상으로 전개됩니다. 예수님의 티칭의 초점은 항상 지식이 아닌 사람에게 맞추어져 있었습니다. 그분은 제도가 아닌 관계에 기초해 사람을 가르치셨습니다. 정보 획득이 아닌 경험으로 배움의 통로를 삼으셨습니다. 사람은 지식이 아닌 사람에 의해 변화된다는 것을 보여주셨습니다. 교사로서 예수님의 이미지는 탁월한 진리의 전달자가 아니라 사람을 사랑하고, 긍휼히 여기며, 참아주고, 자유케 하는 돌봄이(Caregiver)이십니다.

왜 하늘의 교사께서는 지식이 아닌 사람에 초점을 맞춘 티칭을 하셨을까요? 그것은 자신이 만드신 인간의 기본 구조와 필요를 아시기 때문입니다. 인간의 마음은 지성과 감성과 의지로 구성됩니다. 그리스도라는 말은 기름부음 받은 사람이라는 뜻입니다. 구약에서 기름부음을 받은 사람은 왕과 선지자와 제사장뿐입니다. 예수님은 그리스도이십니다. 인간의 지성적 필요를 채우기 위해 그분은 전지의 선지자이셔야 했고, 인간의 감성적 필요를 채우기 위해 사랑과 긍휼의 제사장이셔야 했으며, 인간의 의지를 통치하시기 위해 그분은 왕이셔야 했습니다. 교사로서 예수님은 때로는 선지자로, 때로는 제사장으로, 때로는 왕으로 그 백성을 인도하셨습니다. 이러한 그리스도의 세 직분이 우리를 통해서 나타나는 것이 교회학교 교사의 기능입니다. 우리 안에 계신 하늘의 교사가 우리를 통해 그분의 직임을 시행하시도록 우리 자신을 드려야 합니다. 그러면 실제 사역의 현장에서 이 원리를 어떻게 적용해야 할까요? 다섯 개의 비유로 정리해보자.

첫째, 교회학교 교사는 마치 엄마와 같습니다. 이것은 엄마가 아기를 돌보듯 학생들을 보살피는(Cares) 교사의 기능입니다. 이것은 우리 안에 계신 그리스도의 제사장적 기능을 수행하는 것입니다. 참된 교사는 어머니의 사랑이 있는 자입니다. 바울은 교회학교 교사의 좋은 본보기입니다. 그는 선생으로서 자신의 학생들 앞에 서지 않았습니다. 그는 어린아이를 돌보는 엄마로서 그들을 안았습니다. "우리는 그리스도의 사도로서 마땅히 권위를 주장할 수 있으나 도리어 너희 가운데서 유순한 자가 되어 유모가 자기 자녀를 기름과 같이 하였으니"(살전 2:7). 우리 성경에는 유모라는 단어로 번역되었지만 헬라어 문맥에서 이 유모 '트로포스'(trophos)는 자식을 양육하는 '어머니'로 번역하는 것이 맥락상 더 적합할 수도 있습니다. 자식을 기르는 어머니는 그의 사랑하는 자녀들에게 권위를 주장하거나 위엄을 뽐내는 일이 절대 없습니다.

자식을 향한 어머니는 자녀들을 위해 어떠한 고통이나 문제도 신경 쓰지 않고, 자기의 생명까지도 자녀들을 위해 내어 줍니다. 우리도 하나님 앞에서 어머니 같은 교사가 되어야 하는 것입니다. 우리가 아이들에게 진정 어머니가 될 때 아이들은 변화하는 것입니다. 우리가 아이들에게 진정 어머니의 마음을 품을 때 역사가 일어나는 것입니다. 우리는 이 경험을 해야 합니다. 어머니가 자기의 사랑스러운 자녀를 기름과 같이 우리도 그와 같이 우리의 아이들과 사역 현장에 나아가야 하는 것입니다. 엄마의 기능을 잘 수행하려면 장비가 필요합니다. 사람을 있는 그대로 받아주는 가슴, 단점보다는 장점과 가치를 인식하는 눈 꼭 끌어안아 줄 수 있는 팔,

진지한 격려와 칭찬으로 넘치는 입.

둘째, 교회학교 교사는 마치 농부와 같습니다. 이것은 농부가 식물을 자라게 하듯 영적 성장을 촉진하는(Activates) 교사의 기능입니다. 이것은 우리 안에 계신 그리스도의 선지자적 기능을 수행하는 것입니다. 농부의 기능을 잘 수행하기 위해서도 장비가 필요합니다. 성경 지식과 성경적 사고로 잘 정돈된 머리, 영혼의 상태를 인식할 수 있는 눈, 영혼을 사랑하는 열정으로 뜨거운 가슴, 분명하면서도 설득력 있게 말씀을 전하는 입, 바울은 이렇게 말합니다. "그런즉 아볼로는 무엇이며 바울은 무엇이냐 그들은 주께서 각각 주신 대로 너희로 하여금 믿게 한 사역자들이니라 나는 심었고 아볼로는 물을 주었으되 오직 하나님께서 자라나게 하셨나니 그런즉 심는 이나 물 주는 이는 아무 것도 아니로되 오직 자라게 하시는 이는 하나님뿐이니라"(고전 3:5~7).

셋째, 교회학교 교사는 마치 친구와 같습니다. 이것은 친구가 친구를 붙잡아주듯 관계를 통해 사람을 키우는(Relates) 교사의 기능입니다. 이것은 우리 안에 계신 그리스도의 제사장적 기능을 수행하는 것입니다. 하나님이 인간이 되신 것, 그것을 성육신(incamation)사건이라고 말하며, 그 분이 예수 그리스도이십니다. 천지를 지은 창조주이신 예수님도 우리를 친구로 상대해주십니다. 바리새인들과 서기관들의 끝없는 비난과 질책 속에서도 자신을 세리와 죄인의 친구라 칭하셨습니다. "사람이 친구를 위하여 자기 목숨을 버리면 이보다 더 큰 사랑이 없나니 너희는 내가 명하는 대로 행하면 곧 나의 친구라 이제부터는 너희를 종이라 하지 아니하리니 종은 주인이 하는 것을 알지 못함이라 너희를 친구라 하였노니 내가 내 아버지께 들은 것을 다 너희에게 알게 하였음이라"(요 15:13~15).

"나는 너희를 친구라 불렀다!" 주님이 하신 말씀입니다. 우리를 친구로 여기고 계십니다. 주님이 이처럼 우리를 친구로 여기고 계셨기 때문에 친구를 위하여 사람들의 눈치를 보지 않았습니다. 주님은 스스로 죄인, 세리들의 친구라고 불리우는 것을 두려워하지 않았습니다. 하나님과 동일하신 분이신 예수 그리스도가 우리를 친구로 여기시는데 우리도 역시 아이들을 친구처럼 대하지 못할 이유는 없지 않습니까? 심지어 하나님조차도 아브라함에게 '친구'라는 표현을 하신 것을 기억하지 못합니까? 주님이 우리에게 "어이 친구!"라고 부르신다는 것을 생각하고 아이들을 친구처럼 바라보면 어떨까요? 같이 놀아주고 이해해주고 밤새도록 얘기해도 지루하지 않은 친구처럼 옆에 있어주면 어떨까요? 친구의 기능을 잘 수행하기 위해서도 장비가 필요합니다. 기대어 울게 해줄 어깨, 필요할 때 옆에 앉아줄 엉덩이, 잘 들어줄 귀.

넷째, 교회학교 교사는 마치 코치와 같습니다. 이것은 코치가 선수를 무장시키듯 학생들을 하나님의 백성으로 무장시키는(Equips) 교사의 기능입니다. 이것은 우리 안에 계신 그리스도의 선지자적 기능을 수행하는 것입니다. 선수는 어떤 코치를 만나느냐에 따라 그 진로가 달라집니다. 박지성 뒤에 히딩크, 여호수아에게는 모세, 디모데에게 바울, 그리고 엘리사에게는 엘리야라는 코치가 있었습니다. 코치의 기능을 잘 수행하기 위해서도 장비들이 필요합니다. 그 속에 잠재된 가능성을 보는 눈, 본을 찍는 발, 사랑으로 바른 말을 해줄 수 있는 용기 있는 입.

다섯째, 교회학교 교사는 마치 아버지와 같습니다. 이것은 아버지가 자녀를 훈계하고 이끌어주듯, 학생들을 감독하고 이끄는(Supervises) 교사의 기능입니다. 이것은 우리 안에 계신 그리스도의 왕적 기능을 수행하는 것입니다. "너희도 아는 바와 같이 우리가 너희 각 사람에게 아비가 너희 각 자녀에게 하듯 권면하고 위로하고, 경계하노니 이는 너희를 부르사 자기 나라와 영광에 이르게 하시는 하나님께 합당히 행하게 하려 함이니라"(살전 2:11~12). 참된 교사는 아버지의 엄함이 있는 자입니다. 참된 교사는 '트로포스'(trophos) 어머니가 되어야 하지만 동시에 아버지도 되어야 합니다. 아버지가 자녀에게 하듯이 권면하고, 위로하고 때로는 엄히 경계해야 할 것입니다. 아이들에게 엄한 아버지가 된다는 것, 그것은 이 시대가 요구하는 이미지와는 다릅니다. 하지만 아버지는 엄함도 가지고 있어야 하며, 그 엄함 속에서 진정한 사랑과 자상함이 묻어납니다. 우리의 아이들에게 필요한 것은 바른 길로 권면하고 훈계하는 아버지와 같은 교회학교 교사입니다. 진정 아이들을 사랑하기에 그들에게 옳은 것을 이야기할 수 있는 아버지와 같은 교회학교 교사가 되어야 합니다. 아버지처럼 사랑하는 자녀들의 삶을 위해 위로하고 그들을 품어야 합니다. 때로는 아이들이 바른 신앙의 길을 걷지 못할 때 쓴 소리를 해 주어야 합니다. 아이들이 무엇을 잘못하고 있는지 분명히 경계해야 하는 것입니다. 아버지의 기능을 잘 수행하기 위해서도 장비가 필요합니다. 일이나 문제의 큰 그림과 핵심을 보는 눈, 상황에 따라 흔들리지 않는 다리, 필요한 실제적 도움을 제공하는 은밀한 말 잘못한 학생을 푸근하게 안아줄 용서의 가슴.

이 다섯 기능을 기억해야 합니다. 엄마처럼 보살피고, 농부처럼 영적 성장을 촉진하며, 친구처럼 관계를 맺고, 코치처럼 무장시키며, 아버지처럼 감독하고 이끄는 일이 교회학교 교사의 역할입니다. 영어 단어로 다섯 가지 각 기능의 첫 글자를 따면 CARES가 됩니다. 교회학교 교사는 지식을 가르치는(teaches)사람이 아니라 사랑으로 돌보는(cares) 사람이란 뜻입니다.

10) 교사, 부모의 역할

가나안 입성 후 300여 년이 지났지만 이스라엘은 국가의 틀은 커녕 부족사회를 벗어나지 못했습니다. 가나안을 점령한 열두 지파는 사사를 중심으로 어느 정도의 통일성을 지녔지만 자기 소견대로 사는 민족이 되어버렸습니다. 강력한 통치력이 없었기에 자신들의 생각과 말이 법이 되었습니다. 그렇게 살다 보니 어느새 수백 년이 흘렀습니다. 이스라엘은 사사 엘리 시대를 맞게 되었습니다. 엘리는 역사의 기로에 서 있는 지도자였는데, 그가 바로 서면 새로운 통일왕국시대가 열리고 실패하면 가나안의 제 8 족속으로 전락할 처지에 놓여 있었습니다. 안타깝게도 늙은 사사는 시대의 중요성을 갈파하지 못했습니다. 특히 자녀들에 대해 책임 있는 부모의 역할을 감당하지 못했습니다.

사사 엘리는 가는 세대의 끝과 오는 세대의 시작점에서 살았습니다. 사사시대가 막을 내리고 왕정 시대의 새 막이 오르는데, 불행하게도 엘리는 시대를 읽지 못했습니다. 자식을 책임지는 부모의 역할이 얼마나 중요한지를 알지 못했습니다. 지도자(사사)로서 성공하지 못했어도 가정에서 아들들을 믿음으로 잘 교육했다면 블레셋에게 그처럼 비참한 패배를 당하지 않았을 것입니다. 그러나 부모의 역할까지 제대로 감당하지 못함으로써 시대를 망친 리더로 남게 되었습니다.

엘리의 상황을 알려주는 성경 말씀을 찾아보면 당시 사회의 종교적 수준, 도덕적 상태가 어느 정도였는지를 짐작할 수 있습니다. "아이 사무엘이 엘리 앞에서 여호와를 섬길 때에는 여호와의 말씀이 희귀하여 이상이 흔히 보이지 않았더라"(삼상3:1). 사사시대는 말씀이 희귀했습니다. 제사장과 사사도 있었고 회막에서는 날마다 제사 의식이 거행되고 있었지만 정작 말씀이 없었습니다. 말씀이 사라진 종교 교육은 홉니와 비느하스 같은 종교인을 양산하는 결과를 가져왔습니다. 젊은 제사장들은 말씀으로 교육받지 못했습니다. 부모 교사에게 말씀이 없었기 때문입니다. 이스라엘의 전통인 가정신앙 교육도 무너졌습니다.

지금 한국 교회에 이런 조짐이 넘쳐납니다. 신자 부모들도 세상 교육에만 온통 관심을 쏟고 있습니다. 좋은 성적을 올리고, 좋은 학교에 진학하기 위해 좋은 과외선생을 찾고 학원을 찾습니다. 믿음은 뒷전입니다. 부모로부터 방치된 어린이 신자들의 신앙교육을 책임지고 영혼을 보살필 사람은 교회학교 교사뿐입니다. 교사는 단지 교회 안에서 공과만 전하는 선생이 아니라 이제는 부모 노릇까지 해야 합니다. 평생 어린이 신자들의 영혼을 보살펴주는 부모가 되어야 합니다. 그렇게 해서라도 어린이 신자들을 지켜내야 합니다.

교사들은 어떤 마음으로 교육적 사명을 감당해야 할까요? 엘리 제사장에게서 그 해답을 찾고자 합니다. 사무엘이 홉니와 비느하스의 불량한 모임에 가담하지 않았던 이면에는 엘리 제사장의 교육과 가르침이 있었습니다. 물론 성경에서 엘리는 훌륭한 인물로 소개 되지 않았습니다. 영적으로 무능한 제사장이었습니다(삼상 3:1). 이스라엘이 배교와 예언적 무능력 상태에 빠져들었던 것은 제사장의 영적 상태가 어느 정도였는지를 보여줍니다. 엘리는 부모로서도 무능력했습니다. 두 아들이 회막에서 부정한 짓을 저지른다는 사실을 알게 되었을 때 "내 아들들아 그리 하지 말라 내게 들리는 소문이 좋지 아니하니라 너희가 여호와의 백성으로 범죄하게 하는도다"(삼상2:24) 라는 정도로 끝냈습니다. 자식들에게 권위와 통제권을 상실당한 무능한 부모의 모습을 보여주었습니다.

엘리는 유대인으로서 자식들의 바른 삶을 단호히 촉구해야 하는 아버지의 입장, 제사장에게 바른 봉사를 가르쳐야 하는 선배 제사장의 입장에 있으면서도 그만한 권위가 없었습니다. 자녀들의 범죄를 알면서도 강하게 자식들을 야단치지 못했습니다. 19세기에 살았던 유대의 한 현인은 이런 말을 했습니다. "모든 아버지는 자기 자식이 교양을 쌓고 경건한 유대인으로 자라기를 원하고 있다.

그리고 그 자식이 성장해서 아버지가 되면 또 그 자식이 좋은 유대인으로 성장하기를 바란다. 그러나 아버지들 가운데 자기 자신이 교양 있고 경건하고 훌륭한 유대인이 되려고 애쓰는 수는 자식이 그렇게 되기를 바라는 아버지 수보다 적다."

흡니와 비느하스의 비극은 어느 정도 그들의 아버지 엘리에게 책임이 돌아갑니다. 엘리는 제사장으로서, 부모로서 책임을 감당하지 못한 지도자였기에 그에 대한 평가는 긍정적이지 않습니다. 그러나 그것이 엘리의 전부는 아닙니다. 사무엘에게로 눈을 돌리면 상황은 조금 달라집니다. 사무엘에 대해서만큼은 자상하고 좋은 스승이었습니다. 육신의 눈이 멀고 아버지로서의 권위를 잃었지만 사람을 알아보는 혜안을 가진 스승이었습니다. 자기 자식은 망쳤지만 한나 아들의 교육만큼은 바르게 했습니다.

엘리는 한나의 소원 기도를 알고 있었습니다. 그녀가 믿음으로 자식을 낳고 그 아들을 제사장에게 맡겼을 때 하나님께서 그 아이를 통해 새로운 왕국 시대를 여실 것이라는 예감을 받았습니다. 엘리는 사무엘을 특별히 관리하며 양육했습니다. 사무엘은 제사장의 특별 관리 대상이 되어 하나님의 궤가 있는 여호와의 전에 처소를 정하고 자라났습니다. 그 앞에서 엘리는 특별하게 그를 훈련시켰습니다. 두 아들의 비행을 들을 때마다 엘리는 아픔을 견디며 사무엘에게 더 심혈을 기울였을 것입니다. 제사장이 아니라 아버지의 심정이 되어 아들을 가르치는 마음으로 사무엘을 가르쳤을 것입니다. 여기서 우리는 교사의 부모적 역할을 엿볼 수 있습니다.

사무엘은 엘리의 이런 교육으로 두 제사장의 불량한 행동에 물들지 않고 하나님 앞에서 자신을 지켜낼 수 있었습니다. 그리고 사무엘은 마지막 사사가 되었습니다. 하나님의 인도 아래 표류하는 민족을 바로잡고 왕권을 강화 시켰으며 교육을 실시하고 왕국의 통치체제를 정비했습니다. 사무엘이 왕정 시대의 초석을 이루고 두 왕을 세운 믿음의 거목이 되었던 것은 어머니 한나의 기도도 컸지만 엘리 제사장의 교육에 힘입은 바가 더 큽니다. 그런 면에서 세상 사람들은 엘리를 무능하게 평가 하지만 사무엘에게는 고마운 스승이요 믿음의 어버이였습니다.

좋은 교사가 믿음의 용사를 키웁니다. 어린이 신자들이 한국 교회를 지켜낼 믿음의 용사로 자라기 위해선 좋은 교사가 나와야 합니다. 자식을 사랑하는 어머니의 마음, 자식을 교훈하는 아버지의 심정으로 어린이 신자들을 양육해야 합니다. 한국 교회가 빠른 속도로 성장할 수 있었던 것은 교육의 힘이 절대적이었습니다. 교회 학교를 열어 교사를 세우고 어린이들을 가르쳤습니다. 그 아이들이 자라면서 교회는 점점 힘을 얻고 부흥했습니다. 교사들이 한국 교회의 경쟁력이었습니다. 지금도 마찬가지입니다. 교회가 현재에 만족한다면 성가대나 면려회, 장년 중심의 전도 활동에 힘을 쏟아도 됩니다. 그러나 내일의 교회를 생각한다면 미래 세대에 투자해야 합니다. 열심 있고 유능한 사람을 교사로 세우고 후원하며, 그들이 학생들을 바르게 복음적으로 가르치도록 해야 합니다. 교사들은 다른 일들에 힘을 분산시키지 말고 오직 사람을 키우는 일에 최선을 다해야 합니다.

교육 현장을 들여다보면 답답하리만큼 한심스러운 일이 많습니다. 교사들의 면면 역시 봉사 정도로 가볍게 생각하고 주일에 무료 알바를 하는 사람이 적지 않습니다. 그들에게는 사람을 키운다라는 비전이 없습니다. 가르치는 일을 취미 삼아, 교회에서 봉사할 마땅한 일이 없어서 교사를 합니다. 이런 교사들의 교육으로 어린이 신자들이 사무엘처럼 자랄 수 있을까요? 홉니와 비느하스와 같은 불량품을 교회 안에서 양성하고 양산해 내고 있는 것은 아닐까요?

이제 교사들을 정예화해야 합니다. 사명감을 가진 교사에게 여러 명의 어린이 신자를 맡겨야 합니다. 영적으로 침체에 빠져 있는 교사, 불평불만으로 가득 차 있는 부정의 사고를 가진 교사는 퇴출해야 합니다. 복음을 모르는 사람, 복음을 전할 만한 능력이 없는 사람은 교육의 자리에 있어서는 안 됩니다. 그래도 꼭 교육 부서에서 일하고 싶다면 생활처나 자료실 등에서 일하도록 조치해야 합니다. 영혼을 책임지는 일은 회심을 강하게 확신하는 사람, 교사로서 부르심을 받았다는 확신에 차 있는 소명자가 담당해야 합니다. 특히 부모의 심정을 가지고 교육 일선에 나서서 어머니처럼 이야기를 들어주고 보살피고 가슴에 품고 기도해주어야 합니다. 아버지처럼 나아갈 길을 행동으로 보여주고 흠모할 인격을 보여줄 때 어린이와 청소년 신자들은 본 대로, 들은 대로, 가르침을 받은 대로 살면서 새 시대를 여는 사무엘로 자랄 수 있습니다.

11) 가르치는 자

교회학교의 교사가 해야 할 일들 중에서 가장 중요한 사역은 아무래도 가르치는 일이라고 할 수 있습니다. 그러므로 가르친다는 것은 지식을 가지게 하는 것, 즉 알게 하는 것을 의미합니다. 사람이 소유하는 대부분의 지식은 배우는 것에서부터 시작된다는 사실을 알고 있는가? 그러나 이러한 배움이란 또 다른 누군가에 의해 가르침을 받지 않으면 이룰 수 없는 일이기도 합니다. 따라서 교회학교의 교사는 먼저 배우기 위해 노력하여야 합니다. 왜냐하면 자신이 먼저 배움을 통하여 실력을 기르지 않고는 다른 사람들을 가르친다는 것은 무리한 결과를 가져올 수 있기 때문입니다. 따라서 그리스도인들의 믿음도 배움에서부터 시작된다는 사실을 잊지 말아야 합니다. 물론 믿음은 하나님의 선물이라고 성경은 기록하고 있습니다(엡2:8). 그러나 하나님의 선물인 믿음도 관계를 통해 선물로 주어진다는 사실을 잊지 말라. 이러한 관계는 누군가를 만남으로부터 시작됩니다. 그러므로 성경은 "그런즉 저희가 믿지 아니하는 이를 어찌 부르리요 듣지도 못한 이를 어찌 믿으리요 전파하는 자가 없이 어찌 들으리요"(롬10:14) 라고 기록됨으로써 가르침의 중요성을 암시하고 있습니다.

교사가 학생들을 가르칠 수 있는 내용들은 무엇인가? 그것은 핵심적인 복음의 진리들입니다. 우리는 이미 핵심적인 복음의 사실들에 대하여 누군가를 통해 배워 믿는 자가 되었습니다. 따라서 교사는 학생들에게 이 사실을 가르쳐 학생들로 하여금 배우게 해야 하며, 그 배움은 그들에게 믿음을 가지게 하고 이로써 그들도 구원에 이르게 됩니다.

그러면 교회학교의 교사들이 학생들에게 가르쳐야 할 핵심적인 내용들은 무엇인가?

첫째, 하나님의 존재에 대하여 가르쳐야 합니다. 교회학교 교사가 학생들에게 가르쳐야 할 핵심적인 복음의 내용에 있어서 그 첫째는 하나님의 존재성에 관해서입니다. 하나님에 대하여 알게 하는 것! 그것은 학생들뿐 아니라 모든 그리스도인들에 있어서 대단히 중요한 내용입니다. 하나님은 누구신가? 그 하나님은 나와는 어떤 관계를 가지고 있는 분이신가? 이러한 질문은 대단히 중요합니다. 대답하기에 몹시 간단한 것 같으면서도 웬지 확실한 대답에 머뭇거려질 때가 많은 질문일 수 있습니다. 따라서 교사는 학생들을 가르침에 있어서 하나님의 존재성에 대하여 "그는 창조자이시다", "그는 사랑이시다", "그는 거룩하시고 영원하신 분이시다", "그는 우리의 영원한 처소를 준비하시는 분이시다" 등의 많은 성경적인 증거들을 학생들에게 세세하게 가르쳐야 합니다. 그러나 이 모든 사실들보다 더 중요하게 가르쳐야 할 사실은, 그 하나님이 "나의 아버지"라는 사실입니다. 하나님은 단순한 "나의 아버지"가 아니라, "나를 만드시고 나를 사랑하실 뿐 아니라 나의 전 생애를 책임지시고 구원하시는 아버지"이심을 가르쳐야 합니다. 이러한 사실에 대한 가르침은 결코 단순히 언어를 통해 완성될 수 있는 것이 아닙니다. 이것은 교사의 인격을 통해 이루어질 수 있는 것입니다.

많은 교사들이 자신이 믿지 못하는 것을 위장하여 믿는 것처럼 가르치려고 시도하는 경우가 있습니다. 그렇지만 하나님을 자신의 아버지로 믿는 믿음은 결코 위장될 수 없다는 사실을 기억해야 합니다. 하나님을 나의 아버지로 믿는 믿음은 결코 관념적이거나 지식적인 이론으로 가능한 것이 아닙니다. 이 믿음은 가슴에 와 닿는 인격과 인격에서의 만남에서 비롯되는 일이기 때문입니다. 이러한 증거가 교사의 인격을 통해 학생들에게 남김없이 전달될 수 있어야 합니다.

둘째, 사람의 문제에 대하여 가르쳐야 합니다. 교회학교 교사가 학생들에게 가르쳐야 할 핵심적인 복음의 내용에 있어서 둘째는, 사람이 가진 문제에 관해서입니다. 이 문제는 대단히 심각합니다. 많은 사람들이 이 문제가 심각함에도 불구하고 심각하다는 자체를 알지 못하고 있습니다. 따라서 교회학교의 교사는 사람이 가지고 있는 이 문제의 심각성과 본질을 학생들에게 바르게 가르쳐 주어야 합니다. 사람은 본래 하나님의 모양과 형상을 따라 창조되었으며, 하나님의 영광을 위해 존재했었고, 하나님과의 관계에 있어 친밀함을 유지해 왔었습니다. 그리고 하나님께서는 사람에게 모든 편의를 제공해 주셨으며, 에덴의 복지에서 살도록 배려해 주셨습니다. 그럼에도 불구하고 사람은 하나님의 기대에 어긋난 삶을 살게 되었습니다. 이는 아담과 하와의 격리였고, 그 결과는 하와가 사단과의 교제를 시작하게 된 것입니다. 이러한 그들은 급격히 하나님의 곁을 떠나게 되었고, 결국은 하나님과 영원히 격리되는 존재가 되고야 말았습니다(창3장).

그들이 하나님과 영원히 격리되게 된 원인은 무엇인가? 그것은 사람의 죄 때문이었습니다. 왜 사람은 죄를 범하게 되었는가? 사람이 죄를 범하게 된 것은 하나님의 말씀에 불순종하고 하나님과의 약속을 파기한 행위 때문이었습니다. 약속의 파기는 하나님의 신권에 대한 도전이 된 것입니다. 죄라고 하는 성경적인 원어가 가져다 주는 의미는, 죄란 활을 쏘는 궁수에 의해 쏘아진 화살이 과녁을 빗나간 것과 같습니다. 빗나간 화살! 그것이 죄입니다. 하나님의 명령을 지키지 못하고 그 말씀을 거역한 빗나간 행위! 그 까닭에 사람은 돌이킬 수 없는 영원한 죄인이 되어버리고 말았습니다. 이것이 사람이 당면한 가장 큰 문제입니다. 이 죄는 인류의 역사 속에서 인류의 속성이 되어 버렸고, 그것은 곧 인간의 원죄로서 영원한 하나님의 대적이 되어버렸습니다. 이로써 성경은 "의인은 없나니 하나도 없다"고 선언하며(롬3:10), 죄 가운데 있는 자들은 육신에 있는 자들로 그들은 "하나님을 기쁘시게 할 수 없다"(롬8:8)고 선언합니다.

죄인 된 사람이 가지고 있는 가장 크고 심각한 문제는, 자신이 가지고 있는 죄의 심각성에 대하여 도무지 자각하지 못하고 있다는 사실입니다. 그러므로 사람이 하나님께 나아가고자 하되 스스로는 결코 나아갈 수 없다는 사실을 기억해야 합니다. 따라서 교회학교의 교사는 이 사실을 학생들에게 분명하게 가르쳐야 합니다. 사람의 생각이나 말, 행동들은 죄 가운데 있어 하나님을 기쁘시게 할 수 없으며, 죄의 결과는 사망이요(롬6:23), 사망은 곧 하나님의 심판으로 인하여 영원한 불 못에 던지움이라는 사실을(계20:15) 가르쳐야 합니다.

셋째, 예수 그리스도의 구속 사역에 대하여 가르쳐야 합니다. 사람이 지은 죄는 영원히 해결할 수 없는 문제인가? 그렇지 않습니다. 성경은 이에 대한 해결책을 제시합니다. 성경이 제시한 해결책은 예수 그리스도이십니다. 예수 그리스도는 누구인가? 그는 하나님의 아들이시며(눅1:35), 죄를 알지도 못하신 분이시요(고후5:21), 마음이 온유하며 겸손하신 분이시며(마11:29) 하늘과 땅의 모든 권세를 가지신 분이십니다(마28:18). 그런 예수님께서 "우리 죄를 위하여 죽으시고 장사지낸 바 되었다가 성경대로 사흘 만에 다시 살아나사 게바에게 보이시고 후에 열 두 제자에게와 그 후에 오백여 형제에게 일시에 보이사"(고전15:3~6) 그들로 목격자를 삼으시고, 많은 무리들의 보는 앞에서 하늘로 올라가시어(행1:9), 전능하신 하나님의 우편에 앉으사(막16:19), 지금은 우리를 위해 기도하시는 분이십니다.

예수님의 죽으심에 대한 가치를 아는가? "율법을 좇아 거의 모든 물건이 피로써 정결케 되나니 피 흘림이 없은즉 사람이 없느니라"(히9:22) 성경은 증거 합니다. 그리고 예수께서 십자가에서 흘리신 피는 "영원한 속죄를 이루셨다"(히9:12)라고 선언하십니다. 예수께서 죽은 자 가운데서 다시 살아 부활하심은 모든 사람들에게 부활의 소망을 이루심이니(고전15:12-19) 죄인들이 예수를 믿어 구원함에 이르게 되는 것입니다(요3:16~17). 말씀에 순종하고 하나님 구원함에 이른다는 것은 무엇을 의미하는가? 구원함에 이른다는 것은 사람이 스스로 해결할 수 없는 죄의 문제를 해결 받는 것을 의미합니다. 따라서 교회학교의 교사들은 이와 같은 사실들을 자신의 학생들에게 확실하게 가르칠 수 있어야 합니다.

넷째. 나와의 관계를 가르쳐야 합니다. 예수 그리스도의 대속적 사역이 나 자신과는 어떤 관계를 지니고 있는가? 이 사실에 대한 확실한 대답은 교회학교의 교사가 학생들에게 가르쳐야 할 중요한 내용입니다. 하나님께서는 모든 사람을 다 구원하시기를 원하십니다. 따라서 그들을 지정하여 부르심으로써 구원하시고자 섭리하셨습니다. 이제 이 사실을 믿음으로 받아들이는 것은 대단히 중요한 일입니다. 그러므로 성경은 "영접하는 자 곧 그 이름을 믿는 자들에게는 하나님의 자녀가 되는 권세를 주셨으니 이는 혈통으로나 육정으로나 사람의 뜻으로 나지 아니하고 오직 하나님께로서 난 자들이니라"(요1:12~13)고 약속하셨습니다.

교회학교의 교사는 무엇을 해야 하는가? 학생들로 하여금 "수고하고 무거운 짐 진 자들아 다 내게로 오라"(마11:28) 하시는 주님의 초청에 응답하도록 가르쳐 주어야 합니다. 이 초청에 대한 응답적인 행위는 예수님을 영접하는 것(요1:12)이요, 이는 마음의 문을 활짝 열어 놓아 주님을 마음속에 모셔 들이는 일(계3:20)임을 분명하게 가르쳐야 합니다. 또한 사람의 마음에 내주하시는 주님은 결코 우리를 떠나지도, 버리시지도 않으신다(히13:5)라고 약속하심도 가르쳐야 할 중요한 내용입니다. 예수님께서는 한번 택하신 자를 끝까지 포기하지 않으시고 그를 향하여 숭고한 기대를 가지신다는 확실한 보장을 그가 잡히시던 날 밤에 겟세마네 동산에서 나타내셨습니다.

예수님의 간곡한 부탁에도 불구하고 제자들은 잠을 잤습니다. 그것도 반복된 주님의 부탁이 있음에도 불구하고... 주님은 그들에게 대단히 실망하셨으리라. 그럼에도 불구하고 주님은 그들을 포기하지 않으셨습니다. 주께서는 겟세마네의 고투에서 승리하신 후 제자들에게 돌아오시어 잠자고 있는 그들을 깨우셨습니다. 그리고 그들에게 "일어나 함께 가자"라고 말씀하셨습니다(마 26:36~46). 성경은 "다른 이로서는 구원을 얻을 수 없나니 천하 인간에 구원을 얻을 만한 다른 이름을 우리에게 주신 일이 없다"(행4:12)라고 하셨습니다. 따라서 교회학교의 교사는 예수님을 마음에 영접하지 않으면 구원을 받을 수 없음에 대한 확실한 사실을 학생들에게 가르치지 않으면 안 됩니다.

다섯째, 어떻게 가르칠 것인가? 예수 그리스도를 믿는가? 그를 마음에 모심으로 구원함을 이루었다고 믿는가? 그로 말미암아 자신의 심각한 죄의 문제를 해결 받았노라고 믿는가? 그렇다면 이제는 자신이 그리스도인이 되었음을 믿으라. 그리스도인이 되었다는 것은 그리스도 안에서 새롭게 태어난 것을 의미합니다. 새로 태어남, 그것은 중생이라고도 하고 신생이라고도 하며 거듭남이라고도 합니다. 아무튼 중요한 것은 지금까지는 자연인적인 삶을 살았지만 이제부터는 영적인 삶을 시작하게 되었다는 사실입니다. 그리스도 안에서 새로운 삶을 시작한 사람은 영적인 신생아입니다. 영적인 신생아는 말씀 안에서 계속 자라야 성숙한 그리스도인이 될 수 있습니다. 따라서 그가 말씀 안에서 계속 자라기 위해 필요한 것은 영적인 가정생활을 시작해야 한다는 사실입니다.

영적인 가정생활이란 무엇인가? 그것은 교회 생활을 지칭합니다. 그러므로 그리스도인에게 있어서 교회 생활은 매우 중요한 것입니다. 교회 생활을 통해 그리스도인들의 신앙은 성장하는 것이며, 이로써 영적인 성숙을 기대할 수 있기 때문입니다. 그리스도인이란 그리스도의 사람들을 의미합니다. 따라서 그리스도의 사람은 예수 그리스도처럼 살아가는 사람이어야 합니다. 예수 그리스도처럼 살아가는 사람은 예수 그리스도의 삶의 원리에 깊은 관심을 가져야 합니다. 그리스도인은 어떻게 살아야 하는가 하는 예수 그리스도의 삶의 원리는 성경에서 자세하게 발견할 수 있습니다. 그러므로 이와 같은 삶을 살고자 하는 그리스도인들은 성경을 공부해야 합니다. 성경은 하나님의 말씀입니다. 따라서 성경은 그리스도인들에게 있어서 삶의 근본적인 원리이며 본질이 되는 것입니다. 그러나 성경을 공부하는 일만이 그리스도인들이 해야 할 일은 아닙니다. 그들은 지속적으로 하나님과의 관계를 유지하기 위해 항상 기도 생활을 쉬지 않아야 합니다. 기도는 영적인 호흡과 같아서 그리스도인들의 영적인 생존을 위해 필연적인 요소인 까닭입니다. 그리스도인들을 향한 예수님의 선언은 "너희는 세상의 빛이요 소금"이라고 하셨습니다(마5:13~16). 빛의 삶과 소금의 삶이 그리스도인에게는 필요합니다.

어떤 삶이 빛의 삶이요 소금의 삶인가? 예수님의 삶은 언제나 남을 섬기는 삶과 하늘나라의 복음을 전파하는 삶으로 일관하셨음을 성경은 증거하고 있습니다. 그렇습니다. 빛의 삶과 소금의 삶은 하늘나라를 전하는 전도의 삶과 이웃을 섬기는 봉사의 삶이라고 할 수 있습니다. 이와 같은 삶이 교회학교의 교사가 학생들에게 반드시 가르쳐야 하는 가르침의 내용입니다.

12) 증인이 되는 일

당신은 여러 가지 소송이 제기되고 있는 법정에 가 본 적이 있는지 모르겠습니다. 피고가 특별히 처음부터 범죄 사실을 인정하면 많은 사건들은 쉽게 해결됩니다. 그러나 피고인이 범죄를 부인하는 진술을 하면 기소자는 범죄 사실을 입증해야 하기 때문에 재판은 훨씬 길어집니다. 범죄 사실을 뒷받침해 주는 한두 명, 혹은 그 이상의 증인을 불러올 수 있다면 재판관, 배심원, 판사들을 확신시키는 좋은 기회가 될 것입니다. 변호사도 가능하면 피고의 항변을 지지할 증인들을 불러올 필요가 있습니다. 그러나 피고인이 법정에서 무죄를 주장하는데도 그를 변호해 줄 사람이 전혀 없는 경우가 자주 발생합니다. 그런 사람은 정말 문제입니다. 또 때때로 한쪽에는 여러 명의 증인이 있고 다른 쪽에는 증인이 하나도 없는 상태에서 증인들이 진실을 순수하게 말할 경우에, 그 소송을 해결해야 할 사람도 마찬가지로 문제입니다.

증인은 구두로 증언하든 서면으로 하든 중요한 인물입니다. 그를 증인으로 부른 사람들에게, 혹은 그의 말을 들으러 온 사람들에게 그가 할 말은 이것입니다. "이것은 모두 사실입니다", "이 사람이 한 말은 진실입니다. 내가 그것을 입증합니다", "나는 그곳에 있었고 이 두 눈으로 목격했습니다", "이것이 내게 일어났던 일입니다" 등입니다. 그는 어떤 거래가 있었다고 증언할지도 모릅니다. 혹은 법적인 문서에 서명된 것을 보았거나 누군가의 말을 들었다고 증언할지도 모릅니다. 법정에서 그는 진실, 꼭 진실, 오직 진실만을 말할 것이라고 맹세를 합니다. 증인이 증언을 하는 곳에서는 언제나 그 증언이 옳고 정확하며 믿을 만하다고 믿게끔 되어 있습니다.

증인은 다른 누군가가 경험하거나 말한 것이 일어났다는 사실을 자세히 이야기하기 위하여 그곳에 있는 것이 아닙니다. 그런 정보는 매우 흥미 있을 수도 있습니다. 그러나 그것은 법정에서 받아들여지지 않습니다. 예를 들어 간접 보고라 불리는 전문 증거는 허용되지 않습니다. 혹 받아 들여진다 할지라도 진실한 증인의 증거만큼 신뢰성을 보장받을 수 없기 때문에 실제로 많은 도움이 되지 못할 것입니다. 증인이란 그때 그 자리에 있었거나 자신이 말한 것을 개인적으로 경험하여 아는 사람입니다.

(1) 증거에 대한 성경의 견해

신약 성경을 읽어 보면 누구나 알 수 있듯이, 모든 그리스도인들은 주 예수 그리스도와 그를 믿는 믿음을 증언하도록 부름 받았습니다. 이 일을, 특별히 훈련받은 사람이나 이 직무를 위해 교회에서 따로 세우심을 입은 전문가의 일이라고 생각하지 말라. 확실히 세상이 그렇게 생각하기 때문에 당신도 그렇게 생각하고 싶을지도 모릅니다. 차를 수리하거나 지붕을 고쳐야 할 때 당신은 어떻게 하는가? 집을 팔고 다른 곳으로 이사해야 할 때 당신은 어떻게 하는가? 우리들 대부분은 그 일을 처리하기 위해 자동적으로 전문가를 찾아갑니다. 우리는 생활 전반에 걸쳐 자연스럽게 도움을 얻을 전문가를 찾는 시대에 살고 있습니다.

그러나 기독교에서는 그렇지 않습니다. 증인은 단지 사도나 선지자나 목사나 교사나 교회 지도자들만이 아닙니다. 당신이 그리스도인이라면 어느 곳에 살든지, 무슨 일을 하든지, 나이가 많든 적든지, 어디 출신이든지 그 사실을 증거해야 합니다.

뭐라고? 당신의 믿음을 많은 사람들 앞에서 증거 할 수 없다고? 당신은 사람들에게 호감을 주거나 특별히 개인적인 일을 잘 이야기하는 은사를 받은 것도 아닙니다. 이런 일을 하는 데 도움이 되는 특별한 신학 교육을 받은 적도 없습니다. 항상 수줍어하는 성격입니다. 당신은 앞에 나서거나 널리 알려지는 것을 좋아하는 사람이 아닙니다. 어떻든 상황은 다양하기 때문에 무엇을 말해야 하며 어떻게 말해야 할지 항상 알지 못합니다. 당신이 보통 하고 있는 어떤 일은 완전하게 잘하지만 이 일만큼은 다릅니다. 물론 나도 알고 있습니다. 당신이 내게 말하고 있는 모든 것을 다 이해합니다. 당신은 눈에 띄지 않게 조용히 살고 싶은 지극히 평범하고 솔직하며 단순한 사람이라는 것을 나도 알고 있습니다. 물론 당신은 매주 교회에 출석하며 매일 성경을 읽고 기도합니다. 단지 당신의 일을 계속하며 좋은 그리스도인이 되려하고 있을 뿐입니다. 오늘날은 사실 이 정도 하기도 어려운 일입니다.

당신의 말에 동감합니다. 증인이 된다는 것 - 내가 증인이 되는 일은 우리들 대부분에게 약간은 두려운 일입니다. 우리는 무대 중앙에서 돋보이기를 원치 않습니다. 우리는 자신에게 너무 많은 관심이 집중되는 것을 좋아하지 않습니다. 결국 우리가 중요하지 않은 존재란 말인가? 그렇지 않습니다. 우리는 최선을 다하되, 제발 무대 뒤에서 하려고 합니다. 실제로 꼭 해야 한다면 하녀나 하인장, 심부름꾼 역할에는 동의할지 모릅니다. 그러나 주연 배우 중의 한 명은?, 절대로 그것은 우리의 역할이 아닙니다.

당신의 상황에 대해서도 생각해 보자. 마찬가지로 주 예수 그리스도가 그곳에서 재판을 받고 있습니다. 당신은 그를 변호할 것인가? 그가 무죄하다는 것을 당신도 알고 있습니다. 교회, 교실이나 밖에서 어린이, 학생, 학부형들에게 예수님의 입장을 알려 줄 사람이 필요합니다. 지금 현재 어떻게 그의 입장을 알릴지 고민하지 말라. 주 예수님은 당신이 증인으로 나서기를 원하십니다. 당신이 침묵을 지키거나 아예 포기한다면, 주님이 성공할 가능성이 있겠는가? 당신의 관점도 아니고 나의 관점도 아닌 바로 하나님의 관점에서부터 출발하라. 이 말은 바로 성경으로 돌아가서 하나님이 증거의 문제에 대해 어떻게 말씀하시는가를 당신에게(그리고 나 자신에게) 알려 주겠다는 뜻입니다. 하나님은 적어도 그리스도인의 증거를 특징 짓는 네 가지 요소를 강조하고 계심을 알게 될 것입니다.

하나님께서 부르심

첫 번째로 그리스도를 전하는 모든 증인들은 그 일을 하도록 하나님이 부르셨습니다. 예수님의 지상 사역 말기에 그분이 하신 중요한 말씀은 마태복음 24장에 나타나 있습니다. 14절에는 이렇게 쓰여 있습니다. "이 천국 복음이 모든 민족에게 증거되기 위하여

온 세상에 전파되리니 그제야 끝이 오리라". 당신은 주 예수님이 이 내용을 어떻게 표현했는지 주의해 보았는가? 그분은 장래 어떤 일이 일어날지 우리에게 정확히 알려 주고자 이 사실을 언명하셨습니다. 그 일이 일어날지도 모른다가 아니라 일어난다입니다. 복음은 전파될 것입니다. 그것은 온 세상에 전파될 것입니다. 모든 민족에게 전파될 것입니다. 증거되기 위하여 전파될 것입니다. 그런 다음에 끝이 올 것입니다. 그것은 사실입니다. 영광의 왕이 그렇게 말씀하십니다. 그렇게 결정이 되어 있습니다.

천국 복음이 전파 되도록 되어 있습니다. 그 말은 누군가 그 일을 하도록 되어 있다는 뜻입니다. 그리고 온 세상 모든 민족에게 전파될 것입니다. 더 알아야 할 사실이 있습니다. 모든 그리스도인은 하나님의 만드신 바(엡2:10)이며 하나님에 의해 선택되고 구별된 자라고 성경은 말합니다. "너희의 허물과 죄로 죽었던 너희를 살리셨도다… 하나님이 우리를 그리스도와 함께 살리셨고"(엡2:1~5). "이제는 전에 멀리 있던 너희가 그리스도 예수 안에서 그리스도의 피로 가까워졌느니라"(엡2:13). 예수님은 다락방에서 제자들에게 이렇게 말씀하셨습니다. "너희가 나를 택한 것이 아니요 내가 너희를 택하여 세웠나니 이는 너희로 가서 과실을 맺게 하고"(요15:16). 그분은 또 계속 "진리의 성령이 나를 증거 하실 것이요 너희도 처음부터 나와 함께 있었으므로 증거하느니라"(요15:26~27)고 말씀하셨습니다. 이는 단지 성령의 인격과 사역을 통해 하나님 자신이 증언하는 문제만이 아닙니다. "너희도… 증거하느니라". 그분은 자신을 따르는 자들에게 말씀하십니다. 그분이 어떤 사람들에게 말씀하시고 계신 지 잊지 말라. 그중에는 교육받은 자도 두 명 있었지만 제자들 대부분은 누가가 사도행전 4:13에서 묘사한 것처럼 미천하며 무식한 어부, '학문 없는 범인'이었습니다.

당신이 말하는 것은 무엇인가? 당신은 이 모든 것을 인정합니다. 그러나 예수님은 그분의 제자들, 특별히 선택받은 열한 명(가룟 유다는 이때쯤 영원히 그들을 떠났다)에게 말씀하신 것이 아닌가? 그 말은 맞습니다. 그렇다면 사도행전 1장에 나와 있는 그리스도의 승천에 관한 설명으로 옮겨가 보자. 이 사건은 열한 명 이상의 많은 사람들이 보았으며 예수님의 말씀은 그들 모두뿐만이 아니라 그 후 세대의 모든 그리스도인에게도 해당 되었습니다. "오직 성령이 너희에게 임하시면 너희가 권능을 받고 예루살렘과 온 유대와 사마리아와 땅끝까지 이르러 내 증인이 되리라"(행1:8). "너희", 당신들 모두가 예수님의 증인이 될 것입니다. 사도들만이 아닙니다. 우리 모두입니다. 여기서 "너희"는 당신을 말합니다. 그것은 나를 의미합니다. 그것은 지금까지의 모든 그리스도인을 의미합니다. 따라서 당신이 그리스도인이라면 이런 사실을 알아야 합니다. 하나님이 당신에게 시키시는 일이 어떤 것이든 그 분은 당신이 증인이 되도록 부르셨습니다. 인생의 법정에서 하나님을 위하여 증인이 되라고 그분은 당신을 지명하셨습니다.

지상 과제

그리스도인의 증거에 관해 두 번째로 중요한 것은 모든 그리스도인은 그 일을 하도록 명령받았다는 사실입니다. 주님은 단순히 우리에게 증거하라고 요청하시거나 그것이 우리 중에 일부가 담당할 선택 가능한 일이라는 생각을 갖게 하시지 않습니다. 아무도 그 일에 관한 한 선택이란 없습니다. "이 천국 복음이 온 세상에 전파되리니". "너희도 증거하느니라". "내 증인이 되리라". 법정에 증인으로 나서는 일은 때로 회피할 수 있습니다. 그러나 하나님의 백성 중 어느 누구도 분명히 증인의 책임에서 벗어날 수 없습니다. 특히 그 일을 맡기신 이가 누구인가를 생각해 볼 때 우리가 만드는 핑계들은 권위 있는 그 분의 말씀에 비추어 너무 무력해 보입니다. 어떤 경우에도 그리스도를 증거 하는 일은 각 시대마다 선택된 소수에게 부여된 일이 될 수 없음은 분명합니다. 우리에게 주어진 과제를 생각해 보기 바랍니다. 하나님은 복음이 온 세상, 모든 민족에게 전파되기를 원하신다고 말씀하십니다. 그분을 증거하는 일은 "땅끝까지" 이루어져야 합니다. 세상 모든 구석의 모든 사람들이 예수 그리스도의 복된 소식을 들을 때까지 종말은 오지 않을 것입니다. 바울은 로마서에서 "전파하는 자가 없이 어찌 들으리요?"라고 말하지 않았는가? 모든 그리스도인이 가까이 있는 사람들에게 증인이 될 준비가 되어 있지 않다면, 그리고 누군가 그리스도의 말씀을 가지고 먼 지역으로 갈 준비가 되어 있지 않다면, 어떤 사람들은 결코 하나님 나라의 복음을 알게 되지 못할 것입니다. 그런 곳에서 주 예수님은 소송에서 지게 될 것입니다. 그러므로 우리는 하나님이 우리를 부르신 장소에서 모두 증인이 되어야 합니다.

성경에는 하나님이 증인으로 불렀지만 그 불쌍한 교사처럼 혹은 당신이나 나처럼 마지못해 그 일을 맡은 사람들의 수많은 이야기들이 있습니다. 가장 유명한 사람으로 모세가 있습니다. 모세는 자신이 하나님을 위하여 일하지 못하는 이유에 대해 자기 나름대로 대단한 구실을 만들었습니다. 내 생각으로는 하나님이 그들을 어떻게 다루셨는지 잘 살펴보는 것이 당신에게 매우 도움이 될 것 같습니다. 왜냐하면 그 속에는 그리스도인 증인의 세 번째 특징이 매우 강하게 부각 되어 있기 때문입니다. 모세는 특별히 그 일을 꺼려 했습니다. 그는 자기가 왜 하나님을 증거 하지 못하는지 많은 이유들을 가지고 있었습니다. 당신은 출애굽기 3~4장에서 그 내용을 찾아볼 수 있을 것입니다. 얼마나 많이 들어 본 내용처럼 보이는가! 그는 자기가 생각하기에 자신이 전혀 적합하지 않다는 사실로 시작했습니다. "내가 누구관대 바로에게 가며 이스라엘 자손을 애굽에서 인도하여 내리이까?"(3:11). 우리들 대부분도 그런 도전에 직면할 때 그처럼 느낄 것이라고 생각합니다. 그러나 하나님의 답변을 들어 보라. 그분은 모세(와 우리)의 주의를 모세 자신에게서 하나님에게로 돌립니다. 그분은 말씀하셨습니다. "내가 정녕 너와 함께 있으리라"(3:12). '모세야 너는 혼자 있게 되지 않을 것이다. 내가 항상 그곳에 함께 있을 것이다'. 이 말에 대해서는 할 말이 없습니다. 그래서 모세는 이유를 바꾸었습니다. 이제 그는 이스라엘 사람들이 자기를 보내신 하나님을 좀 더 구체적으로 알기 원할까봐 두렵다고 했습니다. 그러자 하나님은 즉시 모세에게 "너는 이스라엘 자손에게 이같이 이르기를 스스로 있는 자가 나를 너희에게 보내셨다 하라"(3:14)고 하시면서 자신의 가장 특별한 이름을 나타내셨습니다. "그러나 그들이 나를 믿지 아니하며 내 말을 듣지 아니하고..."(4:1)라고 모세는 다시 대답했습니다. 이는 또 다른 흔한 구실입니다. 당신도 때로 이런 구실을 대본 적은 없었는가? 알다시피 이는 어리석은 일입니다. 왜냐하면 이러한 말은 증인이 되는 일의 전반적인 주안점을 간과하고 있기 때문입니다. 증인이 할 일은 진실을 그대로 가능한 한 명확하고 솔직하게 말하는 것입니다. 그것이 전부입니다. 그 증거를 듣거나 보는 사람들이 그것을 어떻게 받아들이는가에 대해서는 책임이 없습니다. 분명히 우리는 어떤 내용을 말하고 행하며, 그것을 어떻게 말하고 행할 것인가를 생각해야 합니다. 또한 어떤 부류의 사람들 즉 누가 들을지 – 우리의 청중 –에 대해 생각해야 합니다. 그러나 증거할 때에는 가능한 한 성실하게 당신의 최선을 다하기만 하면 됩니다. 다음에 어떤 일이 일어날지 당신은 답할 수 없습니다. 책임은 들은 사람 편에 있습니다. 그들이 당신을 믿지 않거나 당신이 전한 내용에 귀를 기울이지 않는다면 그것은 애석한 일입니다. 그러나 그것은 그들의 문제이지 당신의 문제가 아닙니다. 그들은 당신의 반응에 대해서가 아니라 자신이 어떻게 반응할 것인지 답해야 할 것입니다. 그렇다면 모세의 이 구실은 어떠한가? 잊어 버리도록 하라. 하나님도 역시 그것을 간과하셨습니다. 이번에 하나님은 필요하면 모세도 할 수 있도록 능력을 주시면서 기적을 보여 주심으로 그를 계속 격려하셨습니다. 그러나 모세는 여전히 변명을 그치지 않았습니다. 이제 그는 또 다른 구실을 내세우려 했습니다. 자신은 결코 언변에 능하지 않은, 말하는 데에는 아주 부적합한 자라고 말했습니다. "나는 본래 말에 능치 못한 자라"(4:10)고 했습니다. 전에 이런 말을 들어 본 적이 있는가? 그런 경험이 있으리라고 확신합니다. 이는 많은 그리스도인들이 둘러대는 또 하나의 흔한 구실입니다. 그러면 하나님의 대답에 특별히 주의해 보자. 내 생각으로는 모든 그리스도인과 무엇보다도 모든 그리스도인 교사들이 이 말씀을 외우고 자주 묵상해야 할 것 같습니다. "누가 사람의 입을 지었느뇨 누가 벙어리나 귀머거리나 눈 밝은 자나 소경이 되게 하였느뇨 나 여호와가 아니뇨 이제 가라 내가 네 입과 함께 있어서 할 말을 가르치리라"(출4:11~12)

하나님은 모세에게 하신 말씀을 당신과 나에게도 하고 계십니다. 우리 주님을 전하는데 왜 우리가 마지 못해 하거나 두려워해야 하는가? 우리를 창조하셨을 때 그분은 우리에게 언어의 능력을 주셨습니다. 따라서 어떤 상황에서든지 그분은 그분을 위해 우리가 어떤 말과 행동을 할지 가르치실 뿐 아니라 실제 증거 하는 일을 도우실 것입니다. 그렇다면 두려워할 것이 무엇이겠는가? 우리가 할 일은 오직 그분을 신뢰하고 순종하는 일입니다. 그런데도 모세는 하나님께 다른 사람을 보내도록 간청하고 있습니다. 하나님은 거절하셨지만 모세의 형 아론이 모세의 대변자가 될 것이라고 그에게 확신시키셨습니다. 모세는 가야만 했습니다. 그는 증거해야만 했습니다. 당신도 나도 마찬가지입니다. 하나님은 우리에게 위험을 무시할 수 있는 소환장을 이미 나누어 주셨습니다.

(2) 증인이 알아야 할 세 가지 사실

첫째, 증인은 항상 대중 앞에 노출 되어 있는 사람입니다. 그는 신원이 확실해야 합니다. 법정에서 그가 제일 먼저 할 일은 이름, 주소, 직업을 밝히는 일입니다. 어떤 면에서 그는 다른 사람들에게 전시된다고 볼 수 있습니다. 교회학교 교사도 마찬가지입니다. 그 증거가 말로 이루어지지 않는 경우에도 그렇습니다. 당신은 고통 받는 어떤 개인이나 집단을 위한 관심의 표시로 말 한마디 없이 외국대사관 주위에서 시위하는 엄숙한 사람들의 무리에 관한 기사를 읽은 적이 있을 것입니다. 혹은 어떤 피고인이나 기결수의 무죄를 입증하려고 법정 밖에서 진을 치고 있는 사람을 본 적이 있을 것입니다. 심지어 장례식이 끝난 후에도 오랫동안 주인의 무덤 옆에 앉아 있는 개를 본 적도 있을 것입니다. 문제는 소리를 내든지 침묵으로 하든지, 행동으로 하든지 말로 하든지 증인은 공개되어 다른 사람들에게 보여진다는 것입니다. 어떤 그리스도인도 등불을 켜서 말 아래 두지 않습니다. 우리는 등불을 등경 위에 두어 집안 모든 사람에게 비추게 해야 합니다(마5:15). 우리 빛을 사람 앞에 비추지 못한다면 어떻게 저들로 하여금 하늘에 계신 우리 아버지께 영광을 돌리게 할 수 있겠는가? 알다시피 이 말씀은 우리가 말뿐 아니라 착한 행실로 증거해야 함을 상기시켜 줍니다. 현재 당신의 모습이 또한 주님에 대한 확실한 증거가 될 수 있습니다. 당신은 그리스도인이 되어 새로운 피조물로 변했습니다. 당신을 아는 사람들이 실제 변화된 당신의 모습을 보는 일은 중요합니다.

하나님이 어떻게 우리를 그리스도의 모습으로 만들어 가시는지 사람들이 볼 수 있도록 하는 것이 좋습니다. 이는 우리의 인격과 행위 속에서 의식적으로 자아를 과시하는 것을 의미하지 않습니다. 오히려 다른 사람은 잘 노출 시키지 않는 사생활의 영역뿐만 아니라 공개된 삶 속에서도 우리가 꾸준하며 일관되게 행동해야 한다는 뜻입니다. 모든 시대의 가장 위대한 교사인 그리스도 그분에 대해 생각해 보라. 세계 역사상 그분처럼 특별한 믿음과 독특한 삶에 전적으로 헌신 된 교사는 없었습니다. 그분의 말씀을 들은 자는 모두 그 사실을 알았습니다. 그러나 그분은 결코 어느 누구에게도 자신의 사고방식과 행동에 적응하도록 강요하지 않았습니다. 그를 받아들이든 거부하든 선택의 자유가 있었습니다. 그래서 나는 예수님의 본은 어느 교사에게도 큰 위로가 된다고 믿습니다.

두 번째는 증인은 결코 연극의 주연 배우가 아니라는 사실입니다. 우리는 결코 그런 생각의 덫에 빠지는 일이 있어서는 안 됩니다. 그런 유혹은 언제나 현존하며 또한 매우 넘어가기 쉽습니다. 당신이 거리의 사고를 목격하여 법정의 증인으로 출두할 것을 요청받았다고 가정해 보자. 드디어 그날이 가까워집니다. 그동안 당신은 무슨 말을 해야 할지, 질문에 어떻게 답해야 할지 생각하면서 잠깐동안 준비해 왔습니다. 그 시간이 점점 더 가까워짐을 의식하면서 그날 아침에는 일찍 일어나 조심스럽게 좀 더 준비합니다. 10시까지 법정에 나가야 하기 때문에 직장에 갈 수도 없고 일상적인 다른 일도 할 수 없습니다. 이제 법정에 가서 이름이 불리기를 기다립니다. 갑자기 내 이름이 불립니다. 당신은 안으로 들어갑니다. 모든 관심의 대상이 됩니다. 당신이 선서를 하고 말할 때 모든 사람이 당신을 주시합니다.

그런 긴장된 분위기에서는 자기 자신이나 말해야 할 내용에 대해 지나치게 의식한 나머지 자신이 주인공이 아니라 단지 증인일 뿐임을 잊기가 매우 쉽습니다. 당신은 전에 어느 가정이나 교회 혹은 수련회에 가서 간증을 해본 적이 있는가? 그렇다면 당신은 그때 자기 자신과 믿음의 결과, 혹은 간증 내용의 전달 방식에 집중하려는 유혹을 받았을 것입니다. 어쨌든 이야기의 실제 주체인 주님에게 관심을 두지 않게 됩니다. 절대로, 절대로, 결코 잊어 버리지 말자! 그리스도야말로 그리스도인이 항상 증거해야 할 유일한 인물입니다.

마지막으로, 증거에 대해 최종적으로 생각할 세 번째 요소를 살펴보기 위해 신약 전체에 걸쳐 '증인'으로 번역된 단어를 알아보자. 그 말은 헬라어로 '마르티스'(martys)인데 여기서 영어의 순교자라는 단어 'martyr'가 나왔습니다. 순교자의 사전적 의미는, 위대한 명분을 위해 죽음이나 고통을 겪는 사람입니다. 그리스도의 증인이 된다는 것은 고통을 수반할 수 있음을 실제로 일깨워 주는 말입니다. 사실 그리스도의 권위의 측면에서, 또 그분이 이 땅에서 끊임없이 겪었던 일을 볼 때, 증거의 일을 하는 모든 그리스도인은 조만간 고난과 고통을 겪어야만 할 것임을 우리는 잘 알고 있습니다. 왕 중의 왕이며 주중의 주인 그 분을 위해 말하고 행동할 수 있다는 것은 너무 놀라운 특권이며, 그런 공공연한 증거에 수반되는 불안과 핍박을 압도하는 특권입니다. 그러나 증거에는 고통과 자기 부정이 포함된다는 사실을 잊지 말고 그러한 결과에 대해 우리는 미리 준비해야 할 것입니다. 법정에서는 보통 어떤 증인도 기소자나 변호사 양쪽의 반대 심문을 받게 됩니다. 그것은 결코 쉬운 일이 아니며 끔찍 할 수도 있습니다. 당신이 증인이 되는 편은 친절하며 당신을 격려할 것이고 가능한 한 당신이 효과적으로 내용을 잘 설명하도록 도울 것입니다. 그러나 반대편은 당신이 하는 모든 말에 의심을 하거나, 당신을 혼란스럽게 해서 당신이 믿을 만하지 않거나 어리석게 보이도록 노력할 것입니다. 많은 증인들은 법정에 설 때 꽤 정직한 편입니다. 그러나 증인으로 선다는 것은 시험 거리가 되며 유쾌하지 못한 경험입니다. 만일 이러한 생각이 당신을 두렵게 만든다면 나 역시 썩 좋아하지 않는데 우리가 즐겨 부르며 힘을 얻는 찬송 가사들이 우리에게 우리의 시선을 예수님께 돌리라고 호소하듯이 예수님께 우리의 시선을 돌려야 합니다. 그분 또한 하나님 아버지와 천국의 복음을 전하는 증인이었음을 기억하라. 요한계시록에 나타나 있듯이 그분은 과거에도 "충성된 증인"(계1:5)이며 "충성되고 참된 증인이시요 하나님의 창조의 근본"(계3:14)이셨고 현재도 그러합니다. 우리도 이처럼 할 때 '묘하게도 땅의 일들은 점점 희미해지고' 용기가 북돋워져서 우리의 주이자 구세주이시며 영광의 왕인 그 분을 위하여 증인의 임무를 강화해 나갈 것입니다.

13) 의사 소통자인 교사

며칠 전 저녁에 나는 청각 장애자에 관한 텔레비전 프로그램에서 한 부인이 나와 수화를 하는 모습을 보았습니다. 수화는 그 부인을 바라보고 있는 모든 청각 장애 시청자들에게는 유익한 것이었습니다. 그 부인은 수화로 그들에게 말을 했습니다. 그러나 나는 수화를 배우지 않았기 때문에 그 동작은 내게 아무 의미도 없었습니다.

당신의 의사소통 기술은 어떠한가? 학생들은 당신의 말을 이해하는가? 당신은 그들과 연결되어 있는가? 아마 대부분의 시간은 그럴 것입니다. 그렇지 않으면 교사로서 별로 의미가 없을 것입니다. 당신은 실제 교실에서 사용하는 언어를 분석해 본 적이 있는지 모르겠습니다. 수업할 때 당신은 어떤 말을 사용하는가? 질문할 때에는 어떠한가? 어떤 것을 설명할 때에는 칭찬하거나 꾸짖을 때에는? 정말 학생들을 화나게 한 적은 없는가? 그럴 때에는 어떤 종류의 말을 사용하는가? 비언어적 의사소통은 어떠한가? 몸의 자세, 손짓, 얼굴 표정, 어조는? 그런 것들은 학생에게 어떤 내용을 담아 보내는가? 당신이 수업한 것을 녹음하여 들어 본 적이 있는가? 더 좋은 방법으로 당신이 수업하는 장면을 비디오로 녹화하여 소리뿐 아니라 모습까지 볼 수 있도록 한 적은 없는가? 그것은 실제로 놀라운 경험입니다. 혹시 당신의 행동을 스스로 볼 수 있도록 간단한 교육 기재를 사용하는 연수에 참석해 본 적이 있는지 모르겠습니다. 아니면 전혀 그런 경험이 없을지도 모릅니다. 많은 교사들이 그렇습니다. 한 교사는 교실 뒤에 아주 큰 거울이 있어 오히려 미묘한 경험을 한 적이 있었습니다. 그는 처음에 거울이 어떤 역할을 할지 몰랐습니다. 그런데 그 교실에 가서 수업을 할 때마다 거울에 비친 자신의 모습을 보지 않을 수 없었습니다. 그것은 아주 독특한 느낌을 주었습니다. 동시에 그에게 도움이 되었습니다. 그는 자신이 갖고 있는 버릇과 행동 양식을 알게 되었습니다. 적어도 학생들이 자기를 늘 어떻게 보고 있는지 알 수 있었습니다. 거울은 그가 더 좋은 의사 소통자가 되는데 도움을 주었습니다.

(1) 전달 내용 검토하기

훌륭한 의사소통이 훌륭한 가르침에 가장 중요하다는 것은 두 말할 여지가 없습니다. 예를 들어 당신은 학생들의 연령과 능력에 적합한 언어를 사용해야 한다는 사실을 잘 알고 있습니다. 중학교 1학년 학생들에게 적합한 언어는 유치원에서는 소용이 없습니다. 다시 한 번 물어 보자. 당신은 수업 시간에 사용하는 언어의 구조를 분석해본 적이 있는가? 우리 모두는 가르칠 때 전체 문맥을 살피기 어려울 정도로 너무 많은 말을 할 때가 있습니다. 그러한 모습은 보통 교사가 특정한 학생과 직접 대화를 나누거나 의견을 교환할 때 가장 많이 드러납니다. 수업 준비를 하면서 교사들은 수업 내용의 핵심 주제를 어떻게 훌륭하게 전달할지 생각합니다. 그러나 질문하고 답하는 시간이나 계획된 토론을 위해서는 많은 시간을 할애하지 않습니다. 답변할 때 어떤 말로 할지 생각해 본 적은 - 자주 하지 않더라도 - 별로 없을 것입니다. 징계하거나 칭찬할 때 어떤 말을 사용할지도 생각하지 않습니다. 아마 이런 일을 위한 시간이 없을지도 모릅니다. 어쨌든 이 모든 말은 항상 예측할 수 없는 학생의 반응에 달려 있습니다.

예를 들어 다음에 기록된 전형적인 교사의 말투를 생각해 보라. 전후 문맥이 없기 때문에 아주 공정하게 평가할 수는 없습니다. 그러나 다음 말은 듣고 있는 대상에게 어떤 영향을 주겠는가? 그 말을 듣고 있는 나머지 학생들은 어떤 영향을 받겠는가? "자, 덤보야, 하루 종일 네 대답을 기다릴 수가 없구나". "메리, 앉아서 조용히 있거라. 내 수업 시간에 너는 들어야 할 때 말을 하는구나". "잘 들어, 잭슨, 너는 나한테 말할 때마다 선생님 소리를 붙이는구나". "이제 더 이상 질문하지 말아라. 네가 할 공부만 계속해. 나중에 질문할 시간이 있을거야".

대부분은 그들이 어떻게 말하는가에 달려 있습니다. 첫 번째는 실제로 창피를 줄 수도 있고 약간 즐거울 수도 있는 것입니다. 두 번째는 날카롭고 화가 나 있거나, 아니면 인내하며 조용히 말하는 것일 수 있습니다. 세 번째는 어떤 이야기가 들려도 참지 못하고 생각 없이 솔직하게 가르치는 말입니다. 마지막은 여러 가지 방식으로 들릴 수 있습니다. 어떻게 말하든지 그 말은 여러 가지 메시지를 전달합니다. 거기에는 교사가 말하고 싶어 하는 요점이 있습니다. 그러나 그 말은 모두 태도와 관계에 관한 것을 나타냅니다. 그리고 교사가 학생들에게 어떻게 접근해야 하는지에 대해 정해져 있습니다. 행동에 관하여 언어적 생각뿐 아니라 비언어적 생각까지 전달합니다. 그 모든 말은 가치를 담고 있습니다.

또 달리 관심을 가진 것은 듣는 사람들의 반응입니다. 교사들은 이해시키려는 내용을 정확히 전달했는가? 그 반응은 교사가 기대하거나 동의할 수 있는 것이었는가? 예를 들어 첫 번째 예가 유머를 시도해 본 것이라면 학생들이 실제로 재미있다고 웃기는 했지만 생각했는가? 창피를 준 것이라면 그 비웃음의 말은 학생들의 반응을 자극하기보다는 얼마나 많은 상처를 준 것이 있겠는가? 어려운 문제입니다. 많은 어린이와 청소년들은 감정을 솔직히 표현하기 때문에 몇몇 학생들의 행동은 쉽게 측정할 수 있습니다. 그러나 그들이 갖고 있을지도 모르는 다른 반응들은 전혀 분별할 수가 없습니다. 당신도 결코 알기 어려울 것입니다. 바로 이 점이 교육은 믿음의 행위라는 사실을 설명해 줍니다. 당신은 옳다고 믿는 바를 행해야 하며 학생들에게 가장 유익이 되는 것을 행하고 그 안에서 선한 것이 나옴을 믿어야 합니다.

이제 의사소통에 관한 성경 말씀이 당신에게 실제 도움이 될 것입니다. 지면상 모두 살펴볼 수는 없고 가장 직접적으로 관계가 되는 몇 가지를 생각해 보도록 하겠습니다. 야고보서에 나오는 혀 길들이기라는 내용의 말씀으로 시작하겠습니다.

혀 길들이기

우리는 앞에서 이미 야고보서 3장을 살펴본 바 있습니다. 야고보는 3장 대부분에서 우리가 사용하는 말의 통제 문제에 대해 언급하고 있습니다. 그는 혀를 말(馬)의 입, 배의 키, 숲을 태우는 작은 불과 비교합니다. 인간은 모든 종류의 야생 동물을 길들일 수는 있으나 혀는 길들일 수 없음을 상기시킵니다. 혀는 쉬지 아니하는 악이요 독이 가득한 것이라고 말합니다. 그는 우리의 일관성 없음을 강조합니다. 한 입으로 하나님을 찬송하고 그 입으로 하나님의 형상으로 지음 받은 사람들을 저주합니다. 이것은 마땅치 않은 일입니다. 우리가 하는 말에 일관성이 없는 것이 어린이에게 실제 문제가 됩니다.

일관성 없는 교사는 그들에게 적합하지 않습니다. 오늘은 이렇게 말하고 내일은 다르게 말하는 사람은 학생들의 마음에 혼란만 가중 시킬 뿐입니다. 학생들은 그런 사람을 어떻게 대해야 할지 알지 못합니다. 많은 교사들은 대개의 경우 꽤 일관된 접근을 계속해 나갑니다. 그러나 혀 길들이기에 실패할 때 실수를 하게 되며, 그랬을 때 학급에 미치는 영향은 결코 좋지 않습니다.

따라서 모든 교사는 실제로 문제를 안고 있습니다. 그것은 스스로 극복할 수 없는 문제입니다. 적어도 교회학교 교사에게는 도움을 주시는 하나님의 능력이 있습니다. 그들 자신의 힘으로는 성공하지 못할 것입니다. 그러나 하나님의 은혜로 그들은 자신의 생각과 말을 통제하는 성령님의 능력을 요청할 수 있습니다. 따라서 그들이 하는 말은 교실에서, 진정한 증거의 수단이 될 수 있습니다.

현실적이고 실제적인 충고를 얻기에는 잠언이 아주 좋습니다. 잠언에서 이 주제에 관해 세 가지 각도에서 말씀을 찾아냈습니다. 먼저 일반적인 충고를 받아들이고 다음에 건전한 말의 효과를 검토한 다음 세 번째로 악과 불건전한 언어의 결과를 생각해 볼 것입니다.

(2) 일반적인 충고

"의인의 혀는 천은과 같거니와"(잠10:20), "지혜로운 입술이 더욱 귀한 보배니라"(잠20:15), "경우에 합당한 말은 아로새긴 은쟁반에 금 사과니라"(잠25:11). 대단한 출발점이라고 생각되지 않는가? 교사가 된다는 것이 큰 특권임을 나타내는 말입니다. 지식, 특히 도덕적 순결에 관한 지식을 가르치는 사람은 정말로 아주 귀중합니다. 마찬가지로 적합한 때, 올바른 상황에서 하는 말은 귀중하며 사람의 마음을 끕니다. 물론 세 가지 모두가 교사들뿐 아니라 모든 사람에게 적용되지만, 교사들은 특히 이 말씀에서 자신을 얻을 수 있습니다. 바울은 이것을 자신만의 훌륭한 방법으로 설명합니다. 그는 다음과 같이 충고합니다. "너희 말을 항상 은혜 가운데서 소금으로 고루게 함같이 하라 그리하면 각 사람에게 마땅히 대답할 것을 알리라"(골4:6). 이 문맥에서 아름다운 단어 '은혜' – 헬라어로 '카리스'(charis)는 기쁨을 주는 것, 혹은 기쁨의 원인이 되는 것을 의미합니다. 은혜의 말은 그 말을 듣는 사람을 기쁘게 하여 그의 동의를 받아낼 것입니다. 그럴 때 그 말은 매력적이며 동시에 건전할 것입니다. 그러나 소금으로 고루게 함 같아야 합니다. 소금은 짜릿하며 얼얼한 맛을 냅니다. 음식을 요리해 보면 알 수 있듯이 소금은 두 가지 중요한 용도로 사용됩니다. 음식에 조미되어 짠맛을 내며, 또 음식을 보존하여 오랫동안 신선하게 유지 시킵니다. 그러므로 우리의 말은 매력적으로 표현되어야 하고 그 말에 요점을 더해줄 수 있는 짠맛을 갖고 있어야 합니다. 그런 대화는 어린이나 어른 누구를 막론하고 우리가 만나는 모든 사람에게 똑같이 적용할 수 있습니다. 옳습니다. 이것이 일반적인 원리입니다. 성경은 구체적으로 그 원리를 어떻게 설명하고 있는가? 앞에서 본 내용으로 살펴볼 때 한 가지는 확실합니다. "궤휼을 네 입에서 버리며 사곡을 네 입술에서 멀리하라"(잠4:24). 이런 충고는 어른과 청소년들의 대화의 일반적 수준이 떨어질 때 특히 적합한 내용입니다. 더러운 말과 불경한 언어는 보통 모든 사회 계층에서 사용합니다. 텔레비전, 라디오 프로그램에서도 늘 들을 수 있습니다. 학교도 그런 말에서 보호되는 장소는 아닙니다. 그러므로 그런 식의 말을 거부하거나 학생 앞에서 그런 언어를 허락하지 않는 교회학교 교사의 본은 어두운 세상을 밝게 비치는 빛이 됩니다.

이와 연결하여 다음의 충고를 들어보라. "말을 아끼는 자는 지식이 있고 성품이 냉철한 자는 명철하니라"(잠17:27). "말이 많으면 허물을 면키 어려우나 그 입술을 제어하는 자는 지혜가 있느니라"(잠10:19). 다시 말해 너무 말을 많이 하는 것을 조심하라. 왜냐하면 죄의 위험이 말이 많은 곳에 넘치기 때문입니다. 산상수훈을 통해 예수님도 이와 비슷한 말씀을 하셨습니다. "오직 너희 말은 옳다 옳다 아니라 아니라 하라 이에서 지나는 것은 악으로 좇아 나느니라"(마5:37). 예수님이 특별히 맹세에 대해 언급하신 말씀인데, 보통 맹세를 할 때 대부분의 사람들은 지나치게 강조하려는 유혹을 많이 받습니다. 그렇기 때문에 예수님의 이 충고는 여기서 말하는 요점에 적합하며, 다른 많은 말에도 적용될 수 있습니다. 예를 들어 우리가 하는 약속, 어린이를 칭찬하고 꾸짖는 말 등에 적용됩니다. 그러므로 당신이 하는 말을 조심스럽게 선택하라. 전혀 말을 하지 않는 것이 더 좋고 현명할 때도 있을 것입니다. 어떤 경우든지 다음의 말씀을 생각하라. "의인의 마음은 대답할 말을 깊이 생각하여도"(잠15:28). 이 말은 의로운 사람은 말하기 전에 조심스럽게 생각하며, 생각 없이 말하거나 비평하지 않는다는 뜻입니다. 수업 중에 그렇게 하는 일이란 항상 쉬운 일이 아니지 않은가? 그러나 힘을 내라. 절제는 연습으로 이루어집니다.

일반적인 충고라는 제목을 가지고 마지막으로 우리는 잠언 3장의 첫 두 구절을 살펴보아야 합니다. "내 아들아 내 지혜에 주의하며 내 명철에 네 귀를 기울여서 근신을 지키며 네 입술로 지식을 지키도록 하라"(잠5:1~2). 말을 별로 하지 않거나 때때로 전혀 말하지 않는 연습을 하면 스스로 당신의 말을 좀 더 쉽게 절제할 수 있다는 것을 제안한 바 있습니다. 그러나 잠언의 말씀이 더 좋은 충고가 된다고 생각합니다. 그것은 우리가 사용하는 언어를 향상시키는 비결을 갖고 있습니다. 이 충고가 청소년에게 주어진 이상, 이는 청소년을 가르치는 사람들에게도 적합합니다. 스스로 지혜의 발밑에 앉아서 우리 교사들은 우리가 말하고 행하는 일에 좀 더 사려 깊고 신중할 수 있을 것입니다. 우리는 일시적이고 무가치한 것을 가르치기보다는 지식을 보존하는 말을 해야 할 것입니다. 우리는 건전한 학문으로 우리의 생각과 마음을 채워야 할 것입니다. 그러면 가르칠 때 우리 학생 모두에게 유익하도록 그 우물에서 규칙적으로 물을 끌어 올릴 수 있게 될 것입니다.

(3) 훌륭한 의사 소통의 효과

이제 의사소통의 두 번째 각도인 건전한 언어의 효과에 대해 살펴보자. 교회학교 교사들은 믿음으로 걷지, 시력으로 걷는 것이 아닙니다. 이는 특별히 교사에게 해당 됩니다. 따라서 성경 말씀을 오랫동안 꾸준히 계속 보면, 지혜롭고 건전하며 올바른 의사소통을 하게 됩니다. 대개 당신은 스스로 교육 효과를 측정할 수 없습니다. 그러므로 주님을 의지하여 당신이 사용한 말이 이런 결과를 남기도록 하라.

먼저 일반적인 말씀을 살펴보자. "지혜자의 말씀은 찌르는 채찍 같고 회중의 스승의 말씀은 잘 박힌 못 같으니 다 한 목자의 주신 바니라"(전12:11). 전도자가 지혜로운 교사에 대해 말하는 내용을 주의해 보았는가? 두 가지입니다. 채찍 같으며 잘 박힌 못 같다고 합니다. 가르치는 일을 하면서 당신이 가장 원하는 바가 아닌가? 당신은 당신의 말이 학생들에게 박차를 가하고 그들을 격려하며 자극하기를 바랍니다. 또한 당신이 한 말이 학생들에게 기억되며 그들의 마음속에 꼭 붙잡혀 새겨지기를 원합니다. 채찍은 손잡이가 긴 막대이거나 끝이 뾰족한 도구였습니다. 농부들이 경작할 때 소를 몰면서 사용하던 것이었습니다. 전도자가 생각한 못은 쇠로 만들어졌는데 벽 같은 곳에 박아 어떤 물건을 안전하게 하는 데 사용되었습니다. 지혜로운 말, 지혜로운 가르침은 그런 효과를 가져옵니다. 당신은 그것을 믿어야 합니다. 계속 그렇게 믿으라. 성경은 그와 같이 말하고 있습니다. 이 모든 것으로 당신은 위로받지 않는가? 당신의 영혼은 노래하고 있는가? 당신의 마음은 흥분하여 두근거리지 않는가? 자, 단단히 붙잡아라. 더 나올 것이 많습니다. 그것은 모두 대단합니다. 건전한 의사소통에서 비롯되는 적어도 여덟 가지의 효과가 있습니다. 그것은 다음과 같습니다.

① 지식을 더합니다. "입이 선한 자가 남의 학식을 더하게 하느니라"(잠16:21). "지혜로운 자의 마음은 그 입을 슬기롭게 하고 또 그 입술에 지식을 더하느니라"(잠16:23). 위의 인용문에서 마지막 두 구절(지식을 더하게 한다)을 달리 표현하면 '사람(혹은 입술)을 설득할 수 있게 된다'입니다. 두 가지 다 멋있는 표현입니다. 우리는 지식을 가르쳐 설득하기를 바랍니다. 우리가 선하고 지혜로운 말을 사용할 때 그렇게 될 것입니다.

② 교육합니다. "의인의 입술은 여러 사람을 교육하나"(잠10:21). 우리는 학생들을 잘 먹여서 그들이 건강을 유지하며 계속 성장하기를 바랍니다. 또한 그들의 발전을 도모하는 만큼 그들을 보호하고 소중히 돌보기를 바랍니다. 의인의 말은 이 모든 것을 다 할 수 있습니다.

③ 지속됩니다. "진실한 입술은 영원히 보존되거니와 거짓 혀는 눈 깜짝일 동안만 있을 뿐이니라"(잠12:19). 이 말은 저자의 의도를 더 넓게 반영합니다. 정직한 가르침과 말은 보존됩니다. 거짓 말은 일시적인 영향만을 줄 뿐입니다.

④ 치료가 됩니다. "혹은 칼로 찌름같이 함부로 말하거니와 지혜로운 자의 혀는 양약 같으니라"(잠12:18). "선한 말은 꿀송이 같아서 마음에 달고 뼈에 양약이 되느니라"(잠16:24). 교사들은 종종 위로하고 중재하거나 싸움 같은 것을 진정 시켜야 하는 상황에 놓입니다. 사려 깊고 선한 말은 고통을 덜며 기운을 회복시킵니다. 그것은 위험하고 고통스런 상황에 질서와 조화를 가져옵니다. 그 상황에 연루된 사람들의 '영혼을 회복'시켜, 교사와 학생 모두가

좀 더 긍정적인 생각 속에서 활동을 계속할 수 있게 합니다. 다툰 학생들에게 공정한 심사를 했던 경험이 있는가? 내 준 문제를 풀지 못하거나 제 시간에 못할까 두려워 떨던 학생을 상담한 적이 있는가? 다른 학생들에게 무능력하다고 비판을 받은 여학생에게 능력을 재확인시켜 준 경우는 없었는가? 그 모두가 당신의 말로 치료를 받은 것입니다.

⑤ 반감을 깨뜨립니다. "부드러운 혀는 뼈를 꺾느니라"(잠 25:15). "유순한 대답은 분노를 쉬게 하여도"(잠15:1). 첫 인용문의 앞 구절은 관원을 설득하는 인내를 말합니다. 그 말은 때때로 우리가 완고한 자, 동료 교사, 학생들을 만날 수 있음을 상기시킵니다. 힘차게 뿜는 강한 말은 효과가 거의 없고 성급한 말은 쉽게 실패를 가져오지만, 유순한 말은 당연히 성공을 가져옵니다. 우리도 때로는 화가 나고 그런 상태에서 학생, 교사를 만납니다. 그러나 유순한 대답이나 설명은 그런 상황을 진정시키며 좀 더 높은 수준의 대화를 하게 할 것입니다.

⑥ 확실한 반응을 할 수 있습니다. "너로 (모략과 지식의 아름다운) 진리의 확실한 말씀을 깨닫게 하며 또 너를 보내는 자에게 진리의 말씀으로 회답하게 하려 함이 아니냐"(잠22:21). 당신이 지혜롭고 믿을 만한 선생에게서 가르침을 받듯이, 학생들은 당신에게서 현명한 가르침을 받게 됩니다. 양쪽의 경우, 당신과 학생들은 질문하는 사람에게 믿을 만하며 진실한 반응을 할 수 있습니다.

⑦ 환난에서 보호받습니다. "입과 혀를 지키는 자는 그 영혼을 환난에서 보전하느니라"(잠21:23). 말을 지키면 학생들에게 복이

될 뿐만 아니라 입을 지키지 않았을 때 생기는 환난과 여러 가지 고난에서 보호받을 수 있습니다. 실제 작정한 것보다 더 심하게 벌하겠다고 위협하는 교사를 본 적이 있지 않은가?

⑧ 생명을 가져옵니다. "의인의 입은 생명의 샘이라"(잠10:11). 지혜와 도덕적 교훈으로 가득 찬 말을 할 때 당신은 학생들이 바르게 살도록 가르칠 뿐 아니라, 생명의 샘을 공급하고 있는 것입니다. 학생들이 – 그중에 일부라도 – 당신의 말을 듣지 않거나 당신에게서 배우려 하지 않는 것처럼 보일지도 모릅니다. 그렇지만 당신도 완전히 알 수는 없습니다. 그러므로 당신이 최선으로 알고 있는 것을 계속 성실하게 가르치라. 그리고 지치거나 낙심될 때 성경에서 말하는 그런 가르침의 효과가 무엇인지 생각하라. 당신의 말은 학생들에게 생명의 샘이 될 뿐 아니라 당신을 새롭게 하며 격려할 것입니다.

(4) 나쁜 말을 삼가라

이제 우리는 성경적 의사소통의 세 번째 관점에 도달했습니다. 베드로는 이렇게 쓰고 있습니다. "생명을 사랑하고 좋은 날 보기를 원하는 자는 혀를 금하여 악한 말을 그치며 그 입술로 궤휼을 말하지 말고"(벧전3:10). 점심시간에 가게에서 어떤 어머니가 아이에게 말하는 소리를 듣는 것 같습니다. "입을 조심해라". 악하고 속이며 잘못 인도하는 말은 당신이 좋은 날을 보는 데 도움이 되지 못할 것입니다. 당신의 삶은 문제로 가득 찰 것입니다.

이번에는 잘못되고 부주의한 의사소통의 여섯 가지 나쁜 결과를 상기시켜 주는 말씀을 잠언에서 뽑아 보았습니다.

① 죄로 이끕니다. "말이 많으면 허물을 면키 어려우나 그 입술을 제어하는 자는 지혜가 있느니라"(잠10:19). 우리는 앞에서 이 말씀을 살펴본 바 있습니다. 여기서 한 번 더 언급하는 것은 교사들에게 가장 흔한 유혹 거리의 하나가 너무 말을 많이 하는 것이기 때문입니다. 우리는 교사이기 때문에 처음부터 중간, 마지막 말까지 다해야 한다고 생각하는 경향이 있습니다. 말을 많이 하면 할수록 실수의 위험은 더 커집니다. 그러므로 어떤 상황에서도 지나치게 말을 하지 말라. 처음에 금방 핵심을 발견하지 못하면 솔직히 지껍게 하는 일을 그만두라. 특히 훈계를 하는 상황에서 말을 많이 하면 할수록 나중에 후회할 말도 많이 하게 될 것입니다.

② 노를 격동합니다. "과격한 말은 노를 격동하느니라"(잠15:1). 교사들은 학생에게 과격한 말을 하기가 매우 쉽습니다. 학생들은 게으르고 무례하며 느리고 고집이 세며 어리석을 수 있습니다. 당신은 그런 학생의 이름을 댈 수 있을 것입니다. 어린이도 어른도 그럴 수 있습니다. 당신에게는 항상 욥의 인내가 필요합니다. 그렇지만 당신은 욥이 아니지 않은가? 따라서 당신은 가끔 실패합니다. 성경은 과격한 말이 노를 격동한다고 말합니다. 인간의 노는 보통 죄가 됩니다. 당신은 '과격한' - 다른 영어 성경에서는 '심한' - 으로 번역된 이 단어를 오해할지 모릅니다. 이 단어를 들으면 나는 금속을 자르거나 운전할 때 나는 나쁜 기어 변속 소리처럼 귀에 거슬리는 어떤 소리가 연상됩니다. 그러나 이 단어는 문자적으로 '마음을 아프게 하는 말'이란 뜻입니다. 그러므로 과격한 말,

심한 말 마음을 아프게 하는 모든 말을 삼가라. 그런 말들은 목표를 달성한 것처럼 보여도 유익이 되지 않고 해가 됩니다. 그런 말들은 사람들의 자제력을 잃도록 만듭니다. 사람들이 성숙하고 온전하게 성장하는 데 정말 방해가 됩니다.

③ 영혼을 찌릅니다. "혹은 칼로 찌름같이 함부로 말하거니와"(잠12:18). 당신은 학교에서 종종 경솔한 말을 하는 상황에 놓일 때가 있습니다. 당신 안에 있는 무엇인가가 말을 통해 당신을 더 멀리 나가게 합니다. 따라서 당신의 말은 칼로 찌르는 것과 같습니다. 실제 상처를 입히며 그 상처는 오래 지속될 수 있습니다. 학생들은 쉽게 잊지 않습니다. 상처를 받으면 아무도 잊지 못합니다. 바로 그렇다면 당신은 주님의 지혜와 온유함을 갈망하게 되지 않는가?

④ 영혼을 짓누릅니다. "온량한 혀는 곧 생명 나무라도 패려한 혀는 마음을 상하게 하느니라"(It crushes the spirit)(잠 15:4). 놀라운 말씀입니다. 미처 생각지 못한 내용입니다. 패려한 혀가 혼란을 일으키거나 불안을 조성할 정도라면 그것은 나도 아는 바입니다. 거짓말을 하거나 당신을 잘못 가운데로 인도하는 사람이 있다면, 당신은 자신의 위치와 할 일을 모르게 됩니다. 그런 말들을 믿어 버리면 당신은 곧 오류 가운데 빠집니다. 그런데 이 말씀은 사기, 거짓 설명, 허위 기만을 포함하고 있는 패려(deception)한 말이 마침내는 영혼을 짓누르는 난처한 사태를 가져온다는 것을 보여 줍니다. 그러므로 당신은 무슨 말을 하든지 솔직하고 정직하도록 노력해야 합니다. 어린이와 청소년들은 아주 쉽게 낙담합

니다. 그들의 영혼은 쉽게 부서질 수 있습니다.

⑤ 멸망을 가져옵니다. "입을 지키는 자는 그 생명을 보존하나 입술을 크게 벌리는 자에게는 멸망이 오느니라"(잠13:3). 경솔하고 무분별하게 말하는 자는 듣는 사람들의 마음을 찌르기만 하지 않습니다. 그는 자신의 운명에 영향을 끼칩니다. 스스로 멸망을 향해 치닫고 있습니다. 그러므로 조심하라.

⑥ 미래가 없습니다. "거짓 혀는 눈 깜짝일 동안만 있을 뿐이니라"(잠12:19). 우리는 모두 거짓말을 하도록 유혹을 받습니다. 안타깝게도 모두 그 유혹에 넘어갑니다. 그런데 거짓말 장이에게는 미래가 없습니다. 속이고 그릇 인도하는 자는 모래 위에 심고 세우는 격입니다. 그의 가르침은 지속되지 못합니다. 그 사람도 오래 가지 못합니다. 그는 자신의 파멸을 초래합니다. 그리스도의 명령은 모호 하지 않습니다. 우리는 사랑 안에서 참된 것을 말해야 합니다(엡4:15). 그 밖의 것은 할 수 없습니다.

(5) 비언어적 의사소통

우리는 말로만 의사소통을 하는 것이 아닙니다. 말하는 방식, 말할 때 바라보는 방법도 의사를 전달합니다. 때로는 말하지 않는 것이 우리가 실제 사용하는 언어보다 더 많은 내용을 전달하기도 합니다. 사람들은 입뿐만 아니라 눈, 얼굴, 몸, 몸짓, 어조를 통해 보고 말합니다. 항상 일관되고 똑같은 내용을 전달하는 것은 매우 중요합니다. 학생들은 일관성이 없을 때 금방 알아차립니다.

(6) 하나님의 태도

나의 학생들이 내게 배우기를 기대하는 것처럼 나도 주님께 배워야 한다는 사실을 규칙적으로 나에게 상기시킬 필요가 있습니다. 교사로서 나는 스스로 계속 물어야 합니다. 이 주제에 대해 하나님은 내가 어떻게 말하기를 원하시는가? 이런 상황에서 내가 어떻게 하기를 원하시는가? 지식, 규범, 가치를 다른 사람들에게 전하는 우리는 태초에 말씀이 있었다는 사실을 결코 잊어서는 안 됩니다. 말씀은 하나님 그 분이셨습니다. 솔로몬은 그 사실을 잊지 않았습니다. "대저 여호와는 지혜를 주시며 지식과 명철을 그 입에서 내심이며"(잠2:6). 최고의 교사이며 전달자인 주님은 우리 말에 대해 무엇이라고 말씀하시는가? 잠언 6:16은 주님이 미워하시는 일곱 가지가 있다고 말합니다. 여기서 '미워하는'이란 강한 단어를 주의해 보라. 거짓된 혀(잠6:17), "거짓을 말하는 망령된 증인과 및 형제 사이를 이간하는 자니라"(잠6:19). 잠언 12:22은 똑같은 논점이지만 하나님께서 큰 기쁨을 주시는 것도 강조합니다. "거짓 입술은 여호와께 미움을 받아도 진실히 행하는 자는 그의 기뻐하심을 받느니라". 당신은 어느 말씀에도 놀라지 않을 것입니다. 그러나 주님은 속이는 말이나 악한 말을 모두 싫어하신다는 사실을 모든 교사에게 상기시켜 주는 것이 유익합니다. 동시에 그분은 진리 안에 있고 진리를 말하는 사람을 대단히 기뻐하신다는 사실을 안다면 힘이 됩니다. 그런 사람은 항상 건전한 말을 합니다.

14) 목자인 교사

(1) 목자적 관심이란 무엇인가?

모든 교회학교 교사는 어느 정도 부모를 대신하는(in loco pa-rentis) 위치에 있다고 들었습니다. 학생들이 내 책임하에 있는 시간에 내가 할 일은 일종의 부모 역할이었습니다. 현재까지 교사들의 이런 역할을 묘사하는 가장 흔한 표현은 "목자적 관심"(pastoral care)입니다. 당신은 어떤지 모르겠지만, 지금은 부모를 대신하는 역할에 대해 많이 들어 볼 수가 없습니다. 그러나 모든 교사는 학생들을 위하여 목자의 역할을 하도록 기대된다고 알고 있습니다. 그런데 대부분 사람들이 알고 있는 '목자적 관심'의 의미에 '부모를 대신하는'이란 구절이 포함되는지 의심스럽습니다.

대부분의 부모와 교회학교 책임자들이 교사에게 원하는 것은 어린이들을 계속 조용히 주시하는 것이라 생각합니다. 그들은 어린이들이 어려움을 당하거나 곤경에 처할 때 교사들이 도와주기를 바랍니다. 그들은 교사가 학생의 훌륭하고 책임 있는 행동을 격려해 주기를 바랍니다. 전문적인 도움이 필요할 때 도와주는 친구요 전문가이기를 바랍니다.

문제는 부모들의 기대가 저마다 다르다는 데 있습니다. 교사의 역할을 둘러싸고 많은 혼돈의 여지가 있습니다. 그렇다면 성경의 관점을 잠깐 살펴보지 않겠는가? 사전을 찾아보면 '목자적'이란 말의 개념은 목자와 연관되며 양떼, 소떼와 관련이 있습니다. 마태는 예수님에 대해 이렇게 기록하고 있습니다. "무리를 보시고 민망히 여기시니 이는 저희가 목자 없는 양과 같이 고생하며 유리함이라"(마9:36). 성경은 종종 사람들이 양 같다고 묘사합니다. 어른들이 양 같다면 어린이들의 경우, 그들을 인도하고 도와줄 목자가 얼마나 더 필요하겠는가? 목자의 일은 정확히 무엇인가? 이 질문에 답할 수 있다면 모든 교사의 목자적 역할이 실제 무엇을 의미하는지 좀 더 명확해집니다.

(2) 목자의 역할

가장 좋은 방법 중 하나는 목자에게 가서 직접 물어 보는 일입니다. 당신의 경우 아는 목자가 한 사람도 없을지 모릅니다. 그렇다면 필립 켈러(Phillip Keller)가 쓴 훌륭한 책 「양과 목자」를 읽으면 됩니다. 이 책은 목자의 일뿐 아니라 양의 성질과 문제에 대해 많은 통찰력을 가져다 줄 것입니다. 필립 켈러는 목자였기 때문에 그것을 잘 알고 있습니다.

그러나 성경은 여러 곳에서 많은 단서를 보여 주고 있습니다. 가장 명확한 부분 중의 하나가 에스겔 34장이라고 생각합니다. "목자들이 양의 무리를 먹이는 것이 마땅치 아니하냐"(2절) "너희가 그 연약한 자를 강하게 아니하며 병든 자를 고치지 아니하며 상한 자를 싸매어 주지 아니하며 쫓긴 자를 돌아오게 아니하며 잃어 버린 자를 찾지 아니하고"(4절) "목자가 양 가운데 있는 날에 양이 흩어졌으면 그 떼를 찾는 것같이 내가 내 양을 찾아서"(12절) "내가 그것들을 만민 중에서 끌어내며 열방 중에서 모아 그 본토로 데리고 가서... 먹이되"(13절) "좋은 꼴로 먹이고 좋은 우리에 누워 있으며 이스라엘 산 위에서 살진 꼴을 먹으리라"(14절) "나 주 여호와가 말하노라 내가 친히 내 양의 목자가 되어 그것들로 누워 있게 할지라"(15절) "내가… 공의대로 그것들을 먹이리라"(16절) "내가 양과 양의 사이와… 심판하리라"(17절) "나의 양은 너희 발로 밟은 것을 먹으며 너희 발로 더럽힌 것을 마시는도다 하셨느니라"(19절) "나 곧 내가 살진 양과 파리한 양 사이에 심판하리라"(20절) "내가… 악한 짐승을 그 땅에서 그치게 하리니 그들이… 평안히 거하며…잘지라"(25절).

당신은 하나님이 자신만 돌보고 양무리를 돌보지 않는 목자를 비판하고 계심을 알 수 있을 것입니다. 그 다음에 하나님은 양을 잘 보호하고 지키기 위해 목자의 역할을 스스로 담당할 것을 약속하십니다. 이 말씀에서 목자의 의무를 요약해 볼 수 있습니다.

• 양떼를 살피고 돌보아 주기, • 연약한 양을 강하게 하기, • 병든 양을 고쳐 주기, • 상한 양을 싸매어 주기, • 쫓긴 양을 돌아오게 하기, • 잃어 버린 양을 찾기, • 양을 잘 돌보아 좋은 우리에 누워 있게 하기, • 살찐 양과 파리한 양 사이에 심판하며 연약한 양을 강한 양에게서 보호하며 공의로 그들을 돌보기, • 좋은 꼴로 먹이며 마실 물을 공급하기, • 악한 짐승을 그 땅에서 그치게 하여 양이 평안히 거하도록 하기.

이 목록을 잠깐 살펴보면 마치 새로운 게임을 하는 것 같습니다. 보통, 교사의 목자적 관심에 대해 이야기하는 사람들이 전혀 좋지 않거나 도움이 안 되는 말을 한다고 생각하지는 않습니다. 그러나 에스겔서의 이 말씀은 다른 성경 말씀도 더 참고할 수 있습니다. 인도자나 상담가의 역할보다 목자의 역할을 훨씬 더 잘 나타내고 있습니다.

이 목록에서 우리는 적어도 세 가지 모습을 끌어낼 수 있습니다. 그것은 보호, 좋은 꼴의 공급, 개인적 관심입니다. 이 세 가지가 다 중요하기 때문에 우리가 살펴볼 순서는 문제 되지 않습니다. 우선 좋은 꼴의 공급에 대해 생각 해보자.

① 꼴의 공급

목자는 양떼를 위해 좋은 목초지를 발견해야 합니다. 양들이 잘 자라려면 좋은 목초지가 필요합니다. 또한 가까운 곳에 맑은 물이 풍부해야 합니다. 목자의 직무 중 하나는 양 자체와 다른 동물로부터 목초지를 보호하는 일입니다. 따라서 그는 양이 과식을 하도록 내버려 두거나 땅이 짓밟히거나 시냇물이 더러워지도록 해서는 안 됩니다. 하나님은 그분의 양떼인 백성들을 기름진 목장에서 먹이실 것을 약속하십니다. 그런 땅은 독초와 다른 동물에게서 옮겨지는 전염병에서 자유로울 것입니다. 또 그곳에는 무성하며 맛있고 좋은 풀로 가득할 것입니다.

이 모든 것을 목자인 교사에게 어떻게 적용하겠는가? 이 경우에 목자적 관심이란 학생들에게 가르칠 내용이 적합하며 좋은 양식으로서 그들에게 해로운 영향을 끼치지 않는 것임을 확신하면서 교과 내용을 철저히 연구하는 것이라 말할 수 있습니다. 따라서 수업 내용이 어린이의 나이와 능력에 맞아야 할 것입니다. 학생들의 생각을 긍정적으로 키우기보다는 오히려 해를 끼칠지도 모르는 생각, 삽화, 이야기, 주제를 삼가한 내용이 선택되어야 할 것입니다.

혹 이렇게 질문할지 모릅니다. "적합하다는 것을 어떤 기준으로 판단해야 할까요?". 내 생각에는 어린이 청소년들에게 제공할 수 있는 가장 좋은 학문적 양식은 그들에게 무엇에든지 참되며 경건하며 옳으며 정결하며 사랑할 만하며 칭찬할 만한(빌4:8) 것을 생각나게 해주는 주제인 것 같습니다. 한 가지 표어를 원한다면 이 말이 어떻겠는가? '이 모든 것들을 사랑으로 감싸라' 이 방법이야말로 학생들의 마음과 생각을 훨씬 더 건전하고 적극적인 면으로 개발시켜 나갈 것입니다.

② 보호

양은 매우 공격받기 쉬운 동물입니다. 약간은 어리석기까지 합니다. 그래서 항상 길을 잃기 쉽습니다. 영국의 시골에 나가 보면 문이나 울타리를 어떻게 해서든지 빠져 나온 한두 마리의 양을 쉽게 볼 수 있습니다. 그런 양들은 목자가 있는 초원으로 돌아갈 방도도 없이, 잔디밭 가장자리 풀을 뜯으며 거리를 방황합니다. 대부분 지쳐 쓰러지거나 지나가는 차에 쳐 죽거나 다치고 맙니다. 더 외진 시골로 가면, 양을 공격하러 내려오는 늑대나 야수들의 위험이 도사리고 있습니다.

더 위험한 것은 독초나 해로운 식물입니다. 양이 방목되는 초원은 그런 독초의 위험 없이 자유로이 풀을 뜯을 수 있도록 세심하게 점검해 놓아야 합니다. 또 앞에서 언급한 것처럼 양이나 다른 동물들은 더러운 오물로 땅을 더럽히거나 풀을 짓밟아서 그 맛을 떨어뜨릴 수도 있습니다. 따라서 목자는 양을 위해 초원이 좋은 형태로 유지되게 보살펴야 합니다. 목자는 연약함을 안고 있는 양들을 보호해야 합니다.

우리 학생들도 모두 이런 보호를 필요로 합니다. 그중에서 가장 중요한 것은 거짓으로부터의 보호입니다. 그들 주변에는 많은 거짓 교사들이 있습니다. 많은 교과서처럼 거짓 교사들도 자의 반, 타의 반으로 거짓 사상과 태도, 가치를 전달합니다. 예를 들어 각 분야마다 오늘날 세계적으로 흔한 추세는 모든 가치가 상대적이라는 견해입니다. 그리스도인으로서 당신은 이 견해가 옳지 않음을 알고 있습니다. 객관적인 진리는 드러나 있으며, 모든 그리스도인은 이 드러난 진리의 수호자입니다. 이 진리에 반대되는 것은 명백한 잘못이며, 그것은 폭로되어야 합니다. 당신의 학생들에게 이 사실을 알리는 일은 신앙의 주입으로 볼 수 없습니다. 오히려 당신이 해야 할 의무입니다. 이 말은 당신이 정말 깨어 있어야 한다는 뜻입니다. 당신은 잠시도 경계를 풀 여유가 없습니다. 당신은 교실에 들어가 수업을 하기 전에 학생들이 읽고 보고 들을 것을 주의 깊게 생각해야 합니다. 물론 학생들은 학교 밖에서 거짓되고 사악하며 거칠고 잔인하며 난폭하고 음란한 생각과 이야기를 접하게 될 것입니다. 때때로 이런 것들을 학교 안으로 가져오기도 할 것입니다. 학생들을 그런 친구에게서 보호하며, 필요하다면 그런 잘못된 정보와 태도를 갖고 오는 바로 그 학생들을 보호해야 할 곳이 바로 교회학교입니다.

연약한 학생들은 강한 학생들로부터 보호를 받아야 합니다. 이 말은 단지 나이 많고 힘센 학생이 어리고 소심한 자를 위협하거나 때리는 것을 막는다는 의미만이 아닙니다. 이 말은 다른 아이보다 공부를 못하거나 연극, 음악을 못하기 때문에 열등감을 갖고 있는 학생들을 보호한다는 뜻도 됩니다. 모든 학생을 보호하려고 노력하는 것이 바로 교회학교 교사의 책임입니다.

마지막으로 어떤 어린이들은 그들 자신으로부터 보호받아야 할 필요가 있습니다. 알다시피 청소년들은 다른 아이들의 생각과 행동에 이끌려 갈 뿐 아니라 자기 자신의 욕망에 쉽게 이끌립니다. 양이 어리석고 멍청해서 길을 잃는 것처럼 어린이와 청소년들도 마찬가지입니다. 그러므로 당신이 그들을 보호하는 일은 결코 끊어지지 않아야 할 중요한 역할입니다.

③ 개인적인 관심

당신은 다섯 살, 혹은 열다섯 살의 학생들을 맡고 있을지 모릅니다. 그들은 각각 교육 단계에서는 같은 학년에 있지만 개인적인 필요가 모두 다른 개개인입니다. 이것은 분명한 사실입니다. 그러나 교사는 바쁜 생활 속에서 이 사실을 잊기 쉽습니다. 학생들을 가르칠 때 그들을 똑같이 대하기가 훨씬 쉽습니다. 때때로 그렇지 않은가? 그러나 에스겔은 우리가 그렇게 해서는 안 되며, 아직도 우리가 할 일을 잘하지 못하고 있음을 상기시켜 줍니다.

목자는 각 양의 필요를 인정하고 그에 따라 양을 다루어야 합니다. 약한 양에게는 영양이 더 풍부한 특별 음식 혹은 더 많은 개인적 관심과 도움을 보강해 주어야 합니다. 어떤 양은 치료, 즉 그들의 성장을 방해하는 육체적, 정신적 장애를 극복할 수 있는 특별 관심이나 특수 교육을 필요로 합니다. 몸을 다친 양은 땅에서 넘어졌거나 싸웠거나 심한 모욕이나 불친절로 상처를 받았거나 치료를 받을 필요가 있습니다. 길 잃은 양의 경우, 다시 가서 그를 찾는 일이 필요합니다. 이 말은 학교 밖으로 나가 무단 결석자나 말썽장이들을 찾아 특별히 상담하며 그들을 도우라는 뜻입니다. 이는 교회학교에 결코 도움을 요청하지 않는 학생들에게 꼭 필요한 일입니다. 그런 학생들에게는 당신이 먼저 팔을 내밀어야 합니다. 이 일은 힘들며, 때로 많은 거절을 당할지도 모르는 일입니다. 그러나 그런 학생이 마음을 열기 시작할 때 당신에게 주어지는 보상은 교사로서 최상의 것이 될 수 있습니다.

잘 알다시피 이런 일에는 시간이 걸립니다. 이는 바쁜 교사 생활에서 희생이 큰일입니다. 그러나 할 만한 가치가 있습니다. 자신을 필요로 하는 사람에게 항상 시간을 할애하신 예수님을 기억하라. 예수님은 또한 그에게 나아온 사람들의 이야기를 언제나 경청하셨습니다. 어떤 사람을 알아 가는 일은 그의 말을 잘 듣는 것을 포함합니다. 결코 쉽지 않은 일입니다. 존(John)과 파울라 샌드포드(Paula Sandford)가 "그리스도인 가정의 회복"(Restoring the Christian Family)에서 언급한 통찰력 있는 발언에 동의합니다. "실제로 남의 말을 경청하는 일은 세상에서 가장 어려운 기술이다. 왜냐하면 그것은 자아에게 가장 철저하게 끊임없이 죽어야 할 것을 요구하기 때문이다".

학생들의 말을 듣고 이해하기 위해 자아가 죽을 준비가 되어 있는가? 교회학교 교사로서 무엇보다 모든 어린이가 중요하다는 사실을 알고 있습니다. 그들은 모두 하나님의 피조물이므로 최상의 가치와 존엄을 지닌 존재입니다. 그렇습니다. 그들 모두가 다 그렇습니다. 당신은 동료 교사들이 학생에 대해 모두 그렇게 생각하지는 않는다는 것을 잘 알고 있습니다. 어쩌면 그렇게 생각하는 사람이 당신 혼자일 수도 있습니다. 그러나 당신이 학생 개개인을 도우려 할 때, 전혀 공개적으로 증인이 되려 한 의도가 아닌데도 또한 전혀 그런 사실을 의식하지 않았음에도 불구하고 그 일은 당신이 교실에서 그리스도를 증거 하는 가장 두드러진 모습의 하나가 될 것입니다.

④ 예수님의 본
에스겔은 책임 있는 목자의 의무를 강조합니다. 그러나 모든 의무를 다 언급하지는 않았습니다. 놀랄 것도 없이 예수님은 선한 목자이신 자기 자신에 대해 가르치시면서 중요한 설명을 덧붙이십니다. 예수님이 하신 말씀은 교사들의 마음속에 새겨 둘 만한 가치가 있습니다. 다음은 그분의 말씀입니다. "양은 그의 목자의 음성을 듣나니 그가 자기 양의 이름을 각각 불러 인도하여 내느니라 자기 양을 다 내어 놓은 후에 앞서 가면 양들이 그의 음성을 아는 고로 따라오되 타인의 음성은 알지 못하는 고로 타인을 따르지 아니하고 도리어 도망하느니라"(요10:3~5). "나는 선한 목자라 선한 목자는 양들을 위하여 목숨을 버리거니와"(요10:11). "나는 선한 목자라 내가 내 양을 알고 양도 나를 아는 것이요"(요10:14). 우리는 에스겔이 이야기한 대로 목자의 열 가지 의무를 나열해 보았습니다. 이제 의무 세 가지와 경고 한 가지를 추가할 수 있겠습니다. 말

씀을 인용한 순서대로 적어보면 다음과 같습니다. • 선한 목자는 모든 양의 이름을 알며 그들도 목자를 알고 있습니다. • 선한 목자는 양들을 인도하며 앞서 나아갑니다. • 선한 목자는 양을 위해 자신을 희생합니다. 경고할 점 한 가지는 • 양은 절대로 낯선 사람을 따라가지 않는다는 사실입니다.

이 경고를 먼저 생각해 보자. 어떤 학생들에게 당신은 이방인으로 남아 있는가? 실제로 그들은 당신을 얼마나 잘 알고 있는가? 1년 이상을 가르치면서도 일부 학생에 대해서는 늘 만나는데도 어느 정도 거리감이 있고 잘 모르는 경우가 있습니다. 그러니 일주일에 한두 번 수업 할 경우 그런 상황은 더 심해질 것입니다. 당신이 학생들에게 이방인이라면 그들은 당신을 피하게 될 것입니다. 그들은 당신에게 마음을 열지 않을 것입니다. 심지어 당신에게서 도망할지도 모릅니다. 반면에 일주일에 한 시간 수업을 하더라도 모든 학생이 당신을 잘 알 수 있는 방법이 있습니다. 해결점은 당신의 손아귀에 있습니다. 만일 당신이 모든 학생들을 알고 그들도 당신을 알도록 노력한다면 – 나도 해마다 모든 학생들에게 이렇게 해야 합니다 – 당신의 양은 당신의 음성을 듣고 당신을 따를 것입니다. 왜냐하면 그들이 당신을 알기 때문입니다.

이제 우리는 앞에 열거한 세 가지 의무 중 하나를 다루었습니다. 이는 정말 개인적인 관심을 강조하는 내용입니다. 목자와 양, 교사와 학생 사이에 공유되어야 하는 개인적인 지식을 강조함으로써 성경은 그런 친숙한 관계의 중요성을 분명히 제시하고 있습니다. 17세기의 위대한 종교 개혁주의 목사인 리차드 박스터(Richard Baxter)는 영국의 키더민스터 (Kidderminster)라는 도시에서 주님을 위해 훌륭한 일을 많이 했는데 다음과 같은 말을 했습니다. 모든 목사에게 주님은 이렇게 도전하신다고 했습니다. "그들을 위해 내가 피를 흘렸는데 지금은 그대가 수고할 만한 가치가 없는 사람들인가? 그것은 그대의 명예가 너무 드러나 있는 것이네". 그 다음에 예수님은 선한 목자는 모든 양을 모아 데리고 가면서 그들 앞에서 간다는 점을 상기시키십니다. 이 말은 내게는 교사가 목자의 의무를 감당할 때 중요한 지도자적 역할을 해야 한다는 의미입니다.

선한 목자인 교사는 학생들이 앞으로 나가는 데 가장 좋은 길을 알고 있습니다. 그래서 본을 보이며 앞에서 이끌어 갑니다. 학생들이 질문하고 개인적인 연구와 조사를 하며 자신의 재능을 개발할 수 있는 엄청난 기회를 마련합니다. 학생들은 교사가 자신들의 필요를 알고 그들이 알 수 있는 방법으로 그 필요를 채워 주기를 바랍니다.

마지막으로 선한 목자는 자신의 양을 위해 생명을 내어 놓습니다. 이 말은 목자적 관심의 희생적인 본질을 강조하고 있습니다. 그것을 요구하고 있습니다. 학생들을 우선 순위로 놓기 위해 종종 자기 부정이 필요합니다. 모든 교사는 개인적인 충전을 위해 시간을 따로 떼어 놓을 권리뿐만 아니라 그렇게 할 의무를 갖고 있습니다. 교회학교 교사는 그 사실을 잊지 말아야 합니다. 다른 사람을 열심히 섬기다 보면 당신 스스로 고갈될 수 있습니다. 그러면 당신은 자신을 포함해서 누구에게도 별로 소용이 없게 될 것입니다. 당신이 정말 예수님 같은 교사가 되고 싶다면, 당신 자신보다는 주님의 뜻과 학생들을 우선 순위에 놓는 시간들이 많아야 할 것입니다.

⑤ 자기 자신 돌보기

학생들에게 일종의 목자가 된다는 것은 얼핏 보기에 많은 것을 요구 받는 일입니다. 내 생각에는 성경 말씀이 모든 교사에게 적절한 것 같습니다. 교사라는 특정한 상담가에게도 필요할지 모릅니다. 그러나 교사가 성경이 일러 주는 일반적인 목자의 의무를 이행한다면 자신의 역할은 좀 더 분명해집니다. 성경에서 마지막 충고 한마디를 끌어 내려고 합니다. 바로 바울이 에베소교회 장로들에게 한 말씀입니다. "너희는 자기를 위하여 또는 온 양떼를 위하여 삼가라 성령이 저들 가운데 너희로 감독자를 삼고"(행20:28).

바울은 그들에게 '하나님의 교회의 목자'가 되라고 명령하면서 흉악한 이리가 들어와서 양떼를 아끼지 않을 것이라고 경고합니다(행20:28~29). 그가 처음에 어떻게 말했는지 주의해 보았는가? 그는 자기를 위하여 삼가라고 말했습니다. 훌륭한 교사가 되려면, 학생들뿐 아니라 자기 자신에게도 세심한 주의를 기울여야 합니다. 그 말은 당신 자신을 잘 보살피라는 뜻입니다. 일을 과다하게 많이 하라는 뜻이 아닙니다. 너무 많은 책임을 맡으라는 말도 아닙니다(이 말은 당신의 담임 목사나 다른 교회 목사의 부탁도 거절하라는 의미일 수도 있습니다). 당신의 개인 생활, 다이어트 계획, 휴식, 잠자는 시간까지 무시하면서 당신 자신을 소모하라는 뜻이 아닙니다. 당신 개인의 건강은 중요합니다. 물론 그것이 전부는 될 수 없습니다. 그러나 그것은 훌륭한 목자이자, 교사가 되는 데 필요한 일부분입니다.

가장 훌륭한 교사는 그가 가르치는 내용과 그 인격이 분리되지 않는 사람입니다. 당신이나 나나 하나님의 은혜로 말미암아 매력적이고 일관된 참 교사의 본으로 드러나야 합니다. 우리는 완전히 진실한 교사가 되어야 합니다. 그럴 때 우리는 말하고 가르치는 내용만큼 우리 자신의 인격에 대해 확신을 갖게 될 것입니다. 왜냐하면 그럴 때 우리는 하나님의 영광과 목적을 위해서 그분에 의해 자유롭게 사용되기 때문입니다. 당신이 위대한 목자이신 주 예수 그리스도께 순종할 때, 당신의 하나님은 모든 선한 일에 당신을 온전케 하사 교사 생활 중에서 그분의 뜻을 행하게 하실 것입니다. 그 앞에 즐거운 것을 예수 그리스도로 말미암아 우리 속에 이루실 것입니다(히13:20~21, 참고).

15) 군사인 교사

많은 교사들은 어쩔 수 없이 전투를 치르고 있습니다. 그러나 그리스도인에게는 이것이 결코 놀라운 일로 다가와서는 안 됩니다. 모든 그리스도인은 군대에 속해 있기 때문입니다. 그것은 하나님의 군대입니다.

① 그리스도인의 전투

교회학교 교사들은 군사입니다. 성경은 우리가 스스로를 군사로 생각하도록 격려할 뿐 아니라, 우리 앞에 놓인 전쟁에서 계속 올바른 길로 나가도록 유익한 충고를 하기도 합니다. 예를 들어 고린도후서 10장에서 바울은 이렇게 쓰고 있습니다. "우리가 육체에 있어 행하나 육체대로 싸우지 아니하노니 우리의 싸우는 병기는 육체에 속한 것이 아니요 오직 하나님 앞에서 견고한 진을 파하는 강력이라 모든 이론을 파하며 하나님 아는 것을 대적하여 높아진 것을 다 파하고 모든 생각을 사로잡아 그리스도에게 복종케 하니"(고후10:3~5). 이 말씀에는 중요한 사실이 많이 있습니다. 이 말씀은 우리에게 우리는 전투를 하고 있으며 싸워야 하고 바로 전쟁터에 있음을 알려 주고 있습니다. 전술이 있고 사용해야 할 무기가 있으며 또한 사용해서는 안 될 것이 있습니다. 우리는 단지 방어군이 아닙니다. 우리는 공격해야 하며 포로를 잡아야 합니다. 그리고 우리에게는 싸워 이긴 능력이 있습니다. 나는 바울이 이 말씀을 기록하면서 특히 복음 전파를 염두에 두었으리라고 생각합니다. 그럼에도 불구하고 이 말씀이 교육적 상황에 아주 적합하다고 믿습니다. 성령님의 도우심으로 바울이 언급한 모든 내용을 살펴보면서 이를 어떻게 교사들에게 적용할지 알아보자.

싸움터부터 시작하겠습니다. 우리는 현재 우리가 살고 있는 곳에서 싸워야 합니다. 우리는 세상에 살고 있습니다. 맞습니다. 알다시피 그것은 분명한 사실입니다. 그런데 그것을 너무 쉽게 잊어버립니다. 그러나 우리는 여전히 이 세상 가운데 살고 있습니다. 우리는 세상이 선호하는 어떤 가치관에 둘러싸여 있습니다. 우리는 소돔 안에 있던 롯처럼 대부분 편치 않은 나날을 보낼지도 모릅니다. 그러나 교회학교는 그런 세상과 다르지 않은가? 아닙니다. 마찬가지입니다. 교회학교는 세상의 그런 장소와 같습니다. 세상의 기준과 가치가 교회에도 침투해 있습니다. 보통 더 교묘하게 그리고 쉽게 눈에 띄지 않게 침투해 있습니다. 그러므로 훨씬 위험합니다.

우리 그리스도인들은 특권을 가진 사람임을 기억하라. 우리는 세상에 속하지 않았습니다. 그러나 우리가 사는 동안, 어디를 가든지, 무엇을 하든지 우리는 세상 속에 있습니다. 마치 경마장 트랙이 그리스도인 기수에게 싸움터가 되는 것처럼 학교가 교회학교 교사에게는 싸움터가 됩니다.

우리는 세상에 있지만 세상이 하는 방식으로 전쟁을 하지는 않습니다. 바울은 그의 서신에서 세상의 싸움 방식에 대해 두 장 이상이나 거론하고 있습니다. 그는 고린도 교인들 안에 다툼과 시기와 분냄과 당 짓는 것과 중상함과 수군수군하는 것과 거만함과 어지러운 것이 있을까 두려워한다고 말하면서 이를 지적하고 있습니다(고후12:20). 진리의 탄압과 희석, 잔인, 빈정댐, 무관심, 혐오 등의 모든 것들이 교육 현장에서 발견될 수 있습니다. 이 세상 사람들은 어른이건, 아이건 자기 마음대로 하거나 최고에 오르기 위해 때때로 이런 모든 전략을 다 사용한다는 것을 당신은 너무 잘 알고 있습니다. 솔직히 우리 교회학교 교사들 중에도 때로 그처럼 행동 하는 경우가 있습니다. 애석하게도 그리스도인 진영 밖에 있는 사람과 똑같은 방법과 무기를 사용하는 덫에 빠지기란 너무 쉽습니다. 바울은 고린도후서 12:20에서 여덟 가지 세상의 무기를 나열했습니다.

② 그리스도인으로 어떤 병기를 사용할 것인가?

한 가지는 확실합니다. 우리가 사용할 병기는 세상의 것과 같아서는 안 됩니다. 교사인 바울은 고린도서에서 특히 똑똑하고 유창한 말, 세상의 지혜에 근거한 논쟁, 인상적인 표현, 설득력 있는 홍보 등의 접근을 거부합니다. 그는 또한 퉁명스럽고 교활한 형태로 내세우는 자기주장의 병기를 철저히 배격합니다. 내 생각으로는 그가 달변, 훌륭한 표현 그 자체를 거부하는 것은 아닌 것 같습니다. 앞에서 말한 병기의 문제는 그들이 자신의 성격과 방식대로 감동 시키고 설득할 수 있다는 것입니다. 그것들은 본질적으로 너무 자아 의식적이며 자신에게로 사람을 끌어당깁니다. 당신이 하려고만 한다면, 전달하려는 내용보다는 오히려 방법으로 청중인 학생들을 좌지우지할 수 있습니다. 그런 병기는 수업의 내용보다는 병기 그 자체나 사용자를 더 선전합니다. 그러므로 그 성공은 보통 일시적인데 왜냐하면 반응이 순수하고 영구적이기보다는 피상적이기 때문입니다. 나는 이런 병기를 사용하는 교사들을 알고 있습니다. 그들이 이루는 성공은 너무 피상적일 따름입니다.

교회학교 교사가 사용하는 병기는 어떤 것인가? 에베소서 6장에서 바울은 하나님이 우리가 입기를 원하시는 갑옷에 대해 설명합니다. 그 말씀을 보면 유일한 공격 무기는 성령의 검, 곧 하나님의 말씀입니다. 당신의 말은 하나님의 말씀이라는 소금으로 맛을 낸 것이어야 합니다. 교회학교 교사에게는 사용할 수 있는 다른 병기가 있습니다. 산상수훈을 보면 여러 가지가 제시되어 있습니다. 예를 들어, 겸손이 있습니다. 또 자비를 보이는 일, 마음의 청결, 화평케 하는 일 등입니다. 이는 당신이 사용할 수 있는 네 가지 강력한 병기들입니다. 네 가지는 모두 당신을 더 훌륭한 교사로 더 영향력 있는 교사로 만드는 데 도움을 줍니다. 당신이 자기 자신보다는 다른 사람들에게 진정한 성실과 순수한 관심을 나타내는 것을 학생들이 알 때 그들은 당신과 당신이 가르치는 내용에 마음이 끌리게 됩니다. 이런 모든 병기를 사용함으로 당신은 그리스도를 증거 하는 것입니다. 당신이나 나의 진정한 문제는 무엇인가? 우리가 정말 이런 사실을 믿고 있는가 하는 것입니다.

　이 일은 의를 보여 준 훌륭한 모범이었다는 생각이 듭니다. 말할 것 없이 '의' 그 자체는 교회학교 교사가 사용할 수 있는 또 하나의 아주 강력한 무기입니다. 바울은 고린도후서 전반부에서 하나님의 종들이 자기 자신을 다른 사람에게 어떻게 천거할 것인가를 설명하면서 이 사실을 구체적으로 언급합니다. 그는 인내와 여러 종류의 고난과 고통, 어려운 일을 언급하면서 이렇게 말합니다. "깨끗함과 지식과 오래 참음과 자비함과 성령의 감화와 거짓이 없는 사랑과 진리의 말씀과 하나님의 능력 안에 있어 의의 병기로 좌우하고"(고후6:6~7). 이를 잠깐 생각해 보면 - 이에 관해 성경을 더 참고해 볼 때 - 우리 교회학교 교사들에게는 꺼내 쓸 수 있는 커다란 병기고가 있다는 것을 알게 됩니다. 대개 우리들 중에 그 효과를 우리가 평가 할 수 있는 방법으로 측정해 보는 사람은 없습니다. 어쨌든 너무 당신 자신의 연약한 믿음과 냉담한 심령 삶 속에서 그리스도를 드러내는 일의 실패에 관심을 기울인 나머지, 성령께서 당신을 통해 하나님의 병기를 어떻게 사용하시는지 알지 못하게 됩니다. 그럼에도 불구하고 그것들은 우리가 사용할 수 있도록 그곳에 있습니다.

예수님은 우리에게 뱀같이 지혜롭고 비둘기같이 순결하라고 명하셨습니다. 바울은 고린도후서 10장에서 그 개념을 발전시키고 있습니다. 그는 실제로 '그리스도의 온유와 관용'에 관한 권면으로 10장을 시작합니다(고후10:1). 교회학교 교사에게는 그것이 훌륭한 병기입니다. 우리도 그것을 사용하면서 그리스도의 권능으로 싸워야 합니다. 예수님은 우리에게 사랑하라고 명하셨고 그것이 우리에게는 가장 좋은 병기입니다. 교회학교 교사의 또 하나 확실한 병기는 진리입니다. 다른 누구보다 우리는 진리를 위해 용감히 싸웁니다. 교사로서 - 이는 실제로 가르치는 사람 누구에게나 적용된다 - 우리는 가르치는 내용과 사는 방식을 통해 학생들에게 진리를 나타냅니다. 그리스도께서 친히 지적하셨듯이 사람을 자유롭게 하는 것은 진리입니다(요8:32). 당신이 가르치는 학생들은 결국 이 사실을 스스로 깨닫게 됩니다. 어떻게? 당신이 진리를 나타내는 방법과 당신의 말은 과목을 가르치는 방식을 통해서입니다.

당신은 열심히 가르치고 증거하는 일에 최선을 다하겠지만 당신 생각에 더 유능하고 훌륭한 다른 사람이 공격의 제일선에 서는 것이 좋겠다고 반응할지 모릅니다. 그런 사람을 제일 먼저 참호에서 나오게 하라. 나 자신의 힘과 제한된 지식으로는 결코 성공할 수 없습니다. 당신도 마찬가지입니다. 하나님은 이 사실을 우리보다 더 잘 아십니다. 하나님이 우리가 세상의 병기가 아닌 하나님의 병기를 사용하기 원하시는 이유가 바로 여기 있습니다. 세상의 기준을 따라 살면 분명히 실패할 것입니다. 그러나 바울의 말대로 우리는 세상의 교훈과 가치대로 살지 않습니다. 우리는 세상이 하는 대로 전쟁을 치르지 않습니다.

우리에게는 요새를 부술 만한 신성한 능력을 지닌 병기가 있습니다. 그리스도의 병기를 성공적으로 사용하는 일은 우리의 능력, 우리의 지혜, 우리의 전문지식에 달려 있지 않습니다. 그것은 우리의 믿음과 순종에 달려 있습니다. 옛날 찬송가 가사를 한번 생각해 보자. "믿고 순종하라. 다른 방도가 없다…" 주님은 우리에게 가르칠 능력을 주셨고 우리를 가르칠 장소에 두셨습니다. 따라서 우리는 그 분이 원하시는 대로 우리를 사용하시도록 그분을 신뢰하면서 매일 자연스럽게 전진하면 됩니다. 능력이 우리 안에 있는 것이 아니라, 그리스도의 온유와 관용, 사랑, 진리, 자비, 의, 마음의 청결, 화평케 하는 일 안에 있습니다. 이런 것들은 단지 요새를 강타하는 것뿐 아니라 적극적으로 그것을 파괴하는 수단입니다.

우리가 할 일은 믿음으로 가르치는 일을 계속하는 것입니다. 바울이 디모데에게 충고한 것처럼 우리는 분명히 그리스도의 좋은 군사로 고난을 견뎌야 할 것입니다. 또 군사로 다니는 자는 자기 생활에 얽매이는 자가 하나도 없습니다. 이는 군사로 모집한 자를 기쁘게 하려 함입니다(딤후2:4). 따라서 우리는 깨어 기도하며, 세상에 오염되는 것과 세상의 우상에서 우리 자신을 지킬 필요가 있습니다. 이 모든 일에서 분명한 사실이 한 가지 있습니다. 승리는 우리의 것입니다. 예수님은 말씀하십니다. "담대하라! 내가 세상을 이기었노라"(요16:33). "세상을 이긴 이김은 이것이니 우리의 믿음이니라"(요일5:4).

16) 진리의 통합자인 교사

학생들은 종종 나무 때문에 숲을 보는 데 어려움이 있다는 것을 깨닫습니다. 자잘한 과제들 때문에 전체적 그림을 보지 못하고 분석하기에 급급해서 종합하는 방법을 무시합니다. 뿐만 아니라 특별한 부분에 너무 관심을 기울이게 되어 하나님의 진리의 전체적인 모습을 깨닫지 못합니다. 교회학교 교사는 모든 학생이 기독교적인 세계관, 즉 성경적인 인생관을 형성하도록 돕습니다. 그렇게 함으로써 교사는 학생이 그의 학문적 연구들을 성경의 체계와 정확하게 연결 시키도록 돕습니다. 이러한 통합의 과제는 교사의 몫입니다. 그리고 이것이 바로 통합의 출발점입니다.

학생은 모든 것을 세밀하게 보는 경향이 있으며, 교육으로부터 그가 얻은 경험은 가지각색이며 조각 나 있는 것처럼 보입니다. 그래서 연결점이나 공통점은 순전히 우연의 일치로, 아니면 서로 아무 관련이 없는 자료를 뜯어 붙여놓은 것처럼 보입니다. 교사는 학생이 여기저기서 배운 교육의 조각조각을 한데 취하여 예수 그리스도가 중심에 위치한 하나의 통합된 체계를 형성하도록 돕습니다. 일반적으로 그리고 개인적으로 우리의 세계는 그리스도의 주변을 회전해야 합니다. 그러므로 우리가 공부하는 모든 것은 그리스도를 섬기는 것에서 그 궁극적인 목적을 찾아야 합니다. 성경은 하나님께서 서로 다른 두 분야에서 자신을 인간에게 계시하셨다고 가르치고 있습니다. 하나는 성경의 계시를 통해서(특별 계시), 다른 하나는 창조의 계시를 통해서(자연 계시). 시편 19편 1절에서 다윗은 하나님의 자연 계시에 대해 "하늘이 하나님의 영광을 선포하고 궁창이 그 손으로 하신 일을 나타내는도다"라고 찬양합니다. 7절에서 다윗은 하나님의 특별 계시를 "여호와의 율법은 완전하여 영혼을 소성케 하고 여호와의 증거는 확실하여 우둔한 자로 지혜롭게 하며"라고 논하고 있습니다.

하나님의 진리는 창조물과 성경 모두에 나타나 있으며, 그것은 모두 그리스도인을 위한 하나의 통합된 진리의 저장소에 해당합니다. 학생들에게 세상의 여러 주제들이 성경의 진리와 어떻게 연결되는가 제시해 주는 교사의 과제는 매우 중요합니다. 교사는 모든 주제들이 결코 세속적인 것으로 해석되도록 해서는 안 되며, 성경적인 체계를 기초로 기독교적인 세계관의 일부로 해석되어야 함을 보여줘야 할 책임이 있습니다. 게벨라인(Gaebelein)은 우리에게 신성한 것과 세속적인 것을 구별하는 것과 모든 주제를 성경적인 목적 아래 볼 필요성을 상기 시켜줍니다. 그는 이렇게 제안하고 있습니다. "우리는 성경에는 완전히 설명되지 않은 진리의 영역들이 있으며, 이러한 것 또한 하나님의 진리의 일부라는 것을 분명하게 보지 못하는 오류에 빠져 왔다. 그래서 우리는 진리가 있는 곳에 그리고 그것이 진리인 이상, 거기에 하나님께서 계시다는 것을 잊어버리고 신성한 것과 세속적인 것을 오해하여 구분하지 못했던 것이다."

교사는 학생들에게 수학의 정밀함이 정확하고도 진실 된 하나님의 창작품의 한 구성 요소가 된다고 가르칠 수 있습니다. 하나님께서는 물리적 법칙들에 따라 정확하게 움직이는 질서 있는 우주를 창조하셨습니다(시19편). 뉴턴(Newton)은 하나님께서 실제화 시키시고 이제 하나님의 명령에 따라 창조물을 다스리기 위해 인간이 사용하는 중력의 법칙을 발견했습니다(창1:28). 직각 삼각형의 빗변의 성질을 발견한 공식은 피타고라스(Pythagoras)의 진리로서가 아니라 수학이라는 학문에서 인간이 사용하기 위해 수학 공식으로 피타고라스가 표현한 하나님의 진리로서 존재합니다. 그러므로 하나님 안에서 수학의 궁극적인 자료와 목적 모두를 찾을 수 있는 것입니다. 인간은 하나님께로부터 수학의 법칙들을 받아왔고, 그것들은 창조주 하나님께 영광을 돌리기 위해 과학적으로 사용됩니다.

문학은 성경적인 가치와 교회학교의 사고를 표현하기 위해 사용될 수 있으며, 거룩한 삶의 원리들을 강조하기 위해 가르쳐 집니다. 교사는 성경적인 가르침의 차이점과 유사점을 설명하기 위해 다양한 문학 작품에서 표현된 가치들을 비교하고 싶을지도 모릅니다. 하나님의 포괄적인 진리에는 또 하나의 중요한 매체로서의 음악이 포함됩니다. 그러면 음악에서는 어떤 진리의 요소들을 발견할 수 있는가? 다시 한 번 이것을 적절하게 설명하고 있는 게벨라인의 의견을 들어보자. "그것들이 값싸고 악한 방법을 취한다고 해서 표현의 정직과 진실성이 없는 것인가? 확실히 그것들 또한 단순성과 방향성 같은 요소들을 포함하고 있다." 하나님에 대한 진리는 세속 음악과 교회학교 음악 모두를 통해 정직성과 통합성이 힘있게 표현될 수 있습니다. 교사는 음악 구성의 화음을 통해서 진리가 표현될 때, 학생들이 하나님의 진리를 납득하도록 이끌 기회를 찾을 수도 있습니다.

철학, 정치, 세계사, 체육, 생물학 같은 기타 과목들은 학생들에게 기독교적인 인생관을 불어넣을 수 있는 교사가 가르쳐야 합니다. 가르침은 행동에 영향을 줍니다. 기독교적인 가르침은 학생이 비기독교적인 세계에서 자신의 삶에 그리스도의 임재를 반영하며 그리스도인답게 살도록 돕습니다. 록커비(Lockerbie)가 말할 것처럼, 예수님께서는 우주의 중심, 즉 창조의 중심이며, 창조된 모든 것이 그 안에서 초점을 발견하게 됩니다.

사도 바울은 골로새인들에게 "만물이 그에게 창조되되... 만물이 다 그로 말미암고 그를 위하여 창조되었고"(골1:16)라고 적었습니다. 이와 같은 이유 때문에 교회학교 교사는 학생이자 제자들에게 세속적인 것과 영적인 것의 통합에 대해 지도할 수 있는 것입니다. 학생은 모든 원리가 그 중심 되시는 그리스도와 더불어 통합된 전체 안에서 함께 조화되며, 이렇게 통합된 것은 믿음과 삶을 위한 체계를 형성한다는 것을 깨달아야 합니다. 하나님께서는 모든 그리스도인을 제자 삼으라고 부르셨으며, 교회학교 교사도 예외는 아닙니다. 진실로 그들은 가르치는 과목과 상관없이 학생의 발달을 가능하게 하는 독특한 기회를 가지고 있습니다.

참고도서

- 강정훈, 교사 다시 뛰자, 두란노, 2019.
- 강정훈, 교회 교사론, 늘빛출판사, 1994.
- 김인환, 기다려지는 주일학교 만들기, 기독신문사, 2002.
- 루시언 E. 콜만 II세, 교육하는 교회, 박영철 역, 요단출판사, 1987.
- 문화랑, 미래 교회 교육 지도 그리기, 생명의 말씀사, 2021.
- 박상진, 교회 교육 현장론, 장로회신학대학교, 2008.
- 신재성, 친애하는 교사 여러분, 두돌비, 1994.
- 양승헌, 크리스천 티칭, 디모데, 2012.
- 엄문용, 교회의 현장교육, 대한기독교출판사, 1985.
- 원준자, 주일학교 교사를 위한 효과적인 반목회, 파이디온선 교회, 1991.
- 이현철, 조철현, 박신웅, 교회학교 교사의 전문성과 리더십, 고 신대학출판부, 2016.
- 필립 메이, 어떤 교사가 될 것인가?, 정애숙 역, 한국기독학생 회출판부, 1992.
- 케네스 갱글, 하워드 핸드릭스 외 달라스 교수진, 교수법 베이 직, 유명복, 홍미경 역, 디모데, 1999.
- 하정환, 교사 십계명, 나눔사, 2007.

10장

교사의 목표

목표가 중요하다

사람들이 하는 모든 의미 있는 활동에는 반드시 목적이 있습니다. 아무것도 겨냥한 것이 없다면 아무것도 맞힐 수 없습니다. 목적이 분명하지 않은 일이라면 그것을 이루기 위해 힘써야 할 이유도 없습니다. 목적지가 없으면 가야 할 길도, 이유도 없습니다. 언제 무슨 일을 하든 분명한 목표를 갖는 것이 중요합니다. 그러나 목표를 갖는 것보다 더 중요한 것은 그것이 바른 목표인가 하는 것입니다. 밭을 가는 사람이 건너편에서 풀을 뜯는 소의 꼬리를 보고 밭을 간다면 밭고랑의 모습이 어떻게 되겠는가?

교회학교의 근본적인 문제는 나아가야 할 방향과 길을 잃어버렸다는 것입니다. 사람들이 길을 잃어버리고 나타내는 잘못된 반응은 크게 다음과 같이 두 가지로 나타납니다. 첫째, 길을 잃어버리고도 목적지를 찾아갈 생각조차 하지 않는 것입니다. 엉뚱한 곳으로 차를 몰고 가면서도 시속 몇 킬로로 달리는지 속도에만 관심을 가질 뿐입니다. 그동안 아까운 기름만 소비하고 관심 없어, 단지 빨리 달리는 거야!가 그들의 모토입니다. 당신의 교회학교도 이럴 수 있습니다. 사역에 너무 바빠서 목적지에 대하여 묻지 않습니다. 궁극적인 목적지에는 관심을 기울이지 않으며 결국 기름만 소모하는 것입니다. 프로그램과 행사를 계속 진행하지만, 그것을 하는 목적은 묻지 않은 채 아까운 재정과 사람들의 시간과 노력을 소비할 뿐입니다. 방향과 목적이 없는 프로그램과 사역은 그저 분주한 활동에 지나지 않습니다. 분명한 '목적'을 상실한 채, '활동'이 이끌어 가는 교회학교는 연중 행사표에 쫓겨 다니다가 지쳐버리기 일쑤입니다. 둘째, 어떤 이들은 이렇게 말할 것입니다. "우리는 길을 잃어버렸어! 어디로 가고 있는지 모르겠어. 이제 우리는 강력한 무언가를 가져야 해. 변화가 필요해. 그래, 새 차를 구입하자!" 얼마나 어리석은 생각인가! 그러나 당신의 교회학교가 이런 어리석음에 빠질 수 있습니다. 우리도 종종 현재의 사역과 프로그램이 분명한 목적도 없이 비효과적으로 실행되고 있지 않는지 고민합니다. 그러나 고작 새로운 건물을 짓거나 교역자를 초빙하고 새로운 교재와 자료들을 구하는 쪽으로 변화를 모색하곤 합니다. 결국 길을 잃어버린 위기에서 빠져나오기 위한 가장 좋은 해결책으로 내세우는 방법들이 그런 것들입니다. 그래서 돌파구를 찾기 위한 일환으로 세미나에 참여하거나, 새로운 프로그램을 구하기 위해 서점과 관련 사이트를 기웃거리기에 바쁩니다. 교회학교 예배실의 너덜너덜한 바닥을 걷어 내고 새로운 카펫을 깐다면 변화가 오는 것인가? 분반실을 깔끔하게 청소하고 페인트를 칠한다고 문제가 해결되는가? 교회학교라는 자동차 내부를 인테리어 하는 것이 문제해결에 도움이 되는가? 고속도로에서 길을 잃어버리고 새 차를 구입하는 것으로 문제가 해결되는 것은 결코 아닙니다. 둘 중의 어떤 경우에든 길을 잃고, 기름도 소모하고, 운전자도 지치고 그리고 함께 간 교사와 아이들도 지쳐 버리게 되어 있습니다. 방향 감각을 잃어버린 채 엉뚱한 곳에 와서는 잡동사니로 어질러진 차 바닥을 멍하니 쳐다보고 있을 것입니다. 기껏해야 넋 빠진 표정과 초점 없는 눈빛을 애써 감춘 채 서로를 위로할 뿐입니다. 목적지를 잃어버린 운전은 황폐한 유령도시로 우리를 안내할지도 모릅니다.

바나 리서치(Barna Research Group)가 1990년에 실시한 조사에 따르면 미국 그리스도인 장년의 58%가 산상보훈을 누가 가르쳤는지를 알지 못하였고, 대부분이 신약의 처음 네 권의 이름을 알지 못하였고, 절반이 넘는 52%가 성경에 요나서가 있는지를 알지 못하였고, 절반 정도가(48%) 성경에 도마서가 없다는 것을 몰랐습니다. 열 명 중 네 명(38%)이 이사야서가 구약인 줄 알지 못하였고, 29%는 예수님의 제자가 몇 명인지를 알지 못하였습니다. 미국 청소년과 종교연구소(National Study of Youth & Religion)에서 2002~2003년에 걸쳐 미국 청소년들의 종교 실태를 조사를 하였습니다. 일차적으로 무작위 선정한 부모들과 십대들을 대상으로 전화 인터뷰를 하였고, 이어 2003년 봄과 여름에 실시된 2차 조사에서는 전문연구자 17명이 미국 45개 주에 흩어져 있는 267명을 직접 만나서 면담을 하였습니다. 조사 내용 중에 신앙 가정에서 태어난 청소년이 신앙을 버리게 된 이유(13~17세)를 보면 그 절반이 소극적인 이유 즉, 특별한 이유가 없었습니다. 좀 더 구체적으로 보면 다음과 같습니다. 지적 회의 및 불신 32%, 이유를 모름 22%, 흥미 상실 13%, 그냥 출석 하지 않음 12%, 삶에 문제 생김 10%, 종교가 싫음 7%, 부모의 도움 부족 1%, 이유 없음 2% 등입니다. 면접대상자들을 나이에 따라 나눈 세 그룹(13세, 14~5세, 16~7세)간에도 의미 있는 차이가 없었습니다. 신앙이 있다고 말하는 십대 중에서 주 1회 이상 예배에 출석하는 비율은 40%, 월 1~3회가 19%, 년 수회가 22%, 전혀 출석하지 않는다는 비율이 18%였습니다. 성경 지식에 관한 조사는 여러 차례에 걸쳐 실시하였습니다. 밀러(Minor C. Miller)는 1932년에 버지니아의 공립 고등학교 18,500명을 대상으로 성경 지식에 관한 조사를 하였는데 18,500명중 16,000명은 구약 선지자 세 명의 이름도 말하지 못했고, 12,000명은 사복음서를 말하지 못했고, 10,000명은 예수님의 제자 세 명의 이름을 말하지 못했습니다. 15년이 지난 후 페전트(Pageant)라는 잡지에서 전국의 어린이들을 대상으로 성경 지식 조사를 하였습니다. 전체 평균 점수는 46점이고 개신교 어린이들의 평균 점수는 35점이었으며 전체 어린이들 중 73.4% 는 예수님을 제자의 이름을 몰랐고, 70.7%는 바울이 이방인들의 사도였음을 알지 못하였습니다. 1959년에 베네트(Bennett)가 켄터키 주(州) 루이빌 시 인근의 17개 침례교 교회학교 학생 695명을 대상으로 한 조사에서는 각기 50문항이 제시되었고 평균 점수는 16.57점이었습니다. 후에 에쥐(Edge)가 교회학교 교사와 지도자를 위한 여름캠프에 참석한 청소년을 대상으로 조사에서는 그들은 좋은 신앙환경 가운데서 자란 청소년들임에도 불구하고 평균점은 14.84점이었습니다. 1963년에 미국 침례교교회학교 위원회에서 "성경과 나"라는 제목으로 성경 지식 조사를 하였습니다. 미국 전역을 대상으로 지역, 교육 수준, 경제적 상황 등을 고려한 이 조사는 1961년에 시작하여 1963년에 발표하였습니다. 그 결과를 보면 각 연령층에서 "성경과 나"의 점수가 베네트(Benette) 조사의 점수보다는 높았지만 50점이 넘는 그룹은 없었습니다. 1954년과 1982년에 갤럽이 성경 지식에 관한 조사를 시행하였습니다. 1982의 성경 지식이 1952년보다 약간 더 높아졌으나 전체적으로 대학 교육의 비율이 높아진 것에 비교한다면 성경 지식은 좋아진 것은 아닙니다. 이러한 조사들은 한결같이 그리스도인들의 성경 지식이 매우 부족함을 보여줍니다. 이는 교회학교 교사들이 직면하는 문제입니다.

지도가 필요한 교회학교입니다. 이러한 상황에서 교회학교 교사는 무엇을 중요한 목표로 삼아야 할 것인지를 그리고 그 목표가 무엇이 되어야 할 것인가를 살펴보자. "그러므로 나는 달음질하기를 향방 없는 것 같이 아니하고 싸우기를 허공을 치는 것 같이 아니하며"(고전9:26). 이제 차를 도로 한 쪽에 세워 두라. 잠시 엔진을 끄고 목적지를 가리켜 주는 지도를 꺼내어 살펴볼 시간이 되었습니다. 그 지도란 다름 아닌 당신의 교회학교가 지닌 인적·물적 자원, 열정과 에너지 그리고 프로그램을 가치 있게 만들어 줄 '목적'입니다. 목적은 지도와 같이 교회학교가 나아갈 길을 가리켜 줄 것입니다. 우리는 그 지도를 통해 도착할 곳을 알게 될 것입니다. 그래서 지도는 기름과 시간을 낭비하지 않고 효율적으로 사용하도록 도와줄 것입니다. 때로는 기나긴 여정일지라도 그 지도가 보여 주는 궁극적인 목적지에 이를 때까지 인내하며, 그 어떤 장애물에도 도전하며 나아갈 것입니다. 견고한 교회학교는 사용하는 에너지와 자원들을 목적과 더불어 사용합니다. '무엇을 할 것인가?', '무슨 프로그램을 할 것인가?', 혹은 '어떻게 할 것인가?' 하는 물음은 견고한 교회학교를 약속하지 못합니다. '왜 하는가?'라는 질문으로부터 프로그램과 방법론이 나와야 하기 때문입니다. 여기에서 우리는 스스로에게 물어야 합니다. '우리는 어디로 가고 있는가?', '우리는 어디로 가기를 원하는가?', '우리가 하고 있는 일들을 왜 하고 있는가?' 이렇게 물을 때에만 우리가 하는 일이 가치 있는 일인지를 분명히 알 수 있을 것입니다.

브루스 윌킨슨의 '배우는 이의 일곱 가지 법칙(Seven Laws of

Learner)'이라는 책에서 다섯 가지 요소로 이루어진 티칭 모델을 봅니다. 그것은 5S 모델인데 가운데 성령(Spirit)을 모셔놓은 다음, 사방으로 교사(Speaker), 내용(Story), 방법(Style), 학생(Student)을 배치하는 구조입니다. 이 모델은 누가(who), 무엇을(what), 어떻게(how), 누구에게(to whom), 어떤 동력으로(by what) 가르치는가를 균형 있게 규정하는 훌륭한 틀입니다. 그런데 이 틀에는 왜(why)가 빠져 있습니다. 예수님의 가르침을 연구하면서 교사로서 예수님의 가장 큰 관심은 '왜(why)'였음을 알게 되었습니다. 노련한 선장이 조타기를 잡고 있고, 충분한 식량과 연료가 있으며, 강력한 신형 엔진이 장착되어 있고, 사기충천한 선원들이 있을지라도 나아가야 할 목적지가 없으면 배는 움직일 수 없는 것과 같습니다. 크리스천 티칭에서도 모든 요소를 움직이게 만드는 역동성은 목표에 있습니다.

목표의 본질

어떤 사람은 목표의 필요성을 인정하지 않습니다. 왜냐하면 목표를 설정하는 것은 하나님의 역사를 방해하거나 하나님의 능력을 인정하지 않는 것과 같이 생각하기 때문입니다. 곧 치밀하게 계획을 세우는 것은 믿음의 행위가 아니라고 생각하기 때문입니다. 온전한 믿음을 가진 사람은 하나님을 전적으로 의지하고 하나님은 성도들의 미래를 책임져 주실 것이기 때문에 미래에 대한 세밀한 계획을 하지 말아야 한다고 생각합니다. 교회학교 교사들은 하나님께서 우리의 미래를 지켜 주실 것을 믿어야 하지만 믿음이 있다고 해서 하나님께서 주신 은사와 능력을 사용하여 미래를 계획하지 말아야한다는 것은 더욱 아닙니다.

교회학교는 제자를 삼으라는 예수님의 대 위임령을 성취하는 핵심부서입니다. 사람들을 제자로 삼고 하나님의 계명을 가르치라는 예수님의 대위임령은 교회학교와 교회학교 교사의 목표인 것입니다. 목표 설정은 매우 중요합니다. 이때의 목표는 너무 무리한 것이거나 너무 쉬운 것이 아니고 도전해 볼만한 것이어서 교회학교 학생들의 동기를 유발 시킬 수 있어야 합니다. 목표 설정의 원리는 올바른 목표를 설정하게 해주는데 그 원리는 다음과 같습니다. 그러면 목표는 어떻게 설정해야 할 것인가?

첫째, 목표의 중요성과 긴급성의 순위에 따라 설정해야 합니다. 교회학교와 교사에게 가장 중요하고 긴급한 것이 무엇인가를 파악하기 위한 하나의 방법은, 교회학교의 시간, 힘, 재정을 무엇에 쓰고 있는가를 살펴보는 것입니다. 그리고 다른 하나는, 이러한 것들에 시간, 힘, 재정을 쓰는 것이 타당한가를 생각해 보아야 합니다. 그러나 이러한 것보다 더 중요하고 긴급한 것은 교회의 목적이 무엇인가를 생각하는 것입니다. 교회학교가 가장 우선해야 할 일은 복음을 전하고 성도들을 믿음으로 양육하는 일입니다. 교회학교는 이러한 목적을 위하여 설립되었으므로 교회학교나 교사의 최우선 사역은 전도와 가르침입니다. 이것은 최우선 사역인 동시에 가장 중요하고 긴급한 사역입니다. 이 두 사역은 균형을 이루어야 합니다.

둘째, 교회학교의 목표는 교회학교와 교사가 반학생들에 대하여 품고 있는 비전에서 나옵니다. 교회학교 교사들은 하나님의 비전을 이루는 도구입니다. 하나님께서 가지고 계시는 교회학교와 학생들에 대한 비전을 알지 못할 때 교회학교는 목표가 없어지고 목표가 없어지면 성장하지 못하게 됩니다. 그러면 무엇을 통하여 우리를 향한 하나님의 비전에 대한 지식을 가질 수가 있는가? 거기에는 최소한 세 가지의 요소 곧 성경, 성령, 그리고 교회가 있습니다. 성경을 통하여 교회학교와 반학생들을 향하신 하나님의 비전을 알 수가 있습니다. 성경은 하나님의 목적을 보여주고 교회학교를 향하신 하나님의 비전을 알게 해주기 때문입니다. 성령은 하나님의 교회를 향하신 비전을 알게 해주므로 교회학교 교사가 성령께서 자신과 반학생들의 삶 속에서 역사하시도록 마음을 열어야 합니다. 그리고 성도들의 모임인 교회는 하나님께서 교회학교에 대하여 가지신 비전을 알게 해줍니다.

여러 교회학교와 교사들은 자신들의 힘으로 하려고 합니다. 결코 하나님의 능력을 의지하려고 하지 않습니다. 교사들이 하나님께서 주신 비전에 따라 도전적인 목표를 설정하지 않는 한 교회학교와 반학생들의 성장은 기대할 수 없습니다. 그 이유는 도전적인 목표만이 반학생들의 적극적인 참여를 유도할 뿐 아니라 최선을 다하게 하기 때문입니다.

셋째, 목표는 성취하기가 가능한 것이어야 합니다. 이와 비교되는 개념으로 이념이 있습니다. 이념은 방향만을 제시해 줄 뿐이고 목표와는 달리 성취할 수 있는 것은 아닙니다. 그러나 목표로 정해 놓은 것이 성취하기가 불가능하다면 아무도 관심을 갖거나 최선의 노력을 하려고 하지 않을 것입니다. 성취 가능성이 있는 목표만이 반학생들로 하여금 무엇을 이루고자 하는 동기를 갖게 합니다. 그러므로 반학생들로 하여금 동기유발을 하게 되기를 원한다면 성취할 수 있는 것을 목표로 설정하여야 합니다. 그러므로 목표를 설정할 때는 목표가 성취할 수 있는 것인가? 그 목표를 성취하지 못하였을 때 주는 결과는 무엇일까? 그 목표를 달성하는데 필요한 일을 반학생들이 할 것인가를 생각해야 합니다.

성취를 위해서 목표는 점진성을 가져야 합니다. 곧 하나의 목표는 다음 목표를 위한 징검다리가 되어야 합니다. 점진성을 가진 목표는 다음 목표를 설정하는데 도움이 됩니다. 다음 목표를 향하여 나아가지 않는다면 반학생들로 하여금 노력하게 할 수 없습니다. 그러므로 하나의 목표를 성취하면 다음 목표로 전진해 나가야 합니다. 이러한 점진적인 목표만이 반학생들의 학습 동기를 불러일으키고 높은 결과를 얻게 합니다.

넷째, 성취 여부를 쉽게 판단할 수 있는 목표도 있고 그렇지 못한 것도 있습니다. 예를 들면, 수치와 관계된 목표는 측량하기가 쉽습니다. 그러므로 교회학교 교사가 이러한 수치에 관한 목표를 정하면 성취를 위한 동기유발을 일으키기가 쉽습니다. 이러한 목표의 약점은 성취하였을 때는 긍정적인 효과를 가질 수 있지만 성취하지 못했을 때는 부정적인 효과를 준다는 것입니다.

그러나 성취 여부를 판단할 수 없는 목표는 설정하기도 어려울 뿐 아니라 판단하기도 어렵습니다. 그래서 이러한 판단할 수 없는 목표는 가능한대로 설정하지 않으려 하지만 이러한 것들 중에 중요한 것이 많습니다. 그 하나의 예가 영적 성숙이라는 목표입니다. 그러므로 교사는 학생들에게 이러한 판단할 수 있는 목표와 아울러 판단할 수 없는 목표도 제시하는 것이 반목회를 위하여 효과적입니다.

반의 정원, 출석수 등과 같은 목표는 수치에 관계된 목표입니다. 반목회에서 문제가 되는 것은 많은 교사들이 이러한 수치에만 매달린다는 점입니다. 반목회를 할 때 중요한 것은 반학생들의 필요를 충족하는 목표를 정해야 한다는 것입니다. 한 가지 예로 대부분의 교회학교에서는 학년에 따라서 반을 구성합니다. 왜 그렇게 구성하는가? 나이가 비슷한 사람끼리 묶는 것이 반학생들에게 유익하기 때문입니다. 곧 그들의 능력과 욕구가 비슷하기 때문에 학습에 유익하다는 것입니다. 교회학교에서 분반을 할 때 신앙 연륜에 따라 반을 구성하는 것은 어떨까? 그리고 일정한 영적 성숙을 목표로 제시하면 어떨까? 영적 수준이 비슷하기 때문에 얻을 수 있는 유익이 많을 것입니다.

일반적인 목표

교사는 반학생들이 하나님의 뜻을 깨닫게 하는 것을 목표로 삼아야 합니다. 이것은 보편적이요 일반적인 목표입니다. 교사는 반학생들이 이러한 깨달음을 통하여 그리스도의 삶의 가치와 이유를 알게 하고 영적 삶에 변화가 일어나도록 추구해야 합니다. 그러면 교회학교 교사들이 가져야 할 일반적인 목표가 무엇이어야 하는지를 생각해 보자.

(1) 그리스도를 닮음

교사의 목표는 반학생들이 그리스도를 닮아가는 것입니다. 바울 사도는 고린도 성도들에게 "내가 그리스도를 본받는 자 된 것 같이 너희는 나를 본받는 자 되라"(고전11:1)고 하였습니다. 이는 그리스도를 닮는 것이 그리스도인의 삶의 목표임을 말하는 것입니다. 교사가 그리스도를 닮아가는 것이 매우 중요한 것처럼 반학생들이 그리스도를 닮은 사람들이 되는 것은 매우 중요합니다. 이것이 교사의 목표가 되어야 합니다.

이러한 목표를 이루기 위해서는 먼저 반학생들이 그리스도를 닮아 가는데 방해가 되는 요소들은 제거해야 합니다. 그 방해 요소로는 첫째, 교사가 교재 내용의 전달에만 매달리는 일입니다. 많은 교사들이 공과를 열심히 연구하거나, 주석 책을 참고하여 가르칠 공과 내용을 준비합니다. 이러한 것은 교회학교 교육에서 교재 내용 전달이 중요하기 때문입니다. 그러나 교사가 너무 공과 내용 전달에만 매달리면 잘못될 수 있습니다. 공과 내용에 초점을 두게 되면 반학생들의 영적인 성장보다 지식 전달에만 집중하게 되기 때문입니다. 둘째, 교사 중심으로 교수하는 일입니다. 교사가 자신이 해야 할 일에 주의를 집중하는 것은 당연합니다. 어떻게 시작하며, 어느 구절을 설명해야 하는지, 무슨 질문을 해야 하는지, 무슨 숙제를 줄 것인지, 어떻게 설명할 것인지, 어떻게 성경 말씀대로 살도록 동기를 자극할 것인지 등을 세밀히 준비해야 합니다. 그러나 교사는 자기중심적인 생각을 넘어서서 반학생 중심적인 생각을 해야 합니다. 공부를 진행할 때 반학생들은 무엇을 생각해야 하는지, 그들은 어느 구절에 대한 설명을 원하는지, 어떤 질문을 해야 그들의 이해 여부를 알수 있는지, 어떤 숙제를 줘야 그들이 성경 원리를 삶에 적용할 수 있는지를 생각해야 합니다. 셋째, 개인 의견 중심의 교수를 하는 일입니다. 교사 중심에서 학습자인 반학생 중심으로 옮겨가기 위해서는 질문을 하고, 성경을 찾기 위해서는 소그룹으로 모여야 하고, 간증과 개인경험을 유도함으로써 반학생들의 참여를 부추겨야 합니다. 그러나 이 때 생각해야 할 것은 질문에 대한 답이 성경적이어야 하고, 소그룹 학습이 성경적 관점이라야 하고, 개인 경험도 말씀에 비추어보아야 합니다. 그렇지 않으면 성경 공부가 개인 의견을 말하는 시간이 될 수가 있기 때문입니다. 자칫하면 하나님의 말씀보다 그룹의 의견이 반학생들에게 영향을 더 많이 끼치게 됩니다. 성경 본문의 의미에만 지나치게 집중하거나 아니면 교사의 개인 의견에 지나치게 집중해도 반학생들의 영적 성장을 방해할 수 있습니다. 그리고 학습자인 학생들의 생각에만 집중해도 영적 성장을 방해할 수 있습니다.

그러면 어떻게 해야 반학생들이 예수 그리스도 안에서 성장할 수 있을까요? 반학생들이 그리스도를 닮아가게 하려면 무엇을 해야 하는가? 그리스도를 닮아가도록 하기 위해서는 교육활동이 인지적 요소, 정의적 요소, 의지적 요소를 고르게 포함해야 합니다.

첫째, 인지적 요소는 삶의 이성적인 면을 나타냅니다. 디모데후서 2:15에서 바울은 "네가 진리의 말씀을 옳게 분변하여"라고 하셨습니다. 말씀을 분변하는 것은 인지적인 요소입니다. 반학생들이 주안에서 성숙하기 위해서는 지식을 가져야 합니다. 그들은 성경의 의미를 알아야 하고, 그 말씀을 삶에 적용할 줄 알아야 합니다. 하나님의 말씀의 의미를 알고 삶에 적용할 때 비로소 반학생들은 그리스도 안에서 자랄 수가 있습니다(엡4:15).

둘째, 정의적 요소는 삶의 정서적, 감정적 면을 나타냅니다. 인지적 요소가 이성에 비유된다면 정의적 요소는 가치개념 곧 마음에 비유될 수 있습니다. 실제로 성경에서의 마음은 지정의 세 요소 모두를 지칭하기도 하고 정의적인 요소만을 지칭하기도 합니다. 그 예로서 "마음의 즐거움은 얼굴을 빛나게 하여도 마음의 근심은 심령을 상하게 하느니라"(잠15:13)고 할 때 마음은 즐거움이나 근심을 드러내는 감정을 뜻합니다. 그러므로 반학생들이 주안에서 성숙하게 하려면 그들로 하여금 성경 진리를 자신의 것으로 만들 수 있도록 도와주어야 합니다. 그렇지 않으면 그리스도 안에서 자랄 수가 없습니다.

셋째, 의지적 요소는 삶의 행동이나 행위의 면을 나타냅니다. 우리는 머리로 안다고 해서 아는 그대로 행하는 것은 아닙니다. 사람은 행함을 통하여 자신이 어떤 사람인지를 드러냅니다. 예수님께서는 "거짓 선지자들을 삼가라 양의 옷을 입고 너희에게 나아오나 속에는 노략질하는 이리라. 그의 열매로 그들을 알지니 가시나무에서 포도를 또는 엉겅퀴에서 무화과를 따겠느냐, 이와같이 좋은 나무마다 아름다운 열매를 맺고 못된 나무가 나쁜 열매를 맺나니"(마7:15~17)라고 하셨고 "또한 나무도 좋고 실과도 좋다 하든지 나무도 좋지 않고 실과도 좋지 않다 하든지 하라 그 실과로 나무를 아느니라"(마12:33)고 하셨습니다.

예수님은 행함을 강조하시기를 "그러므로 누구든지 나의 이 말을 듣고 행하는 자는 그 집을 반석 위에 지은 지혜로운 사람 같으리니, 비가 내리고 창수가 나고 바람이 불어 그 집에 부딪치되 무너지지 아니하나니 이는 주초를 반석 위에 놓은 연고요 나의 이 말을 듣고 행치 아니 하는 자는 그 집을 모래 위에 지은 어리석은 사람 같으리니, 비가 내리고 창수가 나고 바람이 불어 그 집에 부딪히매 무너져 그 무너짐이 심하니라"(마7:24~27)고 하셨습니다. 그러므로 교회학교 교사는 반학생들을 "온전케 하며 봉사의 일을 하게 하며 그리스도의 몸을 세우게"(엡4:12) 함으로써 올바르게 생각하고, 현신하고 섬기며 살게 해야 합니다.

(2) 예수님의 제자

예수님께서는 "나를 따라 오너라 내가 너희로 사람을 낚는 어부가 되게 하리라"(마4:19)고 하셨습니다. 이는 예수님의 명령이 예수님의 제자인 교회학교 교사들에게 주신 사명이기도 합니다. 이러한 교사의 사명은 이천 년 전이나 지금이나 같습니다. 예수님 말씀이 변치 않는 것처럼 교사의 사명도 변치 않습니다. 이러한 교사의 사명은 곧 교사의 목표이기도 합니다.

예수님은 "제자를 삼으라"(마28:20)고 말씀하십니다. 이 말씀은 반학생들을 그리스도의 제자로 삼으라는 명령이요 사명입니다. 제자를 삼기 위해서는 세 가지의 구체적인 사역이 있는데 그것은 가서, 세례를 주고, 가르쳐 지키게 하라입니다. 이 세 가지 사역 중에서 마지막 세 번째인 가르쳐 지키게 하라는 교사가 실천해야 할 사역입니다.

바울 사도는 에베소서 4:12에서 "성도를 온전케 하며"라고 한 말은 성도들을 진리로 그리고 말씀으로 무장시키며 준비시키라는 뜻입니다. 이와 같은 단어를 마태가 사용하였는데 그 예는 마태복음 4:21의 '깁다'라는 단어입니다. 그리고 바울이 갈라디아 성도들에게 보내는 서신(6:1)에서 말한 "바로 잡다"라는 말도 같은 단어입니다. 이러한 구절들에서 볼 때 교사의 긴급하고 중요한 사역은 학생들을 예수님의 제자로 삼는 일인데 이는 성도를 온전케 하는 일 곧 부족한 것을 채워주는 일이며, 삐뚤어진 것을 바로잡아 주는 일입니다.

(3) 헌신적인 그리스도인

교사의 목표는 반학생들이 헌신 된 그리스도인이 되게 하는 것입니다. 헌신 된 그리스도인이 되게 하기 위해서는 다음의 몇 단계의 사역이 필요합니다. 첫째, 교회학교 교사는 설교와 교육을 통하여 반학생들을 헌신 된 그리스도인이 되게 할 수 있습니다. 헌신 된 그리스도인이란 신앙적 책임감이 있고 하나님의 뜻에 충성하며 성경 말씀을 따라 사는 사람입니다. 교육을 통하여 하나님의 뜻을 알게 하고 설교를 통하여 회개와 확신을 갖게 하므로 헌신 된 그리스도인이 되게 합니다. 우리 사회에서 기독교가 큰 영향을 끼치지 못하는 이유는 무엇일까? 그것은 교회에 적을 둔 교인(Church member)은 많으나 예수님의 제자가 된 성도(Christian)가 적기 때문입니다. 헌신 된 그리스도인이 적은 이유는 무엇인가? 말씀 선포와 교육이 약하여졌기 때문입니다. 그러므로 반학생들을 헌신 된 그리스도인으로 양육하기 위해서는 교사가 먼저 말씀과 교육에 헌신 된 그리스도인이 되어야 합니다.

둘째는, 교사의 헌신 된 본을 통하여 반학생들은 헌신된 그리스도인이 되게 할 수 있습니다. 헌신 된 교사가 되기 위해서는 말씀으로 돌아가야 됩니다. 곧 성경을 사모하여 성경을 읽고, 연구할 때 더욱 헌신 된 그리스도인이 됩니다. 그렇다면 어떻게 반학생들이 성경을 사모하게 할 수 있을까요? 교사가 헌신의 본을 보임으로 가능합니다. 교사가 헌신의 본을 보일 수 있는 것은 성령의 역사입니다. 곧 성령께서 교사의 마음속에 역사하심으로 헌신된 교사가 될 수 있습니다. 헌신 된 교사라야 헌신 된 그리스도인을 양육할 수 있습니다. 헌신된 교사는 반학생들의 마음속에 성령께서 역사하시도록 기도할 뿐 아니라 가르침과 삶을 통하여 모범을 보일 수 있기 때문입니다. 사람은 들음을 통하여 배우는 것보다 봄으로써 배우는 것이 더 많습니다. 이렇게 교사의 모본과 성령의 역사가 함께 할 때 반학생들은 헌신 된 그리스도인이 됩니다.

구체적인 목표

교회학교 교사들이 성취하려는 목표는 학생들의 성장입니다. 교사가 이끌 수 있는 반학생들의 성장에는 두 종류 즉, 지적 성장과 삶의 성숙입니다.

(1) 지적 성장

반학생들의 지적 성장을 위해서는 첫째, 그들을 하나님의 말씀으로 무장시켜야 합니다. 교회학교 교사는 반학생들로 하여금 하나님의 사람이 되게 해야 합니다. 디모데후서 2:15에서 바울이 디모데에게 "진리의 말씀을 옳게 분변하여 부끄러울 것이 없는 일꾼으로 인정된 자로 자신을 하나님 앞에 드리기를 힘쓰라"고 권한 것처럼 교사는 반학생들을 권해야 합니다. 둘째, 성령으로 충만하게 해야 합니다. 에베소서 5:18에서 바울은 성도들에게 "오직 성령의 충만을 받으라"고 하였습니다. 성령의 충만을 받는다는 것은 성령께서 지속적으로 우리의 말을 주장하고, 다음으로 생각을 주장함으로 우리의 삶 전체를 주장하는 것을 말합니다. 성령의 열매 아홉 가지는 전부 사람의 생각을 통하여 나오는 것입니다. 셋째, 삶에 균형을 이루게 해야 합니다. 바울은 에베소 성도들에게 "너희가 부르심을 입은 부름에 합당하게 행하라"(4:10) 하였고, 빌립보서 1:27에서 바울은 "오직 너희는 그리스도 복음에 합당하게 생활하라"고 하셨습니다. 합당하다는 단어의 의미는 성도들이 살아야 할 기준을 말합니다. 반학생들이 합당하게 생활하게 하기 위해서는 그들에게 요구되는 기준이 무엇인지를 알아야 합니다. 그러므로 교사는 반학생들에게 합당한 생활만 강조할 것이 아니라 합당한 생활이 무엇인지를 알 수 있도록 가르쳐주어야 합니다.

교회학교 교사는 반학생들이 지적 성장을 하되 가치 있는 지식으로 성장하게 해야 합니다. 가치 있는 지식을 갖게 하려면 먼저 가치 있는 지식이 무엇인지를 알아야 합니다. 또한 어디에서 가치가 있는 지식을 찾을 수 있는가를 알아야 합니다. 가치 있는 지식에 대한 판단은 교육지도자의 목표에 따라 달라집니다. 이러한 목표는 같은 교회학교 안에서도 교사에 따라 다를 수 있습니다. 그리스도인은 성경을 최고의 가치로 여깁니다. 그러므로 반학생들이 가치가 있는 지식을 갖도록 하기 위해서는 성경을 가르쳐야 합니다. 교회학교 교사들은 성경 각 권의 개요와 가르치는 구절에 대한 지식을 가지고 있어야 합니다.

(2) 삶의 성숙

교사가 교회학교에서 반학생들에게 하나님의 말씀을 가르치는 것이나 반학생들이 말씀을 교실에서 배우는 것은 쉬운 편입니다. 참으로 어려운 것은 반학생들이 가정과 학교에서 말씀대로 사는 것입니다. 가정과 학교에서는 말과 행동이 그대로 드러나기 때문입니다. 이를 위해서는 교사는 반학생들이 지식을 실천하는 산지식으로 성숙하게 해야 합니다.

사도 바울은 교회학교 교사들에게 추구해야 할 목표를 빌립보서 3:13~14에서 제시하였습니다. "형제들아 나는 아직 내가 잡은 줄로 여기지 아니하고 오직 한 일 즉 뒤에 있는 것은 잊어버리고 앞에 있는 것을 잡으려고 푯대를 향하여 그리스도 예수 안에서 하나님이 위에서 부르신 부름의 상을 위하여 좇아가노라." 여기에서 좇아간다는 단어는 실천적 삶의 성숙에 대하여 말해줍니다. 이러한 실천적 삶의 성숙을 위해서는 첫째, 성경과 그에 관계된 책들을 많이 읽어야 합니다. 둘째, 성경 교사로서의 자질을 향상 시켜야 합니다. 이를 위해서는 교사는 교회, 노회, 총회, 그리고 기타 기독교 교육 기관에서 시행하는 세미나 등에 참석함으로써 교사로서의 경쟁력과 자질을 향상 시킬 수 있습니다. 셋째, 개인적인 연구를 해야 합니다. 개인적인 연구는 많은 시간과 인내를 필요로 합니다. 바울은 고린도 성도들에게 "그러므로 내 사랑하는 형제들아 견고하며 흔들리지 말며 항상 주의 일에 더욱 힘쓰는 자들이 되라 이는 너희 수고가 주 안에서 헛되지 않은 줄을 앎이니라"(고전 15:58)고 권하였습니다. 여러 힘든 환경 가운데서도 교사는 자신의 삶의 성숙을 위하여 말씀 연구를 해야 합니다.

교사는 반학생들의 성숙을 위하여 어떻게 인도해야 하는가? 첫째, 그들로 하여금 성경 말씀을 공부함으로써 하나님의 뜻을 알게 합니다. 둘째, 그들로 하여금 예수 그리스도를 개인의 구세주로 고백하게 합니다. 셋째, 그들로 하여금 예수를 믿는 사람으로서 사회생활 가운데서 빛과 소금의 직분을 잘 감당하는 그리스도인이 되게 합니다. 성숙을 교육의 목표라고 할 때, 그러한 성숙의 특징으로는 다음의 네 가지를 말할 수 있습니다. 첫째, 영적 자율성입니다. 로마서 12:1에 기록된 하나님이 기뻐하시는 산 제사로 드릴 수 있는 능력이 영적 자율인 것입니다. 이러한 능력을 가진 사람이야말로 책임이 있는 존재이기도 합니다. 둘째, 영적 완전성입니다. 이러한 완전성은 영적 헌신에서 오는 것입니다. 신명기 6:5

"너는 마음을 다하고, 성품을 다하고 힘을 다하여 네 하나님 여호와를 사랑하라"는 말씀에 영적 완전성이 잘 나타나 있습니다. 사람이 정말로 영적으로 완전할 수 있는가? 예수님은 마태복음 5:48에서 그 대답을 주십니다. "너희 아버지의 온전하심과 같이 너희도 온전하라"는 말씀은 성도들이 영적으로 완전해질 수 있음을 함의하고 있습니다. 셋째, 영적 안정성입니다. 에베소서 4:14에서는 영적 안정성의 의미와 그 필요성을 어린아이가 되지 아니하여 사람의 궤술과 간사한 유혹에 빠져 모든 교훈의 풍조에 밀려 요동치 않게 하기 위함이라고 말합니다. 주위의 환경에 의하여 요동하지 않는 것은 성숙 된 신앙의 모습을 보여줍니다. 그러나 이러한 영적 성숙은 단시일 내에 이루어지는 것이기 보다는 많은 시간을 필요로 하고 시험과 시련을 통하여 얻게 됩니다. 넷째, 영적 적용 능력입니다. 성숙한 그리스도인은 지식을 현명하게 사용하는 사람입니다. 히브리서 5:14에서는 단단한 식물은 장성한 자의 것이고, 저희는 지각을 사용하므로 연단을 받아 선악을 분별하는 자들이라고 합니다. 즉, 신앙의 본질을 이해하고 이 진리를 삶에 적용할 줄 아는 사람이 성숙한 그리스도인임을 말합니다.

교회학교 교사는 반학생들의 회심을 목적으로 해야 하는가? 아니면 영적 성숙을 목적으로 해야 하는가? 결론을 말하자면 교사는 영적 성숙을 그 목적으로 해야 합니다. 이러한 결론의 근거는 무엇인가? 사도 바울은 하나님께서 교회에 네 가지의 직분들을 허락하셨는데 그 직분은 사도, 선지자, 복음 전하는 자, 목사와 교사입니다. 하나님께서 왜 이러한 직분자들을 교회에 허락하셨을까? 그 이유를 바울은 다음과 같이 말합니다. "이는 왜냐하면 성도를 온전케 하며 봉사의 일을 하게 하며 그리스도의 몸을 세우려 하심이라. 우리가 다 하나님의 아들을 믿는 것과 아는 일에 하나가 되어 온전한 사람을 이루어 그리스도의 장성한 분량이 충만한데 까지 이르리니 이는 우리가 이제부터 어린 아이가 되지 아니하여 사람의 궤술과 간사한 유혹에 빠져 모든 교훈의 풍조에 밀려 요동치 않게 하려 함이라." 여기에서 교회에 직분자를 주신 이유는 그리스도의 장성한 분량이 충만한데 까지 이르게 하기 위함이라고 하였는데 이 말은 영적으로 성숙하게 함을 말합니다.

사람들 특히 그리스도인들의 궁극적인 목적은 하나님을 영화롭게 하는 것입니다. 바울 사도는 로마서 11:36에서 말한 대로 하나님의 영광을 드러내는 것입니다. "이는 만물이 주에게서 나오고 주로 말미암고 주에게로 돌아감이라 영광이 그에게 세세에 있으리로다 아멘." 장로교회의 신앙고백인 웨스트민스터 신앙고백의 제1문도 "사람의 제일 된 목적이 무엇인가?"라고 묻는데 그에 대하여 "하나님을 영화롭게 하는 것입니다"라고 대답합니다.

하나님의 티칭 목표

교회학교 교사의 티칭에서는 바른 목표가 중요합니다. 바른 목표는 교사와 학생에게 바른 동기와 열정과 확신을 불러일으킵니다. 바른 목표는 가르칠 내용이라는 구슬들을 꿰는 독특한 줄을 제공합니다. 바른 목표는 가장 효과적인 가르침의 전략과 방법을 선택하는 기준선이 됩니다. 바른 목표는 교사로 하여금 바른 결과를 산출하는 에너지로서 성령의 동력을 가동하는 지혜를 줍니다. 그러면 그 바른 목표를 어떻게 설정하는가? 대답은 단순합니다. 하나님의 티칭 목표와 예수님의 티칭 목표를 우리의 티칭 목표로 삼으면 됩니다. 그러려면 하나님의 티칭 목표와 예수님의 티칭 목표가 무엇인가를 정확하게 파악하는 것이 가장 먼저 이루어져야 할 작업입니다. 성경은 하나님의 티칭 설계도와도 같습니다. 성경에는 우리를 향하신 하나님의 계획이 분명하게 그려져 있습니다.

출애굽기 19장 5~6절에 하나님의 교육 목표가 한 문장으로 제시되어 있습니다. "세계가 다 내게 속하였나니 너희가 내 말을 잘 듣고 내 언약을 지키면 너희는 모든 민족 중에서 내 소유가 되겠고 너희가 내게 대하여 제사장 나라가 되며 거룩한 백성이 되리라 너는 이 말을 이스라엘 자손에게 전할지니라." 그 백성 이스라엘의 위대한 교사로서 하나님의 첫째 교육 목표는 하나님과의 관계에 있습니다. 그것은 하나님과의 영적 교통(Communion)입니다. 하나님은 말씀하십니다. "내 소유가 되겠고." 이것은 하나님의 소유된 백성으로서의 새로운 정체성을 깨우쳐주시기 위한 말씀입니다. 하나님은 또 말씀하십니다. "내 말을 잘 듣고 내 언약을 지키면." 이것은 하나님의 백성으로서 그분의 말씀에 순종으로 반응해야 하는 새로운 삶의 원리를 제시하시는 말씀입니다. 이스라엘 백성이 하나님의 축복을 누리며, 또 온 세상에 축복이 되기 위해서 삶의 첫 번째 목표로 삼아야 할 것은 하나님과의 사랑과 교통을 유지하는 것이었습니다. "이스라엘아 들으라 우리 하나님 여호와는 오직 유일한 여호와이시니 너는 마음을 다하고 뜻을 다하고 힘을 다하여 네 하나님 여호와를 사랑하라"(신6:4~5). 하나님의 둘째 교육 목표는 백성들 자신과의 관계에 있습니다. 그것은 거룩한 성품(Character)을 계발하는 것입니다. 하나님은 말씀하십니다. "거룩한 백성이 되리라." 거룩함은 하나님의 대표적인 성품입니다. 이사야는 천사들이 하나님을 묘사하는 찬양을 들었습니다. "거룩하다 거룩하다 거룩하다 만군의 여호와여 그의 영광이 온 땅에 충만하도다"(사6:3). 신약으로 가면 요한도 하늘 보좌에서 충만하게 울려 퍼지는 천사들의 찬양을 통해 하나님이 어떤 분이신지를 배웠습니다. "네 생물은 각각 여섯 날개를 가졌고 그 안과 주위에는 눈들이 가득하더라 그들이 밤낮 쉬지 않고 이르기를 거룩하다 거룩하다 거룩하다 주 하나님 곧 전능하신 이여 전에도 계셨고 이제도 계시고 장차 오실 이시라"(계4:8). 하나님은 그 백성 이스라엘이 하나님과 같이 되기를 바라셨습니다. 하나님이 원하시는 것도 그들의 거룩함이었습니다. "나는 너희의 하나님이 되려고 너희를 애굽 땅에서 인도하여 낸 여호와라 내가 거룩하니 너희도 거룩할지어다"(레11:45). 구약 시대의 이스라엘이나 신약 시대의 우리나 하나님의 백성들은 거울과 같은 기능을 하기 위해 이 땅에 남겨진 특수한 목적의 사람들입니다. 하나님의 교육 목표는 그분의 백성을 거룩한 성품과 거룩한 삶을 통해 하나님의 거룩함을 반사하는 거룩한 백성으로 세우는 것이었습니다. 하나님의 셋째 교육 목표는 하나님의 백성 공동체(Community)에 있습니다. 이스라엘 백성은 믿음의 공동체 안에서 사랑과 하나 됨을 누리고 지켜

가야 했습니다. 하나님이 출애굽기 19장 5~6절에서 세 번이나 말씀하시는 "너희는"은 백성 개개인이 아닌, 이스라엘 민족 공동체를 이르시는 말씀입니다. 또 하나님은 말씀하십니다. 제사장 '나라', 거룩한 '민족'이 되리라고 한 개인은 나라도 민족도 아닙니다. 나라나 민족이 공동체인 것입니다. 하나님은 공동체적인 분이십니다. 하나님의 하나 되심을 보라, 삼위일체, 그것은 복수이자 단수이며, 한 분이신 하나님을 의미합니다. 하나님은 그분의 백성들이 이 땅에서 하나 됨을 이루기 원하십니다. 그분의 백성들 한 사람 한 사람이 모인 복수가 하나의 단수 공동체로 서야 하는 이유는 무엇인가? 그것은 그들이 셋인데 하나이고 하나인데 셋인 하나님의 공동체성을 반사하는 거울 백성이기 때문입니다. 하나님의 넷째 교육 목표는 세상과의 관계에 있습니다. 하나님은 그분의 백성들을 '다리'로서의 섬김(Commission)을 감당하는 제사장 나라로 세우기 원하셨습니다. 하나님은 말씀하십니다. "너희가 내게 대하여 제사장 나라가 되며"(출19:6). 제사장이란 라틴어로 폰티팩스(pontifax)라고 합니다. 그것은 '다리'라는 뜻의 폰티와 '만든다'는 뜻의 팩스로 이루어진 합성어입니다. 제사장 나라는 다른 말로 '다리 나라'라고 할 수 있습니다. 이스라엘은 하나님과 그분을 잃어버린 온 세상을 이어야 할 책임을 맡은 민족으로 부름 받았습니다. 그러나 불행하게도 이스라엘은 이 목표에 이르지 못한 낙제생이 되고 말았습니다. 하나님으로부터도, 세계로부터도 모두 단절되어 있었기 때문입니다.

예수님의 티칭 목표

예수님의 첫째 교육 목표도 하나님과의 관계에 있습니다. 그것은 하나님의 영적 교통(Communion)입니다. 예수님이 이 땅에 오신 것도 그 가르치심도 영적 교통의 회복을 목표로 하고 있습니다. 예수님이 선포하신 그분 자신의 사명 선언에 그것이 잘 드러나 있습니다. "주의 성령이 내게 임하셨으니 이는 가난한 자에게 복음을 전하게 하시려고 내게 기름을 부으시고 나를 보내사 포로된 자에게 자유를 눈먼 자에게 다시 보게 함을 전파하며 눌린 자를 자유롭게 하고 주의 은혜의 해를 전파하게 하려 하심이라 하였더라"(눅4:18~19).

예수님의 둘째 교육 목표도 백성들과의 관계에 있습니다. 그것은 거룩한 성품(Character)을 계발하는 것입니다. 예수님이 제자들에게 기대하시는 하늘 백성으로서의 표준 성품이 산상수훈에서 주어졌습니다. 거룩함이라는 개념이 보다 구체적으로 제시되어 있습니다. "심령이 가난한 자는 복이 있나니 천국이 그들의 것임이요 애통하는 자는 복이 있나니 그들이 위로를 받을 것임이요 온유한 자는 복이 있나니 그들이 땅을 기업으로 받을 것임이요 의에 주리고 목마른 자는 복이 있나니 그들이 배부를 것임이요 긍휼히 여기는 자는 복이 있나니 그들이 긍휼히 여김을 받을 것임이요 마음이 청결한 자는 복이 있나니 그들이 하나님을 볼 것임이요 화평하게 하는 자는 복이 있나니 그들이 하나님의 아들이라 일컬음을 받을 것임이요 의를 위하여 박해를 받은 자는 복이 있나니 천국이 그들의 것임이라 나로 말미암아 너희를 욕하고 박해하고 거짓으로 너희를 거슬러 모든 악한 말을 너희에게 복이 있나니 기뻐하고 즐거워하라 하늘에서 너희의 상이 큼이라 너희 전에 있던 선지자들도 이같이 박해하였느니라"(마5:3~12). 공생애를 마치실 때 제자들을 위한 그분의 마지막 기도에도 그 간절한 교육 목표가 배어 있습니다. "내가 아버지의 말씀을 그들에게 주었사오매 세상이 그들을 미워하였사오니 이는 내가 세상에 속하지 아니함 같이 그들도 세상에 속하지 아니함으로 인함이니이다 내가 비옵는 것은 그들을 세상에서 데려가시기를 위함이 아니요 다만 악에 빠지지 않게 보전하시기를 위함이니이다 내가 세상에 속하지 아니함 같이 그들도 세상에 속하지 아니 하였사옵나이다 그들을 진리로 거룩하게 하옵소서 아버지의 말씀은 진리니이다 아버지께서 나를 세상에 보내신 것 같이 나도 그들을 세상에 보내었고 또 그들을 위하여 내가 나를 거룩하게 하오니 이는 그들도 진리로 거룩함을 얻게 하려 함이니이다"(요17:14~19). 예수님의 셋째 교육 목표 역시 믿음의 공동체에 있습니다. 예수님은 그분의 제자들이 사랑으로 하나 되는 공동체(Community)를 이루기 원하셨습니다. 예수님의 마지막 기도에도 이 소원이 녹아 있습니다. "내가 비옵는 것은 이 사람들만 위함이 아니요 또 그들의 말로 말미암아 나를 믿는 사람들도 위함이니 아버지여, 아버지께서 내 안에, 내가 아버지 안에 있는 것 같이 그들도 다 하나가 되어 우리 안에 있게 하사 세상으로 아버지께서 나를 보내신 것을 믿게 하옵소서 내게 주신 영광을 내가 그들에게 주었사오니 이는 우리가 하나가 된 것 같이 그들도 하나가 되게 하려 함이니이다 곧 내가 그들 안에 있고 아버지께서 내 안에 계시어 그들로 온전함을 이루어 하나가 되게 하려 함은 아버지께서 나를 보내신 것과 또 나를 사랑하심 같이 그들도 사랑하신 것을 세상으로 알게 하려 함이로소이다"(요17:20~23). 예수님의 넷째 교육 목표 역시 세상과의 관계에 있습니다. 예수님은 하나님과 세상 사이에 놓인 다리로서의 섬김(Commission)을 위해 제자들을 부르셨고, 훈련 시키셨으며, 파송하셨습니다. 예수님의 산상수훈과 최후의 유언에 그 교육 목표가 분명하게 나타나 있습니다. "너희는 세상의 소금이니 소금이 만일 그 맛을 잃으면 무엇으로 짜게 하리요 후에는 아무 쓸 데 없어 다만 밖에 버려져 사람에게 밟힐 뿐이니라 너희는 세상의 빛이라 산 위에 있는 동네가 숨겨지지 못할 것이요 사람이 등불을 켜서 말 아래에 두지 아니하고 등경 위에 두나니 이러므로 집안 모든 사람에게 비치느니라 이같이 너희 빛이 사람 앞에 비치게 하여 그들로 너희 착한 행실을 보고 하늘에 계신 너희 아버지께 영광을 돌리게 하라"(마5:13~16). "예수께서 나아와 말씀하여 이르시되 하늘과 땅의 모든 권세를 내게 주셨으니 그러므로 너희는 가서 모든 민족을 제자로 삼아 아버지와 아들과 성령의 이름으로 세례를 베풀고 내가 너희에게 분부한 모든 것을 가르쳐 지키게 하라 볼지어다 내가 세상 끝날까지 너희와 항상 함께 있으리라 하시니라"(마28:18~20).

바울의 티칭 목표

왜 바울은 그토록 이타적이고 적극적으로 그의 사역에 헌신했는가? 무엇 때문에 한 번도 아니고 계속해서 생명을 거는 모험을 했는가? 왜 끊임없는 위험과 쓰라린 고난을 경험하면서도 로마 제국의 큰 영토를 가로지르는 수백만 킬로미터, 아니 수천만 킬로미터를 여행했는가? 그가 이루고자 했던 것은 무엇인가? 그의 목표는 무엇이었는가? 왜 그는 그런 목표를 향해 일했는가? 그렇게 한 동기는 무엇이었는가? 계속 그런 일을 할 수 있는 추진력은 무엇이었는가? 우리는 우리 자신의 목표를 정하고 그 목표를 향한 동기를 부여받는 측면에서 모범이 되는 교사인 바울로부터 많은 것을 배울 수 있습니다.

1) 사람들을 그리스도께로 인도하려는 바울의 목표

바울은 자신이 죄 사함과 그리스도를 통한 영생의 선물을 얻는 기쁨을 체험했기 때문에 다른 모든 사람도 그 같은 기쁨을 경험하기를 원했습니다. 누구도 그리스도 없이는 영원히 멸망 받으리라는 것을 알았기 때문에 가는 곳마다 복음을 전해야 한다는 부담을 느꼈습니다. 회심 후 곧바로 그는 다메섹의 동료 유대인들에게 예수는 하나님의 아들임을 선포하고(행 9:20) 그가 메시아 되심을 증거 하면서(심비바조, symbibxazo, '한 군데로 엮어주고 증명하며 결론짓고 결정적 증거를 제시하는 것' 참고, 16:10,19:33,엡4:16) 그들을 그리스도께로 인도하고자 노력했습니다. 또한 그는 데살로니가(행17:3) 고린도(18:4~5)의 유대인들과 헬라인들에게 예수는 메시아 되심을 설명했습니다. 복음(행13:22,14:7,21,17:18)은 예수그리스도를 믿는 모든 사람에게 죄 사함이 주어진다는 사실에 있었습니다(13:39,20:21, 참고, 26:27~29). 루스드라에서 바울과 바나바는 '너희에게 복음을 전하는 것은 이 헛된 일을 버리고... 살아 계신 하나님께로 돌아오라 함이라'고 설명했습니다(14:15). 또한 데살로니가 교인들에게는 복음을 듣는 즉시 하나님께로 돌아와야 했다고 기록했습니다(살전1:9) 그리고 그는 아그립바 왕에게 유대인과 이방인들에게 '하나님께로 돌아가야 한다'고 선포했습니다(행26:20). 예수 그리스도의 부활한 모습을 보았기 때문에 바울은 복음을 전할 때 당연히 예수의 부활에 대해 언급했습니다(13:30,34,37,17:18,32,24:21). 그의 서신들 중 아홉 권에서 예수의 부활을 34번이나 언급했습니다. 바울이 그의 구원의 메시지를 주의 말씀(행16:32,19:10,20)과 하나님의 말씀(13:5,7,46,17:13,18:11)으로 부른 것은 그가 가르친 것이 그 자신이나 다른 누군가가 만들어 낸 것이 아님을 뜻했습니다(갈1:11~12). 하나님으로부터 계시되었기 때문에 하나님의 메시지이며(1:12), 그것을 받아들이는 사람들에게 영생을 주기 때문에 생명의 말씀입니다(빌2:16). 바울은 구원을 위해 그리스도께로 오는 것을, 진리를 듣거나, 진리로 나오거나, 진리를 믿거나, 진리를 아는 것과 동일시했습니다. 바울은 복음에 대한 사람들의 개방성과 수용성에 대해 말했습니다. 첫째, 사람들은 복음을 믿기 전에 복음을 들어야만 하기 때문에(롬10:14,17) 바울은 사람들이 복음이나 하나님의 말씀을 듣거나 그리스도에 대해 들어야 한

다고 여러 번 언급했습니다(행13:7,44,48,15:7,17:32,19:10,28
:22,엡1:13,4:21,골1:6,23,살전2:13,딤후4:17). 둘째, 그는 그들
이 그 메시지를 받아들이거나 환영했다고(데코마이, dechomai)
말했는데, 여기에서 사용된 단어는 어떤 개인을 환영할 때 쓰이는
말입니다(고후7:15,갈4:14,골4:10). 사도 바울이 구원에 대한 사
람들의 수용성을 말하는 세 번째 방식은 파라람바노(paralamk-
kano, 영접하거나 받아들이는 것)라는 단어를 통해서입니다(고
전15:1,골2:6,살전2:13). 그가 이 주제에 대해 언급한 네 번째 방
식은, 그리스도에 대한 믿음을 통해 그들이 하나님(갈4:9)과 그분
의 은총(고후 8:9)을 알게(기노스코, giniks) 되었다는 말을 통해
서입니다. 그가 복음을 제시할 때 사람들이 반응하는 것을 보며
느꼈을 기쁨에 대해 생각해보라. 그의 말을 들은 많은 사람들이
그와 그의 메시지를 배척했지만 비시디아 안디옥(행13:48), 이고
니온(14:4), 더베(14:21), 빌립보(16:32~34), 데살로니가(17:4),
베뢰아(17:12), 아덴(17:34) 고린도(18:8), 에베소(19:10), 로마
(28:23~24)에 있는 사람들을 포함한 많은 사람들은 구원을 받았
습니다. 이들 제국의 10개 주요 도시에 있는 유대인과 헬라인들
이 그리스도께로 나아왔습니다. 그들은 영적 눈이 열려, 잃어버리
고 구원받지 못한 어두운 상황에서 복음의 빛으로 나아왔고, 사
단의 권세에서 벗어나 하나님의 능력 아래로 나왔습니다(26:18,
참고/23절). 바울은 믿는 자들의 교사로 섬기기 이전에 회심자
들을 그리스도께로 인도해야 했습니다. 잃어버린 자에 대한 부
담을 느꼈기 때문에 그는 다른 사람들에게 그리스도를 전하기를

갈망하는 전도자가 되었습니다(롬1:14~15,고전9:16,고후5:14), 하나님께서 그를 사도로 부르셨기 때문에 그는 이방인(롬1:5,골1:27)과 유대인(롬9:3,10:1,11:14) 모두에게, 사실상 모든 사람(행26:20,22,고전9:22,10:33)에게 구원의 복음을 전해야 한다는 책임감을 느꼈습니다. 오늘날, 구원의 계획을 가르치는 일을 소홀히 하거나 그것을 명확히 제시하지 못하는 교사들이 있다면 그들은 이 탁월한 교사의 최우선 전략을 제대로 이해하지도 따르지도 못하는 것입니다.

2) 가르침과 관련된 바울의 목표

바울과 그의 동료들은 사람들을 그리스도께로 인도하고, 그들이 지역 교회에 뿌리를 내리도록 도우며, 새 신자들을 굳건히 세우고 격려하는 데 많은 시간을 보냈습니다. 사도들의 격려가 없었다면 새 신자들은 불신자들에게 조롱을 당하거나 다른 어려움에 직면했을 때 제대로 신앙생활을 할 수 없었을 것입니다(행14:22~23), 에피스테리조(episterizo, 강화하다)는 스테리조(sterizo, 꽉 조이다)와 그 동사의 의미를 넓히거나 강화 시켜주는 의미의 접두어 에피(epi)의 합성어입니다. 누가는 사도행전 14장 22절과 15장 41절에서 바울의 사역에 대해 말할 때 이 동사를 사용했고 18장 23절에서는 스테리조(sterizo)를 사용했습니다. 바울이 신자들을 강화했다는 것은 그들이 영적으로 더욱 깊이 헌신하도록 도왔음을 뜻합니다. 그는 또한 회심자들을 격려했습니다

(14:22, 16:40, 20:1~2)

(1) 지식을 전하는 목표

바울이 그의 회심자이자 학습자인 사람들을 위해 설정한 목표 중 한 가지는 그들이 특정한 진리들을 알고 기억하도록 만드는 것이었습니다. 그는 이것을 여러 방식으로 표현했습니다. 예컨대, 그는 다음과 같이 썼습니다. '나는 너희가 알거나 깨닫기 원한다'(고전11:3, 고후8:1, 갈1:11, 빌1:12, 골2:1). '나는 너희가 알지 못하거나 깨닫지 못하기를 원하지 않는다'(롬1:13, 11:25, 고전10:1, 12:1, 고후1:8, 살전4:13). '너희는 알지 못하느냐?'(롬6:3, 16, 7:1, 11:2, 고전3:16, 5:6, 6:2~3, 9, 15~16, 19, 9:13, 24). '우리는 안다'(예/롬3:19, 5:3, 6:6, 9, 7:14, 8:22, 28, 고전8:1, 4, 13:9, 고후1:7, 4:14, 5:1, 6, 11, 갈2:16, 살전1:4, 딤전1:8~9). '너희는 안다'(고전12:2, 15:58, 16:15, 고후8:9, 갈4:13, 엡6:8~9, 빌2:22, 4:15, 골3:24, 4:1, 1:5, 2:1~2, 5, 11, 3:3~4, 4:2, 5:2, 2:6, 3:7, 딤후1:15, 18, 2:23, 3:10, 14). 그는 또한 그들이 다음과 같은 특정한 사실들을 기억하도록 도전했습니다. '나는 너희에게 상기시키기를 원한다'(고전15:1, 딤후1:6). '너희는 기억하지 못하는가?'(살후2:5) '너희는 기억한다'(살전2:9). '기억하라'(고후9:6, 갈2:10, 엡2:11~12, 골4:18, 딤후2:8). 이런 구절들을 살펴보면서 바울이 독자들에게 무엇을 알고 기억하기를 원했는지에 대해 학습하는 일은 흥미 있는 연구입니다. 사도 바울은 또한 다음과 같은 것들에 대해서도 썼습니다. '하나님의 아들에 대한 지식'(엡4:13),

'그리스도를 (친밀하게) 아는 지식'(고후2:14), '하나님의 영광에 대한 지식'(4:6) 고린도 교인들이 탁월한 지식을 가졌다는 사실 (8:7). 그리스도에 대한 친밀한 지식(엡1:7). '그가 믿는 자들을 부른 소망에 대한 지식'(1:18). '그리스도의 사랑을 아는 것'(3:19), '하나님의 뜻을 친밀하게 아는 것으로 이르는 연합'(골1:9), '그의 뜻을 (친밀하게) 아는 지식에서 자라나는 것'(1:10). '(친밀한) 지식 안에서 새로워지는 것'(3:10), '진리에 대한 (친밀한) 지식'(딤후 2:25, 딛1:1). 고린도후서 2장 14절, 4장 6절, 8장 7절과 에베소서 3장 19절에서 지식을 나타내는 헬라어는 그노시스(gnosis)입니다. 에베소서 1장 17절, 4장 13절, 골로새서 1장 9~10절, 3장 10절, 디모데후서 2장 25절, 디도서 1장 1절에서는 에피그노시스 (epignosis)라는 단어가 사용되고, 에베소서 1장 18절에서는 오이다(oida)라는 단어가 사용되고 있습니다. 바울이 15번 사용한 에피그노시스라는 단어는 완전하게나 친밀한 내적 경험을 표현하며, 위에서 나열한 일곱 번의 경우에서 그것은 '활발한 의식적 인식'이나 '하나님에 대한 지식을 갖는 것'을 나타냅니다. 에베소서 1장 18절의 오이다는 '직관적으로 직접적으로 이해하는 것'을 뜻하고, 3장 19절에서의 기노스코(ginisko, 바울이 45번 사용)는 알게 되고, 경험으로 알고 확신하는 것을 뜻합니다. 바울의 서신들에서 103번 나타나는 오이다는 90번의 경우에는 이런 독특함을 유지하고 있으나, 에베소서 1장 18절을 포함한 몇몇의 경우에는 기본적으로 기노스코와 같은 뜻으로 사용되었습니다.

(2) 영적 성장의 목표

많은 교사들은 학생들에게 정보를 습득하도록 돕는 것만이 학생들이 필요로 하는 전부인 양 가르치는 것 같습니다. 그러나 바울의 가르침은 지식을 전달하는 것도 포함되지만, 그것보다 더 큰 목표가 있었습니다. 우리가 앞서 살펴본 것처럼, 지식을 나타내는 말들조차도 정보에 대한 단순한 지적 이해 이상의 의미가 포함되어 있습니다. 바울의 목표 지향적인 가르침과 권면들 중 많은 부분은 독자들이 알고 있던 것뿐만 아니라 그들의 인격과 행동에 대한 깊은 관심까지도 포함하고 있습니다. 이런 목표들은 "영적 성장과 성숙을 격려한다"는 문구로 요약 할 수 있습니다. 이것은 본질적으로 예수님이 그분의 사역에 가지셨던 목표와 동일한 것입니다. 바울은 영적 성장이라는 개념을 여러 번 언급했습니다. 앞서 보았듯이, 그는 골로새서 1장 10절에서 신자들이 '하나님에 대한 (친밀한) 지식(에피그노시스)에서 자라나는 것'에 관해 말했습니다. 에베소서 4장 13절은 같은 맥락을 제시합니다. 즉 성숙은 '하나님의 아들에 대한 (친밀한) 지식 안에서(지식에 의해)' 이루어집니다. 영적 성장은 그리스도인들이 주님을 보다 친밀하게 알 때 일어납니다. 그들의 성장은 그 친밀함에 의해 생깁니다. 골로새서 1장 6절에서 사도 바울은 하나님의 은혜에 대한 정신적 이해뿐만 아니라 그 경험을 나타내는 관련 동사 에피기노스코(epiginski)를 사용했습니다. 그리스도인의 성장은 또한 의(고후9:10)와 믿음(10:15)과 사랑(빌1:9) 안에서 자라나고, 사실 삶의 모든 영역에서(엡4:15) 자라나는 것을 포함합니다. 그리스도를 닮는 것이 우리의 성장의 목표라는 측면에서 이 성장은 그 안으로 들어가거나 더 정확하게는 그에게로 접붙임 받는 것입니다. 바울이 에베소서 4장 13절에서 설명했듯이 우리는 '그리스도의 장성한 분량'에 이르면, 우리의 도덕적 특성의 분량이나 기준이 그리스도처럼 완전한 모습을 갖춰야 합니다(참고/3:19). 하나님께서 믿는 자들에게 예정하신 궁극적인 목표는 '그 아들의 형상을 본받게 하기' 위한 것입니다(롬8:29). 본받는다는 것은 '~처럼 된다'로 번역되는 심모르포스(symmorphos, 같은 형태나 모습을 갖는 것)라는 헬라어 형용사를 사용했습니다. 이 단어는 빌립보서 3장 21절에서만 사용되었습니다. 믿는 자들은 천국에서 그분과 함께 있을 때 그리스도처럼 될 것이기 때문에 현재에도 그리스도처럼 될 것을 도전받습니다. 바울은 그리스도가 그들 안에서 '형체를 갖도록'(모르푸, morphoo), 어미가 해산의 고통을 겪듯이 갈라디아 교인들을 위해 고통을 겪었다고 말했는데, 이것은 그들이 그리스도처럼 되기를 바라는 그의 소원을 회화적으로 표현한 것입니다. 이것이 바로 모든 교사가 학생들에 대해 가져야 할 목표입니다. 학생 개개인이 '그리스도를 더욱 잘 알게' 될 때(엡1:17, 그에 대한 친밀한 지식 안에서) 그리스도처럼 되어갑니다. 심지어 그리스도를 누구보다 잘 알고 있었던 바울조차도 그분을 더욱 알아가기를 갈망했습니다(빌3:10). 어린아이들이 주는 기쁨이 크지만 어느 부모도 자식이 계속 유아로 남아 있기를 원하지 않습니다. 발육 장애가 부모에게 큰 근심을 안겨주듯 영적 발달의 부진은 교사들에게 근심이 아닐 수 없습니다. 바울은 성장 결핍의 문제에 대해 여러번 언급했습니다(고전3:14,4:21,6:5~6,14:20,엡4:14). 믿는 자들이 연합되듯이 그리스도의 몸인 교회는 세워져 가는 건물(엡2:21)과 인간의 몸(골2:19)과 식물(고전3:6~7)처럼 자라납니다. 이런 성장은 "추측컨대 규모(그리스도인이 되는 수)와 성품 양면에서 성장하는 것을 포함합니다". 복음이 다른 사람들에게 전파되어 퍼져나갈 때 결국 복음은 열매를 맺어 자라는 나무처럼 됩니다(골1:6). 믿는 자들이 '사랑 안에서 연합하여' 그리스도를 더욱 친밀하게 알게 됩니다〈골2:2, 에이스 에피그노신(eis epignosin).… 크리스투(Christou)〉. 의심할 바 없이, 바울이 그의 사역 가운데 최고의 목표로 삼았던 것은 회심시킨 사람들의 영적 성장이었습니다. 그는 고린도 교인들의 성숙을 위해 기도했고(고후13:9), 그들이 그것을 목표로 하기를 촉구했습니다(13:11). 그는 다른 사람들이 그리스도 안에서 성숙하도록 인도하기 위해 그들을 권면하고 가르쳤습니다(골1:23). 바울은 또한 영적 성장을 흘러 넘치거나 뛰어넘는 것으로(페리세우오 periseud, 가득 차다) 표현했습니다. 믿는 자들은 주님에 대한 소망이나 확신을 탁월하게 가져야 하고(롬15:13), 다른 성도들을 세워 줄 영적인 은사를 훈련하며(고전14:12) 주님을 위해 일하고(고전15:58,고후9:8) 기쁨(고후8:2,빌1:26)과 감사(고후9:12,골2:7)와 사랑(빌1:9,살전3:12,4:10) 그리고 사실상 바울이 고린도후서 8장 7절에서 말한 모든 것(믿음과 말과 지식과 성실함과 사랑과 주는 것을 포함한) 속에서 뛰어난 모습을 가져야 합니다. 견고해진다거나 지어져 간다는 표현은 바울이 영적인 성숙을 묘사하는 또 하나의 방식이었습니다. 그는 이런 개념을 묘사하기 위해 적어도 일곱 개의 단어를 사용했습니다. 바울은 오직 하나님만이 하실 수 있는 책무(롬16:25,살전3:13,살후2:17,3:3)인 믿는 자들이 강하게 되고(스테리조, Serizo, 견고히 서는 것, 롬1:11,살전3:2), 그리스도와 믿음 안에서 견고히 확립되며(베바이우, betaion, 고전1:8,고후1:21,골2:7), 강하게 되고(크라타이우마이, kratioomai, 고전16:13,엡3:16), 견고히 서며(스테코, steko, 고전16:13,갈5:1,빌1:27,4:1,살후2:15), 능력을 받고(디나무, dynamoo, 골1:11/엔디나무, endynamoo, 엡6:10,딤후2:1, 참고/빌4:13,딤후1:12,4:17), 세움 받기를(오이코도메오, aikocomeo. 건축하거나 세우는, 고전8:1,14:4,17,살전5:11) 원했습니다. 성숙한 그리스도인이란 그리스도 안에서의 자신의 위치에 맞게 행동하는 사람을 말합니다. 네 번씩이나 바울은 믿는 자들에게 주님께 합당한 삶을 살라고 도전했습니다(엡4:1,빌1:27,골1:10,살전2:12). 합당하다(악시오스, axios)는 말은 우리의 삶이 복음과 주님의 기준과 완전히 일치해야 된다는 면에서 똑같은 무게나 균형 잡힌 저울추를 갖는 것을 뜻합니다. 바울은 회심자들의 말과 행동이 일치해야 하는 부분에 관심을 기울였습니다(골3:17,살후2:16~17). 그는 믿는 자들이 새로운 삶을 살고(롬6:4) 성령을 좇아 살며(8:4,갈5:16), 고결하고(롬13:13) 믿음으로(고후5:7) 살도록 촉구했습니다. 영적으로 성숙한 그리스도인들은 자신들을 위해서가 아니라 그리스도를 위해 삽니다(5:15). 그들은 성령으로 충만하거나 성령의 통제를 받으며(엡5:18) 성령의 열매나 덕목을 나타냅니다(갈5:22~23, 참고/빌1:11). 바울은 또한 영적 진보를 내용과 경험 모두와 관련된 '학습'으로 묘사했습니다. '배운다'는 의미의 만타노(manthano)는 디모데후서 3장 14절(배우고 확신한 일에 거하라)처럼 가르침을 통해 주제를 배운다는 개념이지만, 로마서 6장 17절 '네가 배운 가르침'(디다케, didache)과 에베소서 4장 20절⟨너희는 그리스도를 이같이 알지(만타노, manthano, 배우지) 아니하였느니라⟩과 빌립보서 4장 9절(너희는 내게 배우고 …)과 디모데후서 3장 14절(너는 배우고 확신한 일에 거하라)처럼 경험이나 실천을 통해 어떤 것을 자신의 것으로 내면화시킨다는 개념을 갖습니다. 교사된 우리와 학생들이 진리를 개인화하고 그리스도 안에서 자라나 그분의 성품을 구체적으로 나타냄으로써 점차 그리스도와 같이 되면 우리는 하나님을 즐겁게 하고(롬14:18,고후5:9,갈1:10,엡5:10,골1:10,살전4:1), 하나님께 영광을 돌리게 됩니다(롬15:6,고후4:15,엡1:12,14,살후1:12).

영적인 성숙은 측정 가능한 것인가? 학생들이 그리스도 안에서 성장하고 있는지 어떻게 알 수 있는가? 바울의 서신 중에는 다양한 영적인 특성들, 곧 성장하는 그리스도인의 필수 요소들이 64회나 언급되어 있습니다. 그것들은 하나님과 다른 사람들 그리고 환경과의 관계에 따라 종류별로 나뉘어집니다. 바울은 그가 가르치는 자들이 점차 그리스도를 닮아가며(갈4:19) 삶 속에서 이런 질적 요소들을 구체적이고도 성숙하게 드러내기를 갈망했습니다.

(3) 바울을 본받으라는 목표

다섯 권의 서신에서 바울은 그의 서신을 읽는 사람들에게 또 하나의 목표를 설정했는데 그것은 자기를 본받으라는 것입니다. "그러므로 내가 너희에게 권하노니 너희는 나를 본받는 자가 되라"(고전4:16). "내가 그리스도를 본받는 자 된 것같이 너희는 나를 본받는 자 되라"(고전11:1). "형제들아... 너희도 나와 같이 되기를 구하노라"(갈4:12). "형제들아 너희는 함께 나를 본받으라 또 우리로 본을 삼은 것같이 그대로 행하는 자들을 보이라"(빌3:17). "너희는 내게 배우고 받고 듣고 본 바를 행하라"(빌4:9). "너희는... 우리와 주를 본받은 자가 되었으니"(살전1:6). "형제들아 너희가 그리스도 예수 안에서 유대에 있는 하나님의 교회들을 본받은 자 되었으니"(살전2:14). "어떻게 우리를 본받아야 할 것을 너희가 스스로 아나니"(살후3:7). "오직 스스로 너희에게 본을 주어 우리를 본받게 하려 함이니라"(살후3:9). 어떻게 바울은 독자들에게 자기처럼 되고 자신의 삶을 본받으라고 도전할 수 있었을까? 이런 요구는 다소 교만한 것이 아닐까? 교사인 우리들도 바울처럼 학생들에게 우리를 본받으라고 요구해야 하는가? 어떻게 이렇게 하면서도 자기 도취에 빠지지 않을 수 있을까? 그리스·로마 세계에서는 본이 되는 사람들이 행동의 모범으로 추대되는 것이 일반적이었습니다. 하지만 이런 저술가들 중 누구도 자신을 따라야 할 본보기로 내세운 사람은 없었습니다. 그러나 바울은 그렇게 했습니다. 왜 그랬는가? 두 가지 이유가 가능한데, 하나는 유대 랍비들이 제자들에게 그들을 본받도록 촉구한 것과 다른 하나는 바울이 궁극적인 기준인 그리스도를 따르도록 하는(하나님을 본받는 자가 되고, 엡5:1) 하나의 방편으로 그를 본받도록 종용했다는 것입니다. 바울의 명령들 중 일부는 그리스도의 모범에 근거하고 있습니다. 믿는 자들은 그리스도께서 우리를 용납하심과 같이 서로 용납하고(롬15:7), 그리스도께서 그들을 사랑하신 것처럼 서로 사랑하며(엡5:25), 남편들은 그리스도께서 교회를 사랑하신 것처럼 아내들을 사랑하고 (5:25), 믿는 자들의 겸손한 태도는 그리스도 예수의 태도와 같아야만 합니다(빌2:5). 본받는 일에 대한 바울의 개념은 회심자들과의 인격적 관계에 근거하고 있습니다. 다섯 개의 서신에 나타난 권고들은 그가 세운 교회들, 곧 갈라디아와 데살로니가와 빌립보와 고린도 교회들에게만 주어졌습니다. 로마서나 골로새서에는 그런 명령이 나와 있지 않고, 에베소서에서는 믿는 자들이 하나님을 본받는 자가 되어야 한다고 명했습니다(엡5:1). 바울은 그의 삶을 직접 본 자들에게는 자기를 기억하며 따르라고 격려할 수 있었습니다. 바울이 그리스도인들에게 자기를 본받으라고 권면한 것은 그들에게 장막을 깁는 사람들이 되거나 그의 사도적인 특권이나 권위를 흉내 내라고 지시한 것이 아니었습니다. 본받는 것과 관련된 그의 명령 속에는 다음과 같은 것을 행하라는 요청이 들어 있었습니다. (a) 연약함에도 불구하고 고난 속에서 하나님의 능력을 체험하도록 만든 그의 인내를 본받는 것(참고/고전4:10~13), (b) 그의 경건한 행동을 본받는 것(아마도 그리스도의 도덕적 기준들을 따랐던 삶의 양식을 뜻하는 그리스도 안에서의 그의 삶의 방식, 4:17), (c) 복음을 위해 헌신하는 것을 본받는 것(고린도전서 11장 1절은 그가 다른 사람들이 구원받는 것에 대해 이타적인 관심을 기울였다는 10장 33절의 그의 진술을 따르고 있다), (d) 율법주의의 굴레에서 벗어난 자유함을 본받는 것(갈4:12, 참고/4:8~11), (e) 성숙을 향해 계속 나아가는 그를 본받는 것(빌립보서 3장 17절은 그 자신의 영적 훈련과 진보의 생활에 관한 3장 12~16절의 말을 따르고 있다), (f) 자신의 삶 속에서 본 것과 그의 입술로부터 들은 것을 실천하는 것(빌4:9), (g) 데살로니가교인들은 이미 실천하고 있다고 말한 것으로(살전1:6), 유대에 있는 교회들을 포함해 (2:14) 다른 교회들에게 본보기가 되고 있었던(1:7), 고난을 기쁘게 견뎌내는 그의 인내를 본받는 것, (h) 그들이 주님의 재림을 준비하는 것을 포기하기보다는 그의 근면과 자기희생적 삶을 본받는 것(살후3:7,9) 바울이 그의 삶을 모범으로 제시한 것은 영향력 있는 교육적 도구가 되었습니다. 학생들은 교사들이 가르친 그대로 살고 있는지를 직접 봄으로 많이(그 이상은 아닐지라도) 배웁니다. 바울은 그의 본보기를 그가 가르치는 교훈과 똑같은 위치에 놓았습니다. 사실 바울의 삶은 그의 가르침과 교훈의 일부분이었습니다. 교회학교 교사인 우리들은 바울의 본을 받아 학생들이 주저하지 않고 우리를 따르도록 도전할 수 있는 방식으로 살아야 합니다. 이것은 허세를 부리거나 자랑하는 것이 아니라 학생들에게 일관되고 신실한 인내와 거룩함과 비이기적인 모습과 겸손과 영적 진보와 근면의 본을 통해 그리스도를 따르도록 격려하는 것을 말합니다. "본받으라"는 영적으로 성숙하라는 말을 다른 방식으로 표현한 것입니다. 브라이언트(Bryant)가 말하였듯이 비성숙에서 성숙으로 발전하는 과정은 미메시스(minesis, 흉내내기)입니다. 그리고 그레치(Grech)는 그리스도를 본받음으로 믿는 자는 주님의 형상으로 변화하게 된다고 기록했습니다. 가르치는 학생들에게 모범이 되는 일은 우리가 가르치는 내용을 알고 그것들을 잘 가르치는 것만큼 중요합니다. 사실 우리가 하나님의 모습을 본받지 않는다면 사람들은 우리의 말과 행동이 모순되는 것을 보고 돌아설 것이며 우리가 가르치는 내용은 아무런 영향력도 발휘하지 못할 것입니다. 바울이 제자들에게 그 자신을 본받도록 요구한 것은 효과적이었습니다. 왜냐하면 그는 가르친 것을 구체적으로 보여준 교사였기 때문입니다. 바울은 우리가 그리스도를 본받는 사람들이 되도록 도와주며, 우리 학생들이 따라야 할 위대한 모범입니다.

3) 제자를 삼는 목표

마테테우오(matheteu)라는 동사는 제자가 되다(마27:57) 혹은 제자를 삼다(마13:52, 28:19, 행14:21)라는 의미로 신약에서 네 번 사용되었습니다. 흥미롭게도 누가는 단 한 번 바울이 제자를 삼는 것에 대해 언급했는데, 그 구절은 그리스도인이 되거나 그리스도의 제자가 되는 것을 암시하는 것 같습니다. 복음을 그 성에서 전하여 많은 사람을 제자로 삼고(행14:21) 복음서와 사도행전에서만 사용된 마테테스(mathéties, '제자') 라는 관련 명사가 사도행전 14장 22절, 28절, 15:10절, 16장 1절, 18장 23절, 27절, 19장 9절, 30절, 20장 1절, 21장 4절, 16절에서는 믿는 자에 대해 똑같은 개념으로 사용되고 있습니다. 복음서에서 마테테스는 아래와 같이 여러 가지 의미로 사용됩니다. (a) 의심을 가졌으나 확신을 갖게 되어, 예수를 따르고 그의 말씀에 경청했던 사람들, (b) 예수의 열두 제자들, (c) 그리스도 안에서 예수를 진정으로 따랐던 사람들. 그런데 사도행전에서는 세 번째 의미로 제한하여 사용한 것 같습니다. 바울의 제자들(그를 따랐던 자들)에 대한 사도행전 9장 25절의 언급은 사도 바울의 사역의 결과로 그리스도께 나왔던 개인들을 가리키고, 다메섹에서의 그의 초기 사역에 결실이 있었음을 보여줍니다. 사도행전과 바울서신은 바울이 예수님처럼 특정한 제자의 그룹을 훈련시켰던 것은 구체적으로 언급하고 있지 않지만 앞서 논의한 것처럼, 바울은 분명 다른 사람들이 그리스도인의 삶을 개발해서 영적 은사들을 발전시키는 것을 돕는 데 헌신했던 것이 틀림없습니다. 그가 여행을 할 때 실라와 디모데와 디도와 다른 사람들을 동행시켜 그들이 자신의 행동을 통해 훈련을 받도록 했다는 사실에서 이 점을 확인할 수 있습니다. 디모데와 디도에게 보낸 서신들은 그들을 제자로 성장시키고 그들의 지도자적인 능력을 고양시키기 위한 것이었습니다. 그들이나 바울의 다른 동료들을 바울의 제자라고 부르지는 않았지만, 마테테스라는 단어가 바울이 교사였다는 견해를 수용하고 사실상 바울의 제자들이었음을 암시하기 때문에 그들은 실제 바울의 제자들이었다고 볼 수 있습니다. 바울이 그의 학습자들을 가르친 내용 가운데는 그가 주님으로부터 받은 가르침을 전수하고(고전11:2,23,15:3,살후2:15,3:6) 그들로 그것을 다른 사람들에게 전하도록 촉구하는 내용이 포함되어 있습니다(딤전3:9,딤후2:2,딛1:9). 따라서 바울은 학생인 그들이 다시 교사가 되고, 그가 그들에게 보여준 모범대로 그들이 다른 사람들을 세우도록 격려했던 것입니다. 제자 삼는 모습 속에서도 바울은 교사들이 다른 사람들을 그리스도께로 인도하고 영적 성장을 도모하는 측면에서뿐만 아니라 그들에게 제자도와 지도력을 훈련시키는 측면에서도 훌륭한 모범이 되었습니다.

왜 바울은 이처럼 여러 개의 목표들을 이루기 위해 그렇게 열정적으로 노력했을까? 바울이 압도적인 난관들을 대항하도록 격려하며 동시에 앞으로 나아갈 수 있도록 추진력을 제공해준 많은 힘들과 요인들이 있었습니다. 첫째, 바울은 하나님이 이 임무를 위해 자신을 임명하셨다는 것을 알았습니다. 하나님은 다메섹의 아나니아에게 '이 사람은... 택한 나의 그릇이라'고 말씀하셨습니다(행9:15). 그리고 바울은 예루살렘의 폭도들에게 '우리 조상들의 하나님이 택했다'는 것을 아나니아가 그에게 말해 주었음을 밝혔습니다(22:14). 두 번이나 바울은 믿음의 아들 디모데에게 자신은 '전파하는 자'로 세우심을 입었다는 사실을 서신을 통해 밝혔습니다(딤전2:7,딤후1:11). 하나님은 바울을 태어날 때부터 구별해서 이방인에게 복음을 전하는 자로 부르셨고(갈1:15~16) 그를 대사로 뽑으셨습니다(고후5:20). 이렇게 선택되어 부름 받고 임명된 그가 어떻게 그의 사명을 저버릴 수 있었겠는가?. 둘째, 바울은 자신을 향한 그리스도의 강권하시는 사랑을 느끼고 있었습니다(고후5:14) 강요한다는 것을 나타내는 단어 시네코(synecho)는 함께 잡고, 함께 눌러 계속하도록 재촉하고 강요함을 뜻합니다. 그리스도께서 바울을 죽기까지 사랑하셨기 때문에 그는 그리스도를 위해 살고 섬김으로 그 사랑에 보답해야 한다는 강한 의무감을 느꼈습니다(5:15). 셋째, 교사로서의 그의 삶에 중요한 또 하나의 요소는 구원받지 못한 사람들에게 임하는 영원한 형벌에 대한 인식에서 비롯되었습니다. 그는 종종 그리스도가 없는 사람들은 하나님의 진노 아래에 놓여 있고(롬1:18,2:5,8,3:5,5:9,9:22,엡2:3,5:6,골3:6,살전1:10,2:16,5:9), 하나님 앞에서 정죄 받으며(롬3:8,5:16,18,살후2:12), 영적으로 죽은 자들이요, 하나님 없이 존재하는 자들이라고(롬1:32,5:12,14,17,21,6:23,고전15:22,고후5:14,엡2:1,5,골2:13) 말했습니다. 이 참담한 진리가 항상 그의 정신과 마음에 울리고 있었기에 구원받지 못한 자들에게 세상에서 가장 놀라운 소식을 전하기를 주저하지 않았습니다. 그는 이스라엘 백성들이 구원받는 일에(롬10:1) 그 자신의 생명조차도 기꺼이 내놓고자 했고(롬9:2~3), 가능한 한 많은 사람들을 구세주께로 인도하기 위해 자원해서 필요한 모든 것을 행했습니다(고전9:19~22). 그는 그리스도의 심판대 앞에 서게 될 때 자신에게 책임을 물을 것을 알았기 때문에 거듭해서 사람들에게 그리스도께로 향하도록 설득했습니다(고후5:10~11). 사도바울이 복음을 전해야 한다는 강박감을 느꼈다는 것은 놀랄 일이 아니며, 만일 그가 그렇게 하지 않았더라면 그는 화 즉 고통과 비탄과 절망감을 겪었을 것입니다(고전9:16). 넷째, 이 위대한 교사는 그리스도의 재림이 속히 임할 것을 깊이 확신함으로 다른 사람들의 영적 성장을 돕는 일에 강한 동기를 부여받았습니다. 이런 기대감은 강하고 강권적인 동기가 되었습니다. 그가 간절히 원했던 주님의 재림이(빌3:20~21,딤후4:8,딛2:13) 인내하고(고전4:5) 근면하며 굳건하고(15:58) 순수(골3:4~5)와 거룩함(살전3:13,5:23)과 위로(살전 4:18)와 고난 중에 참고(살전1:7) 신실하게 사역을 감당하도록(딤후4:1~2) 그에게 동기를 주었습니다. 신적 임명, 그리스도의 사랑, 구원받지 못한 자들의 영적 상태, 그리스도의 재림 등의 요소들 때문에 바울은 그의 목표를 달성할 때까지 불굴의 열심과 타오르는 열정을 가지고 앞으로 나아갈 수 있었습니다. 오늘날의 교사들 역시 이렇게 할 수 있어야 하지 않을까요?

교회학교 교사, 그 목표

지금까지 살펴본 바 이스라엘을 향한 하나님의 목표와 우리를 향한 예수님의 목표가 같습니다. 왜 그럴까요? 예수님은 하나님이 그 백성을 향해 가지고 계셨던 원래의 목표를 성취하시기 위해 오셨기 때문입니다. 인간이 타락함으로 하나님이 의도하신 관계들이 뒤틀어졌습니다. 예수님은 그 손상된 관계를 회복시키려고 오셨습니다. 때문에 예수님의 티칭 목표는 하나님의 티칭 목표와 동일할 수밖에 없는 것입니다. 니콜라스 윈터스토프(Nicholas Wolterstorff)는 인간이 타락하자 본연의 책임에 대해 혼동하게 되었는데, 그것은 바로 책임을 저버림으로 말미암아 땅을 훼손했고, 이웃에게 고통을 주게 되었으며, 자신의 능력을 남용했고, 우상을 세웠다고 말합니다. 다른 말로 하면, 인간의 타락으로 말미암아 하나님과의 관계, 자신과의 관계, 공동체와의 관계, 세상과의 관계가 손상되었다는 것입니다. 또한 프란시스 쉐퍼(Francis

Shoeffer)도 인간의 타락은 하나님으로부터 인간을 분리시켰을 뿐 아니라(영적 분리), 그 자신으로부터의 분리(심리학적 분리), 이웃으로부터의 분리(사회적 분리), 자연으로부터의 분리(환경론적 분리)를 낳았다고 말합니다. 회복이란 뒤틀어지고 깨진 이 네 관계를 원상 복구시키는 것을 말합니다. 예수님은 죄로 말미암아 뒤틀어진 이 관계들을 회복시키기 위해서 이 땅에 오신 것입니다. 로날드 하버머스(Ronald Habermas)와 클라우스 이슬러(Klaus Issler)는 이러한 회복의 네 범주를 4C로 규정하였습니다. • 하나님과의 관계 회복 - Communion, • 자신과의 관계 회복 - Character, • 공동체와의 관계 회복 - Community, • 세상과의 관계 회복 - Commission. 교회학교 교사가 티칭을 하기 원한다면 그 목표는 하나님의 목표, 예수님의 목표와 동일해야 합니다. 교회학교 교사의 티칭 목표는 하나님의 형상의 회복입니다. 그것을 다르게 표현하면 하나님이 세워놓으신 관계를 회복하는 것입니다. 교회학교 교사의 티칭을 통해 벌어지는 하나님의 영광스런 청사진을 보자. 그것은 3막 3장의 드라마와 같습니다. 1막에서 인간은 하나님과의 관계, 자신과의 관계, 공동체와의 관계, 세계와의 관계가 완전한 에덴의 주인공으로 등장합니다. 그러나 2막에서는 타락으로 말미암아 그 관계가 형편없이 손상된 죄인들을 보게 됩니다. 3막 1장에서 하나님은 그 손상된 형상을 가지고 태어나는 죄인들을 구원하실 놀라운 일을 행하십니다. 예수님을 보내사 십자가의 대속으로 죄의 노예로 팔린 인류를 속량하십니다. 예수님은 부활하시고 승천하셔서 영으로 이 땅에 오사 시공간의 제약을 받지 않는 사역을 펼치고 계십니다. 3막 1장의 회복의 시작에서 3막 3장의 회복의 완성을 이루시기까지 그분은 성령으로 3막 2장을 끌고 가십니다. 그곳이 성령이 티칭 사역을 하시는 현장이고, 교회학교 교사로서 우리가 성령과 함께 일하는 동역의 현장입니다. 그러면 교회학교 교사의 티칭을 통해 이러한 네 관계에서 우리가 구체적으로 이루어야 할 티칭의 주제는 무엇일까요?

(1) 하나님과의 관계

하나님과의 관계에서 티칭 목표는 영적 교통(Communion)입니다. 기독교는 종교가 아니라 관계라고 말합니다. 하나님에 대한 머릿속 지식이 아닌, 하나님과의 개인적이고 인격적인 사랑의 관계를 유지하고 살아가는 것이 우리가 살아가는 으뜸 되는 목표입니다. 교회학교 교사의 티칭에 가장 우선적이고 중요한 목표는 학생들이 하나님과의 그런 영적인 교통 속에서 사는 법을 가르쳐주는 것입니다. 하나님의 백성으로서 우리가 이 땅에 살아 있는 것은 하나님을 영화롭게 하기 위해서입니다. 하나님을 영화롭게 하기 위해 해야 할 첫 번째 일은 온 마음을 다해 하나님을 사랑하는 것입니다. 왜 그래야 할까요?

첫째, 하나님 때문입니다. 우리는 이 세상의 많은 신 가운데 하나로서 하나님을 섬기는 것이 아닙니다. 세상에는 오직 두 종류의 신이 있을 뿐입니다. 사람이 창조한 신, 사람을 창조한 신 하나님은 이렇게 말씀하십니다. "나 외에 다른 신이 없나니 나는 공의를 행하며 구원을 베푸는 하나님이라 나 외에 다른 이가 없느니라 땅의 모든 끝이여 내게로 돌이켜 구원을 받으라 나는 하나님이라 다른 이가 없느니라"(사45:21~22). 오직 한 분이신 참 신 '하나님', 그분만이 참 하나님이시기 때문에 우리는 온 마음 다해 그분을 사랑해야 하는 것입니다. 성경은 우리에게 말합니다. "우리 하나님 여호와는 오직 유일한 여호와이시니 너는 마음을 다하고 뜻을 다하고 힘을 다하여 네 하나님 여호와를 사랑하라"(신6:4~5). 참되신 하나님을 온 마음 다해 사랑하는 것은 우리의 책임과 부담이 아니라 특권과 영광입니다. 하나님의 사람 다윗은 그 특권과 축복을 이렇게 노래하고 있습니다. "여호와여 위대하심과 권능과 영광과 승리와 위엄이 다 주께 속하였사오니 천지에 있는 것이 다 주의 것이로소이다 여호와여 주권도 주께 속하였사오니 주는 높으사 만물의 머리이심이니이다 부와 귀가 주께로 말미암고 또 주는 만물의 주재가 되사 손에 권세와 능력이 있사오니 모든 사람을 크게 하심과 강하게 하심이 주의 손에 있나이다 우리 하나님이여 이제 우리가 주께 감사하오며 주의 영화로운 이름을 찬양하나이다"(대상29:11~13).

하나님을 온 마음 다해 사랑해야 할 두 번째 이유는 우리 자신 때문입니다. 내가 매기는 하나님에 대한 가치가 나의 가치가 됩니다. 하나님이 말씀하셨습니다. "나를 존중히 여기는 자를 내가 존중히 여기고 나를 멸시하는 자를 내가 경멸하리라"(삼상2:30). 이 원리는 성경을 꿰뚫는 영적인 척추입니다. 하나님을 시시하게 여기면 시시한 사람이 되고, 시시한 사람이 되면 시시한 삶을 살게 됩니다. 하나님을 우리의 모든 것 앞에 모실 때 우리의 모든 삶은 비싼 삶으로 바뀌는 것입니다. 그 반대가 되면 우리의 삶은 별 볼일 없이 시들게 됩니다. 하나님이 존귀히 여기시는 인생을 살도록 우리가 우리의 제자들을 돕는 길은 하나님과 깊은 사랑의 교통 가운데 살도록 그들을 세워 주는 것입니다. 그렇다면 그러한 영적 교통을 위해 가르쳐주어야 할 첫 번째 주제는 하나님을 아는 것입니다. 호세아는 바람난 아내와 같은 이스라엘에 호소합니다. "그러므로 우리가 여호와를 알자 힘써 여호와를 알자"(호6:3). 베드로는 유서나 다름없는 자신의 마지막 편지 마지막 장 마지막 절에서 우리에게 권고하고 있습니다. "오직 우리 주 곧 구주 예수 그리스도의 은혜와 그를 아는 지식에서 자라가라"(벧후3:18). 영적 교통을 위해 가르쳐주어야 할 두 번째 주제는 하나님을 사랑하는 것입니다. 예수님이 성경을 한 문장으로 요약 해주셨습니다. 지상 최대의 명령은 하나님을 사랑하는 것이라고. "예수께서 이르시되 네 마음을 다하고 목숨을 다하고 뜻을 다하여 주 너의 하나님을 사랑하라 하셨으니 이것이 크고 첫째 되는 계명이요"(마22:37~38). 영적 교통을 위해 가르쳐주어야 할 세 번째 주제는 하나님의 사람으로 자라가는 것입니다. 사람은 나무와 같아서 자라가거나 죽어가거나 둘 중 하나입니다. 정지 상태란 없습니다. 위대한 교사로서 바울의 주된 관심과 티칭의 초점은 그의 학생들의 영적 성장에 맞추어져 있었습니다. "주께 합당하게 행하여 범사에 기쁘시게 하고 모든 선한 일에 열매를 맺게 하시며 하나님을 아는 것에 자라게 하시고"(골1:10). "우리가 다 하나님의 아들을 믿는 것과 아는 일에 하나가 되어 온전한 사람을 이루어 그리스도의 장성한 분량이 충만한 데

까지 이르리니"(엡4:13).

(2) 자신과의 관계

자신과의 관계에서 티칭의 목표는 거룩한 성품(Character)입니다. 식물이든 동물이든 모든 생명체는 같은 종류를 재생산합니다. 말은 말을 개는 개를 닭은 닭을 사람은 사람을 낳는 것입니다. 이것은 영적인 면에서도 마찬가지입니다. 하나님이 우리의 아버지시고, 우리가 그분의 자녀임이 틀림없다면 우리의 성품이 우리의 말이, 우리의 행동이 하나님을 닮아야 하는 것은 당연합니다. 믿지 않는 사람들을 향한 하나님의 소원이 있다면 "내게 오라"입니다. 그러나 믿는 자녀들을 향한 하나님의 소원은 "나를 닮은 사람으로 자라라"입니다. 교회학교 교사로서 우리의 목표는 우리 자신도 우리의 제자도 아버지를 닮아 자라는 것이어야 합니다. 하나님의 거룩함을 닮아 자란다는 의미는 막연한 것이 아닙니다. 감사하게도 하나님은 우리가 닮아갈 모델로 그 아들을 보내 주셨습니다. 우리가 본받아 자라야 할 목표는 예수님이십니다. 맞춤 옷집에 가면 옷본이 있습니다. 내가 고른 천위에 그 옷본을 놓고 분필로 그려 오린 후, 선을 따라 박으면 옷이 됩니다. 우리도 우리의 인격이라는 천위에 예수님을 올려놓고 그 본을 따라 동일하게 만들면 됩니다. 예수님은 우리의 완벽한 옷본(patterm)이십니다. 바울은 말합니다. "우리 모두는 하나님의 아들을 믿고 아는 일에 하나가 되어, 그리스도를 닮은 온전한 사람으로서 성숙한 그리스도인이 될 것입니다"(엡4:13, 쉬운 성경). 하나님의 거룩하심을 닮아가는 것에 대해 이야기할 때 내게는 그 그림이 막연하지 않습니다. 나다 니엘 호손(Nathaniel Hawthorme)의 〈큰 바위 얼굴〉이란 책의 줄거리는 대강 이렇습니다. "어느 산골 마을에 어네스트라고 하는 소년이 살고 있었다. 이 동네 뒷산에는 절묘한 풍화작용으로 만들 어진 사람 얼굴 모양의 바위가 있었다. 그래서 사람들은 그 바위를 큰 바위 얼굴이라고 불렀다. 저녁 햇살이 빛날 때 붉은 태양이 그 바위를 비추면 그것은 진짜 살아 있는 사람의 얼굴처럼 보였다. 그 모습이 얼마나 인자하고 기품이 있었던지 사람들은 그 바위를 쳐 다보며 즐거워했다. 언젠가부터 사람들은 그 바위와 똑같은 얼굴 의 사람이 그 마을에서 태어나리라는 전설을 믿었다. 어머니로부 터 그것을 들은 어린 어네스트는 그 사람이 마을에 나타나는 날 그 를 만나러 달려가리라는 소망을 품고 자라난다. 그러면서 늘 이렇 게 생각했다. 큰 바위 얼굴이라면 이럴 때 어떻게 할까. 그는 마음 속에 강렬히 심겨진 큰 바위 얼굴을 흉내 내며 살았다. 그러나 세 월이 지나도 그 사람은 나타나지 않았다. 그 마을 출신의 누군가가 부자나 장군, 또는 위대한 정치가가 되어 다시 돌아올 때마다 사 람들은 그를 큰 바위 얼굴이라고 소란을 피웠지만, 어네스트의 정 직한 눈은 속일 수가 없었다. 오랫동안 그 전설은 실현되지 않았 다. 어느덧 어네스트도 바위틈만큼 얼굴에 깊은 주름이 생기고 백 발이 성성한 할아버지가 되었다. 어느 날 어네스트가 서산으로 넘 어가는 햇빛을 받으며 동네 사람들과 이야기를 나누고 있었다. 그 런데 그 순간 사람들은 어네스트와 그의 뒤로 보이는 큰 바위 얼굴 을 동시에 보게 되었다. 그리고 깨달았다. 큰 바위 얼굴이 바로 어네스트라는 사실을". 이와같이 우리도 날마다 예수님을 바라보고 따르면 그분의 성품을 담게 됩니다. 이것이 교회학교 교사의 티칭의 두 번째 목표입니다. 그렇다면 예수님을 닮은 성품을 계발하기 위해 가르쳐주어야 할 것은 무엇일까요? 그 첫 번째 주제는 하나님의 백성으로서의 정체성을 확립하는 것입니다. 하나님은 그분의 백성들이 십계명을 받기 전에, 또한 그들이 보여야 할 거룩한 삶을 요구하시기 전에 그들의 거룩한 정체성을 확인시켜주셨습니다. 자신이 누구인지를 아는 사람만이 그 신분에 합당한 삶을 살 수 있기 때문입니다. 하나님은 말씀하셨습니다. "세계가 다 내게 속하였나니 너희가 내 말을 잘 듣고 내 언약을 지키면 너희는 모든 민족 중에서 내 소유가 되겠고 너희가 내게 대하여 제사장 나라가 되며 거룩한 백성이 되리라 너는 이 말을 이스라엘 자손에게 전할지니라"(출19:5~6). 예수님도 우리의 온전한 삶은 완전하신 하나님의 자녀 된 정체성을 확신하는 데서 시작된다는 것을 염두에 두시고 말씀하셨습니다. "그러므로 하늘에 계신 너희 아버지의 온전하심과 같이 너희도 온전하라"(마5:48). 우리도 그래야 합니다. 학생들의 행동이 바뀌기를 바란다면, 자신들의 정체성에 대한 그들의 생각을 바꿔주어야 합니다. 예수님을 닮은 성품을 계발하기 위해 가르쳐주어야 할 두 번째 주제는 하나님과 한 방향으로 정렬된 목표를 확립하는 것입니다. 예수님의 지상 계명과 지상 사명 속에 이 목표가 분명하게 요약되어 있습니다.

• 지상 계명. "예수께서 이르시되 네 마음을 다하고 목숨을 다하고 뜻을 다하여 주 너의 하나님을 사랑하라 하셨으니 이것이 크

고 첫째 되는 계명이요 둘째도 그와 같으니 네 이웃을 네 자신 같이 사랑하라 하셨으니 이 두 계명이 온 율법과 선지자의 강령이니라"(마22:37~40).

• 지상 사명. "그러므로 너희는 가서 모든 민족을 제자로 삼아 아버지와 아들과 성령의 이름으로 세례를 베풀고 내가 너희에게 분부한 모든 것을 가르쳐 지키게 하라 볼지어다 내가 세상 끝날까지 너희와 항상 함께 있으리라"(마28:19~20).

예수님을 닮은 성품을 계발하기 위해 가르쳐주어야 할 세 번째 주제는 하나님의 백성으로서 바른 삶의 원리를 확고하게 붙드는 것입니다. 속도가 아닌 방향이 중요합니다. 벽돌공에게 얼마나 많은 벽돌을 얼마나 빨리 쌓아 올리느냐 하는 것보다 중요한 것은 얼마나 수직 기준선인 다림줄에 일치되게 쌓느냐는 것입니다. 우리의 바른 사상과 바른 믿음과 바른 삶의 절대 기준은 오직 성경뿐입니다. 그러려면 성경적 사고방식을 훈련해야 하고, 성경적 가치기준을 확립해야 합니다. 성경이 성경 자신의 이러한 절대적 기준성에 대해 말합니다. "모든 성경은 하나님의 감동으로 된 것으로 교훈과 책망과 바르게 함과 의로 교육하기에 유익하니 이는 하나님의 사람으로 온전하게 하며 모든 선한 일을 행할 능력을 갖추게 하려 함이라"(딤후3:16~17).

(3) 공동체와의 관계

공동체와의 관계에서 티칭 목표는 사랑으로 하나 됨을 이루는 것(Community)입니다. 하나님의 거룩은 한 개인에게서 세상으로 흘러가기 전에 먼저 공동체에서 풍성하게 실현되어야 합니다. 왜 하나님의 백성들은 사랑으로 하나 되는 공동체를 이루어야 하는가? 첫째, 앞에서 설명한 대로 영적인 이유 때문입니다. 이 땅의 공동체는 하늘의 공동체를 반사하는 거울입니다. 둘째, 서로를 보호해주는 실제적인 이유 때문입니다. 아프리카 초원의 초식 동물들이 스스로를 보호하는 유일한 방법은 떼를 지어 사는 것입니다. 포식자가 이들을 공격하는 한 가지 방법은 무리에서 개체를 분리시키는 것뿐입니다. 피터 버거(Peter Berger)는 말합니다. "자신의 입장과 정반대의 입장을 취하는 세상에 살면서 그것을 견지하는 것은 어려운 일이다. 우리 신학자들이 광야의 성인들처럼 굳건한 마음을 가지고 있지 않음에도 여러 외적인 압력으로 인해 붕괴되지 않기 위해서는 오직 하나의 방법이 있을 뿐이다. 자신과 비슷한 생각을 하고 있는 사람들과 모여야 한다. 아주 긴밀한 유대를 가지고 모여야 한다. 아주 강력한 힘을 가진 공동체를 형성해야 살아남을 수 있다." 사랑으로 하나 됨을 이루는 목표를 위해 가르쳐주어야 할 첫 번째 주제는 가정생활에 관한 것입니다. 이 땅에는 많은 기관들이 있지만, 그중에 하나님이 직접 지으신 기관은 세 가지 밖에 없습니다. 가정과 교회와 나라, 그리스도인의 가정은 하늘나라를 반사하기 위해 이 땅에 설치하신 하나님의 거울입니다. 여전히 작고 불완전하지만 그리스도인 가정은 이 땅에 개설된 하나님 나라의 대사관입니다. 남편과 아내의 관계는 그리스도와 성도와의 관계를 상징합니다. 진정으로 부부가 하나 됨을 이루기 원한다면, 남편과 아내가 하나님과 하나 됨을 이루어야 합니다. 바울은 그 신비를 이렇게 설명하고 있습니다. "아내들이여 자기 남편에게 복종하기를 주께 하듯 하라 이는 남편이 아내의 머리됨이 그리스도께서 교회의 머리됨과 같음이니 그가 바로 몸의 구주시니라 그러므로 교회가 하듯 아내들도 범사에 자기 남편에게 복종할지니라 남편들아 아내 사랑하기를 그리스도께서 교회를 사랑하시고 그 교회를 위하여 자신을 주심 같이 하라 이는 곧 물로 씻어 말씀으로 깨끗하게 하사 거룩하게 하시고 자기 앞에 영광스러운 교회로 세우사 티나 주름 잡힌 것이나 이런 것들이 없이 거룩하고 흠이 없게 하려 하심이라"(엡5:22~27). 뿐만 아니라 가정은 하나님의 나라가 확장되는 가장 효과적인 선교 기관입니다. 선교는 지역 간 개념(transregional mission)으로만 이해해서는 안됩니다. 세대 간 개념(transgenerational mission)으로도 이해해야 합니다. 한 세대의 믿음의 스토리가 다음 세대로 이어지는 가장 확실한 통로는 가정입니다. 이것은 하나님의 아이디어입니다. "내가 입을 열어 비유로 말하며 예로부터 감추어졌던 것을 드러내려 하니 이는 우리가 들어서 아는 바요 우리의 조상들이 우리에게 전한 바라 우리가 이를 그들의 자손에게 숨기지 아니하고 여호와의 영예와 그의 능력과 그가 행하신 기이한 사적을 후대에 전하리로다 여호와께서 증거를 야곱에게 세우시며 법도를 이스라엘에게 정하시고 우리 조상들에게 명령하사 그들의 자손에게 알리라 하셨으니 이는 그들로 후대 곧 태어날 자손에게 이를 알게 하고 그들은 일어나 그들의 자손에게 일러서 그들로 그들의 소망을 하나님께 두며 하나님께서 행하신 일을 잊지 아니하고 오직 그의 계명을 지켜서 그들의 조상들 곧 완고하고 패역하여 그들의 마음이 정직하지 못하며 그 심령이 하나님께 충성하지 아니하는 세대와 같이 되지 아니 하게하려 하심이로다"(시78:2~8). 사랑으로 하나 됨을 이루는 목표를 위해 가르쳐주어야 할 두 번째 주제는 교회 생활에 관한 것입니다. 하나님은 교회를 사랑하십니다. 교회를 기뻐하십니다. 교회를 통해 일하고 계십니다. 하나님도 우리가 그러기를 바라십니다. 하지만 그러기에는 교회에 문제가 너무 많다고 생각하는가? 그렇습니다. 교회는 성자들의 모임이 아닙니다. 생명은 건졌지만 회복을 기다리는 중환자들의 모임입니다. 나 자신이 불완전하고 문제가 많듯이, 모든 교회는 불완전하고 문제가 많습니다. 누군가 말했듯 문제가 없는 교회를 찾았다면 절대 그 교회에 가지 말라. 당신이 거기에 들어서는 순간 그 교회는 문제 있는 교회가 될테니 말입니다. 성경에 교회란 말이 111번 나오는데 그 중에 우주적인 교회, 보이지 않는 교회에 관해 말하는 것은 11번에 불과합니다. 나머지는 모두 예배와 양육, 돌봄과 교제 그리고 만남이 있는 불완전한 지역 교회에 대해 말하고 있습니다. 하나님이 이 불완전한 교회를 얼마나 귀히 여기고 기뻐하시는지 성도들이 안다면 교회는 얼마나 달라질까요. 교회를 소중히 여길 때 우리가 받을 축복은 얼마나 클까요. 부족하고 못나 세상이 경멸하지만 교회를 멸시하는 것은 하나님을 멸시하는 것이고, 교회를 공격하는 것은 교회의 아버지이신 하나님을 능멸하는 것과 같습니다. 하나님은 거룩한 분노를 느끼실 정도로 그분의 백성 공동체를 사랑하십니다. "그날에 사람이 예루살렘에 이르기를 두려워하지 말라 시온아 네 손을 늘어뜨리지 말라 너의 하나님 여호와가 너의 가운데에 계시니 그는 구원을 베푸실 전능자시라 그가 너로 말미암아 기쁨을 이기지 못하시며 너를 잠잠히 사랑하시며 너로 말미암아 즐거이 부르며 기뻐하시리라 하리라"(습3:16~17). 예수님은 교회를 이렇게 사랑하십니다. "남편들아 아내 사랑하기를 그리스도께서 교회를 사랑하시고 그 교회를 위하여 자신을 주심 같이 하라 이는 곧 물로 씻어 말씀으로 깨끗하게 하사 거룩하게 하시고 자기 앞에 영광스러운 교회로 세우사 티나 주름 잡힌 것이나 이런 것들이 없이 거룩하고 흠이 없게 하려 하심이라"(엡5:25~27). 바울은 교회를 하나님의 가정으로 설명합니다. 우리는 하나님이 질투하시는 하나님의 가족들입니다. "그러므로 이제부터 너희는 외인도 아니요 나그네도 아니요 오직 성도들과 동일한 시민이요 하나님의 권속이라"(엡2:19). 사랑으로 하나 됨을 이루는 목표를 위해 가르쳐 주어야 할 세 번째 주제는 내가 심긴 작은 세상 속에서의 삶에 관한 것입니다. 우리는 거룩하신 성령이 우리 안에 거하시는 거룩한 사람들입니다. 우리의 거룩함은 우리 자신의 거룩한 생각이나 거룩한 행동에서 나오는 것이 아니라 우리 안에 계신 거룩하신 성령으로 말미암습니다. 대제사장이 일 년에 딱 한 차례 목숨 걸고 들어가 피를 뿌리던 그 지성소에 거하시던 거룩하신 하나님이 이제는 우리 안에 거하십니다. 거룩하신 하나님과 관련되는 모든 것은 거룩하게 됩니다. 하나님이 모세에게 말씀하셨습니다. "하나님이 이르시되 이리로 가까이 오지 말라 네가 선 곳은 거룩한 땅이니 네 발에서 신을 벗으라"(출3:5). 왜 그곳이 거룩했는가? 하나님이 거기 계시기 때문이었습니다. 하나님과 관련 되면 책도, 가구도, 집기도, 건물도, 직업도, 합창단도, 식사도, 사람도 그 의미가 달라집니다. 우리는 하나님과 관련된 것들을 이렇게 부릅니다. "성경, 성구, 성물, 성전, 성직, 성가대, 성찬, 성도…." 그렇다면 하나님의 거룩한 영을 모신 성도가 관련된 모든 삶과 장소도 거룩할 수밖에 없습니다. 하나님이 바로 그곳, 그 학교, 그 아파트, 그 직장, 그 회사, 그 기관, 그 조직에 심어놓으신 것은 우리로 하여금 거기에서 하나님의 거룩하심을 드러내게 하기 위해서입니다. 하나님의 긍휼하심, 하나님의 인자하심, 예수님의 희생, 예수님의 살아계심, 하늘의 소망... 이런 말은 모두 추상 명사입니다. 세상은 죽었다 깨어나도 그 말을 이해할 수 없습니다. 그래서 하나님은 우리를 세상 속에 넣으셨습니다. 세상이 우리를 통해 그 막연하고 추상적인 실체가 무엇인지 보고 듣고 경험하게 하기 위해서입니다. 내가 심긴 세상 공동체 속에서 섬김과 희생, 배려와 돌봄, 책임과 헌신을 통해 하나님의 추상 명사를 실체 명사로 번역해주어야 합니다. 주님이 제자 된 우리에게 말씀하십니다. "너희는 세상의 소금이니 소금이 만일 그 맛을 잃으면 무엇으로 짜게 하리요 후에는 아무 쓸데 없어 다만 밖에 버려져 사람에게 밟힐 뿐이니라 너희는 세상의 빛이라 산 위에 있는 동네가 숨겨지지 못할 것이요 사람이 등불을 켜서 말 아래에 두지 아니하고 등경 위에 두나니 이러므로 집 안 모든 사람에게 비치느니라 이같이 너희 빛이 사람 앞에 비치게 하여 그들로 너희 착한 행실을 보고 하늘에 계신 너희 아버지께 영광을 돌리게 하라"(마5:13~16).

(4) 세상과의 관계

세상과의 관계에 대한 티칭 목표는 하나님과 세상 사이의 다리 (Commission) 노릇을 하는 것입니다. 하나님이 아브라함에게 주신 가나안은 네 개의 물로 경계가 이루어진 땅입니다. 북쪽으로는 갈릴리 바다, 서쪽으로는 지중해, 남쪽으로는 사해 동쪽으로는 요단강, 가나안은 비옥한 초승달 모양으로 생긴 땅의 한복판에 놓인 교차로와 같은 곳입니다. 메소포타미아 문명권과 이집트 문명권이 교류하고 충돌하는 사통오달 사거리 같은 땅입니다. 그래서 그 땅에는 전쟁과 피 흘림이 끝없이 이어졌습니다. 왜 하나님은 이런 땅으로 그들을 보내셨을까요? 유대인들이 하는 우스갯소리가 있습니다. 아브라함은 귀가 약간 어두웠답니다. 하나님이 아브라함에게 가라고 하신 곳은 가나안(Canan)이 아니고 캐나다(Canada)였는데, 아브라함이 귀가 어두워 캐나다를 가나안으로 들었다는 것입니다. 그때 캐나다로 갔으면 좋았을 텐데, 조상님의 잘못된 청력 때문에 자기들이 이렇게 죽을 고생을 하며 산다는 이야기입니다. 이 땅에 하나님이 그 백성을 두신 두 가지 이유가 있습니다. 첫째, 그들은 하나님의 백성으로서 하나님을 모르는 세계의 거센 외부적 영향으로부터 가장 잘 보호될 수 있는 지리적 특성을 가지고 있었기 때문이었습니다. 외부적인 영향을 비교적 적게 받음으로써 자기들의 민족공동체의 독특한 소명과 공동체의 조직문화를 보존하기에 아주 좋은 위치에 있었다는 것입니다. 둘째, 사통오달 사거리에서 그 땅을 지나는 모든 세상 사람들에게 살아계신 하나님을 증거 하기 위해서입니다. 소아시아 지방 사람들이 아라비아로 갈 때도, 메소포타미아 사람들이 애굽으로 갈 때도 반드시 통과해야 할 길목이 바로 가나안 땅입니다. 외부적인 요인으로부터 최소한의 영향을 받으면서 밖으로는 사통오달 교통의 중심지에 이 백성들을 놓으신 하나님의 지혜가 참으로 놀랍지 않은가? 이스라엘 백성들은 살아 있는 여호와의 증거 공동체가 되기 위해서 선택받았습니다. 가나안을 반드시 통과해야 하는 당시 세계의 사람들은 이 공동체를 통해 여호와 하나님만이 참 하나님이시고, 그분에게 돌아오는 것만이 참 생명을 얻는 길이라는 사실을 깨닫기 원하셨습니다. 아브라함을 부르실 때 바로 그런 하나님의 증거 공동체가 하나님의 마음에 있으셨음을 창세기 12장 1~3절에서 말씀하셨습니다. "여호와께서 아브람에게 이르시되 너는 너의 고향과 친척과 아버지의 집을 떠나 내가 네게 보여 줄 땅으로 가라 내가 너로 큰 민족을 이루고 네게 복을 주어 네 이름을 창대하게 하리니 너는 복이 될지라 너를 축복하는 자에게는 내가 복을 내리고 너를 저주하는 자에게는 내가 저주하리니 땅의 모든 족속이 너로 말미암아 복을 얻을 것이라." 이 구절은 두 마디로 요약할 수 있습니다. 첫째, 축복의 대상, "너는 나의 복을 받고 살 사람이다." 둘째, 축복의 통로, "천하 만민이 너 때문에 복을 받게 될 것이다." 구약의 이스라엘 민족 공동체나 신약의 교회 공동체나 우리가 존재하는 네 번째 목표는 하늘의 축복을 이 땅에 연결하는 축복의 통로가 되는 것입니다. 하나님과 세상 사이의 다리 역할을 하는 목표를 위해 가르쳐주어야 할 첫 번째 주제는 하나님을 알지 못하는 우리의 미래 신자들에 관한 것입니다. 전도는 우리의 프로그램도, 행사도 아닙니다. 전도는 우리의 생존 이유입니다. 천국이 완전한 곳이고, 예수님을 믿는 우리에게 보장된 미래로 그곳이 확보되어 있음에도 우리가 이 땅에 남겨진 이유는 복음을 증거 하기 위해서입니다. 제자들을 향한 예수님의 첫 번째 명령은 전도였습니다. "나를 따라오라 내가 너희를 사람을 낚는 어부가 되게 하리라"(마4:19). 예수님의 마지막 명령도 전도였습니다. "너희는 온 천하에 다니며 만민에게 복음을 전파하라"(막16:15). 우리 안에 성령을 주신 이유도 전도입니다. "오직 성령이 너희에게 임하시면 너희가 권능을 받고 예루살렘과 온 유대와 사마리아와 땅끝까지 이르러 내 증인이 되리라"(행1:8). 주님의 최대의 관심사, 최대의 염려, 최대의 기쁨은 잃어버린 영혼이 돌아오는 것입니다. 바로 당신을 통해 "내가 너희에게 이르노니 이와 같이 죄인 한 사람이 회개하면 하늘에서는 회개할 것 없는 의인 아흔아홉으로 말미암아 기뻐하는 것보다 더하리라"(눅15:7). "지혜 있는 자는 궁창의 빛과 같이 빛날 것이요 많은 사람을 옳은 데로 돌아오게 한 자는 별과 같이 영원토록 빛나리라"(단12:3). 하나님과 세상 사이의 다리 역할을 하는 목표를 위해 가르쳐주어야 할 두 번째 주제는 우리가 속한 국가공동체에 관한 것입니다. 기독교에는 국경이 없지만 기독교 신자에게는 조국이 있다는 말이 있습니다. 우리는 이 땅위에 살고 있지만 두 가지 국적을 가지고 있습니다. 하나는 천국 시민의 국적이고, 다른 하나는 대한민국의 국적입니다. 천국 시민으로서, 또한 대한민국 국민으로서 우리는 어떻게 살아야 하는가? 우리는 학생들에게 바른 국가관을 세워주어야 합니다. 국가를 어떻게 볼 것인가에 대해 바울은 이렇게 가르칩니다. "각 사람은 위에 있는 권세들에게 복종하라 권세는 하나님으로부터 나지 않음이 없나니 모든 권세는 다 하나님께서 정하신 바라 그러므로 권세를 거스르는 자는 하나님의 명을 거스름이니 거스르는 자들은 심판을 자취하리라 다스리는 자들은 선한 일에 대하여 두려움이 되지 않고 악한 일에 대하여 되나니 네가 권세를 두려워하지 아니하려느냐 선을 행하라 그리하면 그에게 칭찬을 받으리라 그는 하나님의 사역자가 되어 네게 선을 베푸는 자니라 그러나 네가 악을 행하거든 두려워하라 그가 공연히 칼을 가지지 아니하였으니 곧 하나님의 사역자가 되어 악을 행하는 자에게 진노하심을 따라 보응하는 자니라"(롬13:1~4). 국가는 하나님이 세우신 제도입니다. 국가의 권위를 하나님이 주셨다고 하는 사상은 이미 구약 성경에도 잘 나타나 있습니다. "지극히 높으신 이가 사람의 나라를 다스리시며 자기의 뜻대로 그것을 누구에게든지 주시며 또 지극히 천한 자를 그 위에 세우시는 줄을 사람들이 알게 하려 함이라"(단4:17). 그러므로 그리스도인은 나라가 있음에 감사하고, 나라를 소중히 여기며 사랑해야 합니다. 하나님이 그분의 주권 속에 세우신 통치자의 권위를 인정하고 존중해야 합니다. 국가의 법을 잘 지킬 뿐 아니라 국민으로서의 의무를 다해야 합니다. 하나님과 세상 사이의 다리 역할을 하는 목표를 위해 가르쳐주어야 할 세 번째 주제는 하나님이 지으신 창조 세계에 관한 것입니다. 에덴에서 우리 인간은 하나님이 지으신 모든 창조 세계의 관리자로 지음 받았습니다. 인간은 자연 만물에 이름을 붙여줌으로써 자연을 가치 있고 의미 있게 만들었습니다. 그러나 인간의 타락으로 자연 생태계가 황폐되었습니다. 하나님이 말씀하신 대로입니다. "땅이 네게 가시덤불과 엉겅퀴를 낼 것이라"(창3:18). 지금도 인간의 발길만 닿으면 자연은 더러워지고 훼손됩니다. 청지기이자 정원사였던 자연과의 관계는 착취자와 오염자로 변하고 말았습니다. 자연이 탄식하고 있습니다. "피조물이 다 이제까지 함께 탄식하며 함께 고통을 겪고 있는 것을 우리가 아느니라"(롬8:22). 예수 그리스도의 십자가 구속은 자연과의 관계 회복을 포함합니다. 우리는 창조주 하나님의 파트너로서 자연을 대해야 합니다. 자연의 청지기로서 사랑하고, 아끼며, 돌보고, 지켜야 합니다. 이런 하나님의 세상에 대한 청지기 의식을 심어주어야 합니다.

하나님과의 관계	자신과의 관계
하나님 사랑(Communion) • 하나님 알기 • 하나님 사랑하기 • 하나님의 사랑으로 자라기	자신 사랑(Character) • 하나님 백성으로서의 정체성 확립하기 • 하나님의 목표와 한 방향 정렬하기 • 하나님의 백성으로서 바른 삶의 원리 확립하기
세상과의 관계	공동체와의 관계
세상 사랑(Commission) • 내게 연결된 미래 신자들 사랑 • 내게 주신 국가공동체 사랑 • 하나님이 지으신 창조 세계 사랑	공동체 사랑 Community) • 가정 생활 • 교회 생활 • 내게 심긴 작은 세상 속에서의 삶

참고도서

- 김청봉, 교회학교를 세우는 9가지 법칙, 대한기독교서회, 2008.
- 김희자, 교사론, 대한예수교장로회총회, 1998.
- 로이 B 쥬크, 바울의 티칭 스타일, 김태한 역, 디모데, 1998.
- 로이 B 쥬크, 예수님의 티칭 스타일, 송원준 역, 디모데, 2000.
- 양승헌, 크리스천 티칭, 디모데, 2012.
- 이정현, 교사 베이직, 생명의 말씀사, 2018.
- 이정현, 양윤정, 알기 쉬운 성경교수법, 지민, 2006.
- 하워드 핸드릭스, 교사입니까, 아가페문화사, 1993.
- 한춘기, 교사 마스터링, 생명의 양식, 2008.
- 한치호, 공과교수법, 늘빛출판사, 1990.
- 한치호, 열정의 교사 10가지 반목회 코칭, 크리스천 리더, 2009.
- 현유광, 교회 교육 길라잡이, 생명의 양식, 2008.

11장

교사의 공과 공부

공과 공부와 설교는 두 기둥

권진하 목사는 교회학교 교육에서 공과를 너무 쉽게 포기하는 현실을 탄식하면서 공과 공부 시간을 어떻게 보내는지 보고 싶어 교육 부서를 방문하면 한두 반에서 "마침 오늘은 공과 공부가 없습니다"라는 말을 듣는다고 합니다. 공과 공부가 없는 이유는 무엇일까요? 행사 때문입니다. 특히 1월의 경우 첫 주는 새로운 반이 아직 결정되지 않아서 없고, 둘째 주는 선생님과 학생 간의 친목을 위해 회식이 계획되어 있습니다. 셋째 주에는 유초등부 전체 2부 행사가 잡혀 있어서 공과가 빠집니다. 이렇게 공과가 없는 날이면 아이들은 환호성을 지릅니다.

이런 일은 특정 교회에서만 볼 수 있는 광경이 아닙니다. 한국 교회 전체의 현상입니다. 1년 52주 가운데서 평균적으로 35주 정도만 공과가 이루어지는 교회학교가 태반입니다. 그나마 공과를 진행하는 그 시간도 간식을 먹으며 대충 때우기식 공과 공부를 진행하는 경우가 많습니다. 이는 대형 교회, 중소형 교회가 크게 차이 나지 않습니다. 공과 공부가 없으면 학생들만 좋아하는 것이 아닙니다. 교사들도 어깨가 가벼워진 느낌이 들어 은근히 좋아합니다. 그만큼 교사가 힘들어 하는 것도 공과 공부입니다. 열정 넘치지만 가르치는 방법을 배운 적이 없기 때문에 공과 시간을 난감해하는 것이 현실입니다. 권진하 목사는 공과의 중요성을 이렇게 강조합니다. "... 교회 교육의 기본적인 목표는 관계 속에서 사랑을 경험하는 것이어야 한다. 교회 안에 중요한 두 가지 관계 축이 있다. 하나는 나와 하나님과의 관계요, 또 다른 하나는 성도와 성도 간의 관계이다. 먼저 나와 하나님과의 관계 속에서 하나님을 사랑하는 것을 경험하는 시간이 교회학교의 예배 시간이다. 아울러 성도와 성도 간의 관계 속에서 서로 사랑을 경험하는 시간이 공과 공부 시간 인 것이다. 따라서 예배와 공과 공부는 어느 하나가 더 중요하고, 덜 중요하다고 할 수 없고, 둘 다 교회학교의 핵심적인 시간이다".

교사들, 공과 교수법 제대로 몰라

김희자 교수의 논문 "한국 교회학교 교사의 활성화를 위한 인적 자원 실태조사"를 보면 "교사로서 가장 힘든 점이 무엇입니까?"라는 질문에 '가르치는 기술의 부족'(31%)을 가장 많이 꼽았습니다. 교사가 되기는 했지만 교육을 제대로 받지 못하고 투입 내지는 발령(?)을 받다 보니 어떻게 가르쳐야 할지 막막한 것입니다. 사랑의교회 최재윤 목사는 "공과를 어떻게 지도해야 할지, 반 운영을 어떤 식으로 해야 하는지 모르는 교사가 의외로 많다"고 지적했습니다. 반목회에 대한 교사 교육이 이루어지지 않아서 교사는 일방적으로 공과를 진행하고 아이들은 고개를 숙인 채 침묵으로 일관합니다. 관심을 끌고자 간식을 꺼내면 집중력이 더 떨어져 공과 진행 자체가 어려워지기도 합니다. 심지어 공과 진행을 두려워하는 일부 교사는 아이들과 PC방이나 인근 분식점에서 시간을 때우기도 합니다. 사정이 이렇다 보니 공과 공부가 설교에 밀리는(?) 현상이 나타나고 있는 것입니다.

　교사들은 분반 시간에 애정을 쏟아야 합니다. 분반 시간에 성경을 가르치되 한꺼번에 많은 내용을 가르치는 것보다 학생들과 친밀감을 쌓아 가고 교사의 사랑으로 그들의 마음이 열리도록 시간 배정을 해야 합니다. 그러려면 평소 학생들과 신뢰감을 쌓아두어야 합니다. 그래야 반 아이들이 마음을 열고 사랑의 마음을 받아들입니다. 그때는 그 자체로 교육이 이루어지게 됩니다. 교육은 배움을 받는 학생들에게 가르치는 교사의 이상(理想)과 삶이 투영되는 것이기 때문입니다. 성경 교사들은 공과에 지나치게 의존하는 자세에서 탈피해야 합니다. 교사는 단순히 공과 전달자만이 아닙니다. 교사는 공과 전달자이기에 앞서 성경 교사입니다. 오늘 학생들의 삶에 성경을 조명해 주어야 합니다. 성경은 학생들의 처한 형편에 대해 뭐라고 말씀하고 있는가? 바로 이것을 학생에게 전해야 합니다. 공과 내용이 아브라함이든 노아의 방주이든, 어제나 오늘이나 동일하게 영원히 존재하시는 바로 '오늘의 하나님'을 전할 수 있어야 합니다. 그렇게 하려면 공과의 내용이 축소되더라도 오늘 일어난 사건, 학생들의 관심을 끌만 한 사건을 이야기하면서 그들의 생각을 묻고 하나님의 음성에 귀 기울이게 만드는 성경 공부가 되어야 합니다. 모든 교사는 그때마다 공과 집필자가 되고 새로운 공과를 만드는 창작자, 성경 해설자가 되어야 합니다.

　이것만이 아닙니다. 교사들에게는 설교의 사명이 있습니다. 그러므로 전달하는 방식도 매우 중요합니다. A교회는 매주 실시하는 '교사 소그룹 리허설'에서 소그룹으로 모여 다음 주에 아이들과 나눌 말씀과 공과 공부를 실습합니다. 공과 도입을 위해 어떤 게임을 해야 하는지, 핵심 내용에 대한 현장을 재현하며 수 차례 연습을 합니다. 이런 이유로 '모임'이라는 단어를 쓰지 않고 '리허설'이라고 부릅니다. 리허설에서는 교수법만 가르치는 것이 아닙니다. "말씀을 가르치기 전에 교사가 먼저 말씀을 경험해야 한다"는 핵심 가치가 녹아있기에 소그룹 성경 공부도 함께 진행합니다. 교사들은 다음 주 본문을 가지고 한 주간 어떻게 준비하고, 삶에서 어떻게 적용했는지를 나눕니다. 최소 2주 전부터 공과를 준비하는 것입니다.

보다 나은 공과 준비를 위한 7단계

아래의 단계들은 교사가 출판된 기존의 공과를 가르치기 위해 준비할 때 사용하기에 적절합니다.

1단계 : 학생을 위해 기도하라.

이것은 교사가 공과를 실제적으로 준비하는 행위보다 먼저입니다. 좋은 교사라면 학생들의 필요를 위해 구체적으로 기도할 것입니다. 기도의 직접적인 유익 외에도 교사는 기도를 통해 학생들을 더욱 잘 알게 될 뿐만 아니라 그들의 필요에 더욱 민감해지는 부가적인 유익을 얻게 됩니다.

이 단계에서 도움이 되는 한 가지 방법은 학생들을 위한 기도를 안내하는 기도 노트를 준비하는 것입니다. 기도 노트에 학생 한 사람에게 한 페이지씩 할당하라. 처음 부분은 기본적인 정보 – 이름, 주소, 전화번호, 생일, 학교의 위치, 가족 사항 등 – 를 기록하라. 둘째 부분은 학생의 취미나 특기에 관한 정보를 기록하고, 셋째 부분에는 기도제목과 그 응답을 적을 수 있는 공간을 마련하라.

기도 노트를 만들어 기도할 때 학생에 대한 사역을 하게 될 뿐만 아니라 교사가 가르칠 준비를 할 때 학생들의 생각과 필요를 고려하게 될 것입니다. 또 다른 유익도 있습니다. 기도 노트를 적으려면 학생과 깊게 이야기할 필요가 있습니다. 그래서 학생들을 개별적으로 충분한 시간을 내서 만나야 합니다. 그렇게 되면 교사들은 학생들에 대해 많은 것을 배울 것이며, 학생들과 친밀한 관계를 형성해 나갈 것입니다. 그리고 학생은 교사가 개별적으로 자신을 진실로 돌봐 준다는 인식을 갖게 될 것입니다.

2단계 : 그 과의 성경 본문을 읽어라.

교사용 지침서를 연구하는 것은 가르칠 준비를 시작하는 가장 좋은 방법은 아닙니다. 그러나 여러분은 그 주에 가르쳐야 할 본문을 발견하기 위해 지침서를 점검할 필요가 있습니다. 그런 후 성경을 음미하는 데 시간을 투자하라. 일찍 시작하면 실제로 수업을 준비하기 전에 성경 본문을 여러 번 읽을 수 있습니다.

읽을 때 몇 가지를 유의하라. 먼저 읽을 때 떠오르는 질문들을 기록하라. 아마 여러분이 수가성 우물가에서의 예수님과 사마리아 여인의 기사(요4:1~42)를 연구하고 있다면 이런 질문이 생길 것입니다. "사마리아인은 어떤 사람인가? 왜 유대인들은 그들과 상종하지 않았을까?"(9절). 여러분은 우물이 어떻게 생겼는지 혹은 수가성은 어느 곳에 위치하고 있는지(5절) 궁금해 할 것입니다. 이런 것들은 여러분(교사)들이 대답할 필요가 있는 질문들로 아마 지침서에서 그 답을 알 수 있을 것입니다.

여러분은 또한 본문이 담고 있는 핵심 주제 혹은 개념을 적어야 합니다. 이런 것들은 본문에서 가르치고 있는 것처럼 보이는 중요한 생각이나 개념들이어야 합니다. 여러분의 목적은 본문이 말하려고 하는 한 가지 개념을 얻는 것입니다. 그것을 보다 잘 이해할 때 여러분(교사)은 그 주제가 학생들의 구체적인 필요에 어떻게 적용되는지 알게 될 것입니다.

3단계 : 단원을 개관하라.

이때부터는 공과를 연구합니다. 그 과의 제목과 주제는 무엇인가? 이런 것들이 어떻게 단원의 주제와 조화를 이루고 있는가? 그 과의 목적을 보라. 목적들은 항상 내용상 목적(성경 지식)과 행위상 목적(삶의 반응)을 둘 다 포함해야 합니다. 암송해야 할 핵심 성구를 점검하라. 여러분은 이 구절을 알고 있는가? 그렇지 않다면 그것을 암송하기 시작하라. 교사는 성경 암송에서 유익을 얻고 이것은 학생에게도 탁월한 본보기입니다.

교회학교 공과를 개발하고 전달하는 데 있어 성경은 중요한 요소입니다. 우리는 권위의 근원인 성경을 통해서 학생들이 하나님께서 원하시는 모습이 되도록 도와줄 필요가 있습니다. 하나님이 원하시는 모습이 되기 위해서는 성경의 사실을 알 필요가 있습니다. 이것은 성경암송과 성경 이야기를 꿰뚫고 있어야 한다는 의미입니다. 우리는 하나님이 말씀하신 것을 알 필요가 있습니다.

그러나 진정한 학습은 사실을 획득하는 것 이상입니다. 이것은 행위의 변화, 삶의 반응을 포함합니다. 예수님은 단지 그의 말만 듣고 아무것도 하지 않는 것의 위험을 흙 위에 지은 집의 비유로 설명하셨습니다. "내게 나아와 내 말을 듣고 행하는 자마다 누구와 같은 것을 너희에게 보이리라 집을 짓되 깊이 파고 주초를 반석 위에 놓은 사람과 같으니 큰물이 나서 탁류가 그 집에 부딪히되 잘 지은 연고로 능히 요동케 못하였거니와 듣고 행치 아니하는 자는 주초 없이 흙 위에 집 지은 사람과 같으니 탁류가 부딪히매 집이 곧 무너져 파괴됨이 심하니라 하시니라"(눅6:47~49). 만일 우리가 성경 사실만을 가르치고 원리를 무시한다면 우리는 학생들이 미래에 어려운 환경에 직면하여 그 문제를 풀어나가는 데 실패하도록 한몫을 하는 셈입니다.

여러분이 제목, 성경 본문, 암송 구절, 그리고 성경 지식의 목적과 삶의 반응 목적 등을 알게 되었다면 마침내 공과를 연구할 준비가 된 것입니다. 여러분의 필요를 위해, 대부분의 출판사들은 공과 서두에 이것들과 다른 관련된 요소들을 함께 따로 기록해 놓고 있습니다.

4단계 : 교사용 지침서를 통독하라.

이것은 대부분의 교사가 생략하는 부분입니다. 여러분은 확실히 이것 없이도 잘할 수 있지만 구체적인 부분을 연구하기 전에 공과 전체를 통독하는 데 시간을 할애하는 것은 유익합니다. 통독은 공과를 어떻게 진행할 것인지 전망할 수 있게 합니다. 이것은 수업이 전부 준비된 후에 각 부분들이 서로 어떻게 하나로 연결되는지 볼 수 있게 해줍니다.

5단계 : 단원의 중심부를 연구하라.

이 단계는 중심 부분입니다. 다양한 출판사들이 이 부분에 다른 이름을 붙이고 있지만, 이곳은 성경 내용을 다루는 부분입니다. 여러분은 자신의 성경책을 사용하여 연구하되 교사 지침 자원 - 주석, 사전류, 성구집, 다른 다양한 자원이 함께 갖추어진 교육용 지침서 - 도 활용할 수 있습니다. 공과 집필자들과 편집자들은 많은 자원들을 뒤져서 공과를 연구하고 학습활동을 계획하는 데 가장 도움이 된다고 생각되는 것들을 선택합니다.

이 단계에서 학생들은 하나님의 말씀을 배워야 합니다. 여러분이 연구할 때 그것이 성경 본문이 강조하는 것을 가르쳐야 함을 확신하라. 때때로 본문이 가르치는 것이 여러 가지일 수도 있지만 수업에 가장 적절한 것 한 가지를 선택해야 합니다. 필요하면 여러분은 교사 지침서를 수정, 개작할 수 있지만 그것은 성경의 올바른 해석에서 나온 것이어야 합니다.

가르침에 대한 방법들은 이 단계에서 매우 중요한 부분입니다. 우리는 말씀(the Word)을 가르치기 때문에 말(word)만 사용하는 것 즉, 강의만 필요하다고 생각하기 쉽습니다. 성경을 가르치는 목적은 학생들이 그 진리를 발견하는 것을 돕는 데 있습니다.

이것은 다양한 방법이 사용 되어져야 한다는 것을 의미합니다. 이 단계에서 학습자를 위한 활동을 학생용 교재에서 살펴보는 것을 잊지 말라.

6단계 : 적용 부분을 연구하라.

적용은 앞 단계에서 자연스럽게 나와야 합니다. 적용에 관한 이름에 대하여 책마다 여러 가지로 다르게 부르고 있지만 이 부분은 삶의 반응 목적이 강조되는 곳입니다. 이 단계는 열심히 공부하는 학생들이 "그래서 어떻게 되는 것입니까"라고 질문하는 것에 대한 답을 마련해 줍니다. 성경의 사실을 먼저 알아야 한다는 것은 당연하지만 그보다 중요한 것은 그런 사실들이 일상생활에서 갖고 있는 의미들을 깨닫는 것입니다.

여러분이 교사로서 가르침을 수행할 때 삶의 목적을 성취하도록 돕는 대안적 적용과 학습활동 중 한 가지를 선택할 때가 있습니다. 이때 교사는 학생들과 가장 직접적으로 관련이 있는 것을 선택해야 합니다. 교사용뿐만 아니라 학생용도 연구하라. 그러면 적용을 극대화하기 위해 할당된 다양한 활동에서 유익을 얻을 것입니다. 출판사가 여러분이 가르치고 있는 연령층을 직접 다루고 있는 성경 본문을 선택하였다고 해도 여러분은 단원을 개별화해야 합니다. 여러분이 학생들을 경청하고 관찰해서 깨닫고, 깨달은 것으로 그들의 필요에 기반을 둔 적용으로 인격화하라.

7단계 : 서론 부분을 연구하라.

어떤 사람에게 이것은 부적절한 것처럼 보일 것입니다. 왜 서론 연구를 맨 나중으로 제안하였을까요? 그 이유는 단원에서 무엇을 소개하려고 하는지 안 다음에 서론 계획을 짜는 것이 더 쉽기 때문입니다. 단원을 가르칠 때마다 여러분은 각자 다른 흥미를 가진 학생을 하나님의 말씀에 집중시켜야 하는 과업에 직면합니다. 우리는 학생들이 배움에 대한 동기 없이 수업에 온다고 가정해야 합니다. 거의 예외 없이 학생들의 관심은 제각각이지만 잘 선택된 활동은 학생들로 하여금 다양한 관심에서 벗어나 그들의 관심을 그날의 공과로 전환시킬 수 있습니다.

공과마다 여러 제안들을 제시하는데 이것들을 전부 고려하여 자료에서 언급하지 않은 효과적인 아이디어를 창출할 수도 있습니다. 창의성을 마음껏 발휘하라. 전에 시도하지 않았던 것을 시도해 보라. 그러나 이 활동들은 학생들로 하여금 학습 목표에서 벗어나지 않고 그쪽으로 향할 수 있는 것이어야 합니다. 의미 있는 서론적 활동을 이해하려면 학생용을 연구하는 것이 도움이 됩니다. 이것은 일찍 교회로 온 학생들을 위한 예비 활동을 고려하는 시간이기도 합니다. 이것이 초점 활동과 연계되어야 이상적입니다. 마지막으로 대그룹 활동(개회 혹은 폐회 예배)이 각 반 수업에서 할 것과 어떻게 연결되어야 할지 고려하라.

이 7단계가 교수 문제를 전부 해결해 주는 것은 아니나 교사가 가르칠 때 보다 효과를 얻기 위하여 교사의 연구를 체계화할 것입니다. 어떤 교사는 거의 준비한 것 없이도 어느 정도 잘할 수 있습니다. 그러나 그것은 바람직하지 않습니다. 준비의 질은 교수의 질에 영향을 줍니다. 그러나 준비가 지루해야 할 필요는 없습니다. 위의 단순한 7단계는 여러분이 공과를 준비하여 가르치는 데 나타나는 많은 '고통'의 문제를 제거해 줄 것입니다.

교사가 해야 할 10가지 결정

　교수-학습안 작성과 실제로 가르치는 과정에 있어서 교사가 해야 할 결정들은 대단히 많습니다. 교수-학습안을 작성하지 않는 비형식적인 분위기에서도 아래와 같은 결정은 해야 할 것입니다. – 내가 어떤 학생을 지적할까? – 내가 무슨 질문을 할까? – 00를 보다 더 참여케 하기 위해 내가 어떻게 해야 하나? – 그러한 질문에 나는 어떠한 대답을 할까?

　의식적이든 무의식적이든 교사는 한 시간 동안 가르치는 과정에서 많은 결정을 해야 합니다. 그런데 교사로서의 문제는 여러 가지의 가능한 활동과 응답들을 고려하지 않고, 그 중에서 가장 적합한 것을 선택하지 않는다는 데 있습니다. 우리는 흔히 깊이 생각하지 않고 우리들 마음에 순간적으로 떠오르는 생각대로 반응합니다. 보다 더 주의 깊은 계획과 해야 할 중요한 결정들에 대해 더 잘 깨닫는다면 모든 교사들은 학생들을 가르침에 있어서 보다 효과적이 될 수 있을 것입니다.

　아래 제시된 10가지 결정들 외에 교사들이 해야 할 결정들이 많을 것입니다. 그러나 이것들은 그 중에서 가장 중요한 결정들입니다. 아래의 질문들은 교사가 교수-학습안을 작성하거나 가르칠 때 항상 염두에 두면 교사의 가르침을 보다 목적 있는 방향으로 이끄는데 도움이 될 것입니다.

1) 내가 무엇을 가르칠까?

- 공과에서 가르쳐야 할 내용이 너무나 많습니다.
- 나의 가르침에 초점을 맞추기 위해 기본 개념을 선택해야 합니다.
- 개념이란 남에게 전달하기 위한 경험, 사고, 물체 등을 내포하는 사람들이 사용하는 용어입니다.
- 개념들은 모든 가르침의 초점입니다.
- 개념을 학생의 일상생활에 관계 맺도록 하는 것이 중요합니다.

2) 학생들이 무엇을 배울 것인가?

- 학습안과 가르침이 구체적인 목표를 향해 나가도록 교사는 항상 구체적인 목표를 염두에 두는 것이 중요합니다.
- 목표란 수업 한시간 동안 학생이 성취해야 할 교사의 의도를 표현한 것입니다.
- 목표는 학생의 구체적인 행동으로 진술 되어져야 합니다.
- 목표는 교사가 어떤 일이 일어났는가를 평가하는 데 도와줍니다.

3) 학습 시간을 위해 어떤 가르치는 활동들을 계획할까?

- 다양한 가르침의 활동들은 대부분의 학생이 대부분의 시간에 참여토록 할 것입니다.

- 가르치는 활동들은 학생들의 여러 관심과 능력 정도에 따라 잘 맞추어져야 합니다.

- 새로운 활동들은 정기적으로 소개되고 시도 되어져야 합니다.

4) 나와 학생이 어떤 자료를 사용할까?

- 자료는 학생의 흥미를 끌기 위해서만 사용되는 수단이 아닙니다.

- 자료는 학생이 자신의 학습에 참여하는 방법입니다.

- 자료는 주의 깊게 선택 되어져야 합니다.

- 자료는 학생과 교사를 위한 것입니다.

- 다양한 자료를 사용해야 합니다.

5) 학생들이 참여하도록 내가 어떻게 그들의 동기를 일으킬까?

- 학생들이 그들의 학습에 흥미와 목적을 갖고 참여케 하기 위해 주의 깊은 전략들을 세워야 합니다.

- 이런 전략에는 적어도 시작(Opening), 제시(Presentation), 탐구(Exploration), 창의력(Creativity), 끝맺음(Closing)의 5가지 요소가 있습니다.

6) 교실은 어떻게 정돈 되어져야 하나?

- 교실 정돈이나 장식, 자료 전시가 곧 우리가 사용하는 언어만

큼 아이들을 가르칩니다.

 - 최대한 모든 자료가 모든 학생들에게 쉽게 보여지고, 학생들이 자유로이 다닐 수 있어야 합니다.

 - 가구, 기구, 전시물, 자료들은 자주 정돈 되어져야 합니다.

7) 내가 할 질문은 무엇인가?

 - 질문은 매우 중요하고 필요한 활동입니다.

 - 기본적인 질문은 미리 작성되어야 도움이 됩니다.

 - 우리가 사용할 수 있는 3가지 질문 단계에는 정보(Information), 분석(Analytical), 개인적 질문(Personal questions)들이 있습니다.

8) 이 수업 시간 동안 학생들이 선택할 것은 무엇인가?

 - 학생의 선택은 보다 큰 동기와 참여로 이끕니다.

 - 학습안 작성의 각 단계에서 학생이 선택할 것을 고려합니다.

 - 학생의 선택을 토의하고, 평가합니다.

9) 내가 해야 할 지시는 무엇인가?

 - 학습 활동에 있어서의 성공은 가끔 교사가 하는 지시에 따라 결정됩니다.

 - 학생의 참여는 교사의 지시에 의하여 지도 되어집니다.

 - 지시는 말 뿐만 아니라 볼 수 있어야 합니다(칠판에 글로도 제시).

- 지시는 여러 단계들 안에서 주어져야 합니다.

10) 학생이 대답하거나 활동한 후에 내가 어떻게 반응할까?
- 학생을 위한 교사의 격려는 학생을 보다 더 참여케 합니다.
- 학생들은 교사로부터의 반응이나 피드백(Feed back)을 받아야 합니다.
- 교사는 여러 가지 응답의 말을 개발할 수 있습니다.

교수-학습안 작성의 실습

당신은 한 반 학생들의 교사입니다. 당신 스스로 당신 반 학생들의 연령을 정하라. 당신은 한 주일에 한 시간을 반 학생과 만납니다. 다음 주의 공과는 "과거와 현재의 예수의 제자들"에 관한 새로운 단원이 시작됩니다. 아래에서 당신은 가르침에서 사용할 수 있는 여러 가지 제안들을 볼 수 있습니다. 당신은 어떤 것에서부터 시작해야 합니다. 그러므로 당신의 첫 시간을 위해 무엇을 가르치기를 원하는지 선택하라.

단계 1. 첫 시간에 당신이 중요하게 취급할 기본 개념을 선택하고 그 것을 학습장에 기록하라.
① 예수는 그의 사도가 된 12사람을 부르셨습니다.
② 예수로부터 가르침을 받고 그를 따르는 사람들을 제자라고 불렀습니다.

③ 제자란 어떤 다른 이로부터 가르침을 받고 그를 따르는 사람을 말합니다. 제자라는 이 단어는 신약에서는 세례 요한이나 바울의 추종자들에게 사용되었지만 특히 예수를 따르는 사람을 그렇게 불렀습니다.

④ 베드로, 안드레, 야고보, 요한, 도마, 마태, 유다, 그리고 다른 5사람이 12사도였습니다.

⑤ 그 사도들은 예수님이 죽으신 후에도 그의 사역을 계속했습니다.

⑥ 사도행전에는 교회를 세우기 위해 사도들이 행한 일들에 대한 이야기가 많이 나옵니다.

⑦ 그 사도들은 예수의 사업과 가르침을 이해하는데 많은 난점을 가지고 있어서 여러 번 예수께 질문도 하고 그를 따름에 불성실하였으며, 그들 사이에 논쟁을 하기도 했습니다.

⑧ 사도들은 예수께서 그들에게 맡기시기 위하여 그들을 부르신 그 일에 대해 대단히 열성적이었고, 전력을 다했으며 두려움 없이 전파하고 활동했습니다.

⑨ 예수님은 오늘날도 제자들이 이 세상에서 사랑과 평화와 정의와 안녕을 인류에게 가져올 수 있도록 전파하고 활동함으로 그를 섬기기를 원하십니다.

⑩ 오늘날도 초대교회의 제자들과 같이 활동하는 사람들이 있습니다.

⑪ 오늘날의 문제점들과 상황들은 여러 면에서 첫 번 제자들 시대의 것들과 비슷합니다.

⑫ (당신 자신의 것을 기록하라)

단계 2. 당신이 선택한 기본 개념에 알맞은 표를 설정하고 그것들을 노트에 쓰라. 학습 시간을 마칠 때 학생들은 다음과 같이 할 수 있을 것입니다.

① 학생들 자신의 말로 제자, 사도, 부르심, 배움, 따름의 뜻을 명확히 할 수 있습니다.

② 예수가 선택하신 12제자의 이름을 말할 수 있습니다.

③ 사도 중 4명을 들어 말하고, 각 사도의 특징이나 활동들을 지적할 수 있습니다.

④ 제자와 사도의 다른 점을 설명할 수 있습니다.

⑤ 신약에서 12사도가 기록된 성경의 3곳을 찾아낼 수 있습니다.

⑥ 제자들이나 사도들의 활동들을 묘사한 성경 구절을 적어도 6개를 찾아낼 수 있습니다.

⑦ 예수를 따를 때 제자들이 가졌던 문제들을 묘사할 수 있습니다.

⑧ 예수가 십자가에 못 박히시는 것을 제자들이 알았을 때의 느낌을 같이 느낄 수 있습니다.

⑨ 예수의 제자로서 오늘날 사람들이 전파하고, 활동하고 있는 몇 가지 예들을 제시할 수 있습니다.

⑩ 신약 성서에 나타난 제자됨의 의의를 오늘 날의 세상의 요구에 알맞게 적용할 수 있습니다.

⑪ 학생들이 집, 학교 그리고 지역사회에서 제자가 될 수 있는 몇 가지 방법을 정할 수 있습니다.

⑫ (당신 자신의 것을 기록하라)

단계 3. 기본 개념을 전달하고 목표를 달성하는 데 도움이 되는 교수 활동을 선택하라.

그 시간을 다섯 수업의 부분 즉 도입, 제시, 탐구, 창의적 활동, 결론으로 나누어 각 부분마다 적어도 한 가지의 활동을 선택하라. 그것들을 노트에 쓰라.

① 기본 개념에 관한 질문을 제시하고 신약과 다른 참고 서적을 통해 연구하라.

② 성경의 주된 구절이나 다른 참고 서적들을 읽음으로써 한사람 이상의 주요 인물을 조사하라.

③ 12 사도에 관한 스라이드를 보고 중요한 사건들이나 예수와의 관계, 개인적 경험이나 특성 등을 찾으라.

④ 예수의 사도들에 관한 스라이드의 대사를 써 보자.

⑤ 예수와 그 제자들에 관한 이야기를 보여줄 수 있는 스라이드를 만들어 보라.

⑥ 예수와 그의 제자들에 대한 그 당시나 오늘날의 이야기를 듣거나 읽어 보라.

⑦ 예수의 추종자가 되려고 애쓰는 사람들이 겪는 경험에 관한 이야기를 써 보라.

⑧ 현대 예수의 제자들의 본보기를 잡지나 신문에서 찾아보라.

⑨ 제자나 제자 직분에 초점을 맞추기 위에 가치관을 명확케 하는 방법 즉 순위 결정, 투표, 측정표를 만들어 보라.

⑩ 콜라즈(Collage)나 몽타즈(Montage)를 만들거나 교수 자료가 되는 그림을 모으거나 스라이드를 만들기 위해 헌 잡지들을 이용하라.

⑪ 비형식적인 역할극이나 극화를 해보라.

⑫ 오늘날에 있어서 제자들을 필요로 하는 상황들을 토론하고 제자로서 활동 할 수 있는 방법들을 결정하라.

⑬ (당신 자신의 활동을 구상해 보라)

단계 4. 계획된 활동을 하는데 필요한 자료들을 선택하고 그것들을 노트에 쓰라

① 각 학생을 위한 신약 성서 몇 권

② 성서의 인물, 어린이를 위한 성서 사전, 성구 사건, 성서지도 몇 권

③ 필림 스트림 : Cokesbury Bookstone에서 나온 "전 세계 속으로" 1부와 2부, "신약 성서 속에 인물들의 사건 개관"

④ 오버해드 프로젝타와 필요한 자료, 스크린

⑤ 카셋트 녹음기와 전선, 마이크로폰, 녹음 안 된 테이프

⑥ 스라이드에 쓰는 자료(Write-On slides)와 펜, 연필

⑦ 신문, 잡지, 가위, 풀, 수공 종이가 든 상자

⑧ 백지와 매직, 연필

⑨ Thesis Tapes의 "제자들을 부르심"과 녹음된 카셋트 데이프

(P.O. Box 11724 Pittsburgh. PA 15228)

　⑩ 예수와 제자들에 관한 교수용 성화 1세트

　⑪ 인형극을 위한 자료들

　⑫ (당신 자신의 자료들을 만들어 보라)

교수-학습안의 실례

　교수를 위한 계획을 세우는 데는 많은 방법들이 있습니다. 여기 나오는 교수-학습안과 당신이 창작한 것을 비교해 보라. 당신의 교수-학습안이나 여기 예로 든 교수-학습안을 평가할 때는 다음 장에서 설명할 기준을 이용하라. 두 교수-학습안 사이에 비슷한 점 차이점을 비교하라.

□ 기본 개념

　사람들은 예수에 의해서 그의 제자로 부르심을 받는다. 예수의 첫 번째 제자 중 12사람이 사도라 불리워졌습니다. 그 12사도들은 예수를 따랐고 예수로부터 가르침을 받았습니다. 그 12사도들은 각자가 독특한 인간이었습니다.

□ 교수 목표

　학습 시간이 끝난 후 학생들은 다음과 같이 할 수 있습니다.

1. 그들 자신의 말로 제자들과 사도들을 정의할 수 있을 것입니다.

2. 복음서들 중에서 12사도들을 기록한 3곳을 지적할 수 있을 것입니다.

3. 한 사도의 독특한 성격이나 활동을 말할 수 있을 것입니다.

4. 한 사도에 대한 그들 자신의 해석이나 동일시하는 감정을 창의적인 활동으로 표현할 수 있을 것입니다.

시간	교수-학습활동	자료
전개 (5분)	학생들은 성서 사건과 T. E. V. Word List에서 제자와 사도의 정의를 읽는다. 다음의 문장을 완성하라. 제자란＿＿＿＿＿이다. 사도란＿＿＿＿＿이다.	T.E.V. 신약 성서, 어린이를 위한 성서사진, 어린이를 위한 성서 백과사전
주제 제시 (10)	"예수께서 특별히 선택하신 12제자는 누구였을까요?"라고 질문한다. 이름을 쓰게 한다. 제시된 이름들을 일단 모두 받아들이고 나중에 평가한다. 3 복음서에서 제자들의 이름을 기록한 곳을 찾기 위하여 T. E. V색인표를 사용한다. 학생이 미리 말한 것과 비교하라. 찾아낸 3가지 이름 목록을 비교하고 비슷한 점과 차이점에 대해 토론한다. (3가지 리스트를 미리 복사하라)	전지와 매직 3가지 목록의 사본 복사한 3가지 리스트

주제 탐구 (15)	한 제자를 택하고 다음 질문 중 몇 가지를 사용해서 탐구할 수 있도록 자료들을 활용한다. 1. 그 제자의 이름이 무엇을 의미하는가? 2. 그는 처음으로 예수를 어떻게 만났나? 3. 그가 행한 특별한 일이 무엇인가? 4. 그는 어떠한 사람이었나? 5. 그는 예수와 어떤 관계를 맺었나?	성서 속의 사람들, 사랑으로 무장된다. 성서사전, 어린이를 위한 성서 백과사전, 질문이 쓰인 괘도
창의적 활동 (15분)	학생들은 그들이 학습한 것과 그들이 조사한 제자에 대한 인상들을 표현하기 위하여 아래 3가지 활동 중 하나를 택한다. 1. 당신 자신을 한 제자로서 소개하는 간단한 편지를 쓰라. 그 편지는 1인칭으로 그 제자의 입장에서 쓰라. 2. 당신이 택한 제자의 기억할 만한 특성이나 그의 생애 중 중요한 사건들을 보여줄 수 있게 슬라이드에 쓰는 활동(Write-On slides)을 창작해 보라. 3. 당신이 택한 제자와의 인터뷰를 창작하고 녹음기를 사용해서 다른 학생과 같이 녹음해 보라.	종이와 연필 Write-On slides 펜, 연필, 환등기 카세트, 녹음기
결론 (10분)	편지, 슬라이드, 녹음한 것들을 전체 반 학생 앞에서 발표하여 나누어 보라. 마지막 활동 : 문장을 완성하라 "제자들은_____이다" 완성된 문장들을 교독문의 조목으로 이용한다. "다같이"는 다음과 같이 할 수 있다. "하나님, 우리가 예수님을 따르며 다른 사람들에게 봉사할 수 있도록 도와 주십시요"	

교수-학습안 평가 기준

당신은 당신이 실습하기 위해 기록한 교수-학습안이나 학생들을 위해 사용할 교수-학습안을 작성한 후 그 교수-학습안을 평가하는 근거로서 아래의 기준들을 사용할 수 있을 것입니다. 기준 목록 중에서 먼저 당신의 교수-학습안에 대해 물어야 할 질문이 나와 있고 그 다음에 평가하는데 도움이 되는 그 질문에 대한 간단한 해석이 나옵니다. 또한 그 질문이나 해석에 의해 적용될 수 있는 원리나 기술을 더 자세히 설명하는 또 다른 자료를 찾아볼 수 있습니다.

1) 요점은 기본 개념 몇 개에 제한되어 있는가?

학습지도를 계획하는데 있어서 중요한 것 중의 한 가지는 한 학습 시간에 전달될 수 있는 개념의 수가 제한되어 있다는 것입니다. 교사에게는 한 학습 시간에 많은 개념들을 다루는 것(Cover)이 가능하지만 학생들은 몇 개의 기본 개념을 드러내는 것(Uncover-ing)에 참여하는 일이 더욱 중요합니다. 그 개념들은 서로 관련이 있고 또한 학생들의 실생활 경험과 관계가 있어야 한다는 것을 주의해야 합니다.

2) 요점과 목표들은 학생 연령층에 알맞은 것인가?

어린 학생들에게는 전체 이야기를 가르치려는 것보다는 이야기 중의 적당한 부분이나 사건들을 발췌하는 것이 더욱 중요합니다.

우리는 학생들로 복잡한 목표들에 도달되기를 기대하기 전에, 학생들이 기본적인 기술을 습득하고 있는지를 확인하는 것이 필요합니다. 나이 든 학생들에게는 추상적 개념이나 상징들도 사용이 가능하나 어린 학생들은 그들의 구체적 사고에 제한되어 있음을 알아야 합니다.

3) 요점과 목표들은 직접적으로 연결이 되어 있는가?

요점과 목표들이 직접적으로 연결이 되어 있지 않은 상황을 발견한다는 것은 별로 놀라운 일이 아닙니다. 그 예는 다음에서 볼 수 있습니다. 교사들은 종종 애굽에서의 히브리 민족에 대한 노예제도의 요점을 택하고 나서는 현시대에 노예제도에 관한 형식, 상황에 초점을 둔 목표를 택할 수도 있습니다. 이 두 가지를 연결시켜 주는 것은 노예 제도 뿐이고 그 역사적 상황은 3,000년이나 떨어져 있는 것입니다. 애굽의 노예로서의 히브리인들에 관해 요점을 소개한다면 그 목표는 당연히 요점에 관련된 것이어야 하고 현시대의 노예제도에 대한 형식에 관련된 것이어서는 안 됩니다. 만일 현대의 노예제도에 대해서 목표를 세웠다면 그에 관련된 요점이 또한 선택되어야 합니다. 두 가지의 요점과 두 가지의 목표가 한 시간내 같이 사용될 수도 있을 것입니다.

4) 어떤 방법의 교수 활동이나 자료들이 사용되는가?

계획된 모든 교수 활동과 자료를 검토해 볼 때 언어적인 것, 시각적인 것, 고안된 것, 그리고 직접적인 경험의 것들이 균형 잡혀 있어야 합니다. 만약 활동과 자료들이 언어적인 것만을 지나치게 사용한다면 그 학습 계획은 균형을 잃은 것입니다. 다른 경험의 방법들이 혼합되는 것이 필요합니다.

5) 학습 시간 중 교사는 어떤 종류의 질문을 했나?

질문에는 적어도 지식적인 것, 분석적인 것, 개인적인 것의 3범주가 있습니다. 이 3가지 방식의 질문들이 시간 중에 모두 사용 되어져야 합니다. 만약 지식적인 질문이 다른 두 범주의 것보다 더 많다면 학생들은 주제를 충분히 생각한다든지 그들의 실생활에 적용하도록 격려 받지 못한 것이 됩니다.

6) 학습 시간 중에 학생들은 어떤 선택을 하였나?

모든 학생들은 시간 중에 몇 번의 선택할 기회를 가져야만 합니다. 학생들이 선택하도록 격려 받을 때 동기유발과 참여가 더욱 가능해집니다. 어떤 선택들은 어느 책을 읽겠는가? 또는 감정을 표현하기 위해 어떤 색감을 사용하겠느냐 등의 사소한 것일 수도 있고, 또 다른 선택들은 성경의 구절을 어떻게 해석할 것인가? 또는 특별한 상황에 처했을 때 어떻게 행동할 것인가를 결정하는 큰 문제가 될 수도 있습니다. 사소하든 크든 간에 학생들은 선택할 기회를 많이 갖는 것이 필요합니다.

7) 학습 시간을 위하여 계획된 활동과 자료들은 다양성이 있는가?

한 가지 활동으로 일관된 수업은 단조로운 수업입니다. 학생들은 각기 다른 능력과 흥미, 요구를 보이기 때문에 교사는 학생들의 개인차에 대응할 수 있는 다양한 활동과 자료들을 계획해야 합니다. 학생들은 속도의 변화를 원하며, 고도의 동기유발을 유지하기 위하여 한 활동에서 다른 활동으로 한 단계씩 올라가는 것을 요구합니다.

8) 만일 학생들이 새로운 어떤 것을 하기를 원한다면 그들이 실습하거나 실험할 기회를 갖도록 하는가?

교사들은 규칙적으로 새로운 활동과 자료를 학생들의 탐구와 창작에 사용할 수 있도록 소개해야만 합니다. 학생에게 새로운 활동과 자료들에 대한 성공감을 주려면 학생 스스로가 교사가 계획한 것을 사용하거나 해보기 위해 실습과 실험할 시간이 필요합니다. 같은 원리가 새로운 자료를 사용하거나 새로운 활동을 시도하려는 교사에게도 적용됩니다. 교사 스스로 예습, 실습, 실험하기 위해 시간이 필요합니다.

9) 교실은 바라는 목표를 달성하도록 편리하게 정리되어 있는가?

책, 걸상 준비 즉 학습 센타(Learning Center), 활동 코너, 자료 및 비품의 설치 즉 벽 또는 게시판, 칠판에 시각 자료의 전시 및 모든 필요한 활동 자료가 찾기 쉽도록 정리되어 있으면 반을 순조롭게 미리 계획한 대로 이끌어 나갈 수 있게 됩니다. 학생들이 오기 전에 교실을 미리 둘러보아야 합니다. 교실은 당신에게 무엇을 말하나? 교실 환경은 그날 수업 시간에 일어난 일에 대해 큰 소리로 말해 주어야 합니다. 교실은 규칙적으로 변화가 되어야 하고 때때로 매 주일마다 바꾸어 질 필요가 있을 때도 있습니다.

10) 계획된 각 활동을 위해 필요한 시간은 어느 정도가 될까?

만약 아무리 좋은 교수-학습 계획을 세워도 활동을 위한 충분한 시간을 정하지 않는다면 학습 계획에 명중(Shot-down)시킬 수가 없습니다. 시간에 대해 실제적으로 생각해야 합니다. 서두르지 말고 학생들이 활동할 충분한 시간을 주어야 합니다. 필요할 때는 계획을 조정할 수 있도록 충분한 융통성을 가져야 합니다. 또한 보다 활동을 빨리 끝내거나 능력이 많은 학생들을 위해 여분의 활동도 계획해야 합니다.

당신은 당신이 작성한 학습안을 실제 가르치기 전에 이 질문들을 적용함으로 평가해 볼 수 있습니다. 다른 사람과 교수-학습안에 대해 토론할 수 있다면 실제로 적용하도록 충분한 피드백(Feed back)을 받을 수 있을 것입니다. 교실에 들어가서 학생들을 가르치기 전에 당신의 계획을 재검토 할 것을 생각해야 합니다.

공과 교수 시간

1) 동기유발

예수님의 가르치는 사역에서 보여 준 그의 독특한 동기유발은 아마도 요한복음 4장에서 번뜩인다고 할 수 있을 것입니다. 호온

(H. H. Horne)이 제목을 붙인 대로 〈예수님께서 사마리아 여인을 가르치신 방법〉에서, 예수님은 학습효과 만점의 동기유발을 하신 것입니다. 우선 당신은 요한복음 4:1~43의 말씀을 읽은 다음에 예수님의 선생으로서의 동기유발을 상고했으면 좋겠습니다. 우리는 본문에서 예수님의 사마리아 여인에게 향하신 접근을 봅니다. "예수께서 물을 달라하시니".

당신은 예수님의 이 태도를 어떻게 해석하고 있는가? 즉 그 당시의 유대 · 사마리아 사회에서 유대인(예수님)이 사마리아인에게 말을 건넸다는 것에서 무엇을 생각할 수 있는가 하는 것입니다. 그것은 예기치 않은 일로서 사마리아 여자에게 예수님의 행동은 호기심(흥미)을 자아내기에 충분하였습니다. 그리고 자연스럽게 물을 달라고 하셨습니다, 물을 길러온 여자에게.

이와 같은 흥미와 접촉점의 마련(물을 달라는 부탁)은 사마리아 여인으로 하여금 예수 그리스도에게 주의를 기울이도록 하는 데 충분하였습니다. 계속해서 본문을 읽어 내려가면, 사마리아 여자와 예수님의 대화가 전개됩니다. 이 대화는 여자의 물음(6회), 예수님의 대답(6회)이 전부입니다. 이 대화를 분석하면서 호온은 예수님의 동기유발을 이렇게 규명하였습니다. "예수님께서 동기를 사용하셨다는 것은, 맨 처음에는 흥미의 각성을, 그리고 나서는 양심의 각성을, 마지막으로 예배에 대한 각성을 말씀하셨다는 것 속에 잘 나타나 있다. 물에 관한 대화는 흥미를 일깨웠으며, 남편에 관한 대화는 양심을 일깨웠으며, 참된 예배에 관한 대화는 예배에 대한 의식을 일깨우고 있다. 그리하여 그녀는 자기가 그곳으로 앞서 가져왔던 물동이가 아니라 생수를 가지고 급히 마을로 돌아갔던 것이다".

호온은 예리한 통찰력으로 정확하게 분석하였습니다. 그의 규명은 아주 선명하게 예수 그리스도의 동기유발을 보여 주고 있는 것입니다. 예수님이 사마리아 여자의 주의를 끌었듯이, 당신도 학습하려는 아이들의 주의를 공과로 끌어들여야 합니다. 예수님께서 사마리아 여자의 주의를 끌기 위해 사용하신 도구들은 다음과 같았습니다. ㉠ 상황의 이용 : 물을 길러옵니다. ㉡ 접촉의 마련 : 물을 달라. ㉢ 흥미를 줌 : 유대인의 사마리아인에 대한 터부를 파기합니다. ㉣ 대화의 활용 : 물에 대한 이야기에서 생수의 이야기로 전환합니다. ㉤ 필요를 자극 : 네 남편을 불러오라.

예수 그리스도의 동기유발은 사마리아 여자로부터 시작된 것입니다. 그리고 그녀의 각성을 촉구하는 방법으로 생수에 대한 진리를 가르치셨습니다.

(1) 학습에 있어서 동기유발의 원리

학습의 동기유발은, 학과 학습 진행의 주제 및 학습의 목적과 내용이 연결되어 나가는 접촉점이라고 하겠습니다. 동기유발은 어떤 활동에든지 필요한 것이며, 동기유발의 촉발된 활동은 참여하는 이들의 작업을 강화 시키는 법입니다. 그리고 이것은 목적에 따라 여러 가지의 형태를 지니는 것입니다. 즉 학습에는 학습을 위해서만 효과적으로 이용될 수 있는 동기가 있는 것입니다. 학습에 있어서의 동기유발을 일으키는 원리는 무엇인가? 우리는 그것을 세

가지로 살필 수 있습니다. ㉠ 학습하는 아이들의 경험적인 차원에서 출발하라는 것입니다. 우리는 그 사례를, 예수님께서 사마리아 여자를 가르치셨던 것에서 볼 수 있습니다. 예수님은 그 여자의 삶의 환경에서 동기(motivation)를 찾으셨습니다. ㉡ 학습에 선행되는 내용을 포착하라는 것입니다. 아이들이 이미 경험한 사실을 보강 시키고, 거기에서 새로운 학습으로 출발해야 합니다. ㉢ 학습자들의 경험을 자극할 수 있는 활동이나 상징(그림, 사진, 실물)이 이용될 수 있음을 알아야 한다는 것입니다. 이것은 동기를 강화하는데 효과적인 매개체가 됩니다.

이밖에 학습을 위해 동기유발을 활용할 때 교사가 주의해야 할 사항들이 또 있습니다. 곧 동기유발의 내용과 도입에 대한 소요 시간의 관계가 학습의 전체적인 규모와 조화를 이루어야 한다는 것입니다. 특히 동기유발은 그날 학습하게 되는 내용의 주제와 목적에 연결되어야 하고 수업 활동을 촉진 시키는 정도의 시간 속에서 이루어져야 합니다. 당신의 교수-학습에 약속되어 있는 시간이 30분이라면 4~6분 정도가 도입의 시간으로 알맞는 것입니다. 만일 25분 가량이라면 길어야 5분을 넘지 않도록 해야 합니다. 도입에서 너무 많이 시간을 소모하여 정리를 하지 못하고 수업을 끝내는 학급을 많이 보아왔기 때문에 특히 이 점에 유의했으면 합니다.

(2) 동기유발의 종류(내용)
동기유발을 일으키는 방법에는 무엇이 있을까요?

① 학습하는 아이들을 격려하라

학습자가 학습 목표 달성에 자신감을 가지면 학습 동기가 높아지기 마련입니다. 학습을 해낼 수 있다는 격려와 아낌없는 칭찬은 학습을 촉진 시킵니다. 이를 증명하는 사례를 헤임 기너트(H. G. Ginott)의 글에서 옮겨봅니다. "클리포드는 그림에 아주 재주 있는 학생이었다. 그러나 그는 언제나 끝마치기 전에 그림을 찢는 버릇이 있었다. 그의 여선생은 클리포드를 도와주려면, 그에게 접근해서 부드러운 방법을 써야 한다는 것을 알고 있었다. 그래서 그가 그림 그리는 길을 지날 때마다. '네가 그리는 그 애는 꼭 뛰어가는 것 같이 보이는구나'라고 말해 주었다. 또는, '네가 그린 집은 디자인이 근사하구나' '네가 그리는 것을 쭉 지켜보았는데 내가 좋아하는 색깔이 많더라'라고 말해 주었다. 그럴 때마다 클리포드의 얼굴에서는 미소가 그치지 않았고 아이들도 그의 특기를 눈치 채기 시작하였다. 클리포드는 이런 선생님의 관심 표명이 즐거웠을 뿐만 아니라 더욱 열심히 그림을 그리고 싶어졌다". 여기에서는 교사의 적극적인 활동이라고 할 수 있는 격려, 칭찬이 학습에 필요하다는 것을 깨닫게 합니다. 따라서 당신은 아이들에게 그들이 학습에 참여하는 자세를 칭찬과 아울러 격려함으로써 학습 동기를 강하게 할 수 있습니다. 또한 학습경험과 관련시켜서 학습 목표의 달성을 쉽게 이룰 수 있다고 격려할 수 있는 것입니다.

② 학습 목표를 명확히 알도록 하라

교사가 말을 하기 전까지 아이들의 마음은 다른 일에 쏠려 있는 것입니다. 그러므로 교사는 오늘 학습할 교과의 제목을 아이들과 함께 읽고, 무엇을 공부하게 되는가를 파악하도록 합니다. 아이들은 교과와는 관계없는 흥미 거리에 빠져들기 쉬우므로 관심을 교과로 집중시켜야 합니다. 교사가 아이들에게 학습 목표를 제시하는 방법을 김재복은 이렇게 가르쳐 주고 있습니다. ① 교사에 의한 목표제시 및 설명, ② 학습 목표에 도달된 모델 행동 또는 모델의 제시(여기에는, 목표에 도달된 행위의 시범이나 완성된 작품의 제시, 또는 슬라이드나 영화에 의한 모델이 있을 수 있다), ③ 학습 목표에 도달하였을 때 해결되는 내용의 표본제시.

③ 아이들의 관심을 자극하라

학습과 관련해서 아이들의 주의를 끄집어내고, 그들의 생각을 함께 나눌 때 학습 동기는 높아집니다. 예컨대, 학습 목표에 달성되었을 때 아이들이 얻게 되는 유익이 무엇인가를 알도록 하는 것입니다. 이것은 보상을 자극하는 것으로써 학습 참여를 촉진시킵니다. 여기에서는 학습한 것을 어떤 문제에 적용하여 그 문제를 원활히 해결하는 구체적인 예를 제시하는 것입니다. 또한 그림이나 지도, 슬라이드 필름, 퍼즐로 꾸며진 그림 따위를 보여줌으로써 호기심을 자극하고 아이들의 흥미를 불러일으킬 수 있습니다. 이를 통해서 아이들은 학습과제에 주의를 집중하게 되는 것입니다.

동기유발에 대한 마무리 고찰을 겸해서 복음주의 교사 훈련 협회(The Evangelical Teacher Training Association)의 지도자들이 제시하는 동기유발의 방법들을 소개하고자 합니다. 교과에

대한 흥미를 일으키는 방법, 다섯 가지입니다

㉠ 시사적인 사건들/ 아이들은 텔레비젼을 보고, 라디오를 들어 알고 있는 시사적인 이야기에 관심을 지니고 있습니다. 따라서 이 문제들을 꺼내서 그들과 함께 생각을 나누라.

㉡ 이야기와 예화/ 어떤 종류의 이야기나 다른 사람들의 사건에 대하여 아이들은 관심을 쏟습니다. 특히 예화는 그들이 흥미를 불러 일으키는 촉매제가 됩니다.

㉢ 숙제의 보고/ 아이들은 자신들의 활동에 관심을 기울입니다. 그러므로 완성된 숙제를 보고하도록 함으로써 수업을 시작하도록 하라.

㉣ 상상적인 문제-질문과 대답/ 아이들의 일상생활에 관련된 질문을 함으로써 학습으로 유도하라.

㉤ 시각 도구의 사용/시청각 자료를 이용해서 교과에 관심을 지니도록 하라.

2) 교수-학습의 전개

(1) 학습 진행으로서의 단계

동기유발에 의하여 아이들의 학습 촉진이 강화되면 교사는 설정된 계획에 따라 학습을 진행하게 됩니다. 그리고 아이들은 명확하게 인식한 학습 목표를 향해서 나아가게 됩니다. 이러한 과정을 전개(significant experience)라고 하는 것입니다. 전개는 '학습 진행', '내용 전개'라는 이름으로도 표현되고 있습니다. 내용 전개는 그 주일에 가르치는 공과 학습의 중심이 되는 본론이라 하겠습니다.

성경 공부에 있어서 전개는 "성경 속에 나타난 하나님의 진리를 발견하고, 그 의미를 깨닫는 단계"라고 로이스 르바(L. O. LeBar)가 지적한 것처럼 진리 이해에 역점을 두어야 하는 것입니다. 이를 임영택은 "학생으로 하여금 의미심장한 경험(experience)을 갖게 하는 것"이라고 달리 표현하였습니다. 아이들은 이 단계에서, 도입에서 일어난 동기유발을 통하여 학습하게 되는 성경의 진리와 학습하는 아이들의 삶이 만나는(encounter) 과정이 있게 되며, 이는 다시 가장 의미심장한 경험으로 연결되는 것입니다.

내용 전개에서는 교사가 마련한 교수-학습의 보조 자료가 동원됩니다. 그리고 다양한 교수 활동이 학습의 효과를 위해 활용되는 것입니다. 그러나 아무래도 교수를 주도하는 수단은 교사의 입(oral)과 화술(speech)이라고 할 수 있습니다. 교사의 화술은 확실히 하나의 교구적인 역할을 하는 것입니다. 그러므로 성경 공부의 본론(중심)이라고 할 수 있는 내용 전개에서는 화술의 능력에 따라 학습효과가 좌우된다고 하겠습니다.

(2) 공과 학습에서 성경의 사용

대부분의 교사들은 공과 교재에 충실해 왔습니다. 그들은 공과에 제시 되어 있는 '학습 진행'란을 읽고, 그것을 설명해 주는 형태로 수업하고 있는 것입니다. 여기에서 당신이 주목해야 할 몇 가지를 지적하고 싶습니다. 교사가 그대로 수업을 전개하면서 아이들과 함께 성경 한 구절도 찾아보지 않는 학급이 있는 것도 사실입니다. 또한 어느 교사는 성경 본문을 읽다보면 수업 시간을 많이 빼앗기므로 교사가 성경의 줄거리만을 이야기해준 다음에 공부를 합니다.

아이들은 성경을 학습해야지 공과를 학습해서는 안 되는 것입니다. 공과는 성경을 가르치기 위해서 체계 있게 작성한 커리큘럼입니다. 당신은 성경을 가르쳐야 합니다. 그리고 공과교재는 당신의 성경수업을 위하여 보조 자료로 사용되어야 할 것입니다. 그러므로 변할 수 없는 두 가지의 일을 권하고 싶습니다. 첫째는 '성경을 펼쳐서 읽으라'는 것이고, 둘째는 '만들어진 공과를 그대로 가르치지 말라'는 것입니다. 당신은 커리큘럼에 따라 공과를 가르쳐야 합니다. 그러나 그것은 어디까지나 성경을 가르치기 위한 공과이므로, 성경 본문을 탐구하고, 공과 교재를 분석해서 당신의 공과를 준비하여 가르칠 때 비로소 바른 공과 공부가 될 것입니다.

당신은 도입에 이어 수업이 '전개 과정'에 이를 때, 성경책의 뚜껑을 열어 '오늘의 말씀' 또는 '성경 본문'에서 제시되어 있는 말씀을 아이들과 함께 읽어야 합니다. 이 일은 그날의 공과 공부에 대한 문(gate)이 되어야 하는 것입니다. 이렇게 할 때 아이들은 성경 공부를 하겠다는 의욕에 부추김을 받게 됩니다.

시간을 핑계 대지 말라. 성경 본문의 내용이 많아서 시간이 길게 소요된 까닭에 공과의 진도가 더디게 될지라도, 성경을 읽은 것만으로도 그날의 수업은 성공을 거둔 것입니다. 당신은 공과 공부를 전개하면서 하나님의 원하심을 살피는 것보다 당신의 생각이 앞서지 않도록 해야 합니다. "성경은 오늘을 사는 사람들에게 오늘에 말씀하시는 하나님의 말씀"이라고 양승헌이 말한 바 있습니다. 하나님께서는 오늘을 사는 아이들을 향하여 말씀하십니다. 그러므로 우리는 하나님께서 말씀하시도록 아이들에게 성경을 펼치게 해야 합니다.

우리가 할 일은 단지 그들이 진리를 발견하도록 인도하는 일입니다. 이것은 어떻게 이루어지는가? 하워드 콜슨(H. P. Colson)이 성경 공부의 지도요령에 대하여 적절한 안내를 해주고 있습니다. 우선 그의 견해를 옮겨봅니다. "성경의 각 구절은 적어도 하나의 중요한 사상을 내포하고 있다. 이 사상 또는 중심 진리를 발견하고 이것을 당신 자신의 말로 가르치는 일이 당신이 할 일인 것이다".

(3) 학습활동의 전개를 위한 방법

내용 전개는 사실상의 성경 공부이므로 학습을 효과적으로 달성하기 위한 방법들이 동원되어야 합니다. 아이들이 성경의 사실들에 부딪히면서 보다 창의적이고 다양한 경험을 주는 학습활동이 있어야 하는 것입니다. 풍부한 경험일수록 생생한 학습이 있도록 합니다.

내용 전개에서 활용될 수 있는 학습활동에는 다음과 같은 것들을 들 수 있습니다. ㉠ 청각 활동(audio)-듣기에 속하는 활동, ㉡ 시각 활동(visual)-눈으로 볼 수 있는 활동, ㉢ 토의 활동(vocal)-구두적인 묻고 대답하며 토의하는 활동, ㉣ 두뇌 활동(intellectual)-지적인 일에 속하는 활동, ㉤ 감정 활동(emotional)-정서적

인 것에 기초를 둔 활동, ㉂ 경험 활동(experimental)-체험을 위주로 한 활동,

아이들은 한결같이 한 방법으로 학습하지 않습니다. 그리고 아이들 각자 자기 자신의 특수한 방법으로 배웁니다. 따라서 교사는 학습활동을 선택할 때 신중해야 합니다. 그리고 지침을 세워서 학습활동이 고려되어야 하는 것입니다. 교사가 학습활동을 선택할 때 염두에 두어야 할 사항을 싸이즈 모어는 이렇게 작성하였습니다. ① 학생들의 연령과 성, ② 학생들이 가지고 있는 동기의 정도, ③ 배워야 할 성경 재료의 종류, ④ 주제에 대한 학생들의 현재의 지식, ⑤ 얻으려고 하는 결과의 종류, ⑥ 학생들의 필요.

하워드 햄(H. M. Ham)은 내용 전개에서 아이들이 활동하는데 적용 되어야 될 여덟 가지의 기준을 말하고 있습니다. ① 모든 아이들이 골고루 참여하는 기회가 제공되어야 합니다. 한 사람의 활동은 다른 아이들에게 흥미와 자극을 줄 수 있지만 반면에 분열을 일으킬 수도 있습니다. ② 참여 된 활동에는 용기를 부여해 주어야 합니다. ③ 능동적인 참여가 되도록 창의적인 분위기를 조성해야 합니다. ④ 창의력을 표현할 수 있는 다양한 활동이어야 하고, 반복적으로 해서 싫증을 일으키는 활동은 안 됩니다. ⑤ 새로운 활동이 소개될 때는 그 방법의 가능성이 충분하게 적용되도록 설명해 주어야 합니다. ⑥ 교수-학습의 목적에 적합해야 합니다. ⑦ 학습경험의 연속성과 발전을 이루는 것으로 선택하여, 점진적으로 다른 학습과 연결하고 또 학생의 삶 속에 모아지도록 해야 합니다. ⑧ 아이들의 관심과 경험에 초점해서 심리학적 차원에서 이

끌어야 합니다.

이와 같은 기준에서 교사는 교수-학습의 활동을 선택하여 성경 공부를 풍부하게 해야 합니다. 당신은 교수 목적에 따라 아이들에 대한 이해, 학습해야 할 교재의 내용, 주어져 있는 교실 환경을 고려하여 적절한 교수-학습활동을 계획해야 하겠습니다.

3) 교수-학습의 정리

(1) 정리의 의미

학습 진행의 정리는 지금까지 학습해 온 전체 내용을 총괄 (summarize)하여 조직하고 결론을 짓는 교수-학습의 종결을 가리킵니다. 즉, 산을 정복하는 것을 목적으로 등산을 하는 과정이 도입과 전개라면, 산의 정상에 오른 다음에 산의 위치나 지형 등을 돌아보고 정복에 대한 느낌을 맛본 뒤, 다시 산을 내려오는 과정이 바로 정리인 것입니다.

정리는 '정착'이라는 용어로 말하기도 하는데, 이 단계에서는 "전개 과정을 통해서, 성경 속에 나타난 하나님의 진리를 발견한 것에 대하여 삶에 적용하며 구체적인 순종으로 반응하도록 이끌어야만 하는 것이다". 이것이 정리 단계에서 달성되어야 하고, 만일 그렇게 되지 아니하면 정리 단계는 실패에 그치고 마는 것입니다. 즉 정리를 하지 못했다고 볼 수밖에 없습니다. 전풍자는 교회학교에서 성경 학습이 실시되는 단계를 앎, 깨달음, 행함으로 보았습니다. 그녀에 따르면 행함의 과정을 거침으로써 비로소 성경 진리가 학습되었다고 할 수 있다는 것입니다. 그리고 이 '행함'은 정리의 단계에서 진리가 아이들(학습자)에게 정착되고, 이 정착은 반응=순종으로 나타나 곧 행함으로 연결되어서 삶으로 드러나야 한다고 하였습니다.

성경학습의 결국은 무엇인가? 그것은 신앙(be devout)입니다. "교회학교의 성경 공부는 지식을 축적하는 것이 아니고 신앙에 초점을 두고 있으므로 당연히 삶과 연결되어 있는 것이다". 따라서 아이들이 지금까지의 학습으로 진리를 알고 깨달았다면 정리 과정에서 진리에 대한 반응이 촉구되어야 합니다. 배운 진리를 삶의 현장에서 행함으로 옮길 수 있도록 도와주며 이끄는 것이 이 단계에서 교사가 할 일입니다. 복음주의 교사 훈련협회 지도자들은 말합니다. "교사의 수업에는 교과의 요약(summarize)이 반드시 포함되어야 한다... 수업시간의 결과를 종합하고 기본적인 사실들을 강조해야 한다".

정리를 위하여 소요되는 시간은 도입에서와 같이 5~7분 가량이 적당합니다. 전개 과정이 교사주도였다면 이 단계에서는 아이들이 학습한 것을 스스로 정리·발표하는 형태를 지녀도 좋을 것입니다. 이제 당신이 정리를 할 때 표준적으로 이용할 수 있는 방법을 소개합니다. 교사의 학습정리는 그날의 교수형태나 수업사태(수업이 진행된 분위기)에 따라 다소 양상이 달라지겠으나 다음의 방법들에서 다양한 선택이 있을 수 있습니다.

① 교사 자신이 본 교시에서 다루었던 학습 내용을 요약하여 설명합니다. ② 학습한 내용 중에서 중심되는 진리와 깨달아야 할 사

항들을 질문하고 아이들은 대답합니다. ③ 아이들 스스로 본 교시에서 학습한 내용을 요약해서 노트(note)합니다. ④ 학습한 내용을 그림 또는 도표로 작성하는 작업을 합니다. 이 과정에서 학습된 내용이 정리되는 것입니다. ⑤ 학습에 참가한 아이들의 숫자만큼 학습 내용을 문단으로 나누어서 한 사람씩 그림을 그려보도록 합니다. ⑥ 학습한 것에 대하여 진리에 순종하는 다짐을 말해보게 합니다.

정리의 단계에서 교사는 아이들의 변화를 기대하여 '~이렇게 해야 한다', 또는 '~하세요'라고 말하기 십상인데, 이것은 꼭 지양해야 합니다. 당신은 아이들의 변화를 요청해야 하지만 조작된 경험에 따른 결단을 요구하려는 유혹을 떨쳐내야 합니다. 만일 교사가 '여러분~~하세요'라고 하면 아이들은 한결같이 '예' 하고 대답할 것입니다. 그러면 당신은 '아이들이 잘 배웠구나'라고 생각할지 모릅니다. 그러나 이와 같은 생각이 착각이었음을 곧 깨닫게 될 것입니다. 진리에 대한 반응은 아이들 스스로의 변화의 영역이지 가르쳐서 되는 것이 아닙니다. 즉 말로써 이루어지는 것이 아니라는 사실입니다. 전개 과정에서 학습된 주제가 아이들의 표현과 경험으로 새롭게 적용되는 과정이 '정리'에서 자연스럽게 도출(led up)되어야 하는 것입니다. 그러므로 당신은 아이들 스스로의 행동 및 느낌에 변화가 일어나도록 도와주어야 할 뿐입니다.

(2) 진리를 적용한 삶의 요청

톰슨 스터디 바이블(Thompson Study Bible)에서는 성경과 사람의 성숙 관계에 대하여, "성경은 읽는 사람의 인격을 성숙하게 만드는데 그것은 성령의 사역으로 온전한 사람을 만드는 것"이라고 하였습니다. 성경을 읽는다는 것은 곧 성경을 공부하는 일로, 성경은 성숙한 사람이 되도록 하는 교본인 것입니다. 따라서, 우리들의 교회학교에서도 성경을 공부할 때 아이들의 인격적인 변화에 목표를 두어야 하겠습니다. 당신은 당신의 공과를 준비하는 단계에서 이미 아이들의 행동 변화(assimila-tion)를 기대해야 하며, 교수-학습 후에 그 변화가 나타날 것을 기다려야 하는 것입니다.

그러므로 교사는 정리 단계에서, 공과에 담겨 있는 삶의 교훈을 아이들의 생활에 적용 시켜서 그들 스스로 삶에 대한 결단을 일으키도록 요청해야 합니다. 리카르드 레이케르트(Richard Re-ichert)는 이를 '의미심장한 경험'을 갖게 하는 것이라고 표현하였습니다. 그에 따르면 성경을 학습하는 과정에서 아이들의 마음을 움직이는 무엇이 일어나는데 "그것이 바로 의미심장한 경험이다"라고 하였습니다. 그래서 임영택은 말하기를, "의미심장한 경험의 의미성을 분석하는 시도로써 '나에게 주어지는 참 의미는 무엇인가'를 질문하게 하고 돕는 단계"가 바로 정리에서 있어야 한다고 하였습니다. 여기에서 아이들은 결단을 일으킬 수 있습니다.

교사가 할 일은 이것입니다. 아이들의 결단을 유발해 내고 이 결단이 그들의 삶에서 표현되되, 학습을 한 직후부터 한 주간 동안의 삶이나 또는 그의 생활 전체에서 힘 있게 반영되는 행동이 있도록 도와야 하는 것입니다. 우리말로 옮겨진 「거듭난 생활」 공과의 편집자들은 강조하기를, "공과 학습에서 교사는 아이들이 영적인 진리에 순종하는 삶의 모델을 제시받도록 해야 한다"라고 하였습니다. 또한 로렌스 리쳐즈도 "참다운 성경 공부는 학습자의 생에 변화를 일으키는 것"이라고 역설하고 있습니다. 아이들이 말씀에 반응할 때 생명이 있는 교수-학습이 된다는 것입니다. 교사들은 누구나 자신의 교실(classroom)에 생동력이 넘치기를 기대하고 있습니다. 무언가 살아서 꿈틀거리며, 무엇이 되고자 하는 움직임이 보이는 수업을 하고 싶은 것입니다. 레이 로우젠(R. Rozell)이 한 말을 기억하자. "당신의 학생들은 살아 있는가, 죽었는가? 당신은 당신이 가르치도록 되어 있는 학생들을 살리기 위해서 성경을 가르쳐야 한다. 이 성경을 책으로가 아니라 하나님의 말씀으로 듣도록 하라".

성경은 언제나 우리에게 행동 동기(motivation)가 되고 있습니다. 곧 어떤 양태로든지 움직이도록 하고 있는 것입니다. 국어 공부는 문장력을 길러주고, 산수 공부는 수학의 이론을 익히도록 하지만 성경 공부는 그리스도의 뜻에 순종하도록 하는 것입니다. 이것은 나아만 장군이 엘리사의 말을 듣고 요단강에 들어가 몸을 씻은 것을 말합니다. "나아만이 이에 내려가서 하나님의 사람의 말씀대로 요단강에 일곱 번 몸을 담그니 그 살이 여전하여 어린 아이의 살 같아서 깨끗하게 되었더라"(왕하5:14). 하나님의 말씀을 들은 당신의 학급 아이들은 어떠한가? 아이들로 하여금 요단강으로 내려가도록 하라!

(3) 과제물과 차시 학습의 예고

과제물은 수업의 연장이며, 학습에 대한 연습(exercise)이므로 교수-학습에 포함되어야 하는 것입니다. 흔히 과제물이라고 하면 수업의 결손을 보완하는 것처럼 여기는데, 사실은 수업 그 자체라고 할 수 있습니다. 다시 말해서 교사는 교수-학습의 정리 단계에 과제물까지 포함해야 한다는 것입니다. 물론 경우에 따라서는 숙제(home-work)가 학습 결손의 보완책으로 강구될 수도 있습니다. 그러나 그것은 예기치 않은 학습사태에서 교사의 재치로 대응될 수 있는 것일 뿐 교사의 준비된 교수-학습 과정은 아닌 것입니다. 전통적인 교수-학습은 연역법을 많이 따르고 있으므로 과제물은 귀납법적인 방법을 선택하는 것이 바람직합니다.

- 아브라함이 이삭을 제물로 드리게 된 동기가 무엇이라고 생각하는가?

- 만일 내가 아브라함이었다면 소돔 성에 대하여 어떻게 하나님께 기도하였을까 써보자.

- 눈이 뽑히고 희롱을 당한 삼손이 최후의 기도를 하게 되었던 심정을 생각나는 대로 써보자.

- 삭개오가 예수님을 영접한 다음에 했던 일과 내가 예수님을 믿기 시작한 다음에 했던 일을 비교·조사해 보자.

과제물은 단순히 '예', '아니오'로 답변하는 문제를 풀도록 한다든지, 성경을 어느 분량 정도 읽으라든지 하는 형태여서는 안 됩니다. 그것은 아이들의 내용 전개에서 발견한 진리를 삶 속에서 진리에 대하여 반응하는 것을 글로 나타내거나 어떤 작업을 통해서 드러내는 체험이 있도록 해야 하는 것입니다. 따라서 당신은 교수-

학습을 전개하기 전에, 교안을 작성할 때 숙제를 세밀히 준비해야 합니다. 복음주의 교사 훈련협회 지도자들은 과제물에 대하여 이렇게 진술하고 있습니다. "숙제를 흥미가 넘치는 방향으로 내주면 학급 아이들의 관심과 열심을 불러일으킬 것이다". 이것은 과제물의 성격을 말하는 것으로 아이들이 재미를 느끼면서 숙제를 할 수 있도록 기획 되어져야 한다는 것입니다. 과제물은 교실에서의 수업처럼 단조롭고 무거워서는 안 됩니다. 그것은 우선 재미있어야 합니다. 헤르만 호온(H. H. Harne)도 '예수님과 흥미'를 다루는 글에서 "예수님께서는 군중들의 흥미를 끌기에 충분하셨다"고 지적하였습니다. 사실, 재미있어야 아이들은 덤벼듭니다. 재미를 얻는다는 약속은 아이들에게 참여 동기를 강하게 주는 것입니다.

과제물로써 정리가 마쳐지는 것은 아닙니다. 다음 시간의 학습에 대하여 소개하는 따위의 차시 학습의 예고(previous)가 있어야 하는 것입니다. 이것은 다음 학습을 기대하도록 하는 일이므로 교수-학습의 원칙에 있어서 대단히 중요하게 다루어져야 합니다. 클라렌스 벤슨(Clarence H. Benson)은 아예 이렇게 말하고 있습니다. "수업 시간에서 마지막 몇 분은 학생들로 하여금 다음에 이어지는 교과에 나올 내용을 준비하도록 하는 적절한 시간이다". 수업의 정리에 대하여 이보다 더 학습을 극대화하는 방안은 없을 것입니다. 본 교시 교수-학습에 있는 정리 단계는 당연히 차시 학습을 위해서 쓰여져야 합니다. 당신은 영화를 보러 극장에 갔을 때 본 영화가 상영되기 전에 '예고편'을 보았을 것입니다. 그때, 당신은 어떠한 마음이었는가? 틀림없이 그 예고편의 영화마저도 보고 싶다는, 그저 보고 싶다는 것이 아니라, 꼭 보고 말겠다는 생각을 했을 것이다. 벤슨의 이야기를 한번 더 옮겨 보겠습니다. "다음 몇 주(몇 시간) 동안에 펼쳐질 것을 흥미 있게 제시해 주면 학습자의 의욕을 돋구어 주게 된다". 관심이 없는 항목에 대해서는 학습이 일어날 수 없다고 헤임 기너트(Haim Cinott)도 이야기한 바 있습니다. 그런 까닭에 학습에 대하여 관심을 불러일으키는 일은 당신이 할 일 가운데서 소홀히 다루어서는 안 될 일입니다!

교회학교 수업 준비하기

B. 클레이턴 셤퍼트

오직 성실한 준비만이 성공적인 수업 시간을 만들 수 있다. 훈련받은 교사는 충분한 준비를 통해 배출된다. 이러한 준비는 최대한 2~3주 정도 전에 미리 공부를 해두어야 하고, 주일 전날 밤에는 수업할 교재 전체를 훑어보아야 한다.

철저한 준비를 위해 다음과 같은 내용이 필요하다.

1. 먼저 기도로 주님께 간구하라.
2. 인도자 교재를 공부하기 전에 성경을 읽고 그 수업을 공부하라. 이야기, 사건, 언급된 사람들, 당신을 위한 교훈, 그리고 학생들의 삶에 적용할 수 있도록 내용을 다섯 번 정도 읽어라. 또 성경의 연관된 다른 부분들도 읽어라.

3. 수업을 당신 스스로의 마음에 적용 시켜라.

4. 수업의 목표(당신이 알리고자 하는 주요한 영적 진실) : 학생들이 필요한 것, 교재의 일반적인 목표 내용이 가르치는 것을 생각하며 정하라.

5. 당신이 사용하고자 하는 것보다 더 많은 정보를 얻기 위해서 보조 자료들을 찾아보라.

가. 교사 지침서

나. 성경 주석

다. 용어 색인

라. 성경 사전

마. 지도

6. 당신의 교육 방법에 대해 생각하라.

7. 생각을 이끌어 내는 질문들을 준비하라.

8. 주중에 수업을 생각하면서 다양한 자료를 통해 예화를 고르고 진리를 설명할 것들을 보거나 읽어라.

9. 수업을 설명하기 위해서 사진, 물건 등을 모아라

10. 학생들이 할 수 있는 것을 준비하라. 말로 모든 것을 하려고 계획하지 말라.

11. 지난 수업을 복습하여 현재의 수업과 연계시켜라.

12. 교사가 정한 목적을 깨닫는 데 도움이 되지 않는 자료들을 제거하라. 학생들이 받아들일 수 없는 것을 강요하지 말라. 학생들의 연령대에 맞는 사실들만 사용하라.

13. 주요 취지와 부가 요점들의 개요를 짜라.

14. 학생들의 삶에 목적을 적용 시키도록 계획하라.

15. 학생들이 집에서 수업을 준비해오고 표현 활동을 하도록 격려할 수 있는 방법들을 계획하라.

참고도서

• 강정훈, 교사, 다시 뛰자, 두란노, 2019.

• 도날드 그릭스, 교사 훈련을 위한 지침서, 대한예수교장로회 총회, 김광률 역, 1989.

• 박상진, 교회 교육 현장론, 장로회 신학대학교, 2008.

• 박홍철, 변화하는 교사, 새로워지는 주일학교, 영문, 1998.

• 엘시벳 맥다니엘, 유년부 교사핸드북, 오태용 역, 파이디온선교회, 1991.

• 웨슬리 R. 윌리스, 탁월한 교사, 현은수 역, 대한예수교장로회 총회, 2001.

• 클래이턴 B. 셤퍼트, 성공하는 교회학교, 배한솔 역, 2006.

• 한치호, 공과교수법, 늘빛출판사, 1990.

• 한치호, 열정의 교사 10가지 반목회 코칭, 크리스천 리더, 2009.

• 현유광, 교회 교육 길라잡이, 생명의 양식, 2008.

12장

교사 모집 및 교사 교육 실태조사

1. 교회 교육 연구협의회 설문지 결과

국내 유수한 6개 교단(감리/32개, 통합/33개, 합동/22개, 기장/19개, 성결/10개, 침례/10개)에서 유층 무선 표집 방법에 의하여 242개의 교회들이 표집 되었습니다. 그 가운데 응답교회는 126개 교회입니다. 설문 기간은 1986년 4월 초부터 동년 7월 15일까지입니다.

1. 선생님께서는 누구로부터 권유를 받고 교사가 될 것을 결심했습니까?

① 목사 (162명, 24.6%) ② 전도사 (114명, 17.3%) ③ 장로, 집사, 권사 (116명, 17.6%) ④ 동료 교사 (192명, 29.2%) ⑤ 부모나 가족 (74명, 11.2%)

2. 어디서 권유를 받고 결심했습니까?

① 목사 사택 (43명, 6.6%) ② 교회 사무실 (176명, 27.0%) ③ 예배실 (280명, 42.9%) ④ 다방이나 휴게실 (28명, 4.3%) ⑤ 일반 가정집 (125명, 19.2%)

3. 권유자가 어떤 말로 교사 지망을 권유했습니까?

① 당신은 가르칠 능력이 있고 교사가 되면 신앙이 성장한다. (169명, 25.3%)

② 교사를 할 사람이 없으니 수고해 달라. (107명, 16.0%)

③ 부모가 직분을 받고 있으니 당신도 교회를 위해 봉사해 달라. (13명, 1.9%)

④ 하나님에 대한 가장 훌륭한 봉사는 교회학교 학생을 가르치는 일이다. (190명, 8.5%)

⑤ 교회 교육은 교회의 가장 중요한 사명들 가운데 하나이다. (188명, 28.2%)

4. 교사를 하게 된 동기는 무엇입니까?

① 하고 싶어서 (457명, 65.2%) ② 강요에 못 이기어 (16명, 2.3%) ③ 부모의 체면 때문에 (3명, 0.4%) ④ 주위의 권유에 마지 못해서 (40명, 5.7%) ⑤ 해보는 것도 괜찮을 것 같아서 (185명, 26.4%).

5. 교사 지원시의 심경은 어떠했었습니까?

① 강요적인 분위기에서 억지로 했다. (9명, 1.3%) ② 지원은 했지만 가르치는 일에 자신이 없었다. (201명, 28.9%) ③ 교회 직분을 통해 더욱 소속감을 느낄 것 같아 좋았다. (126명, 18.1%) ④ 시간 부족으로 성실할 수 없을 것 같아 부담스러웠다. (47명, 6.8%) ⑤ 하나님께 대한 헌신을 위한 좋은 기회라고 생각했다. (313명, 45.0%)

6. 앞으로는 교사를 어떻게 선발하는 것이 바람직 하겠습니까?

① 목사나 해당 부서의 전도사가 임의로 선정한다. (43명, 6.2%) ② 교사 수급을 담당하는 교육위원회 같은 기관이 교사 지원자들을 심사하고 선발한다. (213명, 30.7%) ③ 개 교회의 교사 양성과정을 수료한 다음 원하는 부서에 배치하게 한다. (397명, 57.2%) ④ 노회(지방회)나 총회에서의 공식적인 자격시험을 통해 선발한다. (23명, 3.3%) ⑤ 교회 집사들은 누구나 교사 자격을 주도록 한다. (18명, 2.6%)

7. 선생님은 교사가 되기 위해 사전에 어떤 교육을 받았습니까?

① 아무 교육도 받지 않았다. (257명, 37.2%) ② 10시간 내의 단기 교육과정을 이수했다. (54명, 7.8%) ③ 연중 몇 차례에 걸쳐 실시되는 충실한 교사 양성과정을 이수했다. (116명, 16.8%) ④ 목사님의 간단한 당부 말씀을 들었다. (58명, 8.4%) ⑤ 하기 교사강습회 같은 연합적인 강습회에 참석했다. (205명, 29.7%)

8. 교사가 되기 전에 받았던 교육의 형식은 주로 어떠했었습니까?

① 강연이나 강의 (211명, 33.4%) ② 강의와 공동작업(웍샾) (66명, 10.4%) ③ 강의와 그룹 토의 (58명, 9.2%) ④ 그룹 성경 공부 (103명, 16.3%) ⑤ 공과 공부의 참여 관찰 (194명, 30.7%)

9. 그 예비적인 교육의 내용은 어떤 것이었습니까? 해당 되는 것에는 전부 표하십시오.

① 교육이론과 신학적 배경 (교육신학, 기독교 교육학 등) (232명, 33.0%)

② 공과 지도에 필요한 지식 (성경 교수법, 공과 지도법, 성경해석) (478명, 68.1%)

③ 학습자에 대한 이해 (아동심리, 청소년문제, 성인교육, 도덕발달 등) (275명, 39.2%)

④ 교수 학습 방법 (그룹 다이나믹스, 그룹 지도, 시청각교육. 학습센터 등) (173명, 24.6%)

⑤ 특별활동 지도법 (운동 및 찬양 지도, 동화, 캠프 훈련) (275명, 39.2%)

10. 예비교육의 계획 설계는 누가 합니까?

① 해당 부서의 부장이나 총무 (243명, 39.1%) ② 목사나 교육전도사 (242명, 39.0%) ③ 목사회의 협의를 거쳐서 (16명, 2.6%) ④ 교육위원회 (77명, 12.4%) ⑤ 총회나 노회의 교육부서 지침에 따라서 (43명, 6.9%)

11. 예비교육 강사는 누구입니까? 해당되는 것에 전부 표하시오.

① 목사 (308명, 43.9%) ② 동료 교사 (125명, 17.8%) ③ 전도사 (339명, 48.3%) ④ 외부강사 (226명, 32.2%) ⑤ 분야별 교육 전문가 (159명, 22.6%)

12. 선생님께서 받은 예비교육은 교사가 되기에 충분한 것입니까?

① 매우 충분했다. (27명, 4.2%) ② 충분했다. (113명, 17.6%) ③ 그저 그랬다. (159명, 24.8%) ④ 부족했다. (275명, 42.8%) ⑤ 대단히 부족했다. (68명, 10.6%)

13. 교회학교 교사가 되기 위해 신앙 이외에 어떤 것이 가장 우선적으로 구비될 필요가 있다고 생각하십니까?

① 성경 지식 (334명, 48.3%) ② 학력 (9명, 1.3%) ③ 가르치는 기술 (116명, 16.8%) ④ 인품 (231명, 33.4%) ⑤ 사회적 지위 (2명, 0.3%)

14. 선생님은 교사가 되고 나서 어떻게 계속 교육을 받고 계십니까?

① 계속 교육을 받은 일이 없다. (112명, 16.1%) ② 개 교회에서 주관하는 교사 수련회 또는 교사 강습회에 참석한다. (330명, 47.6%) ③ 연합적인 강습회에 참석한다. (98명, 14.1%) ④ 교사대학 또는 교사 양성과정과 같은 제도화된 공식 교육에 참석하고 있다. (117명, 16.9%) ⑤ 교사들끼리 자체적으로 연구 모임을 갖는다. (37명, 5.3%)

15. 선생님이 받으신 계속 교육은 대체로 몇 시간으로 구성되어 있습니까?

① 4시간 이내 (258명, 41.6%) ② 8시간 이내 (114명, 18.4%) ③ 12시간 이내 (92명, 14.8%) ④ 20시간 이내 (64명, 10.3%) ⑤ 20시간 이상 (92명, 14.8%)

16. 계속교육 중 어떤 내용이 교사 생활에 큰 도움이 되었습니까? 기타에 해당된 경우 구체적으로 기록해 주십시오.

① 성경 내용과 신학적 지식 (227명, 32.3%) ② 공과 지도법 (185명, 26.4%) ③ 인간 이해 (132명, 18.8%) ④ 교수-학습 방법 (218명, 31.1%) ⑤ 기타 (69명, 9.8%)

17. 선생님은 앞으로 어떤 방면의 교육을 더 받기를 원하십니까?

① 성경 내용과 신학적 지식 (342명, 48.7%) ② 공과 지도법 (109명, 15.5%) ③ 인간 이해 (139명, 19.8%) ④ 교수-학습 방법 (181명, 25.8%) ⑤ 기타 (40명, 5.2%)

18. 교회 현실을 감안해 볼 때 어떤 형식의 계속 교육이 필요하다고 생각하십니까?

① 교사대학과 같은 정기적이고 제도화된 교육 (207명, 29.9%) ② 비정기적인 교사 수련회나 세미나 (72명, 10.4%) ③ 위의 두 가지 형식의 병행 (290명, 41.9%) ④ 연합회 차원에서의 정기적인 교사 계속 교육 (98명, 14.2%) ⑤ 교사 부흥회 형식 (25명, 3.6%)

19. 선생님은 공과 공부를 어떻게 준비하십니까?

　① 잘 준비하지 못한다. (57명, 8.2%) ② 교사 지침서를 한 번 읽는 정도다. (134명, 19.3%) ③ 성경 본문과 함께 교사 지침서를 여러 차례 읽는다. (266명, 38.3%) ④ 성경 본문과 함께 교사 지침서를 여러 차례 읽고 교안을 작성한다. (207명, 29.8%) ⑤ 다른 책들을 함께 참고해서 가르친다. (30명, 4.3%)

20. 선생님은 자신의 신앙 성숙을 위해 주로 어떤 노력을 기울이십니까?

　① 거의 아무것도 못하고 있다. (101명, 14.7%) ② 주로 부흥회에 참석하고 있다. (24명, 3.5%) ③ 개인적인 경건의 훈련을 계속 갖고 있다. (262명, 38.0%) ④ 소그룹 성경 공부반에 정기적으로 참여한다. (119명, 17.3%) ⑤ 신앙에 관한 책들을 읽는다. (183명, 26.6%)

21. 선생님은 학생을 이해하기 위해서 어떤 노력을 기울이십니까?

　① 학생 이해에 도움이 되는 참고자료들을 연구한다. (149명, 22.5%) ② 학생들과 함께하는 시간을 자주 갖는다. (285명, 43.0%) ③ 개인적인 상담을 자주한다. (90명, 13.6%) ④ 심방을 한다. (52명, 7.8%) ⑤ 문제 학생들에 관하여 교사들과 의논한다. (87명, 13.1%)

22. 선생님은 어떤 사람이 성공적인 교사라고 생각하십니까?

① 많은 학생을 인도하는 교사(전도) (21명, 3.0%) ② 성경을 많이 알고 있는 교사(성서 지식) (15명, 2.2%) ③ 자신의 신앙과 양심에 따라 소신껏 가르치는 교사(신념) (197명, 28.4%) ④ 깊은 애정을 갖고 학생을 사랑하는 교사(교육) (305명, 43.9%) ⑤ 학습자에게 경건생활(성경 묵상, 기도, 전도생활 등)의 본이 되는 교사(모델) (156명, 22.5%)

23. 선생님의 교회에서 교회학교는 높은 관심과 충분한 지원을 받고 있습니까?

① 매우 충분한 지원을 받고 있다. (63명, 9.4%) ② 지원을 받고 있다. (307명, 44.6%) ③ 그저 그렇다. (142명, 20.6%) ④ 지원이 부족하다. (154명, 22.4%) ⑤ 대단히 부족하다. (21명, 3.0%)

24. 선생님의 교회에서 인건비를 제외한 교회학교의 예산은 전체 예산의 몇 % 정도입니까?

① 5% 이하 (156명, 32.8%) ② 5~8% (109명, 22.9%) ③ 8~10% (105명, 22.1%) ④ 10~15% (69명, 14.5%) ⑤ 15% 이상 (37명, 7.8%)

25. 교회학교의 교육 자료들(공과 이외의 시청각 자료 및 도서)을 어떻게 이용하십니까?

① 교육 자료가 거의 없다. (244명, 36.4%) ② 교육 자료는 준비되어 있으나 거의 이용하지 않고 있다. (123명, 18.3%) ③ 교육 자

료를 대여하는 외부 기관을 이용한다. (83명, 12.4%) ④ 거의 매번 스스로 만든다. (111명, 16.5%) ⑤ 교사들이 자료를 함께 만든다. (110명, 16.4%)

26. 교회 내의 각 교육 부서 간에 협조가 잘 이루어지고 있습니까?
① 대단히 잘되고 있다. (38명, 5.5%) ② 잘되는 편이다. (190명, 27.6%) ③ 보통이다. (309명, 44.9%) ④ 잘 안 되고 있다. (132명, 19.2%) ⑤ 전혀 안 된다. (19명, 2.8%)

27. 교회학교는 각 부서의 특성을 고려하여 교사를 배정합니까?
① 절대로 그렇다. (17명, 2.5%) ② 그렇다. (234명, 34.4%) ③ 보통이다. (249명, 36.6%) ④ 그렇지 않다. (160명, 23.5%) ⑤ 절대로 그렇지 않다. (20명, 2.9%)

28. 선생님 교회의 교회학교 활동이 학생들의 신앙 성숙에 성공적으로 기여하고 있다고 생각하십니까?
① 매우 성공적인 편이다. (24명, 3.5%) ② 성공적인 편이다. (289명, 42.0%) ③ 그저 그렇다. (273명, 39.7%) ④ 별로 성공적이지 못하다. (98명, 14.2%) ⑤ 전혀 그렇지 않다. (4명, 0.6%)

29. 교회학교의 효율적인 발전을 위해서 우선적으로 필요한 과제가 무엇이라고 생각하십니까? 우선순위대로 번호를 매기십시오.
① 교회 도서실이나 교육 자료실의 확보 ② 적절한 교사 선발과

양성 ③ 충분한 교육시설 ④ 교육 전담 교역자의 초빙 ⑤ 충분한 교육재정의 확보

우선 순위	교회도서실이 나 교육자료 실의 확보		적절한 교사 선발과 양성		충분한 교육 시설		교육전담 교 역자 초빙		충분한 교육 재정의 확보	
	절대 돗수	상대 돗수	절대 돗수	상대 돗수	절대 돗수	상대 돗수	절대 돗수	상대 돗수	절대 돗수	상대 돗수
1	66	9.7	324	47.4	102	14.9	126	18.4	65	9.5
2	107	17.6	118	19.4	165	27.1	116	19.0	103	16.9
3	130	21.7	76	12.7	152	25.3	86	14.3	156	26.0
4	141	23.6	56	9.4	155	26.0	112	18.8	133	22.3
5	167	28.1	72	12.1	49	8.2	165	27.7	142	23.9

2. 교회학교 교사 교육 개선을 위한 설문조사

본 설문조사는 대한예수교장로회(통합) 교회의 교회학교 교사들을 대상으로 하였습니다. 2004년 9월 13일부터 24일까지 배포된 설문지는 총 1,850매였으며, 회수된 설문지는 총 867매로 회수율은 46.9%였습니다. 서울지역의 교회가 529명으로서 응답자의 61.1%를 차지하였고, 수도권 신도시가 16.4%, 중소도시가 11.1%, 대도시가 7.5%, 그리고 농어촌지역이 3.1%를 차지하는 것으로 나타났습니다. 설문조사에 응답한 교사들이 출석하는 교회의 규모별 분포는 성인 출석 인원을 기준으로 파악하였습니다. 이 중에서 500명 이상 1,000명 미만이 19.1%로서 가장 높았고,

그 다음이 1,000명 이상 3,000명 미만이 17.5%를 차지하였고, 10,000명 이상의 소위 대형교회는 11.1%, 100명 미만의 소형교회는 14.8%를 차지하였습니다.

A. 일반적인 내용

1. 귀하의 성별은 무엇입니까?
① 남 (332명, 38%) ② 여 (535명, 62%)

2. 귀하의 출생 년도는 언제입니까?
① 25세 이하 (307명, 35%) ② 26~35세 (292명, 34%)
③ 36~50세 (218명, 25%) ④ 51세 이상 (48명, 6%)

3. 귀하가 세례(또는 입교)받은 년도는 언제입니까?
① 5년 이하 (122명, 15%) ② 6~10년 (215명, 25%)
③ 11~15년 (187명, 23%) ④ 16~20년 (138명, 17%)
⑤ 21년 이상 (168명, 20%)

4. 귀하의 교사 경력은 몇 년입니까?
① 2년 미만 (210명, 24.2%) ② 2년 이상~5년 미만 (298명, 34.4%) ③ 5년 이상~10년 미만(199명, 23%) ④ 10년 이상~20년 미만 (124명, 14.3%) ⑤ 20년 이상 (32명, 3.7%) ⑥ 무응답 (4명, 0.5%)

5. 귀하가 담당하고 있는 부서는 무엇입니까?

① 영,유아부 (48명, 5.5%) ② 유치부 (132명, 15.2%)

③ 아동부(유년부 초등부, 소년부 포함 372명, 43%) ④ 중고등부 (268명, 30.9%) ⑤ 대학청년부 (20명, 2.3%) ⑥ 성인,노인부 (2명, 0.2%) ⑦ 기타 (24명, 2.8%)

6. 귀하의 교회가 위치하는 지역은 어디입니까?

① 서울 (529명, 61.1%) ② 수도권 신도시 (142명, 16.4%) ③ 대도시 (65명, 7.5%) ④ 중소도시 (96명, 11.1%) ⑤ 농어촌 (27명, 3.1%) ⑥ 기타 (7명, 0.8%)

7. 귀하가 속해있는 교회의 성인 출석 인원은 어느 정도입니까?

① 100명 미만 (127명, 14.8%) ② 100명 이상~300명 미만 (117명, 13.6%) ③ 300명 이상~500명 미만 (89명, 10.4%) ④ 500명 이상~1000명 미만 (164명, 19.1%) ⑤ 1000명 이상~3000명 미만 (150명, 17.5%) ⑥ 3000명 이상~10000명 미만 (16명, 13.5%) ⑦ 10000명 이상 (95명, 11.1%)

B. 설문 내용

1. 귀하의 교회에서는 교사 교육을 실시하고 있습니까?

① 실시한다 (700명, 81%) ② 실시하지 않는다 (164명, 19%)

2. 실시한다면 어떤 형태입니까? 있는 대로 고르십시오.

① 교사대학 (455명, 29%) ② 교사수련회 (192명, 12%) ③ 교사부흥회 (71명, 4%) ④ 교사헌신예배 (320명, 20%) ⑤ 교사위로(친교)회 (202명, 13%) ⑥ 교사세미나 (330명, 21%) ⑦ 기타 (18명, 1%)

3. 실시하지 않는다면 그 이유는 무엇입니까?

① 교회의 규모가 너무 작아서 (68명, 34%) ② 교육에 관심이 부족해서 (59명, 29.5%) ③ 외부의 다른 교사 교육에 참여하기 때문에 (15명, 7.5%) ④ 필요를 느끼지 않기에 (13명, 6.5%) ⑤ 참석율이 저조해서 (25명, 12.5%) ⑥ 기타 (20명, 10%)

4. 귀하가 생각하는 교사의 가장 중요한 자질은 무엇입니까? 두 가지를 고르십시오.

① 영적인 깊이가 있는 교사 (661명, 76.3%) ② 인격적으로 훌륭한 교사 (397명, 45.8%) ③ 성경을 많이 아는 교사 (57명, 6.5%) ④ 가르치는 기술이 탁월한 교사 (46명, 5.3%) ⑤ 학생들과 잘 어울리는 교사 (449명, 51.8%)

5. 귀하에게 영향을 준 교회학교 교사는 어떤 분이었습니까?

① 영적인 깊이가 있는 교사 (329명, 38.8%) ② 인격적으로 훌륭한 교사 (249명, 29.4%) ③ 성경을 많이 아는 교사 (19명, 2.2%) ④ 가르치는 기술이 탁월한 교사 (21명, 2.5%) ⑤ 학생들

과 잘 어울리는 교사 (160명, 18.9%) ⑥ 영향을 준 교회학교 교사
가 없다 (70명, 8.3%)

6. 교사의 이미지가 어떠 해야 된다고 생각합니까? 세 가지만
골라주십시오.

① 부모 (643명, 74.2%) ② 코치 (166명, 19.1%) ③ 과학자 (1
명, 0.1%) ④ 비평가 (10명, 1.1%) ⑤ 이야기꾼 (136명, 15.7%)
⑥ 예술가 (22명, 2.5%) ⑦ 비전제시자 (535명, 61.7%) ⑧ 혁
명가 (13명, 1.5%) ⑨ 치료자 (520명, 60%) ⑩ 사역자 (326명,
37.6%)

7. 교사 교육에서 가장 강조되어야 할 영역은 무엇이라고 생각
합니까?

① 성경 지식 (35명, 4%) ② 신앙 성숙 (482명, 56%) ③ 인격
도야 (77명, 9%) ④ 교수 기술 (24명, 3%) ⑤ 학생 이해 (244명,
28%)

8. 귀하가 교사 교육에서 가장 도움을 받았던 과목은 무엇입니
까?

① 성서 관련 과목 (174명, 22%) ② 신학 관련 과목 (33명,
4%) ③ 기독교 교육 이론 과목 (74명, 9%) ④ 학생 이해 관련 과
목 (298명, 37%) ⑤ 교회 교육 실제 과목 (160명, 20%) ⑥ 기
타 (65명, 8%)

9. 현재의 교사 교육은 이론과 실제 중 어느 쪽을 강조한다고 생각합니까?

① 이론에 치중되어 있다 (398명, 45.9%) ② 실제에 치중되어 있다 (79명, 9.1%) ③ 이론과 실제가 균형을 이루고 있다 (208명, 24%) ④ 두 가지 다 실패하고 있다 (112명, 12.9%) ⑤ 기타 (26명, 3%) ⑥ 무응답 (44명, 5.1%)

10. 귀 교회에서 실시하는 정기적인 교사 교육의 회수는 어느 정도입니까?

① 년 1회 (245명, 29.2%) ② 년 2회 (345명, 41.1%) ③ 년 3회 이상 (123명, 14.7%) ④ 년중 무휴로 (21명, 2.5%) ⑤ 실시하지 않고 있음 (105명, 12.5%)

11. 귀하가 받은 교사 교육은 1년에 몇 시간 정도입니까?

① 5시간 미만 (239명, 27.6%) ② 5시간 이상~10시간 미만 (234명, 27%) ③ 10시간 이상~15시간 미만 (123명, 14.2%) ④ 15시간 이상~20시간 미만 (53명, 6.1%) ⑤ 20시간 이상 (93명, 10.7%) ⑥ 교사 교육을 받지 않았다 (104명, 12%) ⑦ 무응답 (21명, 2.4%)

12. 귀 교회에는 신임 교사 양성교육과 교사 계속 교육이 별도로 개설되어 있습니까?

① 구분되어 둘 다 개설되고 있다 (152명, 17.5%) ② 둘 중 하나

만 실시되거나 통합되어 실시되고 있다 (370명, 42.7%) ③ 둘 다 실시되고 있지 않다 (305명, 35.2%) ④ 기타 (23명, 2.7%) ⑤ 무응답 (17명, 2%)

13. 귀 교회에서는 교사가 되기 위해 예비 신임 교사 교육을 받는 것이 필수적입니까?
① 필수적이다 (355명, 39%) ② 선택사항이다 (90명, 11%)
③ 예비 신임 교사 교육이 없다 (400명, 47%) ④ 기타 (28명, 3%)

14. 교사가 된 후 계속 교사 교육을 받는 것이 필수적입니까?
① 필수적이다 (424명, 50%) ② 선택사항이다 (217명, 25%) ③ 계속 교사 교육이 없다 (194명, 23%) ④ 기타 (17명, 2%)

15. 현재 교사 교육으로 충분한 교사 교육이 이루어진다고 생각합니까?
① 매우 충분하다 (23명, 2.7%) ② 충분한 편이다 (150명, 17.3%) ③ 그저 그렇다 (266명, 30.7%) ④ 불충분한 편이다 (296명, 34.1%) ⑤ 매우 불충분하다 (107명, 12.3%) ⑥ 무응답 (25명, 2.9%)

16. 현재의 교사 교육이 교육 현장에 대해 어느 정도 적합성을 지닌다고 생각합니까?

① 매우 적합하다 (25명, 2.9%) ② 적합한 편이다 (260명, 30%)
③ 그저 그렇다 (391명, 45.1%) ④ 적합하지 않은 편이다 (112
명, 12.9%) ⑤ 전혀 적합하지 않다 (35명, 4%) ⑥ 무응답 (44명,
4.1%)

17. 교회 내 교사 교육 외에 도움이 되었던 교회 밖 교사 교육
은 무엇입니까?
① 총회 교육 자원부의 교사대학 과정 (50명, 5.8%)
② 노회 주관의 교사 교육 (184명, 21.2%)
③ 타 단체의 교사 교육 (204명, 23.5%)
④ 도움받은 교사 교육이 없음 (330명, 38.1%)
⑤ 기타 (51명, 5.9%) ⑥ 무응답 (48명, 5.5%)

18. 기존의 교사 교육에 문제점이 있다면 무엇이라고 생각합니
까? 세 가지를 고르십시오.
① 교육 기간이 너무 길다 (67명, 8.4%)
② 교육 기간이 너무 짧다 (329명, 41.4%)
③ 교육과목이 너무 많다 (90명, 11.3%)
④ 교육과목이 너무 적다 (198명, 24.9%)
⑤ 교육내용이 너무 이론적이다 (545명, 68.7%)
⑥ 교육내용이 너무 실제적이다 (44명, 5.5%)
⑦ 가르침의 깊이가 부족하다 (356명, 44.8%)
⑧ 기타 (99명, 12.4%)

19. 귀 교회의 교사 교육에서 가르치는 사람은 누구입니까?

① 외부 전문가 (293명, 3.5%) ② 담임목사 또는 부목사 (259명, 31.7%) ③ 담당 부서 교역자 (339명, 41.5%) ④ 동료 교사 (18명, 2.2%) ⑤ 기타 (47명, 5.7%)

20. 교사 교육에서 사용하는 교육 방법은 무엇입니까?

① 주로 강의에 의존함 (655명, 81%) ② 강의 외에 다양한 교수 방법을 사용함 (116명, 14%) ③ 기타 (42명, 5%)

21. 강의 외에 교사 교육 방법으로 가장 많이 사용하는 것 세 가지를 고르십시오.

① 토의 (410명, 53.1%) ② 세미나 (559명, 72.4%) ③ 사례발표 (348명, 45%) ④ 워샵 (284명, 36.7%) ⑤ 현장 방문 (74명, 9.5%) ⑥ 멘토링 (80명, 10.3%) ⑦ 기타 (51명, 6.6%)

22. 교사 교육을 주관하는 부서는 무엇입니까?

① 교사 교육부가 별도로 있음 (79명, 9.1%) ② 교육위원회 또는 교육부 (440명, 50.7%) ③ 교회학교 각 부서 (239명, 27.6%) ④ 기타 (50명, 5.8%) ⑤ 무응답 (59명, 6.8%)

23. 귀 교회의 교사들이 참여하는 성경학교(수련회) 강습회는 어떤 형태입니까?

① 노회에서 주최하는 강습회 (410명, 47.3%)

② 교회 밖 단체(기관)에서 주관하는 강습회 (116명, 13.4%)

③ 교회 자체 강습회 (286명, 33%)

④ 기타 (27명, 3.1%) ⑤ 무응답 (28명, 3.2%)

24. 자신의 교수 행위를 어떻게 교정받고 있습니까?

① 가르치는 모습을 비디오로 찍어서 평가받을 기회가 있다 (21명, 2.4%)

② 자신이 거울을 보면서 고치려고 노력한다 (79명, 9.1%)

③ 별도의 기회를 갖고 있지 않다 (689명, 79.5%)

④ 기타 (58명, 6.7%) ⑤ 무응답 (20명, 2.3%)

25. 교사 교육은 어느 차원에서 진행되는 것이 가장 좋다고 생각합니까?

① 교회학교 각 부서 (360명, 42.3%) ② 개 교회 차원 (313명, 36.8%)

③ 노회 (91명, 10.7%) ④ 총회 (72명, 8.5%) ⑤ 기타 (15명, 1.8%)

26. 귀하의 교사직 수행을 위해 동료 또는 선배 교사로부터 어떤 도움을 받고 있습니까?

① 멘토와 같은 교사의 도움을 받고 있다 (85명, 9.8%)

② 종종 교사직에 대한 진지한 대화를 나눈다 (271명, 31.3%)

③ 일상적인 대화를 나누는 수준이다 (360명, 41.5%)

④ 거의 교제가 없는 편이다 (125명, 14.4%)

⑤ 기타 (11명, 1.3%) ⑥ 무응답 (15명, 1.7%)

27. 귀하는 앞으로 어떤 방면의 교육을 더 받기를 원합니까?

① 성경 지식 (257명, 24%) ② 신학지식 (196명, 18%)

③ 가르치는 기술 (295명, 28%) ④ 학생 이해 (162명, 15%)

⑤ 문화 이해 (41명, 4%) ⑥ 교사의 신앙성숙 (116명, 11%)

⑦ 기타 (1명, 0%)

28. 귀하는 어떤 형태의 교사 교육이 필요하다고 생각합니까?

① 교사대학과 같은 정기적이고 제도화된 교육 (358명, 41.3%)

② 비정기적인 교사 수련회나 세미나 (112명, 12.9%)

③ 교사 자체 연구 모임 (234명, 27%)

④ 노회나 연합회 차원의 정기적인 교사 교육 (80명, 9.2%)

⑤ 교사부흥회 (58명, 6.7%)

⑥ 기타 (11명, 1.3%) ⑦ 무응답 (14명, 1.6%)

29. 귀하는 자신의 신앙 성숙을 위해서 어떤 노력을 기울입니까?

① 예배드리는 것 외에 거의 아무것도 하지 못한다 (122명, 14.1%)

② 개인적으로 경건의 시간을 갖고 있다 (373명, 43%)

③ 소그룹 성경 공부반이나 제자훈련에 참여하고 있다 (192명,

22.1%)

④ 신앙 서적들을 읽는다 (157명, 18.1%)

⑤ 기타 (7명, 0.8%)   ⑥ 무응답 (16명, 1.8%)

30. 귀하는 어떤 사람이 성공적인 교사라고 생각하는가?

① 학생을 많이 출석시키는 교사 (20명, 3%)

② 성경 지식을 많이 알고 있는 교사 (5명, 0.7%)

③ 신앙적으로 본이 되는 교사 (311명, 47.6%)

④ 학생을 깊이 사랑하는 교사 (394명, 60.4%)

⑤ 신념을 갖고 소신껏 가르치는 교사 (48명, 7.3%)

⑥ 기타 (12명, 1.8%)

참고서적

• 박상진, 교회학교 부흥을 위한 교사 교육의 새로운 패러다임, 예영커뮤니케이션, 2007.

• 오인탁, 정웅섭 공저, 교회 교사 교육의 현실과 방향, 대한기독교 출판사, 1987.